Die Zulässigkeit medizinischer Forschung mit einwilligungsunfähigen Personen und ihre verfassungsrechtlichen Grenzen

Recht & Medizin

Herausgegeben von den Professoren
Dr. Erwin Deutsch, Dr. Adolf Laufs, Dr. Hans-Ludwig Schreiber

Bd./Vol. 75

PETER LANG
Frankfurt am Main · Berlin · Bern · Bruxelles · New York · Oxford · Wien

Barbara Eck

Die Zulässigkeit medizinischer Forschung mit einwilligungsunfähigen Personen und ihre verfassungsrechtlichen Grenzen

Eine Untersuchung der Rechtslage in Deutschland mit rechtsvergleichenden Elementen

PETER LANG
Europäischer Verlag der Wissenschaften

Bibliografische Information Der Deutschen Bibliothek
Die Deutsche Bibliothek verzeichnet diese Publikation in der Deutschen Nationalbibliografie; detaillierte bibliografische Daten sind im Internet über <http://dnb.ddb.de> abrufbar.

Zugl.: Heidelberg, Univ., Diss., 2004

D16
ISSN 0172-116X
ISBN 3-631-53506-6

www.peterlang.de

Vorwort

Die vorliegende Arbeit wurde im November 2003 abgeschlossen und im Sommersemester 2004 von der Juristischen Fakultät der Ruprecht-Karls Universität Heidelberg als Dissertation angenommen.

Da das Zwölfte Gesetz zur Änderung des Arzneimittelgesetzes vom 30. Juli 2004 erst nach Fertigstellung der Dissertation in Kraft getreten ist, habe ich nachträglich Kapitel § 16 angefügt, in dem ich den Inhalt dieser Neuregelung und ihre Auswirkungen auf die betroffenen einwilligungsunfähigen Personengruppen darstelle.

Meinem Doktorvater, Herrn Prof. Dr. Dr. h.c. Adolf Laufs, danke ich herzlich für seine freundliche Betreuung und für seine hilfreichen Anregungen.

Ebenso bedanke ich mich bei den verantwortlichen Personen der Universität Heidelberg und des Landes Baden-Württemberg für die Gewährung des Stipendiums nach dem Landesgraduiertenförderungsgesetz des Landes Baden-Württemberg.

Herzlich danke ich auch meinem Mann Knud Müller, der mir insbesondere in der letzten Phase der Fertigstellung der Arbeit eine große Hilfe war.

Mein besonderer Dank gilt meinen Eltern, die mich bei diesem Vorhaben in jeder Hinsicht unterstützt haben. Dies gilt insbesondere für meinen Vater, ohne den diese Arbeit niemals geschrieben worden wäre.

München, im Februar 2005 Barbara Eck

Inhaltsverzeichnis

§ 1: Einleitung

Die öffentliche Diskussion über die ethische und rechtliche Zulässigkeit der Forschung mit einwilligungsunfähigen Personen ist bereits anlässlich des "Übereinkommens zum Schutz der Menschenrechte und der Menschenwürde im Hinblick auf die Anwendung von Biologie und Medizin: Menschenrechtsübereinkommen zur Biomedizin" (kurz: EMRÜ-Biomedizin), das im November 1996 durch den Europarat verabschiedet wurde[1], neu entbrannt.
Dabei hat insbesondere die Tatsache, dass dieses Übereinkommen Forschung mit einwilligungsunfähigen Personen in größerem Umfang zulässt, als dies bislang nach deutschem Recht erlaubt ist, zu heftigen Diskussionen geführt.

Mittlerweile ist mit der Richtlinie 2001/20/EG des Europäischen Parlamentes und des Rates vom 4. April 2001 zur Angleichung der Rechts- und Verwaltungsvorschriften der Mitgliedstaaten über die Anwendung der guten klinischen Praxis bei der Durchführung von klinischen Prüfungen mit Humanarzneimitteln[2] („Arzneimittelrichtlinie", „ARL") eine neue europäische Regelung erlassen worden, die das Recht der klinischen Prüfung von Arzneimitteln vereinheitlichen soll[3].
Ebenso wie das EMRÜ-Biomedizin lässt die Arzneimittelrichtlinie klinische Prüfungen mit einwilligungsunfähigen Personen - zumindest soweit dies Minderjährige betrifft - in weiterem Umfang zu als das gegenwärtig noch geltende deutsche Recht. Im Gegensatz zum EMRÜ-Biomedizin, das die Forschung mit Menschen umfänglich regelt, erfassen die Regelungen der Richtlinie jedoch lediglich Arzneimittelprüfungen, die gegenwärtig Regelungsgegenstand des deutschen Arzneimittelgesetzes (AMG) sind. Folglich wird das AMG den Vorgaben der Richtlinie im Rahmen deren Umsetzung in das deutsche Recht anzupassen

---

[1] Mittlerweile liegt bereits der Entwurf eines Zusatzprotokolls zu diesem Übereinkommen über biomedizinische Forschung vor, der vom Lenkungsausschuss für Bioethik (CDBI) schon im Juni 2001 zu Konsultationszwecken freigegeben wurde. Dieses Protokoll ist gemäß seinem Art. 2 auf den gesamten Bereich biomedizinischer Forschungsaktivitäten, die in irgendeiner Weise mit einer Intervention an menschlichen Lebewesen verbunden sind, anwendbar und die darin enthaltenen Vorschriften sollen gemäß seinem Artikel 37 als Zusatzartikel zum Übereinkommen über Menschenrechte und Biomedizin betrachtet werden. In derartigen Zusatzprotokollen sollen durch Weiterentwicklung der im Übereinkommen enthaltenen Grundsätze die ethischen und rechtlichen Fragen behandelt werden, die sich durch den Fortschritt in der Wissenschaft stellen; vergleiche Entwurf eines erläuternden Berichts zum Entwurf des Zusatzprotokolls zum Übereinkommen über Menschenrechte und Biomedizin über biomedizinische Forschung, S. 4.

[2] ABlEG vom 1. Mai 2001, Nr. L 121 S. 34.

[3] Kopetzki, Die Klinische Arzneimittelprüfung vor dem Hintergrund des Europarechts und des Übereinkommens über Menschenrechte und Biomedizin, S. 27, spricht aufgrund dieser Häufung von verbindlichen Rechtsregeln bereits von einer „Phase der internationalen Verrechtlichung".

sein. Diese Umsetzung der Arzneimittelrichtlinie hätte bereits bis zum 1. Mai 2003 erfolgen müssen und ist spätestens ab dem 1. Mai 2004 anzuwenden. Um der Pflicht zur Umsetzung der Arzneimittelrichtlinie zu genügen, hat das Bundeskabinett zwar am 15.10.2003 den Regierungsentwurf für ein Zwölftes Gesetz zur Änderung des Arzneimittelgesetzes[4] beschlossen, dessen Inhalt teilweise erheblich von den bisherigen Vorschriften abweicht. Über dieses Stadium eines Entwurfs ist das deutsche Gesetz jedoch trotz der Tatsache, dass die Umsetzungsfrist bereits abgelaufen ist, bislang nicht hinausgekommen.

Da der deutsche Gesetzgeber aufgrund seiner Verpflichtung zur Umsetzung der Arzneimittelrichtlinie ohnehin die bisher geltenden Vorschriften des AMG zu überprüfen und gegebenenfalls den Anforderungen der Richtlinie entsprechend zu ändern hat, bietet ihm dies die Gelegenheit, eine grundlegende Neuregelung der Forschung mit Einwilligungsunfähigen zu entwerfen, die den Bedürfnissen von Forschung und Patienten umfassend gerecht wird.

Da auch die übrigen Bereiche der medizinischen Forschung dringend gesetzlicher Vorschriften bedürfen, die ihre Zulässigkeit verbindlich regeln, sollte sich eine solche umfassende Regelung nicht auf den Bereich der Arzneimittelprüfungen beschränken.

Zwar bestehen gegenwärtig bereits Gesetze in Deutschland, die Forschung mit Menschen regeln, allerdings gelten diese nur für die eng umgrenzten Bereiche der Arzneimittelprüfung (AMG), der Erprobung von Medizinprodukten (MPG), der Anwendung radioaktiver Stoffe oder ionisierender Strahlen (StrlSchV) und der Anwendung von Röntgenstrahlung (RöV). Außerhalb (und zu weiten Teilen auch innerhalb) des Geltungsbereichs dieser Spezialgesetze sind jedoch sowohl die Zulässigkeit als auch die rechtlichen Grenzen von Forschung mit Einwilligungsunfähigen durchaus umstritten.

Aufgabe der vorliegenden Arbeit soll es nun sein, einen Vorschlag für eine umfassende Regelung von Forschung mit einwilligungsunfähigen Personen zu erarbeiten. Um dieses Ziel erreichen zu können, ist es zunächst erforderlich, die besondere Problematik, die in Bezug auf Forschung mit einwilligungsunfähigen Personen besteht, darzustellen, die gegenwärtige Rechtslage in Deutschland zu erläutern, sie auf den Prüfstand zu stellen, eventuell bestehende Lücken aufzuzeigen und anhand der so gewonnenen Ergebnisse Lösungsvorschläge für eine Regelung zu erarbeiten. Diese soll dazu beitragen, den Bedürfnissen der For-

---

[4] Der Regierungsentwurf ist auf der Seite des Bundesministeriums für Gesundheit und Soziale Sicherung (www.bmgs.bund.de/download/gesetze/entwuerfe/AenderungArzneimittelgesetz.pdf) verfügbar.

schung so weit wie möglich gerecht zu werden, ohne jedoch dabei die körperliche Integrität oder gar die Würde dieser Menschen zu gefährden, an - oder besser gesagt *mit* - denen die Forschung stattfindet.

Da der auf diese Weise erarbeitete Regelungsvorschlag für den Gesetzgeber umsetzbar sein soll, wird er den Vorgaben der Arzneimittelrichtlinie zu entsprechen haben. Aus diesem Grund ist auch eine Darstellung der Arzneimittelrichtlinie im Rahmen dieser Arbeit unerlässlich. Zudem wird der darauf basierende Regierungsentwurf für ein Zwölftes Änderungsgesetz des Arzneimittelgesetzes zu prüfen sein.

Um die somit gestellte Aufgabe erfüllen und die bestehenden Spielräume aber auch Grenzen der Forschung mit Menschen aufzeigen zu können, ist aufgrund des starken Grundrechtsbezuges dieser Thematik auch eine Analyse der verfassungsrechtlichen Lage erforderlich.

Besonderes Gewicht wird zugleich auf die Erörterung verschiedener Formen antizipierter Erklärungen zu legen sein, die dem Einzelnen die Möglichkeit eröffnen könnten, sein Selbstbestimmungsrecht so weitgehend wie möglich auszuüben und es dadurch in gewisser Weise auch für die Zeit einer eventuell eintretenden Einwilligungsunfähigkeit zu bewahren. In Betracht kommen hierfür die Forschungsverfügung, die Betreuungsverfügung und die Bevollmächtigung einer Vertrauensperson.
Diese antizipierten Erklärungen sind bislang in keiner der vorgenannten Gesetze oder Richtlinien geregelt. Dies gilt es im Interesse der Selbstbestimmung des Einzelnen zu ändern.

Auf der Suche nach Lösungsvorschlägen soll auch ein vergleichender Blick auf das australische Recht und die dort geltenden Regelungen für den Umgang mit Forschung mit Einwilligungsunfähigen geworfen werden. Das australische Recht erscheint als Vergleichsgegenstand aufgrund seiner vollständig anderen Regelungsweise besonders interessant, die nicht zuletzt auf der Tatsache beruht, dass es sich bei Australien um ein Land aus dem Rechtskreis des common law handelt, dessen Recht überwiegend von Entscheidungen der Gerichte geprägt ist und weniger von formalgesetzlichen Vorschriften.
Insbesondere da auch hierzulande vielfach vertreten wird, dass man den vorwiegend ethischen Fragen, die sich gerade bei Forschung mit einwilligungsunfähigen Personen stellen und deren Beantwortung sich im Laufe der Zeit durch den Wandel des gesellschaftlichen Bewusstseins stetig verändert, durch die Schaffung von relativ starren Gesetzen nicht gerecht werden kann, wird die Betrachtung dieser alternativen Regelungsweise von besonderem Interesse sein.
Daher sollen die australische und die deutsche Rechtslage parallel zueinander dargestellt werden, um einen anschließenden Vergleich zu ermöglichen. Ziel des

Vergleichs soll es sein zu prüfen, inwieweit die dortige Art der Regelung eventuell als Vorbild für das deutsche Recht dienen kann. Um den Rahmen der Darstellung überschaubar zu halten, soll das australische Recht nur insoweit erläutert werden, wie dies für ein Verständnis der dortigen Regelung betreffend die Forschung mit Einwilligungsunfähigen erforderlich ist.

Um auch einen Einblick in sowie eventuelle Anregungen von einem Rechtssystem zu erhalten, das dem deutschen Recht erheblich näher steht, wird sich daran eine kurze Darstellung der in der Schweiz geltenden Rechtslage betreffend Forschung mit einwilligungsunfähigen Personen anschließen. Die Regelung dieses Landes ist insbesondere deswegen von großem Interesse, als dort erst am 01.01.2002 eine vollkommen neue Regelung in Kraft getreten ist.

§ 2: Allgemeines zur medizinischen Forschung

A. Generelle ethisch-moralische Erwägungen

Auch wenn die medizinische Forschung mit einwilligungsunfähigen Personen das zentrale Thema dieser Arbeit ist, so ist Forschung am Menschen auch bei vorhandener Einwilligungsfähigkeit der Probanden und Patienten nicht gänzlich unproblematisch.

Steht den Eingriffen in die Rechtsgüter eines einwilligungsfähigen Menschen neben anderen Rechtfertigungselementen dessen freie Zustimmung als Legitimation gegenüber, so kann man nicht umhin, die einwilligungsunfähige Person als der Forschung bis zu einem gewissen Grad ausgeliefert zu betrachten, da ihre Einwilligung zu einem solchen Vorhaben gerade nicht eingeholt werden kann. Die ethischen Fragen, die im Zusammenhang mit medizinischer Forschung am Menschen immer zu beantworten sind, stellen sich bei Forschungsvorhaben mit einwilligungsunfähigen Personen daher umso dringlicher. Es wird aus diesem Grund notwendig sein, zunächst die Grundzüge der allgemeinen ethischen und rechtlichen Schwierigkeiten der Forschung am Menschen darzustellen, um sodann ihre besondere Bedeutung für die Gruppe der Einwilligungsunfähigen aufzeigen zu können.

I. Wert und Unwert als eine Frage des Blickwinkels

Die medizinische Forschung kann von unterschiedlichen Standpunkten aus betrachtet werden, die eine jeweils andere Perspektive erlauben: zum einen aus dem Blickwinkel der Gesellschaft als Ganzer und damit verbunden aus der Sicht der zukünftig Kranken und der an wissenschaftlichem Fortschritt interessierten Medizin oder aber aus der Perspektive des einzelnen Forschungsteilnehmers, des Individuums[5]. Diese verschiedenen Perspektiven führen dazu, dass es häufig nicht einfach ist, über moralischen Wert oder Unwert eines bestimmten Forschungsvorhabens zu entscheiden[6].

II. Nutzen und Notwendigkeit von Forschung

Grundsätzlich kann festgestellt werden, dass Forschung etwas Positives ist; sie erweitert den Horizont und schafft gerade im Bereich der Medizin oft die Möglichkeit, Krankheiten besser verstehen zu lernen und dadurch eine Verbesserung von Therapie-, Diagnose-, und Präventionsverfahren zu erreichen. So beruht unser gesamtes medizinische Wissen der Gegenwart unbestreitbar auf Forschung, die in der Vergangenheit durchgeführt wurde. Nur durch die früheren Wissenschaftler und deren Arbeit ist es heute möglich, Menschen zu helfen, die sonst zu Leiden oder sogar zum Sterben verurteilt wären.

---

[5] *Heyd*, S.190.

[6] Nur so lässt sich auch der gesamte Streit über die Möglichkeiten der Forschung mit einwilligungsunfähigen Personen erklären.

Es kann kein Zweifel daran bestehen, dass gerade im Bereich der Medizin wissenschaftlicher Fortschritt auch in Zukunft nur mit Hilfe von Forschung am Menschen erreicht werden kann[7]. Sie ist in keiner Weise durch Tierversuche oder sonstige Versuche im Labor ersetzbar. Dies gilt insbesondere für kontrollierte klinische Studien, die einen wesentlichen Bestandteil der modernen Medizin darstellen und ohne die viele medizinische Fragestellungen nicht zu beantworten sind[8]. Ein Verzicht auf diese Art von Forschung würde folglich gewissermaßen einem Verzicht auf Fortschritt gleichkommen.

III. Entgegenstehende Interessen des Einzelnen

Doch der Bedarf allein kann die Zulässigkeit solcher Forschungsmaßnahmen nicht begründen[9]. Denn dem Interesse der Allgemeinheit an wissenschaftlichem Fortschritt stehen oft die Interessen der Personen gegenüber, die an solchen Versuchen und Experimenten teilnehmen[10].

Für sie können durch die Teilnahme an klinischen Studien zusätzliche Belastungen oder Risiken entstehen[11], ohne dass sie notwendigerweise selbst davon profitieren. So wird im Rahmen von Forschungsprojekten fast immer in die Rechte der Menschen, die an dem Forschungsvorhaben teilnehmen, eingegriffen[12]. Meist ist das Recht auf körperliche Unversehrtheit betroffen, aber auch das Recht auf Leben, das Selbstbestimmungsrecht und die Würde des Menschen werden häufig tangiert.

So ist zum Beispiel eine Körperverletzung dadurch denkbar, dass die Versuchsperson durch Nebenwirkungen oder Unverträglichkeiten der neuen Behandlungsmethode in ihrem körperlichen Wohlbefinden beeinträchtigt oder in ihrer Gesundheit beschädigt wird. Aber auch der Eingriff selbst kann eine Körperverletzung darstellen, wie dies zum Beispiel bei einer Blutabnahme der Fall ist.

---

[7] *Schimikowski*, S. 3 m. w. N., der auch genauer auf die Unzulänglichkeiten von Tierversuchen eingeht; *Böckle*, S. 29, sieht das Experiment als die methodische Grundlage des wissenschaftlichen Fortschritts; ebenso *Jürgens*, Fremdnützige Forschung an einwilligungsunfähigen Personen, S. 34; auch *Fischer*, Medizinische Versuche am Menschen, S. 3 betont, dass der heutige Stand der Wissenschaft nur durch derartige Forschung in der Vergangenheit erreicht werden konnte.

[8] *Olbing*, Kontrollierte therapeutische Studien bei Kindern, S. 127; *Hölzel/Lange/Überla*, Der Internist, 1982, S. 187.

[9] Ebenso *Jung*, Die Zulässigkeit biomedizinischer Versuche beim Menschen, S. 202; für die Fälle der Forschung mit Einwilligungsunfähigen im Besonderen *Helmchen/Lauter*, S. 27, 28; ebenso *Helmchen*, Versuche mit psychisch Kranken, S. 174.

[10] Auch in Australien wird in diesem zum Teil unvereinbaren Gegensatz zwischen den Rechten des Individuums und dem Wohl der Gemeinschaft sowie der Tatsache, dass entschieden werden muss, welcher dieser Werte höher einzustufen ist, der Grund für das mit Forschung verbundene moralische Dilemma gesehen, vergleiche *Pullin*, Human Experimentation – Research and the Individual, S. 49.

[11] *Radau/Losch*, ARSP 86 (2000), S. 423 (426).

[12] *Schreiber*, Rechtliche Regeln, S. 16.

Zudem besteht die Möglichkeit, dass sich die Krankheit der Versuchsperson dadurch verschlimmert oder zumindest nicht gelindert wird, dass im Rahmen des Versuchs die Anwendung eines erprobten Verfahrens unterbleibt[13]. Dies kann beispielsweise im Rahmen von kontrollierten klinischen Studien, bei denen gegen Placebo geprüft wird, der Fall sein.
Dieser Interessenkonflikt wird insbesondere dann deutlich, wenn die Versuchsperson keinen persönlichen Nutzen aus der Teilnahme zieht.

Aufgrund dieser Interessenkollision besteht selbst dann, wenn der Forscher höchste Sorgfalt anwendet was das Forschungsprojekt selbst, das Verfahren und die Personalauswahl betrifft, immer ein Spannungsverhältnis zwischen der Forschung und der Würde, der körperlichen Integrität und dem Selbstbestimmungsrecht derer, die "Objekt"[14] der Versuche sind.
Um zu einer zufriedenstellenden Lösung zu kommen, ist es erforderlich, die gegensätzlichen Interessen zu identifizieren und sie behutsam gegeneinander abzuwägen, um eine Balance zwischen den Interessen der Gesellschaft und der Wissenschaft auf der einen und den Rechtsgütern und Interessen der betroffenen Person auf der anderen Seite zu finden.
Es ist dabei stets zu beachten, dass das erstrebte Ziel, Menschen zu helfen und sie zu heilen, nicht durch eine "Verletzung von Personen hic et nunc konterkariert" wird[15]. Aus diesem Grund darf Forschung am Menschen niemals bloßer Selbstzweck sein. Sie muss dem Menschen dienen, seine Rechte achten und seine Würde wahren.

Dies führt zunächst einmal zu der Feststellung, dass die Tatsache, dass ein Forschungsvorhaben zum Wohl und im Interesse der Gesellschaft benötigt wird, nicht zwangsläufig dazu führen muss, dass eine damit korrespondierende Pflicht des Individuums besteht, daran mitzuwirken[16]. Da gleichzeitig höchstpersönliche Rechtsgüter, wie die körperliche Unversehrtheit und die Würde des Menschen, nicht uneingeschränkt disponibel sind, ist ein Projekt, das hohe Risiken mit sich bringt, noch nicht schon deswegen rechtlich zulässig, weil eine Person aufgrund eventueller Eigeninteressen daran teilnehmen will.

---

[13] *Schimikowski*, S. 10, weist darauf hin, dass in diesem Fall der Schwerpunkt der Vorwerfbarkeit in dem Unterlassen der Behandlung mit einer wirksamen Therapie liegt; ausführlich auch zu dem Problem, wann bei psychischen Beeinträchtigungen eine Körperverletzung vorliegen kann.

[14] Aus diesem Grund ist *Hüppe*, Gefahr für die Menschenwürde, S. 6, der Ansicht, dass der Forscher, der an Ergebnissen interessiert ist, den Patienten eher als Objekt betrachtet, während ein behandelnder Arzt in erster Linie seinem Patienten selbst und dessen Wohl verpflichtet ist.

[15] *Freund/ Heubel*, MedR 1997, S. 347.

[16] Ebenso *Heyd*, S. 191.

IV. Gewährleistung des Rechts auf Forschung durch das Grundgesetz

Diese Interessenkonflikte kommen auch in dem Umgang des Grundgesetzes mit Forschung zum Ausdruck. So wird die Forschung zwar in Art. 5 III GG grundsätzlich für frei erklärt. Dadurch soll zunächst die Freiheit der Forschung von staatlichen Eingriffen und Einschränkungen gewährleistet werden. Auf diese Weise sollen sowohl die individuelle Freiheit des Forschers als auch das gesamtgesellschaftliche Interesse an neuen Erkenntnissen und Fortschritt geschützt werden[17].

Selbstverständlich ist auch die medizinische Forschung am Menschen von dieser Vorschrift umfasst. Darunter sind "alle systematischen Versuche und Erprobungen am Menschen, deren Ziel es ist oder zu deren mehreren Zielen es gehört, das medizinische Wissen zu mehren"[18] zu verstehen.

Jedoch gilt die in Art. 5 Abs. 3 GG ausdrücklich normierte Forschungsfreiheit der Wissenschaftler nicht grenzenlos[19]. Sie findet aufgrund der verfassungsimmanenten Schranken dort ihre Grenzen, wo sie ein ebenfalls verfassungsrechtlich abgesichertes und nach Maßgabe der grundgesetzlichen Wertordnung und nach Abwägung aller Umstände höherrangiges Rechtsgut berührt[20].

Dazu zählen beispielsweise die Menschenwürde, das Recht auf Selbstbestimmung, die körperliche Integrität sowie das Recht auf Leben. Wird eines dieser Rechte durch ein Forschungsvorhaben oberhalb der Schwelle der Sozialadäquanz berührt, so bedarf dieses Vorgehen trotz der grundrechtlich garantierten Forschungsfreiheit einer Legitimation durch besondere Rechtfertigungsgründe[21].

Dies ist insbesondere dann der Fall, wenn dadurch ein zivil- oder strafrechtlicher Tatbestand verwirklicht wird.

Somit kann die Berufung auf die grundrechtlich geschützte Forschungsfreiheit den Interessenkonflikt nicht lösen. Die Forschungsfreiheit allein kann daher einen Eingriff in die körperliche Unversehrtheit oder sonstige Rechte der Versuchsperson, die im Rahmen einer klinischen Studie stattfindet, nicht rechtfertigen.

V. Besondere Problematik bei fehlender Einwilligungsfähigkeit

Der Schutz des einwilligungsfähigen Forschungsteilnehmers ist weitgehend dadurch gewährleistet, dass er umfassend aufzuklären ist und seine freiwillige Einwilligung in die Teilnahme erklärt haben muss, bevor ein Eingriff stattfinden darf. Die freiwillige, aufgeklärte Einwilligung ist somit eine Grundvorausset-

---

[17] Siehe *Keller*, MedR 1991, S. 11.

[18] *Keller*, MedR 1991, S. 12.

[19] *Deutsch*, Rechtliche Grenzen des sozialpsychologischen Experiments, S. 311.

[20] *Eser*, Legitimationsprobleme sozialwissenschaftlicher Forschung, S. 188.

[21] *Eser*, Gedächtnisschrift für Schröder, S. 206, 207.

zung für die Rechtmäßigkeit des im Rahmen der Forschung durchgeführten Eingriffs.
Diese Rechtfertigung eines Eingriffs durch eine freiwillig erteilte Einwilligung und der damit verbundene Schutz für den Betroffenen ist bei nicht-einwilligungsfähigen Personen gerade nicht möglich. Aufgrund dieser Tatsache, dass einwilligungsunfähige Personen nicht in vollem Umfang von ihrem Selbstbestimmungsrecht Gebrauch machen können, ist für sie die Gefahr, in ihren verfassungsrechtlich garantierten Rechten beeinträchtigt zu werden, ungleich höher.

Dabei kann die Einwilligungsunfähigkeit auf den unterschiedlichsten Ursachen beruhen, so zum Beispiel auf Bewusstlosigkeit des Patienten, mangelnder Verstandesreife aufgrund von Minderjährigkeit, psychischer Krankheit oder auch Altersdemenz.

Die kollidierenden Pflichten des Arztes sowie die zum Teil gegensätzlichen Interessen von Wissenschaft, Allgemeinheit und Versuchspersonen müssen daher gerade bei Forschungsvorhaben mit dieser schutzwürdigen Personengruppe besonders behutsam abgewogen werden[22], um zu gewährleisten, dass medizinische Forschung[23] einerseits nicht unnötig beschränkt wird, die Versuchspersonen andererseits aber auch hinreichend geschützt werden.

VI. Erfahrungen der Vergangenheit

Gerade in der jüngsten deutschen Vergangenheit wurden Menschen unter dem Deckmantel der Forschung auf das Schlimmste gequält oder gar getötet. Auf diese Weise wurde der gute Zweck, der Forschung zugrunde liegen sollte, pervertiert[24]. Auch aus dieser Erfahrung erwuchs der Grundsatz, dass es niemals Forschung um jeden Preis geben darf.
Gleichzeitig ist jedoch aufgrund dieser Erfahrungen eine Scheu entstanden, sich mit diesen ethischen Fragen und Problemen überhaupt zu befassen, sie wurden aus Angst vor erneutem Missbrauch gleichsam tabuisiert[25].

---

[22] So auch *Schimikowski*, S. 3; *Fischer*, Medizinische Versuche am Menschen, S. 3, der davon ausgeht, dass diese Abwägung zunächst nur zugunsten des einzelnen Trägers dieser höchstpersönlichen Rechtsgüter ausfallen kann; auch *Czwalinna*, S. 5 sieht die Notwendigkeit, diese verschiedenen Interessen bei jedem Forschungsvorhaben in Einklang zu bringen.

[23] Auch außerhalb der medizinischen Forschung, zum Beispiel in der Psychologie, wird das Problem der Forschung mit einwilligungsunfähigen Personen diskutiert, vergleiche *Schuler*, Ethische Probleme psychologischer Forschung, S.110.

[24] Beispiele für diese menschenverachtenden Versuche in *Mitscherlich/Mielke*, Medizin ohne Menschlichkeit.

[25] *Lanzerath*, Biomedizinische Ethik in der Medizin, S. 144, der als Beispiel die Sterbehilfe und gentherapeutische Eingriffe in die Keimbahn nennt; *Seidler*, Medizinische Ethik in Deutschland, S. 181 spricht in diesem Zusammenhang von einem Verdrängungsschub.

So wichtig eine besondere Sensibilität auch ist und so sehr sie zur Verhinderung erneuter Menschenrechtsverletzungen beitragen kann und auch muss, sie darf nicht dazu führen, dass wichtige Fragen der Gegenwart undiskutiert und damit unbeantwortet bleiben. So kann es nicht angehen, dass mögliche, ethisch vertretbare Forschungsmöglichkeiten oder auch Therapieformen zum Nachteil der Betroffenen aus diesen Gründen nicht zugelassen werden.

B. Notwendigkeit der Normierung

Da naturwissenschaftliche Fortschritte immer schneller erzielt werden und gleichzeitig neue Forschungsmöglichkeiten eröffnen, hat sich mit dem Fortschritt in der Entwicklung auch die Notwendigkeit der ethischen Beurteilung gesellschaftlich relevanter Handlungsmöglichkeiten erheblich erweitert[26]. So ist zum Beispiel die Behandlung mit gentechnisch hergestellten Präparaten eine solche neue Errungenschaft, die gleichzeitig neue Fragen aufwirft. Der Naturwissenschaft innewohnende Grenzen, die diese Entwicklung aufhalten könnten, sind nicht in Sicht und auch das Gebot der Wirtschaftlichkeit wird diese Entwicklung nicht aufhalten können[27].

Es ist Aufgabe der Rechtsordnung, mit diesen Fortschritten in rechtlicher Hinsicht Schritt zu halten und der Medizin und auch anderen naturwissenschaftlichen Forschungsbereichen einen rechtlichen Rahmen zu geben, in dem sich die Forscher bewegen müssen, und der ihr Maß bestimmt[28]. Dies gilt insbesondere auch für die Forschung mit einwilligungsunfähigen Personen.

Das Arztrecht ist in besonderem Maße von ethischen Prinzipien geprägt[29]. Insbesondere die ärztliche Standesethik wirkt ständig in die rechtlichen Beziehungen zwischen Arzt und Patient hinein[30]. Allein die ärztliche Ethik reicht jedoch als moralische Grundlage und zur Rechtfertigung der Versuche und Experimente nicht aus[31]. Gerade im Bereich der medizinischen Forschung ist darauf zu achten, dass die Rechtsordnung nicht ins Hintertreffen gerät, da die Unversehrtheit höchstpersönlicher Rechtsgüter auf dem Spiel steht[32].

---

26 *Lanzerath*, Biomedizinische Ethik in Europa, S. 138.

27 *Laufs*, Karlsruher Forum 1978, S. 3.

28 *Böckle*, Ethik des medizinischen Fortschritts, S. 28, betrachtet eine Festlegung von Tatbeständen aufgrund des ständigen Fortschritts als äußerst schwierig und sieht daher nur die Möglichkeit für den Gesetzgeber, lediglich die grundsätzlichen Grenzen zu bestimmen.

29 *Schreiber*, Recht und Ethik, S. 15.

30 *Francke*, Ärztliche Berufsfreiheit, S. 154.

31 *Böth*, S. 8, weist auch darauf hin, dass viele Wissenschaftler glauben, allein ihre Aufgabe, Krankheiten zu erforschen und zu lindern oder heilen, würde ihnen auch die Berechtigung zu Humanexperimenten verschaffen.
Dies kann aber, wie *Böth* auf S. 62 feststellt, schon aufgrund der Uneinheitlichkeit der medizinischen Ethik nicht der Fall sein.

32 *Francke*, Ärztliche Berufsfreiheit, S. 156, sieht es als verfassungsrechtlich geboten an, die betroffenen Grundrechte auf Leben, körperliche Unversehrtheit und Selbstbestimmung durch

Eine verbindliche gesetzliche Regelung steht somit im Interesse jedes potentiellen Versuchsteilnehmers, der seine Rechtsgüter gewahrt wissen will. Aber auch im Interesse der Forscher selbst ist Rechtssicherheit auf diesem Gebiet unbedingt erforderlich, da es für sie nicht zumutbar ist, Forschungsvorhaben durchzuführen, deren rechtliche Beurteilung nicht geklärt ist, und sich dadurch der Gefahr der strafrechtlichen Verfolgung auszusetzen[33].
Abgesehen von der Gefahr für den Arzt oder Mediziner sich strafbar zu machen, ist auch die Belastung, die Verantwortung für ethisch bedenkliche Entscheidungen auf sich nehmen zu müssen, nicht zu unterschätzen. Mit diesen Unsicherheiten sollte man die Ärzteschaft nicht alleine lassen, zum einen um ihrer selbst willen, aber auch, weil sie zu einer Lähmung der Forschung führen können[34], mit der Folge, dass diese unterbleibt und wichtige, im Interesse der Gesellschaft benötigte Fortschritte nicht erzielt werden.

Bei der Schaffung von Normen ist zwar zu berücksichtigen, dass viele moralisch bedingte Verhaltensregeln nicht durch gesetzliche Regelungen zu steuern sind[35]. Dies ändert indes nichts daran, dass zumindest der Bereich, der Rechtsregeln zugänglich ist, so weit wie möglich normiert werden muss. Dabei wird es sich größtenteils um ein schriftliches Fixieren bestehender ethischer Grundsätze handeln, wobei die rechtlichen Normen jeweils nur das "ethische Minimum"[36] werden festlegen können.

Die Schaffung gesetzlicher Regelungen auf dem Gebiet der Forschung wird zum Teil sehr kritisch betrachtet, da befürchtet wird, die in Art. 5 Abs. 3 GG garantierte Forschungsfreiheit könne dadurch eingeschränkt werden, was zu einem Bremsen oder Aufhalten des Fortschritts insgesamt führen könnte[37].
Dem ist zwar insofern zuzustimmen, als Forscher früher, als es noch keine derartigen Regelungen gab, in ihrer Arbeit freier waren. Jedoch ging diese Freiheit nicht selten auf Kosten derer, an denen die Versuche durchgeführt wurden.

Rechtsetzung zu schützen; DFG, Forschungsfreiheit, S. 10, betont die Aufgabe des Gesetzgebers, einen Ausgleich zwischen kollidierenden Grundrechten zu schaffen.

[33] *Katz*, Experimentation with Human Beings, S. 955, 956 sieht ebenfalls die Unsicherheit der Forscher, die durch die mangelnde Rechtsklarheit ausgelöst wird. Seiner Meinung nach führt dies auch zu einer Belastung der Gewissen der Forscher.

[34] *Eser*, Legitimationsprobleme sozialwissenschaftlicher Forschung, S. 187.

[35] *Patzig/Schöne-Seifert*, S. 2, nennen hier als Beispiele die vom Arzt verlangte Geduld und Einfühlsamkeit und seine Loyalität gegenüber Kollegen.

[36] *Staak/Uhlenbruck*, MedR 1984, S. 179; ebenso *Deutsch*, Rechtliche Grenzen des sozialpsychologischen Experiments, S. 299.

[37] *Eberbach*, S. 21. Die Betrachtung, ob der Fortschritt durch solche Regeln wirklich gebremst wird, hängt auch wesentlich von dem Verständnis dieses Begriffs ab. Geht man mit *Häring*, Heilender Dienst, S. 173 davon aus, dass man nur das wirklich als Fortschritt betrachten kann, was sich "positiv in die Gesamtgeschichte der menschlichen Freiheit und der Ehrfurcht vor der Personenwürde jedes Menschen einschreibt", kann hiervon keine Rede sein.

Gerade diese Benachteiligung der Versuchspersonen, die oft mit nicht hinnehmbaren Verletzungen ihrer Menschenwürde einhergingen, soll jedoch durch die Schaffung von Normen für die Zukunft verhindert werden[38].
Zudem soll in den zu schaffenden Normen nur das ausdrücklich fixiert werden, was sich ohnehin aus der gesamten Rechtsordnung auf der Grundlage der Verfassung ergibt, jedoch aufgrund der Unsicherheit, die mit der Auslegung der Verfassung einhergeht, konkretisiert werden muss, um den Forschern Klarheit zu geben[39].

Es ist allerdings bei der Erarbeitung solcher Normen trotz der Vielfältigkeit der Forschungsmöglichkeiten darauf zu achten, dass nicht jeder Teilbereich der Forschung eine eigene gesetzliche Regelung erhält[40]. Denn eine solche Vorgehensweise würde das Gesamtgebiet der Forschung unübersichtlich machen und insbesondere bei fachübergreifenden Projekten bestünde die Gefahr unnötiger bürokratischer Verwirrung[41].
Es ist vielmehr angezeigt, allgemeine Regeln zu erarbeiten, die für alle Forschungsformen gelten, und nur bestimmte Details, die für den jeweiligen Forschungsbereich spezifisch sind und in allgemeinen Regelungen keinen Platz finden, in Spezialgesetzen zu regeln. Die diesen Regeln zugrunde zu legenden Rechtsgrundsätze sind in der Verfassung sowie in den Grundregeln des Zivil- und Strafrechts zu suchen[42]. Auch die Tatsache, dass es sich dabei vielfach um zu normierende ethische Grundsätze handelt, die für die Forschung mit Menschen insgesamt Geltung haben, lässt es naheliegend erscheinen, eine allgemein für medizinische Forschung geltende Regelung zu schaffen.

---

[38] Da der Staat aus Art. 1 GG verpflichtet ist, die Würde des Menschen zu schützen, vergleiche *Höfling* in Sachs, Art. 1 Rdnr. 38, ergibt sich schon aus dieser Obliegenheit die Pflicht, durch Schaffung von Normen solche Verletzungen zu verhindern.
[39] Auch *Keller*, MedR 1991, S. 17, geht von der Notwendigkeit der Konkretisierung der verfassungsmäßigen Schranken der Forschungsfreiheit durch einfachgesetzliche Normen aus.
[40] Ebenso *Jung*, Die Zulässigkeit biomedizinischer Versuche am Menschen, S. 272.
[41] *Eberbach*, S. 24.
[42] Ebenso *Schreiber*, Rechtliche Regeln, S. 18.

§ 3: Die Rechtslage der Heilbehandlung

Die Problematik der wissenschaftlichen Forschung, die nicht ausschließlich oder auch gar nicht dem individuellen Vorteil des Patienten oder Probanden dient, wird im Wesentlichen dadurch geprägt, dass sie in ihrer Zielsetzung von der individuellen Heilbehandlung abweicht. Um die damit verbundenen Schwierigkeiten grundlegend darstellen zu können, soll daher zunächst die Rechtslage der Standardbehandlung erläutert werden.

Eine Heilbehandlung liegt im Allgemeinen dann vor, wenn das angewandte therapeutische oder diagnostische Verfahren den anerkannten Regeln der ärztlichen Kunst entspricht. Dazu ist es nötig, dass dieses durch wissenschaftliche Untersuchungen hinreichend abgesichert oder sonst aus allgemein anerkannten Gründen zu empfehlen ist[43]. Existiert eine gesicherte Behandlungsmethode nicht, kann auch die (noch) nicht allgemein anerkannte Außenseitermethode Heilbehandlung sein.

A. Strafrechtliche Beurteilung

Nach ständiger Rechtsprechung stellt ein ärztlicher Eingriff in die körperliche Integrität tatbestandlich immer eine Körperverletzung dar[44], ohne dass unterschieden wird nach Art, Indiziertheit, Kunstgerechtheit, Eingriffsintensität oder Intention der Behandlung. Auch Erfolg oder Misserfolg des Eingriffs spielen bei dieser Sichtweise keine Rolle. Liegt keine Rechtfertigung in Form einer Einwilligung vor, so soll sich der Arzt nach diesem Ansatz immer gemäß § 223 StGB strafbar machen[45].
Viele Stimmen in der Literatur dagegen bestreiten die Tatbestandsmäßigkeit eines Heileingriffs. So wird dort argumentiert, dass durch die Einbeziehung der freien Entfaltung der Persönlichkeit in den Schutzbereich des § 223 StGB "das System der gesetzlichen Tatbestände und der ihnen zugeordneten Rechtsgüter in rechtsstaatlich bedenklichster Weise aufgelöst werde"[46]. Der ärztliche Eingriff solle nicht nach dem rein äußerlichen Erscheinungsbild der Handlung als Körperverletzung eingestuft, sondern müsse vielmehr nach dem ihm zugrunde liegenden Sinn beurteilt werden. Da der Sinn einer Heilbehandlung aber gerade darin liege, dem körperlichen Wohl und damit den Körperinteressen des Patienten zu dienen, könne es sich dabei schon tatbestandlich nicht um eine Körper(interessen)verletzung handeln.

---

[43] *Freund/Heubel*, MedR 1997, S. 348.
[44] RGSt 24, 375 ff.; BGHSt 11, 111 ff.
[45] *Trockel*, NJW 1970, S. 489; *Bockelmann*, Strafrecht des Arztes, S. 50 ff. mit Darstellung der Problematik; ausführlich dazu auch *Laufs* in Laufs/Uhlenbruck, Handbuch des Arztrechts, § 138 Rdnr. 1 ff..
[46] *Niese*, FS Eb. Schmidt, S. 366.

Die Eigenmächtigkeit des Arztes ist nach dieser Auffassung nicht vom Schutzbereich der §§ 223 ff. StGB umfasst. Es wird daher als Konsequenz ein eigenständiger Straftatbestand der verbotenen ärztlichen Eigenmacht gefordert[47]. Solange diese wünschenswerten Reformbestrebungen jedoch nicht in die Tat umgesetzt sind, wird man, will man das Selbstbestimmungsrecht des Patienten in dieser Hinsicht wirksam schützen, auf das Heranziehen der §§ 223 ff. StGB nicht verzichten können[48].
Daher macht sich der Arzt oder Mediziner, der einen Eingriff an einem Patienten ohne dessen Einwilligung vornimmt, der Körperverletzung gemäß § 223 StGB strafbar, selbst wenn der Eingriff allein zu Heilzwecken erfolgt und auch objektiv indiziert ist. Eine andere Beurteilung ist lediglich dann möglich, wenn ein Fall der mutmaßlichen Einwilligung vorliegt.
Stellt die Heilbehandlung mangels Eingriff in die körperliche Unversehrtheit tatbestandlich keine Körperverletzung dar, so kommt in diesen Fällen eine Nötigung gemäß § 240 StGB in Betracht, wenn sie gegen den Willen des Patienten erfolgt.

B. Zivilrechtliche Beurteilung

Dem Arzt drohen in einem solchen Fall der fehlenden Einwilligung nicht nur strafrechtliche Sanktionen, sondern es können auch zivilrechtliche Ansprüche, wie zum Beispiel Schadensersatz- und Schmerzensgeldansprüche gemäß §§ 823 I, II, 826 und 253 II BGB auf ihn zukommen[49].

C. Die Einwilligung als Rechtfertigungsgrund

I. Grundsatz des "informed consent" - Einwilligung nach Aufklärung

Das Ziel des ärztlichen Handelns allein, dem Wohl des Patienten zu dienen, kann einen Eingriff in die körperliche Integrität somit nicht legitimieren. Die Legitimationswirkung geht vielmehr von der Einwilligung des Patienten nach Aufklärung, dem sogenannten "informed consent", aus[50], die das rechtfertigende Element darstellt[51]. Die rechtliche Einordnung der Einwilligung als rechtsgeschäftliche Willenserklärung, als Realakt, als geschäftsähnliche Handlung in Form der Willensäußerung oder als keines vom alledem ist zwar umstritten[52].

---

[47] Näher dazu *Laufs* in Laufs/Uhlenbruck, Handbuch des Arztrechts, § 138 Rdnr. 4 ff.

[48] Ebenso *Eser* in Schönke-Schröder, § 223, Rdnr. 31.

[49] Vergleiche *Böth*, S. 43 ff.

[50] Ebenso *Rössler*, Ethik Med 1996, S. 60; auch *Bockelmann*, Strafrecht des Arztes, S. 50, sieht die Einwilligung als Rechtfertigungsgrund an.

[51] *Eser* in Schönke-Schröder, § 223, Rdnr. 29; Tröndle/Fischer, § 223 Rdnr. 9; *Füllmich*, S. 37; *Deutsch*, Medizinrecht, S. 134; *Peter*, Forschung am Menschen, S. 30; anders dagegen *Laufs*, Über die Selbstbestimmung des Patienten, S. 174, der in der Einwilligung nicht den Rechtfertigungsgrund, sondern eine Rechtfertigungsschranke sieht, die zu der Notwendigkeit des Eingriffs als einschränkendes Regulativ hinzukommen muss.

[52] Vergleiche *Schöllhammer*, Rechtsverbindlichkeit des Patiententestaments, S. 38 ff.;

Da jedoch auch die Einordnung unter eine dieser Rechtsfiguren keine abschließende Klarheit im Hinblick auf die Anwendbarkeit der jeweiligen Vorschriften im Einzelfall geben kann, insbesondere da die Vorschriften über die Willenserklärung teilweise unabhängig von dieser Einordnung entsprechend anwendbar sind[53], ist eine Klärung dieser Frage im Rahmen dieser Arbeit nicht erforderlich. Die Konstruktion des informed consent hat, wie bereits dem Begriff zu entnehmen ist, zwei Bestandteile: es muss eine angemessene Aufklärung über die geplante Behandlung erfolgen, und der Patient muss wirksam eingewilligt haben[54].

1. Einwilligung

Die normativen Wurzeln der Einwilligung liegen in den Verfassungsprinzipien, welche die Achtung und den Schutz der Würde des Menschen, seiner Freiheit und seines Rechts auf Leben und körperliche Unversehrtheit gewährleisten sollen: Art. 1 I, Art. 2 I und Art. 2 II S. 1 GG[55]. Die Einwilligung ist insbesondere auch Ausdruck des Selbstbestimmungsrechts[56] und soll dessen Schutz gewährleisten[57], indem dem Betroffenen das Recht zukommt, über seine körperliche Integrität selbst zu entscheiden. Dies umfasst auch das Recht des Einzelnen, eine Entscheidung zu treffen, die offensichtlich seinen gesundheitlichen Interessen widerspricht. Allein die Freiwilligkeit seiner Zustimmung zu einem Eingriff ist entscheidend.

Selbst in den Behandlungsfällen, in denen die körperliche Integrität nicht angetastet wird[58] und daher eine Körperverletzung nicht in Betracht kommt, liegt bei fehlender Einwilligung zumindest ein Eingriff in das Selbstbestimmungsrecht und somit auch in das allgemeine Persönlichkeitsrecht vor[59]. Aus diesem Grund ist die Einwilligung nicht nur dann erforderlich, wenn die körperliche Unversehrtheit in Gefahr ist.

Die Tatsache, dass allein von der Einwilligung die rechtfertigende Wirkung ausgeht, nicht jedoch von dem Nutzen des Eingriffs für das körperliche Wohl des

---

Deutsch, Medizinrecht, S. 134.

[53] Ebenso *Uhlenbruck*, MedR 1992, S. 136; *Laufs*, Arztrecht, Rdnr. 142; BGH NJW 1980, S. 1903; MünchKomm-*Mertens*, § 823 Rdnr. 39.

[54] *Laufs*, Arztrecht, S. 160 ff.

[55] So auch *Laufs* in Laufs/Uhlenbruck, Handbuch des Arztrechts, § 61 Rdnr. 14.

[56] *Giesen*, JZ 1987, S. 283 bezeichnet das Erfordernis der Einwilligung als Ausprägung des Selbstbestimmungsrechts. *Rössler*, Ethik Med 1996, S. 60 sieht in der Autonomie des Menschen und der damit einhergehenden Selbstbestimmung die zentralen Begriffe der neuzeitlichen Kultur und der liberalen Demokratie.

[57] *Holzhauer*, NJW 1992, 2327; *Füllmich*, S. 40; BVerfG (25. 07. 1979) NJW 1979, S. 1925 (1930).

[58] Es kommen hier zum Beispiel Verhaltensbeobachtungen, Tests und psychologische Untersuchungen in Betracht.

[59] *Eberbach*, S. 34; *Stolz*, FamRZ 1993, S. 642; BT-Drs. 11/4528, S. 71; *Jürgens*, Fremdnützige Forschung an einwilligungsunfähigen Personen, S. 35.

Patienten, zeigt, dass bei der strafrechtlichen Beurteilung der Heilbehandlung der Wille des Patienten höher eingestuft wird als sein körperliches Wohl[60]. Insbesondere außerhalb der Standardtherapie, wenn die Indiziertheit eines Eingriffs nicht mit der gleichen Sicherheit angenommen werden kann und die Wahrscheinlichkeit, dass er dem Wohl des Patienten dienen wird, geringer ist, muss folglich der Einwilligung als Rechtfertigungselement eine besondere Bedeutung zukommen[61].

2. Aufklärung

Da eine sinnvolle Ausübung des Selbstbestimmungsrechts nur möglich ist, wenn der Betroffene die Bedeutung und die Tragweite des vorzunehmenden Eingriffs in seinem Für und Wider hinreichend zu beurteilen vermag, ist die Aufklärung von enormer Wichtigkeit[62]. Nur eine auf der Basis der Aufklärung erteilte Einwilligung kann daher wirklich als eigene Entscheidung des Betroffenen angesehen werden. Die Einwilligung reicht aus diesem Grund nur so weit wie die ihr zugrunde liegende Aufklärung[63].

Enthält der Arzt Information vor oder täuscht er über Art oder Risiken der Behandlung, so liegt auch bei Vorliegen einer Einwilligung eher eine Fremd- als eine Selbstbestimmung vor. Denn es ist für den Arzt ein leichtes, den Patienten durch geschicktes Darstellen der Lage in seiner Entscheidung zu beeinflussen. Eine unter diesen Umständen erreichte Einwilligung kann daher keine rechtfertigende Wirkung entfalten.

Das erforderliche Maß an Aufklärung, ihr Umfang und die nötige Intensität, sind selbst im Bereich der Standardmedizin schwer festzulegen und kaum abstrakt zu bestimmen. Sie hängen vielmehr von der Sachlage des konkreten Falles ab. Grundsätzlich muss die Aufklärung dem Patienten zumindest Art, Bedeutung und Tragweite des Eingriffs wenigstens in seinen Grundzügen erkennbar machen und eventuell bestehende Alternativen aufzeigen, um ihm eine Abschätzung von Für und Wider des Eingriffs zu ermöglichen[64]. Dafür ist es nötig, die wesentlichen Umstände des Eingriffs und die typischen Gefahren darzustellen, was allerdings nicht mit der Genauigkeit eines medizinischen Kollegs zu erfolgen hat. In diesem Rahmen hat der Arzt den Patienten prinzipiell über

---

[60] *Saueracker*, Patiententestament, S. 107.

[61] *Laufs*, Arztrecht, S. 380; *derselbe* in Laufs/Uhlenbruck, Handbuch des Arztrechts, § 130 Rdnr. 10; ebenso *Helmchen/Lauter*, S. 3.

[62] Auch *Laufs*, Über die Selbstbestimmung des Patienten, S. 176, sieht den Patienten erst durch diese Information in den Stand gesetzt, sein Selbstbestimmungsrecht auszuüben; *Eser* in Schönke-Schröder, § 223 Rdnr. 40.

[63] *Eberbach*, S. 87.

[64] *Eser* in Schönke-Schröder § 223 Rdnr. 40.

drohende Nebenwirkungen ebenso wie über nicht auszuschließende gesundheitliche Einbußen im Zuge der Behandlung zu unterrichten[65].
Grundsätzlich ist festzustellen, dass die Aufklärung umso genauer und detaillierter erfolgen muss, je weniger dringend der Eingriff ist. Daraus folgt, dass die zu stellenden Anforderungen dann am höchsten sind, wenn der Eingriff bei dem jeweiligen Patienten überhaupt nicht indiziert ist[66], wie dies bei ausschließlich wissenschaftlichen Maßnahmen der Fall ist.

Es sind allerdings auch Situationen denkbar, in denen eine Aufklärung kontraindiziert ist, weil sie den Patienten belastet und ihm somit mehr Schaden zufügen kann, als sie ihm nützt[67]. In diesen Fällen kann unter bestimmten engen Voraussetzungen auf eine Aufklärung verzichtet werden. Da das Vorliegen dieser Voraussetzungen bei Forschungsvorhaben mit einwilligungsunfähigen Personen nicht denkbar ist, ist eine nähere Betrachtung dieses Ausnahmefalles hier jedoch nicht erforderlich.

3. Grenzen der Einwilligung, § 228 StGB

Auch das Selbstbestimmungsrecht des Patienten findet jedoch unter bestimmten Umständen seine Grenzen. So bedeutet das Vorliegen der Einwilligung eines Patienten nicht in jedem Fall, dass der Eingriff in dessen körperliche Unversehrtheit gerechtfertigt ist. Dieser Grundsatz ergibt sich sowohl aus § 228 StGB als auch aus § 216 StGB.
So sehr diese Vorschriften, insbesondere § 228 StGB[68], im Einzelnen auch umstritten sind, so belegen sie doch die Wertung des Gesetzgebers, dass die körperliche Integrität nicht uneingeschränkt disponibel sein darf[69]. Die Grenze liegt dort, wo der Verzicht offensichtlich sozialethischen Wertvorstellungen zuwiderläuft[70], also spätestens dann, wenn die Menschenwürde des Art. 1 Abs. 1 GG durch den Eingriff angetastet würde.
Dabei kommt es bei der Beurteilung eines solchen Falles nicht nur auf Art und Umfang der Rechtsgutsverletzung, sondern zugleich wesentlich auf die Beweggründe der Beteiligten und den Zweck der Tat an[71]. Entscheidend ist sowohl der

---

[65] *Deutsch*, Medizinrecht, S. 146, weist darauf hin, dass die Nennung des jeweils schwerstmöglichen Risikos immer zur Grundaufklärung gehört.
[66] *Deutsch*, Medizinrecht, S. 146.
[67] Ausführlich dazu *Deutsch*, Medizinrecht, S. 160 ff.
[68] So wird von *Schmitt* in FS Maurach, S. 118 vorgebracht, diese Vorschrift sei eine unzulässige Generalklausel und verstoße gegen § 1 StGB und Art. 103 II GG; *derselbe* in Schröder GedSchr. S. 265.
[69] *Hirsch* in FS Welzel, S. 798 sieht dies als den Rechtsordnungen der Kulturstaaten entsprechend an; a.A. *Schmitt*, in FS Maurach, S. 119, der es ablehnt, mangelfreie Einwilligungen nicht zur Straflosigkeit führen zu lassen.
[70] So *Eser*, Festschrift für Schröder, S.209.
[71] *Stree* in Schönke-Schröder, § 228, Rdnr. 7; *Kühl* in Lackner/Kühl, § 228 Rdnr. 10.

Grad der eingegangenen Gefahr für die körperliche Integrität als auch ihr Verhältnis zum Tatzweck[72]. So ist Rechtswidrigkeit trotz des Vorliegens einer Einwilligung dann gegeben, wenn Art und Grad der hingenommenen Verletzung vollkommen außer Verhältnis zum verfolgten Zweck stehen[73]. Dies kann im Rahmen von Forschung beispielsweise bei körperlichen Beeinträchtigungen erheblicher Art gegeben sein, wenn ihnen kein angemessener Zweck gegenübersteht. Dann handelt es sich trotz Einwilligung des Teilnehmers um ein unzulässiges Experiment[74].

II. Feststellung der Einwilligungsfähigkeit

1. Im Allgemeinen

Grundvoraussetzung für eine rechtfertigende Wirkung der Einwilligung ist, dass der Betroffene in der Lage ist, überhaupt eine wirksame Einwilligung zu erteilen. Fraglich ist daher zunächst, wann diese Einwilligungsfähigkeit gegeben ist. Einigkeit herrscht weitgehend darüber, dass diese von der Rechtsfähigkeit, Geschäftsfähigkeit[75] oder der strafrechtlichen Schuldfähigkeit[76] abzugrenzen ist. Die Einwilligung einer Person kann grundsätzlich nur dann wirksam sein und somit rechtfertigende Wirkung entfalten, wenn die Person die Fähigkeit besitzt, aufgrund ihrer natürlichen Einsichts-, Urteils[77]- und Verständnisfähigkeit, die Bedeutung und die Tragweite des Eingriffs zu erkennen und damit auch das Für und Wider der Behandlung abzuwägen[78].

---

[72] *Stree* in Schönke-Schröder, § 228 Rdnr. 11.

[73] *Staak/Weiser*, S. 27.

[74] *Stree* in Schönke-Schröder, § 228 Rdnr. 10.

[75] Zu der Frage der Verschiedenartigkeit von Einwilligung und Willenserklärung siehe *Amelung*, ZStW 104 (1992), S. 524, 526 ff.

[76] Während es bei der Schuldfähigkeit um das Vermögen, Verbote zum Schutz fremder Rechtsgüter zu achten, geht, handelt es sich bei der Einwilligungsfähigkeit um die Fähigkeit, den Wert der eigenen Rechtsgüter richtig einzuschätzen, bevor sie aufgeopfert werden, vergleiche *Amelung*, Probleme der Einwilligungsfähigkeit, Recht und Psychiatrie 1995, S. 20.

[77] Entgegen der Entscheidung des BGH, Urt. v. 22. 02. 1978, NJW 1978, 1206, kann einer Person die Urteilskraft nicht schon aus dem alleinigen Grund abgesprochen werden, dass diese trotz einer Aufklärung über das Fehlen jeder therapeutischen Wirkung einer gewünschten Behandlung an ihrer Meinung festhält und eine ihrem wohlverstandenen Interesse zuwiderlaufende Behandlung wünscht, vergleiche *Hruschka*, JR 1978, 519 (521). Kritisch gegenüber diesem Urteil in diesem Punkt auch *Horn*, JuS 1979, S. 29 (30), der die Lösung über die Unwirksamkeit der Einwilligung nur als Vorwand sieht, um zu dem Ergebnis zu kommen, dass es einem Arzt schlechthin untersagt sein soll, in therapeutisch sinn- oder aussichtsloser Hinsicht tätig zu werden. Auch *Amelung*, Probleme der Einwilligungsfähigkeit, Recht und Psychiatrie 1995, S. 20 (25) sieht nicht die Abweichung des Wertesystems des Entscheidenden von einer „objektiv vernünftigen" Ordnung als für das Urteil der Einwilligungsunfähigkeit maßgeblich an, sondern die Tatsache, dass diese Abweichung auf einem Defekt beruht, der in der Person des Einwilligenden begründet ist

[78] *Laufs* in Laufs/Uhlenbruck, Handbuch des Arztrechts, § 139 Rdnr. 27; *Lippert*, Der einwilligungsunfähige Patient in der medizinischen Forschung in juristischer Sicht, S. 92; ausführ-

Einwilligungsunfähigkeit ist dagegen dann gegeben, wenn die Person jeweils im konkreten Einzelfall[79] außerstande ist, alle für die Einwilligung maßgeblichen Umstände zu erfassen, diese sodann zu verarbeiten und zu bewerten und darauf aufbauend eine Entscheidung zu treffen[80].

Bei Volljährigen kann die fehlende Einwilligungsfähigkeit durch Krankheit oder auch durch hohes Alter bedingt sein. Im Gegensatz dazu ist die mangelnde Einwilligungsfähigkeit bei Minderjährigen im Regelfall nicht durch Krankheit bedingt, sondern folgt aus der fehlenden Verstandesreife, die von dem jeweiligen Entwicklungsstand des Minderjährigen abhängt.
Dabei ist die Einwilligungsunfähigkeit kein allgemeiner oder zwangsläufig dauerhafter Zustand, sondern muss in jeder konkreten Situation neu ermittelt werden. Selbst bei einem psychisch Kranken ist nicht generell von seiner Einwilligungsunfähigkeit auszugehen[81], auch dann nicht, wenn bereits ein Betreuer für ihn bestellt worden ist[82].
Die sorgfältige Prüfung, ob Einwilligungsfähigkeit vorliegt, obliegt dem jeweils behandelnden Arzt[83]. Er hat in diese Entscheidung unter anderem das Alter und die Entwicklung des Minderjährigen (bei einem Volljährigen dessen allgemei-

---

lich zu dieser Problematik auch *Fröhlich*, S. 30 ff.; *Helmchen*, Kriterien und Konsequenzen von Einwilligungsunfähigkeit, S. 117 ff. *Amelung*, Probleme der Einwilligungsfähigkeit, Recht und Psychiatrie 1995, S. 20 (23) betont, dass dem Einwilligenden dabei die Befugnis zukommt, anhand seines eigenen Wertesystems abzuwägen; *derselbe*, JR 1999, S. 45 (46) spricht insofern von einer subjektiven Rationalität der Entscheidung.

[79] *Kamp*, Die Europäische Bioethik-Konvention, S. 29; *Amelung*, ZStW 104 (1992), S. 524, 557.

[80] BGHZ 29, 33 ff.; BGHSt 12, 379, 382, 383; *Eberbach*, S. 161; die Bedeutung des letztgenannten „voluntativen Momentes“ betont *Amelung*, ZStW 104 (1992), S. 524, 555 ff.

[81] Auch *Vollmann*, Aufklärung und Einwilligung in der Psychiatrie, S. 45, lehnt es ab, die Einwilligungsfähigkeit von einer medizinischen Diagnose abzuleiten. So führt er als Beispiel an (S. 89, 90), dass im Rahmen der Berliner Altersstudie (BASE) festgestellt wurde, dass 10% der schwer demenzkranken Teilnehmer Einwilligungsfähigkeit besaßen, während von den leicht oder mittelschwer erkrankten Personen 55% einwilligungsfähig waren.

[82] *Deutsch*, Medizinrecht, S. 404.

[83] *Vollmann*, Aufklärung und Einwilligung in der Psychiatrie, S. 46, weist darauf hin, dass eine möglichst objektive und sichere Feststellung der Einwilligungsfähigkeit von zentraler Bedeutung ist, insbesondere da es bei Meinungsverschiedenheiten zwischen Arzt und Patient aufgrund der schwächeren Stellung des Kranken im Arzt-Patienten Verhältnis zu Mißbrauch kommen kann, erkennt aber zugleich die Schwierigkeit, eine objektive, nicht willkürliche Grenze zwischen einwilligungsfähigen und einwilligungsunfähigen Personen zu ziehen (S. 48). Dies ist insbesondere deswegen schwerwiegend, da ein als einwilligungsunfähig bezeichneter Patient in seinem Recht, dass seine Willensäußerungen als autonome Entscheidungen von Dritten respektiert werden müssen, eingeschränkt wird. Durch die Feststellung der Einwilligungsfähigkeit wird somit in der Praxis de facto über die Fähigkeit zu selbstbestimmter Einwilligung entschieden.

nen gesundheitlichen und mentalen Zustand), die Intensität des Eingriffs und dessen mögliche Folgen für die Gesundheit mit einzubeziehen[84].

Die Einwilligungsfähigkeit ist somit nicht im Allgemeinen sondern immer relational, im Hinblick auf eine konkrete Entscheidung zu einem konkreten Zeitpunkt festzustellen, mit der Folge dass der Betroffene für eine bestimmte einfachere Entscheidung einwilligungsfähig sein kann, während er dies in Bezug auf eine andere, kompliziertere Entscheidung nicht ist[85]. Die Schwelle der Einwilligungsunfähigkeit ist dabei in Abhängigkeit vom Nutzen-Risiko-Verhältnis des jeweiligen medizinischen Eingriffs zu bestimmen[86]. Dies ist zwar insofern nicht unproblematisch, als Nutzen und Risiko eines Eingriffs nicht notwendigerweise mit den Anforderungen an die geistige Leistungsfähigkeit korrelieren, da eine Einwilligung in einen risikoreichen Eingriff mit unsicherem Nutzen im Einzelfall geringere Anforderungen an die Einwilligungsfähigkeit stellen kann als ein wenig risikoreicher Eingriff mit einer Vielzahl zu bedenkender alternativer Behandlungsmaßnahmen. Jedoch kann auch eine ausschließliche Orientierung an dem Schwierigkeitsgrad der Entscheidung keine praktikablere Lösung bieten, da in diesem Falle die Gefahr eines verdeckten Paternalismus durch zu hohe Standards entstehen würde. Dieser Gefahr kann nur dadurch entgegengetreten werden, dass man die Einwilligungsfähigkeit prinzipiell nur dort einschränkt, wo dies aufgrund des gesundheitlichen Interesses des Patienten ethisch geboten erscheint[87].

---

[84] Auch *Amelung*, ZStW 104 (1992), S. 524, 557 sieht die für eine vernünftige Einwilligungsentscheidung erforderlichen intellektuellen Fähigkeiten als von der Kompliziertheit des geplanten Eingriffs abhängig an.

[85] Vergleiche *Vollmann*, Aufklärung und Einwilligung in der Psychiatrie, S. 48, der auch die zeitliche Variabilität der Einwilligungsfähigkeit aufgrund von sich schnell verändernden Krankheitsverläufen betont. Im Hinblick auf die anzuwendenden Standards bei der Beurteilung der Einwilligungsfähigkeit weist er nach einer Betrachtung verschiedener Studien, die deren Erforschung dienen sollten, auf die Problematik hin, dass zwar umfassende Beurteilungsstandards für eine mehrdimensionale und sichere Feststellung der Einwilligungsfähigkeit erforderlich sind, diese jedoch gleichzeitig eine höhere Anzahl von einwilligungsunfähigen Personen ergeben und somit in einen Widerspruch zum ethischen Prinzip der Selbstbestimmung treten, das gefährdet sein könnte, wenn die Anforderungen an die Einwilligungsfähigkeit in der Bevölkerung zu hoch angesetzt werden, S. 94.

[86] *Vollmann*, Aufklärung und Einwilligung in der Psychiatrie, S. 102 ff.

[87] Ebenso *Vollmann*, S. 102 ff., der in der Anwendung des relationalen Informed Consent-Konzepts eine geringe Einschränkung der Selbstbestimmung des Kranken sieht, aber andererseits dabei auch die Gefahr eines verdeckten Paternalismus durch die Tatsache erkennt, dass der Arzt durch die Einschätzung des Nutzen-Risiko-Verhältnisses indirekt die Autonomie des Patienten beeinträchtigen kann, S. 103. Dies ist jedoch bei einer Entscheidung, durch welche die Grenze der Autonomie einer anderen Person festgelegt werden soll, und für die keinerlei wirklich objektive Entscheidungskriterien existieren, aufgrund der Natur dieser Entscheidung nicht zu vermeiden. *Vollmann*, S. 107, tritt daher dafür ein, dass deutlich gemacht wird, dass dieser Ansatz nicht ausschließlich auf dem Recht des Patienten zur Selbstbestimmung beruht, sondern auch aus dem Beneficence-Prinzip

Dieser Grundsatz findet sowohl für normale Heileingriffe als auch für klinische Studien Geltung. Bei Eingriffen, die nicht dem medizinischen Standard entsprechen, ist das Vorliegen der Einwilligungsfähigkeit mit nochmals gesteigerter Sorgfalt zu prüfen.

Aufgrund der Verschiedenartigkeit von Geschäfts- und Einwilligungsfähigkeit ist es denkbar, dass eine Person zwar nicht geschäftsfähig ist, weil sie sich zum Beispiel nach § 104 Nr. 2 BGB "in einem die freie Willensbestimmung ausschließenden Zustande krankhafter Störung der Geistestätigkeit befindet", jedoch durchaus in der Lage sein kann, Bedeutung und Tragweite einer einzelnen medizinischen Maßnahme zu verstehen und den entsprechenden Willen zu bilden. Ebenso kann es vorkommen, dass ein Geschäftsfähiger einwilligungsunfähig ist[88].

2. Sonderproblematik bei Minderjährigen

Für die Festlegung der Einwilligungsfähigkeit bei Minderjährigen werden teilweise feste Altersgrenzen gefordert[89], die die Feststellung der Einsichtsfähigkeit für den zuständigen Forscher erleichtern sollen[90]. Dem steht allerdings schon die Vielfältigkeit der möglichen Eingriffe und der mit ihnen verbundenen Risiken entgegen, die ein vollkommen unterschiedliches Maß an Einsichtsfähigkeit erfordern können. Zudem sprechen sowohl die Uneinheitlichkeit der Altersgrenzen bei anderen höchstpersönlichen Entscheidungen[91] als auch die Ungewissheit, ob die Einwilligung als Rechtsgeschäft oder Rechtshandlung zu qualifizie-

---

(gerechtfertigter Paternalismus) abgeleitet wird.

[88] *Amelung*, Probleme der Einwilligungsfähigkeit, Recht und Psychiatrie 1995, S. 20 (21) geht dagegen von dem Grundsatz aus, dass jeder Geschäftsfähige grundsätzlich als einwilligungsfähig anzusehen sei, und sieht dieses Prinzip als vom deutschen Arzneimittelrecht durchbrochen an.

[89] Dafür plädiert *Deutsch*, Medizin und Forschung vor Gericht; *von Bar*, Festgabe für Regelsberger, S. 242, 243 spricht der Zustimmung von Personen unter 21 Jahren die Wirksamkeit ab; a.A. *Wölk*, MedR 2001, S. 80 (86); *Biermann*, Arzneimittelprüfung am Menschen, S. 373, der sich für eine Prüfung im Einzelfall ausspricht; ebenso *Meyer*, Unfähigkeit des erwachsenen Patienten, S. 143.

[90] *Böth*, S. 78, der zwar anerkennt, dass schon aufgrund des höchstpersönlichen Charakters der Einwilligung schematische Regeln eigentlich nicht dazu passen, jedoch aufgrund mangelnder Praktikabilität einer zuverlässigen Bestimmung der Einsichtsfähigkeit trotzdem ein Mindestalter von 18 Jahren fordert; *Deutsch*, Klinische Forschung, S. 55.

[91] So tritt die Religionsmündigkeit mit dem 14. Lebensjahr ein, ebenfalls ab 14 ist die Einwilligung in eine Adoption erforderlich. Die Testierfähigkeit sowie die Möglichkeit der Eheschließung sind an das 16. Lebensjahr geknüpft. Zudem wird auch von Sachverständigen betont, dass es bei Minderjährigen keine festen Grenzen zur Bestimmung ihrer Reife gibt.

ren ist[92], gegen die Möglichkeit der Festsetzung einer zufriedenstellenden starren Altersgrenze[93]. Sie ist somit abzulehnen.
Allerdings wird in der Praxis meist die Grenze der Einwilligungsfähigkeit beim 14. Lebensjahr gezogen und davon ausgegangen, dass jüngere Personen die dafür erforderlichen Fähigkeiten nicht besitzen.

D. Rechtfertigung ohne Einwilligung des Patienten

Auch wenn grundsätzlich die Einwilligung nach Aufklärung den Rechtfertigungsgrund für einen Eingriff darstellt, sind gleichwohl auch Situationen denkbar, in denen es dem behandlungsbedürftigen Patienten nicht möglich sein wird, seine Einwilligung unmittelbar vor der Behandlung selbst zu erteilen. Auch in diesen Fällen muss jedoch ein Heileingriff in seinem eigenen Interesse möglich sein, ohne dass für den Arzt die Gefahr besteht, sich strafbar zu machen.

I. Mutmaßliche Einwilligung

Selbst wenn der Patient aufgrund von Bewusstlosigkeit oder sonstiger Willensunfähigkeit nicht in der Lage ist, eigenständig wirksam in eine Heilbehandlung einzuwilligen, diese aber unbedingt geboten ist, damit kein gesundheitlicher Nachteil für den Patienten entsteht, reicht die bloße Angezeigtheit des Eingriffs nicht aus, um ihn zu rechtfertigen.
Kann in einem solchen Fall die Einwilligung eines nicht durch einen gesetzlichen oder gewillkürten Vertreter repräsentierten Patienten nicht eingeholt werden, so ist der medizinische Eingriff nur dann gerechtfertigt, wenn von einer mutmaßlichen Einwilligung des Patienten ausgegangen werden kann[94].

Zu deren Feststellung wird auf den hypothetischen Patientenwillen abgestellt, zu dessen Ermittlung die Angehörigen des Betroffenen herangezogen werden können und sollten. Eine Entscheidungsbefugnis oder eine Art von Stellvertretung steht ihnen jedoch in einem solchen Fall nicht zu[95].
Auch durch dieses hypothetische "Einwilligungskonstrukt" kommt die besondere Bedeutung, die dem Selbstbestimmungsrecht eines Menschen zugemessen wird, zum Ausdruck. Sein - wenn auch hypothetischer - Wille bleibt selbst dann für die Rechtmäßigkeit des Eingriffs entscheidend, wenn er aufgrund seines Zustandes nicht in der Lage ist, diesen aktuell zu bilden, zu äußern und eine Einwilligung zu erteilen[96]. Im Regelfall, wenn keine besonderen Anhaltspunkte für einen anders lautenden Willen vorliegen, wird jedoch die dem objektivem

---

[92] Dazu *Böth*, S. 71; zur uneinheitlichen Linie der Rechtsprechung vergleiche *Wölk*, MedR 2001, S. 80 ff.
[93] Für eine "Individuallösung" der Frage der Einwilligungsfähigkeit zumindest für Humanexperimente auch *Eberbach*, FamRZ 1982, S. 453.
[94] *Eser* in Schönke-Schröder § 223, Rdnr. 29; *Deutsch*, Medizinrecht, S. 137.
[95] Vergleiche *Deutsch*, Medizinrecht, S. 138.
[96] *Gallwas*, NJW 1976, S. 1134.

Wohl des Patienten dienende Behandlungsmethode als dem mutmaßlichen Willen entsprechend anzusehen sein[97].

Das Berufen auf eine mutmaßliche Einwilligung kommt jedoch nur in dringenden Eilfällen in Betracht. Steht durch ein Aufschieben der Behandlung kein Nachteil für den Gesundheitszustand des Betroffenen zu befürchten, so muss abgewartet werden, bis der Patient zur Einwilligung wieder in der Lage ist oder - wenn eine Rückkehr der Einwilligungsfähigkeit nicht zu erwarten ist - bis ein Betreuer vom Vormundschaftsgericht bestellt worden ist, der eine Einwilligung erteilen kann[98].

II. Möglichkeit der Stellvertretung

Besitzt ein Patient nicht die Fähigkeit, eine wirksame Einwilligung zu erteilen, und liegt kein Fall der mutmaßlichen Einwilligung vor, so ist die Einwilligung eines Stellvertreters notwendig, um den ärztlichen Eingriff zu rechtfertigen.

1. Stellvertretung bei Minderjährigen

Gemäß §§ 1626, 1629 BGB sind die Eltern die gesetzlichen Stellvertreter des Minderjährigen, und durch das Prinzip der elterlichen Sorge ist es ihnen erlaubt, für ihr noch einwilligungsunfähiges Kind das Einverständnis in medizinische Standardeingriffe zu erteilen[99]. Da ein Heileingriff unter normalen Umständen dem Wohl des Kindes dient, entspricht eine solche Einwilligung auch der Vorschrift des § 1627 BGB, die bestimmt, dass das Sorgerecht zum Wohl des Kindes auszuüben ist. Probleme ergeben sich hier bei der regulären Heilbehandlung kaum[100]. Steht die Einwilligungsunfähigkeit eines minderjährigen Patienten fest, so hat der Arzt im Regelfall die Einwilligung der Eltern einzuholen, wobei es stets - außer bei kleinen Eingriffen oder in Notfällen - der Zustimmung beider Elternteile bedarf.

Besitzt ein Minderjähriger die für die Einwilligung in einen bestimmten Eingriff erforderliche Einwilligungsfähigkeit, so ist streitig, ob ihm diesbezüglich ein Allein- oder lediglich ein Mitentscheidungsrecht neben dem zusätzlich erforder-

---

[97] So *Deutsch*, Medizinrecht, S. 137; ebenso bei geistig und psychisch schwerbehinderten Personen, *Winkler-Wilfurth*, S. 161.

[98] Wie *Strätling/Eisenbart/Scharf*, MedR 2000, S. 251 (255) berichten, werden in der Praxis - anstelle eines Betreuers - oft die Angehörigen um ihre Einwilligung in eine Behandlung gebeten, ohne dass sie zu einer solchen juristisch ermächtigt wären; auch *Peter*, Forschung am Menschen, S. 36, weist auf eine diese unter den Ärzten weit verbreitete Fehlvorstellung hin.

[99] BGHSt 12, 379 (383).

[100] *Seidler*, Ethische Probleme im Umgang mit dem Kind, S. 54, sieht auch bei einer Therapie, die ein Risiko für den Minderjährigen bedeuten kann, ethische Probleme, da es nicht das Kind selbst ist, dass das Schadensrisiko mitträgt.

lichen Einwilligungserfordernis seiner gesetzlichen Stellvertreter zusteht[101]. Da sich diese Frage jedoch lediglich dann stellt, wenn der Minderjährige bereits einwilligungsfähig ist, würde eine Vertiefung dieser Fragestellung im Rahmen der vorliegenden Arbeit, die sich gerade mit den Besonderheiten der fehlenden Einwilligungsfähigkeit befasst, zu weit führen.

2. Stellvertretung bei Volljährigen

Auch bei einem einwilligungsunfähigen Erwachsenen bedarf es, wenn es sich nicht um einen Eilfall handelt, zur Legitimation eines Heileingriffs der Aufklärung und Einwilligung eines Dritten.

Diese kann zum einen durch den für ihn vom Vormundschaftsgericht gemäß § 1896 BGB bestellten Betreuer, seinen gesetzlichen Stellvertreter, erteilt werden. Dies ist ausdrücklich auch in § 1901 Abs. 4 BGB geregelt, wonach der Betreuer innerhalb seines Aufgabenkreises dazu beizutragen hat, die Krankheit oder Behinderung des Betreuten zu beseitigen, zu bessern, ihre Verschlimmerung zu verhüten oder ihre Folgen zu mildern.

Der Betreuer als gesetzlicher Stellvertreter hat ebenso wie die Eltern eines Kindes gemäß § 1901 Abs. 2 BGB dem Wohl des Patienten entsprechend zu handeln. Zwar hat der Betreuer in seine Entscheidung immer auch die Wünsche und Vorstellungen des Betreuten einzubeziehen[102], was unter Umständen - zum Beispiel aufgrund einer besonderen religiösen Überzeugung des Patienten - auch dazu führen kann, dass eine Behandlung zu unterlassen ist. Jedoch ergeben sich für den Bereich der Heilbehandlung regelmäßig keine Probleme.

Auch der vom Patienten bevollmächtigte gewillkürte Stellvertreter kommt als Einwilligender in Betracht[103].

Besteht die begründete Gefahr, dass der Patient durch die Behandlungsmaßnahme stirbt oder einen schweren und länger dauernden gesundheitlichen Schaden erleidet, so ist zusätzlich zur Einwilligung des Betreuers (gemäß § 1904 Abs. 1 BGB) oder des Bevollmächtigten (gemäß § 1904 Abs. 2 BGB) die Genehmigung des Vormundschaftsgerichts notwendig[104].

---

101 Zu dieser Problematik *Wölk*, MedR 2001, S. 80, 83 ff.

102 So § 1901 Abs. 2 S. 2 BGB.

103 Die Frage, ob eine Bevollmächtigung auch für Gesundheitsangelegenheiten möglich ist, war lange Zeit umstritten, wurde jedoch durch das am 1. 1. 1999 in Kraft getretene Betreuungsrechtsänderungsgesetz, insbesondere die Änderung des § 1904 Abs. 2 BGB, positiv entschieden.

104 Zu den diesbezüglich bestehenden Problemen vergleiche *Strätling/Scharf/Wedel/Oehmichen/Eisenbart*, MedR 2001, S. 385 (388), die aus diesen Gründen auch verschiedene Gesetzesänderungen vorschlagen; der 63. Deutsche Juristentag erachtete die strengere Kontrolle eines durch ein Gericht eingesetzten Betreuers gegenüber einer vom Patienten als Vertrauensperson gewählten Vorsorgebevollmächtigten in Gesundheitsfragen als rechtssystematisch sinnvoll, aus: *Scharf/Wedel/Strätling*, Dt Ärztebl 2001; 98: C 132-133 [Heft 4].

E. Zwischenergebnis

Für Heileingriffe gilt grundsätzlich das Erfordernis der persönlichen Einwilligung. Selbst wenn der Eingriff dem Wohl des Patienten dient oder sogar für den Erhalt seiner Gesundheit unerlässlich ist, kann nur dieser selbstbestimmte freiwillige Entschluss ihn rechtfertigen. Von dem unbedingten Erfordernis der persönlich erteilten Einwilligung darf nur abgerückt werden, wenn der Patient nicht in der Lage ist, sie zu erteilen, und der Eingriff für sein gesundheitliches Wohl unerlässlich ist.

Aber selbst in einer solchen Situation bleibt der Wille des Patienten insoweit zu beachten, als auch in Not- und Eilfällen eine mutmaßlichen Einwilligung vorliegen muss, damit der Eingriff gerechtfertigt sein kann. Ebenso hat der gesetzliche Stellvertreter bei seiner Entscheidung die Wünsche und Vorstellungen des Patienten zu berücksichtigen. Das Recht auf Selbstbestimmung wird somit grundsätzlich höher bewertet als das körperliche Wohl des Betroffenen.

§ 4: Die Rechtslage der Heilbehandlung in Australien

Um einen umfassenden Vergleich des rechtlichen Umgangs mit Forschung mit einwilligungsunfähigen Personen in Australien und Deutschland durchführen zu können, ist es notwendig, zunächst auch die australische Rechtslage im Hinblick auf den standardgemäßen Heileingriff in Grundzügen darzustellen. Denn nur mit Kenntnis der dort für ärztliche Eingriffe geltenden allgemeinen Prinzipien kann ein Vergleich der Regelungen des speziellen Rechtsgebiets der Forschung mit Einwilligungsunfähigen vollständig und sinnvoll sein.

Die Regelung der Rechtsgebiete der Medizin und Gesundheit untersteht in Australien der Gesetzgebungskompetenz sowohl des Staates Australien als auch der einzelnen Staaten[105] und Territorien[106]. Aufgrund der föderalen Struktur des australischen Staates kann daher die Rechtslage in den einzelnen Staaten zum Teil erheblich voneinander abweichen. Besteht keine gesetzliche Regelung, greift das von der Rechtsprechung geprägte common law ein, das anderenfalls von den gesetzlichen Vorschriften verdrängt wird.

A. Erforderlichkeit der Einwilligung

Auch in Australien gilt der Grundsatz der Erforderlichkeit der aufgeklärten persönlichen Einwilligung des Patienten in einen Heileingriff. Er basiert zum einen auf dem common law[107], also auf Entscheidungen der Gerichte, ist jedoch in einigen Staaten auch gesetzlich geregelt[108].
Ein Arzt ist somit grundsätzlich nur dann zur Durchführung einer Behandlung befugt, wenn eine aufgeklärte Einwilligung des Patienten vorliegt[109]. Die Einwilligung stellt somit auch in Australien den zentralen Rechtfertigungsgrund für den ärztlichen Eingriff dar[110].

---

[105] Diese sind New South Wales (NSW), Victoria (Vic), Tasmania (Tas), South Australia (SA), Queensland (Qld) und Western Australia (WA).

[106] Dies sind Northern Territory (NT) und Australian Capital Territory (ACT).

[107] *Skene*, (1997) 1 Monash University Law Review, S. 77; so ist dieser Grundsatz beispielsweise in den Entscheidungen *Re W (a minor) (consent to medical treatment)*; [1993] 1 FLR 381; [1992] 4 All ER 627 und *Secretary Department of Health and Community Services v JWB* (*Marion's case*) (1992) 175 CLR 218 hervorgehoben.

[108] So enthalten der Medical Treatment Act 1988 (Vic) s 5 und der Medical Treatment Act 1994 (ACT) s 6 Bestimmungen, die ein Recht zur Verweigerung einer Behandlung geben.

[109] Ansonsten setzt er sich zivilrechtlicher sowie strafrechtlicher Verfolgung aus, siehe *Sandor*, S. 2.

[110] Lord Donaldson in *Re W (a minor) (consent to medical treatment)*; [1993] 1 FLR 381; [1992] 4 All ER 627; ebenso Mason CJ, Dawson, Toohey and Gaudron JJ in *Secretary Department of Health and Community Services v JWB* (*Marion's case*) (1992) 175 CLR 218 (233).

Die Einwilligung kann entweder ausdrücklich oder konkludent erklärt[111] und jederzeit wieder entzogen werden[112]. Für ihre Wirksamkeit ist es unabdingbar, dass der Einwilligende einwilligungsfähig[113] ist, die Einwilligung freiwillig erfolgt[114] und auf den konkreten Eingriff bezogen ist[115].
Zudem ist der Arzt vor jeder Behandlung zur Aufklärung des Patienten verpflichtet[116]. Diese Aufklärung stellt die Grundlage der Einwilligung dar[117], so dass der Patient über wesentliche Behandlungsrisiken aufzuklären ist, denen eine vernünftige Person in der Situation des Patienten Bedeutung zumessen würde oder von denen der Arzt weiß oder wissen müsste, dass dieser bestimmte Patient ihnen wahrscheinlich Bedeutung zumessen würde, wenn er darüber aufgeklärt wäre[118].

---

[111] Law for the Medical Profession in Australia, S. 86; *Skene,* Law and Medical Practice, S. 80; als Beispiel für die konkludente Einwilligung wird oft der Fall angeführt, dass eine Person ihren Arm zur Impfung hinhält.

[112] Law for the Medical Profession in Australia, S. 86.

[113] Ein Patient ist dann einwilligungsfähig, wenn er in der Lage ist, die Natur (Art), die Konsequenzen und die Risiken einer anstehenden Behandlung und die Konsequenzen der Nichtbehandlung zu verstehen, siehe The Laws of Australia, 20.6, Chapter 2, Rn 5.

[114] *Skene,* Law and Medical Practice, S. 78; *Devereux,* Competency to Consent to Treatment: An Introduction, S. 77.

[115] *Wallace*, S. 63; The Laws of Australia, 20.6, Chapter 2, Rn 4; *Skene,* Law and Medical Practice, S. 80.

[116] In *Gover v South Australia* (1985) 39 SASR 543 wurde von Cox J festgestellt, dass die Sorgfaltspflicht des Arztes auch die Pflicht der Aufklärung umfasst. Auch wenn das Risiko eines bestimmten Schadenseintritts durch den Eingriff gering ist, so muss dieses dem Patienten insbesondere dann mitgeteilt werden, wenn der zu befürchtende Schaden ein Schwerwiegender ist (im diesem Fall wurde ein drohendes Erblinden als ein solcher schwerer Schaden angesehen). Obwohl dieses Prinzip unmittelbar für die Aufklärung über Behandlungsrisiken gilt, kann es doch breiter angewandt werden, so dass dem Patienten jegliche Information, die in diesem Sinne wesentlich für seine Entscheidung ist, mitgeteilt werden muss, vergleiche *Skene,* Law and Medical Practice, S. 39.

[117] Aus diesem Grund geht *Bennett*, S. 21, von der Gültigkeit des Prinzips des informed consent in Australien aus und sieht darin zugleich die Anerkennung der Autonomie des Patienten. Allerdings wurde in *Rogers v Whitaker* (1992) 175 CLR 479 (490); 109 ALR 625 (634) der Terminus 'informed consent' eindeutig von dem australischen High Court abgelehnt, weil es ihn insofern für irreführend hielt, als man die Wirksamkeit der Einwilligung bei fehlender Risikoaufklärung in Frage stellen könnte. Dies ist aber nach australischem Recht nicht unbedingt der Fall, da eine Basisaufklärung über Art und Natur des Eingriffs für die Wirksamkeit der Einwilligung in strafrechtlicher Hinsicht ausreichend ist, vergleiche *Rogers v Whitaker* (1992) 175 CLR 479 (490); ebenso *Wallace*, S. 66; auch in Law for the Medical Profession in Australia, S. 102, wird dieser Grundsatz als vom common law noch nicht rechtlich anerkannt angesehen. Nur wenn auch diese Basisaufklärung nicht stattfindet, so ist die Einwilligung des Patienten vollständig unwirksam, vergleiche *Wallace*, S. 65.

[118] In *Rogers v Whitaker* (1992) 175 CLR 479 (490).

Allerdings kann es in Ausnahmefällen zulässig sein, dass eine Aufklärung des Patienten über die Risiken einer vorgesehenen Behandlung, eine Diagnose oder eine Prognose unterbleibt, wenn dieses Wissen dem Patienten schaden könnte[119].

Außerhalb der medizinischen Standardbehandlung sind grundsätzlich strengere Anforderungen an Aufklärung und Einwilligung zu stellen[120]. Insbesondere wenn kein persönlicher Nutzen für den Betroffenen zu erwarten ist, gilt das Erfordernis der persönlichen Einwilligung ausnahmslos[121] und ihm ist jegliche Information von einiger Relevanz über die Behandlung zu mitzuteilen, um eine wirksame Einwilligung in den Eingriff erhalten zu können[122].

I. Zivilrechtliche Folgen einer Heilbehandlung ohne Einwilligung

Führt der Arzt eine medizinische Behandlung ohne Einwilligung durch oder hat er den Patienten nicht oder nicht vollständig aufgeklärt, so macht er sich ihm gegenüber schadenersatzpflichtig. Dabei bestehen für den Betroffenen drei Hauptmöglichkeiten[123], in diesen Fällen Schadensersatz zu erlangen: auf der Grundlage des *trespass* (vorsätzliche rechtswidrige Einwirkung), *negligence* (Fahrlässigkeit) oder *breach of contract* (Vertragsbruch).
Das Delikt des *trespass*, das in diesem Zusammenhang einen Oberbegriff für die beiden Erscheinungsformen *battery* und *assault* darstellt[124], schützt das Recht

---

[119] *Breen/ Plueckhahn/ Cordner*, Ethics, Law & Medical Practice, S. 31.
[120] So *McNeill*, The Ethics and Politics of Human Experimentation, S. 129, für therapeutische Forschung; dies gilt erst recht dann, wenn es sich um eine reine Forschungsmaßnahme handelt, vergleiche *Egan*, Journal of Law and Medicine (1997) 4, 259 (266).
[121] *McNeill*, The Ethics and Politics of Human Experimentation, S. 126.
[122] *McNeill*, The Ethics and Politics of Human Experimentation, S. 129.
[123] Andere zivilrechtliche Anspruchsgrundlagen, die nur selten diskutiert werden, stellen *breach of statutory duty* (Rechtspflichtverletzung), *breach of confidence* (Vertrauensbruch) und *false imprisonment* (unrechtmäßige Freiheitsbeschränkung) dar.
[124] Der Unterschied zwischen einem Fall von *battery* und einem *assault* besteht nach der Definition des common law darin, dass bei ersterem ein unbefugtes Berühren, ein physischer Kontakt, vorliegen muss, während es bei letzterem ausreicht, wenn das Bevorstehen dieser Art von Kontakt zu befürchten ist. Somit stellt ein *assault* eine bloße Drohung mit Gewalt dar, während *battery* die Anwendung der Gewalt selbst umfasst, vergleiche *MacFarlane*, S. 52. In einigen Staaten, in denen das Strafrecht Gesetzesform hat, so in WA, Qld, Tas, NT, wird die Definition des *assault* aus dem Bereich des Strafrechts auch den auf *assault* begründeten zivilrechtlichen Ansprüchen zugrunde gelegt. Dabei beinhalten diese gesetzlichen Definitionen des *assault* aber auch immer solche Handlungen, die nach der Definition des common law ein Fall von *battery* darstellen würden - das heißt, dass sie *assault* sowohl als Drohung mit Gewalt als auch als Gewalt selbst definieren, vergleiche s 222 Criminal Code (WA), s 245 Criminal Code (Qld), s 187 Criminal Code (NT), s 182 Criminal Code Act (Tas). In den Staaten, in denen das Strafrecht keine Kodifizierung erfahren hat (NSW, SA, Vic und ACT), ergeben sich die Definitionen aus dem common law, vergleiche *MacFarlane*, S. 54.

einer Person, in ihrer körperlichen Unversehrtheit nicht angetastet zu werden, es sei denn, sie hat ihre Einwilligung hierzu erteilt.
Dabei muss dem Patienten das Geschehen eines solchen Delikts nicht einmal bewusst sein, es kann auch dann vorliegen, wenn er bewusstlos oder unter Narkose[125] ist, er muss die Behandlung auch nicht ausdrücklich abgelehnt haben. Ein Verschulden des Arztes ist als Voraussetzung dieser Anspruchsgrundlage nicht erforderlich. Dies gilt sowohl für therapeutische Behandlungen als auch für experimentelle Eingriffe[126].
Allerdings besteht große Zurückhaltung seitens der Gerichte, bei medizinischen Behandlungen auf *trespass* zu entscheiden, wobei einer der Gründe dafür sicher darin liegt, dass 'das Unterlassen eines Arztes, einen Patienten über ein fernliegendes und hypothetisches Risiko aufzuklären, sich sehr stark von einer gewaltsamen Attacke eines messerschwingenden Räubers'[127] unterscheidet.

Ein Fall von *negligence* liegt grundsätzlich dann vor, wenn ein Arzt einem Patienten durch die Missachtung seiner ihm gegenüber bestehenden Sorgfaltspflicht eine Verletzung zugefügt hat. Diese Sorgfaltspflichtverletzung kann auch in einer unzureichenden Aufklärung liegen und insofern Schadensersatzansprüche begründen[128]. Dafür muss der Patient jedoch sowohl nachweisen, dass der Arzt die Pflicht hatte, den Patienten über bestimmte Dinge - wie zum Beispiel Risiken - aufzuklären, als auch, dass er bei Abwägung der Wahrscheinlichkeiten, dem Eingriff nicht zugestimmt hätte, wenn er diese Information erhalten hätte[129].

---

[125] So wurde in *Mohr v Williams* 104 NW 12 (1905) vom Minnesota Supreme Court in den Vereinigten Staaten entschieden, dass ein Arzt, der mit der Einwilligung eines Patienten dessen rechtes Ohr operiert und während der Narkose entdeckt, dass das linke Ohr noch stärker betroffen ist, nicht das Recht hat, dieses zu operieren, es sei denn es ist ein Notfall gegeben.
[126] *Wallace*, S. 50.
[127] So *Chalmers/Schwartz*, (1993) 1 Med Law Rev 141 (142).
[128] Seit der Entscheidung des High Court of Australia in *Rogers v Whitaker* (1992) 175 CLR 479 kann eine auf *trespass* gestützte Klage nur noch Erfolg haben, wenn der Patient nicht über die grundlegende Natur der geplanten Behandlung aufgeklärt wurde. Ist jedoch eine Aufklärung über die grundsätzliche Art der Behandlung erfolgt, kann der Patient nicht mehr argumentieren, es habe sich bei seiner Einwilligung nicht wirklich um eine solche gehandelt. Ein Patient, der unzureichende Aufklärung über potentielle Risiken der Behandlung geltend machen will, muss seine Klage auf *negligence* stützen.
[129] Siehe Law for the Medical Profession in Australia, S. 102; The Laws of Australia, 20.6 Consent, Chapter 1 Rn 1; ebenso *Wallace*, S. 75; *Gover v State of South Australia and Perriam* (1985) 39 SASR 543 (564); anders dagegen wurde in *Chappel v Hart* [1998] HCA 55 (unreported ; High Court of Australia) entschieden: in diesem Fall hatte der behandelnde Arzt es vor einer Operation am Hals versäumt, die Patientin, bei der später Probleme mit ihrer Stimme auftraten, von diesem entfernten Risiko zu informieren. Sorgfaltspflichtverletzungen bei der Behandlung selbst wurden ihm nicht zur Last gelegt. Obwohl die Patientin selbst zugestand, dass sie sich letztlich ohnehin einer Operation hätte unterziehen lassen, machte sie

II. Strafrechtliche Konsequenzen eines medizinischen Eingriffs ohne Einwilligung

Ein medizinischer Eingriff, der ohne die Einwilligung des Patienten (oder dessen Stellvertreter) und ohne sonstigen Rechtfertigungsgrund durchgeführt wird, stellt auch ein rechtswidriges Vorgehen (*trespass*) im strafrechtlichen Sinne dar[130]. Dessen Regelung ist Teil des common law, in einigen Staaten Australiens jedoch auch durch Gesetze geregelt[131].

B. Feststellung der Einwilligungsfähigkeit

Auch in Australien kann die Einwilligung einer Person nur dann rechtfertigende Wirkung entfalten, wenn diese zu einer wirksamen Einwilligung in der Lage ist.

I. Minderjährige

Im Hinblick auf die Wirksamkeit der Einwilligung in medizinische Behandlungen gilt eine Person in fast ganz Australien so lange als Kind, bis die Volljährigkeit erreicht ist. Dies ist mit Vollendung des 18. Lebensjahres der Fall[132].

Nach den Grundsätzen des common law, das die Einwilligung in medizinische Behandlung von Minderjährigen in fast ganz Australien regelt[133], wird einem Minderjährigen das Recht zuerkannt, den meisten Behandlungen selbst zustimmen zu dürfen, wenn er eine ausreichende Einsichtsfähigkeit und Intelligenz besitzt, die es ihm ermöglichen, das ihm Erklärte vollkommen zu verstehen[134].

---

geltend, dass sie sich, wenn sie von diesem Risiko gewußt hätte, an einen erfahreneren Chirurgen gewandt hätte. Die Richter der Mehrheitsentscheidung befanden, dass der Arzt den Schaden verursacht habe, da bei der Patientin das Risiko eingetreten sei, vor dem er versäumt habe zu warnen, und weil die Patientin sich bei vorheriger Aufklärung nicht der Operation zu diesem Zeitpunkt unterzogen hätte. Die Tatsache, dass sie ohnehin später bei einem anderen Arzt operiert worden wäre, war somit für die Mehrheitsentscheidung unerheblich. Diese Entscheidung wird jedoch kritisiert, da sich das Risiko, dem sich die Patientin durch die Operation aussetzen mußte, nicht allein deswegen ändert, dass sie die Operation zeitlich verschiebt, denn davor soll die Aufklärungspflicht des Arztes nicht schützen, siehe *Devereux*, (1998) 17 University of Tasmania Law Review, S. 63 (78).

[130] *Skene*, Law and Medical Practice, S. 74.

[131] *Skene*, Law and Medical Practice, S. 78 Auch im Strafrecht ist die Unterscheidung des common law zwischen *assault* und *battery* vorhanden, siehe *Gillies*, Criminal Law, S. 544, es sei denn, dies ist in den Strafgesetzen ausdrücklich anders geregelt, wie zum Beispiel in s 222 Criminal Code (WA), s 245 Criminal Code (Qld), s 187 Criminal Code (NT), s 182 Criminal Code Act (Tas).

[132] Minors (Property and Contracts) Act 1970 (NSW) s 9; Age of Majority Act 1974 (Qld) s 5; Age of Majority (Reduction) Act 1970 (SA) s 3; Age of Majority Act 1973 (Tas) s 3; Age of Majority Act 1977 (Vic) s 3; Age of Majority Act 1972 (WA) s 5; Age of Majority Act 1974 (ACT) s 5; Age of Majority Act 1974 (NT) s 4.

[133] The Laws of Australia, 20.6, Chapter 2, Rn 22.

[134] *Skene, Law and Medical Practice*, S. 110; Law of the Medical Profession in Australia, S. 89; dieses Recht wurde auch von den Richtern, die die Mehrheitsentscheidung in *Department*

Der Arzt hat sich vor dem Beginn jeder Behandlung von dem Vorliegen dieser Fähigkeiten zu überzeugen[135], wobei es jedoch für deren Feststellung keine festen Regeln gibt. Die Anforderungen an diese Fähigkeiten sind umso höher zu setzen, je schwerwiegender der Eingriff ist[136].
Allerdings besteht diese Einwilligungsbefugnis Minderjähriger nur dann unzweifelhaft, wenn die Behandlung der Therapie des Minderjährigen dient und nicht schwerwiegend ist[137], während die Rechtslage bei darüber hinausgehenden Eingriffen bislang ungeklärt ist. Zudem ist unklar, ob die Fähigkeit des Minderjährigen, eine wirksame Einwilligung zu erteilen, das diesbezügliche Recht der Eltern verdrängt oder ob dieses bestehen bleibt[138].
Lediglich die Staaten New South Wales and South Australia haben die Einwilligung in medizinische Eingriffe durch Minderjährige gesetzlich geregelt, mit dem Inhalt, dass eine solche bereits ab dem Alter von 14 oder 16 Jahren möglich und auch erforderlich ist[139]. Diese gesetzlichen Vorschriften verdrängen die in den übrigen Staaten geltenden Grundsätze des common law.

---

of Health and Community Services(NT) v JWB (1992) 175 CLR 218 (HCA) fällten, anerkannt, als sie die Aussage von Lord Scarman (in *Gillick v West Norfolk AHA* [1986] AC 112 (HL) auf S. 189):"Ein Minderjähriger ist dann in der Lage seine Einwilligung nach Aufklärung zu erteilen, wenn er oder sie ein ausreichende Einsichtsfähigkeit *(understanding)* und Intelligenz erreicht hat, die es ihm ermöglichen, das ihm Erklärte vollkommen zu verstehen" für gut befanden und diese Voraussetzungen (sogenannter "Gillick-Test"), obwohl er einer englischen Entscheidung entstammt, als Teil des Common Laws Australiens anerkannten(S.238). Ungeklärt bleibt jedoch nach dieser Entscheidung, ob auch die Fähigkeit, auf der Basis dieser Einsichtsfähigkeit eine kluge Entscheidung zu treffen, zu den nötigen Voraussetzungen für eine wirksame Einwilligung gehört, vergleiche *Parkinson*, Australian Journal of Family Law (1992) 6, 101 (118, 119).

[135] *Sandor*, S. 3.

[136] *Skene*, Law and Medical Practice, S. 110; Law for the Medical Profession in Australia, S. 89.

[137] Law for the Medical Profession in Australia, S. 89.

[138] Vergleiche zu dieser Problematik *Parkinson*, Australian Journal of Family Law (1992) 6, 101, der aus Grund der vielen Unsicherheiten auf diesem Gebiet auch eine gesetzliche Regelung empfiehlt. Ebenso *Bunney*, Journal of Law and Medicine(1997) 5, 52.

[139] Minors (Property and Contracts) Act 1970 (NSW) s 49(2), der Minderjährigen, die 14 Jahre oder älter sind, die Fähigkeit zur Wirksamen Einwilligung zuspricht. Allerdings war Helsham CJ in *K v Minister for Youth and Community Services* [1982] 1 NSWLR 311 der Meinung, dass diese Vorschrift nicht die Konsequenz habe, dass den Eltern dadurch nicht mehr das Recht zustehe, wirksam in den Eingriff einzuwilligen; in dem Consent to Medical Treatment and Palliative Care Act 1995 (SA) *s 6* ist das Recht des Minderjährigen über 16 Jahren festgeschrieben, einer Behandlung selbst zuzustimmen; gemäß Consent to Medical Treatment and Palliative Care Act 1995 (SA) s 12 kann auch die Einwilligung eines unter 16 jährigen Minderjährigen ausreichen, wenn der Arzt überzeugt ist, dass dieser die Natur des Eingriffs, seine Konsequenzen und Risiken zu verstehen in der Lage ist und dass der Eingriff dem Wohl des Kindes zu dienen bestimmt ist.

II. Volljährige Personen

Für die Wirksamkeit einer Einwilligung des volljährigen Patienten ist es erforderlich, dass dieser in der Lage ist, die grundsätzliche Natur und die Folgen einer vorgeschlagenen Behandlung zu verstehen[140]. Dabei geht das australische Recht grundsätzlich von der Annahme aus, dass jeder Volljährige in der Lage ist, eine wirksame Einwilligung zu erteilen. Von dieser Annahme wird nur dann abgewichen, wenn sie offensichtlich nicht zutrifft[141].

C. Rechtfertigung ohne Einwilligung des Patienten

Auch nach australischem Recht sind Ausnahmen von dem Grundsatz der Erforderlichkeit der persönlichen Einwilligung vorgesehen, wenn ein Patient nicht fähig ist, diese wirksam zu erteilen. Für einen einwilligungsfähigen Patienten kommt dagegen kein anderer Rechtfertigungsgrund als seine persönliche Einwilligung in Betracht[142].

I. Medizinische Hilfe in Notsituationen

Ist eine Person nicht in der Lage, eine wirksame Einwilligung in einen dringend erforderlichen Heileingriff zu erteilen und existiert kein zu einer solchen Entscheidung befugter Stellvertreter oder ist dieser nicht erreichbar, so bestehen nach den Grundsätzen des common law zwei Ansätze, die einen ärztlichen Eingriff aufgrund eines dringenden Behandlungsbedarfs legitimieren: zum einen die *doctrine of emergency* und zum anderen der Grundsatz der *necessity*[143].

Der Grundsatz der *doctrine of emergency* besagt, dass eine ärztliche Behandlung dann rechtmäßig ist, wenn der Arzt vernünftig handelt und aus vernünftigen Gründen annimmt, dass die Behandlung notwendig ist, um eine ernsthafte und

---

140 So ausdrücklich geregelt in Guardianship Act 1987 (NSW) s 33 (2)(a).

141 *Wallace*, S. 94; The Laws of Australia, 20.6: Consent, Chapter 2, Rn 19; *Secretary, Department of Health and Community Services v JWB* (*Marion's case*) (1992) 175 CLR 218, Mc Hugh J at 309; Guardianship and Management of Property Act 1991 (ACT) s 3(3); Guardianship and Administration Act 1990 (WA) s 4 (2)(b).

142 Dies hat zur Folge, dass weder dem Staat, noch der Gesellschaft, noch einem wohlmeinenden, paternalistisch eingestellten Arzt das Recht zustehen kann, über die Behandlung eines einwilligungsfähigen Patienten zu bestimmen. Vergleiche *Skene*, Law and Medical Practice, S.76; in *Department of Health and Community Services v JWB* (*Marion's* case) (1992) 175 CLR 218 (233) (HCA) sprach der Australian High Court von dem "Recht einer jeden Person auf körperliche Unversehrtheit...selbst zu wählen, was mit ihrem Körper geschieht", und in CLR auf S. 234 von "dem Prinzip der persönlichen Unverletzbarkeit".

143 Dabei ist innerhalb des australischen Schrifttums ungeklärt, inwieweit diese beiden Grundsätze nicht teilweise identisch sind. Der Unterschied wird teilweise darin gesehen, dass das Prinzip der Notwendigkeit breiter in seiner Anwendung wäre, vergleiche *Skene*, Law and Medical Practice, S. 83; der Australian High Court ging in *Rogers v Whitaker* (1992) 175 CLR 479; 109 ALR 625 (HCA) auf S. 489 und 632 von Fällen des 'Notfalls oder der Notwendigkeit' aus und scheint somit anerkannt zu haben, dass es sich hierbei um zwei verschiedene Prinzipien handelt.

akut drohende Gefahr für das Leben oder die körperliche oder geistige Gesundheit des Menschen abzuwenden[144]. Dieses Prinzip ist jedoch sehr eng auszulegen.
Der Grundsatz der Notwendigkeit (*necessity*) legitimiert Eingriffe bei fehlender Einwilligungsfähigkeit des Patienten, wenn eine Notsituation vorliegt, die jedoch nicht lebensbedrohlich zu sein braucht. Es ist dafür erforderlich, dass der behandelnde Arzt die Behandlung als notwendig betrachtet, einen drohenden Schaden abzuwenden, wobei dieser Schaden proportional schwerwiegender sein muss als der Schaden, der durch den Eingriff selbst verursacht wird[145].
Eine Rechtfertigung des Eingriffs aufgrund eines derartigen Behandlungsbedarfs kommt jedoch dann nicht in Betracht, wenn zu erwarten steht, dass der Patient seine Einwilligungsfähigkeit demnächst wiedererlangen wird und es sich nicht um einen dringenden Notfall handelt. Kann der Patient auch nach Wiedererlangung seiner Einwilligungsfähigkeit um seine Einwilligung gebeten werden und ist von dieser Verzögerung kein Schaden für die Gesundheit des Patienten zu erwarten, so ist dieser Zeitpunkt abzuwarten, bevor eine Behandlung durchgeführt werden darf[146].
Einige Staaten Australiens haben die medizinische Notfallbehandlung von Personen, die nicht mehr in der Lage sind, ihre Angelegenheiten eigenständig zu besorgen, gesetzlich geregelt[147]. Danach ist jegliche Einwilligung entbehrlich, wenn der Arzt die Behandlung als dringend notwendig ansieht, um das Leben des Patienten zu retten, oder schwerwiegenden Schaden für die Gesundheit des Patienten abzuwenden. Auch die Möglichkeit der Behandlung von Minderjährigen in Notfällen ohne Einwilligung der Eltern ist zum größten Teil gesetzlich geregelt[148].

---

[144] *Skene*, Law and Medical Practice, S. 82; *Wallace*, S. 56; The Laws of Australia, 20.6, Chapter 2, Rn 13, 14.
[145] *Wallace*, S. 60.
[146] *Skene*, Law and Medical Practice, S. 99; *Wallace*, S. 93; siehe auch *Murray v Murchy* [1949] 2 DLR 442 (BC SC), ein Fall aus Kanada, in dem entschieden wurde, dass ein Eingriff dann nicht gerechtfertigt ist, wenn er zwar im Interesse des Patienten stattfindet und es vielleicht auch bequem ist, ihn direkt ohne die Einwilligung des Patienten durchzuführen, dieser Eingriff jedoch nicht essentiell für den Patienten ist.
[147] Guardianship Act 1987 (NSW) s 37; Guardianship and Administration Board Act (Vic) s 36(3); Consent to Medical Treatment and Palliative Care Act 1995 (SA) s 13; Medical Act 1939 (Qld) s 52; Emergency Medical Operations Act 1973 (NT) s 3 (1); Guardianship and Administration Act 1990 (WA) s 119; Guardianship and Administration Act 1995 (Tas) s 40.
[148] Human Tissue Act 1982 (Vic) s 24; Transplantation and Anatomy Act 1979 (Qld) s 20; Consent to Medical Treatment and Palliative Care Act 1995 (SA) s 13(5); Human Tissue and Transplant Act 1982 (WA) s 21; Human Tissue Act 1985 (Tas) s 21; Emergency Medical Operations Act 1973 (NT) s 3 (1).

II. Stellvertretung

Da das australische Recht das Recht des einwilligungsunfähigen Patienten anerkennt, nicht "paternalistisch" von einem Arzt behandelt zu werden, wird diese Behandlungsentscheidung grundsätzlich von einem Stellvertreter des Patienten getroffen[149].

Auch die Sorge um und der Umgang mit Personen, die nicht mehr in der Lage sind, ihre Angelegenheiten vollständig selbst zu besorgen, unterliegt der Gesetzgebungskompetenz der einzelnen Staaten und Territorien. Davon haben diese, zumindest was die Stellvertretung von volljährigen Patienten bei Behandlungsentscheidungen angeht, auch Gebrauch gemacht, so dass dieser Bereich nicht einheitlich geregelt ist.

Die Pflicht des Arztes, vor der Behandlung eines einwilligungsunfähigen Minderjährigen die vorherige Einwilligung der Eltern einzuholen[150], ergibt sich dagegen in den meisten Staaten aus dem common law[151] und ist nur in South Australia und New South Wales gesetzlich geregelt.

1. Der gesetzliche Stellvertreter des Volljährigen

Die gesetzlichen Vorschriften aller Staaten und Territorien stimmen dahingehend überein, dass sie alle die Möglichkeit der Einsetzung eines Betreuers, des sogenannten *Guardian*, vorsehen[152], der die Stellvertretung des Betroffenen übernimmt[153]. Dieser ist sowohl dafür zuständig, die Autonomie des Vertretenen

---

[149] *Skene*, Law and Medical Practice, S. 82.

[150] Dabei reicht in einem Großteil der Fälle die Zustimmung eines Elternteils aus, um den Behandlungseingriff des Arztes zu rechtfertigen, siehe Law for the medical Profession in Australia, S. 89.

[151] *Skene*, Law and Medical Practice, S. 57; *Bennett*, S. 23.

[152] Guardianship Act 1987 (NSW) s 14 (1); Guardianship and Administration Board Act 1986 (Vic) s 21 (1); Guardianship and Management of Property Act 1991 (ACT) s 7 (1); Guardianship and Administration Act 1990 (WA) s 43 (1); Guardianship and Administration Act 1993 (SA) s 29; Guardianship and Administration Act 1995 (Tas) s 20.

[153] *Benett*, S. 28. Dabei ist in den meisten Staaten gleichzeitig in der jeweiligen Vorschrift die Bildung eines speziellen Gremiums geregelt, dem unter anderem die Aufgabe der Ernennung des Guardians, dessen Aufsicht, sowie weitere mit der Betreuung zusammenhängende Aufgaben zukommen. Zur Bildung dieser Gremien vergleiche Guardianship Act 1987 (NSW) s 49; Guardianship and Administration Act 1993 (SA) s 6; Guardianship and Administration Act 1995 (Tas) s 7; Guardianship and Administration Board Act 1986 (Vic) ss 5-13; Guardianship and Management of Property Act 1991 (ACT) s 57; Guardianship and Administration Act 1990 (WA) s 5. In NT kommt diese Aufgabe gemäß Adult Guardianship Act 1988 (NT) s 8 den örtlichen Gerichten zu, wobei diese nach Adult Guardianship Act 1988 (NT) ss 3, 9, 11 von einem sogenannten Guardianship Panel unterstützt werden. Zusätzlich ist in Guardianship and Management of Property Act 1991 (ACT) s 6; Guardianship Act 1987 (NSW) s 8(1) das Recht des Supreme Court, Guardians einzusetzen, ausdrücklich vorbehalten.

zu verlängern, als auch dem Schutz seiner Interessen zu dienen[154]. Um zu gewährleisten, dass ein einwilligungsunfähiger Patient die erforderliche medizinische Behandlung erhält[155], kann auch die Einwilligung in medizinische Eingriffe in das Aufgabengebiet des Guardian fallen[156], wenn der Betroffene selbst dazu nicht mehr fähig ist.

Die Einsetzung eines solchen Guardians ist nur dann anzuordnen, wenn dies dem besten Interesse[157] (*best interest*) des Betroffenen dient[158]. Sie darf zudem nur unter der Voraussetzung, dass den Bedürfnissen des Betroffenen nicht durch weniger einschneidende Maßnahmen für seine Entscheidungs- und Handlungsfreiheit entsprochen werden kann, erfolgen. Auch der Umfang seines Aufgabenkreises bestimmt sich nach diesem Grundsatz[159]. Das grundsätzliche Ziel der Betreuung ist die Förderung des besten Interesses der Person, für die ein Guardian eingesetzt wird[160].

---

[154] *Carney*, (1989) 18 Federal Law Review S. 231 (237, 238).

[155] The Laws of Australia, 20.9, Guardianship and Management of Property, Chapter 4, Rn 93.

[156] So ausdrücklich geregelt in Guardianship and Administration Board Act 1986 (Vic) s 24 (2)(d), wobei die Behandlung auch dem Wohl des Patienten dienen muss; Guardianship Act 1987 (NSW) s 36 (1)(a); Guardianship and Management of Property Act 1991 (ACT) s 7 (2)(e); Guardianship and Administration Act 1990 (WA) s 45 (2)(d); Guardianship and Administration Act 1993 (SA) s 59 (1), (2)(a); Guardianship and Administration Act 1995 (Tas) ss 25 (2)(e), 43 (1)(b), der ihn ausdrücklich nur zur Einwilligung in eine solche medizinische Behandlung ermächtigt, die dem Wohl des Patienten dient; Adult Guardianship Act 1988 (NT) s 17 (2)(d) für medizinische Behandlungen, die dem Wohl des Betroffenen dienen; Intellectually Disabled Citizens Act 1985 (Qld) s 26A (1).

[157] Bei dem Begriff des besten Interesses handelt es sich um eine freie Übersetzung des englischen Begriffs 'best interest', der, wie noch zu zeigen sein wird, dem deutschen Begriff des „Wohls" inhaltlich sehr ähnlich ist.

[158] *Re Davy* [1892] 3 Ch 38; Guardianship and Administration Board Act 1986 (Vic) s 21 (3); Guardianship and Administration Act 1990 (WA) s 4 (2)(a); Guardianship and Administration Act 1995 (Tas) s 20 (3).

[159] Guardianship and Administration Board Act 1986 (Vic) s 21 (2); Guardianship Act 1987 (NSW) s 4 (b); Guardianship and Management of Property Act 1991 (ACT) s 11; Guardianship and Administration Act 1990 (WA) s 4 (2)(c); Guardianship and Administration Act 1993 (SA) s 5 (d); Guardianship and Administration Act 1995 (Tas) s 6 (a); Adult Guardianship Act 1988 (NT) s 4 (a); Powers of Attorney Act 1998 (Qld) s 76, Sch 1, 7 (3)(c). Dem Guardian kann somit auch ein lediglich begrenzter Aufgabenkreis übertragen werden, beispielsweise die Einwilligung in medizinische Eingriffe im Allgemeinen oder auch nur die Einwilligung in eine bestimmte Behandlung.

[160] Dieser Grundsatz ist in fast allen Staaten ausdrücklich in den Betreuungsgesetzen festgehalten, siehe Adult Guardianship Act 1988 (NT) s 4 (b); Guardianship Act 1987 (NSW) s 4(a); Guardianship and Administration Act 1995 (Tas) s 6 (b); Guardianship and Administration Board Act 1986 (Vic) s 4 (2)(b); Guardianship and Administration Act 1990 (WA) s 4 (2)(a); Guardianship and Management of Property Act 1991 (ACT) s 3(2)(c). Dafür ist es gemäß allen diesen Vorschriften erforderlich, die Ansichten oder Wünsche des

Obgleich der Einwilligung des Stellvertreters die gleiche rechtfertigende Wirkung zukommt wie der Einwilligung des Patienten selbst, ist seine Entscheidungsbefugnis auf Entscheidungen beschränkt, die dem besten Interesse des Patienten dienen[161]. Dies gilt insbesondere auch für solche Entscheidungen, die den Bereich der Gesundheitsfürsorge betreffen[162]. Dabei handelt er diesem besten Interesse entsprechend, wenn er die Wünsche des Betroffenen so weit wie möglich bei seinen Entscheidungen berücksichtigt[163]. Ist der Patient nicht mehr in der Lage, solche zu äußern, dann ist eine objektive Bestimmung des besten Interesses des Betroffenen vorzunehmen[164].

Die Einwilligungsbefugnis des Guardian ist zudem insoweit beschränkt, als in allen Staaten für Eingriffe von besonderer Intensität die zusätzliche Zustimmung des für seine Ernennung und Kontrolle zuständigen Gremiums erforderlich ist[165], das davon überzeugt werden muss, dass der Eingriff auch wirklich dem besten Interesses des Patienten dient[166].
Da in den meisten Staaten gesetzlich vorgesehen ist, dass auch Ehegatten, Verwandte oder sonstige mit der Pflege und Sorge des Patienten betraute Personen

---

Betroffenen bei jeder ihn betreffenden Entscheidung zu berücksichtigen.

[161] *Skene*, Law and Medical Practice, S. 82; dies ist auch in fast allen Staaten ausdrücklich geregelt, vergleiche Guardianship and Administration Board Act 1986 (Vic) s 28 (1); Guardianship and Administration Act 1995 (Tas) s 27 (1); Guardianship and Administration Act 1990 (WA) s 51 (1); Adult Guardianship Act 1988 (NT) s 20 (1); Guardianship and Management of Property Act 1991 (ACT) s 14 (1) regelt, dass der Betreuer, so weit wie angemessen, die Entscheidungen zu treffen hat, wie der Betreute sie getroffen hätte, wenn er dazu in der Lage wäre; erst wenn es nicht möglich ist, den hypothetischen Willen des Betreute zu ermitteln, soll der Betreuer gemäß s 14 (3) dem Wohl des Betreuten entsprechend handeln.

[162] Guardianship Act 1987 (NSW) ss 32(b), 36 (1)(a), 45(1); Adult Guardianship Act 1988 (NT) ss 17 (2)(d); 21(8) für sogenannte major medical procedures; Guardianship and Administration Act 1993 (SA) s 61(2); Guardianship and Administration Board Act 1986 (Vic) ss 24 (2)(d), 36(1); Powers of Attorney Act 1998 (Qld) s 76, Sch 1, 12 (1)(b); Guardianship and Administration Act 1995 (Tas) ss 25 (2)(e), 43 (1)(b).

[163] Guardianship and Administration Board Act 1986 (Vic) s 28 (2)(e); Adult Guardianship Act 1988 (NT) s 20 (2)(e); Guardianship and Administration Act 1990 (WA) s 51 (2)(e).

[164] *Shotton*, S. 58.

[165] Guardianship and Administration Act 1993 (SA) s 61; Guardianship and Administration Act 1995 (Tas) s 39 (2); Guardianship and Management of Property Act 1991 (ACT) s 70; Adult Guardianship Act 1988 (NT) s 21(2); Guardianship and Administration Board Act 1986 (Vic) s 37 (1); Guardianship and Administration Act 1990 (WA) s 57 (1)(a). Beispielsweise handelt es sich in ACT bei diesen Eingriffen, die der Zustimmung bedürfen, gemäß Guardianship and Management of Property Act 1991 (ACT) s 4 um (1) Schwangerschaftssabbruch, (2) Sterilisation, (3) Hysterectomy, (4) medizinische Empfängnisverhütung, (5) Entnahme von nicht regenerierbarem Gewebe zur Transplantation; und (6) jede andere im Gesetz bestimmte Behandlung, während nach dem Adult Guardianship Act 1988 (NT) s 21 (4) jeder Eingriff, der im Zusammenhang mit Verhütung oder einem Schwangerschaftssabbruch steht, dieser Zustimmung bedarf.

[166] *Skene*, Law and Medical Practice, S. 133.

in medizinische Behandlungseingriffe einwilligen dürfen[167], wird die Bestellung eines Guardians für Gesundheitsangelegenheiten die Ausnahme darstellen. In den Staaten, in denen für die Einwilligung durch diesen Personenkreis keine ausdrückliche gesetzliche Regelung besteht, ist für die Einwilligung durch eine solche Person keine rechtliche Basis vorhanden[168], es sei denn der Angehörige ist von dem Patienten als Stellvertreter bevollmächtigt oder als Guardian eingesetzt worden[169]. Eine Entscheidung durch den Mediziner selbst ist außerhalb von Notfällen auf keinen Fall gerechtfertigt.

2. Vom Patienten ernannter Stellvertreter

Einige Staaten sehen die Ernennung eines Stellvertreters durch den volljährigen Betroffenen selbst mittels einer schriftlichen Erklärung vor[170], der auch in medizinische Behandlungen einwilligen darf[171]. Diese Vollmacht entfaltet jedoch im Hinblick auf medizinische Entscheidungen erst mit Eintritt der Einwilligungsunfähigkeit des Patienten ihre Wirksamkeit[172].

Mit einer solchen Erklärung kann sowohl eine generelle Einwilligungsbefugnis übertragen, es kann jedoch auch eine bestimmte Entscheidung vorgesehen oder

---

[167] So ist in Guardianship Act 1987 (NSW) s 33-37 vorgesehen, dass ein Ehepartner, ein Verwandter, ein enger Freund oder die Person, die sich um die Pflege und Sorge des Betroffenen kümmert, die Einwilligung in eine medizinische Behandlung des Patienten erteilen dürfen, wenn kein Guardian für diesen Aufgabenkreis eingesetzt ist. In Queensland ist gemäß Powers of Attorney Act 1998 (Qld) s 63 (1) zunächst der von dem Patienten ernannte Stellvertreter, dann die Person, die die Pflege und Sorge des Patienten übernommen hat und dann ein naher Freund oder Familienangehöriger für die Einwilligung in medizinische Behandlungen zuständig. Erst wenn diese Personen nicht verfügbar sind, ist der Guardian zuständig, siehe Powers of Attorney Act 1998 (Qld) s 63(2); Gemäß Guardianship and Administration Act 1990 (WA) s 119 (2), (3) kann auch ein Verwandter oder auch nur eine Person, mit der eine enge persönliche Beziehung besteht, die Einwilligung erteilen, wenn kein Betreuungsverhältnis besteht; auch gemäß Guardianship and Administration Act 1993 (SA) s 59 (2)(b)(i) kann auch ein Verwandter die Einwilligung erteilen, wenn kein Guardian existiert oder dieser nicht erreichbar ist; ebenso billigt der Guardianship and Administration Act 1995 (Tas) ss 4, 39 Verwandten das Recht zur Einwilligung in medizinische Behandlung zu.

[168] In den anderen Staaten und Territorien kommt Verwandten keine Stellvertretungsbefugnis zu, siehe *Re T (adult refusal of treatment)* [1993] Fam 95 at 103; [1992] 4 All ER 649 at 653 (CA); *Re Kinney* (unreported, Fullagar J, 23 December 1988, Vic SC).

[169] *Skene*, (1997) 1 Monash University Law Review, 77 (90).

[170] Guardianship Act 1987 (NSW) s 6, wobei dieser Betreuer als *enduring guardian* bezeichnet wird; Guardianship and Administration Act 1993 (SA) s 25; Guardianship and Administration Act 1995 (Tas) s 32. Allein für medizinische Behandlungsentscheidungen: Medical Treatment Act 1994 (ACT) s 13; Consent to Medical Treatment and Palliative Care Act 1995 (SA) s 8; Medical Treatment Act 1988 (Vic) s 5A (1)(a).

[171] Guardianship Act 1987 (NSW) s 6 E (1)(d); Consent to Medical Treatment and Palliative Care Act 1995 (SA) s 8; Powers of Attorney Act 1998 (Qld) s 35 (1)(c); Medical Treatment Act 1994 (ACT) s 13; Medical Treatment Act 1988 (Vic) s 5A (1)(a).

[172] Siehe zum Beispiel Medical Treatment Act 1988 (Vic) s 5A(2)(b).

ausgeschlossen werden[173]. Ebenso ist es möglich, den Vertreter mit der Verweigerung der Einwilligung in eine bestimmte Behandlung zu betrauen[174]. Der Vertreter darf seine Einwilligung jedoch grundsätzlich nur in legale Eingriffe und Behandlungsmethoden erteilen[175].
Die Einsetzung eines solchen Vertreters zum Zwecke der Einwilligungen in Forschungsuntersuchungen für den Fall späterer Einwilligungsunfähigkeit wird in Australien derzeit nicht diskutiert.

3. Stellvertretung bei Minderjährigen

Die Entscheidung darüber, wie und ob ein Minderjähriger medizinisch behandelt werden soll, steht den Eltern des Kindes zu. Dieses Recht zur Einwilligung bis zum Eintritt der Volljährigkeit beruht auf ihrer 'Verantwortung als Eltern' (*parental responsibilities*)[176]. Verbunden mit diesem Recht ist immer auch der Anspruch der Eltern auf eine ausführliche Aufklärung, die sie erst befähigt, eine vernünftige Entscheidung zu treffen.
Der Entscheidungsbefugnis der Eltern ist jedoch durch das beste Interesse des Kindes eine Grenze gesetzt[177].
Da die Bestimmung dessen, was dem besten Interesse des Kindes dient, immer von einer Abwägung der Umstände des konkreten Einzelfalls abhängig ist, haben die Gerichte es wiederholt abgelehnt, feste Regeln oder Prinzipien zur Bestimmung dieses Begriffs festzulegen[178].

Das generelle Ziel des Prinzips des besten Interesses des Kindes besteht darin, die Entwicklung eines selbständigen jungen Erwachsenen zu fördern. Es umfasst nicht nur das objektive körperliche und wirtschaftliche Wohl, sondern auch das subjektive Wohlergehen und Glück des Kindes[179]. Dabei kommt den Wünschen

---

[173] The Laws of Australia, 20.9 Guardianship and Management of Property, Chapter 3, Rn 13.
[174] Medical Treatment Act 1988 (Vic) ss 5A, 5B; Medical Treatment Act 1994 (ACT) s 13; Consent to Medical Treatment and Palliative Care Act 1995 (SA) s 8; Powers of Attorney Act 1998 (Qld) s 35 (1)(c).
[175] The Laws of Australia, 20.9 Guardianship and Management of Property, Chapter 3, Rn 13, diese Einschränkung ist ausdrücklich in Powers of Attorney Act 1956 (ACT), s 13(b)(i), Sch Form 2 Pt C para 11 und Guardianship and Administration Act 1993 (SA) s 25(6) genannt, während es in Victoria in den allgemeinen Prinzipien impliziert ist.
[176] Diese ist in Family Law Act 1975 (Cth) ss 61B, 61C(1) als 'alle Pflichten, Rechte, Verantwortungen und Befugnisse (*duties, powers, responsibilities and authorities*), die den Eltern von Rechts wegen in der Beziehung zu ihren Kindern zukommen', definiert.
[177] *Skene*, Medical Procedures for Children, S. 187; *Department of Health and Community Services (NT) v JWB* (*Marion's* case) (1992) 175 CLR 218 (240).
[178] Family Law Council, Sterilisation and other Medical Procedures on Children, S. 43.
[179] So *Dickey*, Family Law, S. 375. Ebenso ist beispielsweise im Family Law Act 1975 (Cth) s 68F (2)(a) bestimmt, dass ein Gericht bei der Bestimmung dessen, was dem besten Interesse des Kindes dient, die Wünsche des Kindes einbeziehen muss.

des Kindes mit seinem Heranwachsen ein immer größeres Gewicht zu, während die Bedeutung der elterlichen Autorität in gleichem Maße abnimmt[180].

Das beste Interesse ist nicht allein den Ansichten oder Maßstäben der Eltern entsprechend zu bestimmen, sondern es ist auch eine gewisse objektive Komponente zu beachten, indem die Entscheidung zumindest in die Bandbreite dessen fallen muss, was in der Gesellschaft als der Norm entsprechend anerkannt ist[181]. Die Pflicht der Eltern, Entscheidungen zu treffen, die dem besten Interesse des Kindes dienen, wird so ausgelegt, dass sie nichts tun dürfen, was dem besten Interesse des Kindes eindeutig zuwiderläuft[182].

Bei der Entscheidung über eine medizinische Behandlung, verlangt der am besten Interesse des Betroffenen orientierte Maßstab, dass der Entscheidungsträger eine objektive Abwägung der mit der Behandlung verbundenen Lasten und deren Nutzen durchführt[183]. Allerdings ist der Entscheidungsspielraum nicht auf das bloße körperliche Wohl des Kindes beschränkt, sondern der Stellvertreter soll auch dessen seelisches Wohlergehen mit einbeziehen[184].

---

[180] Family Court Council, S. 43.

[181] *Horman v Horman*, FLC (Australian Family Law Cases) (1976) 90-024 auf S. 75,114, wobei es in diesem Fall um eine Sorgerechtsentscheidung ging. Dabei wird zuerkannt, dass bei einem derartig weiten Auslegungsspielraum, der dem Auslegenden keine klaren Leitlinien gibt, die Gefahr besteht, dass die Entscheidung allein den Werten des Entscheidenden entsprechend getroffen wird, so beispielsweise Brennan J in *Marion's case* (1992) 175 CLR 218, S. 270-271; ebenso Family Law Council, S. 44.

[182] Diese Interpretation stammt von Lord Reid aus dem englischen House of Lords Fall *S v S* [1970] 3 All ER 107, ist jedoch auch in Australien anerkannt.

[183] The Laws of Australia, 20.6, Consent, Chapter 2, Rn 8.

[184] So wurde zum Beispiel in *Re GWW (husband) and CMW (wife)* (1997) 21 Fam LR 612 vom Family Court entschieden, dass die Knochenmarkspende eines Kindes für seine Tante dem Wohl des Kindes entsprach, weil die Beziehung des Kindes zu seiner Tante die Risiken der Behandlung überwog. Dem entspricht es auch, dass alle Staaten außer NT die Spende von regenierbarem Gewebe durch Minderjährige für die Transplantation in den Körper eines Elternteils, eines Geschwisters (so Human Tissue Act 1983 (ACT) s 10; Transplantation and Anatomy Act 1979 (Qld) s 12 B; Human Tissue Act 1983 (NSW) s 10; Human Tissue Act 1982 (Vic) s 15 (1)) oder eines anderen Familienmitglieds (so Human Tissue Act 1985 (Tas) s 12; Human Tissue and Transplant Act 1982 (WA) s 13 (1)) vorsehen, in die die Eltern einwilligen können. Durch diese Vorschriften wird der subjektiven Seite des Wohls Rechnung getragen, auch wenn das objektive körperliche Wohl derartigen Eingriffen entgegenzustehen scheint. Lediglich gemäß dem Transplantation and Anatomy Act 1983 (SA) s 13 (1) reicht es aus, wenn eine beliebige lebende Person der Empfänger des Gewebes sein soll. In den meisten Staaten sind diese Eingriffe jedoch nur dann zulässig, wenn der Minderjährige in der Lage ist, den Eingriff zu verstehen und zuzustimmen und er seine Einwilligung erteilt (siehe Human Tissue Act 1983 (ACT) s 11 (c); Human Tissue Act 1983 (NSW) s 11; Human Tissue Act 1985 (Tas) s 12, 13; Transplantation and Anatomy Act 1983 (SA) s 13 (1), (2); und Human Tissue and Transplant Act 1982 (WA) s 13 (1), (2)). Lediglich gemäß Transplantation and Anatomy Act 1979 (Qld) s 12D(1) kann unter der Voraussetzung, dass der Empfänger

4. Entscheidung durch Gerichte

In bestimmten Fällen kann den Gerichten die Befugnis zukommen, Entscheidungen darüber zu treffen, was dem besten Interesse des betroffenen Patienten entspricht, wenn dieser nicht in der Lage ist, eine eigene Entscheidung zu treffen[185]. So sind bei Minderjährigen bestimmte Eingriffe zum Schutz seiner Interessen nicht von der generellen Stellvertretungsbefugnis der Eltern umfasst, mit der Folge, dass deren Einwilligung auch dann nicht ausreicht, wenn sowohl sie selbst als auch der Arzt der Ansicht sind, dass ein Eingriff dem besten Interesse des Kindes dient[186]. Erst die Entscheidung des Gerichts gibt ihnen eine Vollmacht, in einen solchen Eingriff einzuwilligen[187].

Die Befugnis des Staates, einen ärztlichen Eingriff zu genehmigen, ergibt sich aus seiner Rolle als Beschützer von Kindern im Interesse der Gesellschaft[188]. Einer solchen Gerichtsentscheidung bedarf es dann, wenn es sich um einen nicht rückgängig zu machenden, bedeutenden chirurgischen Eingriff handelt, und ein erhebliches Risiko besteht, eine falsche Entscheidung zu treffen, entweder im Hinblick auf die derzeitige oder zukünftige Einwilligungsfähigkeit des Minderjährigen oder bezüglich der Frage, was dem besten Interesse des Kindes am ehesten dient, und wenn zudem die Konsequenzen einer falschen Entscheidung besonders schwerwiegend sind[189].

---

ohne die Transplantation wahrscheinlich sterben wird und das Risiko für den Minderjährigen minimal ist, auf dessen Einwilligung verzichtet werden, während nach dem Human Tissue Act 1982 (Vic) s 15(2)(d) ein solcher Verzicht nur dann möglich ist, wenn der Transplantatempfänger ein Geschwisterteil des Minderjährigen ist, das ohne die Transplantation der Gefahr des Todes ausgesetzt wäre und der Spender nicht in der Lage ist, Natur und Folgen der Gewebeentnahme zu verstehen.

185 Law for the Medical Profession in Australia, S. 91.

186 So hat zum Beispiel in *Department of Health and Community Services (NT) v JWB* (*Marion's* case) (1992) 175 CLR 218 (HCA) und danach auch in *P v P* (1994) ALR 545 (HCA), der High Court of Australia entschieden, dass Eltern nicht das Recht zusteht, einer nicht-therapeutischen Sterilisation ihrer Tochter zuzustimmen, sondern dass es hierfür der zustimmenden Entscheidung eines Gerichtes bedarf. In ersterer Entscheidung wurde auch festgestellt, dass das Wohl des Kindes zwar meistens mit den Wünschen der Eltern übereinstimmt, dass dies jedoch nicht immer der Fall sein muss.

187 Dies wurde beispielsweise für den Fall der Sterilisation bejaht, aber auch der Knochenmarksspende.

188 *Skene,* Law and Medical Practice, S. 123.

189 Siehe *Department of Health and Community Services (NT) v JWB* (*Marion's* case) (1992) 175 CLR 218 (250), wo das Vorliegen dieser Voraussetzungen betreffend die Sterilisation eines geistig behinderten minderjährigen Mädchens bejaht wurde. Ebenso bei einer Knochenmarkspende eines Minderjährigen, die der Rettung des Lebens seiner Tante dienen sollte.

D. Zwischenergebnis

Die Darstellung der rechtlichen Behandlung des ärztlichen Heileingriffs in Deutschland und Australien hat gezeigt, dass in beiden Ländern für dieses Rechtsgebiet sehr ähnliche Grundsätze gelten.

So wird in beiden Ländern dem Selbstbestimmungsrecht des Patienten größte Bedeutung zugemessen, mit der Konsequenz, dass auch eine dessen objektivem gesundheitlichen Wohl dienende Heilbehandlung nur dann rechtmäßig sein kann, wenn er selbst seine freiwillige Einwilligung hierzu erteilt hat. Liegt eine solche nicht vor, hat der behandelnde Arzt sowohl zivilrechtliche als auch strafrechtliche Konsequenzen zu fürchten.

Im Ergebnis entspricht es den Grundsätzen der mutmaßlichen Einwilligung, wenn die persönliche Einwilligung in eine ärztliche Behandlung auch nach australischem Recht nur dann verzichtbar ist, wenn der Patient nicht in der Lage ist, eine Einwilligung zu erteilen, die Behandlung aber in seinem eigenen Interesse geboten ist, um Schaden für seine Gesundheit abzuwenden. Auch in Bezug auf die Tatsache, dass außerhalb solcher Notsituationen immer ein Stellvertreter des einwilligungsunfähigen Patienten - und nicht etwa der Arzt - die Behandlungsentscheidung zu treffen hat, ist die Rechtslage vergleichbar.

Weiterhin stimmen die Regeln der Stellvertretung inhaltlich dahingehend überein, dass die Person, die mit dieser Vertretung in Gesundheitsangelegenheiten betraut ist, nur dann eine Einwilligung in einen medizinischen Eingriff erteilen darf, wenn dieser dem Wohl des Patienten zu dienen bestimmt ist.

Aufgrund der überwiegenden inhaltlichen Parallelen des rechtlichen Umgangs mit der ärztlichen Heilbehandlung bleibt festzustellen, dass die Tatsache, dass das australische Recht in diesem Bereich teils auf richterlicher Rechtsprechung und teils auf der Gesetzgebung der einzelnen Staaten beruht, nicht zu entscheidenden Unterschieden in der tatsächlichen Rechtslage zu führen scheint.

§ 5: Die ärztliche Behandlung außerhalb des Heileingriffs

Die Rechtslage betreffend die von der standardgemäßen Heilbehandlung abweichenden ärztlichen Maßnahme stellt sich wesentlich komplizierter dar. Um die rechtliche Situation dieser medizinischen Eingriffe differenziert untersuchen zu können, ist es zunächst erforderlich, das Verhältnis von Heilbehandlung und Forschung und ihre unterschiedliche Bedeutung für den Betroffenen darzustellen.

A. Die verschiedenen Formen der Forschung

Allein die Tatsache, dass ein Arzt eine medizinische Handlung in seiner Praxis oder einer Klinik durchführt, macht diese nicht zu einer Heilbehandlung. Dieser Grundsatz gilt insbesondere für Forschungseingriffe. Es wird außerhalb der Standardtherapie zwischen Heilversuch oder Therapieversuch, wissenschaftlichem Versuch (Humanexperiment) und wissenschaftlichen und therapeutischen klinischen Prüfungen unterschieden. Die Abgrenzung zwischen diesen Varianten ist nach ihrem jeweiligen Zweck und dem Verhältnis zum ärztlichen Standard vorzunehmen[190].

Grundlegend ist hierbei zunächst die Unterscheidung von Standardbehandlung, Heilversuch und wissenschaftlichem Experiment[191]. Es ist anerkannt, dass das Gegensatzpaar hier nicht Versuch und Erfolg, sondern Versuchsbehandlung und Standardbehandlung heißt[192]. Denn bei keinem Einsatz einer auch noch so oft erfolgreich angewandten Therapiemethode ist der Erfolg garantiert. Jede Heilbehandlung stellt folglich ein Stück weit immer auch den Versuch dar, ob die Therapie gerade in dem konkreten Fall wirken wird[193]. Daher ist bei der rechtlichen Einordnung und Beurteilung auf die Art und Zielsetzung der Behandlung abzustellen und nicht auf ihren Erfolg. So kann je nach Zielrichtung des Eingriffs zwischen Heilversuch und wissenschaftlichem Experiment unterschieden werden[194]. Während ein Heilversuch mit therapeutischer Absicht durchgeführt wird, ist es ausschließlicher Zweck eines Experiments, Fortschritte für die Wis-

---

[190] *Hart*, MedR 94, 94.

[191] Diese Unterscheidung traf auch der BGH in dem vielzitierten Thorotrast Urteil BGHZ 20, 61 (66).

[192] *Hart*, MedR 94, 95; *Deutsch*, Karlsruher Forum, S.11; derselbe in Medizinrecht, S. 385; *Laufs*, Arztrecht, S. 378.

[193] *Illhardt*, S. 146; *Heyd*, S.192, der die Rechtfertigung dieser Art von "Experiment" durch das Eigeninteresse des Patienten sichergestellt sieht. Dieser experimentelle Charakter jeder Heilbehandlung wird auch in Australien anerkannt, vergleiche *Pullin*, Human Experimentation - Research and the Individual, S. 48.

[194] *Hart*, MedR 94, 95; *Schimikowski*, S. 8.

senschaft zu erzielen, woraus zu einem zukünftigen Zeitpunkt ein Nutzen für die Allgemeinheit erwachsen kann[195].
Soweit es Bestrebungen gibt, die Differenzierung zwischen therapeutischer und nichttherapeutischer Forschung aufzugeben[196], so muss dem - trotz aller damit verbundener Schwierigkeiten[197] - vehement entgegengetreten werden, da ohne eine solche keine Möglichkeit besteht, den besonderen Schwierigkeiten der Forschung mit einwilligungsunfähigen Personen gerecht zu werden.

I. Standardgemäße Heilbehandlung
Die standardgemäße Heilbehandlung wird ausschließlich zum individuellen Nutzen des Kranken durchgeführt[198]. Dabei wird der Standard in der Medizin als jeweiliger Stand der naturwissenschaftlichen Erkenntnisse und der ärztlichen Erfahrung, der zur Erreichung des ärztlichen Behandlungsziels erforderlich ist und sich in der Erprobung bewährt hat, definiert[199].

II. Heilversuch und Behandlung mit potentiellem Nutzen für den Patienten
Der Heilversuch beginnt dort, wo der medizinische Standard aufhört, er stellt eine Kombination aus Forschung und Heilbehandlung dar[200]. Man versteht darunter einen vom Standard abweichenden Therapieversuch, der auf einer wissenschaftlich plausiblen Hypothese beruhend[201] den ärztlichen Standard verändern, einen neuen begründen oder überprüfen will, um dem Kranken zu helfen[202]. Er zeichnet sich somit insbesondere auch durch die therapeutische Absicht aus, die hinter der neuartigen Behandlungsmethode steht[203]. Ein mit dem Heilversuch gleichzeitig verbundenes Forschungsinteresse schadet dem Heilbehandlungscharakter der Maßnahme nicht, wenn das Verfahren als Heil-

---

195 So auch *Laufs* in Laufs/Uhlenbruck, Handbuch des Arztrechts, § 65 Rdnr. 8.
196 So der Änderungsvorschlag zur Revidierten Deklaration von Helsinki der American Medical Association, der in Santiago de Chile allerdings wieder zurückgezogen wurde, siehe Deutsches Ärzteblatt 41/1999, S. C-1901; trotz aller Kritik an dieser Unterteilung ist auch *Maio*, Dt Ärztebl 2000; 97: A 3242 (3246) gegen die Aufgabe dieser Differenzierung, da dadurch der Schutz der nicht einwilligungsfähigen Personen geschwächt werden könnte.
197 Zu den mit dieser Differenzierung verbundenen Schwierigkeiten *Vollmann*, EthikMed 2000, S. 65 ff; *derselbe* in Aufklärung und Einwilligung in der Psychiatrie, S. 129 ff.
198 *Helmchen/Lauter*, S. 12.
199 *Hart*, MedR 94, 95.
200 *Holzhauer*, NJW 92, 2326.
201 So verlangt *Laufs* in Laufs/Uhlenbruck, § 130 Rdnr. 23 dafür gewisse Anhaltspunkte oder Erfahrungen z.B. mit Vorversuchen.
202 *Giesen* verlangt dabei, dass die Wahrscheinlichkeit der Genesung mit der neuen Behandlungsmethode wahrscheinlicher sein muss als mit der anerkannten (S. 20).
203 *Laufs*, Arztrecht, S. 379.

behandlung ernsthaft in Betracht kommt und das individuelle Heilinteresse dominant oder zumindest wesentlich mitbestimmend bleibt[204].
Dabei kann jedoch der Anteil der therapeutischen Zielsetzung je nach Art des Versuchs sehr unterschiedlich sein[205]. Die Spanne des Heilversuchs reicht dabei von der erstmaligen, innovativen Anwendung einer neuen Behandlungsmethode bis zur systematischen Überprüfung ihrer Wirksamkeit[206].
In diesem Zusammenhang ist insbesondere streitig, ob die erstmalige Erprobung einer Methode unter den Heilversuch fallen kann, da sie eventuell mangels Erfahrung nicht objektiv indiziert sein könnte[207]. So wird argumentiert, dass es schon an der objektiven wissenschaftlichen Plausibilität der einer solchen Behandlung zugrunde liegenden Hypothese fehle. Der Arzt könne aus diesem Grund nicht mit Sicherheit davon ausgehen, dass die Chancen das mit ihr verbundene Risiko überwiegen, er könne allenfalls hoffen. Da eine derartige Sicherheit jedoch selbst bei anerkannten Heilverfahren nicht gewährleistet ist, kann diese Argumentation nicht überzeugen.
Auch bei der erstmaligen Erprobung einer Behandlungsmethode am Menschen werden aufgrund verschiedener Vorversuche, z. B. mit Tieren oder im Labor, gewisse Anhaltspunkte für einen möglicherweise zu erwartenden Erfolg vorliegen, die bis zu einem gewissen Grad Aufschlüsse über die Angemessenheit des Versuchs geben können, auch ohne dass eine vorherige Erprobung am Menschen stattgefunden hat[208]. Liegen solche Anhaltspunkte vor, die Anlass zur Hoffnung auf Erfolg der Behandlung geben, so kann auch eine erstmalige Anwendung am Menschen in den Bereich der Heilversuche fallen.

Eine genaue Bestimmung des erforderlichen Maßes an Indiziertheit ist jedoch nicht möglich. Es gilt der Grundsatz, dass die Anforderungen an die Wahrscheinlichkeit des Erfolgs der neuartigen Heilbehandlung umso niedriger sein dürfen, je aussichtsloser die Lage für den betroffenen Patienten ohne ihre Anwendung ist[209]. Stellt eine Behandlung mangels anderer erfolgversprechender oder erwiesenermaßen besserer Verfahren die einzige Rettungschance dar, so steht sie bedingt durch das subjektive Heilungsinteresse trotz ihres objektiv eher

---

[204] *Eser*, Gedächtnisschrift für Schröder, S.199; *ders.*, Legitimationsprobleme sozialwissenschaftlicher Forschung, S. 181; ders., Der Chirurg 1979, S. 217; ebenso *Schimikowski*, S. 8, der verlangt, dass der Heilzweck zumindest vorrangig sein muss; auch *Böth*, S. 25 fordert, dass die Behandlung in erster Linie Heilzwecken dienen muss.
[205] *Helmchen/Lauter*, S. 13.
[206] *Hart*, MedR 94, 99; für die Zugehörigkeit der erstmaligen Anwendung zu der Gruppe der Heilversuche auch *Böth*, S. 25; *Helmchen/Lauter*, S. 13.
[207] *Grahlmann*, Heilbehandlung und Heilversuch, S. 10; *Schölmerich*, S. 42, sieht die Neulandoperationen als Humanexperimente an, während *Helmchen*, Verantwortung und Ethik in der Therapie-Forschung, S.57, sie dem Heilversuch zuordnet.
[208] *Laufs*, Arztrecht, S. 386.
[209] *Laufs*, Arztrecht, S. 386.

experimentellen Charakters dennoch der Kategorie der Heilbehandlung näher[210]. In einem solchen Fall sind daher auch die für die Heilbehandlung geltenden Rechtsregeln anzuwenden. Zusätzlich ist zu überlegen, ob nicht ergänzend eine Interessenabwägung hinzukommen muss[211].
Die Grenze zwischen Therapie und Heilversuch kann nicht immer klar gezogen werden[212], beispielsweise, wenn es noch keine anerkannte Standardtherapie gibt. Da die Grenzen zur Außenseiterbehandlung in diesem Fall fließend und schwer zu bestimmen sind, kann es durchaus zu Überschneidungen kommen.

Nicht nur die Behandlung eines Einzelnen kann einen Heilversuch darstellen, sondern auch ganze Versuchsreihen können, soweit dabei die Behandlung des Einzelnen erfolgversprechend ist, unter diesen Begriff fallen[213]. Allerdings werden bei systematischen Studien - selbst wenn diese eine therapeutische Zielsetzung haben - aufgrund der vorgegebenen Versuchsanordnung die Interessen des Einzelnen oftmals dem Forschungszweck untergeordnet, so dass die Teilnahme an einer solchen Therapiestudie nur bedingt mit einem Individualheilversuch vergleichbar ist.

Rechtlich ebenso zu behandeln wie der Heilversuch im engeren Sinne sind die Versuche, die dem Wohl des Patienten dienen sollen, aber nicht unmittelbar zum Zweck der Therapie vorgenommen werden[214].
Dies kann zum Beispiel bei Versuchen mit Diagnostika der Fall sein[215], wenn von diesen ein potentieller Nutzen für den Patienten zu erwarten ist. Dies ist beispielsweise dann möglich, wenn bereits eine Therapie für die zu diagnostizierende Krankheit existiert und die zu erprobende Methode weniger belastungsintensiv ist[216] oder sonstige Vorteile, wie ein besseres oder früheres Erkennen der

---

[210] *Eser*, Gedächtnisschrift für Schröder, S. 199; ebenso *Helmchen*, Ethische Probleme der medizinischen Forschung, S. 46; a.A. *Grahlmann*, Heilbehandlung und Heilversuch, S. 14, der eine Indikation bei diesen ultima-ratio Fällen auch nur dann sieht, wenn aufgrund ausreichender Erfahrung eine ausreichende Beurteilung von Indikationen und Kontraindikationen möglich ist.
[211] *Eser*, Der Chirurg 1979, S. 217.
[212] *Schreiber*, Rechtliche Regeln, S. 17.
[213] So *Deutsch*, Medizinrecht, S. 459; *Maio*, Dt Ärztebl 2000; 97: A 3242 ff. weist auf die Gefahr hin, dass der therapeutische Versuch durchaus wesentlich gefährlicher und gewagter sein kann als der nichttherapeutische; ebenso *Vollmann*, Ethik in der Medizin, S. 65 (71).
[214] Auch die "Richtlinien für neuartige Heilbehandlung und für die Vornahme wissenschaftlicher Versuche am Menschen" des Reichsministeriums des Innern von 1931 zählten zum Heilversuch unter anderem solche Behandlungsweisen, die in einem einzelnen bestimmten Behandlungsfall der Verhütung einer Krankheit oder eines Leidens dienten.
[215] Ebenso *Fischer*, Medizinische Versuche am Menschen, S. 4.
[216] Ebenso auch *Helmchen/Lauter*, S. 14; *Deutsch*, Medizinrecht, S. 459 sieht es für die Einordnung von Diagnoseversuchen als Heilversuchen als ausreichend an, wenn die Krankheit sicherer oder schneller festgestellt werden kann.

Krankheit und damit auch ein früherer Therapieeinsatz durch das neue diagnostische Verfahren zu erwarten sind. Ein früherer Therapieeinsatz kann aber auch nur dann einen wirklichen Vorteil für den Betroffenen darstellen, wenn dadurch größere Heilungs- oder Linderungschancen des Patienten zu erwarten sind[217]. Ist ein solcher individueller Nutzen durch die Diagnose nicht erkennbar, so sind derartige Versuche eher in dem Bereich des wissenschaftlichen Experiments anzusiedeln[218].

Wissenschaftliche Versuche mit Prophylaktika können ebenfalls in die rechtliche Kategorie des Heilversuchs fallen, wenn für den Betroffenen eine bestimmte, über das allgemeine Lebensrisiko hinausgehende, Gefahr besteht, sich mit dieser bestimmten Krankheit zu infizieren[219]. Dies kann insbesondere bei unmittelbar drohenden Krankheitsgefahren, zum Beispiel durch eine Seuche, der Fall sein[220]. Denn in diesen Fällen ist die Erhaltung der körperlichen Unversehrtheit gerade Ziel des Eingriffs, er dient somit unmittelbar der Gesundheit des Betroffenen und steht daher der Heilbehandlung nahe[221].
Besteht keine hinreichende Gefahr der Infektion und sind die Probanden rein zufällig ausgewählt, so ist von einem derartigen Versuch kein hinreichender individueller gesundheitlicher Nutzen für den Probanden zu erwarten[222]; er muss folglich dem Bereich des ausschließlich wissenschaftlichen Versuchs zugeordnet werden.
Folglich sind Versuche mit Diagnostika und Prophylaktika, die einen unmittelbaren Vorteil für den Betroffenen versprechen, und Heilversuche rechtlich gleich zu behandeln. Damit wird auch der gegen die grundsätzliche Unterscheidung von Heilversuch und Experiment geäußerten Kritik genüge getan, die eine Unterteilung in Forschung mit potentiellem individuellem Nutzen für den betroffenen Patienten und solche ohne potentiellen Nutzen fordert[223]. Es wird ihr im Ergebnis entsprochen.

---

[217] So auch *Höfling/Demel*, Zur Forschung mit Nichteinwilligungsfähigen, MedR 1999, S. 540 (541).

[218] Vergleiche *Biermann*, Arzneimittelprüfung am Menschen, S. 350; ebenso *Höfling/Demel*, Zur Forschung mit Nichteinwilligungsfähigen, MedR 1999, S. 540 (541).

[219] Dies ist zum Beispiel der Fall, wenn der Betroffene einer bestimmten Risikogruppe angehört, vergleiche *Fröhlich*, S. 16.

[220] So *Schulze-Fielitz* in Dreier, Art. 2 II Rdnr. 45, der von der Zulässigkeit eines Impfzwangs ausgeht, wenn das öffentliche Interesse zur Abwehr von erheblichen Gefahren für Dritte überwiegt. Dies kann zum Beispiel bei leicht ansteckenden, Leben und Gesundheit von Menschen stark gefährdenden Krankheiten der Fall sein; für erwägenswert hält diesen Ansatz auch *Deutsch*, Rechtliche Grenzen des sozialpsychologischen Experiments, S. 311.

[221] BVerwGE 9, 78 (79).

[222] Anderer Ansicht *von Bar*, Festgabe für Regelsberger, S. 231, der die Immunisierung, wenn sie im Gesundheitsinteresse der betroffenen Person stattfindet, als Heilbehandlung betrachtet, da sie wie diese ein schweres Übel von der Person fernhalten soll.

[223] *Helmchen/Lauter*, S. 11.

III. Der wissenschaftliche Versuch

Ein ausschließlich wissenschaftlicher Versuch - auch oft als Humanexperiment bezeichnet - liegt dann vor, wenn es bei einer Maßnahme nicht - oder allenfalls beiläufig - um die ärztliche Behandlung des Betroffenen geht, sondern ausschließlich - oder jedenfalls primär - um wissenschaftliche Zwecke[224]. Während der Heilversuch der ärztlichen Heilbehandlung zuzuordnen ist, gehört das wissenschaftliche Experiment in den Bereich der Forschung. Es soll dazu dienen, Erkenntnisse über Verursachung, Ablauf und Ausprägung einer Krankheit zu gewinnen[225].

Im Gegensatz zu der standardgemäßen Heilbehandlung und dem Heilversuch, die sich nur hinsichtlich der Neuartigkeit und geringeren Erprobtheit der angewandten Mittel unterscheiden, wird das Humanexperiment somit zu einem völlig anderen Zweck durchgeführt[226]. Bereits aus diesem Grund ist es nicht richtig, auch den Heilversuch als Humanexperiment, das durch einen "therapeutischen Zusatzzweck" gekennzeichnet ist, einzuordnen[227], da dadurch der grundlegend unterschiedliche Ansatz dieser Behandlungsformen verkannt würde.

Trotzdem darf die Einordnung nicht unbedingt von der Motivation des Arztes, seiner subjektiven Einstellung abhängig gemacht werden[228]. Denn hinter dessen Handeln kann im schlimmsten Falle auch bei einer Behandlung, die dem Einzelnen einen gesundheitlichen Nutzen verspricht, eine ausschließlich auf wissenschaftlichen Erkenntnisgewinn gerichtete Motivation stehen. Aus diesem Grund ist für eine sinnvolle Abgrenzung eher an das objektivere Kriterium der Indiziertheit, des potentiellen Nutzens für den Patienten selbst, anzuknüpfen. Das Heranziehen der Intention des Arztes wird zwar in der Regel zu dem gleichen Ergebnis führen, ist jedoch ein zu individueller Anknüpfungspunkt, der - abgesehen davon, dass er kaum zuverlässig zu ermitteln sein wird - nicht zwingend zu dem richtigen Ergebnis führt.

Zwischen den möglichen Erscheinungsformen des wissenschaftlichen Experimentes muss erneut unterschieden werden. So existieren Kombinationen und Variationsformen, die Behandlung und Forschung in unterschiedlicher Weise verbinden. Beispielsweise können im Rahmen von therapeutischen Studien zusätzliche Maßnahmen, wie zum Beispiel Blutabnahmen, die dem Gewinn

---

[224] *Eser*, Gedächtnisschrift für Schröder, S. 200.

[225] *Hart*, MedR 94, 104, Fn 124.

[226] *Giesen*, S. 18.

[227] So aber *Grahlmann*, Heilbehandlung und Heilversuch, S. 26.

[228] Auch *Peter*, Forschung am Menschen, S. 18, hält dieses subjektive Abgrenzungsmerkmal für zweifelhaft; ebenso *Maio*, Dt Ärztebl 2000; 97: A 3242 (3243), der die Unterscheidung von therapeutisch und nichttherapeutisch anhand des Parameters der Intention als künstlich kritisiert; *Fröhlich*, S. 12, hält dies dagegen für den entscheidenden Unterschied zwischen Heilversuch und wissenschaftlichem Versuch.

bestimmter wissenschaftlicher Erkenntnisse dienen sollen, durchgeführt werden, die nicht ärztlich begründet sind und damit für sich betrachtet ausschließlich wissenschaftliche Maßnahmen darstellen, während die eigentliche Behandlung als Heilversuch einzuordnen ist. Aus diesem Grund ist auch bei der Nutzung von Blut- oder Gewebeproben, die im Rahmen von therapeutischen Maßnahmen entnommenen wurden, zu beachten, dass die Einwilligung des Patienten oder seines Stellvertreters in den hierfür erforderlichen Eingriff zwar die Verwendung der Materialien zu diesen therapeutischen Zwecken erfasst, nicht jedoch deren Verwendung zu wissenschaftlichen Zwecken[229]. Hierzu sind grundsätzlich gesonderte Aufklärung und Einwilligung erforderlich.

Je nach Einordnung der einzelnen, für sich zu betrachtenden, Maßnahme sind unterschiedliche rechtliche Folgen und Voraussetzung an ihre Durchführung geknüpft.
Einigkeit besteht dahingehend, dass bei einem wissenschaftlichen Experiment gegenüber dem Heilversuch gesteigerte medizinisch-ethische und aufklärungsbezogene Anforderungen zu stellen sind[230]. Dabei gilt der Grundsatz, dass, je näher die Behandlung der Forschung steht und je neuartiger die Behandlungsmethode ist, die rechtlichen Anforderungen umso restriktiver und strenger sein müssen.

IV. Kritik an der Einteilung in Heilversuch und wissenschaftliche Forschung

Die Unterscheidung zwischen Heilversuch und ausschließlich wissenschaftlicher Forschung wird teilweise kritisiert. Als Argument dieser Kritik wird insbesondere angeführt, diese Unterscheidung sei nicht differenziert genug, um die Vielfalt der möglichen Forschungsdesigns ausreichend zu berücksichtigen. Als Alternative wird die Unterteilung in Forschung mit potentiell individuellem Nutzen für den betroffenen Patienten und solche ohne potentiellen Nutzen vorgeschlagen[231].

Dieser Ansatz ist - wie bereits angesprochen - insofern richtig, als die wörtliche Auslegung des Begriffs *Heil*versuch eine Subsumtion von Versuchen mit Diagnostika und Prophylaktika unter diesen Begriff verbieten würde, da es sich dabei gerade nicht um Maßnahmen handelt, die unmittelbar der *Heilung* eines kranken Menschen dienen sollen. Dieser Aspekt der Kritik ist bereits durch die

---

[229] *Lippert*, MedR 2001, 406 (407).
[230] So auch *Laufs* in Laufs/Uhlenbruck, Handbuch des Arztrechts, § 65 Rdnr. 10, der eine Einschränkung der Einwilligungs- und Aufklärungserfordernisse bei diesen Experimenten unter keinen Umständen zulassen will.
[231] *Helmchen/Lauter*, S. 11; dieser Kritik stimmt *Fröhlich*, S. 17 ff. zu.

im Rahmen dieser Arbeit vertretene Auslegung des Begriffs des Heilversuchs berücksichtigt.

Weiterhin wird gegen eine derartige Einteilung vorgebracht, eine differenzierte Beurteilung von Forschung mit potentiell mittelbarem, indirektem Nutzen für den Betroffenen sei mit dem herkömmlichen Einordnungsschema nicht möglich. Ein solcher sei zum Beispiel dann zu erwarten, wenn zwar die Forschungsuntersuchung selbst nicht direkt auf Heilung oder sonstigen unmittelbaren Nutzen für den Teilnehmer gerichtet ist, jedoch damit gerechnet werden kann, dass mit ihrer Hilfe Ergebnisse erzielt werden, die ihrerseits in absehbarer Zeit zu der Entwicklung einer Behandlungsmethode führen werden, von der die Forschungsteilnehmer selbst profitieren können.
Als Beispiel können die therapiebegleitenden wissenschaftlichen Untersuchungen - wie zum Beispiel Blutabnahmen für pharmakokinetische Untersuchungen im Rahmen einer therapeutischen Anwendung von Arzneimitteln[232] - genannt werden, deren Ergebnisse keinen unmittelbaren Einfluss auf die Therapie haben, jedoch zu einem späteren Zeitpunkt durchaus auch für den Betroffenen von Nutzen sein können. So können auf diese Weise wichtige Erkenntnisse über die richtige Dosierung eines Medikaments gewonnen werden, von denen der Patient selbst später profitieren kann. Ebenso erscheint es beispielsweise aufgrund des langjährigen Verlaufs der Alzheimerkrankheit durchaus wahrscheinlich, dass ein Patient zu einem späteren Zeitpunkt selbst von dem Ergebnis einer Studie profitieren kann, an der er - zunächst ohne unmittelbaren individuellen Vorteil - teilgenommen hat.

Obwohl in diesen Fällen durchaus die Möglichkeit besteht, dass der Patient selbst einmal einen Nutzen aus dieser Maßnahme ziehen wird, so ist der unmittelbare Zweck des Eingriffs doch zunächst ein anderer, fremdnütziger. Aus diesem Grund kann eine solche Forschungsstudie trotz der mit ihr verbundenen Hoffnung nicht ohne weiteres dem Heilversuch zugeordnet werden. Aber auch die Einstufung als ausschließlich wissenschaftlicher Versuch erscheint aufgrund der Möglichkeit des entfernten Eigeninteresses nicht sachgerecht.

Es kann daher nicht strikt an der Zweiteilung der Forschung in Heilversuch und wissenschaftliche Forschung festgehalten werden, sondern auch diese dritte Kategorie der Forschung mit potentiellem mittelbaren Nutzen[233] wird Gegenstand der Untersuchung sein.
Dabei wird die rechtliche Behandlung dieser Forschungsmaßnahmen im Ergebnis, bei hinreichender Wahrscheinlichkeit eines persönlichen Nutzens, an die des

---

[232] Dazu näher *Walter-Sack/Haefeli*, MedR 2000, S. 454 (459).
[233] Auch die Marburger Richtlinie, abgedruckt bei *Freund/Heubel*, MedR 1997, S. 347 ff. differenziert nach mittelbarem und unmittelbarem Nutzen einer Behandlung.

Heilversuchs anzulehnen sein, mit dem Unterschied, dass bei der Abwägung, ob ein bestimmtes Risiko im Rahmen des Forschungseingriffs eingegangen werden darf, die geringere Wahrscheinlichkeit eines potentiellen Eigennutzens besondere Berücksichtigung finden muss.

B. Besonderheiten kontrollierter klinischer Studien

Die großen Fortschritte der modernen Medizin sind zu einem nicht unwesentlichen Teil auf die Systematisierung von Forschungsstudien zurückzuführen. Will man den Fortschritt der Medizin vorantreiben, so erscheint ein solches planmäßiges Vorgehen daher unerlässlich[234]. Dies macht es für eine vollständige Darstellung der klinischen Forschung innerhalb dieser Arbeit erforderlich, auf die mit der Durchführung klinischer Studien verbundenen Besonderheiten einzugehen.

Im Rahmen einer klinischen Prüfung wird die Behandlung über den einzelnen Anwendungsfall hinaus erprobt, um zum Beispiel Erkenntnisse über die Wirksamkeit und Unbedenklichkeit eines Arzneimittels zu gewinnen[235]. Bei der kontrollierten klinischen Studie findet ein Vergleich zwischen Prüf- und Kontrollgruppe statt. Die der Prüfgruppe zugeteilten Personen werden mit dem zu erprobenden Verfahren behandelt, während die Kontrollgruppe entweder die bisherige Standardbehandlung oder ein Placebo erhält[236].

I. Besonderheiten therapeutischer Studien mit placebobehandelter Kontrollgruppe

Bei einem Placebo handelt es sich um einen Stoff ohne Eigenwirkung, der sich äußerlich und geschmacklich nicht von dem zu testenden Präparat unterscheidet. Die Gabe eines Placebos an die Teilnehmer der Kontrollgruppe ist grundsätzlich nur dann zulässig, wenn es noch keine medizinische Standardbehandlung gibt, gegen die geprüft werden kann[237]. Existiert bereits eine Form der Therapie und soll nur die höhere Wirksamkeit einer Behandlung geprüft werden, dann muss es selbstverständlich sein, dass das neue zu erprobende Mittel nur im Vergleich zu dieser Standardtherapie zulässig ist[238]. Dies ist nicht zuletzt auch bereits auf-

---

[234] Diese Auffassung teilt auch *Laufs* in Laufs/Uhlenbruck, Handbuch des Arztrechts, § 130 Rdnr. 2.

[235] *Caasen*, S.127.

[236] *Peter*, Forschung am Menschen, S. 20.

[237] *Deutsch*, Medizinrecht, S. 466 lehnt die Verabreichung von Placebopräparaten selbst bei vorliegender Zustimmung des Patienten ab, wenn es sich um eine ernsthafte Erkrankung handelt; *Lippert*, Der einwilligungsunfähige Patient in der medizinischen Forschung in juristischer Sicht, S. 95 argumentiert zu Recht, dass die Verabreichung von Scheinmedikamenten in einer solchen Situation einer Therapieverweigerung gleichkäme.

[238] Anders aber die *note of clarifiction*, die der Vorstand der World Medical Association zur Zulässigkeit des Einsatzes von Placebos herausgegeben hat: danach ist die Placebo-Gabe

grund des Interesses der Forscher geboten, einen Vergleich der verschiedenen Therapieformen durchzuführen.
Strafrechtlich gesehen kann der Prüfarzt sich der Körperverletzung strafbar machen, wenn durch die Studienteilnahme eine Therapierung unterbleibt[239] und die Krankheit dadurch verschlimmert wird oder die Schmerzen nicht gelindert werden.
Daher ist eine Placebo-Kontrolle auch aus diesem Grund bei klinischen Studien nur dann vertretbar, wenn es um geringfügige Leiden oder milde Beschwerden geht, oder wenn eine Standardbehandlung nicht ersichtlich ist[240]. Nur dann ist sichergestellt, dass den Interessen von Wissenschaft und Gesellschaft nicht höhere Bedeutung zugemessen wird als den Belangen der Versuchspersonen und dass sie die jeweils beste bewährte diagnostische und therapeutische Behandlung erhalten.

II. Die randomisierte Studie

Die aus wissenschaftlicher Sicht beste Weise, aussagekräftige Ergebnisse zu erzielen, ist die randomisierte Studie. Bei einer solchen wird eine möglichst große Anzahl von Patienten mit möglichst gleichen Krankheitsbildern und Prognosen nach dem Zufallsprinzip entweder der Versuchs- oder der Kontrollgruppe zugeteilt, um subjektive Einflussmöglichkeiten auszuschalten aber auch um eine möglichst hohe Strukturgleichheit in diesen Gruppen hinsichtlich bekannter wie unbekannter Störgrößen zu erreichen, damit ein eventuell festzustellender Unterschied der Ergebnisse zwischen den Gruppen tatsächlich auf die zu prüfende Therapie kausal zurückgeführt werden kann[241]. Da auf diese Weise Faktoren, die die Resultate beeinflussen könnten, neutralisiert werden, können

---

selbst bei Vorhandensein einer erprobten Therapie zulässig, „wenn der Zweck des Versuchs es aus zwingenden und wissenschaftlich überzeugenden methodischen Gründen erforderlich macht, die Wirksamkeit oder Sicherheit der prophylaktischen, diagnostischen oder therapeutischen Methode zu bestimmen oder eine prophylaktische, diagnostische oder therapeutische Methode bezogen auf eine leichte Erkrankung untersucht wird und die Patienten, die die Placebos verabreicht bekommen, keinen zusätzlichen Risiken eines schweren oder irreversiblen Nachteils ausgesetzt werden. Da den Patienten in diesen Fällen ein erhebliches Risiko zugemutet wird, dem sie im Falle der Anwendung der Standardtherapie nicht ausgesetzt wären, ist auch *Deutsch*, Recht und Ethik der klinischen Forschung am Menschen, S.15 (22) der Ansicht, dass dieser *note of clarification* in der deutschen Praxis nicht gefolgt werden sollte; auch *Strasser*, Ethische Prinzipien der Forschung am Menschen, S. 100, ist der Auffassung, dass selbst die Wirkung eines lediglich partiell wirksamen Medikamentes nicht aufs Spiel gesetzt werden dürfe, falls dadurch ernsthafte Schädigungen des Probanden zu befürchten seien.

239 *Schimikowski*, S. 14; *Böth*, S. 50, der den Schwerpunkt der Vorwerfbarkeit in einem Unterlassen sieht.

240 *Helmchen/Lauter*, S. 24; ebenso *Deutsch*, Medizinrecht, S. 466.

241 *Schuck/Müller/Resch*, Dt. Ärztebl 2001; 98: A 1942-1944; für die Notwendigkeit der Randomisierung auch bei Einwilligungsunfähigen siehe *Habermann/Lasch/Gödicke*, NJW 2000, S. 3389 (3392).

aussagekräftigere, genauere Ergebnisse erzielt werden[242]. Denn nur die Vergleichbarkeit der Patientendaten ermöglicht es, die Ergebnisse zu verallgemeinern und auf diese Weise mit möglichst hoher Wahrscheinlichkeit generell gültige Erkenntnisse zu erzielen.

Die ursprüngliche traditionelle Beziehung zwischen Arzt und Patient gehört daher im Bereich der medizinischen Versuche mehr und mehr der Vergangenheit an und weicht den geplanten, groß angelegten, systematischen Studien. Es entsteht auf diese Weise eine Diskrepanz zwischen den unmittelbaren eigenen Interessen der Versuchsperson und dem, was durch die Studie für den medizinischen Fortschritt erreicht werden soll. Denn gerade diese für die Wissenschaft notwendigen Rahmenbedingungen einer Studie können oftmals Unannehmlichkeiten und Risiken für den Patienten mit sich bringen[243]. Diese können zwar zum Teil dadurch wieder ausgeglichen werden, dass den Teilnehmern einer Studie im Regelfall eine intensivere Betreuung zuteil wird, als dies bei einer Standardversorgung der Fall ist[244]. Trotzdem besteht aufgrund des hinter einer solchen Studie stehenden wissenschaftlichen Interesses ein wesentlicher Unterschied zwischen der Teilnahme an einer therapeutischen Studie und einem Individualheilversuch.
Dies gilt insbesondere auch deshalb, weil es sich bei den Studien meist um sogenannte Blindversuche handelt, bei denen die Teilnehmer nicht wissen, welcher Behandlungsgruppe sie angehören[245]. Dieses Verfahren soll ebenfalls subjektive Einflüsse seitens der Patienten, die das Ergebnis der Studie verfälschen könnten, ausschließen[246].
Um eine sogenannte Doppelblindstudie handelt es sich, wenn weder Arzt noch Teilnehmer Kenntnis diesbezüglich besitzen. Eine solche Unkenntnis ist unerlässlich, um die Ergebnisse der Studie nicht durch psychische Faktoren zu beeinträchtigen. Nur mit Hilfe einer solchen Versuchsanordnung ist sichergestellt, dass der Arzt - sei es auch nur unbewusst - die Testergebnisse nicht durch besondere Maßnahmen beeinflusst[247].

Eine vergleichende Therapiestudie darf nur dann durchgeführt werden, wenn eine vergleichbare Ungewissheit bezüglich der Erfolgswahrscheinlichkeit der Behandlungsalternativen besteht. Sind die Ergebnisse bei vorher erfolgten Indi-

[242] *Peter*, Forschung am Menschen, S. 20.
[243] *Helmchen*, Ethische Probleme der medizinischen Forschung, S. 49.
[244] So *Walter-Sack/Haefeli*, MedR 2000, S. 454 (457) speziell für die Teilnahme an placebokontrollierten Studien.
[245] *Deutsch*, Medizinrecht, S. 454.
[246] *Peter*, Forschung am Menschen, S. 21.
[247] *Peter*, Forschung am Menschen, S. 22.

vidualheilversuchen[248] sehr positiv, so ist die Durchführung einer solchen Studie kontraindiziert[249].
Sollte sich im Laufe der Studie herausstellen, dass die neuartige Behandlungsmethode im Vergleich zur Kontrollgruppe weitaus erfolgreicher ist, so muss - unabhängig davon, ob die Kontrollgruppe mit Placebo oder einer Standardtherapie behandelt wird - gesichert sein, dass die Kontrollgruppe ebenfalls schnellstmöglich in den Genuss des neuartigen Verfahrens kommt. Die Kontrollstudie ist somit abzubrechen[250]. Dies gilt auch selbstverständlich auch umgekehrt für den Fall, dass sich das neue Verfahren als wirkungslos oder gar schädlich erweist.

III. Aufklärung im Rahmen randomisierter Studien

Die Randomisierung in Verbindung mit der im Rahmen von Blindstudien erforderlichen Unkenntnis der Patienten oder Probanden betreffend die Natur ihrer tatsächlichen Behandlung bringt zusätzliche Aufklärungs- und Einwilligungsprobleme mit sich.
Während es den statistischen Anforderungen am besten entsprechen würde, die Patienten gar nicht über die Zufälligkeit der erfolgten Zuteilung zu informieren, sondern sie erst nach diesem Schritt lediglich über die ihnen zugedachte Behandlung aufzuklären, kann dieses Vorgehen den rechtlichen Anforderungen nicht genügen. Denn der Arzt hat den Patienten immer über ernsthaft in Betracht kommende Therapiealternativen aufzuklären. Zudem wäre eine Aufklärung über eine Placebobehandlung ohnehin nicht denkbar, da mit aller Wahrscheinlichkeit jegliche Wirkung dieser Behandlung durch eine solche Aufklärung entfallen würde, so dass die Studie von vornherein zwecklos wäre.

Dem Selbstbestimmungsrecht der Patienten wäre dagegen am ehesten genüge getan, wenn jeder vollständig über beide Therapiemöglichkeiten aufgeklärt würde, um sich dann auf der Basis dieser Aufklärung für die von ihm favorisierte Methode entscheiden zu können. Eine Randomisation wäre jedoch auf diese Weise weitgehend ausgeschlossen, da die Entscheidungen der Patienten zu einer Zusammensetzung der Vergleichsgruppen führen könnten, die eine gleichmäßige Verteilung prognostisch erheblicher Umstände nicht mehr gewährleistet. Dies würde zwangsläufig zu einer geringeren Vergleichbarkeit der Behandlungsmethoden und damit zu einer verminderten Aussagekraft des Studienergebnisses führen.

Zudem wäre diese Vorgehensweise bei placebokontrollierten Studien ausgeschlossen, da sich zum einen wohl niemand für die Behandlung mit einem Pla-

---

[248] Zur rechtlichen Zulässigkeit von Individualheilversuchen mit einem nicht zugelassenen Arzneimittel vergleiche *Fritz*, Pharma Recht 1999, S. 129 ff.
[249] *Deutsch*, Medizinrecht, S. 461.
[250] *Rosenau*, S. 73.

cebo entscheiden würde und zum anderen eine Vergleichbarkeit der Ergebnisse nach erfolgter Aufklärung des Einzelnen über seine Behandlung mit Placebos nicht zu erwarten wäre.

Aus diesem Grund wird man den gegensätzlichen Interessen wohl am ehesten gerecht, wenn man die Patienten zwar vollständig über die verschiedenen Therapiemöglichkeiten aufklärt, sie jedoch gleichzeitig fragt, ob sie sich unter diesen - ihnen nun bekannten - Umständen einer Randomisation unterwerfen wollen[251]. Die Patienten, die dem Studiendesign zugestimmt haben, können dann nach dem Zufallsprinzip einer der Gruppen zugeteilt und entsprechend behandelt werden. Lehnt ein Patient dies ab, so ist er je nach Verlangen und Möglichkeit individuell zu behandeln.
Zwar werden auf diese Weise zwangsläufig weniger Patienten für eine Studie zur Verfügung stehen, so dass die Arbeit der Forscher erschwert und verlangsamt wird, jedoch muss dem Selbstbestimmungsrecht des Patienten und damit seinem Persönlichkeitsrecht stets der Vorrang vor wissenschaftlichen Interessen zukommen[252].

IV. Einordnung der kontrollierten klinischen Studien unter die Kategorien Heilversuch und wissenschaftliche Forschung

Was die Einordnung der Versuchs- und Kontrollgruppen klinischer Studien in die Kategorien des Heilversuchs, der Forschung mit potentiell mittelbarem Nutzen und der ausschließlich wissenschaftlichen Forschung anbelangt, so ist zwischen den Teilnehmern der jeweiligen Gruppe zu differenzieren.
Wird im Rahmen einer therapeutischen Studie ein neues Mittel oder Verfahren gegen eine Standardbehandlung geprüft, so ist die Zuordnung relativ unproblematisch. Für die Teilnehmer der Kontrollgruppe handelt es sich bei der Teilnahme an der Studie um eine Standardbehandlung[253]. Die Behandlung der Versuchsgruppe ist, wenn das zu prüfende Mittel ausreichend indiziert ist, der Kategorie des Heilversuchs zuzuordnen[254].
Allerdings erstreckt sich diese Bewertung nicht auf zusätzliche Eingriffe, die für die Behandlung des Einzelnen nicht erforderlich sind und lediglich wissen-

---

[251] So auch *Deutsch*, Medizinrecht, S. 462; ebenso spricht sich *Rosenau*, S. 73 für eine solche Aufklärungspflicht bezüglich der Randomisierung aus.
[252] So auch *Laufs* in Laufs/Uhlenbruck § 130 Rdnr. 33; *Hirsch*, Heilversuch und medizinisches Experiment, S 15.
[253] *Sander*, Arzneimittelrecht, Erl. § 40 Nr. 3; dies ist allerdings nicht der Fall, wenn die Kontrollprobanden aufgrund der Teilnahme an der klinischen Studie in größerem Umfang Kontrollmaßnahmen ausgesetzt sind, was wohl in der Regel der Fall sein wird. Ebenso *Stock*, Der Probandenschutz bei der medizinischen Forschung am Menschen, S. 49.
[254] Kritisch hierzu *Maio*, Dt Ärztebl 2000; 97: A 3242 ff., der es als unwissenschaftlich und unehrlich ansieht, ein Experiment von Beginn an als therapeutisch zu bezeichnen, weil man auf diese Weise ein Ergebnis voraussetzt, was zu befördern erst Sinn des Experiments ist.

schaftlichen Zielen dienen. Diese Maßnahmen und Eingriffe sind je nach Zielrichtung als ausschließlich wissenschaftlich oder als Forschung mit mittelbarem Nutzen zu qualifizieren.

Wird jedoch gegen Placebo geprüft, ergeben sich dadurch besondere rechtliche Schwierigkeiten, was die Einordnung als Heilversuch oder als wissenschaftliches Experiment und die damit verbundene rechtliche Beurteilung angeht.
So erhalten die Probanden der Kontrollgruppe, die lediglich ein Placebo erhalten, dieses nicht zu Therapie-, sondern lediglich zu Kontrollzwecken. Für eine Einstufung der Placebobehandlung als Heilversuch trotz dieses wissenschaftlichen Zwecks könnte zwar sprechen, dass sich in den bisher durchgeführten Versuchen dieser Art gezeigt hat, dass auch Placebo-Präparate in 30 % der Fälle therapeutische Wirkung entfalteten[255]. Auf Grund dieses sogenannten Placeboeffekts könnte man die Gabe von Placebos für in gewisser Weise angezeigt betrachten und dieser Art der Behandlung einer Vergleichsgruppe Heilversuchscharakter zusprechen[256].

Allerdings würde dabei außer Acht gelassen, dass die Patienten, die lediglich das Placebo erhalten, trotz dieses praktisch durchaus möglichen "therapeutischen" Erfolges, nicht im eigentlichen Sinne behandelt werden. Auch wenn es bei verschiedenen Versuchsreihen bereits vorgekommen ist, dass bei der mit Placebo "behandelten" Vergleichsgruppe größere „therapeutische" Erfolge erzielt wurden als bei der Versuchsgruppe, die das zu prüfende Mittel erhalten hatte[257], darf nicht übersehen werden, dass bei dieser Versuchsanordnung das wissenschaftliche Interesse im Vordergrund steht und nicht der Heilzweck. Denn selbst wenn sich das zu prüfende Mittel im nachhinein als wenig oder gar nicht wirksam erweist, so war es doch zu Beginn der Behandlung insofern indiziert, als dass durch Vorversuche eine gewisse Wahrscheinlichkeit der Wirk-

---

[255] So *Helmchen/Lauter*, S. 62; dagegen führt eine im New England Journal of Medicine 2001; 344: 1594 veröffentlichte Studie von Asbjörn Hrobjartsson und Peter Götzsche vom Nordic Cochrane Center in Kopenhagen zu dem Ergebnis, dass Placebos bei einer Reihe von Krankheiten keine messbaren Effekte auf deren Verlauf haben. Aus diesem Grund kommen sie zu dem Ergebnis, dass Placebos als Forschungsinstrumente in Studien zwar weiterhin notwendig seien, es jedoch außerhalb diesen keine Rechtfertigung für ihren Einsatz gebe.

[256] Vergleiche *Peter*, Forschung am Menschen, S. 117, der die Teilnehmer einer mit Placebo behandelten Kontrollgruppe im Einzelfall unter § 41 AMG subsumieren will. Wie ein solcher Effekt jedoch im Einzelfall vorausgesagt werden soll, damit ein solcher konkreter individueller Nutzen für den Patient zu erwarten sein wird, wird nicht näher erläutert. Allerdings führt *Peter* irreführend auf S. 118 als Beispiel für seinen Ansatz einen Fall heran, in dem die Kontrollgruppe nach der Standardmethode behandelt wurde.

[257] Daher sieht auch *Deutsch*, Medizinrecht, S. 413 die Gabe von Placebos als "therapeutische Erprobung im weiteren Sinne" an, da das gesundheitliche Wohl der mit Placebo "behandelten" Patienten im Falle des negativen Ausgangs der Studie möglicherweise gefördert werden könne.

samkeit bestand. Dies ist bei einem Placebopräparat niemals der Fall, da die konkrete Maßnahme mangels Eigenwirkung keinen unmittelbaren Vorteil für den Patienten oder Probanden verspricht. Daher kann es auch zu Behandlungsbeginn im Vergleich zu einer neuen, mit gewisser Wahrscheinlichkeit erfolgversprechenden, Behandlungsmethode nicht als Therapie indiziert sein.

Auch die bloße Chance für den einzelnen Studienteilnehmer, im Rahmen der Studie eventuell der Versuchsgruppe zugeteilt zu werden, kann nicht zu einer Einordnung der gesamten Studie als therapeutisch führen[258]. Denn durch diese generelle Qualifizierung würde die Tatsache außer Acht gelassen, dass die Hälfte der Patienten lediglich zu Kontrollzwecken "behandelt" wird, eine Therapie für sie damit jedoch nicht verbunden ist. Der eventuell eintretende Placeboeffekt ist daher eher als positiver Nebeneffekt der wissenschaftlichen Zielsetzung zu sehen, jedoch nicht eigentlicher Zweck der Behandlung.
Die Behandlung mit einem Placebo kann somit nicht dem Heilversuch zugeordnet werden[259]. Eine Einordnung unter die ausschließlich wissenschaftliche Forschung erscheint aber ebenfalls nicht gerechtfertigt, da die Forschungsmaßnahme schließlich doch zu einem individuellen Vorteil für den Teilnehmer führen kann[260]. Lässt man den Placeboeffekt außer Acht, so kann der Patient durch die Teilnahme an einer solchen Studie, bei der er der Kontrollgruppe zugeteilt ist, dadurch profitieren, dass sich aufgrund der durch die Studie gewonnen Erkenntnisse die Wirksamkeit des zu erprobenden Mittels herausstellt. Der Vorteil liegt für ihn in diesem Fall darin, dass er zu den ersten gehören wird, die in den Genuss dieser Behandlung kommen. Mit der Teilnahme an einer solchen Studie ist somit - sofern dies mit einer gewissen Wahrscheinlichkeit zu erwarten steht - ein potentiell mittelbarer Vorteil für den jeweiligen mit Placebo behandelten Patienten verbunden.

C. Nutzen-Risiko-Abwägung als zusätzliche Legitimationsebene neben der Einwilligung

Auch außerhalb der standardgemäßen Heilbehandlung gilt der Grundsatz des informed consent, das heißt es muss die freiwillige Einwilligung auf der Basis einer vollständigen Aufklärung des Teilnehmers vorliegen, damit ein Eingriff gerechtfertigt ist. Sie gewinnt sogar in Anbetracht der geringeren oder sogar fehlenden Indiziertheit des Eingriffs an Bedeutung.

---

258 So jedoch *Rosenau*, S. 74.

259 Ebenso *Freund*, MedR 2001, S. 65 (67).

260 *Walter-Sack/Haefeli*, MedR 2000, S. 454 (457) weisen nachdrücklich darauf hin, dass die Verwendung von Placebo bei der Kontrollgruppe gerade kein Humanexperiment darstelle, da diese Teilnehmer lediglich nicht die Prüfmedikation erhielten, ihnen jedoch eine intensivere Betreuung zuteil werde als dies bei einer Standardversorgung der Fall sei.

Es ist jedoch zu klären, ob die erteilte Einwilligung als alleiniger Rechtfertigungsgrund für einen Forschungseingriff ausreicht, oder ob eine Nutzen-Risiko-Abwägung als weiteres legitimierendes Element hinzukommen muss[261]. Diese Forderung beruht auf der Erwägung, dass der wissenschaftlichen Forschung im Gegensatz zur Heilbehandlung nicht die quasi-rechtfertigende Wirkung, unmittelbar der Heilung oder Linderung von Krankheiten zu dienen, zukommt[262]. Es wird daher verlangt, dass immer auch ein möglicher zukünftiger Nutzen für die Medizin durch die Forschungsmaßnahme zu erwarten sein müsse[263]. Anderenfalls würde in die höchstpersönlichen Rechtsgüter des einzelnen Forschungsteilnehmers eingegriffen, ohne dass dem ein konkreter Zweck gegenüberstünde. Darin könne jedoch ein Entzug des Eigenwertes des Patienten liegen, was auf einen Verlust seiner Würde hinauslaufen würde. Um dies zu verhindern sei jeweils vor der Durchführung einer Forschungsstudie eine Abwägung durchzuführen, die dafür Sorge trägt, dass der Forschungszweck und der daraus zu erwartende Nutzen in einem angemessenen Verhältnis zu den damit verbundenen Risiken stehe[264]. Auf diese Weise könne sichergestellt werden, dass der Einzelne nicht in unzulässiger Weise gefährdet werde.
Tatsächlich findet, wenn ein solches angemessenes Verhältnis gewährleistet ist, die "Legitimation des guten Zwecks", die für den Heilversuch gilt, in abgeschwächter Form auch für die wissenschaftliche Forschung Geltung. Denn schließlich ist das Experiment fast immer eine Vorstufe zum Heilversuch, der nur aufgrund der vorherigen Forschungsarbeit überhaupt möglich wird[265].

Zwar ist eine solche Abwägung insofern schwierig, als sich dabei das Interesse der Gesellschaft an medizinischem Fortschritt und die individuellen Rechtsgüter des Einzelnen gegenüberstehen und diese Interessen generell nicht miteinander verglichen oder aufgerechnet werden können[266]. Dies ergibt sich schon daraus, dass es keine objektive Skala der ethischen Werte gibt, anhand derer eine Beurteilung über die Wertigkeit des jeweiligen Interesses möglich wäre[267]. Aus die-

---

[261] *Eser*, Festschrift für Schröder, S. 208.
[262] So *Hart*, MedR 94, 95.
[263] *v. Bar*, Festschrift für Regelsberger, S. 230 betrachtet den wissenschaftlichen Zweck des Versuchs als rechtlich gleichgültig, so dass keine rechtfertigende Wirkung von ihm ausgehen kann.
[264] *Biermann*, Arzneimittelprüfung am Menschen, S. 249.
[265] Ebenso *Böckle*, S. 33, der davor warnt, Heilversuch und Experiment zu streng voneinander abzugrenzen und nur die Therapie zuzulassen, da jeglicher Fortschritt in der Therapie immer auch auf Experimenten beruhe
[266] *Eberbach*, S. 94; *Jung*, Zulässigkeit biomedizinischer Versuche am Menschen, S. 33 geht ebenfalls von der Nichtvergleichbarkeit dieser Elemente aus.
[267] *Eberbach*, S. 96; zudem wird von *Eberbach*, S. 115 und *Schimikowski*, S. 51, argumentiert, die Abwägung scheitere bereits am Bestimmtheitsgrundsatz des Art. 103 Abs. 2 GG, da sowohl Risiken als auch Nutzen bei einem medizinischen Versuch äußerst schwer einzuschätzen seien.

sem Grund erscheint eine wirkliche Nutzen-Risiko Abwägung nur dann möglich, wenn sich beide Aspekte in der Versuchsperson vereinigen, nicht jedoch dann, wenn das Risiko den einen belastet, während der Nutzen einem anderen, sei es ein Einzelner oder die Gesellschaft, zufallen soll[268].
Daher kann die Nutzen-Risiko Abwägung auch im Falle eines positiven Ergebnisses keinen selbständigen Rechtfertigungsgrund für den Eingriff darstellen[269], mit der Folge, dass dieser bei Vertretbarkeit des Risikos angesichts eines überwiegenden Interesses der Gesellschaft schon aus diesem Grund rechtmäßig wäre. Sie kann jedoch ausschließen, dass Versuche durchgeführt werden, bei denen die Interessen des Betroffenen die Interessen der Gesellschaft überwiegen, beispielsweise weil einem relativ hohen Risiko ein nur minimaler zu erwartender Nutzen gegenübersteht. Somit dient die Nutzen-Risiko Abwägung als Beschränkung der möglichen Eingriffe im Falle eines negativen Ergebnisses[270], und stellt daher einen zusätzlichen Schutz für den potentiellen Forschungsteilnehmer dar. Somit ist ihre Durchführung trotz der berechtigten Bedenken erforderlich.

Macht man die Rechtfertigung des Eingriffs zusätzlich zur Einwilligung von einer solchen Abwägung abhängig, so wird damit gleichzeitig das in Art. 2 I GG verankerte Recht auf Selbstbestimmung eingeschränkt[271]. Es ist nun fraglich, ob dies zum Schutz der Versuchsperson unbedingt erforderlich ist, oder ob nicht darin wiederum ein unzulässiger Eingriff in die Rechte des Betroffenen zu sehen ist.
Die Rechtsordnung stellt jedoch bestimmte Rechtsgüter, nämlich Leben, körperliche Unversehrtheit und Ehre, unter bestimmten Umständen über das Recht auf Selbstbestimmung, was dazu führt, dass diese nicht uneingeschränkt disponibel sind. Dies ergibt sich schon aus §§ 228 und 216 StGB, die bestimmen, dass auch bei Vorliegen einer Einwilligung des Opfers keine Rechtfertigung für den jeweiligen Eingriff gegeben ist. Der Schutz dieser Rechtsgüter des Betroffenen ist nur dann ausreichend gewahrt, wenn die Abwägung von Nutzen und Risiko des Forschungseingriffs zu einem positiven Ergebnis führt. Insofern ist sie eine unerlässliche Voraussetzung dafür, dass die Interessen des Individuums nicht in unzulässiger Weise der Gesellschaft geopfert werden.

---

268 *Eberbach*, S. 95.
269 *Eser*, Der Chirurg 1979, S. 219, sieht die Nutzen-Risiko Abwägung - trotz der damit verbundenen Einschränkung des Selbstbestimmungsrechts - als zweites rechtfertigendes Element, das neben der Einwilligung vorliegen muss, an.
270 *Biermann*, Arzneimittelprüfung am Menschen, S. 256.
271 *Held*, S.59; *Eberbach* sieht in der Erforderlichkeit der positiven Abwägung ein "Relikt jener paternalistischen Grundhaltung", "die eben doch besser als der Proband weiß, was ihm frommt" und ist aus diesem Grund der Auffassung, dieses verfassungsrechtlich hochrangige Recht sei nicht durch eine subjektive Einschätzung des jeweiligen Forschers einschränkbar.

Damit ist die Frage, ob die Einwilligung ein hinreichender Rechtfertigungsgrund ist, beantwortet: sie reicht alleine nicht aus[272]. Die wissenschaftliche Plausibilität der Forschung und die Vertretbarkeit des Risikos stellen somit eine zusätzliche Legitimationsebene neben der Einwilligung dar.

D. Strafrechtliche Betrachtung des Heilversuchs und des wissenschaftlichen Versuchs

Während sich die oben dargestellte Streitfrage, ob eine ärztliche Heilbehandlung den Tatbestand der Körperverletzung erfüllen kann, bei einem Heilversuch, der dem persönlichen Wohl des Patienten dienen soll, ebenso aufgeworfen werden kann, da auch dieser gerade dem gesundheitlichen Wohl des Patienten zu dienen bestimmt ist, stellt sie sich im Bereich des fremdnützigen Versuchs nicht, da diesem keineriei Heilbehandlungscharakter zukommt. Es ist daher für einen solchen Eingriff unbestritten, dass bei fehlender Einwilligung der Versuchsperson ein Fall der Körperverletzung vorliegt[273], wenn der Eingriff die Schwelle zur Erheblichkeit der Misshandlung oder der Beeinträchtigung der körperlichen Integrität überschreitet.

Allerdings kann eine wirksame Einwilligung die Rechtswidrigkeit und somit auch die Strafbarkeit entfallen lassen, wenn der Eingriff nach Abwägung von Nutzen und Risiko vertretbar erscheint.

Ebenso stellt sich die Rechtslage bei Forschung mit potentiell mittelbarem Nutzen dar. Denn der im Rahmen einer solchen Studie erfolgende Eingriff dient nicht unmittelbar den Interessen und dem Wohl des Betroffenen. Die Tatsache, dass daraus später ein Vorteil erwachsen kann, ändert nichts an der grundsätzlichen Tatbestandsmäßigkeit des Eingriffs gemäß § 223 StGB.

E. Geschichtliche Entwicklung der Regelungen im Bereich von Heilversuchen und wissenschaftlicher Forschung

Da die Problematik der medizinischen Forschung nicht neu ist, wurde bereits in der Vergangenheit mehrfach der Versuch unternommen, dieses Gebiet zu regeln. Um die Entwicklung des Umgangs mit dieser Problematik darzustellen, insbesondere auch die Zulässigkeit von Versuchen mit Einwilligungsunfähigen, soll auf diese Teile der Regelungen kurz eingegangen werden.

---

[272] So auch *Giesen* (S.23), der das “vernünftige Verhältnis zwischen dem angestrebten Ergebnis und den Gefahren” als zusätzlichen juristischen Rechtfertigungsgrund ansieht ; *Eser*, Legitimationsprobleme sozialwissenschaftlicher Forschung, S. 191 verlangt das angemessene Verhältnis von Versuchszweck und -risiko als zusätzliche Rechtfertigungsvoraussetzung; *Schreiber*, Rechtliche Regeln, S. 25, will dieser Abwägung sogar Vorrang vor der rechtfertigenden Einwilligung zukommen lassen, da es zu den Pflichten des Arztes gehöre, dem Wohl des Patienten entsprechend zu handeln. Erst wenn der zu erwartende Nutzen im Vergleich zu den Risiken vertretbar erscheine, könne die Einwilligung ein zweites rechtfertigendes Element darstellen.

[273] *Eberbach*, S. 90.

I. Richtlinien des Reichsinnenministeriums von 1931

Bereits die "Richtlinien für neuartige Heilbehandlung und für die Vornahme wissenschaftlicher Versuche am Menschen"[274], veröffentlicht vom Reichsinnenministerium, enthielten die Unterscheidung von "neuartiger Heilbehandlung", worunter ein Heilversuch zu verstehen ist, und ausschließlich wissenschaftlichen Versuchen.

Für Heilversuche war in Nr. 5 Abs. 1 der Richtlinie bestimmt, dass sie nur dann vorgenommen werden durften, wenn der Betroffene selbst oder sein gesetzlicher Vertreter eingewilligt hatten. Nur in unaufschiebbaren Fällen konnte auf diese Einwilligung verzichtet werden (Abs. 2). Gemäß Nr. 6 der Richtlinie war die Anwendung bei Personen unter 18 Jahren "mit ganz besonderer Sorgfalt" zu prüfen. Heilversuche waren somit nach dieser Richtlinie auch mit einwilligungsunfähigen Personen zulässig, wenn der gesetzliche Stellvertreter eingewilligt hatte.

Für wissenschaftliche Experimente war in Nr. 12 a zwar geregelt, dass sie bei fehlender Einwilligung unter allen Umständen unzulässig sein sollten. Gleichzeitig ließ Nr. 12 c jedoch derartige Versuche an Kindern oder Jugendlichen unter 18 Jahren zu, wenn ihnen dadurch keinerlei Gefahr drohte. Wie sich dies mit der unbedingten Einwilligungserfordernis von Nr. 12 a der Richtlinie vereinbaren ließ, bleibt unklar. Ebenso, inwieweit die Zustimmung der gesetzlichen Stellvertreter erforderlich war. Eine besondere Regelung für nicht-einwilligungsfähige Erwachsene war in dieser Vorschrift nicht enthalten.

Die Richtlinie stellte somit zwar zumindest ansatzweise eine Regelung der Forschung auch mit einwilligungsunfähigen Personen dar, ließ jedoch gleichzeitig viele Fragen offen.

II. Nürnberger Codex von 1947

Nach dem zweiten Weltkrieg wurden im Rahmen der Gerichtsverhandlungen die 10 Punkte von Nürnberg, der sogenannte Nürnberger Codex (NC) aufgestellt.

Nr. 1 des NC schrieb die freiwillige Zustimmung der Versuchsperson – unabhängig von der Art des Versuchs - als unbedingt erforderlich fest. Gleichzeitig wurde in dieser Regelung auch erstmals der Versuch der Definition der Voraussetzungen einer wirksamen Einwilligung unternommen.

Es haftete dem Nürnberger Codex jedoch der strukturelle Fehler an, dass nicht zwischen Heilversuchen und wissenschaftlichen Experimenten unterschieden wurde[275], obwohl diese Teilung im Jahre 1947 bereits Allgemeinwissen war[276].

---

[274] DMW 1931, S. 509, abgedruckt in *Deutsch*, Recht der klinischen Forschung am Menschen, S. 173 ff.

[275] *Wachenhausen*, RGP 2000, S. 81.

[276] *Deutsch*, Festschrift für Wassermann, S. 75.

Dies hatte zur Folge, dass Einwilligungsunfähige nach dieser Regelung von Versuchen vollständig ausgeschlossen waren[277], insbesondere auch von solchen Versuchen, die dem einwilligungsunfähigen Patienten unmittelbar nutzen konnten, den sogenannten Heilversuchen. Dadurch wurde jedoch das unglückliche Ergebnis herbeigeführt, dass diese strikten Grundsätze, die einen größtmöglichen Schutz gewährleisten sollten, dem Einzelnen insofern schaden konnten, als ein erfolgversprechendes neues Verfahren, das eine Chance der Heilung hätte bieten können, nicht an einem einwilligungsunfähigen Patienten ausprobiert werden durfte, und ihm diese Heilungschance somit vorenthalten wurde.
Die Striktheit und mangelnde Differenziertheit dieses Verbots führte dazu, dass es praktisch nirgends eingehalten wurde[278]. Aus diesem Grund sah auch ein mit der Neufassung des NC betrauter Ausschuss im Jahre 1959 die Anerkennung von Versuchen an Geschäftsunfähigen vor.

III. Revidierte Deklaration von Helsinki

Jedoch wurde diese Überarbeitung durch die vom Weltärztebund 1964 beschlossene Deklaration von Helsinki[279] (RDH), die eine neue Kodifizierung der ethischen Prinzipien des Rechts der klinischen Forschung enthielt, verhindert, die das Fortschreiben des Nürnberger Codex als nicht mehr dringlich erscheinen ließ. Es handelt sich bei der RDH um eine von Ärzten verfasste, standesrechtliche Regelung, die weder Gewohnheitsrecht darstellt noch völkerrechtliche Verbindlichkeit besitzt[280]. Trotzdem ist die Revidierte Deklaration von Helsinki international akzeptiert und anerkannt und wird fast überall befolgt.

Das Verhältnis der beiden Vorschriften zueinander ist so zu verstehen, dass sie sich gegenseitig ergänzen sollen und die Deklaration von Helsinki die Nürnberger Grundsätze fortschreibt und manchmal auch abändert[281]. So differenziert die Revidierte Deklaration von Helsinki wieder zwischen Heilversuch und Humanexperiment[282].

---

[277] *Deutsch*, Festschrift für Wassermann, S. 76; *Deutsch*, NJW 1978, S. 573.

[278] *Deutsch*, Das Recht der klinischen Forschung am Menschen, S. 144.

[279] Der Weltärztebund beschloß die Deklaration von Helsinki im Jahre 1964. Sie wurde mehrfach revidiert, wobei die jüngste Fassung einstimmig am 07.10.2000 von 44 Mitgliedsorganisationen in Edinburgh beschlossen wurde. Die dort beschlossenen englische Fassung ist auf der Homepage der World Medical Association (http://www.wma.net) verfügbar. Zu den durch diese Neufassung herbeigeführten Änderungen vergleiche *Taupitz*, MedR 2001, 277 ff.

[280] Dies wurde von dem Senat der Deutschen Forschungsgemeinschaft ausdrücklich erklärt. Dieser ist der Ansicht, dass die Deklaration nur als Rahmenempfehlung zu verstehen ist, die deutschen Wissenschaftler jedoch nur an die in der Bundesrepublik geltenden Rechtsnormen gebunden seien, siehe *Deutsch*, NJW 1978, S. 573.

[281] *Deutsch*, NJW 1978, S. 573.

[282] In jüngster Zeit wird jedoch von verschiedener Seite - insbesondere von der American Medical Association - erwogen, dieses wichtige Prinzip der Differenzierung im Wege der

Nachdem in der RDH bis zur Neufassung im Jahre 2000 geregelt war, dass nichttherapeutische Forschung gemäß Nr. III. 2. RDH a. F. nur an Freiwilligen durchgeführt werden sollte[283], ist nun in Nr. 24 vorgesehen, dass Forschung an Einwilligungsunfähigen mit der Zustimmung des gesetzlichen Stellvertreters entsprechend den nationalen Vorschriften grundsätzlich zulässig ist, wenn sie notwendig ist, um die Gesundheit der betroffenen Gruppe zu fördern und wenn sie nicht mit einwilligungsfähigen Personen durchgeführt werden kann.

Ist der Einwilligungsunfähige jedoch - wie dies etwa bei Minderjährigen der Fall sein kann - in der Lage ist, der Maßnahme zuzustimmen, ohne dass dieser Zustimmung die rechtliche Qualität einer wirksamen Einwilligung zukommen würde, so ist die Zustimmung der betroffenen Person gemäß Nr. 25 zusätzlich erforderlich. Eingrenzende Kriterien wie zum Beispiel ein minimales Risiko und eine lediglich minimale Belastung oder eine Anknüpfung an den mutmaßlichen Willen des Patienten sind in der Neufassung nicht vorgesehen.
Das in dieser Regelung normierte Schutzniveau ist somit äußerst gering. Dies ist insbesondere deswegen besonders bedenklich, als die Revidierte Deklaration von Helsinki ein internationales Regelwerk darstellt, das den Anspruch für sich erhebt, die grundlegenden ethischen Prinzipien für Forschung zu enthalten. Statt einen angemessenen Schutz für die Versuchsteilnehmer selbst zu normieren, wird die Verantwortung in dieser bedeutsamen Frage vollständig auf den nationalen Gesetzgeber übertragen, ohne auch nur einen gewissen Mindeststandard festzulegen. Diese Entwicklung ist insbesondere aufgrund der Tatsache, dass es sich bei der Revidierten Deklaration von Helsinki um eine so weitgehend akzeptierte Regelung handelt, insofern besorgniserregend, als dadurch keine klaren ethischen Grenzen für die nationalen Gesetzgeber mehr erkennbar sind.

Heilversuche dürfen gemäß Nr. 32 der Deklaration nur mit persönlicher Einwilligung des Patienten durchgeführt werden, wobei keinerlei Substitutionsmöglichkeiten für diese Einwilligung vorgesehen sind[284]. Dies gilt ausdrücklich auch für die Fälle, in denen nach Urteil des Arztes die Hoffnung besteht, das Leben

---

Änderung der Deklaration aufzugeben. Jedoch scheinen diese Bestrebungen mit Hilfe des "Göttinger Papiers", das für die Beibehaltung der Unterscheidung plädiert, vorerst beendet worden sein, so *Deutsch/Taupitz*, MedR 1999, S. 402 ff. Auch in der neuen Fassung ist diese Differenzierung erhalten geblieben.

[283] Somit war rein wissenschaftliche Forschung mit einwilligungsunfähigen Personen ausgeschlossen, da eine freiwillige Teilnahme bei ihnen schon begrifflich nicht in Betracht kam, weil der Begriff der Freiwilligkeit immer auch eine eigene Willensbildung des Betroffenen bedeutet, die bei der Zustimmung durch den Vertreter gerade nicht vorliegt. Anders *Fröhlich*, S. 106, der an dieser am Wortlaut orientierten Auslegung zweifelt und Freiwilligkeit auch bei einer lediglich durch den Stellvertreter erteilten Einwilligung in Betracht zieht.

[284] Kritisch hierzu auch *Taupitz*, MedR 2001, S. 277 (284).

des Patienten zu retten. Somit ist nach dieser Deklaration die Forschung mit einwilligungsunfähigen Personen zwar im Fremd- nicht jedoch im Eigeninteresse zulässig.
Ein stichhaltiger Grund für den in dieser Regelung enthaltenen Ausschluss der therapeutischen Forschung mit Einwilligungsunfähigen ist nicht zu erkennen. Dieser ist umso erstaunlicher, als nach dem langen Ringen um die Beibehaltung der Unterscheidung zwischen therapeutischer und wissenschaftlicher Forschung ein differenzierter Umgang mit dem jeweiligen Regelungsgegenstand zu erwarten gewesen wäre.
Der eigentliche Grund für die Differenzierung nach dem Zweck der Forschungsmaßnahme, nämlich die Tatsache, dass bei therapeutischer Forschung ein individueller Nutzen für den Forschungsteilnehmer zu erwarten steht und insofern ein Verzicht auf seine persönliche Einwilligung durchaus in seinem Interesse liegen kann, hat in dem Inhalt der Regelung keinen Niederschlag gefunden. Dieses Fehlen lässt die an sich positiv zu bewertende Beibehaltung dieser Unterscheidung fast bedeutungslos werden.
Die Neufassung der RDH ist somit im Hinblick auf die Zulässigkeit von therapeutischer Forschung zu eng gefasst, während sie ausschließlich wissenschaftliche Forschung in bedenklich weitem Umfang zulässt. Sie erscheint somit nicht als erstrebenswertes Vorbild[285] für eine zu findende nationale Regelung.

---

[285] So nennt *Deutsch*, NJW 2001, S. 857 (860) die im Jahre 2000 beschlossene Neufassung ein „arbeitsfähiges Papier".

§ 6: Gegenwärtige Regelung von Forschung in Deutschland

Gesetzliche Regelungen von klinischer Forschung sind für die klinische Erprobung von Arzneimitteln im AMG, für die Erprobung von Medizinprodukten im MPG, für die medizinische Forschung mit radioaktiven Stoffen oder ionisierenden Strahlen in der StrlSchV und für die Forschung mit Röntgenstrahlung in der RöV zu finden. Dagegen sind sämtliche anderen Formen neuartiger Behandlungsmethoden, wie zum Beispiel neue Methoden der Chirurgie oder psychiatrische Behandlungen, nicht gesetzlich geregelt.
Aus diesem Grund wird die gesetzliche Regelung der medizinischen Forschung auch zu Recht als "lückenhaft" bezeichnet[286], da sie dem Mediziner bei der rechtlichen Beurteilung von Forschungsvorhaben außerhalb dieser Spezialgesetze kaum Hilfe leisten kann. Zudem enthalten weder das Arzneimittel- noch das Medizinproduktegesetz genaue Bestimmungen zur Durchführung kontrollierter Therapiestudien, obwohl gerade solche kontrollierten Studien in der Praxis üblich sind[287] und daher dringend der Regelung bedürfen.

Um die somit erforderliche umfassende gesetzliche Regelung entwickeln zu können, sollen nun zunächst die gegenwärtig bestehenden Regelungen dargestellt werden, um einen eventuell hinter diesen Gesetzen stehenden allgemeinen Rechtsgedanken zu erkennen, der für eine gebietsübergreifende Regelung herangezogen werden könnte.
Zu diesem Zweck sollen zunächst die Regelungen erläutert werden, die von der Notwendigkeit der Einwilligung ausgehen, und im Anschluss daran die für Einwilligungsunfähige geltenden Sonderregelungen.

A. Rechtslage betreffend einwilligungsfähige Personen

I. AMG und MPG

Die klinischen Prüfungen von Arzneimitteln und Medizinprodukten sind in den §§ 40 - 42 AMG[288], 20 - 23 MPG[289] geregelt, wobei §§ 40 AMG, 20 MPG die allgemeinen und §§ 41 AMG, 21 MPG die besonderen Voraussetzungen und §§ 42 AMG, 23 MPG die Ausnahmen enthalten. Weiterhin ist in § 22 MPG die Geltung der Bestimmungen der Nummer 2.3 des Anhangs 7 der Richtlinie 90/385/EWG für die Durchführung klinischer Prüfungen von aktiven implantierbaren Medizinprodukten und der Bestimmungen der Nummer 2.3 des

---

[286] *Helmchen/Lauter*, S. 25.
[287] *Wachenhausen*, RGP 2000, S. 83.
[288] Arzneimittelgesetz vom 24. August 1976, BGBl. I,2445, neugefasst durch Bekanntmachung vom 11.12.1998, BGBl. I 3586, zuletzt geändert 21.08.2002 I 3352.
[289] Gesetz über Medizinprodukte vom 2. August 1994, BGBl. I 1994, 1963, neugefasst durch Bekanntmachung vom 7.8.2002 I 3146.

Anhangs X der Richtlinie 93/42/EWG für die klinische Prüfung von sonstigen Medizinprodukten geregelt.
Die Regelungen von AMG und MPG können gemeinsam betrachtet werden, da der Inhalt dieser Vorschriften im Wesentlichen identisch ist. Sofern Unterschiede bestehen, werden diese gesonderter Gegenstand der Darstellung sein.

1. Allgemeine Regeln der klinischen Prüfung gemäß § 40 AMG und § 20 MPG

Die §§ 40 AMG, 20 MPG regeln die allgemeinen Voraussetzungen für klinische Prüfungen von Arzneimitteln und Medizinprodukten, die im Gegensatz zu den in §§ 41 AMG, 21 MPG geregelten Prüfungen nicht mit dem Zweck der Heilung eines Patienten durchgeführt werden. Vielmehr handelt es sich im Regelfall um Studien mit gesunden Probanden, denen kein gesundheitlicher Vorteil aus der Teilnahme erwächst.

a. Vertretbarkeit der Risiken, §§ 40 Abs. 1 S. 1 Nr. 1 AMG, 20 Abs. 1 Nr. 1 MPG

Für die Zulässigkeit einer solchen klinischen Prüfung ist es gemäß §§ 40 Abs. 1 S. 1 Nr. 1 AMG, 20 Abs. 1 Nr. 1 MPG unerlässlich, dass die Risiken, die mit ihr für die Person verbunden sind, an der sie durchgeführt wird, gemessen an der voraussichtlichen Bedeutung des Arzneimittels oder Medizinproduktes für die Heilkunde ärztlich vertretbar sind.
Bei dieser Nutzen-Risiko-Abwägung ist die Frage zu beantworten, ob nach den bisher in Labor oder Tierversuchen erzielten Prüfergebnissen eine positive Wirkung des Mittels wahrscheinlich erscheint und ob die mit der Anwendung verbundenen Gefahren im Hinblick auf den zu erwartenden Heilerfolg vertretbar erscheinen[290]. Je geringer die Erwartung an einen medizinischen Nutzen ist, desto geringer darf das zu erwartende Risiko sein und desto weniger Unannehmlichkeiten dürfen in Kauf genommen werden[291]. Auch ein Vergleich mit möglichen Behandlungsalternativen muss in diese Abwägung eingehen.

aa. Bedeutung für die Heilkunde

Unter der geforderten Bedeutung für die Heilkunde ist nicht notwendigerweise eine therapeutische Wirkung des Arzneimittels/Medizinprodukts zu verstehen. Diese Bedeutung kann vielmehr in der Erlangung von Grundlagenwissen, das nicht unbedingt direkt zu praktischer Bedeutung gelangen muss, sondern auch lediglich wissenschaftlichen Zielen dienen kann, sowie in der Erlangung von Erkenntnissen zur Verbesserung von Prävention, Diagnostik und Therapie liegen.

---

[290] *Staak/Weiser*, S. 42; *Staak/Uhlenbruck*, MedR 1984, S. 181.
[291] *Schreiber*, Rechtliche Regeln, S. 22.

Es ist zwar problematisch, den konkreten Nutzen eines Forschungsvorhabens zu bestimmen, da dieser nicht immer vorhersehbar ist und das Versuchsergebnis insoweit nicht vorweggenommen werden kann. Eine Abschätzung ist jedoch immer sinnvoll und möglich, da das Versuchsziel jeweils feststeht und zum Erkennen der Bedeutung beitragen kann. Mit Hilfe dieser Abschätzung kann zumindest verhindert werden, dass exzessive und ethisch zu missbilligende Forschungsvorhaben durchgeführt werden[292].

bb. Risiko

Es gilt der Grundsatz, dass das Risiko für die Versuchsperson möglichst gering sein muss. Auch bei der Einschätzung des Risikos kann keine Sicherheit gegeben sein, da es insbesondere im Rahmen der Erprobung neuartiger Verfahren schwer abzuschätzen ist. Jedoch ist eine möglichst realistische Abschätzung aufgrund bisheriger Erfahrungen und anhand des Versuchsplans sinnvoll, möglich und geboten[293]. Abzuwägen sind die konkret und individuell möglichen Risiken, die auch von dem jeweiligen Gesundheitszustand der Versuchsperson abhängen[294].

Dieses Risiko muss, gemessen an der Bedeutung des Versuchs für die Heilkunde, ärztlich vertretbar sein. Diese Entscheidung ist nicht nur einmalig abschließend vor der Versuchsreihe, sondern sie ist permanent unter Einbeziehung der durch die Prüfung gewonnenen Erkenntnisse zu treffen[295], da die Fortführung der Prüfung immer unter dem Vorbehalt ärztlicher Vertretbarkeit steht. Auch die Plausibilität muss immer wieder überprüft werden. Eine Fortsetzung oder Wiederholung des Versuchs ist daher immer nur dann zulässig, wenn die positiven Prognosen durch den Verlauf des Versuchs bestätigt wurden. Ist dies nicht der Fall, so kann eine Legitimation der erneuten Vornahme nicht gegeben sein.

cc. Abwägung zweier verschiedener Ebenen

Dabei ist nicht außer Acht zu lassen, dass bei dieser Abwägung zwei unterschiedliche Ebenen ins Verhältnis zueinander gesetzt werden müssen[296]: die Gefahr für die Versuchsperson und der Nutzen für die Wissenschaft. Nur wenn ein Versuch zu therapeutischen Zwecken durchgeführt wird, werden Gefahr für die Versuchsperson mit dem potentiellen Nutzen für sie selbst verglichen, und nur in einem solchen Fall kann die Abwägung auf einer Ebene stattfinden.

---

[292] *Held*, S. 68.

[293] *Held*, S. 68.

[294] *Staak/Weiser*, S. 43.

[295] *Hart*, MedR 94, 96.

[296] *Deutsch*, Medizinrecht, S. 468 spricht von zwei unvergleichbaren Momenten, die miteinander in Korrelation gesetzt werden müßten; *Rosenau*, S. 71 nennt es die Abwägung zweier schwer kommensurabler Parameter.

Im Bereich der Forschung ohne therapeutische Zielsetzung erscheint eine echte Abwägung aufgrund der Unterschiedlichkeit der in ein Verhältnis zueinander zu setzenden Werte dagegen äußerst schwierig[297]. Aus diesem Grund kann auch das positive Ergebnis einer solchen Abwägung niemals einen Rechtfertigungsgrund darstellen und dadurch eine fehlende Einwilligung ersetzen[298].
Aber auch wenn es keine festen Maßstäbe geben kann, die festlegen, wann ein bestimmtes Risiko als vertretbar anzusehen ist, so kann doch diese Abwägung trotzdem solche Studien von vornherein ausschließen, bei denen der zu erwartende Nutzen der Forschung eindeutig nicht wesentlich genug ist, um ein bestimmtes Risiko für den Probanden vertretbar erscheinen zu lassen. Die Erforderlichkeit der Abwägung stellt somit einen gewissen zusätzlichen Schutz für den Probanden dar.

b. Einwilligung nach Aufklärung, §§ 40 Abs. 1 S. 1 Nr. 2 AMG, 20 Abs. 1 Nr. 2 MPG

Ebenso wie bei einem Heileingriff ist auch im Bereich der experimentellen Medizin die Einwilligung der Versuchsperson auf der Grundlage einer Aufklärung erforderlich, was ausdrücklich in §§ 40 Abs. 1 S. 1 Nr. 2 AMG, 20 Abs. 1 Nr. 2 MPG geregelt ist. Da der Eingriff hier nicht ausschließlich im Interesse des Patienten erfolgt, muss ihr sogar eine noch größere Bedeutung zukommen. Dies ist insbesondere deswegen der Fall, da dem Experiment, das keine Vorteile für die Versuchsperson selbst erwarten lässt, die Legitimation, der Erkenntnis, Verhütung, Linderung oder Heilung von Krankheiten zu dienen, wie dies bei Heilbehandlungen der Fall ist, vollkommen fehlt[299].
Zwar kommt - wie bereits dargestellt - dem therapeutischen Zweck einer Maßnahme, oder auch ihrem Erfolg, für sich keine rechtfertigende Wirkung zu. Jedoch ist unbestritten, dass ein Mensch, der einem Eingriff ohne einen solchen therapeutischen Zweck ausgesetzt ist, eines umso größeren Schutzes bedarf.
Die Einwilligung muss gemäß §§ 40 Abs. 2 S. 1 Nr. 2 AMG, 20 Abs. 2 S. 1 Nr. 2 MPG persönlich und schriftlich erteilt werden. Gemäß §§ 40 Abs. 2 S. 2 AMG, 20 Abs. 2 S. 2 MPG kann sie jederzeit widerrufen werden[300].

aa. Voraussetzung der Einwilligungsfähigkeit nach AMG und MPG

In §§ 40 Abs. 2 S. 1 Nr. 1 AMG, 20 Abs. 2 S. 1 Nr. 1 MPG sind die Voraussetzungen geregelt, die bei einer Person vorliegen müssen, damit sie selbständig

---

[297] *Deutsch*, VersR 83, S. 2 spricht von einer Abwägung zweier "inkommensurabler Größen".
[298] Ebenso *Rosenau*, S. 69, auch für den Fall, dass ein lediglich minimales Risiko einer enormen Bedeutung der Studie gegenübersteht.
[299] *Eberbach*, S.91.
[300] So auch *Böth*, S. 82, der jedoch dem Widerrufenden, wenn durch die Ausübung dieses Rechts zusätzliche Kosten entstehen, eine Pflicht zum Schadensersatz aufbürden will. Dem ist nicht zuzustimmen, da durch ein solches Vorgehen die Widerrufsfreiheit indirekt erheblich eingeschränkt würde.

eine wirksame Einwilligung abgeben kann: die Versuchsperson muss sowohl geschäftsfähig als auch in der Lage sein, Wesen, Bedeutung und Tragweite der klinischen Prüfung einzusehen und ihren Willen hiernach zu bestimmen. Diese Vorschrift bestimmt den Kreis der Personen, die für eine Teilnahme an einer Studie gemäß §§ 40 AMG, 20 MPG in Frage kommen.

Geschäftsfähigkeit ist erforderlich, weil der Zustimmung zur Teilnahme an einer klinischen Prüfung immer auch der Abschluss eines zivilrechtlichen Behandlungs- und Forschungsvertrages innewohnt[301], den nur ein Geschäftsfähiger wirksam abschließen kann. Die zusätzlich geforderte Einwilligungsfähigkeit soll einen noch weitergehenden Schutz für die Versuchsperson gewährleisten.

Diese Vorschrift macht deutlich, dass auch der Geschäftsfähige nicht immer unbedingt voll entscheidungsfähig sein muss. So kann die Wirkung körperlicher oder psychischer Einflüsse unter Umständen bei einer Person dazu führen, dass die Willensbildung und -bestimmung hinsichtlich der in Frage stehenden Prüfung beeinträchtigt sein kann. Dies kann beispielsweise der Fall sein, wenn die Anforderungen an die Einwilligungsfähigkeit des Teilnehmers aufgrund der mit der Prüfung verbundenen Risiken besonders hoch anzusetzen sind. In einem solchem Fall kann der Betroffene keine wirksame Einwilligung erteilen.

Es sind somit bei jeder Person, die für die Teilnahme an einer Prüfung in Betracht kommt, sowohl ihre konkrete Lage als auch ihre konkreten Fähigkeiten zu betrachten[302], bevor ihre Einwilligung eingeholt werden kann.

Auf die freiwillige Einwilligung einer dazu fähigen Person kann nach AMG und MPG auf keinen Fall verzichtet werden[303].

bb. Umfang der Aufklärungspflicht im Rahmen der § 40 AMG, § 20 MPG

Ebenso wie bei der Heilbehandlung kann die Einwilligung nur auf der Grundlage und im Umfang der Aufklärung erteilt werden, was diese zur logischen Voraussetzung und Grenze der Einwilligung macht[304]. So ist gemäß §§ 40 Abs. 1 S. 1 Nr. 2 AMG, 20 Abs. 1 Nr. 2 MPG die Aufklärung durch einen Arzt über Wesen, Bedeutung und Tragweite der klinischen Studie zu erteilen.

Bei fremdnützigen Versuchen ist eine vollständige und vorbehaltlose Aufklärung erforderlich[305], die ohne jede Einschränkung die Art und auch die Gefahren des Versuchs umfasst. Insbesondere die Tatsache, dass es sich um ein wissenschaftliches Experiment handelt, muss in diesem Rahmen hinreichend hervorgehoben werden[306]. Grundsätzlich muss die Aufklärung umso sorgfältiger und

---

301 Vergleiche *Fröhlich*, S. 86.

302 *Staak/ Weiser*, S. 51 .

303 Eine Ausnahme zu diesem Grundsatz stellen lediglich die §§ 41 Nr. 7 AMG, 21 Nr. 5 MPG dar.

304 *Staak/Weiser*, S. 49.

305 *Eberbach*, S. 90; *Schimikowski*, S. 23, der auch Aufklärung über entfernte Risiken verlangt; *Rieger*, DMW 1977, S. 845; *Biermann*, Arzneimittelprüfung am Menschen, S. 298.

306 *Böth*, S. 81.

vollständiger erfolgen, je weiter die Studie von einem absehbaren Nutzen für Krankheitserkennung und -behandlung entfernt ist[307].

Abgesehen davon, dass nur nach vollständiger Aufklärung eine wirksame Einwilligung möglich ist, gibt das durch die Aufklärung erzielte Wissen, zum Beispiel über den weitergehenden Zweck eines Eingriffs, dem Probanden/Patienten die Möglichkeit, sich mit der Studie und ihren Zielen zu identifizieren. Somit kann die Aufklärung dazu beitragen, den Betroffen mehr in die Rolle des aktiven Teilnehmers als eines bloßen Objekts der Forschung zu versetzen. Auf diese Weise erscheint auch das nicht zu leugnende "Benutzen" der Person zu Forschungszwecken weniger bedenklich. Detaillierte Erläuterungen über die chemische Zusammensetzung der Stoffe sind dabei mangels nötigem Sachverstand seitens der Versuchsperson meist nicht erforderlich, es sei denn, sie wird von ihr ausdrücklich gefordert.

c. Zustimmung durch Ethikkommission

Die Mitwirkung einer nach Landesrecht gebildeten unabhängigen Ethikkommission ist gemäß § 40 Abs. 1 S. 2 AMG gesetzlich vorgesehen. Mit der klinischen Prüfung eines Arzneimittels darf daher erst dann begonnen werden, wenn diese von einer solchen öffentlich-rechtlich verfassten Kommission zustimmend bewertet worden ist. Liegt keine Zustimmung vor, so ist die klinische Prüfung dennoch zulässig, wenn die zuständige Bundesoberbehörde nicht innerhalb von 60 Tagen nach Eingang der Unterlagen widerspricht.

Die Bildung der Ethikkommissionen erfolgt durch die Gesetzgebung der Bundesländer[308]. Bei entsprechenden landesrechtlichen Vorgaben müssen Ethikkommissionen öffentlich-rechtlich organisiert werden, was bedeutet, dass sie bei den Landesärztekammern oder Medizinischen Fakultäten errichtet werden müssen[309]. Dadurch wird insbesondere verhindert, dass auch freie Ethikkommissionen, also rein privatrechtliche Zusammenschlüsse, die Bewertung eines klinischen Versuchs vornehmen können[310].

---

307 *Hart*, MedR 94, 104; *Keller*, MedR 1991, S. 14.

308 BR-Drs. 565/93, S. 16.

309 *Stock*, Der Probandenschutz bei der medizinischen Forschung am Menschen, S. 81; kritisch zu dieser Monopolisierung der Ethik-Kommissionen *Graf*, PharmaR 1998, S. 236 ff; *derselbe* weist auch in NJW 2002, S. 1774 weist darauf hin, dass die fachliche Qualifikation der Mitglieder ausschlaggebend für die Qualifikation der Ethikkommission ist und dass diese Qualifikation der Mitglieder vollkommen unabhängig vom privatrechtlichen oder öffentlich-rechtlichen Status der Kommission ist.

310 Da private Kommissionen sich durch Gebühren finanzieren, die vom Sponsor oder Forscher bezahlt werden, entsteht mit der Freiheit des Sponsors, sich die zuständige Kommission aussuchen zu können, die Gefahr, dass sich die private Kommission an den Interessen des Sponsors orientieren könnte, was zu einer Vernachlässigung der Patienteninteressen führen könnte, vergleiche *Peter*, Forschung am Menschen, S. 65.

Nach § 20 Abs. 7 MPG genügt es hingegen, wenn die Ethikkommission, die ihre nach dieser Vorschrift erforderliche zustimmende Stellungnahme abgibt, unabhängig und interdisziplinär besetzt sowie beim Bundesinstitut für Arzneimittel und Medizinprodukte registriert ist. Eine solche Registrierung erfolgt jedoch gemäß § 20 Abs. 8 MPG nur, wenn in einer veröffentlichten Verfahrensordnung die Mitglieder, die aus medizinischen Sachverständigen und nicht medizinischen Mitgliedern bestehen und die erforderliche Fachkompetenz aufweisen, das Verfahren der Ethikkommission, die Anschrift und eine angemessene Vergütung aufgeführt sind. Eine Bildung der Kommissionen entsprechend dem Landesrecht – wie nach den Vorschriften des AMG gefordert – ist dagegen nicht erforderlich[311]. Auch nach § 20 Abs. 7 S. 4 MPG kann der Hersteller nach Ablauf einer Frist von 60 Tagen nach Anzeige bei der zuständigen Behörde ohne eine solche zustimmende Stellungnahme mit der Studie beginnen, es sei denn die zuständige Behörde hat ihm innerhalb dieser Frist eine auf Gründe der öffentlichen Gesundheit oder der öffentlichen Ordnung gestützte gegenteilige Entscheidung mitgeteilt.

Ethikkommissionen bezwecken sowohl den Schutz der Patienten und Probanden als auch der forschenden Ärzte. Sie sollen durch ihre Arbeit sicherstellen, dass die für die Teilnehmer auftretenden Belastungen auf das vertretbare Minimum beschränkt werden, dass gefährliche Versuche gar nicht oder nur mit ausreichend großen Sicherheitsvorkehrungen durchgeführt werden und dass wissenschaftlich nicht begründete Versuche unterlassen werden[312].
Kritisiert wird in diesem Zusammenhang jedoch, dass es sich bei den Ethikkommissionen weitgehend um eine Selbstkontrolle der forschenden Mediziner handele und kaum Kontrolle von außen stattfände[313]. Dieser Verdacht wird dadurch verstärkt, dass die personelle Zusammensetzung vom Landesgesetzgeber in den meisten Fällen der Satzungsgewalt der Ärztekammern überlassen

---

[311] In Anbetracht der Tatsache, dass die Sach- und Interessenlage betreffend den Schutz der Prüfungsteilnehmer bei Studien von Arzneimitteln und Medizinprodukten derselbe ist, sind diese unterschiedlichen Anforderungen an die Ethikkommissionen in AMG und MPG nicht nachvollziehbar und sollten daher schnellstmöglich angeglichen werden. Vor dem Hintergrund, dass die Voraussetzungen einer Registrierung der Ethikkommission, wie sie nach dem MPG erforderlich ist, wie *Deutsch*, NJW 2002, 491 zutreffend feststellt, „mäßig" sind, sollte die Regelung des MPG dem AMG angeglichen werden, um den größtmöglichen Schutz der Probanden zu gewährleisten; auch *Laufs*, NJW 1999, S. 1758, 1764 ist der Auffassung, dass gerade die Bindung des Arztes an eine institutionelle Ethikkommission eine hohe Verfahrensqualität und Sicherheit gewährleistet.

[312] *Deutsch*, Medizinrecht, S. 495.

[313] *Neitzke*, Medizinische Forschung an einwilligungsunfähigen Menschen, S. 220, 221, der als Beleg für diese Kritik anführt, dass die Kommissionen hauptsächlich mit Medizinern jedoch kaum mit Patientenvertretern, medizinischen Laien oder Betroffenenverbänden besetzt sind.

wurde[314]. Nur in seltenen Fällen werden gewisse Mindestanforderungen an die Zusammensetzung gestellt[315].

d. Arztvorbehalt

Nach §§ 40 Abs. 1 S. 1 Nr. 4 AMG, 20 Abs. 1 Nr. 4 MPG muss jede klinische Prüfung von einem Arzt geleitet werden, der auf dem Gebiet der klinischen Prüfung von Arzneimitteln oder Medizinprodukten eine mindestens zweijährige Erfahrung vorweisen kann. Da dieser Prüfungsleiter über Beginn, Unterbrechung und Abbruch der Prüfung zu entscheiden hat, muss er während der gesamten Dauer der klinischen Prüfung den Überblick über alle Informationen besitzen, die im Rahmen der Studie über die Wirkungsweise des neuen Präparats gewonnen wurden[316].

e. Prüfplan/Protokoll

Gemäß §§ 40 Abs. 1 S. 1 Nr. 6 AMG, 20 Abs. 1 Nr. 8 MPG ist die Erstellung eines Prüfplans erforderlich, der den Stand der Wissenschaft, die Fragestellung, das Ergebnis einer eventuellen Pilotstudie, das Vorgehen, insbesondere die Gruppenbildung und die Zuteilung zu den Gruppen, die dafür angewandten Ein- und Ausschlusskriterien, Auswahl und Kontrollmechanismen, teilnehmende Stellen, Zahl der Versuchspersonen, das erwartete Ergebnis, Aufklärung und Einwilligung, Abbruchkriterien und Kontrollausschüsse anzugeben hat. Dieser muss der zuständigen Bundesoberbehörde vorgelegt und gegebenenfalls den veränderten Bedingungen, die während des Versuchsverlaufs auftreten, angepasst werden. Er stellt die gesetzliche Ausprägung der allgemein anerkannten ärztlichen Dokumentationspflicht dar.
Der Prüfplan soll die Beurteilung der ethischen und rechtlichen Zulässigkeit des Prüfvorhabens im Vorhinein ermöglichen[317] und damit willkürlichen und unkontrollierbaren Versuchsdurchführungen entgegenwirken.

f. Probandenversicherung

Die gemäß §§ 40 Abs. 1 S. 1 Nr. 8 i. V. m. Abs. 3 AMG, 20 Abs. 1 Nr. 9 i. V. m. Abs. 3 MPG vorgeschriebene Probandenversicherung[318] dient der wirtschaftlichen Absicherung der Forschungsteilnehmer im Schadensfall. Nach dieser

---

314 Zu der gegenwärtigen personellen Zusammensetzung der Ethik-Kommissionen an Universitäten und Ärztekammern vergleiche *Wilkening*, MedR 2001, S. 301 (302). Dabei ist auffällig, dass die Beteiligung von Personen bestimmter Patientengruppen bisher in keiner der Kommissionen praktiziert wird.

315 So zum Beispiel in § 4 c Berliner Kammergesetz und § 5 a Abs. 2 Heilberufsgesetz Rheinland-Pfalz.

316 *Stock*, Der Probandenschutz bei der medizinischen Forschung am Menschen, S. 78.

317 *Kloesel/Cyran*, § 40 Anm. 11a.

318 Zu den Problemkreisen dieser Versicherung siehe *Rittner/Kratz/Walter-Sack*, VersR 2000, S. 688 ff.

Vorschrift ist eine klinische Prüfung nur dann zulässig, wenn eine Versicherung besteht, die in dem Fall eintritt, dass ein Mensch getötet oder verletzt wird. Sie muss auch dann eintreten, wenn kein Verschulden irgendeiner Art festgestellt werden kann.

Aus der Regelung dieser zusätzlich - neben der aufgeklärten Einwilligung - erforderlichen Schutzmaßnahmen kann geschlossen werden, dass der Gesetzgeber der Überzeugung ist, dass auch Personen, die im Vollbesitz ihrer geistigen Kräfte sind, eines besonderen Schutzes bedürfen, wenn sie an Forschungsmaßnahmen teilnehmen, die nicht ihrer eigenen Gesundheit zu dienen bestimmt sind.

2. Besondere klinische Prüfungen gemäß §§ 41 AMG, 21 MPG

Von den allgemeinen Vorschriften der klinischen Prüfungen teilweise abweichende Regelungen finden sich in §§ 41 AMG, 21 MPG. Sie regeln solche Studien, die bei einer Person, die an einer Krankheit leidet, zu deren Behebung das zu prüfende Arzneimittel oder Medizinprodukt angewendet werden soll, durchgeführt werden. Sie fallen somit unter die Kategorie der Heilversuche, während die allgemeinen Prüfungen gemäß §§ 40 AMG, 20 MPG größtenteils als ausschließlich wissenschaftliche Forschung einzuordnen sind.

a. Angezeigtheit der Behandlung

Die besonderen Voraussetzungen der §§ 41 AMG, 21 MPG gelten gemäß §§ 41 Nr. 1 AMG, 21 Nr. 1 MPG nur für klinische Prüfungen, bei denen die Anwendung des zu prüfenden Arzneimittels/Medizinprodukts nach den Erkenntnissen der medizinischen Wissenschaft angezeigt ist, um das Leben des Kranken zu retten, seine Gesundheit wiederherzustellen oder sein Leiden zu erleichtern.
Allerdings ist diese Regelung nicht so eng auszulegen, dass eine solche Prüfung nur dann zulässig ist, wenn die zu prüfende Substanz im engen medizinischen Sinne zur Therapierung angezeigt ist[319]. Angezeigt oder indiziert in diesem engen Sinne kann ein Mittel nur dann sein, wenn seine Wirksamkeit bekannt ist. Dass dies bei klinischen Versuchen in der Regel gerade nicht der Fall ist, liegt in der Natur der Sache, da die Erprobung der Wirkungsweise des Mittels gerade Sinn und Zweck der Prüfung ist.
Da die Erprobung eines Heilmittels bekanntermaßen nicht immer an Gesunden durchgeführt werden kann, insbesondere weil die Prüfung der therapeutischen Wirksamkeit bei ihnen nicht möglich ist, würde eine enge Auslegung des Wortlauts zu einem Verbot der Erst- oder Früherprobung von Arzneimitteln an Kranken führen. Dies entspräche jedoch nicht Sinn und Zweck dieser Regelung, da die klinische Prüfung erwiesenermaßen wirksamer Stoffe gerade nicht mehr notwendig ist und mit diesem Gesetz auch nicht geregelt werden sollte. Viel-

---

[319] Anderer Ansicht *Fröhlich*, S. 76, der § 41 AMG das Erfordernis einer echten medizinischen Indikation entnimmt, dann aber selbst davon abweicht.

mehr sind gerade solche klinische Prüfungen Gegenstand dieses Gesetzes, die die Wirksamkeit bestimmter Mittel erst testen und beweisen sollen. Der Begriff "angezeigt" ist daher nicht im Sinne des ärztlichen Sprachgebrauchs zu verstehen, sondern, wie *Staak* und *Weiser* vorschlagen, im Sinne von "bezweckt ist", "dazu führt" oder "wahrscheinlich macht"[320].

Diese Art von Angezeigtheit kann nur dann vorliegen, wenn aufgrund von Vorversuchen eine gewisse Wahrscheinlichkeit besteht, dass das Mittel Wirkung zeigen wird. Wie groß diese Wahrscheinlichkeit im Einzelfall sein muss, hängt von den genauen Umständen der Krankheit sowie den bereits existierenden Behandlungsalternativen ab.
Grundsätzlich sind an die Wahrscheinlichkeit des Erfolges umso größere Anforderungen zu stellen, je weniger die Krankheit oder das Leiden den Patienten beeinträchtigen. Umgekehrt können bei lebensbedrohlichen Erkrankungen auch weniger erfolgversprechende Mittel angewandt werden, so dass in diesen Fällen geringere Anforderungen an die Angezeigtheit gestellt werden können. Im Einzelfall kann auch die bloße Chance auf einen therapeutischen Nutzen ausreichen[321].

Existieren bereits Arzneimittel/Medizinprodukte zur Behandlung der jeweiligen Krankheit, so kommt eine Angezeigtheit des zu prüfenden Mittels nur dann in Betracht, wenn es eine größere Wirksamkeit oder bedeutend geringere Nebenwirkungen verspricht. Die Prüfung von Produkten, die bereits in vergleichbarer Art und Wirkung existieren, kann zur Behandlung eines Patienten nicht angezeigt sein, da sie aufgrund der mit einer neuen Behandlung immer verbundenen besonderen Risiken im Vergleich mit den bereits geprüften Behandlungsmitteln nachteilig abschneiden. Etwas anderes kann nur dann gelten, wenn bestehende Behandlungsformen bei dem Betroffenen medizinisch aussichtslos oder bereits erfolglos angewandt worden sind.

Fraglich ist, inwiefern die Prüfung von Prophylaktika und Diagnostika in diesem Sinne angezeigt sein kann, da sie nicht eindeutig von dem Wortlaut der §§ 41 Nr. 1 AMG, 21 Nr. 1 MPG umfasst werden. Nach Ansicht von *Deutsch*[322] sind diese Vorschriften jedoch auf derartige Prüfungen analog anzuwenden, "wenn die Umstände es erfordern". Wann dies der Fall sein soll, ist mit dieser pauschalen Aussage jedoch nicht geklärt.

Zum einen könnte man aufgrund der Tatsache, dass die Prüfung von Diagnostika und Prophylaktika bei Minderjährigen ausdrücklich in §§ 40 Abs. 4

---

[320] *Staak/Weiser*, S. 59.
[321] *Sander*, Arzneimittelrecht, Erl. § 41 Nr. 4.
[322] *Deutsch*, Medizinrecht, S. 606.

AMG, 20 Abs. 4 MPG - also im Rahmen der allgemeinen klinischen Prüfungen - geregelt ist, aus der Systematik von AMG und MPG gegen die Ausdehnung der §§ 41 AMG, 21 MPG auf Studien mit dieser Art von Arzneimitteln/Medizinprodukten argumentieren. Denn wenn es der Wille des Gesetzgebers gewesen wäre, dass die erleichterten Bedingungen der besonderen Voraussetzungen generell für Prüfungen von Diagnostika und Prophylaktika gelten sollten, hätte es dieser ausdrücklichen Regelung nicht bedurft.

Allerdings kann die Prüfung von Diagnostika unter bestimmten Voraussetzungen vom Wortlaut der §§ 41 AMG, 21 MPG gedeckt sein. Zwar liegt es gerade in der Natur von Diagnostika, dass erst durch ihre Anwendung ermittelt werden kann, ob der jeweilige Betroffene tatsächlich an einer Krankheit leidet, deren Vorliegen die §§ 41 AMG, 21 MPG bereits voraussetzen. Legt man jedoch den Begriff des Kranken weit aus und lässt man es ausreichen, wenn bestimmte Symptome vorliegen, die auf das Vorliegen der Krankheit hindeuten könnten[323], dann kann auch die Prüfung eines solchen Mittels im Sinne dieser Vorschriften angezeigt sein. Dies gilt zum Beispiel für die Prüfung solcher Diagnosemittel, die auf ein schnelleres und zuverlässigeres Erkennen einer bereits behandelbaren Krankheit abzielen. Ist aufgrund ihres Einsatzes ein früherer Behandlungsbeginn zu erwarten oder sind geringere Nebenwirkungen oder Belastungen zu erwarten, so kann die Anwendung angezeigt sein, das Leben des Kranken zu retten, seine Gesundheit wiederherzustellen oder sein Leiden zu erleichtern.
Existiert keine Therapie- oder Behandlungsmöglichkeit für die zu diagnostizierende Krankheit, so kann ein bloßer "Diagnoseversuch" nicht angezeigt sein, da er in einem solchen Fall keinerlei Zusammenhang mit einer Heilungschance aufweist und dem Betroffenen daher keinen individuellen Vorteil verspricht. Er kann den Anforderungen an die besonderen Voraussetzungen der §§ 41 AMG, 21 MPG somit nicht gerecht werden.
Diese Vorschriften auf solche Diagnoseversuche auszudehnen, die keine schnellere Heilung oder Linderung erwarten lassen, ist somit ohne Gesetzesänderung nicht möglich. Auf Prüfungen solcher Verfahren sind somit die §§ 40 AMG, 20 MPG anzuwenden.

Die besonderen Vorschriften der §§ 41 AMG, 21 MPG sind schon deswegen nicht auf die Prüfung von Prophylaktika anwendbar, als sie ausdrücklich nur die klinische Prüfung bei einer Person, die an einer Krankheit leidet, regeln. Da Prophylaktika jedoch gerade dem Gesunden verabreicht werden, um einer Erkrankung vorzubeugen, ist der Wortlaut dieser Vorschriften insofern eindeutig.

---

323 So auch *Sander*, Arzneimittelrecht, Erl. § 41 Nr. 2.

b. Erleichterung der Einwilligungsanforderungen

Da die in §§ 41 AMG, 21 MPG geregelten besonderen klinischen Studien insbesondere auch der Heilbehandlung dienen sollen, kann sich für die Teilnehmer einer solchen Studie gegenüber den Probanden, die an einer sonstigen Prüfung gemäß §§ 40 AMG, 20 MPG teilnehmen, eine veränderte Interessenlage ergeben.

So kann es aufgrund der zu erwartenden positiven Wirkung für den Gesundheitszustand des Patienten in seinem Interesse liegen, an einer solchen Prüfung teilzunehmen, auch wenn er nicht in der Lage ist, eine wirksame Einwilligung zu erteilen. Die aufgrund dieser besonderen Interessenlage gebotenen Abweichungen von dem bei allgemeinen Prüfungen - mit Ausnahme der §§ 40 Abs. 4 Nr. 4 AMG, 20 Abs. 4 Nr. 4 MPG - geltenden Grundsatz der höchstpersönlichen Einwilligung sind in §§ 41 AMG, 21 MPG geregelt. Da sie nur bei Prüfungen mit Personen, die nicht zu einer wirksamen Einwilligung in der Lage sind, Bedeutung erlangen, werden sie im Rahmen der Schilderung der Rechtslage Einwilligungsunfähiger näher darzustellen sein.

Für voll geschäftsfähige und einwilligungsfähige Patienten werden die Einwilligungsvoraussetzungen nur insofern erleichtert, als die persönliche Einwilligung bei Vorliegen der besonderen Voraussetzungen nicht schriftlich erteilt zu werden braucht, sondern gemäß §§ 41 Nr. 6 AMG, 21 Nr. 4 MPG die mündliche Erklärung gegenüber dem behandelnden Arzt in Gegenwart eines Zeugen ausreichend ist. An der Erforderlichkeit der persönlichen Einwilligung kann jedenfalls kein Zweifel bestehen, es sei denn es liegt der Fall der §§ 41 Nr. 7 AMG, 21 Nr. 5 MPG vor.

Dort ist bestimmt, dass Aufklärung und Einwilligung des Kranken entfallen können, wenn in besonders schweren Fällen durch die Aufklärung der Behandlungserfolg gefährdet würde und ein entgegenstehender Wille des Patienten nicht erkennbar ist, wobei § 21 Nr. 5 MPG in einem solchen Fall auch die Aufklärung und Einwilligung eines gesetzlichen Stellvertreters für entbehrlich erklärt. Damit wird der Tatsache Rechnung getragen, dass die Kenntnis der Wahrheit über seinen tatsächlichen Gesundheitszustand und die eventuell geringen Heilungschancen dem Patienten schaden können, indem sie seinen Gesundheitswillen durch die hervorgerufene Angst und Sorge schwächen[324]. Steht dies zu befürchten, so muss es im Einzelfall im Interesse der Gesundheit des Patienten möglich sein, ihm die volle Wahrheit zu verschweigen.

In welchen Fällen jedoch die Aufklärung des Stellvertreters den Behandlungserfolg des Patienten gefährden sollte, da dessen Kenntnis der Wahrheit ja eigentlich keine negativen Auswirkungen auf die gesundheitliche Entwicklung des Patienten selbst haben dürfte, bleibt dabei fraglich.

---

[324] Ausführlich zu dieser Problematik *Laufs* in Laufs/Uhlenbruck, Handbuch des Arztrechts, § 61 Rdnr. 5 ff.

Aus dem Verweis in §§ 41 AMG, 21 MPG auf §§ 40 Abs. 1 bis 3 AMG bzw. 20 Abs. 1 bis 3 sowie 6 bis 8 MPG ergibt sich, dass die sonstigen allgemeinen Zulässigkeitsvoraussetzungen dieser Vorschriften auch für die besonderen Studien Geltung finden, so weit dies mit den §§ 41 AMG, 21 MPG vereinbar ist.

c. Aufklärung im Rahmen der §§ 41 AMG, 21 MPG

Aufgrund der mangels Wissen und Erfahrung bestehenden Unsicherheiten in Bezug auf die Indikation der Behandlungsmethode und deren Erfolgswahrscheinlichkeit sind im Vergleich zur Standardbehandlung erhöhte Anforderungen an die Aufklärung vor der Einwilligung zu stellen[325]. Es gelten die Anforderungen der §§ 40 Abs. 1 S. 1 Nr. 2 AMG, 20 Abs. 1 Nr. 2 MPG, die Aufklärung muss also Wesen, Bedeutung und Tragweite des Versuchs umfassen. Gemäß §§ 41 Nr. 5 AMG, 21 Nr. 3 MPG ist auch die Einwilligung des gesetzlichen Vertreters nur dann wirksam, wenn er durch einen Arzt in diesem Umfang aufgeklärt wurde. Dabei sind nicht nur umfassend und ungefragt die Art der Behandlung und eventuelle Risiken zu erläutern, sondern auch über den Versuchscharakter der Behandlung muss aufgeklärt werden.

d. Nutzen -Risiko-Abwägung

Es besteht weiterhin die Besonderheit, dass an die, auch bei diesen therapeutischen Prüfungen erforderliche, Nutzen-Risiko-Abwägung der §§ 40 Abs. 1 S. 1 Nr. 1 AMG, 20 Abs. 1 Nr. 1 MPG etwas geringere Anforderungen gestellt werden können, als dies bei einem ausschließlich wissenschaftlichen Versuch der Fall ist[326]. Dabei kann und muss im Rahmen der §§ 41 AMG, 21 MPG auch der persönliche Nutzen für die Versuchsperson mit dem Risiko, dem sie ausgesetzt ist, abgewogen werden[327].

e. Vergleichende therapeutische Studien nach §§ 41 AMG, 21 MPG

Fraglich ist allerdings, inwieweit randomisierte vergleichende Therapiestudien unter §§ 41 AMG, 21 MPG fallen können. Das Gesetz enthält insofern keine ausdrückliche Regelung.

---

325 *Laufs*, Karlsruher Forum, S. 6; *Eberbach*, S. 90; *Fischer*, Einwilligung und Aufklärung bei klinischen Therapiestudien; *Giesen*, S.21.

326 So auch *Keller*, MedR 1991, S. 15.

327 Diese zwingende Pflicht zur Durchführung einer Nutzen - Risiko - Abwägung auch im Rahmen von therapeutischer Forschung lässt die Bedenken *Vollmanns*, Aufklärung und Einwilligung in der Psychiatrie, S. 129, die er im Hinblick auf die Einteilung in therapeutische und nicht-therapeutische Forschung äußert, weil diese dazu führe, dass bei therapeutischer Forschung die Risikoseite nicht berücksichtigt werde, unbegründet erscheinen. So kann eine Untersuchung mit geringem Nutzen und hohem Risiko keinesfalls lediglich aufgrund ihrer Zugehörigkeit zur Gruppe der therapeutischen Forschung als „unproblematisch" betrachtet werden.

AMG und MPG könnten jedoch ihrem Gedanken nach auf kontrollierte therapeutische Studien anwendbar sein[328], denn der Gesetzgeber stellt an Ziel, Zweck und Ergebnisse der Arzneimittelprüfungen Anforderungen, die ohne Kontrollgruppen gar nicht zu erreichen wären[329]. Tatsächlich stellt die kontrollierte klinische Studie mit zumindest einer Test- und einer Kontrollgruppe den Hauptfall der Prüfung eines Arzneimittels am Kranken dar[330]. Insbesondere auch die Verabreichung von Placebo-Präparaten muss daher denknotwendig zulässig sein, auch wenn dies nicht eindeutig aus dem Gesetzestext hervorgeht.
In diesem Zusammenhang stellt sich zunächst die Frage, ob die Kontrollgruppe einer solchen Studie rechtlich gemäß §§ 40 AMG, 20 MPG oder §§ 41 AMG, 21 MPG zu behandeln ist.

Wenn das neue Arzneimittel oder Medizinprodukt gegen ein Standardpräparat geprüft wird, so ist diese Beurteilung relativ unproblematisch. Denn ein Standardpräparat ist in der Regel zur Behandlung der jeweiligen Krankheit angezeigt, so dass die dieser Gruppe zugeteilten Patienten rechtlich gemäß §§ 41 AMG, 21 MPG zu beurteilen sind[331]. Dem Wortlaut des § 41 Nr. 1 AMG ist dies zwar nicht zu entnehmen, da dieser lediglich die Voraussetzungen der „Anwendung des zu prüfenden Arzneimittels" ausdrücklich regelt. Es ergibt sich jedoch aus dem Gesetzeszweck der Regelungen, dass auch die Behandlung mit einem Standardpräparat den erleichterten Anforderungen der §§ 41 AMG, 21 MPG unterfallen muss[332]. Allerdings kann dies nur dann gelten, wenn die zu vergleichenden Therapiearme als gleichwertig hinsichtlich ihrer Wirkung einzuschätzen und somit gleichermaßen indiziert sind[333]. Nur dann sind §§ 41 AMG, 21 MPG auf die Teilnehmer beider Therapiearme anzuwenden.

Die rechtliche Einordnung der Teilnehmer, die bei einer randomisierten kontrollierten klinischen Studie der mit Placebo behandelten Kontrollgruppe zugeteilt werden, ist dagegen weniger unproblematisch. Es stellen sich insofern erneut die bereits im Hinblick auf die Einordnung dieser Gruppe als Heilversuch oder ausschließlich wissenschaftliche Studie aufgeworfenen Fragen.
Der Gesetzestext hilft bei deren Beantwortung kaum. Dort ist zwar ausdrücklich geregelt, welche Anforderungen an das zu prüfende Arzneimittel zu stellen sind. Es geht daraus jedoch nicht eindeutig hervor, ob jeder Teilnehmer der klinischen Prüfung dieses Arzneimittel selbst erhalten muss. Diese Vorschriften könnten auch so ausgelegt werden, dass auch die mit Placebos behandelten Patienten

328 So *Deutsch*, Medizinrecht, S. 463.
329 *Staak/Weiser*, S. 59.
330 *Deutsch*, Medizinrecht, S. 606.
331 Ebenso *Stock*, Der Probandenschutz bei der medizinischen Forschung am Menschen, S. 50.
332 So auch *Helle/Frölich/Haindl*, NJW 2002, S. 857 (861,862).
333 *Walter-Sack*, MedR 1997, S. 506.

rechtlich als Teil der klinischen Prüfung des im Sinne der §§ 41 Nr. 1 AMG, 21 Nr. 1 MPG angezeigten Mittels zu betrachten sind[334], mit der Folge, dass die besonderen Voraussetzungen auch für sie gelten.
Diese Auslegung ist jedoch nicht zulässig, da es für den Teilnehmer der Prüfung, der ein Placebo erhält, keinen Unterschied macht, ob das zu prüfende Arzneimittel oder Medizinprodukt zur Behandlung einer Krankheit angezeigt ist oder ob die Studie eine andere Zielsetzung hat, wenn er selbst nicht mit diesem Mittel behandelt wird. Ein durch diese Einstufung möglicher Verzicht auf die persönliche Einwilligung eines einwilligungsunfähigen Patienten wäre auch aufgrund des fehlenden unmittelbaren Eigeninteresses dieser Patienten nicht vertretbar. Die unterschiedliche Behandlung im Vergleich zu den Teilnehmern einer Prüfung im Sinne der §§ 40 AMG, 20 MPG, deren Einwilligung unverzichtbar ist, ließe sich nicht rechtfertigen.

Über dieses letztendlich fehlende Eigeninteresse des placebo-behandelten Teilnehmers kann auch der Argumentationsansatz, dass die Teilnahme an Prüfungen gegen Placebo generell in dem Interesse des Patienten liege, selbst wenn er letztendlich der Kontrollgruppe zugeteilt werde, nicht hinweg täuschen. Diese Argumentation basiert darauf, dass für den Patienten durch die Teilnahme an einer solchen Studie überhaupt erst die Chance entsteht, der Versuchsgruppe zugeteilt zu werden und dadurch in den Genuss einer eventuell wirksamen neuartigen Therapie zu kommen[335], da im allgemeinen kein Patient einen Anspruch darauf hat, mit einer klinisch und experimentell noch nicht abgesicherten Methode behandelt zu werden[336]. Aus dieser Chance, überhaupt mit dem neuen Mittel behandelt zu werden, könnte man eine "Angezeigtheit" im Sinne der §§ 41 AMG, 21 MPG konstruieren, die auch eine unterschiedliche Behandlung der Kontrollgruppe im Gegensatz zu den Teilnehmern einer Prüfung gemäß §§ 40 AMG, 20 MPG rechtfertigen würde. Dies hätte zur Folge, dass auch ein Stellvertreter wirksam in die Teilnahme an einer solchen Studie einwilligen könnte.

Die Teilnahme an der Kontrollgruppe dient jedoch nicht dem individuellen Nutzen des Patienten, sondern es steht das Erprobungsinteresse im Vordergrund[337].

---

[334] Auch *Helle/Frölich/Haindl*, NJW 2002, S. 857 (861) sehen die klinische Studie als Einheit an, auf die insgesamt § 41 AMG anzuwenden ist.

[335] Diese Ansicht ist *Deutsch*, Medizinrecht, S. 464; *derselbe*, Die rechtliche Situation in Deutschland, S. 43, sieht auch die Gabe von Placebo in der Kontrollgruppe als therapeutische Erprobung im weiteren Sinne an; *Helmchen/Lauter*, S. 62; *Rosenau*, S. 74.

[336] *Rosenau*, S. 73, vertritt die Ansicht, dass die diesbezügliche Pflicht des Arztes nur bis zur Grenze der üblichen Standardbehandlung gehe und nicht auf ein noch nicht hinreichend anerkanntes Optimum.

[337] *Eser*, Der Internist, 1982, S. 224, 225; allerdings weisen *Walter-Sack/Haefeli*, Dt Ärztebl 2001; 98: A 448 zutreffend darauf hin, dass das Fehlen der Prüfmedikation, deren Wirksamkeit und Sicherheit erst nachgewiesen werden müsse, und die Gabe von Placebo

Die vor Beginn der Prüfung existierende Chance, mit dem zu prüfenden Arzneimittel behandelt zu werden, realisiert sich bei der Kontrollgruppe gerade nicht, so dass ihre "Behandlung" objektiv lediglich wissenschaftlichen Interessen dient, die dem Teilnehmer selbst keinen unmittelbaren Vorteil versprechen. Die Teilnehmer der Placebogruppe unterfallen somit den §§ 40 AMG, 20 MPG[338]. Folglich ist für eine Teilnahme in jedem Fall die persönliche Einwilligung des Betroffenen erforderlich[339].

Teilweise wird aufgrund des undeutlichen Verhältnisses der §§ 40, 41 AMG zueinander von einem Spielraum des AMG ausgegangen[340], innerhalb dem klinische Studien mit placebobehandelten Kontrollgruppen auch ohne die persönliche Einwilligung des Betroffenen zulässig sein können. Eine eindeutige Zuordnung dieser Gruppe unter § 41 AMG findet dieser Ansicht zufolge nicht statt. Dem ist jedoch entgegenzuhalten, dass § 41 AMG die einzige Ausnahme von den strengen allgemeinen Voraussetzungen des § 40 AMG darstellt. Liegen die besonderen Voraussetzungen des § 41 AMG nicht vor und fällt die Behandlung mit Placebo aus diesem Grund nicht unter diese Vorschrift, so ist sie zwangsläufig an die allgemeinen Voraussetzungen der klinischen Prüfung gebunden. Von einem Spielraum kann insofern keine Rede sein[341].

Auch soweit eine teleologische Reduktion des § 41 Nr. 1 AMG für die Fälle, in denen nur ein minimales Risiko für die Placebo-behandelte Kontrollgruppe besteht, für geboten gehalten wird[342], ist dies ausdrücklich abzulehnen. Diese Auffassung widerspricht nicht nur klar dem Wortlaut des Gesetzes, sondern entspricht auch keineswegs dessen Schutzzweck. Denn es ist gerade Sinn und Zweck der gesetzlichen Regelung, dass der Patient einen persönlichen Vorteil durch die Behandlung entstehen soll. Sind damit jedoch Nachteile verbunden - mögen diese auch minimal sein - kann eine solche Behandlung in keinem Fall „angezeigt" im Sinne des § 41 Nr. 1 AMG sein.

---

nicht grundsätzlich nachteilig für den betroffenen Patienten seien.

338 So auch *Stock*, Der Probandenschutz bei der medizinischen Forschung am Menschen, S. 50.

339 *Habermann/Lasch/Gödicke*, NJW 2000, S. 3389 (3392) sehen die fehlende Zulässigkeit von Placebos bei Einwilligungsunfähigen nicht als besonderes Hemmnis an, da diese zur Erkennung der Voreingenommenheiten von Ärzten und Patienten dienen, zu denen einwilligungsunfähige Patienten oftmals kaum im Stande sein werden. Die Voreingenommenheit der Ärzte dagegen könne man auch auf andere Weise entkräften.

340 *Deutsch*, Die rechtliche Situation in Deutschland, S. 46.

341 Insbesondere kann dies entgegen der Ansicht von *Deutsch*, Medizinrecht, S. 464, nicht bei solchen Versuchen in Betracht kommen, mit denen ein erhebliches Risiko bis an die Grenze des § 1904 BGB verbunden ist. Denn es entspricht keineswegs dem Zweck und Gedanken des § 41 AMG, den Patienten ohne seine Einwilligung einer Behandlung auszusetzen, die für ihn selbst nicht indiziert ist und gleichzeitig noch ein solches Risiko darstellt.

342 *Helle/Frölich/Haindl*, NJW 2002, S. 857 (862).

II. Die Regelungen der Strahlenschutzverordnung (StrlSchV) und der Röntgenverordnung (RöV)

Da die vorherige StrlSchV die medizinische Forschung mit radioaktiven Stoffen und ionisierender Strahlung nur unzureichend geregelt hat, wurde die Forschung mit diesen Stoffen bei der durch verschiedene europäische Richtlinien[343] erforderlich gewordenen Neufassung der StrlSchV ebenfalls grundlegend geändert. Insbesondere wurde die Erforderlichkeit der Hinzuziehung einer Ethikkommission eingefügt, aber auch die Zulässigkeit der Forschung mit einwilligungsunfähigen Personen wurde geregelt. Damit hat die StrlSchV gleichzeitig eine begrüßenswerte Angleichung an AMG und MPG erfahren.

Wenig später wurde durch Verordnung vom 18. Juli 2002 auch die Röntgenverordnung[344] novelliert und damit ebenfalls die Vorgaben der Richtlinien 96/29/EURATOM vom 29.06.1996 und 97/43/EURATOM vom 09.07.1997 umgesetzt. Mit dieser Neufassung, deren Ziel unter anderem die Verstärkung des Strahlenschutzes in der medizinischen Forschung war[345], wurden die Regelungen der Röntgenverordnung betreffend die medizinische Forschung weitgehend der Strahlenschutzverordnung vom 20. Juli 2001 angepasst. Da somit die Strahlenschutzverordnung und die Röntgenverordnung die medizinische Forschung am Menschen weitgehend identisch regeln, werden sie im Folgenden gemeinsam dargestellt.

1. Allgemeine klinische Prüfungen nach der StrlSchV und RöV

Medizinische Forschung mit radioaktiven Stoffen und ionisierender Strahlung ist nach § 23 Abs. 1 StrlSchV[346] nur dann zulässig, wenn eine entsprechende Genehmigung des Bundesamtes für Strahlenschutz vorliegt. Dies gilt gemäß § 28a Abs. 1 RöV ebenso bei medizinischer Forschung am Menschen mit Röntgenstrahlung.

Diese Genehmigung darf gemäß §§ 24 Abs. 1 Nr. 1 a) StrlSchV, 28b Abs. 1 Nr. 1 a) RöV nur dann erteilt werden, wenn in einem Studienplan neben anderen Voraussetzungen dargelegt ist, dass für das beantragte Forschungsvorhaben ein zwingendes Bedürfnis besteht, weil die bisherigen Forschungsergebnisse und die medizinischen Erkenntnisse nicht ausreichen.

---

[343] Richtlinie 96/43/Euratom über die Grundnormen für den Strahlenschutz, AblEG Nr. L 159 v. 29.06.1996, S. 1; sowie Richtlinie 97/43/Euratom, AblEG Nr. L 180 v. 19.07.1997, S. 22.

[344] Verordnung über den Schutz vor Schäden durch Röntgenstrahlen vom 8. Januar 1987, BGBl. I 1987, 114, zuletzt geändert durch Verordnung vom 18. Juni 2002 (BGBl. I S. 1869).

[345] Amtliche Begründung zur Verordnung zur Änderung der Röntgenverordnung, BR-Drs. 230/02 vom 13. März 2002.

[346] Verordnung über den Schutz vor Schäden durch ionisierende Strahlen (Strahlenschutzverordnung - StrlSchV) vom 20. Juli 2001, BGBl. I 2001, 1714, geändert am 18.6.2002, BGBl. I 1869.

Dabei müssen nach §§ 24 Abs. 1 Nr. 1 c) StrlSchV, 28b Abs. 1 Nr. 1 c) RöV die strahlenbedingten Risiken, die mit der Anwendung für den Probanden verbunden sind, gemessen an der voraussichtlichen Bedeutung der Ergebnisse für die Fortentwicklung der Heilkunde oder medizinischen Wissenschaft ärztlich gerechtfertigt sein. Dies entspricht der in § 40 Abs. 1 Nr. 1 AMG vorgesehenen Regelung.
Weitere wichtige Voraussetzungen für eine solche Genehmigung stellen das Vorliegen einer Stellungnahme einer Ethikkommission zum Studienplan (§§ 24 Abs. 1 Nr. 2 StrlSchV, 28b Abs. 1 Nr. 2 RöV) , die Leitung der Anwendung durch einem Arzt, der eine mindestens zweijährige Erfahrung in der Anwendung radioaktiver Stoffe oder ionisierender Strahlung oder entsprechend in der Anwendung von Röntgenstrahlung am Menschen nachweisen kann (§§ 24 Abs. 1 Nr. 3 StrlSchV, 28b Abs. 1 Nr. 3 RöV), sowie die Vorsorge für die Erfüllung gesetzlicher Schadensersatzverpflichtungen (§§ 24 Abs. 1 Nr. 5 StrlSchV, 28b Abs. 1 Nr. 5 RöV) dar. Dabei fällt auf, dass die an die Ethikkommission in §§ 92 StrlSchV, 28g RöV gestellten Voraussetzungen der entsprechenden Regelung des § 20 Abs. 7 MPG gleichen, da keine Bildung der Ethikkommission nach Landesrecht, wie es in § 40 Abs. 1 S. 2 des AMG vorgesehen ist, verlangt wird.
Dient die Anwendung der radioaktiven Stoffe oder ionisierender Strahlung/der Röntgenstrahlung nicht gleichzeitig der Behandlung des Betroffenen, darf die gemäß §§ 24 Abs. 2 StrlSchV, 28b Abs. 2 RöV durch das Forschungsvorhaben bedingte effektive Dosis nicht mehr als 20 Millisievert betragen.
Gemäß §§ 87 StrlSchV, 28c Abs. 1 RöV ist die Anwendung von radioaktiven Stoffen oder ionisierender Strahlung/Röntgenstrahlung am Menschen in der medizinischen Forschung nur mit dessen persönlicher schriftlicher Einwilligung zulässig. Diese Erklärung ist nur wirksam, wenn der Einwilligende geschäftsfähig und in der Lage ist das Risiko für sich einzusehen und seinen Willen hiernach zu bestimmen. Der Proband ist vor Abgabe dieser Einwilligung zudem aufzuklären.
Einwilligungsunfähige Personen kommen somit für solche Forschung nicht in Betracht.

2. Therapeutische klinische Prüfungen an kranken Personen

Ein eigenständiger Regelungskatalog für therapeutische klinische Prüfungen mit radioaktiven Stoffen und ionisierenden Strahlen, wie in §§ 21 MPG, 41 AMG, ist weder in der StrlSchV noch in der RöV enthalten. Jedoch enthalten die allgemeinen Vorschriften teilweise besondere Regelungen für diese Fälle.
Dabei ist zunächst festzustellen, dass der individuelle Heilversuch, der in erster Linie der Heilung des Patienten mit einer noch nicht abschließend erprobten Methode dient, von Regelungen der StrlSchV und der RöV betreffend medizinische Forschung nicht erfasst wird, sondern nach den Regeln der Heilbehandlung zu behandeln ist. Er unterliegt daher nicht der Genehmigungspflicht der §§ 23 StrlSchV, 28 RöV.

Die klinischen Prüfungen mit kranken Personen im Rahmen der StrlSchV und der RöV unterscheiden sich insofern von der Forschung mit Gesunden, als Grenzwerte für die Strahlenbelastung, wie sie für gesunde Probanden vorgeschrieben sind, für sie nicht gelten. Allerdings dürfen sie auch im Rahmen einer Studie nur insoweit dieser Belastung ausgesetzt werden, wie es im Hinblick auf ihre Behandlung erforderlich ist. Zudem gelten für diesen Personenkreis neben den Vorschriften zur Forschung auch die Vorschriften der §§ 80-86 StrlSchV und §§ 24-28 RöV[347], die die Heilbehandlung regeln. Grundsätzlich ist auch bei therapeutischen Studien die persönliche schriftliche Einwilligung des Probanden nach entsprechender Aufklärung erforderlich.

B. Forschung mit Einwilligungsunfähigen nach den Spezialgesetzen

I. AMG und MPG

Nachdem nun die spezialgesetzlichen Regelungen im Hinblick auf Forschung mit einwilligungsfähigen Personen dargestellt worden sind, sollen im folgenden die Besonderheiten, die für einwilligungsunfähige Probanden und Patienten gelten, analysiert werden. Dabei soll insbesondere herausgestellt werden, unter welchen Voraussetzungen dem Stellvertreter die Befugnis zukommt, wirksam in die Prüfungsteilnahme des Einwilligungsunfähigen einzuwilligen, und unter welchen Umständen eine solche Einwilligung Dritter entfallen darf.

1. Allgemeine klinische Prüfungen, §§ 40 AMG, 20 MPG

Generell ist die Teilnahme an einer allgemeinen Prüfung nur zulässig, wenn die betroffene Person gemäß §§ 40 Abs. 1 S. 1 Nr. 2 i. V. m. Abs. 2 Nr. 1 AMG, 20 Abs. 1 Nr. 2 i. V. m. Abs. 2 Nr. 1 MPG ihre schriftliche Einwilligung hierzu erteilt hat. Einwilligungsunfähige sind somit grundsätzlich von dieser Art der Forschung ausgeschlossen.

a. Sonderregelung für Minderjährige gemäß §§ 40 Abs. 4 AMG, 20 Abs. 4 MPG

Eine Ausnahme von diesem Grundsatz besteht gemäß §§ 40 Abs. 4 Nr. 4 AMG, 20 Abs. 4 Nr. 4 MPG bei einwilligungsunfähigen Minderjährigen, deren gesetzliche Vertreter dieser Vorschrift nach berechtigt sind, die Einwilligung für die Teilnahme an einer Prüfung zu erteilen. Mit dieser Vorschrift wird somit von dem Grundsatz der Erforderlichkeit der höchstpersönlichen Einwilligung bei Studien, die nicht den Erfordernissen der §§ 41 AMG, 21 MPG entsprechen, abgewichen.

---

[347] So die amtliche Begründung zu Verordnung zur Änderung der Röntgenverordnung, a.a.O., zu Nr. 46.

aa. Angezeigtheit der Anwendung

Allerdings gilt diese Abweichung nur für den Fall, dass die Anwendung des Arzneimittels/Medizinprodukts nach den Erkenntnissen der medizinischen Wissenschaft angezeigt ist, um bei dem Minderjährigen Krankheiten zu erkennen oder ihn vor Krankheiten zu schützen, §§ 40 Abs. 4 Nr. 2 AMG, 20 Abs. 4 Nr. 2 MPG.

Die Bedeutung dieser Vorschrift ist höchst umstritten[348], wobei sich die Diskussion um die Frage dreht, wie die Formulierung "angezeigt" hier zu verstehen ist. Die Vertreter der Ansicht, dass kein individueller Nutzen für den Minderjährigen mit der Prüfung verbunden sein muss[349], sehen diese Vorschrift als Beweis dafür, dass es einen Grundsatz, der besagt, dass ausschließlich fremdnützige Forschung nur bei persönlich erteilter Einwilligung des Prüfungsteilnehmers zulässig sein darf, im deutschen Recht nicht gibt[350]. Darauf aufbauend sollen fremdnützige Studien mit Einwilligungsunfähigen in größerem Umfang als bisher zugelassen werden.

Geht man jedoch von dem Gesetzeswortlaut aus, so muss man einen durch die Prüfungsteilnahme zu erwartenden individuellen Vorteil für die minderjährige Versuchsperson verlangen[351]. Das ergibt sich zum einen schon aus der Verwendung des Wortes "angezeigt" [352]. Dieser Begriff wird in den §§ 41 AMG, 21 MPG unstreitig im Sinne einer gewissen objektiven Indikation verwendet[353] und

---

[348] Ausführlich hierzu *Schimikowski*, S. 20.

[349] Vergleiche *Peter*, Forschung am Menschen, S. 123, der für die Zulässigkeit einer Studie gemäß § 40 IV AMG einen rein gruppenspezifischen Vorteil als ausreichend betrachtet, diese Regelung jedoch zugleich verfassungsrechtlichen Bedenken ausgesetzt sieht. Allerdings vermischt er in seiner Argumentation fälschlich die Begriffe des mittelbaren und des gruppenspezifischen Nutzens, obwohl diesen Begriffen ganz unterschiedliche Voraussetzungen zugrunde liegen. Insbesondere kann keine "versteckte Analogie" zu § 40 IV AMG in der Konstruktion des mittelbaren Vorteils gesehen werden.

[350] So *Elzer*, S. 86.

[351] Ebenfalls dieser Ansicht ist *Kloesel*, NJW 1976, S. 1772; desgleichen *Jürgens*, Fremdnützige Forschung mit einwilligungsunfähigen Patienten, S. 43; *Laufs* in Laufs/Uhlenbruck, Handbuch des Arztrechts, § 130 Rdnr. 12; *Sander*, Arzneimittelrecht, Erl. § 40 Nr. 20; Wissenschaftliche Dienste des Deutschen Bundestages, Zur Vereinbarkeit des Entwurfs des Menschenrechtsübereinkommens mit den Grundrechten, S. 10; *Spranger*, Sozialrecht + Praxis, 2000, S. 71 (76); auch *Stock*, Der Probandenschutz bei der medizinischen Forschung am Menschen, S. 68, ist der Ansicht, dass echten Experimenten ohne jeglichen therapeutischen Nutzen der Wortlaut des § 40 Abs. 4 Nr. 2 entgegensteht; *Rosenau*, S. 83 spricht von einer 'Zwitterstellung' von therapeutischem und rein wissenschaftlichem Versuch.

[352] Dieser Ansicht auch *Jung*, Die Zulässigkeit biomedizinischer Versuche am Menschen, S. 202; *Fischer*, Medizinische Versuche am Menschen, S.33.

[353] *Helle/Frölich/Haindl*, NJW 2002, S. 857 kritisieren jedoch die Unbestimmtheit auch dieser Regelung insofern, als unklar bleibt, woran der persönliche Nutzen des Betroffenen zu messen ist, insbesondere ob der Vergleichsmaßstab die Standardbehandlung oder die

kann darum kaum in der vorangehenden Vorschrift bedeutungslos sein. Auch die Formulierung, dass gerade bei "dem" Minderjährigen Krankheiten erkannt werden sollen und dass das Mittel "ihn" vor Krankheiten schützen soll, lässt keine andere Interpretation zu[354]. Der Minderjährige muss folglich persönlich von der Prüfung profitieren, die Forschung darf nicht allein zum Nutzen Dritter stattfinden.
Auch aus den Gesetzgebungsmaterialien geht hervor, dass zwar mit dieser Vorschrift eine Lockerung der Indikationsvoraussetzungen für die bei Minderjährigen besonders benötigten Vorsorgeuntersuchungen und vorbeugenden Impfungen herbeigeführt werden sollte[355], ein Verzicht darauf sollte nicht eingeführt werden[356]. Dies hat zur Folge, dass eine akute Erkrankung des Minderjährigen an der jeweiligen Krankheit nicht notwendige Voraussetzung für eine Indikation sein muss[357], zumal es in der Natur der Sache liegt, dass dies insbesondere im Hinblick auf die Prüfung mit Prophylaktika gar nicht möglich wäre.
Dabei sind jedoch an die Auslegung des Begriffs der Angezeigtheit im Rahmen dieser Vorschriften nicht dieselben Anforderungen zu stellen, wie dies bei §§ 41 AMG, 21 MPG der Fall ist, da die §§ 40 AMG und 20 MPG gerade nicht den klassischen Heilversuch regeln sollen[358]. Insbesondere die speziellen Zielsetzungen der §§ 41 Nr. 1 AMG, 21 Nr. 1 MPG entfallen oftmals, da die Art der Indikation bei Prophylaktika und Diagnostika naturgemäß immer nur eine andere sein kann, als dies bei Versuchen mit Therapeutika der Fall ist[359]. Dies gilt unabhängig davon, dass die Anwendung von Diagnostika in bestimmten Fällen die dort genannten Voraussetzungen erfüllen kann.

Die Gegenansicht verkennt, dass ein Arzneimittel/Medizinprodukt auch außerhalb der Therapie einen Vorteil für den Betroffenen darstellen kann. Denn der Unterschied zwischen §§ 40 AMG, 20 MPG und §§ 41 AMG, 21 MPG ist nicht notwendigerweise immer der, dass einerseits fremdnützige Versuche und andererseits solche mit potentiellem Eigennutz geregelt werden, sondern sie unterscheiden sich dadurch, dass die Studie gemäß §§ 40 AMG, 20 MPG meist am

---

Nichtbehandlung sein soll.

354 Ebenso *Spranger*, MedR 2001, 238 (245), der jedoch nicht darauf eingeht, welcher Art genau dieser Vorteil sein kann.

355 Bericht des Bundestagsausschusses für Jugend, Familie und Gesundheit, BT-Drs. 7/5091 vom 28. 4. 1976, S. 9, 17.

356 *Fischer*, Medizinische Versuche am Menschen, S. 35; auch *Staak/ Uhlenbruck*, MedR 1984, S. 182, gehen von der Notwendigkeit einer individuellen Indikation aus.

357 *Kamp*, Die Europäische Bioethik-Konvention, S. 41.

358 *Stock*, Der Probandenschutz bei der medizinischen Forschung am Menschen, S. 68, hält es aufgrund der systematischen Stellung des § 40 IV AMG nicht für schlüssig, warum der Gesetzgeber solche Forschung nicht im Rahmen des § 41 AMG geregelt hat, wenn er nur Heilversuche an ihnen für zulässig erklären wollte.

359 *Schmidt-Elsaeßer*, Medizinische Forschung an Kindern und Geisteskranken, S. 138.

Gesunden stattfindet, während sie nach §§ 41 AMG, 21 MPG bei einem Kranken zur Heilung seiner Krankheit medizinisch angezeigt sein muss[360].

Der Vorteil für den Minderjährigen bei Prüfungen gemäß §§ 40 Abs. 4 Nr. 2 AMG, 20 Abs. 4 Nr. 2 MPG kann beispielsweise darin bestehen, dass er durch die zu erwartende Wirkung einer im Rahmen der Prüfung durchgeführten Impfung von einer Kinderkrankheit verschont bleibt, an der er sonst vielleicht erkrankt wäre.
Ebenso kann es für einen scheinbar gesunden Minderjährigen einen Vorteil bedeuten, an einer Prüfung von Diagnostika teilzunehmen, bei der ein eventuell verstecktes, für Minderjährige aber typisches, Leiden entdeckt werden könnte. Gerade die besondere Gefahr für jeden Minderjährigen, an einer typischen Kinderkrankheit zu erkranken, bewirkt, dass in diesen Studien ein individueller Vorteil für ihn liegen kann[361]. Auch wenn mit einer neuen Diagnosemöglichkeit geringere Risiken oder Belastungen verbunden sind, stellt dies einen individuellen Vorteil für ihn dar. Der Vorteil des Minderjährigen ergibt sich in diesen Fällen dadurch, dass eine ihm aufgrund seiner Zugehörigkeit zu der infektionsgefährdeten Gruppe der Minderjährigen drohende Krankheit vorgebeugt oder zumindest erkannt wird[362]. Insofern wird auch von einer *negativen Indikation* gesprochen, was bedeutet, dass die Krankheit durch den Versuch zumindest mit Sicherheit ausgeschlossen werden soll[363]. An dem individuellen Vorteil für die Versuchsperson ändert sich dadurch nichts.

---

[360] So auch *Walter-Sack/Haefeli*, MedR 2000, S. 454 (460); *Stock*, Der Probandenschutz bei der medizinischen Forschung am Menschen, S. 47, modifiziert diesen Grundsatz dahingehend, dass es sich bei den von §§ 40 AMG, 20 MPG erfassten Personengruppen keineswegs um gesunde Probanden handeln müsse - da dies ihrer Ansicht nach den Probandenschutz zu weit ausdehnen würde - sondern dass sie auch kranke Probanden umfassen können, deren Krankheit jedoch nicht in Zusammenhang mit dem Versuch stehen darf; ebenso *Helle/Frölich/Haindl*, NJW 2002, S. 857; *Peter*, Forschung am Menschen, S. 115, weist zu Recht darauf hin, dass in den Fällen, in denen für eine Krankheit noch keine Standardbehandlung existiert, auch für einschlägig Kranke die Möglichkeit zur Teilnahme einer klinischen Studie gemäß § 40 AMG bestehen muss, bei der die Kontrollgruppe Placebos verabreicht bekommt.

[361] Auch *Kamp*, Die Europäische Bioethik-Konvention, S. 40, ist der Ansicht, dass diese Maßnahmen zumindest theoretisch in der Lage sind, dem betroffenen Minderjährigen individuelle Vorteile zu verschaffen.

[362] *Stock*, Der Probandenschutz bei der medizinischen Forschung am Menschen, S. 68, hält derartige Diagnose- und Prophylaxeuntersuchungen dann für angezeigt im Sinne des § 40 Abs. 4 Nr. 2 AMG, wenn die Möglichkeit einer Erkrankung an einer grundsätzlich bei Kindern in Betracht kommenden Krankheit besteht.

[363] Ausführlich zu dieser Problematik *Schmidt-Elsaeßer*, S. 137 ff.; *Eser*, Der Internist, 1982, S. 225 sieht eine Indikation bereits bei mutmaßlicher Gesundheit des Minderjährigen als gegeben an; zustimmend *Biermann*, Arzneimittelprüfung am Menschen, S. 370.

Für die Auffassung, dass ein individueller Vorteil für den Minderjährigen zu erwarten sein muss, damit die Prüfung zulässig ist, spricht auch, dass es nicht einleuchtet, warum der Gesetzgeber, wenn er schon ausschließlich fremdnützige Versuche bei Minderjährigen zulassen wollte, diese auf Diagnostika und Prophylaktika beschränkt haben sollte[364]. Denn gerade auch bei Säuglingen und Kleinkindern besteht ein enormer Bedarf an Grundlagenforschung, die er gleichzeitig hätte regeln können. Dies hat der Gesetzgeber jedoch gerade nicht getan, sondern sich für die Zulässigkeit allein solcher Maßnahmen entschieden, die einen individuellen Vorteil bringen können.
Im Vergleich zum Erwachsenen besteht für den einzelnen Minderjährigen eine erheblich größere Gefährdung, sich eine Krankheit zuzuziehen. Diese Tatsache im Zusammenspiel mit dem Umstand, dass - zumindest bei den jüngeren Altersgruppen - keine Prüfung mit der wirksamen Einwilligung des Betroffenen selbst möglich sind, rechtfertigt die unterschiedliche Behandlung dieser Personengruppe gegenüber einwilligungsunfähigen Erwachsenen.

Auch die Tatsache, dass in der Strahlenschutzverordnung immer eine persönliche Einwilligung für wissenschaftliche Versuche verlangt wird, wird als Argument dafür herangezogen, dass ein persönlicher Vorteil für den Minderjährigen zu erwarten sein muss. Denn würde man von einer Zulässigkeit von fremdnützigen Experimenten ohne persönliche Einwilligung im Rahmen von AMG und MPG ausgehen, wäre hier ein klarer Wertungswiderspruch dieser Regelungen zu erkennen[365].
Somit ist auch in §§ 40 Abs. 4 AMG, 20 Abs. 4 MPG eine potentieller - wenn auch vielleicht weniger offensichtlicher - individueller Vorteil für den Minderjährigen erforderlich. Ausschließlich fremdnützige Prüfungen sind somit von dieser Vorschrift nicht gedeckt.

bb. Prüfungen an Erwachsenen nicht ausreichend

Gemäß §§ 40 Abs. 4 Nr. 3 AMG, 20 Abs. 4 Nr. 3 MPG sind diese Prüfungen nur zulässig, wenn klinische Prüfungen an Erwachsenen keine ausreichenden Prüfergebnisse erwarten lassen. Diese Regelung ist eine Ausprägung des sogenannten Subsidiaritätsgrundsatzes. Damit soll erreicht werden, dass auf die persönliche Einwilligung eines Prüfungsteilnehmers wirklich nur dann verzichtet wird, wenn es unbedingt erforderlich ist. Denn das mit einer Prüfung immer verbundene Risiko muss nach Möglichkeit von dem getragen werden, der seine wirksame Einwilligung persönlich erteilen kann. Dieser Grundsatz ist insbesondere dann zu beachten, wenn zwar ein individueller Vorteil für die Teilnehmer zu erwarten ist, eine wirkliche medizinische Indikation im strengen Sinne jedoch

---

[364] So bezeichnen *Höfling/Demel*, Zur Forschung an Nichteinwilligungsfähigen, MedR 1999, S. 540 (541) den Ausschluss von Therapeutika als überraschend.
[365] *Fischer*, Medizinische Versuche am Menschen, S. 36.

nicht vorliegt. Denn eine persönlich erteilte Einwilligung als Ausprägung des Selbstbestimmungsrechts stellt für den betroffenen Probanden immer ein weitaus besseres Mittel zum Schutz seiner Rechte und Interessen dar als die Einwilligung eines Dritten.
Gerade wenn durch eine Prüfung die Wirkungsweise eines bestimmten Stoffes im Organismus von Säuglingen oder Kleinkindern ermittelt werden soll, können jedoch aufgrund der physiologischen Eigenheiten dieser Altersgruppen mit Erwachsenen erzielte Prüfergebnisse nicht übertragen werden. Die Prüfung an den einwilligungsunfähigen Minderjährigen der entsprechenden Altersgruppen ist daher in diesen Fällen unerlässlich.

cc. Einwilligung von gesetzlichem Stellvertreter und gegebenenfalls vom Minderjährigen

Zur Durchführung einer solchen Prüfung ist grundsätzlich gemäß §§ 40 Abs. 4 Nr. 4 AMG, 20 Abs. 4 Nr. 4 MPG die Einwilligung der gesetzlichen Stellvertreter nötig, also im Regelfall die beider Elternteile. Die Aufklärung hat (auch) ihnen gegenüber zu erfolgen, und zwar in dem gleichen Umfang, wie sie gegenüber einem einwilligungsfähigen Probanden erfolgen würde. Sie müssen ebenfalls sowohl geschäftsfähig als auch einsichtsfähig sein.

Ist der Minderjährige einwilligungsfähig, so ist seine schriftliche Einwilligung gemäß §§ 40 Abs. 4 Nr. 4 AMG, 20 Abs. 4 Nr. 4 MPG zusätzlich erforderlich. Die vorhandene Einwilligungsfähigkeit lässt somit die Notwendigkeit der Einwilligung der Eltern nicht entfallen[366]. Durch die gleichzeitige Erforderlichkeit seiner persönlichen Einwilligung soll das Recht des Minderjährigen, eine selbstbestimmte Entscheidung zu treffen, gesichert werden.
Der Gegenansicht, dass die Einwilligung eines einwilligungsfähigen Minderjährigen ausreiche und dass das Gesetz, das die Einwilligung von Stellvertreter und Minderjährigen nebeneinander regelt, nur die Aufklärung für den Fall regeln solle, dass die Eltern bereits zugestimmt haben[367], ist nicht zu folgen. Das geht schon aus den §§ 40 Abs. 2 Nr. 1 AMG, 20 Abs. 2 Nr. 1 MPG hervor, die für eine wirksame Einwilligung sowohl Geschäftsfähigkeit als auch Einsichtsfähigkeit fordern, mit der Konsequenz, dass der einwilligungsfähige Minderjährige als beschränkt Geschäftsfähiger diese nicht wirksam allein erteilen kann. Wann eine solche Einsichts- und damit auch Einwilligungsfähigkeit bei Minderjährigen gegeben sein kann, ist - wie oben erläutert - umstritten.
Der Arzt hat dabei die Verantwortung, das Vorliegen der nötigen Verstandesreife gewissenhaft zu prüfen. Ist diese vorhanden, steht dem Minderjährigen das gleiche Recht auf eine vollständige Aufklärung zu wie jedem anderen Probanden. Im Zweifelsfall sollte jedoch bei Minderjährigen von einem Vorliegen der

---

366 *Eser*, Der Internist, S. 220.
367 So vertreten von *Staak/Uhlenbruck*, MedR 1984, S. 183.

Einwilligungsfähigkeit ausgegangen werden, da nur in diesem Fall auch seine Zustimmung erforderlich ist und er anderenfalls in seinem Recht auf Selbstbestimmung beschnitten werden könnte.

Während bei Volljährigen, wenn es um die Teilnahme an wissenschaftlicher Forschung ohne individuellen Nutzen geht, im Zweifelsfall die Einwilligungsfähigkeit zu verneinen ist, um eine Teilnahme ohne wirksame Einwilligung auszuschließen und damit ihren Schutz zu gewährleisten, ist somit der Schutz des Minderjährigen eher gewahrt, wenn ihm die Einwilligungsfähigkeit zugestanden wird.

b. Volljährige Einwilligungsunfähige

Eine den §§ 40 Abs. 4 AMG, 20 Abs. 4 MPG entsprechende Regelung existiert für volljährige Einwilligungsunfähige nicht, so dass deren Teilnahme an Prüfungen von Arzneimitteln oder Medizinprodukten außerhalb der §§ 41 AMG, 21 MPG ausgeschlossen ist. Sie dürfen somit nur dann an einer klinischen Prüfung teilnehmen, wenn sie an einer Krankheit leiden, zu deren Behebung das zu prüfende Arzneimittel oder Medizinprodukt angewendet werden soll und dessen Anwendung nach den Erkenntnissen der medizinischen Wissenschaft angezeigt ist, um das Leben des Kranken zu retten, seine Gesundheit wiederherzustellen oder sein Leiden zu erleichtern.

Fremdnützige, lediglich wissenschaftliche Forschung ist folglich für sie ebenso ausgeschlossen wie für Minderjährige. Ein derartiger Forschungseingriff würde somit – sofern die Schwelle zum Eingriff in die körperliche Integrität überschritten wurde – eine rechtswidrige Körperverletzung darstellen[368]. Dies führt zu dem Ergebnis, dass ausschließlich wissenschaftliche Forschung mit Einwilligungsunfähigen durch die spezialgesetzlichen Regelungen der Forschung am Menschen ausgeschlossen ist.

Verschiedentlich wird zwar vertreten, dass AMG und MPG die Möglichkeit der Vorabeinwilligung oder der Bestellung eines Bevollmächtigten, der die Einwilligung für den Vollmachtgeber erklärt, nicht ausschließen[369] und aus diesem Grund bei Vorliegen einer solchen Erklärung auch ausschließlich wissenschaftliche Forschung mit dem inzwischen Einwilligungsunfähigen möglich sei. Jedoch spricht gegen die Zulässigkeit der Forschungsverfügung im Rahmen dieser Spezialgesetze schon der Wortlaut der § 40 Abs.1 S.1 Nr.2 AMG, § 20 Abs. 1 Nr. 2 MPG, der von der Erteilung der Einwilligung *nach* erfolgter Aufklärung über die konkrete Studie ausgeht. Eine antizipierte Einwilligung kommt daher nach dieser Vorschrift im Regelfall nicht in Betracht, da die strengen Anforde-

---

[368] *Freund*, Medizinische Forschung mit einwilligungsunfähigen und beschränkt einwilligungsfähigen Personen, S. 227.

[369] *Elzer*, S. 50, 51.

rungen an die Aufklärung über Wesen, Bedeutung und Tragweite der Studie bei Abfassung der Einwilligungserklärung kaum erfüllt sein können. Denn meist wird eine derartige Erklärung zu einem Zeitpunkt verfasst werden, zu dem noch keine Teilnahme an einer bestimmten Studie abzusehen ist, was eine diesbezügliche Aufklärung unmöglich macht.
Auch die Bevollmächtigung eines Stellvertreters kommt nach AMG und MPG nicht in Betracht[370], weil diese Vorschriften die persönliche Einwilligung des Prüfungsteilnehmers verlangen, die der Bevollmächtigte ebenso wenig wie ein gesetzlicher Stellvertreter leisten kann.

Zudem hilft es in der Praxis wenig, die Zulässigkeit bestimmter Einwilligungskonstruktionen theoretisch zu bejahen, wenn in dieser Hinsicht keine Rechtssicherheit für den Forscher besteht. Will man erreichen, dass sich diese Einwilligungsmöglichkeiten in der Praxis durchsetzen, so muss man ihren Eingang in den Gesetzestext fordern. Die Gefahr für den Forscher, sich durch einen experimentellen Eingriff strafbar zu machen, kann nur auf diesem Weg ausgeschaltet werden.
Daher soll die Zulässigkeit dieser Einwilligungsformen, die eine wissenschaftliche Studie mit einem zum Zeitpunkt ihrer Durchführung einwilligungsunfähigen Patienten möglich machen sollen, an späterer Stelle erörtert werden, wobei der Entwurf eines Regelungsvorschlages Ziel dieser Untersuchung sein soll.

2. Besondere klinische Prüfungen, §§ 41 AMG, 21 MPG

Therapeutische Forschung mit Personen, die an einer Krankheit leiden, kann jedoch unter bestimmten Voraussetzungen gemäß §§ 41 AMG, 21 MPG auch an einwilligungsunfähigen Menschen durchgeführt werden.

a. Angezeigtheit

Wie bereits oben dargestellt, gelten die besonderen Regeln der §§ 41 AMG, 21 MPG nur dann, wenn die klinische Prüfung angezeigt ist, das Leben des Kranken zu retten, seine Gesundheit wiederherzustellen oder sein Leiden zu erleichtern.
Es wird mit diesen Rechtssätzen den Geboten der ärztlichen Fürsorge Rechnung getragen[371]. Aus diesem Grund ist es für die Zulässigkeit einer klinischen Prüfung erforderlich, dass sie Vorteile gegenüber einer bereits vorhandenen Standardtherapie verspricht. Die Behandlung mit einem Arzneimittel, das in der zu erwartenden Wirkung lediglich dem bisherigen Standard entspricht, ist dagegen nicht in diesem Sinne angezeigt[372], da die positive Wirkung im Gegensatz zur Standardbehandlung bislang gerade nicht erwiesen ist.

---

[370] Anderer Ansicht ist hierzu *Elzer*, S. 51.
[371] So auch *Laufs* in Laufs/Uhlenbruck, Handbuch des Arztrechts, § 130 Rdnr. 9.
[372] Daher ist die Frage die *Helle/Frölich/Haindl, NJW 2002, S. 857 (858)* im Hinblick auf die

Nur diese in gewissem Sinne medizinische Indikation und der damit verbundene zu erwartende individuelle Vorteil für den Prüfungsteilnehmer sind der Grund dafür, dass von den strengen allgemeinen Voraussetzungen der §§ 40 AMG, 20 MPG in einigen Fällen abgewichen werden kann und muss, wenn die Interessen und Bedürfnisse der Patienten es erfordern.
So bestimmen §§ 41 Nr. 2 AMG, 21 Nr. 2 MPG, dass auch Prüfungen mit solchen Personen durchgeführt werden können, die geschäftsunfähig oder in der Geschäftsfähigkeit beschränkt sind. Auch auf die Einwilligungsfähigkeit des Patienten kann gemäß §§ 41 Nr. 4 AMG, 21 Nr. 2 MPG verzichtet werden. Es wird somit von den strengen Einwilligungserfordernissen der §§ 40 AMG, 20 MPG aufgrund des individuellen Interesses des Patienten an einer Teilnahme an solchen Heilversuchen abgewichen.
Es kann in diesen Fällen auch von einer mutmaßlichen Einwilligung des Betroffenen in den damit verbundenen Eingriff ausgegangen werden[373], die legitimierende Wirkung entfaltet. Jedoch rechtfertigt diese hypothetische Einwilligung den Eingriff ebenso wenig wie bei einer Standardbehandlung allein. Sie führt jedoch dazu, dass die Einwilligung des Stellvertreters an die Stelle der persönlich erteilten Einwilligung des Patienten treten kann. Insofern unterscheiden sich diese Vorschriften nicht von den oben dargestellten allgemeinen Grundsätzen der Heilbehandlung, wobei allerdings der Unterschied besteht, dass es sich bei der hier in Betracht kommenden Behandlung noch nicht um ein ausreichend geprüftes Verfahren handelt.
Auch bei dieser Art der Behandlung schadet ein bestehendes Forschungsinteresse nicht, solange der Nutzen für den Betroffenen im Vordergrund steht.

Da die Regeln der §§ 41 AMG, 21 MPG für minderjährige und volljährige Einwilligungsunfähige gleichermaßen gelten, werden diese Personengruppen im Rahmen der nachfolgenden Darstellung der Voraussetzungen dieser Vorschriften gemeinsam abgehandelt.

b. Notwendigkeit der Einwilligung des gesetzlichen Stellvertreters

Fehlen bei einer Person entweder die Geschäfts- oder die Einwilligungsfähigkeit, oder sogar beides, so ist grundsätzlich die Einwilligung des gesetzlichen Stellvertreters erforderlich. Gemäß §§ 41 Nr. 5 AMG, 21 Nr. 3 MPG ist dessen Einwilligung nur wirksam, wenn er durch einen Arzt über Wesen, Bedeutung und Tragweite der klinischen Prüfung aufgeklärt worden ist.

Zulässigkeit einer Prüfung eines Arzneimittels, das dem Standardpräparat nicht überlegen ist, sondern nur billiger hergestellt werden kann auch klar mit nein zu beantworten.

373 *Walter-Sack*, MedR 97, 506.

aa. Person des Vertreters

Bei einem Minderjährigen sind gemäß §§ 1626, 1629 BGB grundsätzlich beide Elternteile zusammen seine gesetzlichen Vertreter. Allerdings kommen situationsabhängig auch ein Elternteil, der Pfleger, der Vormund oder auch das Vormundschaftsgericht selbst als Vertreter in Betracht.

Der gesetzliche Stellvertreter eines Volljährigen ist sein für ihn vom Vormundschaftsgericht gemäß § 1896 I BGB bestellter Betreuer, der innerhalb des gemäß § 1896 II BGB genau abgegrenzten Aufgabenkreises für ihn tätig wird. Dieser Aufgabenkreis muss somit auch die Betreuung in Gesundheitsangelegenheiten umfassen, damit er eine wirksame Einwilligung für die Teilnahme an einer Arzneimittel- oder Medizinproduktprüfung erklären kann.

bb. Generelle Zulässigkeit der Stellvertretung durch den Betreuer

Im Hinblick auf die Zulässigkeit der Einwilligung durch den Betreuer als dem in diesen Spezialgesetzen genannten gesetzlichen Stellvertreter ist anzumerken, dass sowohl in der amtlichen Begründung zum Regierungsentwurf des Betreuungsgesetzes[374] als auch von Teilen der Literatur[375] eine Befugnis des Betreuers zur Einwilligung in klinische Studien pauschal abgelehnt wird, was zur Folge hätte, dass auch eine Zustimmung zu einer den Voraussetzungen der § 41 AMG und § 21 MPG entsprechenden Prüfung ausgeschlossen wäre.
Dieser Ansicht ist jedoch nicht zu folgen. Die amtliche Begründung kann nur so verstanden werden, dass unter den dort genannten klinischen Studien lediglich solche zu verstehen sind, die allein der wissenschaftlichen Forschung dienen. Denn es ist nicht ersichtlich, welcher Sinn den §§ 41 Nr. 4 AMG, 21 Nr. 2 MPG überhaupt zukommen sollte, wenn der Betreuer, der schließlich den dort genannten gesetzlichen Vertreter darstellt, die Zustimmung generell nicht erteilen dürfte. Es wäre - wollte man dieser Ansicht folgen - überhaupt kein Fall denkbar, in dem diese Vorschriften für volljährige Patienten Wirkung entfalten könnten. Sie könnten lediglich für Minderjährige gelten, deren gesetzliche Vertreter ihre Eltern sind. Eine derartig unterschiedliche Behandlung einwilligungsunfähiger Patienten ließe sich jedoch nicht begründen und kann vom Gesetzgeber nicht gewollt sein. Zudem sind die spezifischen Interessen der Minderjährigen bereits durch die für sie geltende Sonderregelung der §§ 40 Abs. 4 AMG, 20 Abs. 4 MPG berücksichtigt worden. Hätte der Gesetzgeber eine darüber hinaus gehende Sonderbehandlung gewollt, so ist davon auszugehen, dass er diese ebenfalls ausdrücklich geregelt hätte.

Es kann auch nicht angehen, den volljährigen Patienten eine mit der Teilnahme an einer therapeutischen Studie verbundene - wenn auch im Einzelfall nur

---

[374] BT-Drs. 11/4528, S. 142.
[375] *Damrau/Zimmermann*, Betreuungsgesetz § 1904, Rdnr. 9.

geringe - Chance auf Linderung oder gar Heilung ihrer Krankheit zu verwehren[376]. Somit kann auch der Betreuer gemäß §§ 41 Nr. 4 AMG, 20 Nr. 2 MPG in die Teilnahme an einem solchen Heilversuch einwilligen.

cc. Fehlende Geschäftsfähigkeit

Ist ein potentieller Teilnehmer einer gemäß § 41 AMG, 21 MPG indizierten Prüfung nicht voll geschäftsfähig, so ist die Einwilligung seines gesetzlichen Vertreters gemäß §§ 41 Nr. 3, Nr. 4 AMG, 21 Nr. 2 MPG erforderlich.

Ist der Patient jedoch trotz Geschäftsunfähigkeit in der Lage, Wesen, Bedeutung und Tragweite der klinischen Prüfung einzusehen und seinen Willen hiernach zu bestimmen, so ist zusätzlich seine eigene Einwilligung erforderlich gemäß §§ 41 Nr. 3 AMG, 21 Nr. 2 MPG.

Dieses Nebeneinander der Einwilligungen soll gewährleisten, dass die Selbstbestimmung des Patienten soweit wie möglich beachtet wird, während gleichzeitig die Zustimmung eines Dritten einen zusätzlichen Schutz vor Missbrauch bewirkt.

dd. Vorliegen der Geschäftsfähigkeit

Ist der Patient dagegen voll geschäftsfähig aber nicht in der Lage, eine wirksame Einwilligung zu erteilen, so geht nicht zweifelsfrei aus den Gesetzestexten hervor, wessen Einwilligung es für eine rechtmäßige Teilnahme an der Studie bedarf[377].

Aus der Systematik von AMG und MPG, die für eine wirksame Einwilligung sowohl Geschäftsfähigkeit als auch Einwilligungsfähigkeit verlangen, kann jedoch geschlossen werden, dass in solchen Fällen ebenfalls die Einwilligung des gesetzlichen Vertreters erforderlich ist. Es ist daher sinnvoll, in einer solchen Situation sowohl die Einwilligung des Stellvertreters als auch die Zustimmung des Patienten zu verlangen. Auch wenn es gerade die Besonderheit der Einwilligungsunfähigkeit ausmacht, dass der Betroffene eigentlich nicht in der Lage ist, die entscheidenden Faktoren zu verstehen und abzuwägen, erscheint es trotzdem nicht sachgerecht, eine solche Person gegen ihren Willen zu behandeln. Sie ist daher so umfassend wie möglich aufzuklären und muss ihre Zustimmung zu der Behandlung erteilen, auch wenn diese aufgrund der Einwilligungsunfähigkeit

---

[376] Unzutreffend dagegen *Sobota*, Patientenrecht und Forschungsfreiheit, S. 380, die §§ 41 Nr. 5 Satz 3 AMG, 21 Nr. 3 S. 3 MPG und §§ 41 Nr. 7 AMG, 21 Nr. 5 MPG für ausreichend hält, die Gesundheitsinteressen des Einwilligungsunfähigen zu wahren, da sie die Stellvertretung durch den gesetzlichen Vertreter für überflüssig hält. Dabei verkennt sie jedoch, dass auch Situationen außerhalb einer akuten Notlage denkbar sind, in denen der Heilversuch dem Wohl des Patienten dienen kann und somit eine Einwilligung des gesetzlichen Vertreters sehr wohl erforderlich ist. Es muss sich nicht unbedingt um eine unheilbare, schnell fortschreitende Erkrankung handeln, damit der Patient ein Interesse an einem Heilversuch hat.

[377] Eine ausführliche Darstellung dieser Problematik findet sich bei *Elzer*, S. 72 ff.

keine rechtfertigende Einwilligung im eigentlichen Sinn, sondern lediglich die Äußerung des natürlichen Willens darstellen kann.

ee. Besondere Problematik randomisierter Studien mit Einwilligungsunfähigen

Es stellt sich jedoch die Frage, inwieweit ein Stellvertreter dazu befugt sein kann, in beide Behandlungsalternativen einer kontrollierten randomisierten Studie einzuwilligen.
Da eine Stellvertretung grundsätzlich nur unter der Voraussetzung in Betracht kommt, dass das angewandte Mittel angezeigt ist, das Leben des Kranken zu retten, seine Gesundheit wieder herzustellen oder sein Leiden zu erleichtern, darf der Stellvertreter auch nur dann seine Zustimmung zur Teilnahme des Patienten an einer Studie erteilen, wenn beide Behandlungsalternativen diesen Anforderungen entsprechen. Dies ist bei einer randomisierten klinischen Studie, die dem Vergleich der Wirksamkeit zweier Behandlungsmethoden dienen soll, nur dann gegeben, wenn beide Verfahren nach ihrem Verhältnis von Vorteil und Risiko für den Patienten gleichwertig erscheinen und somit ein vergleichbares Maß an medizinischer Indikation gegeben ist[378]. Nur unter diesen Umständen kann die jeweilige Behandlung auch angezeigt sein, so dass von einer mutmaßlichen Einwilligung des Patienten ausgegangen werden kann[379]. Nur dann kann auch ein Verzicht auf die persönliche Einwilligung einer Person zulässig sein und die Einwilligung des Stellvertreters den Eingriff rechtfertigen.

Übertragen auf Studien, bei denen gegen Placebo geprüft wird, bedeutet dies, dass eine Einwilligung des Vertreters in die Zuteilung zu dieser Kontrollgruppe nicht zulässig ist[380], da die Bildung einer solchen Kontrollgruppe allein dem wissenschaftlichen Interesse dient. Da sie rechtlich gemäß §§ 40 AMG, 20 MPG zu beurteilen ist[381], kommt die stellvertretende Einwilligung für diese Fälle nicht in Betracht.

---

[378] So *Laufs* in Laufs/Uhlenbruck, Handbuch des Arztrechts, § 65 Rdnr. 11.

[379] Ebenso *Walter-Sack*, MedR 97, 506; *Walter-Sack/Haefeli*, MedR 2000, S. 461; *Lippert*, Der einwilligungsunfähige Patient in der Forschung in juristischer Sicht, S. 96, geht davon aus, dass eine Randomisierung dann vom mutmaßlichen Willen des Patienten gedeckt ist, wenn die Nutzen-Risiko-Abwägung ergibt, dass dem Patienten dadurch keine Nachteile gegenüber anderen Patienten entstehen, die diese Behandlung nicht erhalten, oder wenn feststeht, dass ein therapeutischer Vorteil für den Patienten mit der Behandlung verbunden ist; *Köhler*, NJW 2002, S. 853 (856, 857) sieht die Randomisierung als gegensätzlich zu dem Interesse des Patienten, von dem Arzt eine auf ihn persönlich abgestimmte, bestmögliche Therapieentscheidung zu erhalten, an und lehnt sie daher als bei Einwilligungsunfähigen generell unzulässig ab

[380] *Richardi*, S. 454.

[381] So auch *Peter*, Forschung am Menschen, S. 114, der auch die Kontrollgruppe, die mit dem Standardpräparat behandelt wird, unter § 40 AMG einordnet. Dies insbesondere deswegen, da diese Teilnehmer – verglichen mit solchen Patienten, die standardgemäß behandelt werden

Dagegen wird zum Teil die Ansicht vertreten, dass hier eine Gesetzeslücke bestehe, die geschlossen werden müsse[382]. Die Vertreter dieser Meinung wollen eine Behandlung der Kontrollgruppe mit Placebos zulassen, wenn von einem mutmaßlichen Willen des betroffenen Einwilligungsunfähigen zur Teilnahme an einer solchen Studie ausgegangen werden könne. Für einen derartigen Interpretationsspielraum bieten jedoch weder der Wortlaut der §§ 41 AMG, 21 MPG noch Sinn und Zweck dieser Vorschriften Anhaltspunkte. Da die §§ 41 AMG, 21 MPG die einzige Ausnahme von dem Erfordernis der persönlichen Einwilligung darstellen und bei einem Fehlen der dafür erforderlichen Voraussetzungen die §§ 40 AMG, 20 MPG eingreifen, kann von einer Gesetzeslücke insofern nicht die Rede sein. Daher ist für die Teilnahme an der placebobehandelten Kontrollgruppe die freiwillige, persönlich erteilte Einwilligung des Teilnehmers erforderlich[383]. Da diese von einem Einwilligungsunfähigen nicht erlangt werden kann, ist seine Teilnahme an solchen Studien nach den Spezialgesetzen unzulässig.

c. Entbehrlichkeit der Einwilligung des Stellvertreters

Auch von dem Grundsatz, dass es bei fehlender Geschäfts- und/oder Einwilligungsfähigkeit des Patienten der Einwilligung dessen gesetzlichen Stellvertreters bedarf, sind in AMG und MPG Ausnahmen vorgesehen.

So ist die Einwilligung des gesetzlichen Stellvertreters dann nicht vor Beginn der Behandlung erforderlich, wenn gemäß §§ 41 Nr. 5 S. 3 AMG, 21 Nr. 3 S. 3 MPG die Behandlung ohne Aufschub erforderlich ist, um das Leben des Kranken zu retten, seine Gesundheit wieder herzustellen oder sein Leiden zu erleichtern, und seine Einwilligungserklärung nicht herbeigeführt werden kann. Denn in diesem Fall gebietet es der Schutz der Interessen des Patienten, auf diese Einwilligung zu verzichten. Durch diese Vorschriften wird verhütet, dass das Erfordernis der Einwilligung des Stellvertreters, das gerade dem Schutz des Patienten dienen soll, in einer solchen Situation eine dringend notwendige Behandlung verhindert und damit den Interessen des Patienten schadet.

Eine derartig dringende Erforderlichkeit der Behandlung mit einem neuartigen Mittel, das noch nicht hinreichend geprüft worden ist, kann selbstverständlich nur dann in Betracht kommen, wenn es eine Standardtherapie nicht gibt oder diese nicht annähernd den gleichen Erfolg verspricht wie das zu prüfende Produkt.

---

ohne jedoch Studienteilnehmer zu sein - Nachteilen aufgrund der mit der Studie einhergehenden Begleituntersuchungen ausgesetzt sind.

[382] *Richardi*, S. 454.

[383] Ebenso *Laufs* in Laufs/Uhlenbruck, Handbuch des Arztrechts, § 130 Rdnr. 38; für die Einordnung der Kontrollgruppe unter § 40 AMG bei Wirksamkeitstests auch *Eser*, Der Internist, 1982, S. 224, 225.

Dieser Ausnahmeregelung, die ein Fehlen jeglicher Einwilligung (mit Ausnahme der hypothetischen Einwilligung des Patienten selbst) zulässt, liegt die Maxime zugrunde, dass die Erforderlichkeit von Hilfeleistung in bestimmten Situationen wichtiger sein kann als die ausdrückliche Erteilung der Einwilligung[384]. Dem Verzicht auf die Einwilligung liegen in diesen Fällen allein die Interessen des Betroffenen zugrunde.

Auch diese Vorschrift entspricht den allgemeinen für die Heilbehandlung geltenden Grundsätzen, da aufgrund des Heilbehandlungscharakters der Prüfungen nach §§ 41 AMG, 21 MPG in einer solchen Situation auch außerhalb der spezialgesetzlichen Regelungen von einer mutmaßlichen Einwilligung des Patienten ausgegangen werden könnte[385]. Es handelt sich daher bei dieser Ausnahmeregelung praktisch um eine gesetzliche Fixierung der Rechtsfigur der mutmaßlichen Einwilligung[386].
Allerdings muss die Einwilligung des Vertreters so schnell wie möglich nachgeholt werden, und die Behandlung muss für den Fall, dass diese verweigert wird, abgebrochen werden.
Bei ausschließlich wissenschaftlichen Versuchen ist eine solche Interessenlage dagegen nicht denkbar.

II. Die Zulässigkeit nach der StrlSchV und der RöV

Gemäß §§ 88 Abs. 4 StrlSchV, 28d Abs. 4 RöV ist Forschung mit radioaktiven Stoffen oder ionisierender Strahlung/Röntgenstrahlung an geschäftsunfähigen und beschränkt geschäftsfähigen Probanden zulässig, wenn das Forschungsziel nicht anders erreicht werden kann und die Anwendung zur Untersuchung oder Behandlung des Probanden angezeigt ist. Somit ist die Forschung mit einwilligungsunfähigen Personen nach StrlSchV und RöV nur zulässig, wenn sie einen individuellen therapeutischen oder diagnostischen Nutzen für den Betroffenen verspricht.
Weiterhin hat der gesetzliche Vertreter oder der Betreuer seine Einwilligung nach Aufklärung zu erteilen. Ist der geschäftsunfähige oder beschränkt geschäftsfähige Proband in der Lage, Wesen, Bedeutung und Tragweite der Anwendung einzusehen und seinen Willen hiernach zu bestimmen, ist zusätzlich seine persönliche Einwilligung erforderlich.
Die bereits dargestellten allgemeinen Voraussetzungen für die Zulässigkeit von Forschungsstudien gelten selbstverständlich auch für Forschung mit einwilligungsunfähigen Personen.
Die Neuregelung der Zulässigkeit von Forschung mit einwilligungsunfähigen Personen trägt der Tatsache Rechnung, dass auch bei einwilligungsunfähigen

---

[384] Siehe *Rieger*, Klinische Prüfung, S. 86.
[385] *Rieger*, Klinische Prüfung, S. 84.
[386] *Eser*, Festschrift für Schröder, S. 199.

Personen Forschungsbedarf besteht und es ethisch nicht vertretbar wäre, diese Personengruppen vom möglichen Fortschritt der Medizin auszuschließen[387]. Dabei fällt auf, dass eine Differenzierung zwischen minderjährigen und volljährigen Probanden - anders als in AMG und MPG - in der StrlSchV und der RöV nicht vorgenommen wird. Auch die ausdrückliche Nennung der Untersuchung des Probanden als Maßnahme, deren Angezeigtheit für die Zulässigkeit der Forschung entscheidend ist, unterscheidet sich von AMG und MPG, wo die Einordnung von diagnostischen Untersuchungen dem Wortlaut nicht eindeutig unternehmen ist.

III. Gleiches gilt für Bevollmächtigte

Durch das am 1.1.1999 in Kraft getretenen Betreuungsänderungsgesetz ist klargestellt worden, dass auch eine zur Stellvertretung in Gesundheitsangelegenheiten bevollmächtigte Person ihre Einwilligung in eine Heilbehandlung oder einen ärztlichen Eingriff erteilen darf. Diese Befugnis muss auch für die Einwilligung in klinische Prüfungen von Arzneimitteln und Medizinprodukten gelten, soweit sich die erteilte Vollmacht auf solche erstreckt[388].

In § 41 Nr. 4 AMG, § 21 Nr. 2 MPG ist die Einwilligung des gesetzlichen Stellvertreters in die Teilnahme von einwilligungsunfähigen Personen an einer klinischen Prüfung im Rahmen eines Heilversuchs geregelt. Der eindeutige Wortlaut dieser Regelung lässt die rechtsgeschäftlich erteilte Stellvertretung in diesem Bereich nicht zu[389]. Eine überzeugende Begründung dafür existiert jedoch nicht, da der gewillkürte Stellvertreter gerade auch in diesen Fällen, die einen unmittelbaren Vorteil für den Patienten selbst erwarten lassen, ebenso wie der gesetzliche Stellvertreter geeignet ist, eine solche Einwilligung zu erteilen. Aus diesem Grund ist eine entsprechende Änderung dieser Regelungen, die die umständliche Anordnung eines Betreuers entbehrlich machen würde, notwendig.

C. Zwischenergebnis: allgemeiner Rechtsgrundsatz

Auch wenn die §§ 40, 41 AMG, §§ 20, 21 MPG und auch §§ 23, 24, 87, 88 StrlSchV sowie §§ 28a-28g RöV in einigen Fragen nicht unerheblich voneinander abweichen, so ist doch im Hinblick auf die Notwendigkeit der Einwilligung in klinische Prüfungen ein Grundsatz zu erkennen: auf die persönliche Einwilligung des Probanden/Patienten darf nur dann verzichtet werden, wenn die Prüfung einen unmittelbaren individuellen Vorteil für den Betroffenen erwarten lässt. Dies gilt insbesondere auch für die umstrittenen §§ 40 Abs. 4 AMG, 20 Abs. 4 MPG.

---

387 Begründung zur StrlSchV, S. 84.

388 *Richardi*, S. 452.

389 Anderer Ansicht ist *Walter*, Vorsorgevollmacht, S. 241, die von der Zulässigkeit der Vorsorgevollmacht auch in diesem Bereich ausgeht, allerdings nur dann, wenn auch ein Überwachungsbetreuer bestellt ist.

Allein der zu erwartende persönliche Nutzen und das damit verbundene Eigeninteresse können die Tatsache, dass nicht der Betroffene selbst sondern ein Dritter die Einwilligung erteilt, rechtfertigen[390]. Daraus folgt, dass die klinische Prüfung immer auch unmittelbar im Zusammenhang mit der Krankheit des Einwilligungsunfähigen stehen muss[391].
Das zu prüfende Arzneimittel/Medizinprodukt muss daher grundsätzlich zur Behandlung einer Krankheit angezeigt sein. Lediglich mit Minderjährigen sind auch Prüfungen von Diagnostika und Prophylaktika zulässig, die einen nicht ganz so eng gefassten individuellen Nutzen versprechen.
Forschung mit potentiell mittelbarem persönlichen Nutzen sowie ausschließlich wissenschaftliche Forschung, bei der kein individueller Vorteil für den Patienten zu erwarten ist, dürfen dagegen sowohl nach AMG, MPG und StrlSchV sowie RöV nicht ohne persönliche Einwilligung des Betroffenen stattfinden.

Unklar sind die gesetzlichen Regelungen von AMG und MPG jedoch im Hinblick auf die Zulässigkeit von Prüfungen von Diagnostika und Prophylaktika an Erwachsenen. Auch die Regelung der Zulässigkeit von kontrollierten klinischen Studien weist Lücken auf, die es zu schließen gilt, will man eine eindeutige und klare Rechtslage für die klinische Forschung insbesondere auch mit einwilligungsunfähigen Menschen erreichen.

---

[390] *Elzer*, S. 55.
[391] Ebenso *Staak/Weiser*, S. 59.

§ 7: Die Arzneimittelrichtlinie und ihre Umsetzung

Da die Arzneimittelrichtlinie des Europäischen Parlaments und des Rates vom 4. April 2001 vom deutschen Gesetzgeber umzusetzen ist, ist sie auch für einen im Rahmen dieser Arbeit zu entwerfenden Regelungsvorschlag bindend.

Daher sollen die Regelungen dieser Richtlinie zunächst erläutert aber auch kritisch betrachtet werden. Gleichzeitig wird der Spielraum zu prüfen sein, der dem deutschen Gesetzgeber für die erforderlichen Änderungen des AMG verbleibt. Diese Betrachtung wird sich weitgehend auf die Regelungen konzentrieren, die speziell für Forschung mit einwilligungsunfähigen Personen von Bedeutung sind, da eine vollständige Darstellung den Rahmen dieser Arbeit sprengen würde.

Im Anschluss wird der Regierungsentwurf für ein Zwölftes Gesetz zur Änderung des Arzneimittelgesetzes zu betrachten und im Hinblick auf seine Eignung als Umsetzung der Arzneimittelrichtlinie zu prüfen sein. In diesem Rahmen soll - soweit die klinische Prüfung mit Einwilligungsunfähigen von diesen Änderungen betroffen ist - sowohl auf die Unterschiede zu dem Regelungsinhalt der Richtlinie als auch zu dem AMG in seiner gegenwärtigen Fassung eingegangen werden.

A. Arzneimittelrichtlinie

I. Geltungsbereich

Die Arzneimittelrichtlinie gilt gemäß ihrem Art. 1 Abs. 1 lediglich für klinische Prüfungen von Arzneimitteln, die an Menschen durchgeführt werden. Die Erprobung von Medizinprodukten ist dagegen nicht erfasst.
Auch der individuelle Heilversuch, bei dem die Therapie des Patienten der wesentliche Grund der Anwendung eines neuen Arzneimittels ist, unterfällt der Richtlinie nicht. Dies ergibt sich zunächst aus der Tatsache, dass eine solche individuelle Behandlung nicht als eine „klinische Prüfung" einzuordnen ist, die gemäß Art. 1 Abs. 1 ARL Regelungsgegenstand der Arzneimittelrichtlinie sein soll. Denn eine klinische Prüfung ist gemäß der in Art. 2 a ARL enthaltenen Begriffsdefinition eine „Untersuchung, um klinische, pharmakologische und/oder sonstige pharmakodynamischen Wirkungen von Prüfpräparaten zu erforschen oder nachzuweisen und/oder jede Nebenwirkung von Prüfpräparaten festzustellen und/oder die Resorption, die Verteilung, den Stoffwechsel und die Ausscheidung von Prüfpräparaten zu untersuchen, mit dem Ziel, sich von deren Unbedenklichkeit und/oder Wirksamkeit zu überzeugen". Da ein individueller Heilversuch gerade nicht den Erkenntnisgewinn zum (Haupt-)Ziel hat, stellt er folglich keine klinische Prüfung in diesem Sinne dar.

Ebenso wenig fallen nicht-interventionelle Prüfungen in den Geltungsbereich der Arzneimittelrichtlinie. Darunter sind gemäß Art. 2 c ARL Untersuchungen zu verstehen, in deren Rahmen die betreffenden Arzneimittel auf übliche Weise unter den in der Genehmigung für das Inverkehrbringen genannten Bedingungen verordnet werden. Dabei wird bei einer nicht-interventionellen Prüfung die Anwendung einer bestimmten Behandlungsstrategie auf den Patienten nicht im Voraus in einem Prüfplan festgelegt, sondern sie fällt unter die übliche Praxis, und die Entscheidung zur Verordnung des Arzneimittels ist klar von der Entscheidung getrennt, einen Patienten in eine Untersuchung einzubeziehen. Auf den Patienten darf bei einer nicht-interventionellen Prüfung zudem kein zusätzliches Diagnose- oder Überwachungsverfahren Anwendung finden, und zur Analyse der gesammelten Daten werden allein epidemiologische Methoden angewandt.

Der Sache nach handelt es sich somit bei den nicht-interventionellen Prüfungen um reine Beobachtungsstudien, so dass auch Therapieoptimierungsstudien, die in der Regel ein planvolles Vorgehen ebenso wie ein Überwachungsverfahren erfordern, von der die Richtlinie erfasst werden.

II. Allgemeine Voraussetzungen für die Zulässigkeit klinischer Prüfungen

In Art. 3 der Arzneimittelrichtlinie sind die allgemeinen Voraussetzungen, die zum Schutz der Prüfungsteilnehmer vor und auch während der Studie vorliegen müssen, geregelt.

Die Richtlinie lässt jedoch gemäß Art. 3 Abs. 1 ARL nationale Regelungen, die eine größere Tragweite haben, also die Rechte der Prüfungsteilnehmer umfassender schützen, zu. Den Mitgliedstaaten steht es folglich frei, restriktivere Regelungen beizubehalten oder zu schaffen, sofern sie mit den von der Richtlinie vorgesehenen Verfahren und Fristen im Einklang stehen.

Es wird zu untersuchen sein, ob eine solche restriktivere Gesetzgebung in Deutschland aufgrund des durch das Grundgesetz normierten hohen Schutzniveaus nicht sogar geboten ist.

1. Nutzen-Risiko-Abwägung

Eine klinische Prüfung darf gemäß Art. 3 Abs. 2 a ARL nur dann durchgeführt werden, wenn die vorhersehbaren Risiken und Nachteile gegenüber dem Nutzen für den Prüfungsteilnehmer und für andere gegenwärtige und zukünftige Patienten abgewogen worden sind. Sie ist nur dann zulässig, wenn eine Ethikkommission und/oder die zuständige Behörde zu der Schlussfolgerung kommt, dass der erwartete therapeutische Nutzen und der Nutzen für die öffentliche Gesundheit die Risiken überwiegen, und darf nur fortgeführt werden, wenn die Einhaltung dieser Anforderung ständig überwacht wird.

Die damit geforderte Abwägung von Nutzen und Risiken entspricht inhaltlich weitgehend § 40 Abs. 1 Nr. 1 AMG, so dass an dieser Stelle keine Änderungen des deutschen Rechts erforderlich sind.
Das in Art. 3 Abs. 2 a ARL normierte Schutzniveau ist jedoch insofern höher, als darin vorgesehen ist, dass zumindest entweder die Ethikkommission oder die zuständige Behörde positiv im Hinblick auf diese Abwägung entschieden haben muss, während der Beginn der Prüfung nach deutschem Recht gemäß § 40 Abs. 1 S. 2 AMG auch bei fehlendem oder ablehnendem grundsätzlichen Votum der Ethikkommission möglich ist, solange eine Widerspruch gegen die Durchführung der Prüfung durch die Behörde nicht erfolgt. Um jedoch sicherzustellen, dass die ärztliche Vertretbarkeit der Prüfung tatsächlich vorliegt, ist deren positive Feststellung durch zumindest eines dieser Entscheidungsgremien mehr als wünschenswert. Somit sieht die Arzneimittelrichtlinie in diesem Punkt ein größeres Maß an Schutz für den Teilnehmer vor als das AMG, so dass die Umsetzung im Interesse der Prüfungsteilnehmer zu befürworten ist.

2. Einwilligung nach Aufklärung

Gemäß Art. 3 Abs. 2 b ARL muss dem Prüfungsteilnehmer, oder wenn dieser seine Einwilligung nach Aufklärung nicht erteilen kann, dessen gesetzlichem Vertreter, vor Beginn der Prüfung die Gelegenheit gegeben werden, sich in einem vorherigen Gespräch mit dem Prüfer oder einem anderen Mitglied des Prüfungsteams ein Bild von den Zielen der Prüfung, ihren Risiken und Nachteilen und den Bedingungen ihrer Durchführung zu machen. Zudem ist der Proband (oder sein gesetzlicher Vertreter) über sein Recht zu informieren, die Teilnahme an der Prüfung jederzeit beenden zu können.
Darüber hinaus ist der Teilnehmer (oder sein gesetzlicher Vertreter) gemäß Art. 3 Abs. 2 d ARL über Wesen, Bedeutung, Tragweite und Risiken der klinischen Prüfung aufzuklären und zu beraten. Nach dieser Aufklärung hat der Proband (oder sein gesetzlicher Vertreter) seine schriftliche Einwilligung in die Teilnahme zu erteilen.
Von § 40 Abs. 2 Nr. 1 AMG unterscheidet sich diese Vorschrift insofern, als sie ausschließlich auf die Einwilligungsfähigkeit, nicht jedoch zugleich auf die Geschäftsfähigkeit des Betroffenen abstellt. Dies hat zur Konsequenz, dass die Geschäftsfähigkeit im technischen Sinne für die Wirksamkeit der Einwilligung nach der Arzneimittelrichtlinie nicht erforderlich ist. Dies erstaunt insofern, als die Einwilligung immer mit einem Vertragsabschluss verbunden ist, zu dessen Wirksamkeit es der Geschäftsfähigkeit bedarf. Um diese Ungereimtheiten zu vermeiden, sollte der deutsche Gesetzgeber seine bisherige Regelung beibehalten. Dies würde auch keinen Verstoß gegen die Pflicht zur Umsetzung der Richtlinie darstellen, da das zusätzliche Erfordernis der Geschäftsfähigkeit einen größeren Schutz des Teilnehmers gewährleisten würde.

3. Recht zum jederzeitigen Widerruf der Einwilligung

In Art. 3 Abs. 2 e ARL ist geregelt, dass sichergestellt sein muss, dass der Prüfungsteilnehmer seine Teilnahme an einer klinischen Studie durch Widerruf der Einwilligung jederzeit beenden kann, ohne dass ihm darauf Nachteile entstehen. Da die jederzeitige Möglichkeit des Widerrufs bereits in § 40 Abs. 2 S. 2 AMG geregelt ist, ist eine Anpassung in diesem Punkt nicht erforderlich.

4. Körperliche und geistige Unversehrtheit

Gemäß Art. 3 Abs. 2 c ARL muss die körperliche und geistige Unversehrtheit des Teilnehmers, sowie sein Recht auf Achtung der Privatsphäre und auf den Schutz der ihn betreffenden Daten gewährleistet sein.

Inwieweit insbesondere das Recht auf körperliche Unversehrtheit gewährleistet werden kann, ist jedoch unklar. Denn die Teilnahme an klinischen Studien ist meist mit Eingriffen in die körperliche Integrität verbunden, die die Gewinnung der gewünschten Forschungsdaten erst ermöglichen, beispielsweise durch Blutabnahmen. Insoweit scheint die Regelung in dieser Form mehr ein Programmsatz als ein konkretes Zulässigkeitserfordernis zu sein.

5. Versicherung und Schadensersatz

Die Richtlinie verlangt in Art. 3 Abs. 2 f im Hinblick auf Versicherung und Schadensersatz lediglich, dass diesbezügliche Vorschriften zur Deckung der Haftung des Prüfers und des Sponsors bestehen. Vorgaben für deren Inhalt werden dagegen nicht gemacht. Eine solche Vorschrift ist mit § 40 Abs. 3 i.V.m. Abs. 1 Nr. 8 AMG im deutschen Recht bereits vorhanden.

6. Weitere Voraussetzungen

Gemäß Art. 3 Abs. 3 ARL muss für die medizinische Versorgung eines Prüfungsteilnehmers und die medizinischen Entscheidungen in Bezug auf ihn ein angemessen qualifizierter Arzt oder gegebenenfalls ein angemessen qualifizierter Zahnarzt verantwortlich sein. Mit dieser Vorschrift wird die medizinische Betreuung des Teilnehmers sichergestellt und damit dem Umstand Rechnung getragen, dass ein Arzt als Leiter der klinischen Prüfung nach der Arzneimittelrichtlinie entbehrlich ist.

Allerdings stellt es für den Teilnehmer einen nicht unerheblichen Unterschied dar, ob der für die Prüfung verantwortliche Prüfarzt als Mediziner den standesrechtlichen und berufsethischen Grundsätzen verpflichtet ist, oder ob dies lediglich bei dem ihn behandelnden Arzt, den im Hinblick auf den Studienverlauf keine Verantwortung trifft, der Fall ist. Dem Schutzbedürfnis der Prüfungsteilnehmer wird daher durch einen Arzt als Leiter der Prüfung in größerem Maße Rechnung getragen, so dass in deren Interesse für die Beibehaltung der bisherigen Rechtslage, die die Leitung der Prüfung durch einen Arzt vorsieht, zu plädieren ist.

Begrüßenswert ist dagegen die Schaffung einer gemäß Art. 3 Abs. 4 ARL vorgesehenen Kontaktstelle für den Prüfungsteilnehmer, bei der er weitere Informationen einholen kann.

III. Besondere Schutzvorschriften für minderjährige Prüfungsteilnehmer

Die Arzneimittelrichtlinie sieht in ihrem Artikel 4 spezielle Vorschriften vor, die einen besonderen Schutz minderjähriger Prüfungsteilnehmer gewährleisten sollen. Jedoch ist angesichts des unklaren Inhalts dieser Regelung zweifelhaft, ob ein solcher Schutz tatsächlich garantiert ist.

Zunächst fällt auf, dass der Minderjährige in der Arzneimittelrichtlinie nicht definiert ist. Da in Art. 4 a ARL jedoch die Eltern oder der gesetzlichen Vertreter des Minderjährigen genannt sind, ist wohl davon auszugehen, dass Personen, die das 18. Lebensjahr noch nicht vollendet haben, als Minderjährige zu verstehen sind. Allerdings führt das Fehlen einer Definition zu Unklarheiten. Während teilweise vertreten wird, dass aufgrund des Wortlauts der Vorschrift davon auszugehen sei, dass alle Minderjährigen von ihr erfasst werden[392], wird von anderen Stimmen in der Literatur angenommen, dass die mit der Geschäftsfähigkeit zusammenhängende Altersgrenze nicht unbedingt gelte. Vielmehr gelte eine Person, die das 18. Lebensjahr noch nicht vollendet hat, dann nicht als Minderjähriger im Sinne der Richtlinie und könne der Prüfung selbst zustimmen, wenn sie Wesen, Bedeutung und Tragweite der klinischen Prüfung zu erkennen und ihren Willen danach zu bestimmen vermöge[393].

Ob von der letztgenannten „flexiblen" Auslegung des Begriffs des Minderjährigen ausgegangen werden kann, ist in Anbetracht des Wortlauts der Richtlinie zu bezweifeln. Zum einen ist in Art. 4 ARL von dem „Minderjährigen" die Rede, nicht jedoch von einem „einwilligungsunfähigen Minderjährigen". Dies lässt darauf schließen, dass alle Minderjährigen den besonderen Schutz der in Art. 4 enthaltenen Vorschriften genießen sollten. Zudem hat der Umgang mit Minderjährigen, die sich eine eigene Meinung bilden können und die erhaltenen Informationen zu beurteilen wissen, insofern eine besondere Regelung in Art. 4 c ARL erfahren, als der von einem solchen Minderjährigen ausdrücklich geäußerte Wunsch, nicht an der klinischen Prüfung teilzunehmen oder sie zu irgendeinem Zeitpunkt zu beenden, vom Prüfer und Hauptprüfer zu berücksichtigen ist.

---

[392] So *Kopetzki*, Die klinische Arzneimittelprüfung vor dem Hintergrund des Europarechts und des Übereinkommens über Menschenrechte und Biomedizin, S. 37, der jedoch die Geltung des Art. 4 nur zusätzlich zu der allgemeinen Regelung des Art. 3 sieht, so dass beim einwilligungsfähigen Minderjährigen eine kumulative Einwilligung des Minderjährigen und seines Vertreters nötig ist.

[393] So *Deutsch*, NJW 2001, 3361 (3362), der allerdings einschränkend hinzufügt, dass dies nur bei Personen dicht an der Grenze zu 18 Jahren vorkomme.

Diese Regelung zeigt, dass die Urheber der Richtlinie sich der unterschiedlichen altersabhängigen Verstandesreife von Minderjährigen durchaus bewusst waren. Da sie einwilligungsfähige Minderjährige jedoch nicht von den besonderen Schutzvorschriften des Art. 4 ARL ausgenommen haben, kann daraus nur geschlossen werden, dass eine solche Ausnahme gerade nicht gewollt war. Somit gelten die Vorschriften des Art. 4 für alle Minderjährigen unter 18 Jahren.

1. Einwilligung der Eltern oder des gesetzlichen Vertreters und mutmaßlicher Wille des Minderjährigen

Gemäß Art. 4 a ARL darf eine klinische Prüfung mit Minderjährigen nur dann stattfinden, wenn die nach Aufklärung erteilte Einwilligung der Eltern oder des gesetzlichen Vertreters vorliegt. Diese Einwilligung muss dem mutmaßlichen Willen des Minderjährigen entsprechen und kann jederzeit widerrufen werden, ohne dass dem Minderjährigen dadurch Nachteile entstehen.

Diese Regelung ist insoweit unklar, als sie auf den mutmaßlichen Willen des Minderjährigen abstellt, jedoch keinerlei Anhaltspunkte dafür bietet, wie ein solcher zu ermitteln sein soll. So wird beispielsweise kritisiert, dass ein Kind kaum einen mutmaßlichen Willen habe[394]. Dieser Einwand scheint insofern begründet, als der mutmaßliche Wille eines einwilligungsunfähigen Minderjährigen lediglich mit Hilfe des geäußerten natürlichen Willens ermittelt werden könnte.

Die Orientierung an dem geäußerten natürlichen Willen des Kindes ist jedoch insofern bedenklich, als dieser sich auch gegen solche Maßnahmen richten kann, die in seinem eigenen Interesse liegen. Mangels differenzierender Regelungen zwischen eigen- und fremdnütziger Forschung könnte die konsequente Beachtung des natürlichen Willens auch eines nicht einsichtsfähigen Minderjährigen dazu führen, dass auch solche Maßnahmen, die für ihn selbst einen Vorteil darstellen, aufgrund eines ablehnenden Verhaltens nicht zulässig wären. Da dies nicht im Sinne dieser Vorschrift sein kann, muss der mutmaßliche Wille anders bestimmt werden.

---

394 So *Deutsch*, NJW 2001, 3361 (3362); ebenso hält *Kopetzki*, Die klinische Arzneimittelprüfung vor dem Hintergrund des Europarechts und des Übereinkommens über Menschenrechte und Biomedizin, S. 40, bei sehr jungen Minderjährigen den mutmaßlichen Willen für eine bedenkliche Fiktion, während bei einem einwilligungsfähigen Minderjährigen ein mutmaßlicher Wille ebenfalls nicht in Betracht komme, da der tatsächlich geäußerte Wille jeder Mutmaßung vorzugehen habe; *Bernat*, Das österreichische Recht der Arzneimittelprüfung, S.72, versteht die Regelung dagegen so, dass sie grundsätzlich nur auf einwilligungsfähige Minderjährige anzuwenden sei, da ein mutmaßlicher Wille einer Person nur dann zugeschrieben werden könne, wenn diese schon in der Lage sei, Entscheidungen autonom zu fällen, sie aber im entscheidungserheblichen Zeitpunkt, etwa wegen einer Ohnmacht, ihre Präferenzen nicht äußern könne.

Dabei ist insbesondere zu beachten, dass dem nicht einsichtsfähigen Kind kein Wille zum Altruismus unterstellt und auf diese Weise aus einem Fehlen von ausdrücklich ablehnendem Verhalten ein mutmaßlicher Wille zur Teilnahme an gruppennützigen Studien konstruiert werden darf.

Ist der Minderjährige zu einer verständigen Willensäußerung noch nicht in der Lage, ist daher – ebenso wie bei einem Erwachsenen – die objektiv beste Behandlung (die auch in dem vollständigen Unterlassen eines Eingriffs bestehen kann) als seinem mutmaßlichen Willen entsprechend anzusehen.

Die bisher in §§ 40 Abs. 4 und 41 AMG enthaltene Regelung der klinischen Prüfung bei Minderjährigen lässt dessen mutmaßlichem oder natürlichem Willen keine Bedeutung zukommen, solange er noch nicht einwilligungsfähig ist. Aufgrund der oben dargestellten Schwierigkeiten, einen solchen zu bestimmen, scheint die diesbezügliche Regelung der Arzneimittelrichtlinie den Schutz des Minderjährigen eher zu verringern als zu erhöhen. Ein wirkungsvoller Schutz lässt sich daher wirkungsvoller durch andere Voraussetzungen erzielen.

2. „Aufklärung" des Minderjährigen

Der Minderjährige ist gemäß Art. 4 b ARL von pädagogisch erfahrenem Personal über die Prüfung, die Risiken und den Nutzen aufzuklären, wobei diese Aufklärung seiner Fähigkeit, dies zu begreifen, entsprechen muss. Eine entsprechende Aufklärung ist in §§ 40, 41 AMG bislang nicht vorgesehen. Aufgrund der mit ihr verbundenen größeren Achtung der Individualität des einwilligungsunfähigen Minderjährigen ist die Umsetzung der Richtlinie in diesem Punkt jedoch ausdrücklich zu befürworten.

3. Berücksichtigung der Wünsche des Minderjährigen

Zudem ist nach Art. 4 c ARL der von einem Minderjährigen ausdrücklich geäußerte Wunsch, nicht an einer klinischen Prüfung teilzunehmen oder sie zu irgendeinem Zeitpunkt zu beenden, vom Prüfer und gegebenenfalls vom Hauptprüfer zu berücksichtigen, wenn der Minderjährige sich eine eigene Meinung bilden kann und die erhaltenen Informationen zu beurteilen weiß. Dass die von dieser Umschreibung erfassten Minderjährigen noch nicht die Grenze zur Einwilligungsfähigkeit überschritten haben müssen, kann daraus gefolgert werden, dass die gleiche Formulierung zur Verstandesreife auch in Art. 5 c ARL, der die Forschung mit einwilligungsunfähigen Erwachsenen betrifft, enthalten ist.

Diese auf den Willen des Minderjährigen abstellende Vorschrift ist ebenfalls sehr unklar, insbesondere was ihr Verhältnis zu dem bereits in Art. 4 a ARL

festgelegten Erfordernis angeht, dass die Einwilligung des Stellvertreters dem mutmaßlichen Willen des Minderjährigen zu entsprechen hat[395].
Dabei stellt sich zunächst die Frage, aus welchem Grund eine solche ausdrückliche Ablehnung nur dann Berücksichtigung finden soll, wenn der Minderjährige die genannten besonderen Voraussetzungen, die der Einwilligungsfähigkeit zumindest angenähert sind[396], erfüllt.
Dies wäre nur dann verständlich, wenn man davon ausginge, dass die Prüfung bei den weniger einsichtsfähigen Prüfungsteilnehmern in diesem Fall bereits wegen des Fehlens ihres mutmaßlichen Willens unzulässig wäre. Geht man davon aus, dann ist allerdings unklar, aus welchem Grund die ausdrückliche Ablehnung des urteilsfähigen Minderjährigen in Art. 4 c ARL der zusätzlichen Regelung bedurfte, da der fehlende mutmaßliche Wille dann auch bei dieser Personengruppe der Einwilligung des Stellvertreters ohnehin entgegenstehen würde.

Versteht man Art. 4 c ARL dagegen so, dass die Ablehnung eines Minderjährigen, der die in dieser Vorschrift beschriebene Verstandesreife noch nicht besitzt, unerheblich sein soll, so würde dies zumindest in den Fällen, in denen mit der Teilnahme für den Minderjährigen selbst kein individueller Nutzen verbunden ist, zu einem bedenklichen Eingriff in seine Rechtsgüter führen.

Zudem will nicht einleuchten, warum der ausdrückliche Wunsch eines in Art. 4 c ARL beschriebenen Minderjährigen insbesondere bei gruppennützigen Prüfungen lediglich „berücksichtigt" werden soll. Ist der Minderjährige fähig, sich eine eigene Meinung zu bilden und die erhaltenen Informationen zu beurteilen, so ist es geboten, seinem ausdrücklichen Wunsch Folge zu leisten, anstatt ihn lediglich zu berücksichtigen. Dies muss zumindest für die Fälle gelten, in denen kein individueller Nutzen für den Minderjährigen mit der klinischen Prüfung verbunden ist.
Auch in dieser Hinsicht ist die Vorschrift somit als missglückt anzusehen.

Der in § 40 Abs. 4 Nr. 4 AMG eingeschlagene Weg, die Einwilligung eines einwilligungsfähigen Minderjährigen für die Zulässigkeit der Prüfung zu verlangen, ist grundsätzlich einem bloßen Vetorecht vorzuziehen. Da ein solches Ein-

---

[395] Ebenso zweifelnd *Deutsch*, NJW 2001, 3361 (3362); auch *Bernat*, Das österreichische Recht der klinischen Arzneimittelprüfung, S. 72, 73, ist der Auffassung, dass diese beiden Regelungen im Zusammenhang mit dem Willen des Einwilligungsunfähigen nicht gut zueinander passen.

[396] *Taupitz*, Biomedizinische Forschung zwischen Freiheit und Verantwortung, S 102 geht davon aus, dass es für die Ausübung des Vetorechts ausreichend ist, wenn der Minderjährige „jedenfalls über gewisse geistige/kognitive Fähigkeiten verfügt"; *Kopetzki*, Die klinische Arzneimittelprüfung vor dem Hintergrund des Europarechts und des Übereinkommens über Menschenrechte und Biomedizin, S. 39, spricht insofern allgemein von einer gewissen Vetofähigkeit, die der Minderjährige besitzen muss.

willigungserfordernis einen weitergehenden Schutz des minderjährigen Prüfungsteilnehmers gewährleistet, wäre es auch mit der Richtlinie zu vereinbaren. Allerdings ist mit dem in Art. 4c ARL normierten Vetorecht des Minderjährigen, „der sich eine eigene Meinung bilden kann und die erhaltenen Informationen zu beurteilen weiß“, insofern ein umfangreichere Anerkennung des Selbstbestimmungsrechts der Minderjährigen verbunden, als dieses Recht auch Minderjährigen zukommt, die eine volle Einwilligungsfähigkeit noch nicht erreicht haben. Das Selbstbestimmungsrecht dieser Gruppe, die der Grenze zur Einwilligungsfähigkeit zumindest angenähert sind, bleibt von den gegenwärtigen Regelungen des AMG vollkommen unberücksichtigt.
Daher wird die Umsetzung der Richtlinie in das deutsche Recht für diese Gruppe von Minderjährigen eine Erweiterung ihres Selbstbestimmungsrechts mit sich bringen. Gleichzeitig sollte jedoch eine schutzintensivere Änderung insofern angestrebt werden, dass bei Prüfungen, die für den Minderjährigen selbst keinen Vorteil darstellen, die Ablehnung des Minderjährigen unabhängig von seiner geistigen Reife zu beachten sein soll.

4. Verbot von Anreizen und finanziellen Vergünstigungen
Die Prüfung darf nicht mit Anreizen oder finanziellen Vergünstigungen mit Ausnahme einer Entschädigung verbunden sein, Art. 4 d ARL.

5. Mit der Prüfung verbundener Nutzen
Gemäß Art. 4 e der Arzneimittelrichtlinie darf eine klinische Studie mit Minderjährigen nur durchgeführt werden, wenn sie für diese Patientengruppe mit einem direkten Nutzen verbunden ist. Zudem muss diese Forschung für die Validierung von Daten, die bei klinischen Prüfungen an einwilligungsfähigen Personen oder mittels anderer Forschungsmethoden gewonnen wurden, unmittelbar erforderlich sein. Außerdem müssen sich derartige Forschungsmethoden unmittelbar auf einen klinischen Zustand beziehen, unter dem der Minderjährige leidet, oder ihrem Wesen nach nur an Minderjährigen durchgeführt werden können.

Diese Vorschrift fordert im Gegensatz zu den entsprechenden Vorschriften in AMG, MPG, StrlSchV und RöV keinen unmittelbaren Nutzen für den betroffenen Minderjährigen selbst, sondern lässt einen direkten Nutzen für seine Patientengruppe genügen[397].
Damit eröffnet die Richtlinie den nationalen Gesetzgebern die Möglichkeit, in diesen Grenzen auch fremdnützige Forschung mit Minderjährigen zuzulassen. Eine direkte Umsetzung in das deutsche Recht würde dazu führen, dass der bis-

---

397 *Laufs*, NJW 2001, 3381 (3382), sieht darin die Anerkennung der von Pädiatern sowie Pharmakologen nachgewiesenen Notwendigkeit der Forschung mit Kindern, die einen etwas weniger restriktiven Umgang mit dieser Patientengruppe rechtfertigen soll.

herige Grundsatz, dass die persönliche Einwilligung nur dann verzichtbar ist, wenn mit der Maßnahme ein Vorteil für den Betroffenen selbst verbunden ist, aufgehoben würde.
Inwieweit dies mit dem deutschen Grundgesetz zu vereinbaren wäre, wird an späterer Stelle zu prüfen sein.

Unklar bleibt jedoch, inwiefern ausschließlich gruppen- und damit fremdnützige Prüfungen mit dem mutmaßlichen Willen des Minderjährigen in Einklang zu bringen sind. Insbesondere aufgrund der Tatsache, dass weitgehend ungeklärt ist, wie ein solcher mutmaßlicher Wille zu ermitteln sein soll, ein altruistischer Wille dem Kind aber grundsätzlich nicht unterstellt werden darf, bleibt fraglich, in welchen Fällen eine solche gruppennützige Prüfung letztendlich zulässig sein kann.

Angesichts dieser Ungereimtheiten steht zu befürchten, dass dem Erfordernis des mutmaßlichen Willens des Minderjährigen keine große Bedeutung zukommen wird. Dann wäre es jedoch nur konsequent, dieses Erfordernis aus der Richtlinie zu streichen, um Auslegungsschwierigkeiten bezüglich der Mindestanforderungen an den Schutz der Minderjährigen, die durch die Richtlinie vorgegeben werden, zu beseitigen.

6. Grenze für Risiko und Belastung

Die klinischen Prüfungen müssen darüber hinaus gemäß Art. 4 g ARL so geplant sein, dass sie unter Berücksichtigung der Erkrankung und des Entwicklungsstadiums mit möglichst wenig Schmerzen, Beschwerden, Angst oder anderen vorhersehbaren Risiken verbunden sind. Dabei sind sowohl die Risikoschwelle als auch der Belastungsgrad eigens zu definieren und ständig zu überprüfen.
Auch diese Vorschrift ist als bedenklich zu bewerten. Zwar erscheint das Schutzniveau für den Minderjährigen aufgrund dieser Vorschrift auf den ersten Blick als relativ hoch. Jedoch bleibt andererseits unklar, inwiefern der in Art. 4 g ARL geregelten Notwendigkeit, dass eine Prüfung mit „möglichst wenig“ Schmerzen verbunden sein muss, eine höhere Schutzwirkung zukommen soll als der ohnehin gemäß Art. 3 Abs. 2 a ARL erforderlichen Nutzen-Risiko-Abwägung. Denn der Begriff „möglichst wenig“ deutet darauf hin, dass Risiko und Belastung lediglich im Verhältnis zu der (optimalen) Durchführung der Prüfung gering sein müssen. Ein Höchstmaß der zulässigen Risiken oder Belastungen wird dadurch jedoch nicht normiert.
Insofern scheint der eigenständige Regelungsgehalt dieser Vorschrift fraglich, da eine möglichst geringe Belastung schon für ein positives Ergebnis der Nutzen-Risiko-Abwägung des Art. 3 Abs. 2 a ARL notwendig sein sollte. Aus diesen Gründen ist eine ausdrückliche Umsetzung in das deutsche Recht nicht erforderlich.

Die Regelung bietet lediglich insoweit eigenen Regelungsgehalt, als sie fordert, dass Risikoschwelle und Belastungsgrad jeweils zu definieren und zu überprüfen sind. Eine solche Festlegung im Vorhinein bietet für den Teilnehmer einen zusätzlichen Schutz und ist daher in das deutsche Recht zu übernehmen.

Zudem ist bedenklich, dass die Arzneimittelrichtlinie dem Risiko und den Belastungen, die dem Minderjährigen auch im Rahmen von ausschließlich gruppennützigen Studien aufgebürdet werden können, keine verbindliche Höchstgrenze setzt[398]. Mangels eindeutiger Regelung könnte man aus dieser Vorschrift schließen, dass Nachteile grundsätzlich ohne Einschränkung bei klinischen Studien mit Minderjährigen in Kauf genommen werden dürfen, selbst wenn für ihn kein individueller Nutzen von der Teilnahme zu erwarten ist. Zwar würde ein solches Risiko nicht dem mutmaßlichen Willen des Betroffenen entsprechen. Angesichts der Schwierigkeiten einen solchen zu ermitteln, stellt dieses in Art. 4 a ARL geregelte Erfordernis allerdings keinen ausreichenden Schutz dar. Eine eindeutige Begrenzung des Risikos, das einem Minderjährigen in ausschließlich fremdem Interesse abverlangt werden darf, ist jedoch im Interesse des Teilnehmers für das deutsche Recht dringend erforderlich.

7. Ethikkommission

Der Prüfplan muss gemäß Art. 4 h ARL von einer Ethikkommission, die über Kenntnisse auf dem Gebiet der Kinderheilkunde verfügt oder sich in klinischen, ethischen und psychosozialen Fragen auf dem Gebiet der Kinderheilkunde beraten lassen hat, befürwortet worden sein.

Der mit dieser Vorschrift normierte besondere Sachverstand der Ethikkommissionen in pädiatrischen Fragen ist sehr zu begrüßen und sollte auch ohne weiteres in das deutsche Recht übernommen werden.

8. Vorrang der Patienteninteressen

Die Interessen des Patienten müssen bei jeder klinischen Prüfung stets über den Interessen der Wissenschaft und der Gesellschaft stehen, Art. 4 i ARL.

Das mit dieser Vorschrift postulierte Erfordernis stellt zweifellos ein wünschenswertes Ziel dar. Allerdings ist angesichts der in Art. 4 e ARL normierten Zulässigkeit von Prüfungen mit Minderjährigen, die für ihn selbst keinen Vorteil bedeuten aber mit Risiken verbunden sein können, mehr als fraglich, inwieweit in diesem Fall die persönlichen Interessen des Teilnehmers die Interessen der Wissenschaft und der Gesellschaft überwiegen sollen[399].

---

398 *Kopetzki*, Die klinische Arzneimittelprüfung vor dem Hintergrund des Europarechts und des Übereinkommens über Menschenrechte und Biomedizin, S. 37, weist in diesem Zusammenhang zu Recht darauf hin, dass das Kriterium der „minimalen" Belastung des EMRÜ-Biomedizin vielleicht unbestimmt ist, jedoch zumindest eine absolute Schranke bietet, die hier nicht gegeben ist.

399 Diese Unstimmigkeit der Richtlinie erkennt auch *Kopetzki*, Die klinische

Insofern ist die Richtlinie in sich unstimmig und läuft in Gefahr, sich dem Vorwurf der Unehrlichkeit auszusetzen. Denn sind die Verfasser der Richtlinie nach sorgsamer Abwägung zu dem Ergebnis gekommen, dass die Notwendigkeit, gerade bei Kindern klinische Studien durchzuführen, um die Behandlung dieser Bevölkerungsgruppe zu verbessern, so dringend besteht, dass auch gruppennützige Studien zulässig sein können, so bedeutet dies im Ergebnis nichts anderes, als dass im Einzelfall das Interesse der Gesellschaft oder auch einer bestimmten Gruppe der Gesellschaft das Individualinteresse des Einzelnen durchaus überwiegen kann.
Gelangt man zu diesem Ergebnis, sollte dies im Interesse einer offenen Diskussion deutlich ausgesprochen werden, statt durch in sich widersprüchliche Regelungen Unklarheit zu schaffen, die nicht zuletzt auch eine einheitliche Umsetzung der Richtlinie in den Mitgliedstaaten erschwert.

Aufgrund der Tatsache, dass die Forschung mit Minderjährigen zum Nutzen ihrer Gruppe nach der Arzneimittelrichtlinie zulässig sein soll, kann die Forderung, dass die Interessen des Patienten die Interessen der Gesellschaft überwiegen sollen, lediglich eine Art Programmsatz darstellen, der jedoch keine Zulässigkeitsvoraussetzung im engeren Sinne darstellt.

9. Schlussfolgerungen aus den Vorschriften betreffend Minderjährige
Die in Art. 4 ARL geregelten besonderen Schutzvorschriften für klinische Prüfungen mit Minderjährigen sind insgesamt betrachtet aufgrund ihrer Widersprüchlichkeit kein geeignetes Vorbild für eine umfassende deutsche Regelung. Zwar steht außer Frage, dass die darin enthaltenen Mindestanforderungen zum Schutz der Teilnehmer umzusetzen sind. Bei dieser Umsetzung ist jedoch dringend darauf zu achten, die beschriebenen Unstimmigkeiten und Unklarheiten, die wohl insbesondere auch daraus resultieren, dass gruppen- und eigennützige Prüfungen keine jeweils eigenständige Regelung erfahren haben, keinesfalls zu übernehmen.
Dies gilt zum einen für die Unklarheiten betreffend den mutmaßlichen Willen des Minderjährigen, dessen Voraussetzungen und Bedeutung und dessen Verhältnis zu der in Art. 4 c ARL geregelten Beachtlichkeit einer ausdrücklichen Ablehnung der Teilnahme. Ebenso gilt dies aber auch für die Vereinbarkeit der Zulässigkeit von gruppennütziger Forschung mit dem Erfordernis, dass die Interessen des Individuums immer die Gesellschaftsinteressen überwiegen müssen.
Anderenfalls droht Ärzten und Patienten ein Fortdauern der bereits bestehenden Rechtsunsicherheit trotz neuer gesetzlicher Regelungen, die es dringend zu vermeiden gilt.

Arzneimittelprüfung vor dem Hintergrund des Europarechts und des Übereinkommens über Menschenrechte und Biomedizin, S. 38.

IV. Schutzvorschriften betreffend einwilligungsunfähige Erwachsene

Ebenso wie dies für minderjährige Prüfungsteilnehmer in Art. 4 ARL der Fall ist, enthält Art. 5 der Arzneimittelrichtlinie Vorschriften, die den Schutz einwilligungsunfähiger Erwachsener sicherstellen sollen. Diese besonderen Regeln gelten zusätzlich zu den in Art. 3 ARL geregelten allgemeinen Voraussetzungen der Zulässigkeit einer klinischen Prüfung.

1. Einwilligung des gesetzlichen Vertreters übereinstimmend mit mutmaßlichem Willen

Die Einbeziehung von einwilligungsunfähigen Erwachsenen in klinische Arzneimittelprüfungen ist gemäß Art. 5 a ARL nur dann möglich, wenn die Einwilligung nach Aufklärung des gesetzlichen Vertreters eingeholt wurde, wobei diese Einwilligung dem mutmaßlichen Willen des Teilnehmers entsprechen muss. Sie kann jederzeit widerrufen werden, ohne dass dem Prüfungsteilnehmer dadurch Nachteile entstehen.

Ebenso wie bei minderjährigen Prüfungsteilnehmern bereitet auch bei einem einwilligungsunfähigen Erwachsenen die Beurteilung seines mutmaßlichen Willens Schwierigkeiten.
Zwar wird es in einigen Fällen möglich sein, aufgrund der Kenntnis der betroffenen Person zu ermitteln, wie sie zu einer Prüfungsteilnahme vor Eintritt der Einwilligungsunfähigkeit eingestellt war. Aufschluss über die Situation des Betroffenen in seiner jetzigen Lebensphase geben solche durch Äußerungen in der Vergangenheit erreichte Erkenntnisse jedoch kaum[400]. Im Zweifel wird daher – ebenso wie beim Minderjährigen – die Entscheidung des Stellvertreters als dem mutmaßlichen Willen des Einwilligungsunfähigen entsprechend anzusehen sein, die für den Betroffenen objektiv den größten Vorteil und die geringste Belastung bedeutet. Der mutmaßliche Wille muss daher im Falle fehlender konkreter Anhaltspunkte mit dem gleichgesetzt werden, was medizinisch indiziert ist.

Weiterhin erscheint die Beschränkung der Einwilligungsbefugnis auf den gesetzlichen Vertreter insofern zu eng, als auch der Vorsorgebevollmächtigte des Betroffenen rechtlich dazu in der Lage sein muss, die entsprechende Einwilligung zu erteilen. Da das Stellvertretungsrecht durch die Richtlinie jedoch nicht geregelt werden sollte, kann davon ausgegangen werden, dass eine entsprechende deutsche Regelung nicht gegen die Arzneimittelrichtlinie verstoßen würde.

---

[400] *Deutsch*, NJW 2001, 3361 (3363) vertritt aus diesem Grund die Ansicht, dass die Einwilligung des gesetzlichen Vertreters nicht an den mutmaßlichen Willen des Prüfungsteilnehmers gebunden sein sollte, da nicht feststellbar sei, ob ein solcher mutmaßlicher Wille existiere oder nicht.

2. „Aufklärung" des Teilnehmers

Vor Beginn der Prüfung ist die Person, die nicht in der Lage ist, eine rechtswirksame Einwilligung nach Aufklärung zu erteilen, entsprechend ihren Fähigkeiten, dies zu begreifen, über die Prüfung, die Risiken und den Nutzen aufzuklären, Art. 5 b ALR. Diese Regelung ist aufgrund der Tatsache, dass sie dem Prüfungsteilnehmer ein Stück weit seine Objektstellung nimmt und ihn in die Vorgänge trotz seiner Einwilligungsunfähigkeit einbezieht, zu begrüßen.

3. Ausdrückliche Ablehnung der Teilnahme durch den Patienten

Gemäß Art. 5 c ARL ist der von einem Teilnehmer, der sich eine eigene Meinung bilden kann und die erhaltene Information zu beurteilen weiß, ausdrücklich geäußerte Wunsch, nicht an der klinischen Prüfung teilzunehmen oder sie zu irgendeinem Zeitpunkt zu beenden, vom Prüfer und gegebenenfalls vom Hauptprüfer zu berücksichtigen.

Ebenso wie bei den Spezialvorschriften betreffend Minderjährige stellt sich auch bei einwilligungsunfähigen Volljährigen die Frage nach dem Verhältnis dieser Vorschrift zu der Erforderlichkeit des mutmaßlichen Willens des Teilnehmers.

Gleichzeitig ist aber auch die Frage zu stellen, inwieweit der in dieser Vorschrift genannte Patiententyp, der einen hohen Grad an Einsichts- und Entscheidungsfähigkeit hat, von einer einwilligungsfähigen Person zu unterscheiden sein soll[401].

Schließlich ist bei einem Patienten, der in der Lage ist, eine ihm erteilte Aufklärung zu verstehen und sich eine entsprechende Meinung zu bilden, zu fordern, dass sein Wille nicht nur „berücksichtigt" wird, sondern dass diesem in jedem Fall entsprochen wird[402]. Denn für Paternalismus zum medizinischen Wohle des Patienten bleibt bei einem solchen Patienten, der seinem frei und verständig gebildeten Willen Ausdruck verleiht, kein Raum.

4. Verbot von Anreizen und finanziellen Vergünstigungen

Ebenso wenig wie bei minderjährigen Prüfungsteilnehmern dürfen bei einwilligungsunfähigen Erwachsenen Anreize oder finanzielle Vergünstigungen für die Teilnahme gewährt werden, Art. 5 d ARL. Lediglich eine Entschädigung ist zulässig.

5. Erforderlichkeit der Forschung und individueller Nutzen

Die mit der Prüfung verbundene Forschung muss überdies gemäß Art. 5 e ARL für die Bestätigung von Daten, die bei klinischen Prüfungen an Einwilligungsfähigen oder mittels anderer Forschungsmethoden gewonnen wurden, unbedingt

---

[401] So stellt *Bernat*, Das österreichische Recht der klinischen Arzneimittelprüfung, S. 76, zu Recht die Frage, ob es solche Personen, die einwilligungsunfähig sind, jedoch zugleich in der Lage, ihre eigene Meinung zu bilden, überhaupt geben kann.

[402] Ebenso *Deutsch*, NJW 2001, 3361 (3363).

erforderlich sein und sich unmittelbar auf einen lebensbedrohlichen oder sehr geschwächten klinischen Zustand beziehen, in dem sich der betreffende Teilnehmer befindet.
Durch diese Vorschrift ist gewährleistet, dass einwilligungsunfähige Personen nur in solchen Fällen als Teilnehmer in Betracht kommen, in denen dies zur Erreichung des Forschungszwecks wirklich erforderlich ist. Sie stellt eine Normierung des Subsidiaritätsgrundsatzes dar.
Darüber hinaus wird die Forschung mit einwilligungsunfähigen Erwachsenen insofern eingeschränkt, als sie sich lediglich auf einen lebensbedrohlichen oder sehr geschwächten Zustand beziehen darf. Sinn dieser Einschränkung ist es, einwilligungsunfähige Erwachsene nicht für Forschung heranzuziehen, die lediglich die Verbesserung einer Krankheit bezweckt, die für den von ihr Betroffenen keine schwerwiegende Beeinträchtigung darstellt. Da solche Krankheitszustände, welche die Einwilligungsfähigkeit des Erkrankten beeinträchtigen, ohnehin im Regelfall mit einem lebensbedrohlichen oder sehr geschwächten klinischen Zustand im Zusammenhang stehen, wird dieser Einschränkung kaum eine praktische Bedeutung zukommen.

6. Grenze der Belastung

Die klinische Prüfung muss so geplant sein, dass sie unter Berücksichtigung der Erkrankung und des Entwicklungsstadiums mit möglichst wenig Schmerzen, Beschwerden, Angst und anderen vorhersehbaren Risiken verbunden ist, Art. 5 f ARL. Dabei sind sowohl Risikoschwelle als auch der Belastungsgrad zu definieren und ständig zu überprüfen.
Im Hinblick auf das Verhältnis dieser Vorschrift zu Art. 3 Abs. 2 a ARL gilt das für die entsprechende Vorschrift betreffend Minderjährige gesagte. Dass im Rahmen einer als vertretbar angesehenen Prüfung die Belastungen möglichst gering sein müssen, erscheint selbstverständlich.
Im Gegensatz zu den obigen Ausführungen ist die Festlegung einer bestimmten maximalen Belastungsgrenze bei volljährigen Einwilligungsunfähigen jedoch nicht erforderlich, da bei dieser Patientengruppe gemäß Art. 5 i ARL nur solche Forschung zulässig ist, die dem Einzelnen selbst nutzt oder für ihn zumindest kein Risiko bedeutet. Verspricht die Teilnahme an einer Prüfung überragenden Nutzen, so würde es den Interessen des Patienten nicht entsprechen, diese zu verbieten, wenn ein mehr als minimales Risiko damit verbunden sein könnte. Dabei kann davon ausgegangen werden, dass der Begriff des „Nutzens" in diesem Zusammenhang als medizinischer Nutzen für den Betroffenen zu verstehen ist, so dass beispielsweise materielle Vorteile nicht zu berücksichtigen sind.

7. Ethikkommission

Auch bei volljährigen einwilligungsunfähigen Personen verlangt die Arzneimittelrichtlinie in Art. 5 g, dass der Prüfplan von einer Ethikkommission befürwortet wird, die über Kenntnisse der betroffenen Patientengruppe verfügt oder die sich auf dem Gebiet der betreffenden Erkrankung und in Bezug auf die betroffene Patientengruppe hat beraten lassen.

8. Vorrang des Individualinteresses

Ebenso wie bei den Regelungen betreffend Minderjährige wird auch im Rahmen der Schutzvorschriften für volljährige einwilligungsunfähige Personen ausdrücklich gefordert, dass die Interessen der Patienten immer denen der Wissenschaft und der Gesellschaft vorgehen, Art. 5 h ARL. Im Gegensatz zu den in Art. 4 ARL enthaltenen Regelungen ist diese Forderung bei den volljährigen Einwilligungsunfähigen stimmig mit den sonstigen Vorschriften, die ihre Teilnahme regeln. Denn Prüfungen, die für den Teilnehmer ein Risiko darstellen können, ohne einen möglichen individuellen Vorteil zu bieten, sind mit dieser Personengruppe gemäß Art. 5 i ARL unzulässig[403].

9. Individueller Nutzen oder Risikolosigkeit der Prüfung

Wie bereits in den obigen Ausführungen angesprochen ist eine Prüfung mit der Patientengruppe der erwachsenen Einwilligungsunfähigen nur dann zulässig, wenn die begründete Erwartung besteht, dass die Verabreichung eines Prüfpräparats einen Nutzen für den betroffenen Patienten hat, der die Risiken überwiegt oder keinerlei Risiken mit sich bringt. Da die Art des erforderlichen Nutzens somit nicht ausdrücklich bestimmt ist, ist davon auszugehen, dass auch ein mittelbarer Nutzen diesen Anforderungen genügen kann.

Ein Prüfpräparat in diesem Sinne kann nach der Definition des Art 2 d ARL sowohl eine pharmazeutische Form eines Wirkstoffs aber auch eines Placebos sein. Ebenso kann es sich dabei um ein zugelassenes Produkt handeln, wenn es in einer anderen als der zugelassenen Form verwendet oder bereitgestellt wird oder auch für ein nicht zugelassenes Anwendungsgebiet eingesetzt wird oder um zusätzliche Informationen über die zugelassene Form zu erhalten.

Obwohl somit ein Nutzen für den einwilligungsunfähigen Volljährigen erforderlich ist, geht die Richtlinie mit dieser Regelung über das hinaus, was bislang gemäß § 41 AMG zulässig war. Denn während die Richtlinie lediglich die Erwartung eines Nutzens für den Teilnehmer verlangt, der nicht näher definiert ist, muss die Anwendung nach § 41 Nr. 1 AMG angezeigt sein, das Leben des Kranken zu retten, seine Gesundheit wiederherzustellen oder sein Leiden zu erleichtern. Aufgrund der dringenden Notwendigkeit klinischer Prüfungen auch mit einwilligungsunfähigen Personen ist diese weitere Fassung des Begriffs des

[403] Anders *Taupitz*, Biomedizinische Forschung zwischen Freiheit und Verantwortung, S. 107, der trotz Art. 5 i RL von der Zulässigkeit auch gruppennütziger Forschung mit einwilligungsunfähigen Erwachsenen ausgeht.

Nutzens zu befürworten, wenn durch die sonstigen Regelungen sicher gestellt ist, dass die Rechte des Teilnehmers gewahrt bleiben.

V. Vergleichende Betrachtung der Schutzvorschriften der Art. 4 und 5 der Richtlinie

Die Arzneimittelrichtlinie verlangt bei der klinischen Prüfung mit einwilligungsunfähigen Erwachsenen einen individuellen Vorteil für den Teilnehmer, während bei Minderjährigen ein Nutzen für die Gruppe genügen soll. Damit legt sie auf den ersten Blick sehr unterschiedliche Schutzniveaus für diese beiden Patientengruppen fest. Als Grund für diese unterschiedliche Behandlung wird angegeben, dass es bei Kindern besonders notwendig sei, klinische Studien durchzuführen, um die Behandlung dieser Bevölkerungsgruppe zu verbessern. Diese besondere Notwendigkeit klinischer Studien mit Kindern ist aufgrund der bestehenden physiologischen Unterschiede unbestritten.
Aufgrund der Tatsache, dass auch bei einwilligungsunfähigen Erwachsenen Forschung in Bezug auf ihre jeweilige Krankheit im Regelfall nur mit Hilfe der Betroffenen selbst möglich ist, erscheint jedoch die Forschung mit dieser Bevölkerungsgruppe ebenso notwendig. Denn auch diese Personen stellen aufgrund ihrer fehlenden Selbstbestimmungsmöglichkeiten eine besonders schutzwürdige Patientengruppe dar, die dringend der Erforschung ihrer jeweiligen Krankheit oder ihres Zustandes bedürfen, um auf diese Weise zu einem späteren Zeitpunkt eine Chance auf Heilung oder Linderung erfahren zu können.

Bei einer genaueren Untersuchung der Vorschriften der Arzneimittelrichtlinie erscheint jedoch fraglich, ob die Unterschiede zwischen den Regelungen betreffend Minderjährige und einwilligungsunfähige Erwachsene tatsächlich so erheblich sind, wie dies zunächst scheint.
Denn obwohl ein individueller Nutzen für minderjährige Studienteilnehmer nicht ausdrücklich verlangt wird, so muss doch die gemäß Art. 4 a ARL erforderliche Einwilligung des Stellvertreters nach dieser Vorschrift auch dem mutmaßlichen Willen des Minderjährigen entsprechen. Ein solcher wird jedoch grundsätzlich nur dann angenommen werden können, wenn die Teilnahme an der Studie auch seinen persönlichen Interessen zu dienen bestimmt oder zumindest nicht mit Nachteilen für ihn verbunden ist.
Etwas anderes kann nur dann gelten, wenn bei einer gewissen Verstandesreife des Minderjährigen dessen Zustimmung nach einer seinen Fähigkeiten entsprechenden Aufklärung vorliegt.

Zudem müssen bei einer Teilnahme an klinischen Studien die Interessen des (minderjährigen) Patienten nach Art. 4 i ARL stets über den Interessen der Wissenschaft und der Gesellschaft stehen. Auch dieser Anforderung wird streng genommen nur dann entsprochen, wenn ein gewisser persönlicher Vorteil für den Minderjährigen zu erwarten ist oder ihm zumindest kein Nachteil aufgrund der Studienteilnahme droht. Denn sind für den Betroffenen mit einer Teilnahme lediglich Nachteile verbunden, ohne dass diesen ein zu erwartender individueller Vorteil gegenüberstünde, so würden seine persönlichen Interessen ohne Zweifel denen der an Fortschritt interessierten Allgemeinheit untergeordnet.

Diese Betrachtung zeigt, dass bei einer gewissenhaften Beachtung der zum Schutz der Teilnehmer normierten Regelungen die Vorschriften des Art. 4 und Art. 5 ARL im Ergebnis nicht so weit auseinander liegen, wie es auf den ersten Blick scheint. Auch die klinischen Prüfungen mit Minderjährigen sind danach nur dann zulässig, wenn keine Risiken oder Belastungen für den Teilnehmer zu erwarten sind.
In Anbetracht der Tatsache, dass die Voraussetzungen für klinische Prüfungen mit Minderjährigen und Erwachsenen in der Richtlinie bewusst derartig unterschiedlich geregelt worden sind, mit dem Ziel, klinische Prüfungen mit Minderjährigen in größerem Umfang zu ermöglichen, steht jedoch zu befürchten, dass eine konsequente Befolgung dieser in Art. 4 a und Art. 4 i ARL geregelten Schutzvoraussetzungen nicht zu erwarten ist.

Nicht zuletzt um eine Aufweichung der Schutzvoraussetzungen zu verhindern, sollte man die Umsetzung der Richtlinie in deutsches Recht in einer Weise gestalten, die in sich stimmig ist und nicht bereits durch Auslegungsschwierigkeiten und sonstige Unklarheiten einen leichtfertigen Umgang mit den gesetzlichen Schutzvoraussetzungen fördert.

VI. Ethikkommissionen

1. Aufgabe der Ethikkommission

Vor Beginn einer klinischen Prüfung ist gemäß Art. 6 Abs. 2 der Richtlinie jeweils die Stellungnahme einer Ethikkommission erforderlich. Diese ist in Art. 2 k ARL definiert als ein aus im Gesundheitswesen und in nichtmedizinischen Bereichen tätigen Personen zusammengesetztes, unabhängiges Gremium in einem Mitgliedsstaat, dessen Aufgabe es ist, den Schutz der Rechte, die Sicherheit und das Wohlergehen der Teilnehmer einer klinischen Prüfung zu sichern und diesbezügliches Vertrauen der Öffentlichkeit zu schaffen.

Danach kann jeder Zusammenschluss von Medizinern und Nichtmedizinern eine Ethikkommission bilden, ohne dass es einer Anerkennung oder Registrierung in irgendeiner Form bedürfte. Zwar spricht die Tatsache, dass die Kommission ihrem Urteil unter anderem die Eignung des Prüfers und seiner Mitarbeiter sowie die Qualität der Einrichtungen zugrunde zu legen hat, dafür, dass sie grundsätzlich an einer Forschungseinrichtung angesiedelt sein soll, da die Beurteilung dieser Kriterien ohne eine genaue Kenntnis schwer möglich wäre[404]. Wirklich erforderlich ist eine dortige Ansiedlung der Kommission jedoch nicht. Diese geringen Anforderungen sind mit der erforderlichen Unabhängigkeit der Ethikkommissionen und dem unentbehrlichen Vertrauen der Öffentlichkeit nicht zu vereinbaren.

Da die Richtlinie den Bundesländern aber nicht die Befugnis nimmt, die genaue Ausgestaltung der Kommissionen im Rahmen dessen, was die Richtlinie diesen als Aufgabe vorgibt, zu regeln, bleibt es dem deutschen Gesetzgeber überlassen, weiterhin die öffentlich-rechtliche Verfassung der Kommissionen zu regeln[405]. Dies ist im Hinblick auf die Notwendigkeit der Gewährleistung des Patientenschutzes und um das unentbehrliche Vertrauen der Öffentlichkeit zu erhalten, mehr als wünschenswert.

2. Verfahren der Ethikkommission
Die Ethikkommission hat ihre Stellungnahme zu einer geplanten klinischen Prüfung abzugeben, bevor der Sponsor mit dieser beginnen darf. Die Stellungnahme ist gemäß Art. 6 Abs. 5 ARL mit einer Begründung zu versehen und spätestens 60 Tage nach Eingang des ordnungsgemäßen Antrages an den Antragsteller und die zuständige Behörde des betreffenden Mitgliedsstaates zu übermitteln.
Nur bei Vorliegen einer befürwortenden Stellungnahme darf gemäß Art. 9 I ARL mit der klinischen Prüfung begonnen werden.

3. Grundlage der Stellungnahme
Bei der Ausarbeitung ihrer Stellungnahme hat die Ethikkommission die in Art. 6 Abs. 3 ARL genannten Faktoren zu berücksichtigen. Darunter fallen insbesondere die Relevanz der klinischen Prüfung und ihrer Planung, die Angemessenheit der Bewertung des erwarteten Nutzens und der erwarteten Risiken und die Begründetheit der Schlussfolgerungen, der Prüfplan, die Eignung des Prüfers und seiner Mitarbeiter, die Prüferinformation und die Qualität der Einrichtung. Weiterhin hat die Kommission die Angemessenheit und Vollständigkeit der zu erteilenden schriftlichen Auskünfte sowie das Verfahren im Hinblick auf die Einwilligung nach Aufklärung und die Rechtfertigung für die Forschung an Personen, die zur Einwilligung nach Aufklärung nicht in der Lage sind, in ihre Beratungen einzubeziehen, ebenso die Auswahl der Prüfungsteilnehmer. Auch die Vorschriften betreffend die Vergütung, Entschädigung, Schadensersatz und Versicherung sind von der Kommission bei ihrer Stellungnahme zu berücksichtigen.

---

[404] So auch Deutsch, NJW 2001, S. 3361 (3364).
[405] Nach *Laufs*, Das deutsche Recht der klinischen Arzneimittelprüfung, S. 53, verbietet gar die erforderliche Unabhängigkeit der Ethikkommissionen eine privatrechtliche Verfassung dieser Gremien.

Bedauerlich ist insofern, dass die Ethikkommission zwar sämtliche dieser Voraussetzungen zu berücksichtigen hat, deren Vorliegen jedoch nicht zwingend Voraussetzung für die Zustimmung der Ethikkommission ist. Vielmehr erhält diese einen sehr weiteren Entscheidungsspielraum, was insbesondere angesichts der Tatsache, dass die an die Bildung, Zusammensetzung und Zulassung der Ethikkommissionen gestellten Anforderungen so gering sind, besonders bedenklich ist.

4. Multizentrische Prüfungen

Wird eine klinische Prüfung an mehreren Prüfstätten innerhalb eines Mitgliedstaates durchgeführt, so ist ungeachtet der Anzahl der Ethikkommissionen lediglich eine Stellungnahme erforderlich, Art. 7 ARL[406].

Werden multizentrische klinische Prüfungen zugleich in mehreren Mitgliedstaaten durchgeführt, so wird für jeden der betroffenen Mitgliedstaaten jeweils eine einzige Stellungnahme einer Ethikkommission abgegeben.

Das genaue Verfahren, das zu dieser Stellungnahme führt, bleibt von den Mitgliedsstaaten festzulegen.

5. Zusätzliches behördliches Verfahren

Der Sponsor hat gemäß Art 9 Abs. 2 ARL vor Beginn einer klinischen Prüfung bei der zuständigen Behörde des Mitgliedsstaates, in dem er die Prüfung durchzuführen beabsichtigt, einen ordnungsgemäßen Genehmigungsantrag einzureichen. Die Prüfung dieses Antrages muss so schnell wie möglich abgeschlossen werden und darf nach Art. 9 Abs. 4 ARL nicht länger als 60 Tage dauern. Hat die Behörde dem Sponsor bis zu diesem Zeitpunkt keine mit Gründen versehenen Einwände übermittelt, so darf dieser mit der klinischen Prüfung beginnen, wenn die Ethikkommission zudem eine befürwortende Stellungnahme abgegeben hat. Die Behörde kann dem Antragsteller jedoch bereits vor Ablauf dieser Frist mitteilen, dass sie keinen Grund für eine Nichtakzeptanz hat, Art. 9 Abs. 4 ARL.

Übermittelt die Behörde dem Antragsteller mit Gründen versehene Einwände, kann dieser gemäß Art. 9 III ARL den Antrag ein einziges Mal inhaltlich ändern, um die vorgebrachten Einwände zu berücksichtigen. Tut er dies nicht, so gilt der Antrag als abgelehnt und die klinische Prüfung darf nicht durchgeführt werden.

---

[406] Dazu, dass diese Konzentration im Interesse eines beschleunigten Verfahrens nicht die Abschaffung der Zweitbeurteilung von klinischen Studien durch regionale Ethikkommissionen bedeuten muss, siehe *Laufs*, Das deutsche Recht der klinischen Arzneimittelprüfung, S. 54, 55, mit Vorschlägen für mögliche Verfahren des Zusammenwirkens der Ethikkommissionen.

Bei der Ausgestaltung des Zulassungsverfahrens fällt im Vergleich mit § 40 Abs. 1 AMG auf, dass die Funktion der Ethikkommission eine grundlegende Wandlung erfahren hat: die Veränderung fort von der Beratung hin zu einer verwaltungsprozeduralen Mitwirkung in einem behördlichen Genehmigungsverfahren über die Zulassung einer klinischen Prüfung. Denn nach § 40 Abs. 1 AMG ist eine klinische Prüfung auch ohne zustimmende Bewertung der Ethikkommission zulässig, wenn die zuständige Behörde ihr nicht widersprochen hatte.

Die in der Arzneimittelrichtlinie zwingende Erforderlichkeit der Zustimmung der Ethikkommission ist grundsätzlich sehr zu begrüßen, da sie eine Aufwertung dieser gewissenhaft arbeitenden Gremien darstellt. Gleichzeitig ist jedoch dringend dafür Sorge zu tragen, dass die Ethikkommissionen durch diese Position im Zulassungsverfahren nicht in verwaltungsrechtliche Streitigkeiten hineingezogen werden. Ihre Stellungnahme sollte daher mangels Außenwirkung keinesfalls als Verwaltungsakt eingeordnet werden[407].

6. Nachträgliche Änderung des Prüfplans

Nimmt der Sponsor nach Beginn der klinischen Prüfung am Prüfplan Änderungen vor und sind diese Änderungen signifikant und können sie sich auf die Sicherheit der Prüfungsteilnehmer oder die Auslegung der wissenschaftlichen Dokumente auswirken, so unterrichtet er die zuständige Behörde über Grund und Inhalt der Änderungen und informiert die zuständige Ethikkommission. Letztere gibt innerhalb von höchstens 35 Tagen ab dem Zeitpunkt des Eingangs des ordnungsgemäßen Änderungsvorschlags eine Stellungnahme ab. Befürwortet die Ethikkommission in ihrer Stellungnahme die Änderungen und bringt die Behörde keine mit Gründen versehenen Einwände dagegen vor, so darf der Sponsor nach dem geänderten Prüfplan fortfahren.

VII. Verantwortlichkeit von Sponsor und Prüfer

Die Verantwortung für die Einleitung, das Management und/oder die Finanzierung der klinischen Prüfung trifft nach Art. 2 e ARL den Sponsor, der sowohl in Form einer Person, Unternehmen, Institution oder Organisation auftreten kann[408]. Diese Regelung der Arzneimittelrichtlinie ist ausdrücklich zu kritisieren. Indem die Richtlinie dem Sponsor, bei dem es sich überwiegend um Unternehmen aus der Industrie handeln wird, eine so weitreichende Verantwortung einräumt, mindert sie gleichzeitig das Gewicht des prüfenden Arztes. Dies ist insofern zu bedauern, als dessen Fachkunde ebenso wie seine berufsethischen

[407] Ebenso *Laufs*, Das deutsche Recht der klinischen Arzneimittelprüfung, S. 54.

[408] Kritisch zu dieser Verschiebung der Gewichte von den Ärzten und Ärztekammern auf die pharmazeutische Industrie und die staatlichen Behörden auch *Laufs*, Das deutsche Recht der Arzneimittelprüfung, S. 53.

Pflichten den Prüfungsteilnehmern einen besonderen Schutz gewähren[409]. Diesen wird ein Unternehmen, das überwiegend wirtschaftlichen Interessen verpflichtet ist, zweifellos nicht in diesem Maße gewährleisten.

Der Prüfer ist dagegen lediglich für die Durchführung der klinischen Prüfung in der Prüfstelle verantwortlich. Bei ihm handelt es sich gemäß Art. 2 f ARL um einen Arzt oder eine Person, die einen Beruf ausübt, der in den Mitgliedstaaten für Forschungsarbeiten wegen des wissenschaftlichen Hintergrunds und der erforderlichen Erfahrungen in der Patientenbetreuung anerkannt ist.
Die Richtlinie weicht somit - sowohl was die zulässige Berufsgruppe als auch die an die Erfahrung des Prüfers zu stellenden Anforderungen angeht - erheblich von der gegenwärtig geltenden Regelung des § 40 Abs. 1 Nr. 4 AMG ab, der die Leitung der Prüfung durch einen Arzt vorschreibt, der mindestens eine zweijährige Erfahrung in der klinischen Prüfung von Arzneimitteln nachweisen kann. Eine solche Mindesterfahrung ist für den Prüfer nach der Richtlinie nicht mehr vorgeschrieben. Dem deutschen Gesetzgeber verbleibt jedoch die Möglichkeit, bei der Umsetzung der Richtlinie das Schutzniveau auf dem bisherigen Standard zu belassen. Um den bestmöglichen Schutz der Prüfungsteilnehmer zu gewährleisten, sollte der Gesetzgeber dies auch tun[410].

VIII. Zwischenergebnis

Die Betrachtung der Arzneimittelrichtlinie hat somit ergeben, dass diese im Vergleich zum gegenwärtigen AMG klinische Prüfungen mit Minderjährigen in weitaus größerem Umfang zulässt, da ein individueller Vorteil für den minderjährigen Teilnehmer nicht erforderlich ist. Dies gilt selbstverständlich nur dann, wenn man die Regelungen, welche die Beachtung des mutmaßlichen Willens des Teilnehmers und den Vorrang der Interessen des Teilnehmers vor den Interessen der Wissenschaft und der Gesellschaft normieren, nicht zu wörtlich nimmt.
Ob diese weitreichende Zulässigkeit von gruppennütziger Forschung mit dem deutschen Grundgesetz zu vereinbaren ist, wird im Rahmen dieser Arbeit zu prüfen sein.

Auch bei einwilligungsunfähigen Erwachsenen eröffnet die Arzneimittelrichtlinie insofern Spielraum für eine weitergehende Zulässigkeit, als die an den individuellen Vorteil für den Teilnehmer gestellten Anforderungen geringer sind. Es

[409] So auch *Laufs*, MedR 2004, 583 (587). Allerdings ist auch der ärztliche Berufsstand nicht frei von Verfehlungen. Siehe hierzu auch *Laufs*, Ärzte und Sponsoren, NJW 2002, S. 1770 ff..
[410] Auch der Arbeitskreis Medizinischer Ethik-Kommissionen in der Bundesrepublik Deutschland weist in seiner Stellungnahme für den Ausschuss für Gesundheit und Soziale Sicherung vom 21.01.2003, Ausschussdrucksache 0439 vom 21.01.2004, 15. Wahlperiode, S. 2 ausdrücklich darauf hin, dass eine Erfahrung in der Patientenbetreuung nicht die ärztliche Sachkunde ersetzen kann.

ist nicht mehr erforderlich, dass die Anwendung des Arzneimittels angezeigt ist, um das Leben des Kranken zu retten, seine Gesundheit wiederherzustellen oder sein Leiden zu erleichtern. Vielmehr kann nach dem Wortlaut der Vorschrift jeder Nutzen für den Patienten ausreichen. Nach Sinn und Zweck der Vorschrift wird jedoch davon ausgegangen werden können, dass hiermit nur ein medizinischer Nutzen für den Patienten gemeint sein kann.
Die Zulässigkeit der klinischen Arzneimittelprüfungen mit Erwachsenen ist nur insofern eingeschränkter, als sie sich lediglich auf einen lebensbedrohlichen oder sehr geschwächten Zustand beziehen darf.

Unausgereift erscheint die Arzneimittelrichtlinie im Hinblick auf die Regelungen, die eine Beachtung des Willens des jeweiligen Teilnehmers zum Inhalt haben. Bei ihrer Umsetzung in das deutsche Recht ist dafür Sorge zu tragen, dass die in dieser Hinsicht bestehenden Unklarheiten und Widersprüche keinesfalls übernommen werden.
Das in der Richtlinie vorgesehene Genehmigungsverfahren ist dagegen im Vergleich zum deutschen Recht aufgrund der Erforderlichkeit der doppelten Zustimmung durch Ethikkommission und Behörde mit einem höheren Maß an Schutz für den Teilnehmer verbunden, dessen Umsetzung in das deutsche Recht wünschenswert ist.
Bedauerlich ist jedoch, dass eine ausdrückliche Regelung der kontrollierten klinischen Studie insbesondere auch im Hinblick auf eine Randomisierung oder das Doppelblindverfahren nicht erfolgt. Weiterhin fehlt eine Regelung der im Rahmen einer klinischen Prüfung durchzuführenden zusätzlichen Untersuchungen, da in Art. 5 i ARL lediglich Nutzen und Risiken des Prüfpräparates angesprochen werden, nicht jedoch auch mögliche Nachteile solcher weiterer Maßnahmen. Auch findet die Möglichkeit der Einwilligung eines Bevollmächtigten in Gesundheitsangelegenheiten keine Erwähnung.

B. Regierungsentwurf für ein Zwölftes Änderungsgesetz des AMG

Der Regierungsentwurf für ein Zwölftes Gesetz zur Änderung des Arzneimittelgesetzes (AMG-E), der unter anderem die Arzneimittelrichtlinie umsetzen soll, enthält ebenfalls einige gravierende Änderungen der geltenden Rechtslage. Diese Änderungen sollen im Folgenden – insbesondere soweit sie die Thematik der Forschung mit einwilligungsunfähigen Personen betreffen – dargestellt und untersucht werden.
Dabei wird ein besonderes Augenmerk auf dem Vergleich dieses Entwurfs sowohl mit den Vorgaben der Arzneimittelrichtlinie als auch mit der gegenwärtigen Rechtslage liegen.

I. Änderungen betreffend § 40 AMG

Der Regierungsentwurf hält trotz der in ihm enthaltenen durchaus erheblichen Änderungen an der grundsätzlichen Konzeption der §§ 40, 41 AMG fest. So enthält § 40 AMG-E die allgemeinen Voraussetzungen für klinische Prüfungen und § 41 AMG-E die besonderen Voraussetzungen für klinische Prüfungen mit kranken Menschen. In § 42 AMG-E ist das Verfahren der Ethikkommissionen und das Genehmigungsverfahren bei der Bundesoberbehörde geregelt.

Unverändert geblieben sind lediglich die Regelungen § 40 Abs. 1 S. 1 Nr. 3 (jetzt Satz 3 Nr. 4), Nr. 5 (jetzt Satz 3 Nr. 6) und Nr. 8 (jetzt Satz 3 Nr. 8) AMG. Davon stellen die jetzt in § 40 Abs. 1 S. 3 Nr. 4 (Ausschluss von Personen, die auf gerichtliche oder behördliche Anordnung in einer Anstalt untergebracht sind) und Nr. 6 (Erforderlichkeit der vorherigen Durchführung einer pharmakologisch-toxikologischen Prüfung) AMG-E enthaltenen Regelungen zusätzliche - über die Vorgaben der Richtlinie hinausgehende - Schutzvorschriften im Interesse der Teilnehmer dar. Weitgehend unverändert geblieben ist auch § 40 Abs. 1 S.1 Nr. 7 AMG (jetzt S. 3 Nr. 7 AMG-E), der die Information der Prüfer über die Ergebnisse der pharmakologisch-toxikologischen Prüfung des Arzneimittels und die voraussichtlich mit der klinischen Prüfung verbundenen Risiken vorschreibt und der ebenfalls eine über die Richtlinie hinausgehende Schutzvorschrift darstellt.

1. Grundsätze der guten klinischen Praxis

Eine vollkommen neue Regelung ist in § 40 Abs. 1 S. 1 AMG-E enthalten, der von Sponsor, Prüfer und allen weiteren an der klinischen Prüfung beteiligten Personen bei der Durchführung der klinischen Prüfung eines Arzneimittels die Einhaltung der Anforderungen der guten klinischen Praxis verlangt. Damit sind jedoch keine konkreten Rechtsfolgen verbunden, sondern es wird lediglich eine allgemeine Forderung normiert.

2. Erforderlichkeit der Genehmigung und positiver Stellungnahme

Gemäß § 40 Abs. 1 S. 2 AMG-E darf der Sponsor mit der klinischen Prüfung erst dann beginnen, wenn die zustimmende Bewertung einer Ethikkommission und die Genehmigung der zuständigen Bundesoberbehörde vorliegen. Das hierfür jeweils erforderliche Verfahren ist in § 42 Abs. 1 und Abs. 2 AMG-E geregelt.

Mit diesem Erfordernis der „doppelten Genehmigung“ setzt der Regierungsentwurf Art. 9 Abs. 1 der Arzneimittelrichtlinie konsequent um und stellt eine erhebliche Änderung des bisher geregelten Verfahrens dar.

Diese Änderung des AMG ist - wie bereits im Zusammenhang mit der Richtlinie ausgeführt - ausdrücklich zu begrüßen, da durch die zwingende Erforderlichkeit einer „doppelten“ Zustimmung der Schutz der Teilnehmer wesentlich erhöht wird.

3. Vorhandensein eines Sponsors

Gemäß § 40 Abs. 1 S. 3 Nr. 1 AMG-E ist es für die Zulässigkeit einer klinischen Prüfung erforderlich, dass ein Sponsor oder ein von diesem Bevollmächtigter vorhanden ist, der seinen Sitz in einem Mitgliedstaat der EU oder einem anderen Vertragsstaat des Abkommens über den Europäischen Wirtschaftsraum hat.

In diesem Erfordernis ist eine konsequente Umsetzung der Richtlinie zu sehen, die eine Verlagerung der Verantwortung von dem Arzt als Prüfer auf den Sponsor der klinischen Prüfung vorsieht. Gleichzeitig wurden auch die in der Richtlinie enthaltenen Definitionen von Sponsor (§ 4 Abs. 24) und Prüfer (§ 4 Abs. 25) in das AMG-E integriert. Danach ist der Sponsor nicht lediglich für die finanzielle Unterstützung zuständig, sondern er ist der Gesamtverantwortliche für die klinische Prüfung.

Da diese Regelung Teil des zu der klinischen Prüfung gehörenden Verfahrens ist, das durch die Richtlinie geregelt wird, ist sie – trotz der gegen ihren Inhalt bestehenden Vorbehalte – von dem deutschen Gesetzgeber umzusetzen.

4. Vertretbarkeit des Risikos

Mit § 40 Abs. 1 S. 3 Nr. 2 AMG-E wird die bisherige Regelung zur Vertretbarkeit des Risikos unter Berücksichtigung des Art. 3 Abs. 2 a ARL insofern ergänzt, als nunmehr nicht nur die vorhersehbaren Risiken, sondern auch andere vorhersehbare Nachteile gegenüber dem Nutzen für die betroffene Person und der voraussichtlichen Bedeutung des Arzneimittels für die Heilkunde ärztlich vertretbar sein müssen.

Eine wirkliche inhaltliche Änderung der Vorschrift ist mit diesen Anpassungen jedoch nicht verbunden.

Die Vorgaben der Arzneimittelrichtlinie sind mit dieser Vorschrift des Regierungsentwurfs jedoch insofern nicht erfüllt, als die nach Art. 3 Abs. 2 a ARL erforderliche positive Entscheidung von Ethikkommission und/oder Genehmigungsbehörde über die Nutzen-Risiko-Abwägung in dem Regierungsentwurf nicht vorgesehen ist. Zwar können sowohl die Ethikkommission als auch die Genehmigungsbehörde gemäß § 42 Abs. 1 und 2 AMG-E ihre Zustimmung zu der Prüfung versagen, wenn sie der Ansicht sind, dass die Risiken im Verhältnis zu dem zu erwartenden Nutzen ärztlich nicht vertretbar sind, einer ausdrücklichen positiven Stellungnahme in dieser Frage bedarf es jedoch nicht. Dieses bisherige Versäumnis hat der Gesetzgeber noch nachzuholen, will er seiner Pflicht zur Umsetzung der Richtlinie nachkommen.

5. Aufklärung und Einwilligung des volljährigen einwilligungsfähigen Teilnehmers

In § 40 Abs. 1 S. 3 Nr. 3 i.V.m. Abs. 2 AMG-E ist die auch bisher erforderliche schriftliche Einwilligung des Teilnehmers nach entsprechender Aufklärung geregelt.

Diese Vorschrift sieht inhaltlich insofern eine erhebliche Änderung der gegenwärtigen Rechtslage vor, als danach nicht mehr die Geschäftsfähigkeit des Teilnehmers für dessen wirksame Einwilligung erforderlich sein soll, sondern das Vorliegen von Volljährigkeit neben der Einwilligungsfähigkeit ausreichen soll.
Dies ist insofern nicht verständlich, als allgemein anerkannt ist, dass sich Geschäftsfähigkeit und Einwilligungsfähigkeit voneinander unterscheiden, so dass ein Volljähriger einwilligungsfähig sein kann, ohne notwendigerweise geschäftsfähig sein[411]. Da die Erklärung, an einer klinischen Prüfung teilnehmen zu wollen, immer auch eine auf den Abschluss eines Forschungs- und Behandlungsvertrages gerichtete Willenserklärung darstellt, ist für die Wirksamkeit dieser Erklärung grundsätzlich die Geschäftsfähigkeit des Teilnehmers erforderlich.
Da mit dieser vorgesehenen Änderung der gegenwärtigen Gesetzeslage keinerlei Vorteile verbunden sind - auch aus der Begründung zum Regierungsentwurf sind solche nicht ersichtlich - ist sie abzulehnen.

Zusätzlich zu der bisher erforderlichen ausführlichen Aufklärung ist es gemäß § 40 Abs. 2 S. 1 AMG-E in Umsetzung des Art. 3 Abs. 2 b ARL erforderlich, den Teilnehmer über sein Recht aufzuklären, dass er die Teilnahme an der klinischen Prüfung jederzeit beenden kann. Auch sind ihm geeignete Aufklärungsunterlagen zu überreichen. Diese Aufklärung hat durch einen Prüfer zu erfolgen, der Arzt ist.
Zudem ist dem Teilnehmer nach Satz 2 Gelegenheit zu einem zusätzlichen Beratungsgespräch mit einem Prüfer über die sonstigen Bedingungen der Durchführung der klinischen Prüfung zu geben. Diese Erweiterung der Aufklärungspflicht stellt eine Umsetzung von Art. 3 Abs. 2 b ARL dar und ist aufgrund der damit verbundenen umfangreicheren Information des Teilnehmers zu befürworten.
Weiterhin wird in § 40 Abs. 2 S. 3 AMG-E klargestellt, dass der Widerruf der erteilten Einwilligung schriftlich oder mündlich erfolgen kann.

6. Einrichtung und Prüfer

In § 40 Abs. 1 S. 3 Nr. 5 AMG-E ist eine weitere Änderung der gegenwärtigen Regelung betreffend die Durchführung einer klinischen Prüfung enthalten, da der für diese Durchführung verantwortliche Prüfer nach dieser Vorschrift kein Arzt mehr sein muss. Ein Prüfer kann nach der in § 4 Abs. 25 AMG-E enthaltenen Definition vielmehr auch eine andere Person sein, die einen Beruf ausübt, der aufgrund seiner wissenschaftlichen Anforderungen und seiner Bedeutung in der Patientenbetreuung für die Durchführung von Forschung qualifiziert. Eine zweijährige Erfahrung des Haupt- oder alleinigen Prüfers, der die Leitung der Prüfung innehat, in der klinischen Prüfung von Arzneimitteln bleibt jedoch erforderlich.

---

[411] Siehe oben unter § 3 C. II. 1.

Die ärztliche Behandlung und der mit ihr verbundene Schutz für die Teilnehmer wird zwar auch ohne dass der Prüfer selbst Arzt ist, dadurch gewährleistet, dass zum einen gemäß § 40 Abs. 1 S. 3 Nr. 9 AMG-E für die medizinische Versorgung des Teilnehmers ein Arzt oder bei zahnmedizinischer Behandlung ein Zahnarzt verantwortlich sein muss. Zudem hat die Aufklärung des Teilnehmers durch einen Prüfer, der Arzt ist, zu erfolgen.

Allerdings können diese Regelungen keinen adäquaten Ersatz für ein Entfallen des Arztvorbehaltes darstellen. Denn wie bereits im Rahmen der Erläuterung zu der Arzneimittelrichtlinie ausgeführt, stellt es einen wesentlichen Unterschied dar, ob der für die Durchführung der Prüfung Verantwortliche selbst Arzt ist, oder ob der einer anderen Berufsgruppe angehörige Leiter lediglich von Ärzten unterstützt wird. Da es bei der klinischen Prüfung von Arzneimitteln immer um medizinische Wirkungen geht, die gleichzeitig eine ärztliche Behandlung erforderlich machen können, besteht kein Grund, einen Nichtmediziner als Verantwortlichen einer solchen Prüfung einzusetzen. Der Arztvorbehalt sollte daher beibehalten werden.

Weiterhin wird in § 40 Abs. 1 S. 3 Nr. 5 AMG-E normiert, dass die Prüfung in einer geeigneten Einrichtung stattzufinden hat.

7. Versicherung

Die Anforderungen an die für die klinische Prüfung abzuschließende Versicherung sind mit § 40 Abs. 1 S. 3 Nr. 8 i.V.m. Abs. 3 AMG-E lediglich geringfügig geändert worden, indem diese nun bei einem in einem Mitgliedstaat der Europäischen Union zum Geschäftsbetrieb zugelassenen Versicherer genommen werden kann. Zudem wird die mit der bisherigen Regelung verbundene Unsicherheit über die genaue Höhe der Versicherungssumme beseitigt, indem festgelegt wird, dass sie in einem angemessenen Verhältnis zu den mit der klinischen Prüfung verbundenen Risiken stehen und auf der Grundlage der Risikoabschätzung so festgelegt werden muss, dass für jeden Fall des Todes oder der dauernden Erwerbsunfähigkeit einer von der klinischen Prüfung betroffenen Person mindestens 500.000,00 Euro zur Verfügung stehen.

8. Klinische Prüfung mit Minderjährigen

Mit § 40 Abs. 4 AMG-E erfährt die bisher in § 40 Abs. 4 AMG enthaltene Regelung der klinischen Prüfung mit Minderjährigen einige Ergänzungen, die insbesondere in einer umfangreicheren Berücksichtigung des Willens des Minderjährigen bestehen.

a. Angezeigtheit der Anwendung

Ebenso wie bisher muss das Arzneimittel gemäß § 40 Abs. 4 Nr. 1 AMG-E zum Erkennen oder zum Verhüten von Krankheiten bei Minderjährigen bestimmt sein und die Anwendung des Arzneimittels muss nach den Erkenntnissen der medizinischen Wissenschaft angezeigt sein, um bei dem Minderjährigen Krankheiten zu erkennen oder ihn vor Krankheiten zu schützen.

Die inhaltlich unveränderte Übernahme der bisherigen Regelung ist insofern bedauerlich, als eine Klärung der Streitfrage unterbleibt, ob ein individueller Vorteil für den minderjährigen Teilnehmer für die Zulässigkeit der Prüfung erforderlich ist, und welcher Art ein solcher sein soll. Auch die Begründung zum Regierungsentwurf schweigt in diesem Punkt.

Dass ein solcher individueller Nutzen auch nach dem Regierungsentwurf erforderlich sein soll, kann man allerdings daraus schließen, dass der Referentenentwurf für ein Zwölftes Änderungsgesetz des Arzneimittelgesetzes vom 25.04.2003 zunächst eine Regelung vorgesehen hatte, die lediglich das Erfordernis normierte, dass die Anwendung angezeigt sein musste, um bei Minderjährigen Krankheiten zu erkennen oder sie vor Krankheiten zu schützen, ohne dass diese Angezeigtheit bei *dem* Minderjährigen, also dem Prüfungsteilnehmer, vorliegen musste. Daraus, dass die zunächst vorgesehene Änderung der gegenwärtigen Rechtslage wieder zurückgenommen wurde, kann gefolgert werden, dass ein gewisser individueller Vorteil für den Minderjährigen weiterhin Voraussetzung für die Zulässigkeit der Prüfung sein soll.

Da die Regierung mit ihrem Entwurf insofern strengere Schutzvoraussetzungen für den minderjährigen Prüfungsteilnehmer aufstellt, als dies in der Arzneimittelrichtlinie vorgesehen ist, die einen Gruppennutzen bei der Prüfung mit Minderjährigen genügen lässt, stellt diese Regelung keine Verletzung der Umsetzungspflicht dar.

b. Subsidiaritätsgrundsatz

In § 40 Abs. 4 Nr. 2 AMG-E ist der Subsidiaritätsgrundsatz normiert, der besagt, dass klinische Prüfungen mit Minderjährigen nur dann zulässig sein dürfen, wenn Prüfungen an Erwachsenen oder andere Forschungsmethoden keine ausreichenden Prüfungsergebnisse erwarten lassen. Die Ergänzung der bisherigen Regelung um den Zusatz, dass auch „andere Forschungsmethoden" nicht ausreichend sein dürfen, hat lediglich klarstellende Wirkung. Eine Änderung der Rechtslage ist damit nicht verbunden.

c. Einwilligung und Aufklärung von Vertreter und Minderjährigem

Die Teilnahme des Minderjährigen an der klinischen Prüfung ist auch gemäß § 40 Abs. 4 Nr. 3 S. 1 AMG-E nur dann zulässig, wenn der gesetzliche Vertreter seine Einwilligung nach entsprechender Aufklärung erteilt hat.

Eine Umsetzung der Richtlinie hat zudem insoweit stattgefunden, als nun auch der Minderjährige vor Beginn der klinischen Prüfung von einem pädagogisch

erfahrenen Prüfer gemäß § 40 Abs. 4 Nr. 3 S. 2 AMG-E eine entsprechende Aufklärung über die Prüfung, die Risiken und den Nutzen erhalten muss, soweit dies im Hinblick auf sein Alter und seine geistige Reife möglich ist.
Von der Richtlinie abweichend ist dagegen nach Nr. 3 S. 3 in dem Fall, dass der Minderjährige in der Lage ist, Wesen, Bedeutung und Tragweite der klinischen Prüfung einzusehen und seinen Willen hiernach zu bestimmen, auch seine Einwilligung neben der des Stellvertreters erforderlich. Durch diese Beibehaltung der bisherigen Rechtslage wird dem Selbstbestimmungsrecht des einwilligungsfähigen Minderjährigen in größerem Umfang Rechnung getragen, als dies durch die Regelungen der Richtlinie der Fall ist. Denn diese sieht die Erforderlichkeit einer Einwilligung durch Minderjährige unabhängig von ihrer geistigen Reife generell nicht vor.

Die in der Arzneimittelrichtlinie vorgesehene Regelung normiert lediglich für die Minderjährigen, die sich eine eigene Meinung bilden können und die erhaltenen Informationen zu beurteilen wissen, die „Berücksichtigung“ ihres ausdrücklich geäußerten Wunsches, nicht an der Prüfung teilzunehmen oder diese zu beenden. Auch hier geht der Regierungsentwurf einen Schritt weiter: so ist die ablehnende Erklärung eines Minderjährigen gemäß § 40 Abs. 4 Nr. 3 S. 2 AMG-E zu beachten, ohne dass hierfür an die geistige Reife des Teilnehmers besondere Anforderungen gestellt werden.

Der Regierungsentwurf räumt dem Selbstbestimmungsrecht der Minderjährigen somit einen höheren Stellenwert ein, als dies in der Richtlinie der Fall ist. Aufgrund der damit zum Ausdruck kommenden Achtung des Selbstbestimmungsrechts und der Individualität des Minderjährigen sind diese Regelungen ausdrücklich zu befürworten.

Allerdings ist eine so weitgehende Berücksichtigung eines von dem Minderjährigen geäußerten Willens in den Fällen bedenklich, in denen mit der fraglichen Maßnahme ein individueller Vorteil für den Minderjährigen verbunden ist. Denn ist der Minderjährige noch nicht wirklich zu einer reflektierten Erklärung imstande, so darf sein ablehnendes Verhalten nicht dazu führen, dass eine seinem gesundheitlichen Vorteil dienende Maßnahme unterbleibt, auch wenn es sich bei dieser Maßnahme (noch) nicht um eine Standardbehandlung handelt. Aus diesem Grund sollte für die Beachtlichkeit des Willens des einwilligungsunfähigen Minderjährigen zwischen Forschungsmaßnahmen mit individuellem Vorteil für den Betroffenen und solchen, die lediglich einen Nutzen für die jeweilige Gruppe haben, unterschieden werden. Dem nicht auf einer reflektierten Überlegung beruhenden ablehnenden Willen des Minderjährigen sollte nur dann nachgekommen werden, wenn die Maßnahme für ihn keinen unmittelbaren individuellen Nutzen bietet, allerdings muss die Befolgung einer solchen Ablehnung dann auch zwingend sein.

Dem Minderjährigen ist zudem gemäß § 40 Abs. 4 Nr. 3 S. 4 die Möglichkeit zu eröffnen, ebenfalls ein Beratungsgespräch im Sinne des § 40 Abs. 2 S. 2 AMG-E führen zu können.

Der Regierungsentwurf enthält keine ausdrückliche Umsetzung des in der Arzneimittelrichtlinie geregelten Erfordernisses, dass die Einwilligung des gesetzlichen Vertreters grundsätzlich dem mutmaßlichen Willen des Patienten zu entsprechen hat. Zwar wird in der Begründung zum Regierungsentwurf davon ausgegangen, dass der gesetzliche Vertreter einen natürlichen Willen des nicht einwilligungsfähigen Minderjährigen zu beachten hat und dass es bei jungen Kindern gegebenenfalls notwendig ist, ihre Einstellung zu ermitteln und dabei ihren Entwicklungsstand zu berücksichtigen[412]. Da diese Erwägungen jedoch in dem Gesetzestext keinen Niederschlag gefunden haben, bleibt der Regierungsentwurf insoweit hinter der Arzneimittelrichtlinie zurück.

Aufgrund der dargestellten Schwierigkeiten der Bestimmung eines solchen Willens ist die unterbliebene Umsetzung grundsätzlich positiv zu bewerten. Insbesondere auch angesichts der Tatsache, dass dieser Zulässigkeitsvoraussetzung auch innerhalb der Richtlinie aufgrund der vielen Widersprüche und Ungereimtheiten, die damit verbunden sind, keine eigenständige Bedeutung zuzukommen scheint, ist das Fehlen dieser Regelung auch mit der bestehenden Umsetzungspflicht zu vereinbaren.

d. Zulässiges Risiko

Die klinische Prüfung muss gemäß § 40 Abs. 4 Nr. 4 AMG-E mit möglichst wenig Belastungen und anderen vorhersehbaren Risiken verbunden sein, wobei der Belastungsgrad und die Risikoschwelle eigens definiert werden und vom Prüfer ständig überprüft werden müssen. Diese Vorschrift stellt die Umsetzung des Art. 4 g ARL dar. Aufgrund der Tatsache, dass die Durchführung einer klinischen Prüfung, die mehr als das für ihre sinnvolle Gestaltung unbedingt erforderliche Risiko aufweisen würde, ohnehin nicht ärztlich vertretbar und damit unzulässig wäre, ist eine inhaltliche Änderung der bisherigen Rechtslage mit dieser Ergänzung jedoch nicht verbunden. Jedoch ist die nunmehr erforderliche vorherige Festlegung der zu erwartenden Nachteile und deren Überprüfung während der Studie positiv zu bewerten.

e. Verbot finanzieller Anreize

Um zu verhindern, dass der Minderjährige zum Objekt finanzieller Interessen wird, sind gemäß § 40 Abs. 4 Nr. 5 AMG-E in Umsetzung des Art. 4 d ARL Vorteile mit Ausnahme einer angemessenen Entschädigung unzulässig.

---

[412] Regierungsentwurf des Zwölften Gesetzes zur Änderung des Arzneimittelgesetzes, S. 72.

9. Kontaktstelle
Gemäß § 40 Abs. 5 AMG-E hat dem Teilnehmer, dem gesetzlichen Vertreter oder einem von ihm Bevollmächtigten in Umsetzung von Art. 3 Abs. 4 ARL eine Kontaktstelle zur Verfügung zu stehen, bei der Informationen über alle Umstände, denen eine Bedeutung für die Prüfung beizumessen ist, eingeholt werden können.

II. Von dem Regierungsentwurf vorgesehene Änderungen des § 41 AMG
Die in § 41 AMG geregelte klinische Prüfung bei Personen, die an einer Krankheit leiden, zu deren Behebung das zu prüfende Arzneimittel angewendet werden soll, hat für zwei Personengruppen eine wesentliche Änderungen erfahren: Minderjährige und einwilligungsfähige Erwachsene.

Nach der bislang geltenden Regelung darf eine klinische Prüfung mit Personen, die an einer Krankheit leiden, grundsätzlich nur durchgeführt werden, wenn sie dem jeweiligen Teilnehmer einen persönlichen Vorteil verspricht. Der Regierungsentwurf lässt dagegen für die Zulässigkeit einer solchen Prüfung mit Minderjährigen gemäß § 41 Abs. 2 AMG-E und einwilligungsfähigen Erwachsenen gemäß § 41 Abs. 1 AMG-E den Gruppennutzen genügen.

1. Prüfungen mit erkrankten Erwachsenen
Nach § 41 Abs. 1 AMG-E sind die § 40 Abs. 1 bis 3 AMG-E auf die klinische Prüfung mit kranken volljährigen Personen mit der Maßgabe anzuwenden, dass eine solche nur dann zulässig ist, wenn gemäß § 41 Abs. 1 Nr. 1 die Anwendung des zu prüfenden Arzneimittels angezeigt ist, um das Leben der Person zu retten, ihre Gesundheit wiederherzustellen oder ihr Leiden zu erleichtern oder sie gemäß Nr. 2 für die Patientengruppe, die an der gleichen Krankheit leidet, mit einem direkten Nutzen verbunden ist.

Kann die Einwilligung des Kranken in einer Notsituation nicht eingeholt werden, so ist sie zunächst entbehrlich, wenn die sofortige Behandlung erforderlich ist, um das Leben der Person zu retten, ihre Gesundheit wiederherzustellen oder ihr Leiden zu lindern. Sie ist jedoch so bald wie möglich nachzuholen.

Obwohl § 41 Abs. 1 AMG-E zunächst eine allgemeine Regelung für Volljährige, die an einer Krankheit leiden, darzustellen scheint, gilt sie nur für einwilligungsfähige Volljährige. Dies ergibt sich aus der Tatsache, dass in § 41 Abs. 3 AMG-E eine eigenständige Sonderregelung für einwilligungsunfähige Volljährige enthalten ist.
Jedoch ist aufgrund dieser Systematik unklar, inwieweit es bei einem einwilligungsfähigen Erwachsenen zu einer Notsituation kommen kann, in der er nicht in der Lage ist, seine Einwilligung zu erteilen. Die diesbezügliche Regelung wäre daher wohl besser in Abs. 3 aufgehoben.

Die somit vorgesehene Zulässigkeit von gruppennütziger Forschung mit einwilligungsfähigen kranken Erwachsenen erweitert die Möglichkeit der Erforschung der Wirksamkeit von Arzneimitteln nicht unerheblich und ist daher grundsätzlich zu befürworten. Aufgrund der Tatsache, dass die betroffene Person die Teilnahme an einer klinischen Prüfung ohne weiteres ablehnen kann, stellt diese Neuregelung keine wesentliche Gefährdung der Rechtsgüter kranker Personen dar und ist insofern weitgehend unbedenklich.

2. Klinische Prüfungen mit kranken Minderjährigen, § 41 Abs. 2 AMG-E
Auf die klinische Prüfung mit einem Minderjährigen, der an einer Krankheit leidet, zu deren Behandlung das zu prüfende Arzneimittel angewendet werden soll, findet § 40 Abs. 1 bis 4 AMG-E mit der Maßgabe Anwendung, dass die Anwendung des zu prüfenden Arzneimittels gemäß § 41 Abs. 2 Nr. 1 angezeigt sein muss, um das Leben der Person zu retten, ihre Gesundheit wiederherzustellen oder ihr Leiden zu erleichtern oder dass die klinische Prüfung gemäß Nr. 2 für die Patientengruppe, die an der gleichen Krankheit leidet, mit einem direkten Nutzen verbunden ist.

Handelt es sich um eine Prüfung, die lediglich mit einem Gruppennutzen verbunden ist, so ist diese gemäß § 41 Abs. 2 Nr. 2 AMG-E nur unter den zusätzlichen Voraussetzungen zulässig, dass diese Prüfung für die Bestätigung von Daten, die bei klinischen Prüfungen an anderen Personen oder mittels anderer Forschungsmethoden gewonnen wurden, unbedingt erforderlich sein muss. Zudem darf sie für die betroffene Person nur mit minimalem Risiko und minimaler Belastung verbunden sein. Darüber hinaus müssen sich derartige Forschungen unmittelbar auf einen klinischen Zustand beziehen, unter dem der betroffene Minderjährige leidet, oder sie müssen ihrem Wesen nach nur an Minderjährigen durchgeführt werden können.

Die mit diesem Regierungsentwurf als Umsetzung von Art. 4 e ARL geplante Zulässigkeit von gruppennütziger Forschung mit Minderjährigen stellt eine gravierende Änderung der gegenwärtigen Rechtslage dar. Auch wenn die dringende Notwendigkeit solcher Forschung unbestritten ist, bleibt es Aufgabe dieser Arbeit zu untersuchen, ob eine solche Inanspruchnahme Minderjähriger zu gruppen- und damit fremdnütziger Forschung, bei der auch Eingriffe in die körperliche Integrität des Minderjährigen vorgenommen werden können, mit dem erforderlichen Schutz ihrer Rechte und dabei insbesondere ihrer Würde zu vereinbaren ist.

Kritikwürdig ist zunächst, dass die Begriffe der minimalen Risiken und minimalen Belastungen nicht hinreichend bestimmt sind. Eine Definition dieser Begriffe ist jedoch, um eine weite Auslegung zu Lasten des Minderjährigen zu verhindern, dringend erforderlich. Zwar ist in der Begründung zum Regierungs-

entwurf erläutert[413], dass ein minimales Risiko dann vorliegt, wenn nach Art und Umfang der Intervention zu erwarten ist, dass sie allenfalls zu einer sehr geringfügigen und vorübergehenden Beeinträchtigung der Gesundheit der betroffenen Person führen wird. Eine minimale Beeinträchtigung soll dann gegeben sein, wenn zu erwarten ist, dass die Unannehmlichkeiten für die betroffene Person allenfalls vorübergehend auftreten und sehr geringfügig sein werden.
Eine Erläuterung in der Begründung des Entwurfs ist jedoch nicht ausreichend. Eine Definition sollte daher unbedingt in den Gesetzestext aufgenommen werden.
Der Regierungsentwurf stellt jedoch in diesem Punkt bereits eine starke Verbesserung im Vergleich zu der in der Richtlinie vorgesehenen Regelung dar, die lediglich „möglichst wenig Schmerzen, Beschwerden, Angst und andere vorhersehbare Risiken“ als Höchstgrenze der Belastung der Teilnehmer nennt und damit noch wesentlich unpräzisere Grenzen setzt.

Insgesamt scheint der Regierungsentwurf auf den ersten Blick hinter den Anforderungen der Arzneimittelrichtlinie betreffend den Schutz des Minderjährigen Prüfungsteilnehmers zurück zu bleiben, als der Regierungsentwurf nicht den Vorrang der Individualinteressen des Patienten vor den Interessen der Wissenschaft und der Gesellschaft normiert, wie dies Art. 4 i ARL vorsieht.
Die in dieser Hinsicht unvollständige Umsetzung ist das Resultat der vorstehend kritisierten Widersprüchlichkeit der Arzneimittelrichtlinie. Denn wie bereits ausgeführt, steht bei der Durchführung von gruppennütziger Forschung das Interesse des Individuums gerade nicht im Vordergrund. Den Autoren blieb insofern die Wahl zwischen zwei Übeln: die Widersprüchlichkeit der Richtlinie in das deutsche Recht zu übernehmen oder das Zurückbleiben hinter den (zumindest scheinbar) höheren Schutzanforderungen der Arzneimittelrichtlinie. Aufgrund der Tatsache, dass das in Art. 4 i ARL normierte überwiegende Interesse des Patienten bei gleichzeitig zulässiger gruppennütziger Forschung nicht mehr als einen Programmsatz darstellen kann, ist die fehlende Umsetzung dieser Regelung in dem Regierungsentwurf als mit der Arzneimittelrichtlinie vereinbar anzusehen.

3. Klinische Prüfung mit einwilligungsunfähigen kranken Erwachsenen

Auf die klinische Prüfung mit einwilligungsunfähigen Erwachsenen, die an einer Krankheit leiden, zu deren Behandlung das zu prüfende Arzneimittel angewendet werden soll, findet § 40 Abs. 1 bis 3 AMG-E mit der Maßgabe Anwendung, dass die Anwendung des zu prüfenden Arzneimittels angezeigt ist, um das Leben des Kranken zu retten, seine Gesundheit wiederherzustellen oder sein Leiden zu erleichtern.

---

413 Regierungsentwurf für ein Zwölftes Gesetz zur Änderung des Arzneimittelgesetzes, S. 74.

Außerdem müssen sich derartige Forschungen auf einen lebensbedrohlichen oder sehr geschwächten Zustand[414] beziehen, in dem sich die betroffene Person befindet, und die klinische Prüfung muss für die Person mit möglichst wenig Belastungen oder anderen vorhersehbaren Risiken verbunden sein. Sowohl der Belastungsgrad als auch die Risikoschwelle müssen in dem Prüfplan eigens definiert sein und vom Prüfer ständig überprüft werden. Die Prüfung darf nur dann durchgeführt werden, wenn die begründete Erwartung besteht, dass der Nutzen der Anwendung des Prüfpräparates die Risiken überwiegt oder keine Risiken mit sich bringt.

Somit ist für diese Patientengruppe nach dem Regierungsentwurf ein individueller Vorteil durch die Teilnahme an der klinischen Prüfung erforderlich[415], ein Nutzen für die Gruppe reicht dagegen nicht aus. Damit entspricht der Regierungsentwurf sowohl der Arzneimittelrichtlinie als auch der bisherigen Gesetzeslage in Deutschland. Ebenso wie die Richtlinie sieht der Regierungsentwurf somit die unterschiedliche Behandlung von Erwachsenen und Minderjährigen vor. Inwieweit eine solche unterschiedliche Behandlung dieser Personen gerechtfertigt ist, die nicht in der Lage sind, eine wirksame Einwilligung in die Teilnahme zu erteilen, wird zu prüfen sein.

Der Umfang der bisherigen Zulässigkeit von Arzneimittelprüfungen mit einwilligungsunfähigen Erwachsenen wird durch den Regierungsentwurf insofern eingeschränkt, als der Zustand des Prüfungsteilnehmers lebensbedrohlich oder sehr geschwächt sein muss. Diese Einschränkung stellt eine erforderliche Umsetzung des Art. 5 e ARL dar.

Das aus Art. 5 f ARL übernommene Erfordernis möglichst geringer Risiken und Belastungen stellt keine inhaltliche Änderung der bisherigen Regelung dar, da ein mehr als das im Verhältnis minimale Risiko ohnehin nicht ärztlich vertretbar sein kann.

Weiterhin soll für die Zulässigkeit einer klinischen Prüfung mit einwilligungsunfähigen Erwachsenen gemäß § 41 Abs. 3 Nr. 2 AMG-E die Einwilligung des gesetzlichen Stellvertreters oder eines Bevollmächtigten nach Aufklärung erforderlich sein. Der Regierungsentwurf sieht damit als erste gesetzliche Regelung von Forschung die Möglichkeit der Einwilligung durch eine von dem Prüfungsteilnehmer bevollmächtigte Person an. Diese Regelung trägt der Subsidiarität der Betreuung und dem Recht des Betroffenen, durch diese Bevollmächtigung

---

[414] Dieser sehr geschwächte Zustand soll auch die Altersdemenz umfassen, Begründung zum Regierungsentwurf für ein Zwölftes Gesetz zur Änderung des Arzneimittelgesetzes, S. 75.

[415] Regierungsentwurf für ein Zwölftes Gesetz zur Änderung des Arzneimittelgesetzes, S. 75.

Vorsorge für sich selbst zu treffen, Rechnung und ist daher ausdrücklich zu begrüßen.

Allerdings ist die in Art. 5a ARL normierte Forderung, dass die Einwilligung dem mutmaßlichen Willen des Betroffenen zu entsprechen hat, in dem Regierungsentwurf für einwilligungsunfähige Erwachsene ebenso wenig umgesetzt worden, wie dies bei den Minderjährigen der Fall ist. Da jedoch zum einen ein solcher mutmaßlicher Wille kaum zu ermitteln sein wird und zum anderen die Prüfung ohnehin nur dann zulässig ist, wenn sie einen Vorteil für den Teilnehmer bedeutet, ist davon auszugehen, dass das Fehlen dieser ausdrücklichen Regelung mit der Umsetzungspflicht des Gesetzgebers zu vereinbaren ist. Dies gilt insbesondere auch deswegen, da eine Prüfungsteilnahme, die für den Patienten mit einem individuellen Vorteil verbunden ist, in der Regel auch mit dessen mutmaßlichem Willen übereinstimmen wird.

Dadurch, dass der Einwilligungsunfähige gemäß § 41 Abs. 3 Nr. 2 i.V.m. § 40 Abs. 4 Nr. 3 S. 2 AMG-E nunmehr seinen geistigen Fähigkeiten entsprechend aufgeklärt werden soll, wird auch Art. 5 b ARL ungesetzt. Zudem ist ihm die Gelegenheit für ein weiteres Beratungsgespräch zu eröffnen.
Darüber hinaus ist es gemäß § 41 Abs. 3 Nr. 3 AMG-E erforderlich, dass die Forschung zur Validierung von Daten, die mittels anderer Forschungsmethoden gewonnen wurden, unbedingt benötigt wird und andere Forschungsmethoden diese Ergebnisse nicht erwarten lassen.

Ebenso wie bei dem einwilligungsunfähigen Minderjährigen ist auch bei einem volljährigen Einwilligungsunfähigen gemäß § 41 Abs. 3 Nr. 2 S. i.V.m. § 40 Abs. 4 Nr. 3 S. 2 AMG-E seine Erklärung, nicht an der klinischen Prüfung teilnehmen zu wollen, zu beachten. Die bereits vorstehend dargestellten Bedenken, die mit dieser Regelung zusammenhängen, gelten bei Erwachsenen in noch größerem Maße, da bei ihnen gerade nur solche klinischen Prüfungen zulässig sein sollen, bei denen die Anwendung des Arzneimittels medizinisch indiziert ist. Durch die weitreichende Berücksichtigung einer Ablehnung des Betroffenen, auch wenn diese nicht auf einer einsichtigen Entscheidung beruht, entsteht die Gefahr, dass eine Behandlung mit einem medizinisch indizierten Arzneimittel unterbleibt.

Vorteile über eine angemessene Entschädigung hinaus dürfen gemäß § 41 Abs. 3 Nr. 4 AMG-E nicht gewährt werden.

4. Kontaktstelle gemäß § 40 Abs. 5 AMG-E für Kranke
Unklar ist, aus welchem Grund in § 41 kein Verweis auf § 40 Abs. 5 AMG-E enthalten ist. Da auch Kranke die Möglichkeit haben sollten, die dort normierte Kontaktstelle zur Information zu nutzen, ist davon auszugehen, dass es sich

dabei lediglich um ein Versehen handelt. Zudem stellt § 40 Abs. 5 AMG-E eine Umsetzung des Art. 3 Abs. 4 ARL dar, der für alle klinischen Prüfungen gilt. Daher muss schon aufgrund der Pflicht des deutschen Gesetzgebers zur Umsetzung der Richtlinie auch kranken Teilnehmern an klinischen Prüfungen eine solche Kontaktstelle zur Verfügung stehen.

III. Verfahren bei der Ethikkommission und der Genehmigungsbehörde

1. Das Verfahren der Ethikkommission nach § 42 Abs. 1 AMG-E

Das Verfahren der Ethikkommission ist in § 42 Abs. 1 AMG-E geregelt und entspricht im Wesentlichen dem von der Richtlinie vorgesehenen Ablauf. Dadurch, dass vor Beginn einer klinischen Prüfung zwingend ein positives Votum der Ethikkommission erforderlich ist, wird die Ethikkommission gleichsam zu einer „Patientenschutzinstitution mit Behördencharakter“[416].

Eine zustimmende Bewertung der Ethikkommission darf gemäß § 42 Abs. 2 S. 6 AMG-E nur dann versagt werden, wenn die vorgelegten Unterlagen nicht vollständig sind (Nr. 1), diese Unterlagen einschließlich des Prüfplans, der Prüferinformation und der Modalitäten für die Auswahl der Prüfungsteilnehmer nicht dem Stand der wissenschaftlichen Erkenntnisse entspricht, insbesondere die klinische Prüfung ungeeignet ist, den Nachweis der Unbedenklichkeit oder Wirksamkeit eines Arzneimittels zu erbringen (Nr. 2) oder die in § 40 Abs. 1 S. 3 Nr. 2 bis 9, Abs. 4 und § 41 geregelten Anforderungen nicht erfüllt sind (Nr. 3).

Bedauerlich ist an dieser Regelung lediglich, dass die Zustimmung der Ethikkommission bei Nichtvorliegen dieser Voraussetzungen nur versagt werden „darf“. Um einen weitergehenden Schutz der Prüfungsteilnehmer zu gewährleisten, wäre zu wünschen, dass die Ethikkommission in diesen Fällen ihre Zustimmung versagen muss.

Das Nähere soll durch eine gemäß § 42 Abs. 3 AMG-E zu erlassende Rechtsverordnung bestimmt werden.

Der Sponsor hat diese Stellungnahme gemäß § 42 Abs. 1 S. 1 AMG-E bei der nach Landesrecht zuständigen unabhängigen interdisziplinär besetzten Ethikkommission zu beantragen. Wird die Prüfung von mehreren Prüfern durchgeführt, so ist der Antrag bei der für den Hauptprüfer oder Leiter der klinischen Prüfung zuständigen Ethikkommission zu stellen. Dabei hat der Sponsor die für diese Bewertung erforderlichen Unterlagen und Angaben vorzulegen. Allerdings kann die Ethikkommission auch eigene wissenschaftliche Ergebnisse verwerten, Sachverständige beiziehen oder Gutachten anfordern. Auf diese Weise wird die Abhängigkeit der Kommission von den Angaben des Sponsors und gleichzeitig die Wahrscheinlichkeit der Beeinflussung durch diesen reduziert.

---

[416] Regierungsentwurf für ein Zwölftes Gesetz zur Änderung des Arzneimittelgesetzes, S. 76.

Die Ethikkommission hat ihre Entscheidung gemäß § 42 Abs. 1 S. 8 AMG-E innerhalb einer Frist von 60 Tagen nach Eingang der erforderlichen Unterlagen zu übermitteln, die nach Maßgabe der Rechtsverordnung nach § 42 Abs. 3 AMG-E verlängert oder verkürzt werden kann. Lediglich für die Prüfung xenogener Zelltherapeutika ist keine zeitlichen Begrenzung für den Genehmigungszeitraum vorgesehen. Dies wird mit den damit verbundenen erheblichen Gefahren für den Patienten begründet und stellt eine Umsetzung von Art. 6 Abs. 7 S. 3 ARL dar.

Das Nähere zur Bildung, Zusammensetzung und Finanzierung der Kommissionen wird nach Abs. 1 S. 3 durch Landesrecht bestimmt. Die Einrichtung dieser Kommission bleibt damit weiterhin den Ländern vorbehalten mit der Folge, dass es voraussichtlich bei der Zuständigkeit der öffentlich-rechtlichen Kommissionen der Länder, insbesondere der Universitäten und Ärztekammern bleiben wird.
Der Regierungsentwurf sieht allerdings für die Bewertung von klinischen Prüfungen mit besonderen Patientengruppen wie Minderjährigen oder einwilligungsunfähigen Erwachsenen nicht zwingend - wie dies in Art. 4 h ARL und Art. 5 g ARL bestimmt ist - die Besetzung der Ethikkommission mit Personen vor, die auf den entsprechenden Gebieten der Kinderheilkunde bzw. der betreffenden Krankheit über besondere Kenntnisse verfügen. Dies ist insbesondere angesichts der Tatsache, dass eine sachgerechte Beurteilung der ethischen Zulässigkeit oftmals nur mit Hilfe derartiger spezieller Kenntnisse und Erfahrungen möglich sein wird, bedauerlich. Erfolgt eine solche Umsetzung nicht durch den Bundesgesetzgeber, wird es Aufgabe der Länder, die die Zusammensetzung der Ethikkommissionen regeln sollen, die Umsetzung der Richtlinie in diesem Punkt sicherzustellen.

2. Verfahren der Genehmigungsbehörde nach § 42 Abs. 2 AMG-E
Die für den Beginn der Prüfung ebenfalls erforderliche Genehmigung der zuständigen Bundesoberbehörde ist ebenso von dem Sponsor gemäß § 42 Abs. 2 S. 1 AMG-E zu beantragen. Es sind von ihm auch in diesem Genehmigungsverfahren die für die Bewertung durch die Behörde erforderlichen Unterlagen, insbesondere die Ergebnisse der analytischen und pharmakologisch-toxikologischen Prüfung sowie der Prüfplan und die klinischen Angaben zu dem Arzneimittel einschließlich der Prüferinformation.
Die Genehmigung der Behörde darf nur versagt werden, wenn die vorgelegten Unterlagen unvollständig sind (Nr. 1), diese Unterlagen, insbesondere die Angaben zum Arzneimittel und der Prüfplan einschließlich der Prüferinformation nicht dem Stand der wissenschaftlichen Erkenntnisse entsprechen insbesondere die klinische Prüfung ungeeignet ist, den Nachweis der Unbedenklichkeit oder Wirksamkeit eines Arzneimittels zu erbringen (Nr. 2) oder die in § 40 Abs. 1 S.

3 Nr. 1, 2 und 6, bei xenogenen Therapeutika auch die in Nr. 8 geregelten Anforderungen erfüllt sind.
Auch im Hinblick auf die Genehmigung der Behörde wäre es zum besseren Schutz der Prüfungsteilnehmer zu wünschen, dass diese bei Fehlen der genannten Voraussetzungen versagt werden müsste.

Hat die Behörde dem Sponsor nicht innerhalb von 30 Tagen nach Eingang der Antragsunterlagen mit Gründen versehene Einwände übermittelt, gilt die Genehmigung gemäß § 42 Abs. 2 S. 4 AMG-E als erteilt. Diese Frist wurde somit von den Autoren des Regierungsentwurfs zur Beschleunigung des Genehmigungsverfahrens noch kürzer angesetzt, als dies in der Arzneimittelrichtlinie vorgesehen ist.
Hat der Sponsor auf mit Gründen versehene Einwände den Antrag nicht innerhalb einer Frist von 90 Tagen entsprechend abgeändert, so gilt die Genehmigung gemäß § 42 Abs. 2 S. 5 AMG-E als versagt.
Näheres zu dem Verfahren soll in der gemäß Abs. 3 zu erlassenen Rechtsverordnung geregelt werden.
Lediglich für die klinische Prüfung von besonderen Arzneimitteln wie beispielsweise Zelltherapeutika, xenogenen Zelltherapeutika, Gentransfer-Arzneimitteln oder Arzneimitteln, die genetisch veränderte Organismen enthalten, ist eine ausdrückliche schriftliche Genehmigung durch die Behörde erforderlich, § 42 Abs. 2 S. 7 Nr. 1 bis 4 AMG-E. Die diesbezügliche Entscheidung der Behörde hat innerhalb einer Frist von 60 Tagen nach Eingang der erforderlichen Unterlagen zu erfolgen, wobei diese Frist nach Maßgabe der Rechtsverordnung des Abs. 3 verlängert oder verkürzt werden kann. Eine zeitliche Begrenzung für die Prüfung xenogener Zelltherapeutika besteht dagegen grundsätzlich nicht.

3. Rechtsverordnung

Durch § 42 Abs. 3 AMG-E wird das Bundesministerium ermächtigt, durch Rechtsverordnung mit Zustimmung des Bundesrates Regelungen zur Gewährleistung der ordnungsgemäßen Durchführung von klinischen Prüfungen und der Erzielung dem wissenschaftlichen Erkenntnisstand entsprechender Unterlagen zu treffen.

4. Rücknahme, Widerruf und Ruhen der Genehmigung

In § 42a AMG-E sind die Voraussetzungen einer Rücknahme, Widerruf und Ruhen der Genehmigung geregelt.

IV. Zwischenergebnis

Abschließend bleibt nach dieser Betrachtung des Regierungsentwurfs festzustellen, dass auch in diesem die Zulässigkeit von gruppennützigen Prüfungen mit einwilligungsunfähigen Minderjährigen vorgesehen ist, bei Volljährigen jedoch weiterhin einen individuellen Vorteil verlangt wird.

Inwieweit diese Differenzierung tatsächlich erforderlich ist und der weite Umfang der Zulässigkeit der klinischen Prüfungen mit Minderjährigen mit dem Grundgesetz zu vereinbaren ist, wird an späterer Stelle zu prüfen sein.
In einigen Punkten stellt der Regierungsentwurf zumindest auf den ersten Blick keine vollständige Umsetzung der Richtlinie dar. Dies gilt zum einen für die fehlende Berücksichtigung eines mutmaßlichen Willens des Teilnehmers in dem Regierungsentwurf, was allerdings aus den vorstehend erläuterten Gründen keine Verringerung des Schutzes des einwilligungsunfähigen Prüfungsteilnehmers darstellt.
Auch fehlt eine ausdrückliche Normierung des Grundsatzes, dass die Interessen des Patienten stets über den Interessen der Wissenschaft zu stehen haben. Da die Einhaltung dieses Grundsatzes jedoch weitgehend durch die übrigen Schutzvoraussetzungen sichergestellt ist, stellt auch dies keinen Verstoß gegen die Pflicht zur Umsetzung der Richtlinie in das deutsche Recht dar. Dies gilt insbesondere auch deswegen, weil die Arzneimittelrichtlinie diesen Grundsatz - wie vorstehend erläutert - nicht wörtlich zu nehmen scheint. So ist beispielsweise nicht ersichtlich, auf welche Weise das Interesse eines Minderjährigen, der an einer Prüfung teilnimmt, die lediglich einen Vorteil für andere Minderjährige verspricht, für ihn selbst jedoch mit Risiken verbunden ist, über den Interessen der Wissenschaft und der Gesellschaft stehen soll.

In anderen Punkten - wie der Erforderlichkeit der Einwilligung eines einwilligungsfähigen Minderjährigen und der Beachtlichkeit eines ablehnenden Verhaltens auch ohne gesteigerte Anforderungen an die geistige Reife - normiert der Regierungsentwurf dagegen strengere Schutzvoraussetzungen und berücksichtigt das Selbstbestimmungsrecht der Einwilligungsunfähigen in größerem Umfang, als dies in der Arzneimittelrichtlinie der Fall ist.

Auch die Tatsache, dass der Regierungsentwurf die Möglichkeit der Einwilligung durch einen Bevollmächtigten vorsieht, ist positiv zu bewerten.

Die in dem Regierungsentwurf - in Umsetzung der Arzneimittelrichtlinie - normierte Erforderlichkeit der positiven Bewertung der klinischen Prüfung sowohl durch eine Ethikkommission als auch von der Bundesoberbehörde stellt im Vergleich zu der bisherigen Regelung des Zulassungsverfahrens im deutschen Recht eine Verbesserung dar. Dabei wäre die Einführung einer Pflicht von Ethikkommission und Behörde zur Versagung ihrer Zustimmung im Falle des Nichtvorliegens der Zulässigkeitsvoraussetzungen jedoch erstrebenswert.

Ebenso fehlt eine ausdrückliche Regelung für die Durchführung vergleichender Studien, beispielsweise im Hinblick auf die Zulässigkeit von Blindstudien oder Placebobehandlungen. Auch fehlt eine Differenzierung zwischen der Anwendung des zu prüfenden Arzneimittels und den zusätzlichen Maßnahmen, beispielsweise Untersuchungen, die im Rahmen einer klinischen Prüfung durchgeführt werden können.

§ 8: Forschung außerhalb der Spezialgesetze

A. Analoge Anwendung der Spezialgesetze ausreichend?

Wie bereits erläutert, bestehen für viele Bereiche der medizinischen Forschung keine gesetzlichen Spezialregelungen. Dabei finden insbesondere auch in diesen nicht gesetzlich geregelten Gebieten Eingriffe in die körperliche Unversehrtheit statt, die ethisch höchst bedenklich sein können und für den Forscher sowohl strafrechtlich als auch zivilrechtlich relevant sind. Folglich bedürfen sie ebenso dringend der rechtlichen Klärung, wie dies bei Arzneimitteln und Medizinprodukten der Fall ist.

In der Literatur wird immer wieder vorgeschlagen, für diese gesetzlich nicht geregelten Forschungsbereiche die Regelungen des AMG, MPG, der StrlSchV und der RöV analog anzuwenden[417]. Die Vertreter dieser Ansicht argumentieren, dass die Regelungen von AMG, MPG, StrlSchV und RöV Ausdruck der allgemeinen rechtlichen Wertung seien, die man auf jegliche Art von Forschung mit Menschen übertragen könne.

Dem ist zwar insofern zuzustimmen, als diese - nach bisherigem Recht geltenden - Spezialgesetze, wie die bisherige Untersuchung gezeigt hat, im Hinblick auf die Erforderlichkeit der Einwilligung tatsächlich weitgehend eine ausdrückliche Regelung der allgemeinen Grundsätze darstellen. Dagegen spricht jedoch, dass es nicht einleuchtet, warum der Gesetzgeber, wenn er vom Bestehen einer solchen allgemeinen rechtlichen Wertung ausging, nicht gleich eine generell gültige Regelung für klinische Forschung mit Menschen im Allgemeinen geschaffen hat, anstatt jeweils Teilbereiche spezialgesetzlich zu regeln, wie dies tatsächlich geschehen ist. Dadurch hätte er die Entstehung unterschiedlicher Spezialgesetze vermeiden und somit beträchtlich zur Verringerung der Rechtsunsicherheit auf diesem Gebiet beitragen können.

Zudem spricht gegen eine analoge Anwendung, dass die Spezialgesetze auch untereinander nicht vollständig übereinstimmen und ihre Auslegung in verschiedenen Punkten streitig ist. So gibt insbesondere der Streit um §§ 40 Abs. 4 AMG, 20 Abs. 4 MPG, ebenso wie die Tatsache, dass AMG und MPG zwischen Minderjährigen und Volljährigen differenzieren, während dies in der StrlSchV und der RöV nicht der Fall ist, Anlass zu Zweifeln, ob diese Gesetze wirklich Ausdruck einer in sich stimmigen rechtlichen Wertung sind. Dies gilt insbeson-

---

[417] *Hart*, MedR 94, 95 sieht in den §§ 40 ff. AMG zumindest einen Hinweis darauf, wie die übrigen Versuchstypen behandelt werden sollten; *Laufs*, Karlsruher Forum, S. 6 hält die Regelungen des AMG auch für andere Gebiete verallgemeinerungsfähig; *derselbe* in Laufs/Uhlenbruck, Handbuch des Arztrechts, § 130 Rdnr. 9; *Peter*, Forschung am Menschen, S. 97, hält eine analoge Anwendung zur Wahrung der Rechtssicherheit und Rechtsklarheit für nötig; *Deutsch*, NJW 1995, S. 3022 sieht die analoge Anwendung auf andere medizinische Forschung aufgrund der vergleichbaren Interessenlage und der Notwendigkeit der Gleichheit der Regelung sogar als geboten an.

dere auch deswegen, da diese Widersprüche sich nach Umsetzung der Arzneimittelrichtlinie erheblich verschärfen werden.
Aus diesen Gründen wäre dem Bedürfnis nach Rechtssicherheit in diesem ethisch heiklen Bereich durch eine bloße Übernahme nicht genüge getan. Dies gilt insbesondere auch deswegen, weil die Spezialgesetze - wie bereits dargestellt - gerade im Hinblick auf den Umgang mit Einwilligungsunfähigen gravierende Lücken aufweisen[418].

So ist die Zulässigkeit randomisierter klinischer Studien nicht eindeutig geregelt, was aufgrund ihrer enormen Wichtigkeit für die medizinische Forschung nicht hinnehmbar ist. Insbesondere der Frage, ob auch die Prüfung eines neuen Mittels gegen Placebo zulässig sein kann, kommt dabei große Bedeutung zu. Sie bliebe durch eine analoge Anwendung der bestehenden Spezialgesetze jedoch unbeantwortet.
Ebenso wenig finden die Forschungsverfügung, die Betreuungsverfügung oder die Bevollmächtigung in Gesundheitsangelegenheiten, die eine Möglichkeit für jeden Menschen darstellen, für den Fall des Verlusts seiner Einwilligungsfähigkeit eine Entscheidung über die Teilnahme an wissenschaftlicher Forschung zu treffen und diese somit zu ermöglichen, dort Erwähnung. Diese antizipierten Einwilligungen können jedoch eine wichtige Möglichkeit für jeden Menschen darstellen, sein Selbstbestimmungsrecht auszuüben, und sollten aus diesem Grund auch gesetzlich geregelt werden. Insbesondere in dem äußerst bedeutsamen Bereich der Alzheimerforschung könnte ihnen erhebliche Bedeutung zukommen.

Aus der Lückenhaftigkeit der gesetzlichen Regelung und der damit verbundenen Rechtsunsicherheit folgt die Konsequenz, dass ethisch vertretbare Forschung zum Teil nicht durchgeführt werden kann. Da der Regierungsentwurf für ein Zwölftes Änderungsgesetz des AMG - wie aus dem Namen bereits erkennbar - ebenfalls lediglich die klinischen Prüfungen von Arzneimitteln erfasst, wird diese Neuregelung an der dargestellten Lückenhaftigkeit nichts ändern. Dies gilt insbesondere auch angesichts der Tatsache, dass selbst innerhalb des Arzneimittelgesetzes bestehende Regelungslücken durch den Regierungsentwurf nicht geschlossen werden.

Um diese bedenkliche Folge zu vermeiden, erscheint es zweckmäßiger und zugleich unerlässlich, statt einer analogen Anwendung der bestehenden Vorschriften nach allgemeinen Grundsätzen zu suchen und daraus eine für jegliche medizinische Forschung mit Einwilligungsunfähigen gültige Regelung zu ent-

---

418 Vergleiche auch *Elzer*, S. 86.

wickeln, die auch auf die gesetzlich bisher nicht geregelten Forschungsvorhaben Anwendung findet[419].
Diese allgemeinen Grundsätze können im Anschluss daran dazu herangezogen werden, die derzeitigen Spezialgesetze dahingehend zu überprüfen, ob sie sowohl den Bedürfnissen der einwilligungsunfähigen Patienten als auch denen der Wissenschaft hinreichend gerecht werden. Das Ergebnis dieser Prüfung wird gleichzeitig dazu beitragen können, die bestehenden Lücken der Spezialgesetze zu schließen. Durch eine bloße Übertragung der bereits existierenden Spezialgesetze würde man diese Chance verpassen und es gleichzeitig versäumen, einen besseren Ausgleich der verschiedenen Interessen zu erreichen.

B. Einwilligung als einziger Rechtfertigungsgrund auch außerhalb der Spezialgesetze?

Die Untersuchung der derzeitigen Rechtslage hat zu dem Ergebnis geführt, dass die persönliche Einwilligung des Teilnehmers im Zusammenspiel mit den zusätzlich erforderlichen Schutzvorkehrungen für die Rechte des Betroffenen gegenwärtig den einzig wirksamen Rechtfertigungsgrund für medizinische Eingriffe darstellt, die lediglich Forschungszwecken dienen. Eine Rechtfertigung durch die Einwilligung des gesetzlichen oder gewillkürten Vertreters kommt nur dann in Betracht, wenn der Eingriff für das gesundheitliche Wohl eines Patienten notwendig ist oder diesem zumindest dient.

Bei der Forschung mit einwilligungsunfähigen Personen liegt es in der Natur der Sache, dass bei ihnen - unabhängig davon, worauf die Einwilligungsunfähigkeit beruht - keine rechtfertigende Einwilligung durch den Betroffenen selbst möglich ist. Der individuell-voluntaristische Ansatz des Erfordernisses des "informed consent" kann somit zu keinem Ergebnis führen.
Der Ansatz *Vollmanns*, im Einzelfall für die Lösung der Frage der Zulässigkeit von Forschung mit einem einwilligungsunfähigen Patienten auf das relationale Konzept zur Feststellung der Einwilligungsfähigkeit zurückzugreifen[420], das die Höhe der an die Einwilligungsfähigkeit zu stellenden Anforderungen von dem Ergebnis der Nutzen-Risiko-Abwägung abhängig macht, bietet hier ebenfalls keine Lösungsmöglichkeit, zumal die diesbezüglich an die Fähigkeiten des Betroffenen zu stellenden Anforderungen bei Eingriffen, die für den Betroffenen keinen Nutzen, sondern ausschließlich Nachteile erwarten lassen, nicht zu gering sein dürfen. Dies gilt auch dann, wenn die zu befürchtenden Nachteile lediglich minimal sind[421]. Ansonsten bestünde die Gefahr, dass Personen, die nicht

---

[419] So auch *Taupitz*, VersR 1997, S. 912.
[420] *Vollmann*, Aufklärung und Einwilligung in der Psychiatrie, S. 131, schlägt einen Rückgriff auf dieses Konzept als Lösung für die Probleme der Forschung mit Einwilligungsunfähigen vor.
[421] Dies ist insbesondere auch angesichts der von *Vollmann*, Aufklärung und Einwilligung in der Psychiatrie, S. 132, gesehenen Gefahr, dass die professionelle Voreingenommenheit des

mehr die erforderliche Einsichts-, Urteils- und Entscheidungsfähigkeit besitzen, um eine bestimmte Entscheidung überlegt treffen zu können, und daher eventuell leichter zu beeinflussen sind, die Einwilligungsfähigkeit aus dem alleinigen Grund attestiert würde, ihre Teilnahme an Forschungsvorhaben möglich zu machen, die im Falle ihrer Einwilligungsunfähigkeit rechtlich unzulässig wäre.

Wenn das Erfordernis der persönlichen Einwilligung bei nichttherapeutischer Forschung ein allgemeiner Rechtsgrundsatz wäre, gegen den auch außerhalb der Spezialgesetze nicht verstoßen werden dürfte, dann käme eine Teilnahme von Einwilligungsunfähigen an Forschung, die für sie selbst keinen Vorteil erwarten lässt, generell nicht in Betracht.

I. Notwendigkeit der Forschung auch mit Einwilligungsunfähigen

Ein völliger Ausschluss von nichttherapeutischen Versuchen mit diesen Patientengruppen würde jedoch zu der paradoxen Situation führen, dass gerade die Schwerstkranken (um die es sich bei diesen Gruppen oft handelt, so zum Beispiel bei schwerkranken dementen Menschen) wenig Fortschritt bei der Linderung oder Heilung ihrer Krankheit zu erwarten hätten[422], während doch eigentlich in der Medizin besonders diese schwersten Krankheitszustände vordringliches Ziel von Forschungsbemühungen sind[423]. So besteht bei den Patienten, die ihre Einwilligungsfähigkeit aufgrund einer Krankheit verloren haben, insbesondere deswegen eine besondere Behandlungsbedürftigkeit, weil es in diesen Fällen auch darum geht, ihnen die Fähigkeit zur Selbstbestimmung zurückzugeben.

Beispielsweise ergibt sich bei Demenzkranken aufgrund des Fehlens von zuverlässigen Diagnostika die Schwierigkeit, dass erst im fortgeschrittenen Stadium der Demenz mit weitgehender Sicherheit festgestellt werden kann, dass überhaupt eine solche Erkrankung vorliegt. In diesem Stadium ist die Einwilligungsfähigkeit des Patienten jedoch bereits eingeschränkt oder sogar vollständig aufgehoben, mit der Folge, dass eine persönliche Einwilligung in einen Heilversuch oder eine andere Art von Forschungsvorhaben durch den Patienten zu diesem Zeitpunkt nicht mehr möglich ist[424]. Dabei kann es unter Umständen nötig sein, bestimmte Forschungsuntersuchungen auch mit diesen Personen durchzuführen, um einen Fortschritt in der Behandlung dieses Leidens zu erzielen[425].

Forschers seine Risikobewertung verzerren könnte, von Bedeutung.

422 Auch *Honnefelder*, Stellungnahme zum Entwurf einer "Bioethik-Konvention", S. 304, geht davon aus, dass auf eventuelle Heilungschancen verzichtet werden muss, wenn man Forschungsmaßnahmen, die mit einem "alltäglichen Maß" an Risiko und Belastung verbunden sind, generell ablehnt.

423 *Helmchen/Lauter*, S. 3.

424 Beispiel für die Notwendigkeit der Forschung mit Einwilligungsunfähigen aus: *Helmchen/Lauter*, S. 15.

425 Als Beispiel für eine solche Situation wird von *Gaebel*, Psychiatrie: Forschung mit

Ähnlich ist auch die Situation von Säuglingen und Kindern[426]. Gerade Therapien für diese besonders hilfsbedürftigen jüngsten Menschen können ohne Forschung kaum weiterentwickelt werden, da Kinder medizinisch nicht wie kleine Erwachsene zu behandeln sind. Da zwischen Säuglingen, Kleinkindern, Jugendlichen und Erwachsenen erhebliche altersbedingte biologische und physiologische Unterschiede bestehen können[427], sagt die Erprobung eines Medikaments an Erwachsenen noch nichts über dessen Wirkungsweise bei Kindern aus. Die durch Forschung mit Erwachsenen erlangten Kenntnisse können daher nur sehr begrenzt auf diese jüngeren Patientengruppen übertragen werden[428]. Denn da Körperzusammensetzung und Reifezustand der kindlichen Organe sich nicht nur quantitativ vom Erwachsenen unterscheiden, können diese Unterschiede nicht allein durch Gewichtsadaptation der Arzneimitteldosis kompensiert werden[429]. Je jünger Kinder sind, umso mehr muss mit entwicklungsspezifischen Abweichungen der Pharmakokinetik vom Durchschnitt eines Erwachsenen gerechnet werden und umso dringender sind entwicklungsspezifische Informationen zum Dosierungsschema[430]. Es ist daher für einen wirksamen medizinischen Schutz des Kindes unerlässlich, dass die ihm verabreichten Arzneimittel hinreichend auf ihre Wirkungsweise und ihre Verträglichkeit bei Kindern überprüft worden sind.
Weiterhin ist die Forschung mit Säuglingen und Kindern bei solchen Krankheiten unerlässlich, die nur bei Kindern und Jugendlichen auftreten und deren Erforschung schon aus diesem Grund nur an ihnen stattfinden kann[431].

Ebenso setzt die Diagnose und Behandlung bestimmter Krankheiten oder Entwicklungsstörungen bei Kindern die Kenntnis des Entwicklungsstandes bei gesunden Kindern voraus. Nur diese ermöglicht es, Abweichungen von der

---

nichteinwilligungsfähigen psychisch Kranken, S. 20, die Erforschung der Frage herangezogen, ob sich bei Demenzkranken anhand des Profils von Nervenwachstumsfaktoren im Venenblut Anhaltspunkte für ein noch im Spätstadium der Erkrankung vorhandenes Regenerationspotential der Hirnnervenzellen bestätigen und damit eine Grundlage für eine spezifische Therapie auch in späten Verlaufsstadien gegeben wäre.

[426] Beispiele für die Notwendigkeit der Forschung an minderjährigen Einwilligungsunfähigen nennt *Lenard*, Kinderheilkunde: Wissenschaftliche Forschung mit Kindern, S. 11 ff.; *Walter-Sack/Haefeli*, Dt Ärztebl 2001; 98: A 447 weisen darauf hin, dass eine Dokumentation in fünf europäischen Ländern einschließlich Deutschland ergeben habe, dass nicht einmal die Hälfte der Arzneimittel einer pädiatrischen Allgemeinstation für die entsprechende Indikation bei Kindern geprüft und zugelassen ist.

[427] Ausführlicher hierzu *Walter-Sack/Haefeli*, MedR 2000, S. 454 ff; ebenso in Dt Ärzteblatt 2001; 98: A 447.

[428] So auch Der Spiegel 23/1999, S. 208 ff. mit Beispielsfällen; *Schmidt-Elsaeßer*, Medizinische Forschung an Kindern und Geisteskranken, S. 18.

[429] So *Walter-Sack/Haefeli*, Dt Ärzteblatt 2001; 98: A 447.

[430] So *Walter-Sack/Haefeli*, Dt Ärzteblatt 2001; 98: A 447.

[431] *Schmidt-Elsaeßer*, Medizinische Forschung an Kindern und Geisteskranken, S. 18.

Norm zu erkennen und entsprechend zu behandeln[432]. Aus diesem Grund kann es erforderlich sein, auch gesunden Kindern beispielsweise Blut abzunehmen, um die normalen Werte eines Kindes in dem jeweiligen Alter zu ermitteln.

Es besteht daher Einigkeit unter den Medizinern, dass Versuche auch mit Kindern bis zu einem gewissen Grad notwendig sind, will man die Kinder- und Säuglingssterblichkeit weiter reduzieren. Gleichzeitig darf jedoch nicht außer Acht gelassen werden, dass Kinder auch die am meisten gefährdeten Forschungsobjekte sind, weil bei ihnen in besonderem Maße Langzeitschäden drohen[433].

Da somit den bestehenden Forschungsbedürfnissen allein durch Forschung mit einwilligungsfähigen Personen nicht genügt werden kann, ist es Aufgabe dieser Arbeit zu ermitteln, ob - wie dies durch die neuen Regelungsvorschläge bereits teilweise vorgesehen ist - von dem Postulat der persönlichen Einwilligung, die den Eingriff rechtfertigt, bei Forschung ohne unmittelbaren persönlichen Nutzen unter bestimmten Umständen abgerückt werden darf und ob ein solcher Verzicht nicht sogar teilweise geboten sein kann, um den zukünftig Kranken Leid zu ersparen. Dies kann jedoch nur dann in Betracht kommen, wenn ein anderer Rechtfertigungsgrund existiert, der die persönliche Einwilligung des Betroffenen ersetzt.
Es ist somit die Frage zu klären, ob die freiwillige Einwilligung tatsächlich der einzige Legitimationsgrund ist, der die im Rahmen von Forschungsmaßnahmen vorgenommenen Eingriffe rechtfertigen kann.

Verschiedentlich wird vor einem strikten Verbot der Forschung mit Nichteinwilligungsfähigen auch mit dem Argument gewarnt, es werde dadurch die Gefahr hervorgerufen, dass der Begriff des Nutzens aber auch der Begriff der Einwilligungsfähigkeit von den Verantwortlichen in einer Weise ausgelegt werden könnten, die für die Interessen der Betroffenen ein größeres Risiko darstellen würde als die Zulässigkeit von Forschung in geringem Umfang[434]. Ob jedoch die Gefahr, dass ein als ethisch richtig und notwendig erachtetes Verbot missachtet wird, eine Begründung für die Abschaffung dieses Verbotes darstellen kann, erscheint zweifelhaft. Wenn eine solche Missbrauchsgefahr tatsächlich besteht, so scheint es vernünftiger, über die Einführung strengerer Kontrollmechanismen nachzudenken, als einen eventuellen Missbrauch zu legalisieren.

---

[432] *Siep*, Ethische Aspekte der Forschung mit nicht-einwilligungsfähigen Personen, S. 117.
[433] *Schimikowski*, S. 19; ebenso *Staak/ Uhlenbruck*, MedR 1984, S. 178.
[434] So Dr. med. Giovanni Maio auf der Jahrestagung der Akademie für Ethik in der Medizin im September 1999 an der Universität Leipzig, zitiert von *Klinkhammer*, Deutsches Ärzteblatt, 41/1999, S. C-1901.

II. Rechtfertigungsansätze außerhalb der spezialgesetzlichen Regelungen

Es existieren außerhalb der spezialgesetzlichen Regelungen Ansätze, die von der Entbehrlichkeit der persönlichen Einwilligung aufgrund anderweitiger Rechtfertigungsgründe ausgehen. Es wird nun zu prüfen sein, inwiefern diese Ansätze eine mögliche Grundlage für den Verzicht auf die persönliche Einwilligung darstellen könnten.

1. Rechtfertigender Notstand

In Betracht kommt zunächst der Verzicht auf die Einwilligung des Betroffenen aufgrund eines rechtfertigenden Notstandes gemäß § 34 StGB, der einen Rechtfertigungsgrund für den Eingriff des Arztes in die körperliche Unversehrtheit darstellen könnte.

Um einen rechtfertigenden Notstand annehmen zu können, müsste zunächst eine Notstandslage vorliegen[435]. Das heißt, es müsste eine gegenwärtige Gefahr für ein Rechtsgut bestehen, die nur durch die Verletzung anderer rechtlich geschützter Interessen abgewendet werden kann[436]. Als gefährdetes Rechtsgut kommt hier die Gesundheit und eventuell auch das Leben zukünftig von der jeweiligen Krankheit Betroffener in Betracht. Gesundheit und Leben stellen auch generell notstandsfähige Rechtsgüter dar.
Zweifel an dem Vorliegen eines rechtfertigenden Notstandes ergeben sich jedoch schon hinsichtlich der Anforderungen an die Gefahr für diese Rechtsgüter, da diese über das allgemeine Lebensrisiko hinausgehen muss[437]. Dieses umfasst jedoch gerade auch die Gefahr, schwer zu erkranken, so dass es sich mit einer solchen jedem Menschen drohenden Erkrankung lediglich realisiert. Somit sind die Anforderung an den Grad der drohenden Gefahr nicht erfüllt. Der Rechtfertigungsgrund des Notstandes greift daher schon aus diesem Grund bei Forschung an Einwilligungsunfähigen nicht ein.

Zudem ist es für ein Vorliegen der Notstandsvoraussetzungen erforderlich, dass die Gefahr nicht anders abwendbar sein darf. Der Nachweis, dass im konkreten Fall kein anderes Mittel zur Schadensabwendung existiert, wird jedoch in der Regel fehlen[438], zumal der Eintritt der Gefährdungssituation in ferner Zukunft

---

[435] Laut *Eser*, Gedächnisschrift für Schröder, S. 212, besteht dahingehend Einigkeit, dass der rechtfertigende Notstand nicht bei Vorratsforschung in Betracht kommen kann, sondern nur bei solchen Eingriffen, die der Gewinnung von Erkenntnissen zur Abwendung einer dringenden Lebens- oder Gesundheitsgefahr dienen sollen. Auch *Fischer*, Medizinische Versuche am Menschen, S. 9 ist der Ansicht, der medizinische Fortschritt an sich sei als notstandsfähiges Rechtsgut nicht konkretisiert genug.

[436] *Lenckner/Perron* in Schönke-Schröder, § 34 Rdnr. 8.

[437] *Lenckner/Perron* in Schönke-Schröder, § 34 Rdnr. 12.

[438] *Fischer*, Medizinische Versuche am Menschen, S. 9; ausführlich dazu *Eberbach*, S. 177ff., der ebenfalls der Ansicht ist, dass der wissenschaftliche Fortschritt kein notstandsfähiges

liegt. Auch wird der Zusammenhang zwischen einem bestimmten Forschungseingriff und der späteren Entwicklung einer neuen Behandlung oder eines neuen Präparates kaum herzustellen sein[439], so dass man die einzelne Maßnahme nicht unbedingt als geeignet zur Abwendung der Gefahr betrachten kann. Ginge man davon aus, dass ein bestimmter Eingriff einen solchen Nutzen mit sich bringt, dann könnte man diese Maßnahme auch an dem möglichen Nutznießer selbst vornehmen[440].
Weiterhin ist es erforderlich, dass das zu schützende Interesse das beeinträchtigte wesentlich überwiegt. In diese Abwägung ist nicht nur das Rangverhältnis der betroffenen Rechtsgüter einzubeziehen und der Grad der ihnen drohenden Gefahr, sondern insbesondere auf der Seite des von der Verteidigungshandlung Betroffenen auch die Missachtung seiner Autonomie[441].
Zwar kann je nach Art der Krankheit sogar das Leben des zukünftig Kranken auf dem Spiel stehen, das gegen die lediglich geringfügig betroffene körperliche Unversehrtheit des gegenwärtigen Patienten abgewogen werden muss. Jedoch würde durch die Forschungsmaßnahmen ohne seine Einwilligung nicht nur in die körperliche Unversehrtheit des gegenwärtig Kranken eingegriffen, sondern er müsste gleichzeitig ohne Rücksicht auf seine individuellen Interessen als bloßes "Versuchsobjekt" zum Nutzen Fremder herhalten. Daher kann von einem wesentlichen Überwiegen der gefährdeten Interessen nicht ausgegangen werden.

Der rechtfertigende Notstand gemäß § 34 StGB ist somit auf wissenschaftliche Forschung, die für die Versuchsperson selbst keinen Vorteil erwarten lässt, aus mehreren Gründen nicht anwendbar. Dies entspricht auch der Wertung, dass für eine zwangsweise Blutabnahme, auch wenn sie das einzige Mittel zur Lebensrettung eines anderen Menschen darstellt, die Rechtfertigung gemäß § 34 StGB aufgrund des durch Art. 1 Abs. 1 GG gebotenen unbedingten Instrumentalisierungsverbots einstimmig abgelehnt wird[442]. Verneint man das Vorliegen eines

---

Rechtsgut darstellt.

439 So sieht *Tolmein*, Die drohende Zunahme von Demenz-Erkrankungen, S. 68, die Notstandslage, die angeblich durch die bedrohliche Entwicklung durch die enorme Zunahme von Demenzpatienten drohe, als nicht gegeben an, da das jeweilige Forschungsvorhaben anwendbare Ergebnisse nur vage und für die ferne Zukunft in Aussicht stelle.

440 *Schimikowski*, S. 37 setzt sich damit ausführlich auseinander und bejaht die Möglichkeit der Rechtfertigung gemäß § 34 StGB für die Fälle der *echten Rettungshandlung* und der *abstrakt-generellen Gefährdung des Lebens künftiger Patienten*, ohne dabei jedoch realistisch mögliche Beispiele zu nennen.

441 *Lenckner/Perron* in Schönke-Schröder, § 34 Rdnr. 38.

442 Gegen die Anwendbarkeit des § 34 StGB in diesem Fall auch *Laufs*, Arztrecht, Rdnr. 276, mit der Begründung, das gewichtige Interesse des Menschen als Selbstzweck und der Achtung seiner Menschenwürde sei ein absoluter Wert, der auch nicht durch die gute Absicht des Verletzers oder den Rang seines Ziels relativiert werden könne; *Lenckner/Perron* in Schönke-Schröder, § 34 Rdnr. 41 e; *Gallas*, Mezger-FS, S. 326 weist zwar darauf hin, dass daraus nicht geschlossen werden könne, dass die Freiheit der Willensentschließung und die

Notstandes in einem Fall, in dem eine konkrete Lebensgefahr droht und der Eingriff in die körperliche Unversehrtheit selbst relativ gering ist, dann muss man dies erst echt tun, wenn die Gefahr für zukünftige Patienten sich noch nicht konkretisiert hat und der tatsächliche Nutzen eines Eingriffs nicht abzusehen ist. Lehnt man die Sozialpflichtigkeit des Körpers eines Einwilligungsfähigen ab, so kann man bei den Einwilligungsunfähigen keinen anderen Maßstab ansetzen[443], zumal sie aufgrund ihrer Entscheidungsunfähigkeit eines besonderen Schutzes bedürfen. Anderenfalls würden diese Personen aufgrund der Tatsache, dass sie in vielen Fällen zu einer eindeutig ablehnenden Haltung nicht in der Lage sind, zu Menschen zweiter Klasse degradiert, in deren Rechtsgüter man leichter eingreifen dürfte, als in die Rechte einwilligungsfähiger Personen.

2. Mutmaßliche Einwilligung

Denkbar wäre weiterhin eine Rechtfertigung des wissenschaftlichen Forschungseingriffes durch die mutmaßliche Einwilligung. Dieses Rechtsinstitut greift jedoch lediglich in Not- oder Eilfällen ein, in denen die Einwilligung des Betroffenen in einen Heileingriff nicht mehr rechtzeitig eingeholt werden kann, ohne dass Nachteile für ihn zu befürchten sind. Eine besondere Eilbedürftigkeit aufgrund starken Eigeninteresses ist aber bei fremdnütziger Forschung gerade nicht vorstellbar.

Zudem kommt eine mutmaßliche Einwilligung bei Einwilligungsunfähigen ohnehin nur in Betracht, wenn mit an Sicherheit grenzender Wahrscheinlichkeit angenommen werden könnte, dass der Betroffene bei vorhandener Einwilligungsfähigkeit einwilligen würde[444]. Bei der Ermittlung eines solchen Willens wird, wenn keine besonderen Anhaltspunkte vorliegen, von dem objektiven Wohl des Betroffenen auf einen diesem entsprechenden hypothetischen Willen geschlossen. Da ausschließlich wissenschaftliche Forschung gerade nicht seinem objektiven Wohl zu dienen verspricht, kann folglich nicht generell von einem solchen Willen ausgegangen werden[445].

Körperintegrität das höhere Gut seien, die Rechtsordnung könne jedoch einen solchen Eingriff nicht gestatten, da sie sonst das Freiheitsprinzip, das eine Grundvoraussetzung ihres eigenen Geltungsanspruchs darstelle, preisgeben würde; Wessels AT, S. 107.

[443] So auch *Schmidt-Elsaeßer*, Medizinische Forschung mit Kindern und Geisteskranken, S. 166.

[444] *Jürgens*, Fremdnützige Forschung an einwilligungsunfähigen Personen, S. 38; zudem weist *Merkel*, Nichttherapeutische klinische Studien an Einwilligungsunfähigen, S. 183, zutreffend darauf hin, dass eine mutmaßliche Einwilligung bei Kleinkindern, die noch niemals in der Lage gewesen sind, einen relevanten Willen zu bilden, bereits begrifflich ausscheidet, die Annahme der mutmaßlichen Einwilligung vielmehr eine „Maskerade" darstelle, mit der die wirklichen Argumente, die für oder gegen die Teilnahme von Kleinkindern an einer klinischen Studie sprechen, unkenntlich gemacht würden.

[445] So auch *Fischer*, Medizinische Versuche am Menschen, S. 10; ebenso *Trockel*, NJW 1979, S. 2332; *Jürgens*, Fremdnützige Forschung an einwilligungsunfähigen Personen, S. 39 befürchtet, dass sonst eine generell Verpflichtung des Einzelnen zur Teilnahme an

Daher scheidet eine Rechtfertigung auf dieser Grundlage aus, und es ist Aufgabe des Stellvertreters, die Zustimmung zu einer medizinischen Maßnahme gegebenenfalls zu erteilen[446].

3. Pflicht durch ärztliche Ethik

Ein weitere Möglichkeit der Rechtfertigung des wissenschaftlichen Eingriffs könnte in der Pflicht des Mediziners zur Forschung gesehen werden. Das Gebot, kranken Menschen zu helfen und auf diese Weise das Wohl des Patienten zu fördern, ist unbestritten das Grundprinzip ärztlicher Ethik[447]. Diese Pflicht besteht sowohl hinsichtlich direkter Therapieversuche mit dem einzelnen Patienten als auch hinsichtlich indirekter Hilfe dadurch, dass der Arzt die Forschung in den Gebieten vorantreibt, in denen Handlungsbedarf besteht. Mit der Durchführung von Forschung entspricht der Mediziner also seiner ethischen sowie auch beruflichen Verpflichtung als Arzt, nach Möglichkeit dazu beizutragen, wirksamere Therapien für die bestehenden Krankheiten zu finden, die allen zukünftigen Patienten zugute kommen werden[448]. Diese Pflicht zur Forschung könnte es dem Arzt geradezu gebieten, auch mit Einwilligungsunfähigen Forschungsprojekte durchzuführen, um zu verhindern, dass diese Personengruppe vom medizinischen Fortschritt weitgehend ausgeschlossen bleibt[449]. Die ärztliche Pflicht zur Forschung könnte somit eine Einwilligung des betroffenen Einwilligungsunfähigen entbehrlich machen.

Der unbestrittenen Pflicht des Mediziners, neue medizinische Erkenntnisse zu gewinnen, die für zukünftige Patienten von Vorteil sein können, steht jedoch seine Pflicht, seinen gegenwärtigen Patienten zu schützen, gegenüber. Im Rahmen des konkreten Arzt-Patienten-Verhältnisses ist der Arzt allein seinem Patienten verpflichtet und niemandem sonst. Dies gilt uneingeschränkt auch für die Verantwortung des Prüfarztes gegenüber jedem Probanden. Er steht ihm keinesfalls als Sachwalter der Gesellschaft oder der medizinischen Wissenschaft gegenüber[450]. Vielmehr ist es so, dass die Pflicht des Arztes, seinem konkreten Patienten die bestmögliche Behandlung zukommen zu lassen, eine unbedingte

---

fremdnütziger Forschung über den Umweg der mutmaßlichen Einwilligung erreicht werden könnte; a.A. *Helmchen/Lauter*, S. 71 für die Personengruppe der Alzheimerpatienten, bei denen sie ein soziales Verpflichtungsgefühl voraussetzen, aus dem man eine mutmaßliche Einwilligung konstruieren könnte. Dies ist jedoch aus den genannten Gründen strikt abzulehnen.

446 Ebenso *Höfling/Demel*, Zur Forschung an Nichteinwilligungsfähigen, MedR 1999, S. 540 (542).

447 So auch *Lauter*, Ethik Med 1996, S. 70.

448 So auch *Helmchen*, Versuche mit psychisch Kranken, S. 175.

449 Zu der Gefahr, dass ohne die Möglichkeit der Forschung an Einwilligungsunfähigen ganze Patientengruppen vom medizinischen Fortschritt ausgeschlossen würden, siehe auch *Arnold*, Einleitung: Das Menschenrechtsübereinkommen zur Biomedizin, S. 5.

450 *Jonas*, Philosophische Betrachtungen, S. 11.

ist, während seine Verpflichtung, die Forschung und damit die medizinischen Möglichkeiten voranzutreiben, lediglich eine "verpflichtende Forderung"[451] für ihn darstellt. Somit ist die Pflicht des Arztes zur Forschung keineswegs schranken- und bedingungslos.

Vielmehr muss für den Arzt die Gesundheit seines jeweiligen Patienten immer im Vordergrund stehen, sie muss für ihn das oberste Gebot darstellen[452]. Aus der Pflicht des Arztes, sein Möglichstes zur Verbesserung der Heilungsmöglichkeiten beizutragen, kann somit nicht die Pflicht seiner Patienten gefolgert werden, sich an den entsprechenden Forschungsvorhaben zu beteiligen[453]. Sein Handeln, auch wenn es dem Wohl eines Patienten dient, ist nur so lange rechtlich wie moralisch legitimiert, wie es innerhalb der vom Patienten im Rahmen seiner Selbstbestimmung erteilten Einwilligung stattfindet[454]. Dies muss erst recht dann gelten, wenn eine bestimmte Maßnahme nicht dem Wohl des Patienten selbst dient.

Der teilweise erhobene Vorwurf an die Gegner der Forschung an Einwilligungsunfähigen, ihre moralische Überzeugung hätte für sie mehr Bedeutung als die Verpflichtung zur ärztlichen Hilfeleistung[455], ist damit entkräftet. Es sind zudem nicht bloße moralische Überzeugungen, die den medizinischen Fortschritt zu verhindern drohen, sondern vor allem auch die im Grundgesetz verankerte Pflicht zur Wahrung der körperlichen Integrität, der Selbstbestimmung und der Würde desjenigen, an dem geforscht werden soll. Die Pflicht des Arztes zur Forschung kann die Gefährdung dieser hochrangigen Interessen daher nicht rechtfertigen.
Zudem scheint es höchst bedenklich, die doch wünschenswerte und notwendige Sensibilität in ethischen Fragen in dieser Weise abzuqualifizieren.

4. Rechtfertigung durch gesetzliche Stellvertretung

Da die Einwilligung in Forschungsmaßnahmen nicht von der einwilligungsunfähigen Person selbst erlangt werden kann, könnte man erwägen, diese Einwilligungsbefugnis uneingeschränkt einem Dritten zu übertragen. In Betracht käme hierfür zunächst der gesetzliche Stellvertreter des Betroffenen, da dieser grundsätzlich für die gesundheitlichen Angelegenheiten eines Einwilligungsunfähigen zuständig ist.
Die Befugnis, Entscheidungen, die höchstpersönliche Rechtsgüter eines Dritten berühren, zu treffen, wird jedoch an den gesetzlichen Stellvertreter nur zum

---

451 So *Helmchen*, Versuche mit psychisch Kranken, S. 176.
452 *Giesen*, JZ 1987, S. 282; *Czwalinna*, S. 5.
453 *Jonas*, Philosophische Betrachtungen, S. 6 sieht die Überlassung des eigenen Leibes für medizinische Versuche als nicht erzwingbar an.
454 Ebenso *Lauter*, Ethik Med 1996, S. 70, der ebenfalls in dem Respekt des Arztes vor der Autonomie die sittlich gebotene Grenze sieht.
455 *Rössler*, Ethik Med 1996, S. 172.

Schutz des Vertretenen verliehen, der nicht mehr in der Lage ist, für sich selbst zu entscheiden[456]. Dieser Schutzgedanke würde ad absurdum geführt, stünde dem Stellvertreter auch die Befugnis zu, in Eingriffe und Gefährdungen des Vertretenen einzuwilligen, die nicht in dessen unmittelbarem Interesse liegen. Denn bei der Einwilligung des gesetzlichen Vertreters handelt es sich nicht um einen"normalen" Fall des informed consent, sondern vielmehr um einen Fall der Fremd- und nicht der Selbstbestimmung[457]. Der Zustimmung eines Dritten kann somit keinesfalls die gleiche rechtfertigende Wirkung zukommen wie einer persönlichen Einwilligung, ihr fehlt der "Glanz der Höchstpersönlichkeit"[458].

Es ist im Rahmen dieser Überlegung jedoch auch zu berücksichtigen, dass der Schutzauftrag des gesetzlichen Stellvertreters keineswegs nur der körperlichen Integrität des Betroffenen zu dienen bestimmt ist, sondern ebenso auf die Wahrung und Berücksichtigung von dessen Wünschen und Vorstellungen gerichtet ist. Dieser Grundsatz hat beispielsweise für die Betreuung ausdrücklich in § 1901 Abs. 2 S. 2 BGB Niederschlag gefunden und ist Ausprägung der Bedeutung, die dem Selbstbestimmungsrecht des Betroffenen auch in dieser Situation noch zugemessen wird.
Aus diesem Grund muss bei der Entscheidung darüber, ob die Einwilligung des gesetzlichen Stellvertreters als Rechtfertigung für einen Eingriff im Rahmen wissenschaftlicher Forschung in Frage kommt, danach differenziert werden, ob entsprechende Wünsche und Vorstellungen des Patienten hinsichtlich einer solchen Teilnahme von ihm geäußert wurden oder aufgrund einer besonderen Kenntnis seiner Person angenommen werden können[459]. Denn wäre grundsätzlich niemand in der Lage, eine wirksame Einwilligung in die Teilnahme Einwilligungsunfähiger an wissenschaftlichen Versuchen zu erteilen, hieße das für den volljährigen Einwilligungsunfähigen, dass sein Recht auf Selbstbestimmung in dieser Hinsicht automatisch mit dem Eintritt der Einsichts- und Einwilligungs-

---

[456] So auch *Rieger*, Klinische Prüfung, S. 106; ebenso sieht *Schmidt-Elsaeßer*, Medizinische Forschung an Kindern und Geisteskranken, S. 43, in dem Sorgerecht der Eltern ein den Interessen des Schutzbefohlenen dienendes Recht.

[457] *Eser*, Legitimationsprobleme sozialwissenschaftlicher Forschung, S. 192, ist der Ansicht, dass diese Tatsache durch die Konstruktion der Einwilligung des gesetzlichen Stellvertreters verschleiert wird; auch *Picker*, JZ 2000, S. 693, 700 sieht in der Einwilligung durch die Betreuungsperson keinen Ersatz für die persönliche Einwilligung.

[458] *Deutsch*, Das Recht der klinischen Forschung am Menschen, S. 81; *Wolfslast*, Einwilligungsfähigkeit im Lichte der Bioethik-Konvention, S. 85, sieht das wohl anders, da sie in der Einwilligung durch den gesetzlichen Vertreter - ohne dies näher auszuführen - keine Verletzung der Autonomie des Betroffenen erkennt.

[459] So lässt die Stellungnahme der Zentralen Ethikkommission bei der Bundesärztekammer zum Schutz nicht-einwilligungsfähiger Personen in der medizinischen Forschung das Vorliegen von Anhaltspunkten, die aus der Kenntnis der vertretenen Person herrühren und die auf ihre Bereitschaft zur Teilnahme an der Untersuchung schließen lassen, für die Zulässigkeit der Stellvertretung ausreichen.

unfähigkeit beendet wäre[460], während es bei Minderjährigen erst mit Beginn der Einwilligungsfähigkeit in Erscheinung treten würde.
Es soll daher zunächst die Möglichkeit der Stellvertretung betreffend Forschungsmaßnahmen ohne individuellen Nutzen für den Betroffenen anhand der allgemeinen Stellvertretungsvorschriften untersucht werden, um herauszufinden, inwieweit diese gegenwärtig zulässig sein kann.

Soweit Spezialgesetze existieren, die Forschung mit Menschen regeln, sind diese speziell anzuwenden und verdrängen die allgemeineren Gesetze. Bei Forschung, die nicht Gegenstand dieser Spezialgesetze ist, sind die Stellvertretungsregeln des BGB jedoch direkt anwendbar[461].
Die Untersuchung dieser Vorschriften soll sich zunächst lediglich auf die Fälle erstrecken, in denen der Patient oder Proband zu Zeiten noch vorhandener Einwilligungsfähigkeit keine ausdrückliche Erklärung mit dem Inhalt abgegeben hat, im Falle des Eintritts von Einwilligungsunfähigkeit an Forschung teilnehmen zu wollen.
Die sich durch das Verfassen von Forschungsverfügungen, Betreuungsverfügungen oder auch durch eine Bevollmächtigung ergebenden Möglichkeiten werden später im Rahmen der Darstellung von antizipierten Einwilligungen Untersuchungsgegenstand sein.

Da für die Stellvertretung von Minderjährigen und Volljährigen jeweils unterschiedliche gesetzliche Vorschriften bestehen, ist eine getrennte Untersuchung der Rechtslagen betreffend diese Personengruppen erforderlich.

a. Minderjährige

Einwilligungsfähige Minderjährige sind grundsätzlich in der Lage, ihre Einwilligung in einen Forschungseingriff selbständig zu erteilen. Allerdings wird bei einer klinischen Studie in der Regel gleichzeitig ein von der Einwilligung in den Eingriff selbst zu unterscheidender Vertrag über die Teilnahmebedingungen zwischen Arzt und Patient geschlossen, den der Minderjährige mangels voller Geschäftsfähigkeit nicht wirksam abschließen kann. Dies ist auch deswegen der Fall, weil schon die reguläre ärztliche Heilbehandlung auf der Grundlage eines Vertrages stattfindet, den der Minderjährige nicht selbst abschließen kann[462]. Dies hat zur Folge, dass selbst ein einwilligungsfähiger Minderjähriger ohne die Zustimmung seiner Eltern nicht in der Lage ist, an einem wissenschaftlichen Forschungsprojekt teilzunehmen.

---

[460] Auch *Füllmich*, S. 44, ist der Meinung, dass diese Konsequenz zu vermeiden ist.

[461] Ebenso *Köhler*, ZRP 2000, S. 8.

[462] So *Deutsch*, Medizinrecht, S. 31, der nur den Vertrag zwischen Minderjährigem und Arzt, durch den der Minderjährige lediglich einen Vorteil erlangt, auch ohne Einwilligung des Vertretungsberechtigten gemäß § 107 BGB als wirksam ansieht.

Allerdings müssen die Eltern des einwilligungsfähigen Minderjährigen gemäß § 1627 BGB seinem Wohl entsprechend entscheiden. Ist der Betroffene in der Lage, Bedeutung und Tragweite des Eingriffs zu verstehen und seine Entscheidung danach zu treffen, und entscheidet er sich für die Teilnahme an solcher Forschung, so steht es den Eltern offen, ihre Zustimmung zu einem solchen Versuch zu erteilen, auch wenn ein minimales Risiko damit verbunden sein mag, sie können im Einzelfall sogar dazu verpflichtet sein. Denn der Wille und die Wünsche des Minderjährigen sind - so lange sie nicht aufgrund mangelnder Reife vernachlässigbar sind - immer in die Beurteilung seines Wohls miteinzubeziehen.
Aus diesem Grund kommt auch eine Verweigerung der Zustimmung der Eltern in einem solchen Fall nur dann in Betracht, wenn die mit der Studie verbundenen Risiken in einer Weise erheblich sind, dass sie den mit dieser Verweigerung verbundenen Eingriff in das Selbstbestimmungsrecht des Minderjährigen mit Erwägungen betreffend das körperliche Wohl des Minderjährigen auszugleichen vermögen.

Da auf diese Weise das Selbstbestimmungsrecht der einwilligungsfähigen Minderjährigen gewährleistet ist und sie nicht schutzlos den Entscheidungen Dritter ausgeliefert sind, stellt sich die eigentliche mit der fehlenden Einwilligungsfähigkeit verbundene Problematik bei dieser Personengruppe nicht. Zentraler Gegenstand der Untersuchung sind daher allein die Minderjährigen, die noch nicht zu einer wirksamen Einwilligung fähig sind. So ist bei Säuglingen und Kleinkindern ein erklärter Wille zur Teilnahme an Forschung nicht denkbar, da sie nicht in der Lage sind, die gesamten Umstände geistig zu erfassen. Ebenso wenig kann der gesetzliche Vertreter bei einem so jungen Menschen aufgrund einer Kenntnis dessen Persönlichkeit auf eine Bereitschaft, ein gewisses Risiko für seine Gesundheit und sein Wohlbefinden auf sich zu nehmen, schließen[463], da ein solcher Willensbildungsprozess auf Seiten des Kindes nicht anzunehmen ist.
Einwilligungsunfähige Minderjährige sind daher generell den Entscheidungen ihrer gesetzlichen Vertreter in gewissem Maße ausgeliefert und bedürfen eines besonderen Schutzes. Aufgrund dieser Schutzbedürftigkeit kann es auch gemäß § 1627 BGB für die Reichweite der Einwilligungsbefugnis der Sorgeberechtigten allein auf das Wohl des Kindes ankommen[464]. Das Wohl des Kindes setzt

[463] So auch *Taupitz/Schelling*, Mindeststandards als realistische Möglichkeit, S. 97; ebenso *Siep*, Ethische Aspekte der Forschung mit nicht-einwilligungsfähigen Personen, S. 124, der gleichzeitig darauf hinweist, dass es wichtig ist, von der individuellen Kenntnis des Kindes - seiner Ängstlichkeit oder Empfindlichkeit gegenüber medizinischer Maßnahmen – auszugehen und diese nicht als altersgemäßes Sträuben abzutun.
[464] Ebenso *Schmidt-Elsaeßer*, Medizinische Forschung an Kindern und Geisteskranken, S. 63; *von Bar*, Festschrift für Regelsberger, S. 243, fordert, dass die Zustimmung des gesetzlichen Vertreters zumindest potentiell vorteilhaft für den Minderjährigen sein muss.

sich dabei aus der subjektiven Sicht des Kindes und einer objektiven Komponente zusammen[465]. Letztere verlangt, dass die Voraussetzungen für eine allseitige und harmonische Entwicklung der Gesamtpersönlichkeit des Kindes sicherzustellen sind, wozu zweifellos auch der Schutz und die Förderung der Gesundheit zählen.
Den Eltern steht bei der Beurteilung dessen, was dem Kindeswohl dient, generell im Hinblick auf pädagogische Maßnahmen und Einwirkungen auf das Kind ein weiter Spielraum zu[466]. Es spricht insofern eine verfassungsrechtliche Vermutung zugunsten der elterlichen Erziehungskompetenz, wobei sich diese Vermutung auch auf die Definition des Begriffs des Kindeswohls erstreckt[467].
Dabei wird jedoch das Ausmaß der Entscheidungsspielraums im Schrifttum recht unterschiedlich eingeschätzt. Dies gilt insbesondere auch für die Zulässigkeit der Einwilligung in solche medizinischen Eingriffe, die nicht dem unmittelbaren gesundheitlichen Wohl des Kindes selbst dienen. So wird die Einwilligung der Eltern in einen Eingriff in die körperliche Integrität teilweise nur dann als wirksam angesehen, wenn sie im Interesse des Minderjährigen geboten ist, während andere die Wirksamkeit der Einwilligung so lange annehmen, wie den Interessen des Schutzbefohlenen nicht widersprochen wird oder ihm kein unmittelbarer Nachteil dadurch entsteht[468]. Diese unterschiedliche Einschätzung hängt insbesondere auch mit der verschiedenen Interpretation des Begriffes des Kindeswohls zusammen.
Nimmt man allein das objektive Wohl in medizinischer Hinsicht als Maßstab[469], also das Optimum für die Gesundheit des Betroffenen, so ist jede Art von ausschließlich wissenschaftlichem Forschungseingriff abzulehnen. Denn ist mit einem Eingriff kein individueller Nutzen verbunden, so kann das Optimum allein durch ein Unterlassen dieses Eingriffs erreicht werden.

Geht man indes davon aus, dass in den Begriff des "Wohls" auch andere als auf die Gesundheit bezogene Komponenten einfließen können, welche die Eltern bei ihren erzieherischen Entscheidungen beeinflussen können, so erscheint die Möglichkeit der Stellvertretung zumindest für gesundheitlich neutrale Forschungsmaßnahmen in einem anderen Licht. Die Zulässigkeit der Stellvertretung hängt dann im Wesentlichen von der Art des Eingriffs ab, dem der Minderjährige ausgesetzt wird.

---

[465] MünchKomm-*Olzen*, § 1666 BGB Rdnr. 43, der das Kindeswohl als aus körperlichem und geistigem oder seelischem Wohl zusammengesetzt ansieht.
[466] Tschernitschek, Familienrecht, Rdnr. 529.
[467] *Giesen*, Familienrecht, Rdnr. 613.
[468] *Schmidt-Elsaeßer*, Medizinische Forschung an Kindern und Geisteskranken, S. 105, setzt sich damit ausführlicher auseinander.
[469] So ist wohl *Fischer*, Medizinische Versuche am Menschen, S. 34, zu verstehen.

Einigkeit besteht dabei jedoch insofern, dass bei einer ablehnender Haltung des Minderjährigen Forschungseingriffe und -maßnahmen nicht mehr mit seinem Wohl zu vereinbaren und daher ausgeschlossen sind.

aa. Heilversuche

Die Einwilligung des gesetzlichen Stellvertreters in einen Heilversuch ist grundsätzlich zulässig. So besteht weitgehend Einigkeit darüber, dass erfolgversprechende neue Behandlungsmethoden, die im überwiegenden Eigeninteresse des Betroffenen durchgeführt werden, einem Patienten nicht deshalb vorenthalten werden dürfen, weil dieser nicht in der Lage ist, die erforderliche Einwilligung selbst zu erteilen[470].

Da diese Behandlung gerade der Gesundheit des minderjährigen Patienten dienen soll, kommt der gesetzliche Vertreter mit seiner Einwilligung auch seinem Auftrag gemäß § 1627 BGB nach, dem Wohl des Kindes entsprechend zu handeln. Er kann dabei unter Umständen nicht nur das Recht, sondern sogar die Pflicht des Stellvertreters haben, in einen Heilversuch einzuwilligen. Diese ergibt sich aus der Aufgabe des Vertreters, jede Möglichkeit zu nutzen, die Krankheit des Patienten zu lindern oder zu heilen. Gibt es keine Standardbehandlung, so besteht die einzige Möglichkeit gerade in der Durchführung eines Heilversuches.

Die Zulässigkeit der Einwilligung der Eltern muss sich auch auf solche Versuche erstrecken, die zwar keinen Heilversuch im eigentlichen Sinne darstellen, jedoch entsprechend zu behandeln sind. Darunter fällt der Versuchsweise Einsatz von Diagnostika und Prophylaktika, wenn von diesem Einsatz ein individueller Vorteil für den Betroffenen zu erwarten ist. Das kann zum Beispiel dann der Fall sein, wenn durch die bessere Diagnose ein früherer, gezielterer Einsatz von bereits existierenden Therapeutika möglich wäre oder eine genauere Prognose über den zu erwartenden Krankheitsverlauf gestellt werden könnte[471].

bb. Vergleichende Therapiestudien gegen Standardpräparat

Die sorgeberechtigten Eltern dürfen somit im Rahmen einer vergleichenden Therapiestudie dann in die Behandlung mit der neuen, zu prüfenden Methode einwilligen, wenn die zu erwartenden Vorteile die Aussichten des etablierten Verfahrens überwiegen. Wird bei dem Minderjährigen lediglich die etablierte Methode angewandt, so ist die Vorenthaltung des neuen Verfahrens nur dann zulässig, wenn es dem Patienten auch außerhalb der Studie verwehrt werden dürfte.

Im Ergebnis führt dies dazu, dass die Einwilligung in die Teilnahme an einer vergleichenden Studie lediglich dann in Betracht kommt, wenn der durchfüh-

---

470 So auch § 4 der "Marburger Richtlinien", abgedruckt bei *Freund/Heubel*, MedR 1997, S. 349.

471 *Helmchen/Lauter*, S. 62.

rende Arzt beide Behandlungsvarianten für gleich vertretbar hält[472]. Anderenfalls könnte insbesondere bei der Anwendung des neuartigen Mittels nicht von einem zu erwartenden Vorteil und damit nicht von einem Heilversuch ausgegangen werden. Diese Einwilligungsbefugnis der Stellvertreter erstreckt sich allerdings lediglich auf die Behandlung selbst, nicht jedoch auf von der eigentlichen Behandlung unabhängige, wissenschaftliche Begleituntersuchungen. Deren Zulässigkeit ist aufgrund ihrer anders gerichteten Zielsetzung separat zu prüfen.

cc. Versuche mit nur mittelbar zu erwartendem Nutzen

Schwieriger ist die Frage der Zulässigkeit einer Einwilligung der gesetzlichen Stellvertreter eines Minderjährigen im Bereich der Forschung mit lediglich mittelbar zu erwartendem Vorteil zu beantworten. Denn da die Maßnahme selbst lediglich auf die Erforschung eines bestimmten Mittels, seiner Wirkung oder einer bestimmten Krankheit gerichtet ist, dient sie nicht unmittelbar der Heilung und damit dem direkten Wohl des Minderjährigen. Zwar besteht dabei die Möglichkeit, dass die durch sie gewonnenen Erkenntnisse der Versuchsperson selbst einmal nützen könnten, weil sie zum Beispiel zur Entwicklung neuer Behandlungsmethoden führen können[473]. Davon kann jedoch nur dann ausgegangen werden, wenn im konkreten Fall auch eine realistische Hoffnung auf den Eintritt eines späteren Vorteils besteht. Dieser kann beispielsweise bei einer Studie, die der Erforschung der optimalen Dosierung eines bestimmten Heilmittels in einem bestimmten Kindesalter dient, darin liegen, dass der Minderjährige insofern von den Ergebnissen dieser Studie profitiert, dass er später mit der für ihn optimalen Dosis behandelt wird. Auch wenn sich bei einer klinischen Prüfung, in deren Rahmen die Kontrollgruppe ein Placebo erhält, herausstellt, dass das neuartige Heilverfahren erfolgversprechend ist, kommt der bis dahin nicht damit behandelte Versuchsteilnehmer in dessen Genuss und kann insofern einen persönlichen Vorteil aus der Teilnahme ziehen.

Allerdings ist der Nutzen einer solchen Teilnahme mit Vorsicht zu betrachten. Denn stellt sich aufgrund eines Versuchs die Überlegenheit einer bestimmten Methode heraus, so werden auch diejenigen, die nicht an den Versuchen beteiligt waren, in deren Genuss kommen[474]. Das führt dazu, dass ein individueller Vorteil für den Teilnehmer meist nur dann besteht, wenn für ihn die Aussicht besteht, aufgrund seiner Teilnahme früher den neuen Erkenntnissen entsprechend behandelt zu werden, als dies sonst der Fall wäre.

---

472 So auch die Spruchpraxis der Ethikkommission bei der Landesärztekammer Baden-Württemberg, vergleiche *Laufs*, Das deutsche Recht der klinischen Arzneimittelprüfung, S. 57, der jedoch auch darauf hinweist, dass dies im Einzelfall eine durchaus heikle Feststellung sein kann.

473 Vergleiche *Jürgens*, Fremdnützige Forschung an einwilligungsunfähigen Personen, S. 35.

474 *Joerden*, S. 207.

Ein solcher potentieller individueller Vorteil entfernt die mit dem unmittelbaren Zweck der wissenschaftlichen Forschung durchgeführten Maßnahmen ein Stück aus dem Bereich des Experiments und führt dazu, dass sie durchaus dem Wohl des Kindes entsprechen können. So kann der zunächst zu Forschungszwecken stattfindende Eingriff durch einen späteren daraus erwachsenden persönlichen Nutzen ausgeglichen werden. Ein generelles Verbot solcher Forschung könnte den Interessen eines minderjährigen Patienten sogar zuwiderlaufen. Es muss daher gerade bei schweren Krankheiten vom Erziehungsrecht der Eltern umfasst sein, dem Minderjährigen die letzte Hoffnung zu erhalten, dass er durch seine Teilnahme zu der Entwicklung einer Therapie oder zumindest einer Behandlung der Krankheit etwas beitragen kann, die ihm in einem späteren Stadium eventuell selbst nutzen könnte.

Fraglich ist nur, in welchem Maß der Minderjährige bei solchen Versuchen einem Risiko ausgesetzt werden darf. Der Regierungsentwurf für ein Zwölftes Änderungsgesetz des AMG[475] ebenso wie das EMRÜ-Biomedizin[476] wollen Forschung ohne individuellen Nutzen nur zulassen, wenn mit ihr ein lediglich minimales Risiko und minimale Belastungen verbunden sind. Die Zentrale Ethikkommission bei der Bundesärztekammer äußert sich in ihrer Stellungnahme dazu nicht eindeutig, lässt aber eine solche Einschränkung der Risiken nicht erkennen. Ob dabei jedoch ein so erhebliches Risiko wie es in § 1904 BGB geregelt ist, eingegangen werden darf, ist ihr nicht zweifelsfrei zu entnehmen[477]. Ein solches Risiko darf der gesetzliche Stellvertreter jedoch im Rahmen von Forschung mit lediglich potentiell mittelbarem Nutzen nicht in Kauf nehmen. Denn eine derartige Gefahr kann nicht mit dem so entfernten Vorteil, wie er bei der lediglich potentiell mittelbar eigennützigen Forschung erwartet werden kann, aufgewogen werden[478]. Dies gilt insbesondere auch deshalb, weil bei dieser Art von Forschung in einem noch größerem Maß als bei Heilversuchen die Gefahr besteht, dass ein Forscher sein ausschließlich fremdnütziges Forschungsprojekt als ein solches mit potentiellem Eigennutz deklarieren könnte, um die Zulassung seines Versuchs zu erleichtern[479].

---

[475] In § 41 Abs. 2 Nr. 2 AMG-E.

[476] In Art. 17 Abs. 2 ii.

[477] Angesprochen wird die Genehmigung durch das Vormundschaftsgericht gemäß § 1904 BGB in der Stellungnahme unter Ziffer V. Es geht aus dieser Aussage nicht hervor, ob diese Genehmigung nach § 1904 BGB nur bei Heilversuchen in Betracht kommt oder auch bei Forschung mit potentiell mittelbarem Nutzen.

[478] Diese Bedenken teilt auch *Jürgens*, Fremdnützige Forschung an einwilligungsunfähigen Personen, S. 50; auch *Taupitz/Fröhlich*, VersR 1997, S. 917 ziehen die Genehmigung nach § 1904 BGB nur beim Heilversuch in Betracht.

[479] Allerdings ist aus dieser nicht zu leugnenden Gefahr, dass ein Nutzen bloß vorgeschoben werden kann, nicht zu folgern, dass man aus diesem Grund auch rein wissenschaftliche Forschung mit gruppenspezifischem Nutzen zulassen sollte, da man die Gefahr so bannen könnte. Die Zulässigkeit solcher Forschung muss für sich beurteilt werden und darf nicht

Geringfügigere Risiken, wie sie zum Beispiel bei einer Blutabnahme gegeben sind, können aber durchaus eingegangen werden. Daher sind natürlich erst recht solche Maßnahmen zulässig, mit denen kein zusätzliches Risiko für den Betroffenen verknüpft ist, wie zum Beispiel eine geringfügige Mehrabnahme von Körperflüssigkeiten im Rahmen eines ohnehin erforderlichen Eingriffs, Urinproben oder auch bloße Messungen oder Beobachtungen. Die Vertretbarkeit einer Forschungsmaßnahme, die ein gewisses Risiko für den Minderjährigen darstellt, ist jedoch allein anhand des potentiellen Nutzens für ihn selbst zu ermitteln.
Ebenso wie bei einem Heilversuch ist jeweils eine Nutzen-Risiko-Abwägung durchzuführen, bei der ein möglicher individueller Vorteil gegen die mit der Maßnahme verbundenen Risiken abgewogen wird, wobei der Wahrscheinlichkeitsgrad des Eintritts eines solchen Nutzens in diese Abwägung einzubeziehen ist. Nur wenn der zu erwartende persönliche Nutzen das Risiko übersteigt, kann eine solche Forschungsmaßnahme zulässig sein. Ist dies nicht der Fall, so ist diese Art der Forschung ebenso wie ein lediglich gruppennütziger Versuch zu behandeln.

Eine allgemeingültige Aussage über das Höchstmaß an Zulässigem kann kaum getroffen werden, da der Grad der Wahrscheinlichkeit, dass der Betroffene in der Zukunft von der Teilnahme profitieren wird, im Einzelfall stark variieren kann. Die Einschätzung der Wahrscheinlichkeit eines persönlichen Nutzens durch die Teilnahme an einer solchen Forschungsstudie wird in der Regel nur von dem zuständigen Arzt realistisch vorgenommen werden können. Insofern obliegt diesem die Verantwortung, das Vertrauen, das seiner Person und seinen Aussagen entgegengebracht wird, nicht zu missbrauchen. Aber auch Kontrollgremien wie die Ethikkommissionen stehen in der besonderen Verantwortung, die Plausibilität der diesbezüglichen Angaben des Prüfarztes genau zu überprüfen.

Keineswegs kann man jedoch generell bei gruppennütziger Forschung von einem mittelbaren Vorteil für den Teilnehmer selbst ausgehen[480]. Anderenfalls bestünde die Gefahr, dass der Begriff des mittelbaren Vorteils nur dazu dient, über den fremdnützigen Charakter der Forschung hinwegzutäuschen.

dd. Fremdnützige Forschung mit gruppenspezifischem Nutzen

Rechtlich und ethisch am problematischsten ist die Beurteilung der Zulässigkeit wissenschaftlicher Forschung an Einwilligungsunfähigen mit lediglich gruppen-

---

schon aufgrund von Umgehungsmöglichkeiten für den Fall ihrer Unzulässigkeit bejaht werden. So aber *Fröhlich*, S. 148.

[480] So ist jedoch wohl *Helmchen* in Anhörung der Hirnliga e. V., S. 10 ff, zu verstehen, der bei der Aufzählung der Kriterien, die zur Annahme eines mittelbaren Nutzens für den Teilnehmer selbst vorliegen müssen, eine solche konkrete Wahrscheinlichkeit nicht erwähnt.

spezifischem Nutzen. Denn obwohl derartige Forschungsmaßnahmen nicht dem individuellen Vorteil des Patienten oder Probanden dienen, sind sie doch notwendig, um Personen, die in der Zukunft an der gleichen Krankheit leiden, eine Chance auf eine wirksame Behandlung oder gar Heilung bieten zu können. Denn nur durch die Forschung an den derzeitigen Patienten können Krankheiten, die mit Einwilligungsunfähigkeit verbunden sind, erforscht und Fortschritte in deren Behandlung erzielt werden.
Obwohl derartige Forschung mit Einwilligungsunfähigen unbestritten für den betroffenen Patienten lediglich fremdnützige Forschung darstellt, unterscheidet sie sich insofern von fremdnütziger Forschung mit anderen Personen, als eine persönliche Einwilligung in die so notwendige Forschung von vornherein ausgeschlossen ist, während es für die Erforschung anderer Krankheiten fast immer möglich sein wird, die Einwilligung der betroffenen Patienten zu erlangen. Dies gilt sowohl für einwilligungsunfähige Erwachsene, deren Einwilligungsunfähigkeit auf einer bestimmten Krankheit oder Störung beruht, als auch für einwilligungsunfähige Minderjährige, die aufgrund ihrer altersspezifischen Besonderheiten ebenfalls die einzigen Personen sind, die zu einem für die Entwicklung von Therapien für Angehörige ihrer Altersgruppe notwendigen Erkenntnisgewinn beitragen können.
Fraglich ist nun, ob auch bei dieser Art von Forschung Stellvertretung möglich sein kann oder ob die persönliche Einwilligung unabdingbare Voraussetzung für die Zulässigkeit einer solchen Studie ist.

Dies hängt nach § 1627 BGB davon ab, ob der Forschungseingriff zumindest auch dem Wohl des betroffenen Minderjährigen entspricht, da seine gesetzlichen Stellvertreter nur unter dieser Voraussetzung zu einer Einwilligung befugt sind.

Um die Frage nach der Vereinbarkeit von Forschungsmaßnahmen mit ausschließlich wissenschaftlicher Zielsetzung mit dem Wohl des Kindes differenziert beantworten zu können, ist es zweckmäßig, nach Eingriffsintensität dieser Maßnahmen zu differenzieren.
Selbst wenn keinerlei gesundheitliches Risiko mit einer Forschungsuntersuchung verbunden ist, wie dies bei Messungen oder Untersuchungen von Urinproben oder ohnehin abgenommenem Blut[481] der Fall ist, so kann doch nicht geleugnet werden, dass eine solche Maßnahme objektiv nicht das Wohl des Betroffenen fördert. Sie wird vielmehr im Interesse Dritter durchgeführt[482]. Daher könnte man die Ansicht vertreten, dass die Pflicht zur Personensorge den Stellvertretern das Recht zur Einwilligung in solche Maßnahmen, die unter kei-

---

[481] Auch *Gladtke*, Medizinische Probleme der Forschung am Kind, S. 83, hält diese Maßnahmen für unbedenklich.
[482] *Lammersmann*, R & P, 1999, S. 157 (163).

nem Gesichtspunkt dem gesundheitlichen Wohl des Minderjährigen dienen, nicht einräumt, auch wenn mit ihnen kein Risiko verbunden ist[483].

Allerdings ist auch das Kind ein sozial eingebundenes Mitglied der Gesellschaft, die nicht bestehen kann, wenn jedes ihrer Mitglieder nur seine eigenen Ziele und Interessen verfolgt. Aus der Zugehörigkeit zu einer Gesellschaft erwachsen somit immer auch Pflichten dieser gegenüber. Eine solche Pflicht könnte darin bestehen, dass auch derjenige, der nicht selbst zu einer wirksamen Einwilligung in der Lage ist, aufgrund seiner sozialen Eingebundenheit einmal Nachteile im Interesse der Gesellschaft in Kauf zu nehmen hat[484], wenn die Rechtsgutsverletzung aufgrund überwiegender fremder Interessen geboten erscheint.
Eine "sittliche oder soziale Pflicht" des Minderjährigen, deren Erfüllung der Stellvertreter durch seine Einwilligung ermöglicht[485], ist jedoch abzulehnen. Dies wäre schon mit der Funktion der §§ 1626, 1627 BGB nicht zu vereinbaren, da insbesondere § 1626 Abs. 1 S. 1 BGB eindeutig die Fürsorgefunktion der elterlichen Sorge betont [486], die allein im Interesse und zum Wohl des Kindes auszuüben ist. Keinesfalls haben die Eltern dafür Sorge zu tragen, dass das Kind - wie auch immer geartete - Pflichten der Gesellschaft gegenüber erfüllt, die seine körperliche Integrität beeinträchtigen können. Zwar sollte die Einbeziehung von Gesellschaftsinteressen in die erzieherische Entscheidung der Eltern nicht von vornherein als kindeswohlwidrig abgelehnt werden, da den Eltern bei der Ausübung ihres Erziehungsrechts immer ein gewisser Entscheidungsspielraum zusteht[487], so dass neben dem individuellen Wohl des Kindes auch Interessen der Gesellschaft in die Entscheidung der Sorgeberechtigten einfließen können[488]. Doch auch wenn Interessen der Allgemeinheit grundsätzlich in Erziehungsentscheidungen einbezogen werden dürfen, so entspricht es unter keinen Umständen dem Wortlaut und dem Zweck des § 1627 BGB, dies auch auf solche Fälle auszudehnen, in denen ein Risiko für die Gesundheit des Kindes besteht[489] oder sein Wohlbefinden nicht unerheblich beeinträchtigt und damit die

---

[483] So *Schimikowski*, S. 23.
[484] So die Argumentation *Fischers*, Medizinische Versuche am Menschen, S. 37 zu der Gruppe der Minderjährigen, die er, da er für die Gruppe der erwachsenen Einwilligungsunfähigen keine gesonderten Ausführungen macht, wohl auch für diese gelten lassen will; *Jung*, Die Zulässigkeit biomedizinischer Versuche am Menschen, S. 210 spricht von der Wahrnehmung sozialer Verantwortung durch den gesetzlichen Vertreter.
[485] *Lenckner*, ZStW 72, 460 ff.
[486] MünchKomm-*Huber*, § 1626 BGB Rdnr. 6.
[487] *Fischer*, Medizinische Versuche am Menschen, S. 37.
[488] Pauschal zustimmend zu risikoarmer Forschung zugunsten von Personen der gleichen "Kategorie" äußern sich *Tröhler/Schöne-Seifert*, Forschung am Menschen, S. 122; *Fischer*, Medizinische Versuche am Menschen, S. 40.
[489] Ebenso *Schimikowski*, S.21, der allerdings noch weiter geht und die Stellvertretung bei Humanexperimenten ganz ablehnt; *Eberbach*, S. 169; derselbe in FamRZ 1982, S. 455, wo er allerdings auch sogenannte risikoarme Versuche der Einschätzungsprärogative der Eltern

Schwelle zur Körperverletzung überschritten wird. Die Einwilligung in solche Maßnahmen, die für den Minderjährigen kein derartiges Risiko darstellen, ist jedoch aufgrund des Entscheidungsspielraums der Eltern mit dem Wohl des Minderjährigen zu vereinbaren.

Ein weiterer Ansatz, die Stellvertretung bei wissenschaftlicher Forschung ohne individuellen Nutzen mit einem gewissen Risiko für den Betroffenen zu legitimieren, wird in dem Erziehungsrecht der Eltern gesehen[490].

Dem kann jedoch nicht uneingeschränkt gefolgt werden. Zwar handelt sich bei der Personensorge auch um ein subjektives Recht der Eltern. Jedoch korrespondiert mit jeder diesbezüglichen Befugnis der Eltern auch die Pflicht, diese Befugnis zum Wohl des Kindes auszuüben[491]. Sobald durch die Forschung die körperliche Integrität des Minderjährigen berührt wird, muss der Beurteilungsspielraum der Eltern stark eingeschränkt werden, da ein solcher Forschungseingriff nicht seinem Wohl entsprechen kann[492]. Insofern ist hier zwischen Entscheidungen, die Aufenthalt, Ausbildung und Umgang des Kindes betreffen, und solchen, die die körperliche Unversehrtheit zum Gegenstand haben, zu differenzieren, da erstere hinsichtlich ihrer Wirkung für und auf das Kind nicht immer objektiv beurteilt werden können, während dies bei letzterer gerade dann, wenn feststeht, dass es sich um eine ausschließlich wissenschaftliche Forschungsmaßnahme handelt, sehr wohl der Fall ist. Somit kann die Tatsache, dass Eltern, was Aufenthalt, Ausbildung und Umgang betrifft, durchaus im Einzelfall auch fragwürdige Entscheidungen treffen können, nicht gefolgert werden, dass sie hinsichtlich der körperlichen Integrität des Minderjährigen eine Entscheidung treffen dürfen, die dem objektiven gesundheitlichen Wohl eindeutig zuwiderläuft[493]. Eine Einwilligung in eine ausschließlich fremdnützige Maßnahme, die die Schwelle zur Körperverletzung überschreitet, kann somit dem Erziehungsrecht der Eltern nicht entnommen werden[494], während die Einwilligung in risikolose Forschung von diesem gedeckt sein kann.

---

unterstellt, ohne jedoch zu klären, was genau darunter zu verstehen ist.

490 *Fröhlich*, S. 200, 201; für sogenannte risikoarme und risikolose Versuche unterliegt es nach *Eberbach*, FamRZ 1982, S. 455, der Einschätzungsprärogative der Eltern, welche einzelnen Maßnahmen mit den von ihnen gesetzten Erziehungsschwerpunkten übereinstimmen, ohne allerdings festzulegen, wo die Grenze zwischen risikoarmen und risikoreichen Versuchen zu ziehen ist.

491 MünchKomm-*Huber*, § 1626 BGB Rdnr. 7.

492 Diesem Ergebnis entspricht es, wenn im Glossar der ICH Leitlinie zur Guten Klinischen Praxis das Wohl als körperliche und geistige Integrität der Teilnehmer definiert ist. Somit kann ein Eingriff in diese Integrität nicht dem Wohl des Betroffenen zu dienen bestimmt sein.

493 Anderer Ansicht *Fröhlich*, S. 201.

494 Inkonsequent ist insofern die Argumentationslinie von *Fröhlich*, S. 201, der einerseits die Befugnis der Eltern, auch in Forschung mit geringfügigem Risiko einzuwilligen und somit auch Entscheidungen zu treffen, die dem objektiven Wohl des Kindes zuwiderlaufen, aus

Ebenso wenig kann ein möglicher pädagogischer Wert für das Kind dazu führen, dass ein Eingriff in die körperliche Unversehrtheit, auch wenn von ihm nur ein geringes Risiko ausgeht, dem Wohl des Minderjährigen entspricht[495]. Auch wenn es unzweifelhaft Teil der Erziehungsaufgabe der Eltern ist, dem Kind das Funktionieren und die Spielregeln der Gesellschaft beizubringen, so kann diese Aufgabe bei Säuglingen und Kleinkindern schon deswegen nicht verwirklicht werden, weil sie nicht die nötige Verstandesreife besitzen und daher die erzieherische Komponente noch nicht begreifen können[496]. Und gerade bei diesen jüngsten Altersgruppen ist Forschung dringender notwendig als bei älteren Minderjährigen, deren körperliche Funktionen weitgehend denen eines Erwachsenen ähneln. Wollte man nun der Erziehung zum Altruismus im Rahmen der Untersuchung der Zulässigkeit der Einwilligung des Stellvertreters entscheidende Bedeutung beimessen, so würde zu der ohnehin schwierigen Frage, wann überhaupt Einwilligungsfähigkeit vorliegt, die weitere Schwierigkeit hinzukommen, bestimmen zu müssen, ab welchem Alter denn ein solcher erzieherischer Effekt durch eine Teilnahme an Forschung zu erwarten ist.

Zudem kann den Eltern zwar grundsätzlich ein Recht zur Bestimmung des Erziehungsziels nicht abgesprochen werden, die Wahl der Mittel zur Erreichung dieses Ziels steht ihnen dabei jedoch nicht völlig frei. Denn geht es um die körperliche Integrität der Schutzbefohlenen, müssen bestimmte Grenzen gesetzt werden. Da der Eingriff in die körperliche Integrität im Rahmen der Erziehung zum Altruismus nur Mittel zum Zweck und kein Selbstzweck ist[497], kann er nur dann zulässig sein, wenn er das mildeste Mittel zur Erreichung dieses Zieles darstellt. Es sind jedoch genügend andere Wege vorstellbar, einem Kind die

---

ihrem Erziehungsrecht herleitet, ihnen andererseits eine solche Entscheidung hinsichtlich einer Blutspende verwehren will. Denn aus erzieherischer Perspektive macht es für das Wohl des Kindes selbst, an dem sich die Eltern zu orientieren haben, keinen Unterschied, ob durch die geringfügige Gefährdung des Kindes einem konkreten anderen Menschen (durch die Blutspende) geholfen wird, oder ob durch eine Blutabnahme Fortschritte bei der Behandlung einer Erkrankung erzielt werden sollen. Insofern leitet er diese Befugnis der Eltern letztendlich wohl eher aus dem überwiegenden Interesse der Gesellschaft ab als aus ihrem Erziehungsrecht.

495 Dieser Ansicht ist jedoch *Eberbach*, S. 171; *Schimikowski* dagegen vergleicht das Humanexperiment mit Sterilisation, Organ- und Blutspende und sieht keinen erzieherischen Zweck; *Eser*, Der Internist, S. 226 will den Eltern im Rahmen ihrer Erziehung zum Altruismus auch das Recht zugestehen, in ihren Entscheidungen auch Fremdinteressen zu berücksichtigen; BT-Drs. 13/ 9577, S. 9; ebenso wohl *Köhler*, ZRP 2000, S. 9, der jedoch darauf hinweist, dass die "innere Autonomie" des Personensorgeverhältnisses allein maßgebend für diese Entscheidung sein muss, ohne näher darauf einzugehen, was genau darunter zu verstehen ist.

496 Ebenso *Dr. Heinrich Lang* während der öffentlichen Anhörung vor der Enquete-Kommission Ethik und Recht der modernen Medizin am 22. September 2003 zum Thema „Forschung an nichteinwilligungsfähigen Menschen“, Deutscher Bundestag, 15. Wahlperiode, Protokoll 15/5, S. 9,10.

497 *Schmidt-Elsaeßer*, Medizinische Forschung an Kindern und Geisteskranken, S. 176.

nötige soziale Einstellung nahezubringen, ohne dabei seine Gesundheit aufs Spiel zu setzen. Auch aus diesem Grund kann den Sorgeberechtigten kein solches Einwilligungsrecht zustehen.
Ein Eingriff in die körperliche Unversehrtheit zum Zwecke der Forschung mit ausschließlich wissenschaftlicher Zielrichtung kann daher nicht durch die elterliche Fürsorgepflicht legitimiert werden[498]. Denn es darf nicht vergessen werden, dass Kinder als schwächste Glieder der Gesellschaft in besonderem Maße schutzbedürftig sind.
Folglich können die gesetzlichen Stellvertreter des Minderjährigen nur in solche Forschungsmaßnahmen wirksam einwilligen, die kein gesundheitliches Risiko[499] oder zumindest keinerlei zusätzliches Risiko für die Gesundheit des Minderjährigen mit sich bringen und unterhalb der Schwelle zur Körperverletzung liegen. Ein anderes Ergebnis würde dem Grundsatz, dass gesetzliche Vertreter immer dem Wohl des Minderjährigen entsprechend zu entscheiden haben, widersprechen.

Liegt ein Widerspruch des Minderjährigen vor, der über eine bloße reflexhafte Abwehrhandlung zum Beispiel eines Säuglings hinausgeht, kommt die Durchführung eines ausschließlich wissenschaftlichen Eingriffs generell nicht in Betracht.

b. Volljährige

Um die Rechtslage der Stellvertretung von Volljährigen im Hinblick auf die Teilnahme an Forschungsstudien vollständig darstellen zu können, ist es nicht nur notwendig zu untersuchen, welche Befugnisse diesbezüglich einem bereits bestellten Betreuer zukommen, sondern es ist zunächst erforderlich zu erläutern, unter welchen Umständen überhaupt die Bestellung eines solchen mit dem Ziel der Einwilligung in Forschungsmaßnahmen erfolgen kann. Denn es ist fraglich, ob die Anordnung der Betreuung oder deren Erweiterung zum Zweck der Einwilligung des Betreuers in Forschungseingriffe überhaupt zulässig ist.

aa. Voraussetzungen für die Bestellung eines Betreuers

Im Allgemeinen besteht keine Pflicht, für einen nicht mehr Geschäftsfähigen einen gesetzlichen Stellvertreter, also einen Betreuer, zu bestellen. Die Bestellung hängt allein davon ab, ob das Vormundschaftsgericht von einem Betreuungsbedürfnis Kenntnis erhält.

---

498 Gegen Eingriffe, die mit gesundheitlichen Risiken verbunden sind, auch *Hirsch*, Heilversuch und medizinisches Experiment, S. 17; *Held*, S. 57 hält aus diesem Grund selbst die Regelung des § 40 Abs. 4 AMG für eventuell zu weit gehend, ohne sich jedoch genauer mit ihr auseinanderzusetzen.

499 Ebenso *Stock*, Der Probandenschutz bei der medizinischen Forschung am Menschen, S. 97.

Hat ein einwilligungsunfähiger Patient zu Beginn eines Heilversuchs noch keinen Betreuer, so kann die Bestellung eines solchen durch den Leiter des Heilversuchs beim Vormundschaftsgericht angeregt werden. Sobald die Behandlung über den individuellen Heilversuch hinausgeht, weil er zum Beispiel im Rahmen einer klinischen Studie durchgeführt wird, so reicht es allerdings nicht, wenn der Aufgabenkreis des Betreuers die "Gesundheitssorge" allgemein umfasst, sondern er muss sich auch auf die Möglichkeit der Zustimmung in Forschungsstudien erstrecken.

Hat der Patient bereits einen Betreuer, dessen Aufgabenkreis jedoch nicht die Betreuung in Gesundheitsangelegenheiten inklusive Forschungsstudien umfasst, so kann dessen Aufgabenkreis in einem solchen Fall erweitert werden. In dieser Situation wendet sich der Versuchsleiter an den Betreuer, der daraufhin eine solche Erweiterung beim Vormundschaftsgericht selbst anregt. Das Vormundschaftsgericht wird in diesen Fällen eine Betreuung anordnen, oder gegebenenfalls den Aufgabenkreis des Betreuers erweitern.
Dies gilt auch dann, wenn durch die wissenschaftliche Forschung ein mittelbarer persönlicher Vorteil für den Patienten zu erwarten steht. Denn unter diesen Umständen kann die Bestellung des Betreuers oder die Ausdehnung seines Aufgabenkreises erforderlich sein.

Der Anordnung einer Betreuung sowie der Erweiterung des Aufgabenkreises eines Betreuers zu dem alleinigen Zweck, eine Einwilligung in die Teilnahme des Einwilligungsunfähigen an ausschließlich wissenschaftlicher Forschung zu erteilen, könnte der geltende Erforderlichkeitsgrundsatzes entgegenstehen. Denn ein Betreuer darf jeweils nur für solche Aufgabenkreise bestellt werden, in denen eine Betreuung auch erforderlich ist[500], wobei diese Erforderlichkeit aus der Perspektive des Betroffenen zu beurteilen ist.
Dafür ist es notwendig, dass er seine Angelegenheiten in dem jeweiligen Bereich nicht selbst besorgen kann und diese aus seiner Sicht auch erledigungsbedürftig sind[501]. Da der Einwilligungsunfähige im Regelfall aufgrund der wissenschaftlichen Natur der Forschung und ihrer Fremdnützigkeit kein unmittelbares Eigeninteresse an einer Teilnahme haben wird, ist sie aus objektiver Sicht für ihn nicht erledigungsbedürftig. Wenn die Tatsache, dass der Betroffene eine Angelegenheit nicht selbst wahrnehmen kann, ihn weder in seinen Rechten noch in seinen Interessen oder seinem Wohl beeinträchtigt, ist die Anordnung der Betreuung für diesen Bereich nicht erforderlich[502].

---

[500] *Bienwald*, Betreuungsrecht, § 1896 Rdnr. 4.
[501] *Bienwald*, Betreuungsrecht, § 1896 Rdnr. 52.
[502] *Jürgens*, Fremdnützige Forschung an einwilligungsunfähigen Personen, S. 41; *Sobota*, Patientenrecht und Forschungsfreiheit, S. 382 hält es sogar für ausgeschlossen, dass der Betreuer gezielt zur Einwilligung in eine klinische Studie eingesetzt wird, wobei eine Differenzierung zwischen Heilversuch und fremdnütziger Forschung jedoch unterbleibt.

Zwar gehört es nicht zu den Aufgaben des Vormundschaftsgerichts, das fragliche Forschungsprojekt zu prüfen und gleichzeitig eine Teilnahme des Betroffenen durch die Bestellung eines Betreuers faktisch zu genehmigen. Vielmehr ist es gerade Aufgabe des Betreuers, über die Vorteilhaftigkeit eines Eingriffs zu entscheiden und gegebenenfalls in die Teilnahme des Betreuten einzuwilligen. Andererseits hat das Vormundschaftsgericht immer die Pflicht, darauf zu achten, dass die Voraussetzungen vorliegen, die für die Bestellung eines Betreuers oder die Ausdehnung dessen Aufgabenkreises erforderlich sind.

Somit wird wissenschaftliche Forschung ohne potentiellen Nutzen für den Teilnehmer mit Einwilligung des Betreuers im Regelfall schon deswegen nicht möglich sein, weil eine Bestellung des Betreuers oder die Erweiterung seines Aufgabenkreises zu diesem Zweck mangels Erforderlichkeit im Regelfall ausgeschlossen ist. Die Voraussetzungen, die zur Bestellung eines Betreuers erfüllt sein müssen, stellen insofern einen zusätzlichen Schutz für die Rechte des Betroffenen dar.

Die Interessenlage ist jedoch dann eine andere, wenn der Betroffene entweder in einer Betreuungsverfügung bestimmt hat, auch in einwilligungsunfähigem Zustand an Forschungsvorhaben teilnehmen zu wollen, oder wenn zumindest besondere Anhaltspunkte für einen solchen Willen vorliegen. In einem derartigen Fall kann die Angelegenheit der Forschungsteilnahme aus Sicht des Patienten erledigungsbedürftig sein und die Anordnung der Betreuung somit als erforderlich betrachtet werden. Es wird jedoch gerade dann, wenn lediglich gewisse Anhaltspunkte für einen derartigen Willen vorliegen, notwendig sein, das Vormundschaftsgericht von deren tatsächlicher Existenz zu überzeugen. Daher ist zu fordern, dass sich dieser Wunsch bereits in irgendeiner Form objektiviert haben muss, bevor das Gericht einen Betreuer zu diesem Zweck bestellt oder den Aufgabenkreis eines bereits vorhandenen Betreuers diesbezüglich erweitert.

Hat ein Patient zu einem Zeitpunkt, in dem er noch einwilligungsfähig war, persönlich in die Teilnahme an einem bestimmten wissenschaftlichen klinischen Versuch eingewilligt, so wird, wenn er seine Einwilligungsfähigkeit verliert, die Bestellung eines Betreuers insofern notwendig, als anderenfalls niemand mehr in der Lage wäre, diese Einwilligung zu widerrufen. Da für den gesamten Bereich der klinischen Forschung der Grundsatz gilt, dass es jederzeit möglich sein muss, die einmal erteilte Einwilligung zu widerrufen, wäre dies eine untragbare Situation, die gegen die Menschenwürde des Patienten verstoßen würde[503]. In einem solchen Fall wird das Vormundschaftsgericht zweifelsohne einen Betreuer bestellen.

---

[503] *Holzhauer*, NJW 1992, S. 2331.

bb. Bei bereits bestehender Betreuung

Besteht bereits ein Betreuungsverhältnis für den Aufgabenkreis der Einwilligung in medizinische Maßnahmen außerhalb der standardgemäßen Heilbehandlung, beispielsweise weil der Betreute bereits Teilnehmer einer therapeutischen klinischen Studie war oder zum Zeitpunkt noch bestehender Einwilligungsfähigkeit in die Teilnahme an einer Forschungsstudie eingewilligt hat, so dass die Bestellung eines Betreuers zum Zwecke eines eventuellen Widerrufs erforderlich wurde, so ist fraglich, wie weit die Befugnisse eines solchen Betreuers reichen können.

Der Betreuer eines volljährigen Einwilligungsunfähigen hat - ebenso wie die Stellvertreter eines Minderjährigen - dessen Angelegenheiten seinem Wohl entsprechend zu besorgen, wobei dieses gemäß § 1901 Abs. 2 S. 1 BGB das oberste Handlungsprinzip des Betreuers darstellt[504]. Da es sich hierbei um einen unbestimmten Rechtsbegriff handelt, den inhaltlich zu gestalten und zu bewerten dem Betreuer obliegt[505], verfügt er insofern über einen Beurteilungsspielraum, der lediglich beschränkt durch das Vormundschaftsgericht nachprüfbar ist. Das Gericht hat allein zu prüfen, ob der Beurteilungsspielraum überschritten wurde oder ob der Betreuer in sonstiger Weise pflichtwidrig gehandelt hat.

Auch das Wohl des Betreuten ist nicht ausschließlich objektiv zu bestimmen. Gemäß § 1901 Abs. 2 S. 2 BGB umfasst das Wohl des Betreuten insbesondere auch die Möglichkeit für den Fürsorgebedürftigen, im Rahmen seiner Fähigkeiten sein Leben nach seinen eigenen Wünschen und Vorstellungen zu gestalten. Daraus folgt, dass der Betreuer derartige Wünsche bei der Ausübung der Betreuung zu berücksichtigen hat, unabhängig davon, aus welchem Grund die Betreuung angeordnet wurde. Er hat ihnen nach § 1901 Abs. 3 S. 1 BGB zu entsprechen, soweit dies dem Wohl des Betreuten nicht zuwiderläuft und dem Betreuer zuzumuten ist. Da die zum Zeitpunkt der jeweiligen Entscheidung bestehenden intellektuellen Fähigkeiten des Betroffenen diesbezüglich keine Rolle spielen, können grundsätzlich auch die Wünsche eines Geschäftsunfähigen verbindlich sein[506].

Diese Bestimmung soll die Selbstbestimmung und Entfaltungsfreiheit des Betreuten in größtmöglichem Umfang erhalten, da insbesondere die Verwirklichung des Selbstbestimmungsrechts des Betreuten seinem Wohl entspricht[507]. Die Vorschrift verdeutlicht, dass das Wohl des Betroffenen nicht nur objektiv, sondern auch subjektiv zu beurteilen ist, was die Konsequenz mit sich bringt, dass der Betreuer nicht immer die objektiv vernünftigste Entscheidung für den

---

[504] *Kollmer*, Selbstbestimmung im Betreuungsrecht, S. 124; *Jürgens/Kröger/Marschner/Winterstein*, Rdnr. 160; *Damrau/ Zimmermann*, § 1901 BGB, Rdnr. 2.

[505] *Kollmer*, Selbstbestimmung im Betreuungsrecht, S. 123.

[506] So auch *Frost*, S. 23.

[507] *Bienwald*, Betreuungsrecht, § 1901, Rdnr. 19.

Betreuten treffen darf, sondern vielmehr die Entscheidung treffen muss, die diesem als die Angenehmste erscheint[508]. Die Vorstellungen und Ansichten des Betreuers selbst müssen bei diesen Entscheidungen außer Acht bleiben[509].
Insofern unterscheidet sich die Stellvertretung des einwilligungsunfähigen Volljährigen von der des Minderjährigen. Der Betreuer ist meist in der Lage, aufgrund des Lebenswandels oder dem geäußerten natürlichen Willen des Betreuten bestimmte Einstellungen oder Vorlieben des Betroffenen zu erkennen und muss daraufhin versuchen, diesen mit seinen Entscheidungen zu entsprechen. Für den Sorgeberechtigten des Minderjährigen ist dagegen eine solche Bindung seiner Entscheidungen an dessen Wünsche nicht vorgeschrieben, da es gerade Teil seines Erziehungsauftrages ist, auch einmal Entscheidungen zu treffen, die dem objektiven Wohl des Minderjährigen dienen, auch wenn sie seinem Willen zuwiderlaufen.

Auf der objektiven Seite ist zweifellos insbesondere das Interesse an der körperlichen Integrität des Betreuten Bestandteil seines Wohls[510], was auch in § 1901 Abs. 4 BGB zum Ausdruck kommt, der die konkrete Leistungspflicht des Betreuers normiert, innerhalb seines Aufgabenkreises dazu beizutragen, dass Möglichkeiten genutzt werden, die Krankheit oder Behinderung des Betreuten zu beseitigen, zu bessern, ihre Verschlimmerung zu verhüten oder ihre Folgen zu mildern.

Auch bei volljährigen Einwilligungsunfähigen ist die Zulässigkeit der Stellvertretung je nach Art der Forschung unterschiedlich zu beurteilen.

(1). Heilversuche

Ebenso wie bei den Minderjährigen ist der Heilversuch bei betreuten Einwilligungsunfähigen relativ unproblematisch zu beurteilen, da dieser ohne Zweifel dem Wohl des Patienten zu dienen bestimmt ist. Eine Einwilligung des Betreuers ist somit zulässig[511], wobei gegebenenfalls auch eine Genehmigung des Vormundschaftsgerichts nach § 1904 Abs. 1 BGB[512] erforderlich sein kann.

---

[508] *Kollmer*, Selbstbestimmung im Betreuungsrecht, S. 127.

[509] *Köhler*, ZRP 2000, S. 9.

[510] BT-Drs. 11/4528, 134; *Bienwald*, Betreuungsrecht, § 1901 Rdnr. 19 sieht auch die Vermeidung einer ernsthaften Gefahr für dessen Gesundheit als ein dem Wohl des Betreuten dienendes Verhalten an.

[511] Entsprechend *Höfling/Demel*, MedR 1999, S. 544.

[512] Eine Genehmigung des Vormundschaftsgerichtes ist dann erforderlich, wenn die begründete Gefahr besteht, dass der Betreute aufgrund der Maßnahme stirbt oder einen schweren oder länger dauernden gesundheitlichen Schaden erleidet, § 1904 Abs. 1 S. 1 BGB.

(2). Forschung mit potentiell mittelbarem Nutzen

Auch hier gilt das im Rahmen der Behandlung eines Minderjährigen Ausgeführte. Verspricht eine Maßnahme einen späteren Nutzen für den Betreuten selbst, so kann die Einwilligung in einen derartigen Eingriff auch dessen Wohl dienen. Der Stellvertreter darf somit in solche Forschung einwilligen, auch wenn sie mit einem gewissen Risiko verbunden ist. Die Gefahr muss jedoch unterhalb der in § 1904 BGB genannten Schwelle bleiben. Auch bei Volljährigen bedarf es für die Zulässigkeit eines bestimmten Eingriffs einer individuellen Nutzen-Risiko-Abwägung, so dass die Vertretbarkeit des Risikos allein an dem zu erwartenden individuellen Vorteil zu messen ist. Dabei darf auch bei Volljährigen ein Risiko nur dann eingegangen werden, wenn es durch den zu erwartenden Vorteil überwogen wird. Ist dies nicht der Fall, so gelten die gleichen Bedingungen wie bei einer ausschließlich gruppennützigen Maßnahme.

(3). Wissenschaftliche Forschung mit gruppenspezifischem Nutzen

Im Hinblick auf die Beurteilung der Zulässigkeit von Stellvertretung bei ausschließlich wissenschaftlicher Forschung ist zu berücksichtigen, dass diese grundsätzlich nicht dem objektiven Wohl des Betroffenen dient. Ist der Patient nicht mehr in der Lage, seine Wünsche zu äußern, und liegen auch sonst keine Anhaltspunkte - wie zum Beispiel eine dem Betreuer bekannte Einstellung des Betreuten zu dieser Thematik oder auch eine ausdrückliche Betreuungsverfügung - vor, die darauf schließen lassen, dass er einem nichttherapeutischen, wissenschaftlichen Eingriff zugestimmt hätte, so hat sich der Betreuer allein nach dem objektiven Wohl des Betreuten zu richten. Dies hat zur Folge, dass ihm eine Einwilligung in Eingriffe im Rahmen von fremdnütziger Forschung eindeutig untersagt ist[513].

Denn die Entscheidung, im Interesse anderer Risiken und Unannehmlichkeiten auf sich zu nehmen, ist höchstpersönlich[514] und unvertretbar und kann daher nicht einem Dritten überlassen werden. Der Betreuer hat zudem gerade die Interessen der potentiellen Versuchsperson wahrzunehmen[515]. Ziel der Betreuung ist

---

[513] Zu diesem Ergebnis kommt auch *Jürgens*, Fremdnützige Forschung an einwilligungsunfähigen Personen, S. 42; ebenso *Winkler-Wilfurth*, S. 69; ebenso *Kern*, MedR 1991, S. 70; derselbe MedR 1993, S. 250; *Schimikowski*, S. 23; *Lippert*, Der einwilligungsunfähige Patient in der medizinischen Forschung in juristischer Sicht, S. 99; *Lammersmann*, R & P 1999, S. 157 (163); *Dörner*, Kritische Position, S. 57, bezeichnet es als Gefahr für kostbare Errungenschaften unseres Rechtsstaates, wenn der Betreuer nicht nur die Interessen des Betreuten sondern auch die der Allgemeinheit auszubalancieren hätte; a.A. *van den Daele*, S. 99, der es nicht für erforderlich hält, das Wohl des Betreuten ausschließlich „in einem egoistischen Bezugsrahmen" zu definieren und der - auch ohne Anhaltspunkte für einen solchen Willen zu fordern - der Ansicht ist, dass es im wohlverstandenen Eigeninteresse des Betreuten liegen könne, durch die Teilnahme an Forschungseingriffen etwas für andere zu tun.

[514] *Held*, S. 58.

[515] *Patzig*, Ethische Aspekte, S. 363.

es insbesondere, eine Fürsorgefunktion zu erfüllen und somit den Betreuten vor Drittinteressen zu schützen[516]. Da es sich aber bei fremdnütziger Forschung gerade nicht um eine Fürsorgemaßnahme für die Gesundheit des Patienten selbst handelt, steht dem Vertreter für eine solche Einwilligung generell keine Kompetenz zu.
Etwas anderes könnte jedoch gelten, wenn der Betreuer aufgrund seiner Kenntnis des Lebens des Patienten, seiner Wünsche und Vorstellungen, davon ausgehen darf, dass dieser einer bestimmten Maßnahme zugestimmt hätte[517].
Davon zu unterscheiden ist die Sachlage bei Vorliegen einer ausdrücklichen antizipierten Erklärung, die bereits zum Zeitpunkt noch bestehender Einwilligungsfähigkeit abgegeben wurde. Diese wird jedoch an späterer Stelle zu untersuchen sein.

Es ist allerdings zu überlegen, ob nicht die Tatsache, dass eine Person gerade keine derartige ausdrückliche Erklärung abgegeben hat, eventuell auf den Wunsch schließen lassen könnte, sich der Forschung gerade nicht zur Verfügung stellen zu wollen. Denn zwischen erwachsenen und minderjährigen Einwilligungsunfähigen besteht insofern ein Unterschied, als die meisten der Volljährigen einmal einwilligungsfähig waren und daher die Möglichkeit hatten, sich hinsichtlich dieser Problematik Gedanken zu machen und dementsprechend eine Einwilligungserklärung abzugeben[518]. Das Fehlen einer solchen Erklärung könnte daher gerade einen entgegenstehenden Willen zum Ausdruck bringen.

Aufgrund des fehlenden Bewusstseins in der Bevölkerung betreffend die Notwendigkeit von Forschung mit Einwilligungsunfähigen kann ein solcher Schluss jedoch nicht gezogen werden. Eine fehlende Äußerung lässt eher darauf schließen, dass der Betroffene sich dieser Problematik nicht bewusst war und daher keinen diesbezüglichen Willen gebildet hat. Eine zwangsläufig ablehnende Haltung kann daraus nicht gefolgert werden. Es können somit grundsätzlich - trotz des Fehlens einer eindeutigen Erklärung - Anhaltspunkte für einen entsprechenden Willen des Einwilligungsunfähigen vorliegen.

Diese können in der bisherigen Lebensführung des Betreuten und seiner dem Betreuer bekannten Einstellung liegen und beispielsweise dadurch bekräftigt werden, dass der Betreuer eine bestimmte Maßnahme mit dem Betreuten bespricht, und dieser seine Zustimmung erteilt, der jedoch keine rechtfertigende Wirkung im eigentlichen Sinne zukommt.

---

[516] *Kollmer*, Selbstbestimmung im Betreuungsrecht, S. 127.
[517] Auch *Laufs* in Laufs/Uhlenbruck, Handbuch des Arztrechts, §65 Rdnr. 10 vertritt die Ansicht, dass ein gesetzlicher Vertreter bei Vorliegen ausreichender Anhaltspunkte für eine Bereitschaft zur Teilnahme in Forschungsmaßnahmen einwilligen kann, wenn keine widerstrebenden Willensäußerungen vorliegen.
[518] *Jung*, Die Zulässigkeit biomedizinischer Versuche am Menschen, S. 211.

Ist der Patient trotz Einwilligungsunfähigkeit noch dazu in der Lage, einen natürlichen Willen zu bilden, und kann er sich dem Eingriff damit praktisch freiwillig unterziehen, so kann es sich bei dieser Zustimmung um einen Wunsch des Patienten handeln, der als subjektive Komponente in die Beurteilung dessen, was seinem Wohl dient, einfließen kann. Folglich kann die Forschungsmaßnahme grundsätzlich trotz fehlender medizinischer Indiziertheit mit dem Wohl des Betroffenen vereinbar sein, auch wenn es diesem nicht unmittelbar dient. Denn nur indem der Betreuer versucht, den Wünschen des Betreuten, die nicht immer nur eigennütziger Natur sein müssen[519], zu entsprechen, kann dessen Selbstbestimmungsrecht gewahrt werden.
Dies gilt zumindest dann, wenn mit der Maßnahme eine lediglich minimale Belästigung für den Patienten verbunden und die Schwelle zur Körperverletzung nicht überschritten ist. Sind diese Voraussetzungen erfüllt, darf der Betreuer in eine Forschungsmaßnahme einwilligen. Auch wenn die genannten Anhaltspunkte sehr vage erscheinen was den wirklichen Willen des Betroffenen zum aktuellen Zeitpunkt angeht, so ist doch aufgrund der Natur solch minimaler Belastungen keine gesteigerte Missbrauchsgefahr zu befürchten.

Auch wenn die stellvertretende Einwilligung in ausschließlich wissenschaftliche Forschung die Kompetenz des Betreuers zu übersteigen scheint, weil diese sich grundsätzlich nur auf die von dem Betreuten nicht durchführbare Fürsorge für sich selbst erstreckt[520], liegt in den soeben geschilderten Situationen keine solche Kompetenzüberschreitung vor. Da der Patient nicht selbständig dazu in der Lage ist, die Einwilligung in den Eingriff zu erteilen, eine solche Einwilligung aber gerade seinem hypothetischen und natürlichen Willen entspricht, handelt es sich bei der Einwilligung durch den Betreuer gerade um eine Fürsorge für den Betreuten selbst, da die Maßnahme der Verwirklichung seines Selbstbestimmungsrechts dient.
Eine solche Situation, in der ein Forschungseingriff gerade dem Wohl des Betroffenen entspricht, wird jedoch nur in wenigen Ausnahmefällen zu bejahen sein[521].
Ein Eingriff ist jedoch unter keinen Umständen gerechtfertigt, wenn der Patient zum Zeitpunkt der Durchführung der konkreten Maßnahme ein abwehrendes Verhalten zeigt. Unter diesen Umständen ist der Eingriff nicht mehr mit dem Wohl des Betroffenen vereinbar, auch wenn seine Lebenseinstellung zu einem früheren Zeitpunkt noch so altruistisch gewesen sein mag.

---

519 Insofern ist *Fröhlich*, S. 170, zuzustimmen, der die generelle Annahme, der Betreute wolle nur seinen Eigennutz, mit der Begründung ablehnt, dass auf diese Weise dessen Selbstbestimmungsrecht nicht hinreichend beachtet werde.
520 *Freund/ Heubel*, MedR 1997, S. 347.
521 Ebenso *Kamp*, Die Europäische Bioethik-Konvention, S. 38.

Die Ausdehnung der Einwilligungsbefugnis des Betreuers auf dieser Grundlage - also allein aufgrund der Kenntnis des Patienten, seiner Einstellung und seiner zum aktuellen Zeitpunkt geäußerten Zustimmung - ohne dass eine noch zum Zeitpunkt bestehender Einwilligungsfähigkeit abgegebene, ausdrückliche Erklärung vorliegt, auch auf solche Forschung, die über das eben bestimmte Maß hinausgeht und die Schwelle zur Körperverletzung überschreiten oder ein Risiko für seine Gesundheit darstellen kann, ist nicht zulässig.

Es würde zu weit gehen, aus einer bloßen allgemeinen "sozialen Einstellung" des Betroffenen eine derartige Risikobereitschaft und einen Aufopferungswillen zu folgern, dem der Betreuer mit seiner Einwilligung zu entsprechen hat[522]. Auch der Zustimmung des Betroffenen zum aktuellen Zeitpunkt kann in diesem Fall keine quasi-rechtfertigende Bedeutung beigemessen werden. Schließlich wird mit der Feststellung der Einwilligungsunfähigkeit in Bezug auf einen bestimmten Eingriff gerade zum Ausdruck gebracht, dass die Person nicht in der Lage ist, diese Entscheidung eigenverantwortlich und reflektiert zu treffen. Die Tatsache allein, dass der Betroffene zum aktuellen Zeitpunkt nichts gegen eine bestimmte Maßnahme einzuwenden hat, kann nicht zu dem Schluss führen, dass eine Teilnahme unbedingt Ausdruck seines Selbstbestimmungsrechts ist. Da aufgrund seiner mangelnden intellektuellen Fähigkeiten auch eine besondere Gefahr der Manipulation des Willens des Betroffenen besteht, kann der aktuellen Zustimmung lediglich ein unterstützender Charakter zukommen, der das Bestehen eines solchen Teilnahmewillens aufgrund anderer Anhaltspunkte untermauert. Somit kann eine derartig eingriffsintensive Forschungsmaßnahme ohne eine ausdrückliche Erklärung des Betroffenen zum Zeitpunkt noch vorhandener Einwilligungsfähigkeit nicht dessen Wohl entsprechen. Folglich kommt dem gesetzlichen Stellvertreter ohne eine solche Erklärung des Patienten keine Einwilligungsbefugnis für Forschung mit jeglicher Art von Gesundheitsrisiko zu.

Insofern scheint die Ausführung *Fröhlichs*[523] problematisch, der die Einwilligung des gesetzlichen Vertreters in wissenschaftliche Forschung ohne individuellen Nutzen bei ausreichenden Anhaltspunkten für einen entsprechenden Willen des Patienten auch dann für zulässig erklärt, wenn die Schwelle der Erheblichkeit zur Körperverletzung überschritten wird - wie dies zum Beispiel bei der nicht indizierten Blutabnahme der Fall ist - ohne eine Objektivierung der Anhaltspunkte für einen derartigen Willen zu fordern. Auch wenn in der anschließenden beispielhaften Aufzählung der zulässigen Eingriffe überwiegend

---

[522] *Rössler*, in Ethik Med 1996, S. 67 bejaht dagegen die Möglichkeit der stellvertretenden Einwilligung, wenn diese dem "individuellen Wertprofil, dem persönlichen Ethos und der value history" des Patienten entspricht; wie genau darüber entschieden werden kann und soll erläutert er dagegen nicht.

[523] *Fröhlich*, S. 153.

solche Maßnahmen genannt werden, mit denen im wesentlichen gar kein oder zumindest kein zusätzliches Risiko verbunden ist[524], so geht sie dennoch über die Stellungnahme der Zentralen Ethikkommission der Bundesärztekammer[525], die lediglich Maßnahmen unterhalb der Schwelle zur Körperverletzung aufzählt, hinaus.

Liegen keine wirklichen Beweise - wie zum Beispiel eine eindeutige Erklärung - für einen Teilnahmewillen des Patienten vor, so besteht die große Gefahr, dass ein Teilnahmeinteresse des Betroffenen lediglich vorgeschoben wird, um unter dem Vorwand, sein Selbstbestimmungsrecht zu wahren, in seine körperliche Integrität eingreifen zu können. Denn es ist fraglich, wie solche "ausreichenden Anhaltspunkte", die vielmals gefordert werden, mit Sicherheit gewonnen werden sollen[526]. Im Regelfall wird es sich in vielen Fällen derartiger Stellvertretung bei realistischer Betrachtung eher um einen Akt der Fremd- als der Selbstbestimmung handeln.
Bei der Überlegung, ob eine Maßnahme als dem Wohl des Betroffenen entsprechend angesehen werden kann, ist insbesondere zu beachten, dass in einem Zustand der Hilflosigkeit, der bei einwilligungsunfähigen Menschen oft vorliegen wird, der Wunsch nach einem möglichst sorgen- und gefahrfreiem Leben[527] in den Vordergrund treten kann, auch wenn die Lebenseinstellung des Betreuten vor Eintritt der Einwilligungsunfähigkeit sehr sozialer Natur war. Denn ab dem Moment, in dem der Patient nicht mehr in der Lage ist, sich selbst zu bestimmen und die Vorgänge um ihn herum vollständig zu verstehen, können Eingriffe, die einem gesunden Menschen harmlos erscheinen mögen, für ihn eine große Belastung darstellen. Lediglich aufgrund der früheren sozialen Einstellung des Betroffenen darauf zu schließen, dass ein solcher Eingriff der Verwirklichung seines Selbstbestimmungsrechts und damit seinem Wohl diene, wäre lebensfremd.
Insofern trägt die pauschale Feststellung, dass die Stellvertretung bei ausreichenden Anhaltspunkten für eine entsprechende Bereitschaft des Betreuten möglich sein muss[528], nicht wesentlich zur Lösung dieser Problematik bei, da die

---

[524] Diese Aufzählung findet sich auf S. 152, 153.
[525] Stellungnahme der "Zentralen Ethikkommission" bei der Bundesärztekammer "Zum Schutz nicht-einwilligungsfähiger Personen in der medizinischen Forschung", abgedruckt in Deutsches Ärzteblatt, 94, Heft 15, S. A 1011-1012, 11. April 1997.
[526] Soweit *Fröhlich* in Fußnote 622 auf die Stellungnahme der Zentralen Ethikkommission bei der Bundesärztekammer verweist, die in Ziffer I. 3. ebenfalls die Kenntnis der vertretenen Person und ihrer Lebensumstände fordert, so übersieht er jedoch, dass diese Stellungnahme in ihrer beispielhaften Aufzählung von Forschung mit minimalem Risiko (ebenda, Fußnote 1) lediglich solche Eingriffe nennt, die gerade kein oder zumindest kein zusätzliches Risiko darstellen.
[527] MünchKomm-*Schwab*, § 1901 BGB, Rdnr. 9.
[528] *Fröhlich*, S. 171.

eigentliche Frage, wann denn im Einzelfall auf eine solche Bereitschaft geschlossen werden kann, dadurch nicht gelöst wird.
Auch das zusätzliche Erfordernis, dass der Eingriff nicht mehr als eine minimale subjektive Belastung für den Betroffenen bedeuten darf[529], kann über diesen Mangel nicht hinweghelfen. Dies gilt insbesondere, da dieses Kriterium kaum objektiv bestimmt werden kann.

Kann man diesen Mangel an wirklich objektiven Kriterien für die Feststellung eines entsprechenden Willens bei Maßnahmen, die kein Risiko für die Gesundheit des Betroffenen darstellen und unterhalb der Körperverletzungsschwelle liegen, noch in Kauf nehmen, so darf dies bei mehr als unerheblichen Eingriffen keineswegs der Fall sein. Der wirksame Schutz des Betroffenen vor Forschungsinteressen würde sonst mangels Nachprüfbarkeit der Entscheidungen von Betreuer und Forschern ausgehöhlt. Es bestünde die Gefahr, dass seine körperliche Integrität - sei es auch nur in geringem Maße - in einer Weise angetastet wird, der er selbst nie zugestimmt hätte, mit der Folge, dass er auf diese Weise unter dem Deckmantel der Selbstbestimmung zum hilflosen Forschungsobjekt degradiert wird.

Selbst wenn man bei einem zugegebenermaßen geringfügigen Eingriff wie der Blutabnahme nicht generell davon ausgehen kann, dass der Patient ihn verweigert hätte, so geht es doch trotzdem zu weit, dem Patienten in dieser Hinsicht einen Wunsch zu unterstellen, der sein Wohl mit ausmacht und dem nachzukommen ist, um sein Selbstbestimmungsrecht zu wahren. Denn wäre ein solcher Wunsch des Betroffenen tatsächlich so stark, dass ein Nichtbefolgen gegen seine Interessen verstoßen würde, so wird man wohl davon ausgehen können, dass er in diesem Fall eine eindeutige Erklärung abgegeben hätte.

Auch kann in einem solchen Fall mangels wirklich geäußerten Wunschs nicht von einer eigenen “Gestaltung” des Lebens des Patienten durch ihn selbst die Rede sein, wie dies in § 1901 Abs. 2 S. 2 BGB vorgesehen ist. Im Regelfall wird eher davon auszugehen sein, dass die Vorstellungen des relativ hilflosen Patienten von seinem Wohl, insbesondere was Eingriffe in seine körperliche Integrität angeht, mit dem objektiven Wohl, also dem, was seiner Gesundheit objektiv am förderlichsten ist, gleichzusetzen sind oder dem zumindest sehr nahe kommen.
Dem Wohl des Patienten wird man daher ohne eine gegenteilige ausdrückliche Erklärung nur dann gerecht, wenn man Forschung, die gleichzeitig eine Körperverletzung oder ein Risiko für den Patienten darstellt, ausschließt. Dies muss selbstverständlich auch für solche Maßnahmen gelten, die zwar kein Risiko für die Gesundheit, dafür aber eine mehr als unerhebliche Belastung darstellen.

---

[529] *Fröhlich*, S. 153.

Zum Teil wird vertreten, dass der Betreuer im Rahmen der Abwägung, ob eine Maßnahme dem Wohl des Patienten entspricht, auch finanzielle Aspekte in Betracht zu ziehen habe[530]. Dieser Ansicht kann jedoch in Fragen, die die Gesundheit des Betreuten betreffen, nicht gefolgt werden. Die Bedeutung der gefährdeten Rechtsgüter des Betroffenen, seine Gesundheit, sein Selbstbestimmungsrecht und seine Menschenwürde darf bei fremd- oder gruppennützigen Versuchen nicht durch finanzielle Erwägungen relativiert werden[531]. Erst recht darf dieser Gesichtspunkt nicht zu einer Erweiterung der Dispositionsbefugnis des Sorgeberechtigten über fremde Rechtsgüter führen[532].
Letztendlich ist auch die Gefahr nicht außer Acht zu lassen, dass insbesondere der volljährige Einwilligungsunfähige mit einer schweren Krankheit unter Umständen gar nicht mehr in der Lage sein wird, die erhaltene Entschädigung für sich zu nutzen[533]. Finanzielle Aspekte dürfen somit bei der Untersuchung der Rechtmäßigkeit der Einwilligung des Stellvertreters in Forschungsmaßnahmen keine Rolle spielen.

III. Fremdnützige Versuche ohne gruppenspezifischen Nutzen

Betreffend ausschließlich fremdnützige Versuche ohne gruppenspezifischen Nutzen herrscht Einigkeit dahingehend, dass diese unter keinen Umständen zulässig ist. Da solche Forschung immer auch an freiwilligen Teilnehmern, die in der Lage sind, ihre Einwilligung nach entsprechender Aufklärung zu erteilen, vorgenommen werden kann, muss der Subsidiaritätsgrundsatz strikte Anwendung finden, der Forschung an Einwilligungsunfähigen immer dann ausschließt, wenn das Vorhaben ebenso gut an einwilligungsfähigen Personen durchgeführt werden kann.

IV. Zwischenergebnis

Als Ergebnis der Suche nach einem Rechtfertigungsgrund, der eine persönliche Einwilligung bei gruppennütziger Forschung entbehrlich machen könnte, ist somit festzuhalten, dass die geltende Rechtslage einen solchen nur in sehr begrenztem Umfang bietet.
Während die Einwilligung des gesetzlichen Stellvertreters den im Rahmen eines Heilversuchs stattfindenden Eingriff rechtfertigen kann, da dieser im Regelfall dem mutmaßlichen Willen des einwilligungsunfähigen Patienten entspricht, ebenso wie sie seine persönliche Einwilligung bei Forschung mit potentiell mittelbarem individuellen Vorteil unter den genannten Voraussetzungen ersetzen kann, kommt dies für ausschließlich wissenschaftliche Forschung, die einen

---

530 *Holzhauer*, NJW 1992, S. 2331.

531 So bezeichnet *Tolmein*, Die drohende Zunahme von Demenz-Erkrankungen, S. 68, die Bezahlung der Teilnahme an medizinischen Versuchen als unethisch.

532 So auch *Schmidt-Elsaeßer*, Medizinische Forschung an Kindern und Geisteskranken, S. 178.

533 Darauf weist auch *Sobota*, Patientenrecht und Forschungsfreiheit, Fn 36, zutreffend hin.

Eingriff in die körperliche Unversehrtheit darstellt oder ein vergleichbares Risiko erwarten lässt, prinzipiell nicht in Betracht. Ein anderes Ergebnis wäre mit dem Fürsorgecharakter der gesetzlichen Stellvertretung und dem darauf beruhenden Grundsatz, dass der Stellvertreter - bei Minderjährigen wie bei Volljährigen - immer dem Wohl des Betroffenen entsprechend zu entscheiden hat, nicht zu vereinbaren.

Lediglich dann, wenn für den Einwilligungsunfähigen mit einer Forschungsmaßnahme kein - oder zumindest kein zusätzliches - Risiko verbunden ist, die Schwelle zur Körperverletzung nicht überschritten wird und sie eine höchstens minimale Belastung darstellt, kann eine Stellvertretung überhaupt in Betracht kommen.
Dem Betreuer steht allerdings nur dann die Befugnis zu, in eine solche Forschungsmaßnahme einzuwilligen, wenn Anhaltspunkte für einen entsprechenden mutmaßlichen Willen des Betreuten vorliegen. Dann entspricht es seiner Fürsorgepflicht, diese Einwilligung zu erteilen.
Die Befugnis der Eltern zur Einwilligung in die Teilnahme eines einwilligungsunfähigen Minderjährigen an einer solchen Maßnahme leitet sich dagegen aus ihrem Erziehungsrecht ab.

Auch wenn die Regeln der gesetzlichen Stellvertretung somit teilweise einen weiteren Spielraum für Forschung eröffnen als dies in den Spezialgesetzen der Fall ist, so lassen sie doch ohne einen ausdrücklich erklärten Wunsch des Betroffenen trotzdem keine Forschung zu, mit der auch ein gewisses Risiko - sei es auch nur minimal - oder eine Verletzung der körperlichen Integrität verbunden ist. Aus diesem Grund sind derartige Forschungseingriffe gegenwärtig in Deutschland unzulässig.
Die Erforschung von Krankheiten, die sich auf die Einwilligungsfähigkeit auswirken oder nur bei Einwilligungsunfähigen auftreten, ist daher auch außerhalb der Spezialgesetze nur sehr begrenzt möglich.
Aufgrund der mit einer solchen Einschränkung von Forschung verbundenen Nachteile sowohl für die zukünftig Kranken als auch für die Gesellschaft im Allgemeinen wird nun zu untersuchen sein, ob die Vorschriften der gesetzlichen Stellvertretung des BGB die absolute Grenze der Einwilligungsbefugnis Dritter darstellen, oder ob eine entsprechende Erweiterung durch Spezialgesetze möglich wäre.

§ 9: Verfassungsrechtliche Grenzen der Forschung mit Einwilligungsunfähigen

Da bei der Beantwortung der Frage nach der Möglichkeit eines Verzichts auf die persönliche Einwilligung in die Teilnahme an Forschung die Grundrechte des Betroffenen die zentrale Rolle spielen, ist deren Betrachtung unerlässlich, um die unverrückbaren Grenzen ermitteln zu können, die bei der Schaffung neuer Normen nicht überschritten werden dürfen.

A. Unantastbarkeit der Menschenwürde

Eine solche Grenze stellt die in Art. 1 Abs. 1 GG postulierte Unantastbarkeit der Menschenwürde dar. Die Würde des Menschen ist durch die wissenschaftliche Forschung in besonderem Maße betroffen, insbesondere da sie im Rahmen von Forschungsarbeiten der Vergangenheit oft aufs Schwerste verletzt wurde.
In dem Verzicht auf die persönliche Einwilligung des Betroffenen bei wissenschaftlichen Forschungseingriffen könnte eine Verletzung dieser Menschenwürde liegen. Ginge man von einer solchen Verletzung aus, so wäre Forschung mit Einwilligungsunfähigen grundsätzlich unzulässig.

Doch stellt nicht unbedingt jede Maßnahme oder Studie mit Menschen, die der Forschung dient, eine akute Gefahr für die Würde des Probanden oder Patienten dar. Um näher zu bestimmen, wann eine solche Gefährdung oder sogar Verletzung der Menschenwürde gegeben ist, ist es notwendig, den genauen Inhalt dieses Begriffs zu bestimmen und zu untersuchen, was die Würde eines Menschen ausmacht.

I. Begriff der Menschenwürde

Der Schutz der Menschenwürde ist durch die Feststellung ihrer Unantastbarkeit in Art. 1 Abs. 1 S. 1 GG geregelt[534]. Durch Art. 1 Abs. 1 S. 2 GG wird der gesamten staatlichen Gewalt die Verpflichtung auferlegt, diese Würde zu achten und zu schützen. Gleichzeitig korrespondiert mit dieser Schutzpflicht ein sub-

---

[534] Das Verständnis der mit dieser Vorschrift gewährleisteten Menschenwürdegarantie ist gegenwärtig im Wandel und stark umstritten. So verstand Günter Dürig in seiner Kommentierung von Art. 1 Abs. 1 des Grundgesetzkommentars Maunz/Dürig die Menschenwürdegarantie als Übernahme eines grundlegenden „sittlichen Werts" in das positive Verfassungsrecht (Rdnr. 1). Nach seinem Verständnis liefert Art. 1 Abs. 1 GG den wertausfüllenden Maßstab für alles staatliche Handeln, er bestimmt und beschränkt Staatszweck und Staatsaufgabe und ebenso die Legitimität von Staat und Recht (Rdnr. 15). In der neuen Kommentierung von Matthias Herdegen wird dagegen diese Auffassung, mit der Menschenwürdeklausel werde ein dem Staat und der Verfassung vorgeordneter Anspruch in das positive Recht übernommen, als Teil der Historie der Vorschrift angesehen, der jedoch in der Gegenwart keine normative Relevanz mehr zukomme (Rdnr. 17). Kritisch hierzu *Böckenförde*, FAZ vom 03.09.2003, S. 33 ff, der die Auffassung vertritt , dass diese fundamentale Norm des Grundgesetzes auf diese Weise ihrer Achse verlustig ginge.

jektives Recht des einzelnen Menschen[535]. Dieser Schutzanspruch ist unter anderem auf den Beistand des Staates gegen eine Verletzung durch Dritte gerichtet[536], also beispielsweise auf Schutz vor unzulässigen Forschungseingriffen. Der Staat kommt dieser Verpflichtung unter anderem durch das Strafrecht nach, indem er beispielsweise Körperverletzungsdelikte, die gleichzeitig Verletzungen der Menschenwürde darstellen, sanktioniert[537].

Da Art. 1 Abs. 1 GG das schützt, was den Menschen als Individuum ausmacht, wird die Menschenwürde als höchster Rechtswert der Verfassung angesehen. Diese Stellung als oberstes Verfassungsgut ergibt sich auch aus ihrer Stellung am Anfang des Grundrechtskatalogs[538].

So zentral die Bedeutung der Menschenwürde für die deutsche Verfassung ist, so groß sind auch die Schwierigkeiten, sie zu definieren und ihren Inhalt genau zu bestimmen[539]. Sie soll den „sozialen Wert- und Achtungsanspruch" eines jeden Menschen ausmachen, der ihm um seinetwillen zukommt und der es verbietet, den Menschen zum bloßen Objekt des Staates zu machen oder ihn einer Behandlung auszusetzen, die seine Subjektqualität prinzipiell in Frage stellt[540]. Ebenso umfasst sie die Freiheit des Einzelnen, selbst zu entscheiden, selbst über sich und sein Leben zu bestimmen und sich seiner selbst bewusst zu werden. Das Autonomieprinzip, das auch das Selbstbestimmungsrecht zum Inhalt hat, ist somit ein wichtiger Bestandteil der Menschenwürde[541].
Die Menschenwürde ist eng mit der Persönlichkeit des Menschen verbunden und damit auch mit den in Art. 2 Abs. 1 und Abs. 2 GG geregelten Rechten, welche die allgemeine Handlungsfreiheit, das allgemeine Persönlichkeitsrecht und die sogenannte Eigensphäre schützen.

Doch helfen diese Umschreibungen nicht weiter auf der Suche nach ihrem genauen Inhalt, ihrem Kern. Auch die Beantwortung der Frage, wann die

---

535 *Höfling* in Sachs, Art. 1 Rdnr. 4.

536 Gemäß BVerfGE 39, 1 (42) hat der Staat seine Schutzverpflichtung umso ernster zu nehmen, je höher der Rang des in Frage stehenden Rechtsgutes innerhalb der Werteordnung des Grundgesetzes ist.

537 *Ipsen*, Staatsrecht II, S. 64.

538 *Kunig* in von Münch/ Kunig, Art. 1 Rdnr.1, 2; ebenso *Brugger*, Menschenwürde, S. 9.

539 So auch *Picker*, FG für Flume, S. 158, der darauf hinweist, dass diese Unsicherheit große interpretatorische Freiräume schafft, die weite „Wertungs- und Kompromißmöglichkeiten" eröffnen und so im Ergebnis doch die praktische Konkordanz ermöglichen, die offiziell im Schutzbereich der Menschenwürde ausgeschlossen ist.

540 *Kannengießer* in Schmidt-Bleibtreu/Klein, Art. 1 Rdnr. 1; BVerfGE 87, 209 (228).

541 *Koppernock*, S. 20, sieht im Autonomieprinzip sogar den vorrangigen Gehalt des Art. 1 Abs. 1 GG; auch *Enders*, S. 491, sieht den Schutz der Selbstbestimmung als wesentliches Ziel des Grundrechtsschutzes an.

Schwelle zur Verletzung der Würde eines Menschen überschritten ist, ist durch sie nicht zu erreichen.

Eine positive, endgültige Bestimmung des Inhalts dieser Würde ist aufgrund der Vielschichtigkeit des menschlichen Daseins, des Menschseins und der menschlichen Persönlichkeit jedoch unmöglich. Eine abschließende Definition würde die Gefahr in sich tragen, eine der Facetten des menschlichen Wesens zu vernachlässigen[542]. Daraus folgt, dass man im jeweils konkreten Fall beurteilen muss, ob eine Verletzung der Menschenwürde vorliegt oder nicht[543].
Dies hat allerdings die schwerwiegende Konsequenz, dass eindeutige Fälle zwar leicht zu erfassen sein mögen, in anderen Fällen, in denen die Verletzung der Menschenwürde weniger evident ist, jedoch kaum Entscheidungshilfen geboten werden. Denn solange es keine nähere Definition gibt, ist auch jeder Subsumtionsversuch zum Scheitern verurteilt und die Einordnung einer Handlung als würdeverletzend erschwert.

Einen Definitionsversuch der Verletzungshandlung stellt die sogenannte „Objektformel"[544] dar, welche die Menschenwürde dann als verletzt betrachtet, wenn der „konkrete Mensch zum Objekt, zu einem bloßen Mittel, zur vertretba-

---

542 Auch *Enders*, S. 385, warnt vor der Verabsolutierung einzelner Merkmale, die für das Ganze gelten sollen.

543 Ebenso *Kunig* in von Münch/Kunig, Art. 1 Rdnr. 22; BVerfG NJW 1993, S. 3315; *Enders*, S. 385, weist zutreffend darauf hin, dass dieses Vorgehen zur Folge hat, dass die normative Struktur des Art. 1 Abs. 1 GG permanent in der nachträglichen Entscheidungspraxis der Gerichte entsteht, deren Entscheidungstätigkeit sie strukturiert; *Herdegen* in Maunz/Dürig, GG Kommentar, Art. 1 Rdnr. 37 folgert hieraus, dass der Gehalt der Menschenwürde entwicklungsoffen sei, er sieht neben einem fest umschriebenen Kern des Begriffs der Menschenwürde einen peripheren, abwägungsoffenen Schutzbereich der Menschenwürde (Rdnr. 44), innerhalb dessen der Achtungsanspruch des Betroffenen mit der Würde und dem Leben anderer abzuwägen sei, um auf diese Weise „normimmanent" den Würdeanspruch des Einzelnen zu konkretisieren, Rdnr. 45. Diese Vorgehensweise wird kritisiert von *Böckenförde*, FAZ v. 03.09.2003, S. 33, der die Auffassung vertritt, ein solcher Würdeschutz führe über seine eigene Relativierung notwendig auch zur Relativierung der Unabdingbarkeit der Menschenwürde selbst, wiewohl der Anschein erweckt werde, diese bestünde fort. Diese Kritik erscheint jedoch unberechtigt. Mangels feststehender Definition des Begriffs der Menschenwürde ist ein gewisses Maß an Abwägung außerhalb des Kernbereichs letztendlich immer erforderlich (gewesen), um eine konkrete Verletzung bestimmen zu können. Es erscheint daher konsequent, diese Tatsache auch beim Namen zu nennen. Eine Gefährdung der Menschenwürde ist durch diese Vorgehensweise Herdegens nicht zu befürchten. Soweit *Bockenförde*, a.a.O. und in JZ 2003, S. 809 ff. die Ausführungen Herdegens zur unterschiedlichen Qualität des Würdeschutzes der unterschiedlichen Entwicklungsstufen menschlichen Lebens kritisiert, so würde die Behandlung dieser Thematik im Rahmen dieser Arbeit zu weit führen.

544 Die Objektformel ist an Kant angelehnt und wurde von Günter Dürig zu Bekanntheit geführt.

ren Größe herabgewürdigt wird“[545]. Diese Formel leidet jedoch an der Schwachstelle, dass sie keine Abgrenzungshilfe bei der Frage bietet, wann eine so gravierende Herabwürdigung vorliegt, dass eine Verletzung bejaht werden kann. Sie ist aus diesem Grund ebenfalls nur bei eindeutigen Situationen hilfreich[546] und kann folglich ebenso nur die Richtung andeuten, in der eine Verletzung der Menschenwürde zu suchen ist[547].
Denn es gehört zu der täglichen Lebensrealität eines jeden Menschen, sowohl von seinen Mitmenschen als auch seitens des Staates zumindest teilweise lediglich als Mittel und nicht als Zweck behandelt zu werden. Nicht in jedem dieser Fälle wird der Betroffene aber gleich in seiner Würde verletzt.

Auch aufgrund der Normstruktur von Art. 1 I GG als Generalklausel und aufgrund des Unantastbarkeitspostulats, das jegliche Beschränkungsmöglichkeit oder Abwägung ausschließt, kann man nur zu dem Schluss kommen, dass lediglich ein „absoluter Kernbereich menschlicher Existenz“ von Art. 1 Abs. 1 GG geschützt wird[548]. Dies führt zu dem Ergebnis, dass Artikel 1 I GG lediglich den Schutz vor „schweren Beeinträchtigungen elementarer Persönlichkeitskomponenten“[549] umfasst. Unbestreitbarer Teil dieses zu schützenden Kernbereichs ist die Achtung und der Schutz der körperlichen Integrität eines Menschen[550].

II. Personaler Schutzbereich

Die Menschenwürde kommt jedem Menschen zu, sie beginnt zum Zeitpunkt der Zeugung eines Menschen und wirkt bis über den Tod hinaus[551]. Das Innehaben der menschlichen Würde ergibt sich allein schon aus der Zugehörigkeit zur

---

[545] So *Herdegen* in Maunz/Dürig, GG Kommentar, Art. 1 Rdnr. 33, der allerdings die fehlende verlässliche Prognostizierbarkeit der Würdeverletzung bei Anwendung dieser Objektformel als Schwäche erkennt und sie daher lediglich als den Blick leitende, aber für das abschließende „Verletzungsverdikt“ nicht mehr tragende Orientierungshilfe versteht; *Enders*, Menschenwürde, 1. Kapitel II, S. 16 ff.

[546] Wie hier: *Dreier* in Dreier, GG Kommentar, Art. 1 I Rdnr. 39; *Kunig* in von Münch/Kunig, Art. 1 Rdnr. 23, spricht von der Objektformel als einen Merkposten für Gehalte und Spezifizierungen.

[547] *Höfling* in Sachs, Art. 1 Rdnr. 14; BVerfGE 30, 1 (25).

[548] *Höfling* in Sachs, Art. 1 Rdnr. 16; *Höfling*, Das Menschenrechtsübereinkommen zur Bio-Medizin und die Grund- und Menschenrechte, S. 75 spricht von einem Schutz vor Tabuverletzungen, vor schweren Beeinträchtigungen elementarer Persönlichkeitskomponenten.

[549] So *Höfling* in Sachs, Art. 1 Rdnr. 17, der diesen Ansatz sowohl entstehungsgeschichtlich als auch systematisch begründet; *Höfling*, Das Menschenrechtsübereinkommen zur Biomedizin, 102.

[550] Vergleiche *Höfling* in Sachs, Art. 1 Rdnr. 19, der die Sicherung menschengerechter Lebensgrundlagen, die Gewährleistung elementarer Rechtsgleichheit und die Wahrung der personalen Identität als die übrigen zu schützenden Bereiche nennt.

[551] *Herdegen* in Maunz/Dürig, GG Kommentar, Art. 1 Rdnr. 54 spricht von einem Rückwirken der Menschenwürde auf den Leichnam.

Gattung der Menschen[552]. Wahrnehmungsfähigkeit, ein Bewusstsein der eigenen Würde oder gar ein entsprechendes Verhalten sind dafür keine Voraussetzung[553]. Sie ist auch dem eigen, der aufgrund seines körperlichen oder geistigen Zustandes nicht sinnhaft handeln kann. Sie kann keinem Menschen genommen werden. Verletzbar ist lediglich der Achtungsanspruch, der sich aus ihr ergibt[554].

III. Der Eigenwert des Individuums in der Gesellschaft

Artikel 1 Abs. 1 GG betont den Eigenwert des Individuums und damit den Vorrang des Menschen und seiner Würde gegenüber der Macht des Staates[555]. Diese Regelung enthält die deutliche Absage an das nationalsozialistische Regime und dessen Menschenbild[556], das von einem den Menschen zum Objekt herabwürdigenden Kollektivismus geprägt war[557]. Es kann daraus jedoch nicht gefolgert werden, dass das Grundgesetz den Menschen ausschließlich als autonomes, in sich geschlossenes, jede Einwirkung von außen ablehnendes Individuum versteht. Vielmehr lehnt das Grundgesetz diesen Individualismus ebenso ab wie den Kollektivismus der Nationalsozialisten.

Das Grundgesetz hat vielmehr die Spannung zwischen Individuum und Gemeinschaft im Sinne der Gemeinschaftsbezogenheit und Gemeinschaftsgebundenheit der Person entschieden, ohne dabei deren Eigenwert anzutasten[558]. Das Menschenbild des Grundgesetzes ist somit nicht das des selbstherrlichen Individuums, sondern das der in der Gemeinschaft stehenden und ihr vielfältig verpflichteten Persönlichkeit[559].

Dieses Bild des sogenannten Personalismus ergibt sich sowohl aus Art. 1 Abs. 1 GG sowie aus einer Gesamtinterpretation des Grundgesetzes. Erst diese Hinnahmepflichten des Individuums ermöglichen auch eine Realisierung der Schutzpflichten des Staates dem Einzelnen gegenüber, die sich gerade auch aus Art. 1 GG ergeben. Somit wird der Einzelne zumindest dann nicht durch die Erfüllung gewisser Pflichten in seinem persönlichen Wert- und Achtungsan-

---

552 Vergleiche *Höfling*, Das Menschenrechtsübereinkommen zur Biomedizin", S. 101; BVerfGE 87, 209 (228).

553 *Kunig* in von Münch/Kunig, Art. 1 Rdnr. 11; *Kannengießer* in Schmidt-Bleibtreu/Klein, Art. 1 Rdnr. 2; BVerfGE 39, 1 (41).

554 BVerfGE 87, 209 (228).

555 BVerfGE 7,198 (205).

556 *Dreier* in Dreier, GG Kommentar, Art. 1 I Rdnr. 32; auch *Kunig* in von Münch/ Kunig, Art. 1 Rdnr. 6 sieht die Formulierung als Absage an den Totalitarismus.

557 Vergleiche *Jarass* in Jarass/Pieroth Art. 1 Rn. 1.

558 Siehe auch BVerfGE 4, 7 (15), Investitionshilfeurteil vom 27. 7. 1954; BVerfGE 28, 175 (189); 33, 1.

559 BVerfGE 12, 45 (51); 33, 1 (10); 28, 175 (189); *Becker*, S. 43, weist jedoch darauf hin, dass die Entscheidungen des Bundesverfassungsgerichts keinen Aufschluss darüber geben, worin denn die vielfältigen Verpflichtungen des Einzelnen der Gemeinschaft gegenüber genau bestehen.

spruch beeinträchtigt, wenn der Staat dadurch erst befähigt wird, seinem Auftrag nachzukommen, die Würde eines anderen Menschen zu schützen.

Folglich ist auch die aus der Menschenwürde fließende Freiheit keine uneingeschränkte. Sie wird begrenzt durch die Individualwerte der Mitmenschen, durch den moralischen Wert des Sittengesetzes und durch den Gemeinschaftswert der verfassungsmäßigen Ordnung. Diese Gemeinschaftsbezogenheit bedeutet für den Einzelnen, dass er staatliche Maßnahmen hinnehmen muss, die im überwiegenden Interesse der Allgemeinheit unter strikter Wahrung des Verhältnismäßigkeitsgebotes erfolgen, soweit sie nicht den unantastbaren Bereich privater Lebensgestaltung beeinträchtigen[560].

Selbst überwiegende Interessen der Allgemeinheit können jedoch einen Eingriff in diesen absolut geschützten Kernbereich privater Lebensgestaltung nicht rechtfertigen, so dass eine Abwägung nach Maßgabe des Verhältnismäßigkeitsgrundsatzes nicht stattfinden kann und darf[561]. Insofern gilt der Grundsatz, dass der Mensch immer Zweck an sich selbst bleiben muss, uneingeschränkt für alle Rechtsgebiete, denn die unverlierbare Würde des Menschen als Person besteht gerade darin, dass er als selbstverantwortliche Persönlichkeit anerkannt bleibt[562].

IV. Forschung und Menschenwürde

Zu untersuchen ist nun, wie sich die überragende Bedeutung der Menschenwürde auf die Zulässigkeit von Forschung am Menschen auswirkt. Denn gerade das Heranziehen einer Person zu Forschungszwecken könnte den klassischen Fall der Herabwürdigung eines Menschen zum bloßen Objekt bedeuten[563], da in einer solchen Situation der Studienteilnehmer ein bloßes Mittel auf dem Weg zum Zweck, der Erlangung von medizinischem Fortschritt, darstellt.
Es ist nicht zu leugnen, dass die Eigeninteressen eines Studienteilnehmers bei ausschließlich wissenschaftlicher Forschung grundsätzlich fast vollständig hinter den Gemeinschaftsinteressen zurücktreten. Daran kann auch die Tatsache nichts ändern, dass die jeweilige Maßnahme den Interessen solcher Personen dienen soll, die von der gleichen Krankheit betroffen sind, da es sich jedenfalls nicht um die Individualinteressen des Teilnehmers handelt[564]. Man kann nicht umhin, den Betroffenen als bloßes Mittel auf dem Weg zu neuen medizinischen Erkenntnissen und damit zum Fortschritt zu sehen. Er wird in gewisser Weise als „Forschungsobjekt" benutzt, da seine Individualität im Rahmen der For-

---

[560] *Kannengießer* in Schmidt-Bleibtreu/Klein, Art. 1 Rdnr. 16; BVerfGE 27, 351.
[561] BVerfGE 34, 238 (245).
[562] BVerfGE 45, 187 (228).
[563] Ebenso *Picker*, JZ 2000, S. 693, 696.
[564] Ebenso auch *Freund*, Medizinische Forschung mit einwilligungsunfähigen und beschränkt einwilligungsfähigen, S. 227, der auch den gruppenspezifischen Nutzen als ausschließlich fremden Nutzen einordnet.

schung für den Wissenschaftler keine Rolle spielt. Darin könnte bereits eine unzulässige Preisgabe seiner Würde liegen[565].
Aufgrund dieser Erwägung ergeben sich zwangsläufig Zweifel an der allgemeinen Zulässigkeit von Forschung mit Menschen mit ausschließlich wissenschaftlicher Zielrichtung. Jedoch ist aufgrund der Gemeinschaftsgebundenheit eines Menschen nicht jede Art von Beeinträchtigung seiner Rechte als eine Verletzung seiner Würde zu qualifizieren, denn es ist trotz der überaus hoch einzuschätzenden Bedeutung der Würde des Menschen und seiner Individualität gleichzeitig nicht zu leugnen, dass der Mensch immer auch Teil einer Gemeinschaft ist, an der er teil hat, und von der er auch profitiert[566].

1. Legitimation durch informed consent bei einwilligungsfähigen Probanden

Bei Forschungsvorhaben mit einwilligungsfähigen Personen ist eine Legitimation der wissenschaftlichen Forschung durch den „informed consent" ebenso wie bei einem Heileingriff möglich. Schließlich entscheiden die Versuchsteilnehmer freiwillig und autonom über ihre Teilnahme, wobei sie die potentiellen Risiken bewusst in Kauf nehmen[567]. Wenn es sich dabei um eine echte, voll motivierte und wissende Freiwilligkeit des Patienten handelt[568], kann der Zustand der „Dingheit", der durch die Teilnahme an ausschließlich wissenschaftlichen Forschung entsteht, durch diese Einwilligung gerechtfertigt werden.
Denn die aufgeklärte Entscheidung eines Patienten, an klinischer Forschung teilzunehmen, auch wenn diese ihm persönlich keinen Vorteil bringt, ist Aus-

---

[565] *Joerden*, S.208; *Edinger*, DRiZ 1995, S. 150 betrachtet bei fremdnützigen Versuchen mit Einwilligungsunfähigen die Grenze der Menschenwürde als eindeutig überschritten, er sieht den Menschen als „ganz zum Objekt wissenschaftlicher Forschung degradiert" an, da nicht seine Eigenschaft als Mensch, sondern nur seine Tauglichkeit als Forschungsobjekt im Vordergrund steht.

[566] *Böckle*, S. 35 ist der Meinung, dass der Begriff „Person" nicht immer nur das Individuum meint, sondern immer auch die Person als Teil einer Gemeinschaft, die immer auch zum Wesen der Person selbst beiträgt; damit soll auch dann ein Experiment auch dem Wohl einer Versuchsperson dienen, wenn es ihr individuell gar nichts nutzt.

[567] *Sobota*, Patientenrecht und Forschungsfreiheit, S. 372, dagegen bezweifelt, dass sich der durchschnittliche Patient, der unter dem Druck seiner Krankheit und der Umgebung steht, wirklich aus freiem Willen zur Teilnahme an einer klinischen Studie entscheiden kann.

[568] *Jonas*, Philosophische Betrachtungen, S. 4; derselbe in Technik, Medizin und Ethik, S. 111, der insofern eine Identifizierung mit dem Forschungszweck fordert. Eine solche ist zwar in der Tat wünschenswert, in der Realität jedoch kaum erreichbar. Der zuständige Arzt wird in der Regel schon dann zufrieden sein, wenn der freiwillige Proband die entsprechende Aufklärung versteht und daraufhin einwilligt. Zudem wird es auch gerade bei Grundlagenforschung, bei der es schwieriger ist, dem Probanden den späteren Nutzen seines Einsatzes anschaulich zu machen, schwer sein, einen Menschen so zu motivieren, dass er sich das Verlangen, das Versuchsziel zu erreichen, zu eigen macht. Zwar macht ein größerer Grad an Identifizierung mit dem Projekt eine Teilnahme unbedenklicher, sie zu verlangen ginge jedoch über das nötige Maß hinaus.

prägung seines Selbstbestimmungsrechts aus Art. 2 I GG in Verbindung mit Art. 1 I GG, das es so wenig wie möglich einzuschränken gilt, sofern dafür keine Notwendigkeit besteht. Eine solche Notwendigkeit besteht bei einem aufgeklärten, voll einwilligungsfähigen Menschen, der alle Risiken kennt und diese bewusst in Kauf nimmt, gerade nicht. Entscheidet sich eine Person freiwillig für die Einwilligung, so ist ihre Würde nicht unmittelbar gefährdet. Denn mit seiner Einwilligung entfernt sich der Patient ein Stück weit von seiner Stellung als bloßem Objekt und Mittel zum Zweck. Vielmehr kann die Freiheit, in diese Richtung zu entscheiden und somit einen freiwilligen Beitrag an die soziale Gemeinschaft, der man angehört, zu leisten, gerade auch Ausprägung der Individualität und Persönlichkeit sein[569]. Es wäre daher falsch, dieses meist selbstlose Handeln, das Anerkennung verdient, negativ zu belegen und seine Zulässigkeit abzulehnen.
Somit kann die Einwilligung eines Forschungsteilnehmers nach erfolgter Aufklärung die Tatsache, dass seine Interessen nicht Ziel des Forschungseingriffs sind, rechtfertigen. Eine einmal erteilte Einwilligung gilt allerdings nur so lange, wie sie nicht von dem Patienten oder Probanden widerrufen wurde. Ein solcher Widerruf muss jederzeit möglich sein und das diesbezügliche Recht ist ebenso Ausdruck des Selbstbestimmungsrechts wie die Einwilligung selbst.
Bei einwilligungsfähigen Personen kommt ein anderer Rechtfertigungsgrund als die freiwillig erteilte Einwilligung nicht in Betracht[570].

Allerdings gilt die rechtfertigende Wirkung der Einwilligung nicht unbeschränkt. Die Grenze muss zum Schutz des Probanden dort gezogen werden, wo seine körperliche Integrität in hohem Maße oder sein Leben gefährdet ist, da dieses Risiko in keinem vertretbaren Verhältnis zum Forschungszweck stehen kann. Denn obwohl die Zustimmung zur Teilnahme auch an solcher Forschung generell unter das Selbstbestimmungsrecht des Einzelnen fällt, gibt es doch einen bestimmten, unantastbaren Kernbereich der Würde jedes Einzelnen, den er nicht preisgeben darf.

---

[569] *Freund/ Heubel*, MedR 1997, S. 347; *Freund*, Medizinische Forschung mit einwilligungsunfähigen und beschränkt einwilligungsfähigen Personen, S. 225; *Spranger*, Sozialrecht + Praxis, 2000, S. 71 (74) sieht darin höchst lobenswerten Altruismus; gleichzeitig aber sieht *Helmchen*, Verantwortung und Ethik in der Therapie-Forschung, S. 71, die klinische Wirklichkeit eher darin, dass die Patienten nicht aus sozialer Verpflichtung heraus und damit aktiv handeln, sondern eher lediglich die Erlaubnis zur Durchführung klinischer Forschung an ihnen erteilen.
[570] Anderer Ansicht *Picker*, JZ 2000, S. 693 ff., der auch eine Sozialpflichtigkeit für Einwilligungsfähige bejaht, mit der Konsequenz, dass deren Einwilligung in diesen Fällen rechtlich irrelevant wäre; kritisch dazu *Wunder*, JZ 2001, S. 344, 345.

2. Forschung mit einwilligungsunfähigen Personen

Es bleibt nun zu untersuchen, ob in den Fällen, in denen der Betroffene zur Erklärung einer wirksamen Einwilligung nicht in der Lage ist, wissenschaftliche Forschung mit lediglich gruppenspezifischem Nutzen auch ohne diese freiwillige persönliche Einwilligung zulässig sein kann. Dies ist insbesondere deswegen zweifelhaft, weil eine Rechtfertigung durch die eben erläuterte freiwillige, selbstbestimmte Entscheidung gerade nicht in Betracht kommt. Es ist somit zu klären, ob der Schutz der Würde einwilligungsunfähiger Personen ein generelles Verbot von Forschung mit ausschließlich wissenschaftlicher Zielrichtung mit diesen Personengruppen verlangt.

Insbesondere wenn bei einem bestimmten Forschungsvorhaben gar kein oder nur ein minimales Risiko für die potentielle Versuchsperson besteht, ist es fraglich, ob darin schon ein Eingriff in den absolut zu schützenden Kernbereich der Würde zu sehen ist[571].
Mangels eigener Entscheidungskraft wird der Betroffene jedoch auch in einem solchen Fall unstreitig als Forschungsobjekt herangezogen[572], ohne selbst Einfluss auf seine Behandlung nehmen zu können.

a. Rechtfertigung aufgrund eines angenommenen Eigeninteresses des Forschungsteilnehmers

Es bestehen verschiedene Argumentationsansätze, die trotz des Fehlens einer ausdrücklichen Einwilligung des einwilligungsunfähigen Patienten eine Verletzung seiner Menschenwürde verneinen, da sie von einem generellen Interesse einwilligungsunfähiger Personen an der Teilnahme an gruppennützigen Forschungsstudien ausgehen.

aa. Mutmaßliche Einwilligung aufgrund besonderer Solidarität

So wird der Grundsatz, dass in der Einwilligung eines Stellvertreters in Forschungsmaßnahmen gerade keine Selbstbestimmung des Einwilligungsunfähigen zu sehen ist, sondern ein Akt der Fremdbestimmung, verschiedentlich in Zweifel gezogen. Dies wird mit der Annahme begründet, dass kranke Menschen oftmals eine besondere Solidarität gegenüber ihren gegenwärtigen und zukünftigen Leidensgenossen verspüren, die beispielsweise bei Demenzkranken insbesondere auch durch die erlebte Solidarität seitens der jüngeren Generationen ausgelöst werde. Dieses „soziale Verpflichtungsgefühl" der betroffenen Kranken

---

[571] So geht auch das Bundesministerium für Justiz in seiner Informationsbroschüre (Februar 1998), S. 20, davon aus, dass minimale Risiken und Belastungen nicht den Kern der Menschenwürde berühren. Insbesondere wird auch von *Helmchen/Lauter*, S. 70, die aufgrund der dringenden Notwendigkeit ärztlicher Forschung die Kompetenzen des Betreuers erweitern wollen, vorgeschlagen, dass dieser auch in rein wissenschaftliche Forschung mit Einwilligungsunfähigen einwilligen dürfen sollte.

[572] *Anonymus*, DRiZ 1996, S. 388

führe dann zu einer verbreiteten Bereitschaft zur Teilnahme an Forschungsvorhaben ohne potentiellen individuellen Nutzen[573].

Aus der auf diese Weise angenommenen Solidarität wird ein mutmaßlicher Wille des Patienten konstruiert, an einem Forschungsvorhaben teilzunehmen, das seinen zukünftigen Leidensgenossen zugute kommen soll. Diesem Willen würde der Stellvertreter durch seine Einwilligung Ausdruck verleihen.
Die Einwilligung des gesetzlichen oder gewillkürten Stellvertreters stellt diesem Ansatz zufolge lediglich eine Verlängerung des persönlichen Willens des Betroffenen dar und soll dem Patienten damit die Möglichkeit eröffnen, sein grundrechtlich geschütztes Selbstbestimmungsrecht auszudehnen und auf diese Weise seine persönliche Einwilligung zu ersetzen.

Dieser „Grundsatz wechselseitiger Verpflichtung“[574], der Ausdruck der Solidarität innerhalb der Gemeinschaft sein soll, wird somit als Grund für eine Kompetenzerweiterung des gesetzlichen Stellvertreters gesehen. Da mit der Teilnahme an einem Forschungsvorhaben dieser Ansicht zufolge lediglich die Selbstbestimmung des Betroffenen ermöglicht wird, kann konsequenterweise in einem im Rahmen dieser gruppennützigen Prüfung vorgenommenen Eingriff auch keine Verletzung seiner Menschenwürde gesehen werden. Schließlich stellt dieser lediglich eine Verwirklichung seines eigenen (angenommener) Willens dar. Besonderer Anhaltspunkte für das tatsächliche Vorliegen dieses Willens bedarf es dieser generellen Annahme zufolge grundsätzlich nicht.
Ob diese Annahme allerdings der Realität entspricht, darf bezweifelt werden. Es besteht insofern ein großer Unterschied, ob sich ein einwilligungsfähiger Mensch, der eine solche Solidarität wirklich verspürt, bewusst für die Teilnahme an Forschung entscheidet und damit seiner Solidarität selbst Ausdruck verleiht, oder ob eine Vielzahl von Menschen ohne ihre ausdrückliche Zustimmung aufgrund der bloßen Vermutung eines Solidaritätsgefühls zu Forschung herangezogen werden, obwohl ein derartiger Wille des Einzelnen nicht bekannt ist und dieser zur Äußerung eines solchen auch nicht in der Lage ist. Die bloße Fest-

[573] *Helmchen/Lauter*, S. 71; ähnlich auch die Argumentation von *van den Daele*, S. 99, der davon ausgeht, dass sich die Instrumentalisierung einwilligungsunfähiger Personen zu Forschungszwecken aus ihrer Sicht als altruistisches Handeln darstelle, das eine Form der Teilnahme am sozialen Leben sei. Einen Anhaltspunkt für den Ursprung dieser Erkenntnis über das Denken einwilligungsunfähiger Personen liefert er jedoch nicht.

[574] *Tolmein*, Die drohende Zunahme von Demenz-Erkrankungen, S. 55, wendet dagegen ein, dass die vermutete Einwilligung durch dieses "Gefühl der Verpflichtung" kein Akt der unabhängigen Selbstbestimmung mehr sei, sondern dass sich Freiwilligkeit und Zwang in dieser Konstellation mischen würden, so dass die generellen Anforderungen an eine Einwilligung nicht mehr erfüllt werden könnten. Allerdings sollte man hier nicht zu sehr am Wortlaut der "Verpflichtung" haften. Echte Verpflichtung wird der betroffene Patient wohl höchstens demjenigen gegenüber verspüren, der ihn pflegt. Die Entscheidung, an fremdnützigen Experimenten teilzunehmen, wird dadurch wohl kaum beeinflusst werden.

stellung, dass bei vielen Patienten, die nicht mehr in der Lage sind, eine wirksame Einwilligung zu erklären, „ein Bewusstsein wechselseitiger Loyalität und Verantwortung“[575] noch vorhanden ist, kann die fehlende Einwilligung daher nicht ersetzen und die Annahme einer mutmaßlichen Einwilligung nicht begründen.
Denn zum einen wird man diese Feststellung, auch wenn sie in vielen Fällen zutreffen mag, kaum generalisieren können. Es entspricht daher schlichtweg nicht der Realität, von einem mutmaßlichen Einverständnis in jedem Fall auszugehen[576]. Folglich würden - ließe man die Einwilligung des Stellvertreters auf dieser Basis generell ausreichen - zwangsläufig auch solche Personen für Forschungsvorhaben herangezogen, die keine solche Solidarität verspüren. Der individuelle Wille der Kranken würde somit durch den pauschalen Grundsatz der wechselseitigen Verpflichtung für unbeachtlich erklärt[577].

Die bloße Tatsache, dass zwischen einsichtsfähigen Leidensgenossen, die in der Lage sind, selbst eine solche Entscheidung zu treffen, im Regelfall eine größere Bereitschaft besteht, etwas für einander zu tun, darf nicht dazu führen, dass Einwilligungsunfähige, die nicht die erforderliche Einsichtsfähigkeit besitzen, „zwangssolidarisiert“ werden können[578]. Aus dem generell bestehenden Mitgefühl einwilligungsfähiger Personen und ihrer Bereitschaft, für einen anderen ein Risiko auf sich zu nehmen in dem Bewusstsein „wenn mir schon nicht mehr geholfen werden kann, so soll doch wenigstens einem anderen mein Leidensweg erspart bleiben“ darf dem Einwilligungsunfähigen auf keinen Fall eine faktische Pflicht entstehen, an gruppen- und damit fremdnützigen Versuchen teilzunehmen. Gerade darauf würde aber eine solche pauschale Annahme seiner Einwilligungsbereitschaft hinauslaufen, so dass von einer Verlängerung des individuellen Selbstbestimmungsrechts nicht die Rede sein kann.

Zum anderen erscheint es mehr als fragwürdig, die bei Einwilligungsfähigen geforderte Einwilligung nach Aufklärung durch den doch sehr vagen Begriff eines Loyalitäts- und Verantwortungsbewusstseins zu ersetzen. Es kann nicht angehen, gerade bei denjenigen, die aufgrund ihres Zustandes eines besonderen

---

575 *Lauter*, Ethik Med 1996, S. 77.

576 Gegen die generelle Unterstellung eines solchen mutmaßlichen Einverständnisses außerhalb von Extremfällen wie zum Beispiel der Lebendspende eines Organs für das eigene Kind des Einwilligungsunfähigen auch *Hüppe*, Gefahr für die Menschenwürde, S. 8; auch *Laufs* in Laufs/Uhlenbruck, Handbuch des Arztrechts, § 65 Rdnr. 11 geht davon aus, dass sich die dafür erforderliche Bereitschaft zur Fremdnützigkeit mit der gebotenen Sicherheit kaum jemals wird feststellen lassen können.

577 Ebenso auch *Tolmein*, Die drohende Zunahme von Demenz-Erkrankungen, S. 55.

578 Von einer „Sozialpflichtigkeit“ ganzer Patientengruppen zugunsten von Forschung, die durch Art. 17 II entstehe, spricht auch *Hüppe*, Gefahr für die Menschenwürde, S. 9.

Schutzes bedürfen, weniger hohe Anforderungen an die Voraussetzungen für eine Teilnahme an wissenschaftlicher Forschung zu stellen.
Zudem mag zwar ein besonderes Solidaritätsgefühl bei einem Demenzkranken, der die Fähigkeit zur Bildung eines tatsächlichen Willen besitzt, vorhanden sein, bei einem Bewusstlosen kommt dies dagegen naturgemäß nicht in Betracht, so dass eine allgemeine Rechtfertigung für Forschung mit Einwilligungsunfähigen auf dieser Basis schon aus diesem Grund nicht konstruiert werden kann.

Abgesehen davon, dass die Annahme eines solchen generellen Loyalitäts- und Verantwortungsbewusstseins eine reine Fiktion wäre, könnte diese zur Unterstellung eines mutmaßlichen Einverständnisses führende Erwägung auch zu einer enormen Belastung für den Demenzpatienten werden. Denn das Bewusstsein, mit dieser Begründung eventuell Forschungseingriffen ausgesetzt zu werden, die nicht seinem Vorteil dienen, kann zu einer gewissen Verunsicherung und somit auch zur Beeinträchtigung seiner Lebensqualität führen. Diese Sorge könnte sich ebenfalls nachteilig auf das Vertrauensverhältnis zwischen Arzt und Patient auswirken[579].

Aus diesen Gründen kann die Zulässigkeit der Stellvertretung nicht allein mit dem vermuteten Vorliegen eines Solidaritätsgefühls begründet werden. Liegen keine besonderen Anhaltspunkte für einen individuellen Teilnahmewillen vor, so handelt es sich bei der Einwilligung des Stellvertreters um eine Fremdbestimmung, der keinesfalls die gleiche Wirkung beigemessen werden darf wie einer persönlich erteilten Einwilligung des Betroffenen. Eine Ausdehnung des Selbstbestimmungsrechts des Betroffenen in ihr zu sehen, wäre eine bloße Fiktion, die allein dem Zwecke dient, Forschung in einem größeren Umfang als bislang möglich zu rechtfertigen.
Gewährt man damit Dritten eine Einwilligungsbefugnis, ohne objektivierte Anhaltspunkte für einen entsprechenden Willen des Patienten zu verlangen, und weicht somit von dem Erfordernis der Freiwilligkeit als einzigem rechtfertigenden Element ab, so hat dies zur Folge, dass die höchstpersönlichen Rechtsgüter des Betroffenen zum Nutzen der Allgemeinheit in gewisser Weise preisgegeben werden können. Ohne einen Nachweis dafür, dass es sich bei der Entscheidung des Stellvertreters tatsächlich um den Ausdruck des Willens des Patienten handelt, läge es allein in der Hand Dritter zu entscheiden, unter welchen Umständen in diese eingegriffen werden darf.
Das Prinzip der Selbstbestimmung würde somit durch die Möglichkeit der Fremdbestimmung abgelöst, was die Gefahr zur Folge hätte, dass der Patient in gewisser Weise sozialpflichtig gemacht würde. Denn der Betroffene könnte

---

579 So auch *Leidinger*, Müssen Demenzkranke ein Sonderopfer für die Forschung erbringen, S. 113.

allein aufgrund der Entscheidung Dritter der Forschung „zur Verfügung gestellt" werden, ohne dass er etwas dagegen ausrichten könnte.

Zwar wird man in der Regel davon ausgehen können, dass der Betreuer eines Volljährigen oder die Eltern eines Minderjährigen grundsätzlich nur solchen Eingriffen zustimmen werden, die die Gesundheit des Betroffenen nicht gefährden, jedoch kann diese bloße Annahme zu seinem Schutz nicht genügen. Denn es ist eine prinzipielle Frage, ob es von dem Gutdünken eines Dritten abhängen darf, ob ein Eingriff in die Rechtsgüter des Betroffenen zulässig sein kann oder nicht.
Da einwilligungsunfähige Personen aufgrund ihrer Einsichtsunfähigkeit eines besonderen Schutzes bedürfen, erscheint es widersprüchlich, die höchstpersönlichen Rechtsgüter dieser relativ hilflosen Menschen ohne ihre Einwilligung der Entscheidung Dritter zu unterwerfen. Es kann in einer solchen Situation nicht genügen, lediglich auf das Verantwortungsbewusstsein des Betreuers zu vertrauen.

Folglich kann die alleinige Tatsache, dass ein Vertreter des Betroffenen dem Eingriff zugestimmt hat, keinen Einfluss auf die Beurteilung der Frage haben, ob dieser eine Verletzung der Würde des Patienten darstellt. Es kann in der Erforderlichkeit der Einwilligung eines Stellvertreters lediglich ein zusätzlicher Schutz für den Einwilligungsunfähigen gesehen werden, eine rechtfertigende Wirkung, die den Eingriff in irgendeiner Weise ausgleichen könnte, kann von ihr dagegen nicht ausgehen.

Diese Wertung soll jedoch nicht dazu führen, dass einzelnen Patienten, die tatsächlich ein solches Bewusstsein der Solidarität besitzen, die Selbstbestimmung in dieser Richtung verwehrt wird. Der richtige Weg, diesem Ausdruck zu verleihen, liegt jedoch weder in einem Verzicht auf die entsprechende Einwilligung noch in der Konstruktion einer solchen durch die Annahme eines generellen „Verantwortungsbewusstseins". Es ist vielmehr gerade in den Fällen des schleichenden Krankheitsverlaufs, bei denen der spätere Eintritt der Einsichtsunfähigkeit mit einiger Wahrscheinlichkeit abzusehen ist, die Lösung in einer antizipierten Einwilligung zu suchen.

Für die Forschung mit einwilligungsunfähigen Minderjährigen kommt dieser Ansatz allerdings nicht in Betracht, da bei ihnen aufgrund noch nicht ausgebildeter Verstandesreife ein solches Bewusstsein grundsätzlich nicht angenommen werden kann.

bb. Diskriminierung des Einwilligungsunfähigen selbst durch Verbot der Forschung

Ein weiteres Argument, das von einem Eigeninteresse der Einwilligungsunfähigen an der Teilnahme ausgeht und daher für die Zulässigkeit von Forschung mit dieser Personengruppe unter Inkaufnahme gewisser, wenn auch minimaler, Risiken angeführt wird, besagt, dass durch ein Verbot dieser Forschung die Personengruppe der Einwilligungsunfähigen selbst diskriminiert werde[580]. Diese Diskriminierung beruhe auf der Tatsache, dass sie von der medizinischen Erforschung ihrer Krankheit ausgeschlossen würden.

Dieser Argumentationsansatz kann aus der Sicht des einzelnen Betroffenen nur dann Sinn ergeben, wenn im konkreten Fall zu erwarten ist, dass er selbst später von der mit ihm durchgeführten Forschung profitieren würde. Denn nur auf diese Weise könnte er persönlichen Schaden aufgrund des Forschungsverbots erleiden. Dies ist jedoch in der Regel aufgrund der regelmäßig jahrelangen Zeitspanne, die zwischen der Durchführung eines Forschungseingriffs und der tatsächlichen Entwicklung einer wirksamen Therapiemöglichkeit liegt, höchst selten der Fall. Zudem ist Forschung mit potentiell mittelbarem individuellen Nutzen, wie bereits festgestellt, mit Einwilligung des Stellvertreters in gewissem Umfang zulässig, so dass eine Diskriminierung bereits aus diesem Grund nicht stattfindet.

Eine Diskriminierung des einzelnen Patienten durch ein Unterlassen von wissenschaftlicher Forschung anzunehmen, wäre zudem schon deswegen fragwürdig, da dieses Verbot einzig und allein dem Schutz der Personengruppe der Einwilligungsunfähigen und damit auch seiner eigenen Rechte dient und im Regelfall auch keinerlei Eigeninteresse an einer Teilnahme vorhanden sein wird[581].

Allein die Tatsache, dass zukünftigen Leidensgenossen eventuell durch das Unterlassen von Forschung eine Therapie verwehrt bleiben wird, lässt nicht auf eine Diskriminierung des heutigen Patienten schließen, wenn die Wahrung seiner höchstpersönlichen Rechte die Unterlassung solcher Eingriffe gerade verlangt. Denn auch wenn es sich bei den zukünftigen Patienten, denen durch ein mehr an Forschung zum gegenwärtigen Zeitpunkt eventuell bessere Behandlungsmöglichkeiten zur Verfügung stehen könnten, um Leidensgenossen handelt, so sind sie doch für den einzelnen Patienten fremde Personen. Und auch wenn der Schutz der Interessen des einzelnen Patienten fast zwangsläufig Nachteile für die Entwicklung von Behandlungsmöglichkeiten derartiger Krankheiten nach sich zieht, so kann man doch aufgrund des enttäuschten Therapieinteresses fremder Personen keine Diskriminierung des einzelnen Patienten

---

[580] Vergleiche *Wolfslast*, Einwilligungsfähigkeit im Lichte der Bioethik-Konvention, S. 85.

[581] Gleichfalls sehr kritisch zu dieser Argumentation *Neuer-Miebach*, Subjekt oder Objekt von Forschungsinteressen, S. 184.

annehmen, in dessen Rechte durch die Forschungsmaßnahme eingegriffen werden würde. Dieser Nachteil ist vielmehr eine ungewollte, nicht zu vermeidende Folge des Schutzes der höchstpersönlichen Rechte des Einzelnen. Aus diesem Grund kann auch nicht von einer Diskriminierung der zukünftigen Kranken die Rede sein.
Es würde daher der Realität nicht entsprechen, ohne konkrete Anhaltspunkte ein derartig konstruiertes Interesse des Patienten an wissenschaftlicher Forschung anzunehmen. Vielmehr liegt eine Situation vor, in der die Interessen des Individuums denen der gesamten Gruppe und damit auch der Gesellschaft gegenüberstehen, so dass zu entscheiden ist, welchen Interessen der Vorzug zu geben ist.

Hat der Betroffene dagegen tatsächlich den Willen, seinen zukünftigen Leidensgenossen zu helfen und hat er diesen zum Ausdruck gebracht, so ist nicht von der Hand zu weisen, dass es einen erheblichen Eingriff in sein Selbstbestimmungsrecht darstellen würde, einem einsichts- und damit einwilligungsfähigen Menschen das Recht zu verwehren, sich für die Teilnahme an Experimenten auch im einwilligungsunfähigen Zustand zu entscheiden[582]. Es würde ihm die Möglichkeit genommen, seinen freiwilligen Beitrag zur Erforschung seines Leidens zu leisten, worin eventuell tatsächlich eine Diskriminierung liegen könnte.
Dies ist jedoch nur bei einem Menschen denkbar, der bewusst über Forschung und ihren Nutzen reflektiert und daraufhin selbst den Entschluss zu seiner Teilnahme an Forschung gefasst hat. Ihm darf diese Möglichkeit der Solidaritätsbekundung und damit auch der Verwirklichung eines persönlichen Anliegens grundsätzlich nicht verwehrt werden. Beispielsweise kann dies bei einem Alzheimerpatienten der Fall sein, der zu Beginn seiner Krankheit noch in der Lage ist, eine derartige Entscheidung zu treffen.
Da Kleinkinder, Bewusstlose und schwerst demente Patienten jedoch nicht in der Lage sind, über die Problematik der medizinischen Forschung und ihrer Notwendigkeit zu reflektieren, wäre es abwegig zu behaupten, sie wären in ihrer Autonomie oder gar in ihrer Würde verletzt, wenn sie nicht an medizinischer Forschung teilhaben können[583], wenn sie einen derartigen Willen nie zum Ausdruck gebracht haben. Keinesfalls kann ihnen dieser Wille einfach generell unterstellt werden. Einer solchen Argumentation wohnt die Gefahr inne, dass einwilligungsunfähige Patienten zu Forschungsuntersuchungen herangezogen würden, die für sie selbst keinen potentiellen Nutzen haben, mit der Begründung, dass ansonsten ihr Recht auf Selbstbestimmung verletzt wäre. Dies hieße jedoch die reale Interessenlage der Betroffenen ins Gegenteil verkehren: der einwilligungsunfähige Patient wird in der Regel zu diesem Zeitpunkt ein großes Interesse daran haben, weitgehend schmerzfrei und ohne zusätzliche Belastun-

[582] *Wolfslast*, Einwilligungsfähigkeit im Lichte der Bioethik-Konvention, S. 85.
[583] So aber *Wolfslast*, Einwilligungsfähigkeit im Lichte der Bioethik-Konvention, S. 85.

gen irgendeiner Art zu leben[584]. Den weitgehenden Schutz seiner Rechtsgüter und Interessen als Angriff auf seine Autonomie oder gar seine Würde zu werten, scheint absurd[585].

In die gleiche Richtung zielt jedoch der Ansatz, der aufgrund des gemeinschaftsbezogenen Menschenbildes des Grundgesetzes davon ausgeht, dass die Teilnahme eines Einwilligungsunfähigen an Forschung, die solchen Personen zugute kommen soll, die ihm aufgrund ihres gleichgelagerten Schicksals verbunden sind, nicht als Verstoß gegen die Personenwürde des Betroffenen angesehen werden könne. Vielmehr werde der Betroffene in solchen Fällen gerade „in seiner Gemeinschaftsbezogenheit respektiert", da ihm die Möglichkeit eröffnet werde, wie alle anderen Mitglieder der Gesellschaft an der Gemeinschaft teilzunehmen[586]. Diese Argumentation birgt gleichfalls die Gefahr, dass durch den dabei unterstellten Willen des Betroffenen, in dieser Weise an der Gemeinschaft teilnehmen zu wollen, die Lebensrealität des Einzelnen außer Acht gelassen wird. Denn in vielen Fällen wird das einzige Interesse eines nicht mehr Einwilligungsfähigen darin liegen, gerade nicht belästigt oder beeinträchtigt zu werden, insbesondere wenn er nicht mehr in der Lage ist zu verstehen, zu welchem Zweck ein bestimmter Eingriff erfolgt. Diese besondere Interessenlage, die einen gesteigerten Schutz seiner Rechtsgüter erforderlich macht, wird durch eine derartig einseitige Argumentation jedoch vernachlässigt. Diese kann insofern auch keine Rechtfertigung für die Zulässigkeit von Forschung mit dieser Personengruppe liefern und eine Verletzung der Würde durch einen derartigen Eingriff nicht ausschließen.

b. Zwischenergebnis

Somit wurde festgestellt, dass von einem generellen Eigeninteresse nicht-einwilligungsfähiger Personen an gruppennütziger Forschung - in welcher Form auch immer - nicht ausgegangen werden kann. Das Bedürfnis nach Forschung in diesem Bereich ist vielmehr in der Regel lediglich ein Interesse der Gesellschaft und der zukünftig Kranken, das seinen Interessen als Individuum meist entgegensteht. Es handelt sich somit bei der Teilnahme eines Einwilligungsunfähigen an Forschung in der Regel gerade nicht um einen bewussten, selbstlosen Akt, mit dem der Proband seine uneigennützige Einstellung und damit seine Individualität zum Ausdruck bringt und mit der er Gebrauch von seinem Selbstbestimmungsrecht macht, sondern eher - sofern keine diesbezügliche Erklärung

---

[584] Vergleiche *Laade*, Umgang mit einwilligungsunfähigen Menschen in Therapie und Forschung, S. 205, der aufgrund des Unverständnisses des Betroffenen für einen solchen Eingriff in seine körperliche Integrität von einer Verletzung dessen Persönlichkeit ausgeht.

[585] Kritisch zu einer derartigen Argumentation auch *Picker*, JZ 2000, S. 693, 696.

[586] *Rosenau*, S. 85.

des Betroffenen oder sonstige Anhaltspunkte für einen solchen Willen vorliegen - um einen „erzwungenen“ Beitrag zum Wohl der Gesellschaft.
Zwar kann der einzelne Betroffene durchaus den Willen haben, sich Forschungsmaßnahmen zur Verfügung zu stellen, so dass es notwendig ist, Wege zu finden, diesem Wunsch gerecht zu werden. Die Lösung dafür kann jedoch nicht darin liegen, von einer generellen Zulässigkeit solcher Forschung ohne eine persönliche Einwilligung auszugehen. Sie ist vielmehr über die antizipierte Einwilligung zu suchen.

Da eine freiwillige Teilnahme im engen Sinne bei Einwilligungsunfähigen grundsätzlich nicht möglich ist, müsste, wenn man den Grundsatz der Freiwilligkeit der Teilnahme beibehalten will, die Konsequenz eigentlich in einem vollständigen Verzicht auf Forschung mit dieser Personengruppe liegen. Dies würde auch dem ethischen Grundsatz entsprechen, der besagt, dass die Kantische Regel, nach welcher der Mensch immer auch Zweck und niemals bloßes Mittel sein darf, nur von dem Betroffenen selbst außer Kraft gesetzt werden dürfe[587]. Denn fremdnützige Forschung ohne Einwilligung der Versuchsperson zuzulassen, hieße gleichzeitig, den Grundsatz der Selbstbestimmung zu relativieren. Dieser stellt jedoch eine der Ausprägungen der Würde des Einzelnen dar, deren Unantastbarkeit eine Grenze für den wissenschaftlichen Versuch zieht, die keinesfalls überschritten werden darf. Als höchstes Gut der Verfassung darf ihr Schutz auch angesichts der dringenden Notwendigkeit von Forschung nicht relativiert werden[588]. Ihr Kern unterliegt keinerlei Beschränkungsmöglichkeiten, auch wenn andere Verfassungsgüter von der jeweiligen Frage berührt werden[589].

Es ist jedoch fraglich, ob die Würde des Menschen in ihrem unantastbaren Kern bei jeder Art von wissenschaftlicher Forschung ohne Einwilligung berührt wird, oder ob es einer bestimmten Eingriffsintensität der jeweiligen Behandlung bedarf, um dies zu bejahen. Denn nicht in jedem Benutzen eines Menschen als Mittel zum Zweck ist zwangsläufig eine Verletzung seiner Menschenwürde zu sehen[590]. Hinzukommen muss, dass er einer Behandlung ausgesetzt ist, die seine

---

587 So auch *Rössler*, Ethik Med 1996, S. 172; *Jonas*, Technik, Medizin und Ethik, S. 111, ist dagegen der Ansicht, dass nicht das Benutzen als Mittel das Anstößige sei, sondern die Tatsache, dass die Versuchsperson zu einem Ding, einem Objekt gemacht werde.

588 Nach BVerfGE 75, 369, 380 besteht, soweit das allgemeine Persönlichkeitsrecht unmittelbarer Ausfluss der Menschenwürde ist, keine Möglichkeit des Güterausgleichs. Auch *Höfling* in Sachs, GG Kommentar, Art. 1 Rdnr. 10, sieht die Menschenwürde durch die Unantastbarkeitsformel dem Abwägungsprozess entzogen.

589 *Höfling/Demel*, MedR 1999, S. 545.

590 Auch das Bundesverfassungsgericht geht in seiner Entscheidung 30, 1 (26) davon aus, dass der Mensch nicht selten bloßes Objekt nicht nur der Verhältnisse und der gesellschaftlichen Entwicklung, sondern auch des Rechts ist, insofern er sich ohne Rücksicht auf seine Interessen fügen muss.

Subjektqualität prinzipiell in Frage stellt, oder dass in dieser Behandlung im konkreten Fall eine willkürliche Misshandlung der Würde des Menschen liegt. Die Behandlung des Menschen muss also, wenn sie die Menschenwürde berühren soll, Ausdruck der Verachtung des Wertes, der dem Menschen kraft seines Personseins zukommt, also in diesem Sinne eine verächtliche Behandlung sein[591]. Eine Herabsetzungsabsicht ist dabei nicht erforderlich. Erreicht die objektive Herabsetzung für sich genommen bereits einen erheblichen Grad, so heilt auch eine eventuell vorhandene „gute Absicht" die Würdeverletzung nicht[592].
Unter welchen Voraussetzungen die Teilnahme an Forschungsstudien eine solche die Würde missachtende Behandlung darstellen kann, gilt es nun zu untersuchen. Dabei wird der Schlüssel zur Beantwortung dieser Frage darin liegen herauszufinden, wie weit den Einzelnen Verpflichtungen gegenüber anderen Mitgliedern der Gesellschaft treffen können und ab welchem Punkt der Eigenwert des Betroffenen angetastet wird. Es gilt somit für diese konkrete Frage das Spannungsverhältnis zwischen Individuum und Gesellschaft aufzulösen.

Käme man dabei zu dem Ergebnis, dass der Bedarf an Forschung und der damit verbundene Nutzen für die Gesellschaft eine ausreichende Rechtfertigung für Forschungseingriffe ohne persönliche Einwilligung darstellen, so gebietet es der Gleichheitsgrundsatz, dass es gleichfalls möglich sein muss, auch einwilligungsfähige Patienten ohne ihre Einwilligung zur Erforschung ihrer Krankheit heranzuziehen, wenn nicht genügend Freiwillige vorhanden sind und nur ihre Teilnahme den dringend benötigten Erkenntnisgewinn verspricht[593]. Denn es ist kein Grund ersichtlich, warum Menschen, die nicht in der Lage sind, einer Behand-

---

[591] BVerfGE 30, 1 (25ff.); ebenso vertritt *Enders*, S. 491, dass Grundrechtsschutz nicht die Abwesenheit jeglicher Fremdbestimmung bedeutet.

[592] *Kunig* in von Münch/Kunig, GG-Kommentar, Art. 1 Rdnr. 24.

[593] Wenn man von einer Pflicht eines jeden ausgeht, minimale Risiken bei großer möglicher Hilfe für andere auf sich zu nehmen, hält auch *Siep*, Ethische Aspekte der Forschung mit nicht-einwilligungsfähigen Personen, S. 121, es für nötig zu erklären, warum diese Pflicht Einwilligungsfähige nicht binden solle. Ebenso *Picker*, JZ 2000, S. 693, 701 ff., der diesen Lösungsweg der Sozialpflichtigkeit für alle Menschen unabhängig von ihrem Willen bis zu einem gewissen Grad befürwortet; a.A. *Wunder*, JZ 2001, S. 344, 345, der argumentiert, dass eine Jedermanns-Pflicht die Ungleichbehandlung von Einwilligungsfähigen und nicht Einwilligungsfähigen lediglich durch die Ungleichbehandlung genetisch geeigneter und nicht geeigneter Versuchspersonen ersetzen würde. Allerdings übersieht er bei dieser Argumentation, dass eine solche Ungleichbehandlung durch einen sachlichen Grund gerechtfertigt wäre, während dies bei der bisherigen Form der Ungleichbehandlung nicht der Fall ist; *Merkel*, Nichttherapeutische klinische Studien an Einwilligungsunfähigen, S. 199, sieht jedoch in der Tatsache, dass bei einer Heranziehung von Personen, die einer Teilnahme widerstreben, zusätzlich zu der physischen Inanspruchnahme noch eine Autonomieverletzung hinzukommt, einen normativ gewichtigeren Eingriff in deren Rechte, der nicht zulässig sein kann.

lung zu widersprechen und sich auf diese Weise zu schützen, und nur aus diesem Grund für die Gesellschaft leichter verfügbar sind, dieser gegenüber in einer Weise verpflichtet sein sollen, die bei einwilligungsfähigen Menschen, denen man den Zweck eines Eingriffes zumindest erklären kann, wie selbstverständlich undenkbar ist. Dies gilt umso mehr, wenn man den zur argumentativen Befürwortung von Forschung mit Einwilligungsunfähigen herangezogenen Gedanken des persönlichen Interesses des Betroffenen an Forschung weiterverfolgt. Wäre eine solche Argumentation wirklich stichhaltig, so könnte man auch bei einwilligungsfähigen Personen generell von einer Zustimmung zur Teilnahme an derartigen Vorhaben ausgehen, was jedoch zu Recht niemand annehmen würde[594].

Die Frage, bis zu welchem Grad ein Mensch zum bloßen Objekt des Handelns anderer gemacht werden darf, ist schließlich eine prinzipielle, deren Beantwortung an sein Menschsein selbst geknüpft ist und nicht von seinen persönlichen Fähigkeiten abhängig gemacht werden darf. Insofern kann es nicht richtig sein, von einwilligungsunfähigen Personen einen Beitrag zum Wohl der Gesellschaft zu verlangen, den man von einwilligungsfähigen Personen niemals fordern dürfte.

Trotz der wichtigen Denkansätze, die die Frage der Gleichbehandlung von Einwilligungsfähigen und Einwilligungsunfähigen aufwirft, würde eine abschließende Darstellung dieser Problematik im Rahmen dieser Arbeit jedoch zu weit führen.

c. Interessenabwägung

Die Teilnahme an einer Forschungsstudie ohne persönlich erteilte Einwilligung muss nicht zwingend einen Ausdruck der Geringschätzung der menschlichen Person und ihrer Würde darstellen. Es könnte sich dabei auch um eine den Bürger treffende Last handeln, die um des Schutzes des Lebens und der Gesundheit zukünftiger Betroffener willen von ihm zu fordern ist. Denn es ist unbestritten, dass die einzige Möglichkeit, Krankheiten, die mit Einwilligungsunfähigkeit verbunden sind, zu erforschen und auf dieser Grundlage Therapien, Diagnostika oder Prophylaktika zu entwickeln, die Forschung an von diesen Krankheiten betroffenen - und somit einwilligungsunfähigen - Patienten darstellt. Ebenso können nur durch Forschung an Säuglingen und Kleinkindern Erkenntnisse über

---

[594] Dies zeigt anschaulich, dass die Aussage *Pickers*, JZ 2000, S. 693, 704, dass die Bejahung einer Sozialpflichtigkeit aller Personen die sicherste Gewähr biete, dass man die derzeit ungesicherten Grenzen nicht überschreitet und Missbrauch unterbleibt, zutreffend ist. Denn es ist höchst fraglich, ob diejenigen, die einem mutmaßlichen Einverständnis des betroffenen Einwilligungsunfähigen das Wort reden, tatsächlich in jedem dieser Fälle selbst zu einer Einwilligung in die entsprechende Untersuchung bereit wären und die Zulässigkeit von Forschung ohne persönliche Einwilligung in dem gleichen Umfang fordern würden, wie dies heute der Fall ist.

die bei der jeweiligen Altersgruppe bestehenden medizinischen Besonderheiten gewonnen werden.
Mit dieser Erkenntnis ist die Folgerung verbunden, dass der medizinische Fortschritt auf diesen Gebieten durch ein Verbot der Forschung mit Einwilligungsunfähigen zumindest stark gebremst würde. Dem Interesse der Gesellschaft an Forschung und Entwicklung von Therapiemöglichkeiten steht insofern das Interesse des Individuums gegenüber, nicht in seinen Rechten beeinträchtigt zu werden. Fraglich ist nun, ob das Interesse der zukünftigen Patienten und der Gesellschaft am medizinischen Fortschritt einen Eingriff in die Rechte des Einzelnen rechtfertigen kann[595], ohne gleichzeitig seine Würde anzutasten.

So sieht das Prinzip des größtmöglichen Nutzens (Utilitarismus), das zur moralischen Beurteilung einer Handlung das zu erwartende Ergebnis heranzieht, in dem Erkenntnisgewinn und damit dem Nutzen vieler eine Rechtfertigung für das Risiko, dem der einzelne Patient ausgesetzt wird[596].

Es darf jedoch nicht verkannt werden, dass die Tatsache, dass andere von den Versuchsergebnissen profitieren können, zwar der einzig denkbare Grund ist, der solche Eingriffe legitimieren könnte, da Forschung als purer Selbstzweck ohnehin nicht in Betracht kommt. Gleichzeitig trägt aber gerade dieser Grund selbst auch die Gefahr für die Versuchsperson in sich: die Gefahr, als bloßes Objekt zum Vorteil anderer, als Mittel zum Erzielen medizinischen Fortschritts, ge- oder sogar missbraucht zu werden.
Da der Mensch aufgrund seines Eigenwertes aber immer auch Zweck an sich selbst bleiben muss, darf die Frage, ob durch ein Forschungsvorhaben die Würde des Menschen verletzt wird, nicht allein durch das Heranziehen der Bedürfnisse anderer beantwortet werden[597]. Der Bedarf des einen kann nicht per se den Eingriff in die Rechtsgüter des anderen rechtfertigen[598]. Vielmehr ist eine

---

595 *Tolmein*, Die drohende Zunahme von Demenzerkrankungen, S. 54, sieht einen in neuerer Zeit vorherrschenden Trend, Gemeinwohlaspekte in die Frage der Zulässigkeit fremdnütziger Versuche einfließen zu lassen, während früher die Würde und die körperliche Integrität des Einwilligungsunfähigen aufgrund der Erfahrungen der Vergangenheit als unantastbar verteidigt wurden.

596 *Macklin*, S. 25.

597 *Sprügel*, Bioethik-Konvention, S. 7 spricht dabei von einer „Logik des Gruppennutzes", die die Interessen des Einzelnen hinter denen der Gemeinschaft einordnet. Aus diesem Grund ist die Argumentation von *Elzer*, MedR 98, S. 124, Fn 51, der aus dem bloßen Bedarf an Forschung darauf schließt, dass die Würde der einwilligungsunfähigen Versuchsperson bei fremdnützigen Versuchen nicht verletzt würde, höchst bedenklich; kritisch hierzu auch *Spranger*, Sozialrecht + Praxis 2000, S. 71 (74).

598 Auch *Honnefelder*, Biomedizinische Ethik und Globalisierung, S. 53 ist der Ansicht, dass ein Nutzen für die Gruppe und auch der Forschungsfortschritt eine Indienstnahme des Einwilligungsunfähigen nicht rechtfertigen können; auch *Laufs* in Laufs/Uhlenbruck, Handbuch des Arztrechts, §65 Rdnr. 10 vertritt die Auffassung, dass niemand, unabhängig

solche Verletzung allein aus den Bedürfnissen und Verhältnissen der Versuchsperson selbst zu bestimmen, die es zu schützen gilt, da der absolut zu schützende Kernbereich seiner Würde der Abwägung mit Interessen der Allgemeinheit entzogen ist.
In diesem Zusammenhang kann es auch keinen Unterschied machen, dass es nicht nur um den Nutzen für eine bestimmte Gruppe geht, sondern für eine unbestimmte Menge von einzelnen Personen[599].

Im Rahmen der Abwägung der gegensätzlichen Interessen darf die Tatsache nicht vernachlässigt werden, dass ausschließlich wissenschaftliche Forschung niemals zum Nutzen eines konkreten anderen Menschen (außer vielleicht des Forschers selbst) durchgeführt wird, ebenso wenig, wie man voraussagen kann, ob ein konkreter Forschungseingriff überhaupt jemals zu einem medizinisch anwendbaren Ergebnis führen wird. Er ist vielmehr lediglich von der Hoffnung auf medizinischen Fortschritt und auf Hilfe für unbestimmte, zukünftige Patienten motiviert. Dies hat unweigerlich zur Folge, dass eine ungewisse Zahl an Forschungsmaßnahmen ohne jeglichen Nutzen bleiben wird, so dass nicht notwendigerweise jedem Eingriff in die Rechte eines Patienten auch ein Vorteil für die Gemeinschaft und den Fortschritt in der Medizin gegenübersteht. Diese Ungewissheit trägt mit dazu bei, dass das Maß an zumutbarer Belastung und Risiko für den Forschungsteilnehmer von vornherein nicht zu hoch angesetzt werden darf.
Das mit dem Achtungsanspruch des Einzelnen zu vereinbarende zulässige Maß ist dabei auch danach zu bestimmen, welcher Art von Eingriff er ausgesetzt ist.

aa. Forschung ohne Risiko

Handelt es sich bei der Forschung um Maßnahmen ohne jegliches Risiko für die Gesundheit, die den Patienten nicht in seiner körperlichen Integrität beeinträchtigen und maximal eine minimale Belästigung für ihn bedeuten[600], ist nicht davon auszugehen, dass durch sie der Eigenwert des Individuums angetastet wird. Zwar ist der Mensch auch in diesem Falle nicht Zweck der Maßnahme, allerdings wird ihm auch keineswegs seine Subjektqualität abgesprochen, wenn er keinerlei Nachteile zu befürchten hat. Auch der dem Einwilligungsunfähigen zukommende Achtungsanspruch wird durch solche geringfügigsten Beeinträchtigungen seiner Rechte nicht berührt, da sie sich im Rahmen dessen halten, was der Einzelne im Interesse der Gemeinschaft hinzunehmen hat.

---

davon wie hoch der Nutzen für andere und wie gering das Risiko für ihn selbst sein mögen, zur Teilnahme an Forschung verpflichtet werden kann.

[599] Dieser Unterschied wird jedoch von *Siep*, Ethische Aspekte der Forschung mit nichteinwilligungsfähigen Personen, S. 118, betont.

[600] Hierfür sind beispielsweise die Untersuchung von Urinproben oder von aus therapeutischen Gründen ohnehin abgenommenem Blut zu nennen.

Die bloße Tatsache, dass eine Person nicht mehr einwilligungsfähig ist, entlässt sie nicht schlechthin aus allen Pflichten der Gesellschaft gegenüber, auch wenn ihre Rechtsgüter aus diesem Grund eines besonderen Schutzes bedürfen. Dieses Schutzbedürfnis bedingt es auch, dass bei der Beurteilung der Belastungsintensität einer Maßnahme keinesfalls der Maßstab eines gesunden Menschen angelegt werden darf. Es ist dafür vielmehr die individuelle Sicht des betroffenen Patienten heranzuziehen. Denn für diesen kann eine für einen Gesunden harmlos erscheinende Maßnahme, deren Sinn er nicht versteht und die für ihn nur Schmerz oder auch nur Unannehmlichkeiten bedeutet, existentielle Ausmaße annehmen. So wird aus der Praxis der medizinischen Betreuung Einwilligungsunfähiger berichtet, dass gerade auch die im Allgemeinen als so harmlos dargestellten Maßnahmen, wie Blutabnahmen und Messungen, unter Umständen für den Einwilligungsunfähigen durchaus risikoreich und belastungsintensiv sein können[601]. Nur wenn nach seinem individuellen Empfinden die Beeinträchtigung oder Belästigung als minimal erscheint, ist die Unbedenklichkeit zu bejahen. Eine solche minimale Beeinträchtigung liegt dann vor, wenn der Betroffene die Maßnahme zwar eventuell spüren kann, diese ihn jedoch nicht in seinem psychischen oder physischen Wohlbefinden beeinträchtigt. Dies ist in jedem Fall dann ausgeschlossen, wenn der Betroffene eine ablehnende oder abwehrende Reaktion zeigt.
Auch liegt in solcher Forschung keine willkürliche Misshandlung, da einwilligungsunfähige Patienten und Minderjährige die einzigen Personen sind, die für solche Forschung in Betracht kommen. Es handelt sich somit bei ihrer Heranziehung zu Forschungszwecken um gezielte Maßnahmen, die generell geeignet und erforderlich sind, um Fortschritte in der medizinischen Behandlung dieser Personengruppen zu erzielen.

Daher ist die Durchführung von Forschung mit derartig eingeschränkter Intensität keinesfalls Ausdruck der Verachtung des Wertes, der dem Menschen kraft seines Personseins zukommt, und auch keine in diesem Sinne verächtliche Behandlung. Zwar ist der Teilnehmer selbst nicht unmittelbarer Zweck der Forschung. Jedoch kann in einer Handlung, die aufgrund ihrer geringen Intensität seine Interessen weitestgehend zu wahren sucht und die erforderlich ist, um andere Mitglieder der Gesellschaft vor Krankheit und Leid bewahren zu helfen, nichts Verächtliches gesehen werden.

---

[601] *Degener*, Chronologie der Bioethik-Konvention und ihre Streitpunkte, S. 25; *Lammersmann*, R & P, 1999, S. 157 (162); auch *Wunder*, Bio-Medizin und Bio-Ethik, S. 196, weist darauf hin, dass Maßnahmen, die ein minimales Risiko beinhalten, für den Betroffenen psychisch hoch invasiv sein können; ebenso *Hüppe*, Gefahr für die Menschenwürde, S. 9, der als Beispiel die nichtinvasive Computertomographie nennt, die den Einwilligungsunfähigen durch die Lautstärke und die Enge des Geräts in Panik versetzen kann, die unbestreitbar eine erhebliche Belastung und damit auch ein mehr als minimales Risiko für diesen darstellt.

Stellt eine solche Maßnahme somit für den Einwilligungsunfähigen keine mehr als minimale Belästigung dar, so darf sie im Interesse der Gesellschaft durchgeführt werden, ohne dass darin eine Verletzung seiner Würde gesehen werden könnte.

Dies gilt insbesondere auch deswegen, da bei Forschung mit keiner bis minimaler Beeinträchtigung kein entgegenstehender Wille des Betroffenen anzunehmen ist. Auch wenn in diesen Fällen unstreitig nicht von einer Verwirklichung des Selbstbestimmungsrechts des Betroffenen die Rede sein kann, so muss auch nicht unbedingt von dessen Verletzung ausgegangen werden.

bb. Forschung mit minimalem Risiko

Es ist jedoch fraglich, ob dieses Ergebnis auch für solche Forschungseingriffe gelten kann, die nicht nur mit minimaler Belastung verbunden sind, sondern auch mit einem gewissen - wenn auch minimalen - Risiko[602].
Zweifel daran ergeben sich schon aufgrund der Schwierigkeiten, eine hinreichend bestimmte Auslegung dieses weiteren unbestimmten Begriffes des minimalen Risikos zu finden und dadurch das Höchstmaß an zulässigem Gefahrengrad zu bestimmen und einzugrenzen. Während teilweise in diesem Rahmen auch nicht-indizierte Eingriffe, die oberhalb der Schwelle zur tatbestandsmäßigen Körperverletzung anzusiedeln sind, für zulässig gehalten werden[603], sehen andere nur solche Eingriffe als von diesem Begriff umfasst, die keinen selbständigen Eingriff in die körperliche Integrität und kein zusätzliches Risiko für den Patienten bedeuten, weil sie beispielsweise im Rahmen von ohnehin notwendigen diagnostischen Maßnahmen oder Operationen durchgeführt werden[604]. Aufgrund der vielfältigen Interpretationsmöglichkeiten erscheint die von den Befürwortern der Forschung in diesem Umfang vorgebrachte Argumentation, dass die damit einhergehende Einschränkung des Autonomieprinzips in engen und geregelten Grenzen verlaufe[605], als nicht gesichert[606].

---

602 Die Zulässigkeit von Forschung mit minimalem Risiko und minimaler Belastung ist in § 41 Abs. 2 Nr. 2 AMG-E für Minderjährige, sowie in Art. 17 Abs. 2 ii der Menschenrechtskonvention zur Biomedizin des Europarats für Erwachsene und Minderjährige mit Zustimmung des gesetzlichen Vertreters vorgesehen und auch die Zentrale Ethikkommission bei der Bundesärztekammer geht in ihrer Stellungnahme in Ziffer III von der Zulässigkeit wissenschaftlicher Forschung mit minimalen Risiken oder Belästigungen aus.

603 Dieser Auslegung folgt *Fröhlich*, S. 153, der zum Beispiel auch eine nicht indizierte Blutabnahme darunter subsumiert; ebenso *Picker*, JZ 2000, S. 693, 703.

604 So die Stellungnahme der Zentralen Ethikkommission bei der Bundesärztekammer zum Schutz nicht-einwilligungsfähiger Personen in der medizinischen Forschung, Fußnote 1, in der die Sonographie und die transkutane Gewebemessung als weitere Beispiele genannt werden. Ausdrücklich ausgeschlossen werden Maßnahmen, die eine Körperverletzung darstellen würden, jedoch von dieser Stellungnahme nicht.

605 *Rössler*, Ethik Med 1996, S. 172.

606 Zudem wird befürchtet, dass die Risikobewertung durch den Forscher aufgrund seiner

(1.) Risiko unterhalb der Körperverletzungsschwelle

Legt man den Begriff des minimalen Risikos mit der Zentralen Ethikkommission bei der Bundesärztekammer so aus, dass darunter nur solche Eingriffe fallen, die keine eigenständige Körperverletzung darstellen und gerade kein zusätzliches Risiko für die Gesundheit und die körperliche Integrität des Patienten erwarten lassen, so stellen auch solche Maßnahmen nicht grundsätzlich eine die Würde des Betroffenen verletzende Handlung dar. Da der Gesundheit des Patienten in diesen Fällen kein Schaden droht, hängt das Ergebnis der rechtlichen Bewertung lediglich davon ab, inwieweit sein subjektives Wohlbefinden beeinträchtigt ist. Steht hier lediglich eine minimale Belastung zu befürchten, die das Wohlbefinden des Betroffenen nicht mehr als unerheblich beeinträchtigt, so stehen der Teilnahme an einer Studie keine prinzipiellen Bedenken entgegen. Die Maßnahme befindet sich im Rahmen dessen, was dem Betroffenen als Mitglied der Gesellschaft im Interesse der Allgemeinheit zugemutet werden kann, ohne dass dadurch sein Eigenwert als Individuum in Frage gestellt würde, auch wenn er nicht selbst Zweck der Maßnahme ist. Denn dieser Eigenwert kann nicht schon durch Forschung betroffen sein, die für ihn selbst keinen Nachteil bedeutet[607], gleichzeitig jedoch die einzige Möglichkeit darstellt, die Wissenschaft weiter zu bringen und neue Behandlungsmöglichkeiten zu entwickeln. Auch wenn der Betroffene selbst keine freiwillige Einwilligung in diese Maßnahmen erteilen und sie auf diese Weise legitimieren kann, so kann trotzdem aufgrund der geringen Eingriffsintensität dieser Maßnahmen nicht von einer Verletzung des Kernbereichs seiner Würde ausgegangen werden. Trotz eines nicht zu leugnenden Eingriffs in seine Rechtsgüter bleibt doch bei derartig geringfügigen Maßnahmen sein Wert als Individuum respektiert und der ihm zukommende Achtungsanspruch gewahrt.

Da im Falle eines ablehnenden oder abwehrenden Verhaltens auch diese Maßnahmen unzulässig sind, handelt es sich keinesfalls um einen Zwang zur Forschungsteilnahme.

Um zu gewährleisten, dass die Rechte der Forschungsteilnehmer hinreichend geschützt und die festgelegten Eingriffshöchstgrenzen gewahrt werden, sind die Interessen des Betroffenen durch weitere gesetzlich geregelte Schutzmechanismen, wie sie auch in den Regelungen des AMG und MPG enthalten sind, zu

---

professionellen Voreingenommenheit verzerrt sein könnte, vergleiche *Vollmann*, Aufklärung und Einwilligung in der Psychiatrie, S. 132.

[607] Für die Zulässigkeit von wissenschaftlicher Forschung bei Fehlen von Vor- und Nachteilen für den Einwilligungsunfähigen auch § 6 Abs. 2 der Marburger Richtlinien, abgedruckt bei *Freund/Heubel*, MedR 1997, S. 347 ff.; *Picker*, JZ 2000, S. 693, 695 weist darauf hin, dass auch minimale Forschungseingriffe bereits einen Bruch mit dem Prinzip der strikten Achtung jedes Menschen als Selbstzweck darstellt und dass dadurch bereits der erste, „tabureißende Schritt“ zu einer Veränderung von Subjekt und Objekt unwiderruflich getan sei, da jede weitere grundsätzliche und sichere Grenze fehle.

sichern. Dazu gehören unter anderem das positive Votum einer Ethikkommission, die Durchführung einer Nutzen-Risiko Abwägung, umfangreiche Dokumentationspflichten, ein erfahrener Prüfarzt, ausreichender Versicherungsschutz und ein detaillierter Prüfplan.
Um Auslegungsprobleme im Hinblick auf den Begriff des minimalen Risikos zu vermeiden, müsste eine entsprechende Regelung diesen Inhalts einen klarstellenden Passus enthalten, der Körperverletzungshandlungen und Risiken für die Gesundheit, die einer solchen gleichkommen würden, generell ausschließt.

Die Vereinbarkeit von Forschung mit dem Schutz der Menschenwürde ist erst recht dann gegeben, wenn der Zweck einer Studie neben der Forschung auch der jeweilige Mensch selbst darstellt[608]. So ist dies beispielsweise im Bereich der kontrollierten vergleichenden Therapiestudien gegeben, da die Probanden dort jeweils nach bestem Gewissen behandelt werden, so dass die Studienteilnehmer keineswegs nur als zu Forschungszwecken benutzte Objekte betrachtet werden können. Dies gilt unter bestimmten Voraussetzungen auch für vergleichende Prüfungen gegen Placebo. Existiert für die zu behandelnde Krankheit keine wirksame Standardtherapie und besteht aus diesem Grund zu Beginn der Studie eine vergleichbare Ungewissheit des Behandlungsausgangs, so kann in der Teilnahme des Betroffenen keine Verletzung seiner Würde liegen. Denn auch die Teilnehmer dieser Vergleichsgruppe werden grundsätzlich im Rahmen der vorhandenen Möglichkeiten behandelt oder zumindest besonders aufmerksam gepflegt. Zwar findet die Teilnahme selbst unstreitig lediglich zu Forschungszwecken statt, jedoch gilt auch in diesem Fall, dass der Mensch nicht immer Mittelpunkt des Geschehens sein muss. Da dem Patienten mangels Behandlungsalternativen kein Schaden aus dieser Forschungsstudie droht, ist es ihm zuzumuten, im Interesse der Gesellschaft an einer solchen Studie teilzunehmen, wenn damit keine Überschreitung der Körperverletzungsschwelle oder ein entsprechendes Risiko für die Gesundheit verbunden ist.

(2.) Forschung oberhalb der Schwelle zur Körperverletzung

Legt man den Begriff des minimalen Risikos jedoch weiter aus und erfasst damit auch solche Eingriffe, die eine Körperverletzung darstellen, so ist fraglich, ob in derartigen Forschungseingriffen nicht bereits ein Eingriff in die Würde des Einwilligungsunfähigen liegt[609].

---

[608] *Peter*, Forschung am Menschen, S. 78.

[609] Etwas undifferenziert hierzu *Kamp*, Die Europäische Bioethik-Konvention, S. 102, die eine Objektivierung des Betroffenen nicht davon abhängig machen will, ob ein Eingriff mehr oder weniger einschneidend ist. Es bleibt bei ihrer Ausführung zu einer Vereinbarkeit eines Eingriffs mit Art. 1 Abs. 1 GG offen, ob darunter nur Eingriffe oberhalb der Körperverletzungsschwelle fallen oder auch solche, die keine Körperverletzung darstellen.

Zunächst stellt sich, wenn man den Begriff des minimalen Risikos insoweit bestimmt hat, dass auch geringfügige Beeinträchtigungen der körperlichen Integrität darunter fallen können, die Frage, wo genau eine Grenze zu ziehen ist[610], und welche dieser Beeinträchtigungen gerade als minimal angesehen werden können.
So wird vertreten, dass Eingriffe, deren Gefahren für die betroffene Person nicht über das „allgemeine Lebensrisiko" hinausgehen, zulässig sein sollen[611]. Dabei wird jedoch übersehen, dass es kaum möglich sein wird, ein solches im jeweiligen Einzelfall abzugrenzen[612]. Zudem gehört es gerade nicht zu dem allgemeinen Lebensrisiko einer Person, zusätzliche Gefährdungen im Fremdinteresse auf sich zu nehmen. Die Tatsache, dass das mit der Behandlung selbst verbundene Risiko nicht größer ist als ein Risiko, das ihm auch im täglichen Leben begegnen könnte, ändert nichts an der Tatsache, dass es sich um ein zusätzliches Risiko für den Patienten handelt, dem er normalerweise nicht ausgesetzt wäre. Zudem setzt sich der Mensch den alltäglichen Gefahren freiwillig aus oder ist ihnen unvermeidbar unterworfen, während bei der Teilnahme Einwilligungsunfähiger an Forschung gerade keine Freiwilligkeit vorliegt und dieses zusätzliche Risiko für ihn vermeidbar ist. Somit ist dieses Abgrenzungskriterium als untauglich anzusehen. Ein anderes Kriterium, das eine klare Abgrenzung ermöglichen würde, ist ebenfalls nicht in Sicht.

Diese Zweifel und Unsicherheiten machen deutlich, dass die Grenzen nicht so eng und geregelt sind, wie die Befürworter dieser Lösung glauben machen wollen. Aufgrund der Vielfältigkeit der denkbaren Eingriffe wäre wirkliche Rechtssicherheit nur durch eine beispielhafte Aufzählung der möglichen Maßnahmen zu erreichen[613].

Die dargestellte Unklarheit erscheint umso gefährlicher, wenn man sich die Frage stellt, ob in der Praxis überhaupt Forschung mit derartig geringer Ein-

---

[610] Auch *Honnefelder*, Biomedizinische Ethik und Globalisierung, S. 57, hält die Präzisierung dieser Begriffe für notwendig, will man die Einhaltung der Grenze des minimalen Risikos und der minimalen Belastung wahren. Er selbst nennt allerdings lediglich Speichel- und Urinproben, Mitbenutzung von Blutentnahmen, einfache Messungen und Befragungen als Eingriffsbeispiele; auch *Siep*, Ethische Aspekte der Forschung mit nicht-einwilligungsfähigen Personen, S. 124 ist der Ansicht, dass eine beliebige Ausdeutung dieser Begriffe unbedingt verhindert werden muss, und fordert ihre Konkretisierung für die europäische Bioethik-Konvention; ebenso *Helmchen*, Forschung mit nicht-einwilligungsfähigen Demenzkranken, S. 141; derselbe in: Anhörung der Hirnliga e. V., S.12, wobei er jedoch auch venöse Blutabnahmen als Verfahren mit minimalem Risiko gelten lassen will.
[611] *Fischer*, S. 38.
[612] Vergleiche *Schmidt-Elsaeßer*, Medizinische Forschung mit Kindern und Geisteskranken, S. 180.
[613] *Picker*, JZ 2000, S. 693, 695 weist jedoch zutreffend darauf hin, dass auch ein solcher Katalog aufgrund des sprunghaften Fortschritts keine dauerhafte Sicherheit schaffen kann.

griffsintensität existiert. Bedenken können insbesondere entstehen, vergegenwärtigt man sich die Äußerung des Direktors der Klinik für Neurologie an der Berliner Charité Einhäupl. So erklärte dieser, dass es beispielsweise bei Komapatienten keineswegs nur darum ginge, ihnen Blut abzunehmen. Vielmehr bestehe das Bedürfnis, klinische Studien durchzuführen, die theoretisch auch geeignet sind, das Leben eines komatösen Patienten zu verkürzen und ihm Schaden zuzufügen[614]. Gerade wenn man sich derartig weitreichende Forschungsbedürfnisse vor Augen führt, erscheint es unabdingbar, eine möglichst klare Eingrenzung der verwendeten Begriffe zu fordern, um eine Aufweichung der Regelung durch extensive Auslegung zu unterbinden.

Abgesehen von diesen Abgrenzungsschwierigkeiten stellt sich jedoch vor allem auch die prinzipielle Frage, ob Forschung in dieser Intensität ohne persönliche Einwilligung zulässig sein kann.
Denn in einer Körperverletzung zu Forschungszwecken, auch wenn sie so geringfügig sein mag wie bei einer Blutabnahme, könnte bereits eine Beeinträchtigung der Rechtsgüter des Einwilligungsunfähigen liegen, die eine Verletzung des ihm aufgrund seines Eigenwertes zustehenden Achtungsanspruchs darstellen könnte[615], worin eine Verletzung seiner Würde liegen würde[616]. Die Wahrung der körperlichen Integrität des Einwilligungsunfähigen könnte somit zu dem Kernbereich der menschlichen Würde gehören, der keiner Abwägung zugänglich ist.
Zu diesem Ergebnis kommen die Vertreter der Ansicht, dass kollektive Rechtfertigungsgründe wie eine Sozialpflichtigkeit[617], dem medizinischen Fortschritt und damit der Allgemeinheit zu dienen, auf eine „Enteignung der Gesundheit“[618] hinauslaufen würden, die jedoch nur für das Grundrecht auf Eigentum vorgesehen sei. Es könne kein noch so großes Interesse oder Bedürfnis der Gesellschaft

---

[614] Wortprotokoll der 22. Sitzung des Ausschusses für Soziales des Abgeordnetenhauses von Berlin, 21.04.1997, S. 40.

[615] Da der Schutz der Menschenwürde absolut gilt, ist eine Verabsolutierung der Würde des Menschen, die *Elzer*, MedR 98, S. 122, 125, beklagt, gar nicht möglich. Mit dieser Aussage greift *Elzer* vielmehr den Grundsatz der Unantastbarkeit der Menschenwürde an, die die oberste Wertentscheidung des Grundgesetzes darstellt. Kritisch dazu auch *Radau/Losch*, ARSP 86 (2000), S. 423 (430).

[616] *Fischer*, Medizinische Versuche am Menschen, S. 25; *Deutsch*, VersR 1983, S. 3 hält eine Einwilligung bereits dann für erforderlich, wenn bei einer ohnehin erforderlichen Blutabnahme mehr Blut als notwendig abgenommen wird; *Spranger*, Sozialrecht + Praxis, 2000, S. 71 (75) bejaht eine Verletzung der Menschenwürde bereits aufgrund der Instrumentalisierung der Einwilligungsunfähigen unabhängig davon, wie schwer die körperlichen Eingriffe sind.

[617] Eine solche Pflicht, sich zum Wohle der Allgemeinheit zur Verfügung zu stellen, ist auch nach *Peter*, Forschung am Menschen, S. 125, nicht mit der Werteordnung des Grundgesetzes zu vereinbaren; a.A. *Picker*, JZ 2000, S. 693 ff.

[618] *Biermann*, Arzneimittelprüfung am Menschen, S. 284.

den Eingriff in die körperliche Integrität, bei dem Leben oder auch „nur" Gesundheit aufs Spiel gesetzt werden, rechtfertigen[619]. Ein Aufopfern für die Gemeinschaft, ein solches Sich- zur -Verfügung -Stellen könne demnach, so sehr es auch erwünscht sein möge, nicht eingefordert werden[620].

B. Art. 2 Abs. 2 GG

Das Recht auf körperliche Unversehrtheit wird speziell durch Art. 2 Abs. 2 GG geschützt. Aus diesem Grund ist vorrangig zu prüfen[621], ob dieses Grundrecht durch einen solchen Forschungseingriff verletzt wäre.
Art. 2 Abs. 2 GG schützt die biologisch-natürlichen Wertvoraussetzungen für die im Grundrechtskatalog genannten geistigen Wertverwirklichungsmöglichkeiten des Grundrechtsträgers, wobei der menschliche Körper der Anknüpfungspunkt ist. Körperliche Unversehrtheit im Sinne des Art. 2 Abs. 2 GG bedeutet Freisein von Unfruchtbarkeit, Freisein von Schmerzen, Freisein von Verunstaltungen und Freisein von Verletzungen der körperlichen Gesundheit[622]. Dieses Grundrecht ist hier betroffen, da im Rahmen von Forschung, die ein Risiko für die Gesundheit des Betroffenen darstellen kann, dessen körperliche Unversehrtheit in Gefahr ist.

I. Gesetzesvorbehalt

Gemäß Art. 2 Abs. 2 S. 3 GG darf in dieses Recht nur auf Grund eines Gesetzes eingegriffen werden. Dabei genügt es nicht, wenn der Eingriff auf einer gesetzlichen Grundlage beruht, denn das Gesetz, das den Eingriff erlaubt, muss seinerseits im Lichte der Bedeutung des Grundrechts gesehen werden[623].

II. Wesensgehalt und Grundsatz der Verhältnismäßigkeit

Gleichzeitig setzt das Grundgesetz in seinem Art. 19 der Einschränkung von Grundrechten durch den ordentlichen Gesetzgeber auf Grund von Gesetzesvorbehalten bestimmte, allgemeinverbindliche Schranken[624]. So darf das jeweilige Grundrecht gemäß Art. 19 Abs. 2 GG nicht in seinem Wesen angetastet werden. Der Wesensgehalt ist dann angetastet, wenn durch den Eingriff die wesensge-

---

[619] *Heyd*, S. 202; auch *Honnefelder*, Akzeptanz von Humanexperimenten durch die Gesellschaft, S. 25, erachtet Forschungsfortschritt oder Gruppenwohl nicht als legitimierende Gründe für Forschung mit Einwilligungsunfähigen.
[620] *Illhardt*, S. 147, geht ebenfalls davon aus, dass eine Verpflichtung des Menschen zur Teilnahme an Versuchen weder von der Gesellschaft, noch von Medizin oder Wissenschaft gefordert werden könne.
[621] Für die vorrangige Prüfung der Einzelgrundrechte vor Art. 1 Abs. 1 GG auch *Kunig* in von Münch/Kunig, Art. 1 Rdnr. 69. Dabei werde Art. 1 Abs. 1 GG jedoch nicht in die Subsidiarität verdrängt, sondern sei neben anderen Grundrechten zu prüfen.
[622] *Kannengießer* in Schmidt-Bleibtreu/Klein, GG Kommentar, Art. 2 Rdnr. 22.
[623] *Kannengießer* in Schmidt-Bleibtreu/Klein, GG Kommentar, Art. 2 Rdnr. 22.
[624] BGHSt 4, 375 (377).

mäße Geltung und Entfaltung des Grundrechtes stärker eingeschränkt würde, als dies der sachliche Anlass und Grund, der zu dem Eingriff geführt hat, unbedingt und zwingend notwendig gebietet. Der Eingriff darf somit nur bei zwingender Notwendigkeit und in dem nach Lage der Sache geringstmöglichen Umfang vorgenommen werden und muss zugleich von dem Bestreben geleitet werden, dem Grundrecht gleichwohl grundsätzlich und im weitestmöglichen Umfange Raum zu lassen[625].
Nach diesem sogenannten Verhältnismäßigkeitsprinzip[626] muss das vom Gesetzgeber eingesetzte Mittel somit zunächst geeignet und erforderlich sein, um den angestrebten Zweck zu erreichen.

1. Geeignetheit
Geeignet ist ein Mittel dann, wenn mit seiner Hilfe der gewünschte Erfolg gefördert werden kann[627]. Der gewünschte Erfolg liegt im vorliegenden Fall in der Entwicklung von Behandlungs- und Therapiemöglichkeiten für einwilligungsunfähige Patienten. Die Forschung an diesen Patientengruppen oder auch an einwilligungsunfähigen Minderjährigen ist sicher geeignet, dieses Ziel zu fördern. Denn auf diese Weise können die notwendigen Erkenntnisse und Daten über die jeweiligen Krankheiten oder körperlichen Zustände gewonnen werden, die die Grundlage für einen Fortschritt bei dieser Entwicklung darstellen.

2. Erforderlichkeit
Das Mittel ist erforderlich, wenn der Gesetzgeber kein anderes, gleich wirksames, jedoch das Grundrecht nicht oder doch weniger fühlbar begrenzendes Mittel hätte wählen können[628]. Da Erkenntnisse über Krankheitsbilder oder die physiologischen Besonderheiten Minderjähriger nur an diesen Personengruppen selbst gewonnen werden können, existiert keine Alternative mit gleichen Erfolgsaussichten. Maßnahmen mit geringerer Eingriffsintensität sind zwar denkbar, jedoch erscheint, da von ihnen nicht der gleiche Umfang an Daten und Erkenntnissen zu erwarten ist, bei einer derartigen Beschränkung auch das Erzielen von Fortschritten weniger wahrscheinlich. Derartige Eingriffe sind somit auch zum Erreichen des angestrebten Erfolgs erforderlich.

3. Verhältnismäßigkeit im engeren Sinne
Zudem müsste das eingesetzte Mittel auch verhältnismäßig im engeren Sinne sein, was bedeutet, dass die Grundrechtsbegrenzung in angemessenem Verhält-

---

[625] BGHSt 4, 375 (377).
[626] Der Grundsatz der Verhältnismäßigkeit ergibt sich insbesondere auch aus dem aus Art. 20 GG hergeleiteten Rechtsstaatsprinzip und dem daraus folgenden Rechtsschutzgedanken, vergleiche *Brockmeyer* in Schmidt-Bleibtreu/Klein, GG Kommentar, Art. 20 Rdnr. 27.
[627] *Brockmeyer* in Schmidt-Bleibtreu/Klein, GG Kommentar, Art. 20, Rdnr. 27.
[628] *Brockmeyer* in Schmidt-Bleibtreu/Klein, GG Kommentar, Art. 20, Rdnr. 27.

nis zu dem Gewicht und der Bedeutung des Grundrechts stehen muss[629]. Handelt es sich um eine Kollision von zwei Verfassungsgütern, so sind diese beiden zu einem möglichst schonenden Ausgleich zu bringen. Darunter ist zu verstehen, dass den kollidierenden Gütern jeweils Grenzen gezogen werden müssen, damit beide zu optimaler Wirksamkeit gelangen können[630]. Allerdings führt erst die eindeutige Unangemessenheit der gesetzlichen Maßnahme im Verhältnis zu der tatsächlichen Situation, derer sie Herr werden soll, zur Feststellung der Verfassungswidrigkeit[631].

In der vorliegenden Situation kollidiert das Grundrecht auf körperliche Unversehrtheit der einwilligungsunfähigen Personen mit dem verfassungsrechtlich geschützten Gut der Volksgesundheit und dem Grundrecht auf Leben und körperliche Unversehrtheit zukünftiger Betroffener. Diese unterschiedlichen Interessen sind nun gegeneinander abzuwägen und zu einem schonenden Ausgleich zu bringen.

a. Vergleich mit Impfzwang und Zwangsheilung

Grundsätzlich ist anerkannt, dass Eingriffe in die körperliche Unversehrtheit und Gesundheit zur Verhinderung oder Bekämpfung gefährlicher ansteckender Krankheiten aus Gründen der Volksgesundheit zulässig sein können[632]. Bejaht wird beispielsweise die Verfassungsmäßigkeit des Impfzwanges oder einer Zwangsheilung unter diesen Voraussetzungen[633].

Diese relativ geringfügigen Eingriffe, die zudem auch dem objektiven medizinischen Interesse des Betroffenen entsprechen, werden in Anbetracht der einer Vielzahl von Personen drohenden Gefahr für Leib und Leben als zumutbar angesehen, so dass das Recht des Einzelnen hinter diesem überwiegenden Interesse der Gemeinschaft zurückzutreten hat. Dies wird unter anderem damit begründet, dass die Bürger, wenn sie sich eine Verfassung geben, die den Staat zum Schutz vor Seuchen verpflichtet, in der Konsequenz auch bereit sein müssen, Beeinträchtigungen als rechtsgültig hinzunehmen, die diesen Schutz überhaupt erst ermöglichen. Man könne nicht einerseits vom Staat den Schutz vor allgemeingefährlichen Krankheiten fordern, ohne andererseits bereit zu sein, Untersuchungen daraufhin zu erdulden und Zwangsheilungen hinzunehmen, wenn man eine für andere gefährliche Krankheit hat. Der Staat gewähre der Medizin nur Waffenhilfe, indem er seine Sanktionsmittel zur Durchsetzung medizinisch gebotener Heilaufgaben zur Verfügung stelle.

---

[629] *Brockmeyer* in Schmidt-Bleibtreu/Klein, GG Kommentar, Art. 20, Rdnr. 27.
[630] *Hesse*, Rdnr. 72.
[631] BVerwGE 9, 78 (80); BVerfGE 2, 266 (281).
[632] *Starck* in v.Mangoldt/Klein/Starck, GG, Art. 2 Rdnr. 205.
[633] Zur Verfassungsmäßigkeit des Impfzwanges siehe BGHSt 4, 375 und BVerwGE 9, 78.

Diese Argumentation bezieht sich jedoch lediglich auf die medizinische Abwehr solcher Krankheiten, die sich mit ihrem Auftreten auf eine theoretisch unbegrenzte Zahl von Menschen übertragen können. Auch die Verfassungskonformität des Impfzwanges wird damit begründet, dass dadurch die Gefahr einer viel schwereren Versehrung sowohl der betroffenen Person selbst wie auch des ganzen Volkes vor epidemischen gefährlichen Krankheiten abgewendet werde.

Da sich die im Rahmen dieser Arbeit zu untersuchende Lage jedoch in einigen Punkten erheblich von diesen Fällen der Zwangsheilung und des Impfzwanges unterscheidet, ist es fraglich, ob die dort angewandte Argumentation auf die vorliegende Problematik übertragen werden kann.
Zum einen ist bei einer Forschungsuntersuchung ohne potentiellen individuellen Nutzen gerade kein aus medizinischer Sicht objektives Eigeninteresse des Betroffen vorhanden, wie dies bei einer Person, die sich einer Heilbehandlung oder Impfung zu unterziehen hat, der Fall ist. Die Maßnahme findet demnach allein in fremdem Interesse statt.
Da bei den mit Einwilligungsunfähigkeit zusammenhängenden Krankheiten keine Ansteckungsgefahr besteht, geht - im Gegensatz zu der bei einer Zwangsheilung vorliegenden Situation - die Gefahr für die Gesundheit anderer auch nicht von der Person selbst aus. Vielmehr stellt sich bei diesen Personen gerade die Frage, ob sie nicht, da sie bereits von einer solchen mit Einwilligungsunfähigkeit verbundenen Krankheit beeinträchtigt sind, erst recht vor weiteren Beeinträchtigungen im Fremdinteresse verschont werden sollten. Dies gilt ebenso für die Personengruppe der einwilligungsunfähigen Minderjährigen, da auch sie aufgrund ihrer besonderen Situation in gesteigertem Maße schutzbedürftig sind.

Obwohl nicht zu leugnen ist, dass beispielsweise auch die Alzheimer Krankheit angesichts der immer älter werdenden Bevölkerung eine wachsende Gefahr sowohl für den Einzelnen als auch für die Gesellschaft darstellt[634], so ist sie dennoch nicht direkt mit den Epidemien zu vergleichen, durch deren rasche Verbreitung eine Vielzahl von Menschen unmittelbar vom Tode bedroht war und zu deren Verhinderung der Impfzwang eingeführt wurde. Zudem ist auch der Zusammenhang zwischen einem Forschungseingriff und der Bekämpfung der Krankheit ein entfernterer als dies bei einer Impfung oder einer Heilung der Fall ist, da es keinesfalls sicher sein kann, dass ein bestimmter Eingriff überhaupt etwas dazu beitragen kann, eine wirksame Behandlungsmethode zu finden.

Insbesondere durch die Tatsache, dass es bei einer Zwangsheilung oder -impfung grundsätzlich möglich ist, der betroffenen Person eine rationale Erklä-

---

[634] Auf das Ausmaß der Gefahr weisen insbesondere *Helmchen/Lauter*, S. 65 hin.

rung für diese unfreiwillige Behandlung zu liefern, die zu verstehen sie auch in der Lage ist, wird die gesamte Interessenlage zu einer anderen. Denn selbst wenn der auf eine solche Weise Zwangsbehandelte den Eingriff trotz einer Aufklärung ablehnt, so ist ihm dennoch der Grund und das dahinter stehende höhere Interesse bekannt und bewusst. Er ist in der Lage zu verstehen, warum der Eingriff in seine Rechtsgüter erfolgen muss. Dies ist bei einem einwilligungsunfähigen Forschungsteilnehmer gerade nicht der Fall. Er wird in vielen Fällen nicht verstehen, warum in seine Rechte eingegriffen wird und sich aus diesem Grunde hilflos und ausgeliefert fühlen. Dadurch können bereits für Dritte harmlos scheinenden Eingriffe bei Einwilligungsunfähigen existentielle Ängste auslösen.
Eine Übertragung der für die Zwangsheilung und -impfung entwickelten Grundsätze kommt daher nicht in Betracht.

b. Ausstrahlungswirkung des Art. 1 Abs. 1 GG

Auch kann bei der Abwägung der Interessen nicht allein auf das Ausmaß der körperlichen Beeinträchtigung abgestellt werden. Es ist aufgrund der besonderen Interessenlage vielmehr insbesondere zu berücksichtigen, welches Ausmaß an subjektiver Belastung ein solcher Eingriff für den Einwilligungsunfähigen bedeuten kann, so dass eine einfache Abwägung der Höhe des Risikos für die körperliche Integrität des einen mit dem Nutzen für die Gesundheit des anderen nicht ausreichend ist. Insofern darf bei der hier zu treffenden Abwägung die Nähe zu der durch Art. 1 Abs. 1 GG geschützten Menschenwürde nicht außer Acht gelassen werden, die auch auf Art. 2 Abs. 2 GG als nachfolgendem Grundrecht ausstrahlt[635]. So kann Art. 1 Abs. 1 GG auch insoweit die Schrankenziehung selbst begrenzen, als ein von einem Gesetzesvorbehalt im Übrigen gedecktes Handeln Art. 1 Abs. 1 GG nicht verletzen darf[636]. Dies bedeutet, dass ein Forschungseingriff, wenn er eine Verletzung der Würde des Einzelnen darstellt, zwangsläufig nicht verhältnismäßig im engeren Sinne sein kann mit der Konsequenz, dass das Grundrecht auf körperliche Unversehrtheit ebenfalls verletzt ist.

c. Moralische Verpflichtung als Abwägungskriterium

Eine Verletzung der Würde des Einzelnen wäre dann nicht gegeben, wenn eine moralische Verpflichtung des Einzelnen, zur Forschung und damit zur Weiterentwicklung der Krankenbehandlung beizutragen, bestünde[637] mit der Folge, dass die Interessenabwägung zugunsten der Gesellschaft und der zukünftigen Kranken entschieden würde. Denn erfüllen die Betroffenen mit der Teilnahme

---

[635] Zur Ausstrahlung der Menschenwürde auf die nachfolgenden Grundrechte siehe *Enders*, S. 113.
[636] So *Kunig* in von Münch/Kunig, Art. 1 GG, Rdnr. 70.
[637] Für eine solche moralische Verpflichtung *Patzig*, Ethische Aspekte, S. 364.

an Forschungsstudien lediglich ihre Pflicht gegenüber der Gesellschaft, kann darin kein Angriff auf ihre Würde liegen.
Das Bestehen einer solchen sozialen Pflicht könnte man annehmen, wenn man davon ausgeht, dass das Recht des Einzelnen auf Selbstbestimmung noch lange nicht die sittliche Freiheit enthält, sich gegen die Teilnahme an einem Experiment zu entscheiden[638]. So wird in diesem Zusammenhang argumentiert, dass eine Person nicht nur individualistisch verstanden werden dürfe, sondern dass sie auch wesentlich durch ihre Relation mitdefiniert werde, die im Zusammenspiel mit dem Selbstand der Person gerade deren Wesen ausmache[639]. Aus diesem Grunde sei es als sittliche Pflicht eines Menschen anzusehen, sich der Teilnahme an Versuchen nicht zu entziehen.

Dem ist entgegenzusetzen, dass es dem Einzelnen nicht verwehrt werden darf, auch wesentlich an der Art dieser "Relation" mitzuwirken. Es ist nicht schlüssig, einen Menschen durch seine Umgebung mitdefinieren zu wollen, ohne ihm die Möglichkeit zuzugestehen, sie seinen Vorstellungen entsprechend mitzugestalten.

Es besteht zudem ein großer Unterschied zwischen einer moralischen Verpflichtung zur Teilnahme an Versuchen und einer diesbezüglichen Rechtspflicht[640]. So ist zwischen dem moralischen Anspruch eines Gemeinschaftsgutes und dem Recht der Gesellschaft, dieses auf Kosten Einzelner zu verwirklichen, zu differenzieren[641]. Eine wirkliche Pflicht in dem Sinne, dass sie von der Gesellschaft eingefordert werden könnte, kann daher nicht bestehen[642]. Es ist schließlich gerade das Wesen des Selbstbestimmungsrechts eines Menschen, dass es frei ausgeübt werden kann. Dies muss insbesondere dann gelten, wenn der Gegenstand der Entscheidung einen so engen Bezug zur Würde des Betroffenen hat.
Weiterhin ist mehr als fraglich, ob man selbst bei Annahme einer solchen moralischen Verpflichtung des Patienten, daraus den Schluss ziehen darf, dass auch Einwilligungsunfähige ohne ihre persönliche Einwilligung zu Forschungseingriffen ohne individuellen Nutzen herangezogen werden dürfen. Dies kann schon aus dem Grund nicht der Fall sein, dass sich auf diese Weise die bloße moralische Pflicht bei dieser besonders zu schützenden Personengruppe in eine faktische Pflicht umwandeln würde, der der Patient nicht entrinnen könnte. Ein solches Ergebnis wäre insbesondere im Vergleich mit einwilligungsfähigen Patienten, die sich durch die Verweigerung ihrer Einwilligung dieser Pflicht ent-

---

638 So *Böckle*, S. 35.
639 *Böckle*, Ethik des medizinischen Fortschritts, S. 37.
640 *Rieger*, Klinische Prüfung, S. 90.
641 *Jonas*, Philosophische Betrachtungen, S. 5.
642 So auch *Hüppe*, Gefahr für die Menschenwürde, S. 8.

ziehen können, nicht interessengerecht. Eine Rechtfertigung des Eingriffs ohne persönliche Einwilligung kann darin somit, selbst wenn eine solche sittliche Pflicht existieren sollte, nicht erblickt werden, so dass dieser Gesichtspunkt bei der vorzunehmenden Abwägung keine Berücksichtigung finden kann.

d. Beeinträchtigung der Rechte anderer durch Unterlassen der Forschung

Die Interessenabwägung könnte jedoch dann zugunsten der Zulässigkeit eines solchen Eingriffs in die geschützten Rechtsgüter eines Menschen ausgehen, mit der Folge, dass auch die Würde des Einzelnen durch den Eingriff nicht verletzt wäre, wenn dieser Eingriff zum Schutz gleichrangiger Rechte anderer Bürger notwendig wäre.

Dies wäre beispielsweise der Fall, wenn durch einen zu weitgehenden Schutz der Menschenwürde einer Person die „Vernachlässigung der Würde anderer Erkrankter und Einwilligungsunfähiger" gesehen werden könnte[643], indem ihnen der Fortschritt auf diese Weise vorenthalten werde. Aus diesem Grund stellt sich hier die Frage, ob man einer Vielzahl von Menschen den eigentlich möglichen medizinischen Fortschritt vorenthalten darf, nur um einem Einzelnen gerecht zu werden[644].

Bei einer solchen Argumentation wird jedoch vollkommen übersehen, dass es nicht lediglich um die Rechte und Interessen eines einzelnen Kranken geht, die der Wissenschaft zur Verfügung gestellt werden sollen, sondern vielmehr um die Rechte aller derzeit von der Krankheit betroffenen einwilligungsunfähigen Patienten, die zu derartiger Forschung herangezogen würden, ohne dass ihre Einwilligung hierzu erforderlich wäre.

Da jeweils nicht abzusehen ist, wann und ob der einzelne Eingriff zu verwertbaren Erkenntnissen und zur Entwicklung einer Therapie oder auch nur einer Behandlung zur Linderung eines bestimmten Leidens führen wird, ist auch der Zeitraum, in dem Patienten an solchen Studien zu lediglich wissenschaftlichen Zwecken teilnehmen müssten, nicht von vornherein eingrenzbar. Es kann somit - obwohl dies allein schon problematisch genug wäre - kaum von den Rechten nur eines einzelnen Kranken gesprochen werden, die durch ein Forschungsverbot geschützt werden.

Einen Eingriff in die Würde derer, denen der medizinische Fortschritt „vorenthalten" wird, kann man zudem nur dann begründen, wenn man ein Recht auf medizinischen Fortschritt postuliert[645]. Fraglich ist jedoch, ob ein solcher An-

---

643 So *Elzer*, MedR 98, S. 125; ebenso *Radau/Losch*, ARSP 86 (2000), S. 423 (430).

644 So sieht *Sobota*, Patientenrecht und Forschungsfreiheit, S. 387, in diesem Fall sowohl die Rechte der übrigen Kranken als auch die staatliche Pflicht der Gesundheitsfürsorge und der Arzneimittelversorgung verletzt.

645 So *Jürgens*, Fremdnützige Forschung mit Einwilligungsunfähigen, S. 48, die dem jedoch mangels Rechtsinhaber kritisch gegenübersteht; anderer Ansicht ist *Schafer*, Journal of

spruch des zukünftig Kranken auf „Aufopferung“ des jeweiligen Kranken der Gegenwart in der Weise bestehen kann, dass dieser seine höchstpersönlichen Interessen zu Forschungszwecken preisgeben müsste. Gleichzeitig müsste ein solcher Anspruch gerade auch Teil der Würde der zukünftigen Kranken sein, damit in einem Unterlassen der Forschung ein Angriff auf diese liegen könnte.

Um diese Frage zu beantworten, kann man die Betrachtung heranziehen, ob ein heutiger Patient, der seine Krankheit bei einem Arzt behandeln lässt und damit auch von Forschung der Vergangenheit profitiert, die zweifellos ebenfalls mit einer gewissen Aufopferungshandlung eines früheren Forschungsteilnehmers verbunden war, auf diese Aufopferung einen Anspruch hatte. Denn nur dann kann auch den zukünftigen Kranken ein Anspruch auf Forschung in der Gegenwart zukommen. Die Frage, ob ein Kranker in der Vergangenheit dem heutigen Patienten gegenüber verpflichtet war, eine Behandlungsmethode an sich testen oder einen sonstigen Eingriff vornehmen zu lassen und damit ein Risiko für seine Gesundheit auf sich zu nehmen, kann wohl mit einem „nein“ beantwortet werden. Allenfalls wird der Patient heute Dankbarkeit für denjenigen empfinden, der sich freiwillig zur Erprobung zur Verfügung gestellt hat, von einem ihm zustehenden diesbezüglichen Anspruch auf ein solches uneigennütziges Verhalten wird wohl keiner ausgehen.

Man könnte jedoch eine Verpflichtung zur Teilnahme an Forschung aus einer Art Vertrag der Gesellschaft ableiten. Dieser könnte die Menschen, die schließlich selbst von den in der Vergangenheit durch Versuche gewonnenen Erkenntnissen profitieren, verpflichten, nun ihrerseits an Versuchen teilzunehmen, von denen wiederum spätere Generationen profitieren könnten[646]. Anderenfalls würden die heutigen Patienten nur empfangen, ohne selbst etwas weiter zu geben, was man als ungerecht oder unmoralisch empfinden könnte.
Jedoch besteht hier, da medizinische Versuche in der Regel erst nach längerer Zeit in eine konkrete Behandlungsverbesserung umschlagen, im Vergleich zu anderen Verträgen der Unterschied, dass man demjenigen, von dessen Taten man profitiert, nichts zurückgeben kann, da diese Generation nicht mehr existiert, während man demjenigen, der von den heute stattfindenden Versuchen in der Zukunft profitieren würde, nichts schuldet, da diese nächste Generation ihrerseits wiederum nichts für die Menschen in der Gegenwart getan hat, was diese ihr gegenüber verpflichten könnte.

Medical Ethics 1983, S. 77, der von gewissen Rechten der zukünftigen Generationen ausgeht.

[646] *Heyd*, S.196; ebenso *Böckle*, S. 32, der einen Anspruch auf Teilhabe am medizinischen Fortschritt nur dann als gerecht ansieht, wenn man auch selbst zu einem Beitrag zur Forschung bereit ist.

Der einzige Weg, aus einem solchen Vertrag eine Verpflichtung für die jeweils gegenwärtige Generation abzuleiten, könnte darin bestehen, dass man der früheren Generation unterstellt, sie habe nur unter der Bedingung an Versuchen teilgenommen, dass diejenigen, die später von diesen Erkenntnissen profitieren, ihrerseits alles tun, um den medizinischen Fortschritt voranzutreiben. Eine solche Bedingung scheint jedoch zu weit hergeholt und kann daher kaum die Pflicht begründen, an medizinischen Versuchen teilzunehmen.

Folglich ist ein solcher „vertraglicher" Anspruch der zukünftigen Patienten gegenüber den heutigen auf Aufopferung abzulehnen. Ein Angriff auf ihre Würde durch den Schutz der Rechte und der Würde der heutigen Patienten liegt somit nicht vor. Da es im Bereich des allgemeinen Lebensrisikos einer jeden Person liegt, an einem bislang nicht heilbaren Leiden zu erkranken, steht ihr kein Anspruch gegen andere Menschen zu, ihre höchstpersönlichen Interessen zu opfern, um zu einer Entwicklung von Therapien beizutragen.
Die Ablehnung eines solchen Anspruchs ist auch Ausdruck der Tatsache, dass es ein Recht auf medizinischen Fortschritt generell nicht geben kann, da dieser kein obligatorisches Ziel, sondern im Gegenteil fakultativ ist[647]. Dabei ist auch nicht außer Acht zu lassen, dass beim medizinischen Fortschritt kein öffentlicher Notstand gegeben ist[648]. Da der Gesellschaft an sich durch die bestehenden Krankheiten kein unmittelbarer Schaden droht, der sie in ihrer Existenz gefährden könnte, ist ein Anspruch an die in ihr lebenden Individuen, ihre höchstpersönlichen Rechtsgüter zu opfern, noch schwerer zu begründen.

e. Abwägung der Interessen unter besonderer Berücksichtigung der Ausstrahlung des Art. 1 Abs. 1 GG

Auch wenn man einen derartigen Anspruch der zukünftigen Kranken ablehnt, könnte dennoch das Interesse der Gesellschaft gegenüber den Individualgütern des einzelnen Forschungsteilnehmers überwiegen.
Das Grundgesetz geht zwar von einer vielfältigen Verpflichtung der Persönlichkeit in der Gesellschaft aus[649], begründet aber auf keinen Fall einen Vorrang der

---

[647] *Jonas*, Technik, Medizin und Ethik, S. 145, der die Ansicht vertritt, die Gesellschaft sei in diesem Zusammenhang vielmehr durch die Erosion der sittlichen Werte gefährdet als durch nicht heilbare Krankheiten; a.A. *Merkel*, Nichttherapeutische klinische Studien an Einwilligungsunfähigen, S. 196, der diese Auffassung angesichts der Tatsache, dass künftigen Generationen nur durch Forschung heute ein „zeitadäquater" späterer Stand möglich sein wird, für nicht akzeptabel hält. Dabei übersieht *Merkel* jedoch, dass die Bestimmung dessen, was zukünftig zeitadäquat sein wird, völlig offen ist. Keineswegs muss daraus für die heutige Generation eine Pflicht zur Aufopferung erwachsen.

[648] Ebenso *Jonas*, Philosophische Betrachtungen, S. 5, der davon ausgeht, dass unsere Gesellschaft auch trotz Krebs und Herzleiden sehr wohl bestehen kann.

[649] BVerfGE 28, 175 (189); 33, 1.

Gemeinschaftsinteressen vor denen des Individuums[650]. Vielmehr genießt die Würde des Einzelnen absoluten Vorrang vor jeglichen Interessen der Gesellschaft[651].

Diesem Grundsatz würde man mit einer Regelung, die vorsieht, Menschen ohne ihre Einwilligung zum Gegenstand von Forschungsmaßnahmen zu machen, die einen Eingriff in ihre körperliche Unversehrtheit oder ein vergleichbares Risiko für ihre Gesundheit darstellen, ohne für sie selbst auch nur einen entfernten Nutzen zu versprechen, nicht gerecht. Denn trotz der Beschränkung auf „minimale Risiken" existiert eine wirkliche Grenze, die die Zulässigkeit von Eingriffen in die körperliche Unversehrtheit begrenzen könnte, nicht mehr, wenn man die Schwelle der körperlichen Unversehrtheit einmal überschritten hat. Vielmehr wird auf diese Weise der Schutz der körperlichen Integrität einem unbestimmten Begriff mit weitem Interpretationsspielraum überlassen. Der Gesellschaft kann jedoch nicht das Recht zustehen, ohne eine feste Grenze, die den Schutz der Interessen der einwilligungsunfähigen Personen gewährleisten könnte, in diesen höchstpersönlichen und schützenswerten Bereich einzugreifen und dadurch ein Risiko für den Betroffenen herbeizuführen, ohne dass seine freiwillige Einwilligung vorliegt. Eine solche Situation ist nicht mehr mit den alltäglichen Beeinträchtigungen, die jeder als Teil der Gemeinschaft hinzunehmen hat, zu vergleichen. Denn die körperliche Integrität ist ein Teil des Kernbereichs der von Art. 1 Abs. 1 GG geschützten Würde[652]. Würde man sie auf diese Weise der Forschung zur Verfügung stellen, so bestünde größte Gefahr, dass der unantastbare Kernbereich der Würde des Einzelnen ausgehöhlt werden könnte.

Der enge Bezug derartiger Eingriffe zur Menschenwürde ist jedoch nicht nur in dem Eingriff in die körperliche Unversehrtheit selbst begründet, sondern insbesondere auch in der subjektiven Belastung, den ein solcher Eingriff für den Patienten oder Minderjährigen bedeuten kann. Eine derartige Belastung kann zwar im Einzelfall auch vorliegen, wenn kein Eingriff in die körperliche Unversehrtheit stattfindet. Während bei nichtinvasiven Maßnahmen eine mehr als minimale Beeinträchtigung oder Belästigung jedoch die Ausnahme darstellen wird, die selbstverständlich aufgrund der Beschränkung der Zulässigkeit auf minimale Belästigungen unzulässig ist, ist mit einem Eingriff in die körperliche Unversehrtheit in den meisten Fällen von vornherein auch ein mehr an subjektiver Belastung für den Betroffenen verbunden, was ihre Bedenklichkeit erheblich erhöht.

---

[650] Wie oben dargestellt, sollte dieser Kollektivismus durch das Grundgesetz gerade abgelöst werden; ebenso *Jürgens*, Fremdnützige Forschung an einwilligungsunfähigen Personen, S. 39.

[651] *Illhardt*, S. 149, 150.

[652] *Höfling* in Sachs, Art. 1 Rdnr. 19.

Diese Wertung beruht insbesondere auf der Erwägung, dass es sich bei einwilligungsunfähigen Personen um solche Menschen handelt, die sich aufgrund ihrer Lebenssituation ohnehin in einem Zustand erhöhter Abhängigkeit und Hilflosigkeit befinden. In einer solchen Situation wird es für den Betroffenen in vielen Fällen unzumutbar sein, einer Behandlung ausgesetzt zu sein, deren vollständige Bedeutung er nicht nachvollziehen kann und die ihn in seinem existentiellen Interesse, frei von Belastungen und Leiden zu leben, berührt. Aufgrund der nicht unerheblichen Gefahr, dass eben dieses Interesse verletzt wird, kann ein Forschungseingriff in die körperliche Unversehrtheit ohne eine entsprechende Einwilligung des Betroffenen nicht zulässig sein. Dies gilt insbesondere auch aufgrund der Tatsache, dass die Einwilligungsfähigkeit eines Patienten sicher nur dann von dem zuständigen Arzt verneint werden wird, wenn keine Zweifel an ihrem Nichtvorliegen bestehen können.

Indem *Picker*[653] die Sozialpflicht aller Menschen, minimale Interventionen auch oberhalb der Körperverletzungsschwelle zum Wohle der Allgemeinheit zu dulden, bejaht, vernachlässigt er diese besondere Problematik.
Auch wenn nicht in jedem Fall in einer Maßnahme, die die Schwelle zur Verletzung der körperlichen Integrität übersteigt, wie beispielsweise eine Blutentnahme, zwingend eine Verletzung der Würde des Betroffen gesehen werden muss, so stellt doch die körperliche Unversehrtheit die einzig zuverlässige Grenze dar, die eine uneingeschränkte Ausweitung von Forschung verhindern kann[654]. Daher darf eine zu entwerfende Regelung solche Forschung, die über diese Grenze hinausgeht, nicht zulassen.

Wird die körperliche Integrität nicht als absoluter Wert respektiert, mit der Folge, dass die Gesellschaft sich aufgrund der weitgehenden Unfähigkeit des Betroffenen, seinem Willen deutlich Ausdruck zu verleihen, bis zu einem gewissen Grad die Verfügungsbefugnis darüber anmaßen darf, so besteht die Gefahr,

[653] JZ 2000, S. 693 ff; ähnlich ist wohl auch *Merkel*, Nichttherapeutische klinische Studien an Einwilligungsunfähigen, S. 189, 196, zu verstehen, der von einer allgemeinen „Solidarität" ausgeht, welche um der fairen Verteilung der Lasten willen auch einwilligungsunfähige Kleinkinder verpflichtet.

[654] Auf die Gefahr einer solchen Ausweitung von Forschern geht *Picker*, JZ 2000, S. 693, 704, jedoch nur insofern ein, als er diese durch eine Erstreckung der Sozialpflichtigkeit auch auf einwilligungsfähige Personen gebannt sieht, da diese aufgrund von „Egoismus und natürlicher Bedachtheit auf Selbstschutz" dafür sorgen würden, dass die Grenzen des sozial Plausiblen und Akzeptablen eingehalten würden. Die von ihm selbst geäußerte These (S. 695), dass es nach dem ersten grundsätzlichen Schritt der „Veränderung von Subjekt zu Objekt" an jeder weiteren grundsätzlichen und damit sicheren Grenze fehle und dass somit gerade bei dem Umgang mit einwilligungsunfähigen Personen für deren Rechtsgüter eine besondere Gefahr bestehe, lässt er dabei unbeachtet und entzieht sich somit durch die Ausweitung der Sozialpflichtigkeit auf alle Menschen der Beantwortung dieser wesentlichen Frage, ohne die eine Regelung jedoch nicht entworfen werden kann.

dass der Mensch in einigen dieser Fälle tatsächlich nur noch als Mittel zum Zweck dient.
Greift die Gesellschaft ohne die Einwilligung einer Person in deren höchstpersönliche Rechtsgüter in diesem Ausmaß ein, so besteht mangels Abgrenzbarkeit das Risiko, den Eigenwert dieser Person anzutasten[655]. Ohne einen objektiv erkennbaren Willen des Betroffenen, an solcher Forschung teilzunehmen, würde die Subjektqualität des Betroffenen in einem Maß negiert, das in vielen Fällen die Verletzung seiner Würde zur Folge haben könnte.

Im Gegensatz zu Forschung ohne Körperverletzungsrisiko, bei der der Betroffene ebenfalls nicht selbst Zweck der Maßnahme ist, kommt in diesen Fällen in der Intensität der Maßnahme und der damit verbundenen Belastung des Betroffenen die fehlende Achtung vor dessen Eigenwert zum Ausdruck.

Wenn der Grund, aus dem ein solcher Eingriff in die körperliche Unversehrtheit nicht mit der Würde des Menschen vereinbar ist, insbesondere auch in der subjektiven Belastung liegt, wäre als Lösung denkbar, derartige Eingriffe prinzipiell zuzulassen und sie lediglich dann auszuschließen, wenn der Betroffene ein abwehrendes oder ablehnendes Verhalten an den Tag legt, da man aus dem Nichtvorliegen eines solchen Abwehrverhaltens schließen könnte, dass die Maßnahme eine für den Betroffenen zumutbare Behandlung darstellt.

Mit einer solchen Regelung würde man jedoch dem Schutzbedürfnis der einwilligungsunfähigen Personen nicht genügen[656]. Denn da ein ablehnendes Verhalten bei bestimmten Patientengruppen aufgrund ihres Gesundheitszustandes, beispielsweise bei bewusstlosen Personen, nicht erwartet werden kann, hätte dies zur Folge, dass diese Personen den Entscheidungen der Ärzte und sonstigen Verantwortlichen und den daraufhin erfolgenden Forschungseingriffen, in die sie nicht persönlich eingewilligt haben, ausgeliefert wären. Auch in den übrigen Fällen gewährleistet das Kriterium des ablehnenden Verhaltens keinen ausreichenden Schutz, da die Befolgung dieser Vorschrift nicht zuverlässig nachprüfbar ist. Dieses Kriterium kann somit nur dem zusätzlichen Schutz dienen, nicht aber den allein entscheidenden Faktor darstellen.

---

[655] *Spranger*, Sozialrecht + Praxis 2000, S. 71 (74) sieht in einem Heranziehen eines einwilligungsunfähigen Patienten zu fremdnütziger Forschung eine Entindividualisierung des Betroffenen und erkennt darin einen klaren Verstoß gegen dessen Menschenwürde; auch *Kamp*, Die Europäische Bioethik-Konvention, S. 104, sieht in einer solchen Teilnahme an nichttherapeutischen Maßnahmen den Kernbereich der Menschenwürde verletzt.

[656] Das Nichtvorliegen eines solchen ablehnenden Verhaltens ist Voraussetzung der Zulässigkeit der Forschung gemäß der Stellungnahme der Zentralen Ethikkommission bei der Bundesärztekammer, III., ebenso auch gemäß Art. 17 Abs. 1 v) der EMRÜ-Bioethikkonvention.

Die freiwillige persönliche Einwilligung kann somit in einer zu entwerfenden Regelung für wissenschaftliche Forschung, die über die Schwelle der Körperverletzung hinausgeht, den einzigen Rechtfertigungsgrund darstellen. Diese freiwillige Entscheidung des Teilnehmers kann nicht durch bloße Überlegungen zu der Vertretbarkeit einer Maßnahme ersetzt werden. Dies muss insbesondere deswegen gelten, da die Vertretbarkeit eines lediglich fremdnützigen Versuchs schwer zu ermitteln sein wird, da es keinen „Verrechnungsschlüssel" gibt, der den Interessengegensatz zwischen Gesellschaft und Individuum klären oder auflösen könnte.
Abgesehen von der Würde des Einzelnen wäre auch das Menschenbild des Grundgesetzes schlechthin betroffen, wenn Einwilligungsunfähige in einem derartigen Umfang der Forschung zur Verfügung gestellt werden dürften.

Somit steht der Gemeinschaft weder ein Recht auf Aufopferung gegenüber den einwilligungsunfähigen Patienten und Minderjährigen zu, noch kann der Schutz der Volksgesundheit oder des Grundrechts auf Leben und körperliche Unversehrtheit der zukünftig Kranken deren Schutzinteressen überwiegen und eine Rechtfertigung für derartige Eingriffe darstellen.
Demnach trifft den Staat auch keine diesbezügliche Schutzpflicht gegenüber der Gesellschaft, der er durch ein entsprechendes Gesetz nachkommen müsste. Eine Einschränkung der höchstpersönlichen Rechte der Einwilligungsunfähigen kann aus diesem Grunde auch nicht mit dem Argument begründet werden, dieses Opfer sei nötig, damit der Staat einer solchen Pflicht nachkommen könne.

Eine derartig weitgehende gesetzliche Regelung wäre somit aufgrund der mit ihr verbundenen Gefahren für den Einzelnen nicht mit dem Grundgesetz zu vereinbaren. Ist die Würde des Einzelnen durch einen derartig weitgehende Regelung in Gefahr, so liegt darin ebenfalls eine Verletzung von Art. 2 Abs. 2 GG.
Aufgrund der dargestellten Vergleichbarkeit der Interessenlage gilt dieses Ergebnis sowohl für einwilligungsunfähige Minderjährige als auch für einwilligungsunfähige Erwachsene.

f. Schutz durch gesetzliche Kontrollmechanismen

Es ist jedoch zu überlegen, ob das Ergebnis dieser Abwägung nicht anders ausfallen könnte, wenn ausreichende gesetzlich geregelte Kontrollmechanismen geschaffen würden, die den Schutz der potentiellen Versuchspersonen gewährleisten könnten. Dies ist zumindest für die Fälle zu überlegen, in denen mit der Forschungsmaßnahme, die einen Eingriff in die körperliche Unversehrtheit darstellt, lediglich ein geringes Risiko und allenfalls minimale Unannehmlichkeiten für den Betroffenen verbunden sind und dieser einen bedeutenden Erkenntnisgewinn für die Erkennung oder Behandlung einer Krankheit verspricht[657].

---

[657] *Fischer*, Medizinische Versuche am Menschen, S. 38.

aa. Positives Votum einer Ethikkommissionen

Zu diesem Zweck könnte eine aus unabhängigen Sachverständigen zusammengesetzte Ethikkommission eingesetzt werden, die über die ethische Bedenklichkeit oder Unbedenklichkeit einer Forschungsmaßnahme zu entscheiden hat. Durch eine - zusätzlich zu der Einwilligung des gesetzlichen Stellvertreters erforderliche - positive Entscheidung einer solchen unabhängigen Ethikkommission, könnte die ethische Vertretbarkeit gewährleistet werden[658].

Da die relative Starrheit von Normen angesichts der Unsicherheit der Nutzen- aber auch der Risikoprognosen einen wirksamen Schutz nicht zulässt[659] und somit durch Gesetze allein das mit wissenschaftlicher Forschung verbundene besondere Risiko für die Versuchspersonen nicht zu minimieren ist, kann eine solche Ethikkommission als methodische Alternative[660] oder als Ergänzung zur gesetzlichen Normierung der Forschung mit Menschen gesehen werden.

Die Aufgabe und der Zweck einer solchen Kommission bestehen darin, die Versuchsperson vor gefährlicher Forschung zu schützen[661], sie soll dafür sorgen, dass gerade keine Instrumentalisierung stattfindet. Gleichzeitig soll der Forscher selbst davon abgehalten und davor bewahrt werden, die von der Gesellschaft gezogenen ethischen und rechtlichen Grenzen zu überschreiten, was ihn auch vor Angriffen von außen schützen soll[662].

Dies soll die Ethikkommission dadurch gewährleisten, dass sie dem Arzt, der eine wissenschaftliche Untersuchung am Menschen durchführen will, Hilfestellung bei der Beurteilung ethischer und rechtlicher Gesichtspunkte gibt[663]. Die Eigenverantwortung des Arztes bleibt davon unberührt[664]. Da die Entscheidungen über ethische Fragen vorrangig als Aufgabe der Wissenschaft verstanden werden, ist die Kommission eher als Instrument der Selbstkontrolle zu betrachten[665].

Gegenwärtig ist auch bei klinischer Forschung außerhalb der Arzneimittelprüfung eine Beratung seitens einer Ethikkommission nötig[666], die jedoch, insbe-

---

658 *Deutsch*, Das Recht der klinischen Forschung am Menschen, S. 81.

659 *Czwalinna*, S. 74.

660 *Czwalinna*, S. 93.

661 *Deutsch*, NJW 1995, S. 3023.

662 *Deutsch*, Medizinrecht, S. 495.

663 Anschaulich zur Zusammensetzung und Arbeit der Kommission für Ethik in der ärztlichen Forschung am Fachbereich Humanmedizin der Philipps-Universität Marburg *Freund,* MedR 2001, S. 65 ff.

664 *Malchow/Bierich/Eser/Roemer/ Rössler*, PharmaRecht 1982, S. 224; ebenso *Hasskarl*, Forschung am Menschen, S. 75; auch *Laufs* in Laufs/Uhlenbruck, Handbuch des Arztrechts, § 130 Rdnr. 14 ist der Ansicht, dass die Kommissionen dem Arzt die Verantwortlichkeit nicht abnehmen können.

665 So *Laufs* in Laufs/Uhlenbruck, Handbuch des Arztrechts, § 130 Rdnr. 14, 15, der als Gegenbeispiel die USA nennt, wo die Ethikkommission eher ein Instrument der Kontrolle der Wissenschaft durch die Gesellschaft darstellt.

666 *Kollwitz*, S. 20, fordert eine gesetzlich vorgeschriebene Anrufung von Ethikkommissionen

sondere bei universitären Kommissionen, regelmäßig auf eine abschließende und zu befolgende Bewertung hinausläuft. Ihr kommt auch dort eine gewissen Genehmigungsfunktion zu, da die Vergabe öffentlicher Forschungsgelder an ein positives Votum einer Ethikkommission gebunden ist[667].
Anders als der gesetzliche Stellvertreter oder das Vormundschaftsgericht besitzt die Ethikkommission in der Regel den erforderlichen Sachverstand, was Gefahr, Unannehmlichkeiten, Risiken sowie auch die damit abzuwägende Notwendigkeit und Erfolgswahrscheinlichkeit des Versuchs angeht. Sie sollte nicht nur zu Beginn des Versuches ihre Stellungnahme diesbezüglich abgeben, sondern auch während der Versuchsdurchführung Einblick in dessen Verlauf erhalten, um bei nicht erwartungsgemäßer Entwicklung eine eventuell anders lautende Entscheidung fällen zu können[668].

Auch das positive Votum einer Ethikkommission kann jedoch nicht über die Tatsache hinweghelfen, dass eine Instrumentalisierung in gewisser Weise immer gegeben ist, wenn ein Mensch als Objekt der Forschung benutzt und dabei in seine körperliche Unversehrtheit eingegriffen wird. Es ist daher fraglich, ob eine solche Entscheidung einen ausreichenden Schutz für den Betroffenen gewährleistet, der seine persönliche Einwilligung entbehrlich machen könnte[669]. Dies wird teilweise für solche Forschung bejaht, deren Risiko nicht höher liegt, als es bei Standardbehandlungen im Allgemeinen akzeptiert wird[670]. Beschwerden wie Kopfschmerzen, Übelkeit, Schwindel oder Bewegungsstörungen sollen dabei die zumutbare Grenze nicht überschreiten.
Auf diese Weise würden zwar die Forschungsmöglichkeiten sicher erheblich erweitert, jedoch würden die Rechte der potentiellen Versuchspersonen zugleich nicht unerheblich eingeschränkt.

Die positive Stellungnahme einer Ethikkommission kann jedoch den einwilligungsunfähigen Forschungsteilnehmer nicht in ausreichendem Maße schützen. Die Ethikkommission kann durch ihre Prüfung zwar sicherstellen, dass ein Forschungsprojekt, in das ein Teilnehmer eingewilligt hat, was seinen Aufbau, die Eingriffsintensität und das zu erwartende Risiko angeht, prinzipiell nicht gegen

---

für alle Forschungsvorhaben auch außerhalb von AMG und MPG.

[667] *Kollwitz*, S. 7.

[668] *Fischer*, Medizinische Versuche am Menschen, S. 71.

[669] In diese Richtung ist wohl *Fischer*, Medizinische Versuche am Menschen, S. 38 zu verstehen.

[670] *Helmchen/Lauter*, S.70, wobei dieser Vergleich jedoch insofern hinkt, als den Risiken einer Standardbehandlung immer auch der zu erwartende Heilungserfolg gegenüber steht, aufgrund dessen der Patient bereit ist, die Risiken überhaupt auf sich zu nehmen. Ein solcher individueller Nutzen fehlt jedoch bei wissenschaftlicher Forschung, so dass der Vergleich mit den Risiken der Standardbehandlung schon aus diesem Grund nicht vorgenommen werden kann.

ethische Grundsätze verstößt und insofern auch die Würde des freiwilligen Teilnehmers nicht verletzt wird. Das positive Votum einer Ethikkommission ist somit Voraussetzung dafür, dass eine Forschungsstudie überhaupt zulässig sein kann und muss daher immer vorliegen, auch wenn der Proband einwilligungsfähig ist.

Sie kann jedoch im Falle fehlender Einwilligungsfähigkeit nicht die Gefahr beseitigen, dass eine Handlung oberhalb der Körperverletzungsschwelle eine mehr als unerhebliche subjektive Belastung für den Betroffenen darstellt, die den ihm zukommenden Achtungsanspruch in Frage stellt.
Denn auch ein positives Votum einer Ethikkommission kann nicht ausschließen, dass eine Person im Rahmen derartiger Forschungsmaßnahmen in ihrer Würde verletzt wird. Sie kann somit durch ihre Entscheidung eine persönliche Einwilligung nicht ersetzen[671], ebenso wenig wie sie rechtlich verbotene Forschung zu einer erlaubten machen kann[672]. Spezifisch ethische Überlegungen können zwar dazu führen, dass prinzipiell erlaubte Forschung aus diesen ethischen Gründen unterbleiben muss[673]. Obwohl die Ethikkommission damit die letzte Kontrollinstanz ist, die den Patienten oder Probanden vor gefährlicher oder überraschender Forschung bewahren soll[674], kann von ihrer Entscheidung dennoch keine den Eingriff allein rechtfertigende Wirkung ausgehen[675].

Dieses Ergebnis, dass die positive Entscheidung einer Ethikkommission nicht zur Entbehrlichkeit der persönlichen Einwilligung führen kann, wird noch bestärkt durch die verschiedenen Probleme, die sich den Ethikkommissionen stellen. Zum einen ist fraglich, wie eine Kommission eine moralische Wertung in einem Fall treffen soll, in dem kein moralischer Grundkonsens in der Gesellschaft besteht[676]. Zudem werden in der Praxis immer wieder verschiedene

---

671 *Rieger*, Klinische Prüfung, S. 92, ist ebenfalls der Ansicht, dass die Entscheidung der Ethikkommission, auch wenn sie vielleicht kompetenter ist, die individuelle Einwilligung nicht ersetzen kann.

672 Auch *Freund*, MedR 2001, S. 65 (70) spricht der Entscheidung einer unabhängigen Ethikkommission in der entscheidenden Hinsicht die legitimierende Kraft ab.

673 *Freund*, MedR 2001, S. 65 (70) nennt hier als Beispiel Teilbereiche humangenetischer Forschung, bei denen das Erforschte die Betroffenen in schwerwiegende Lebenskrisen stürzen kann und aus diesem Grund vielleicht besser unerforscht bleiben sollte.

674 *Laufs*, Arztrecht, S. 385; *derselbe* in Laufs/Uhlenbruck, Handbuch des Arztrechts, § 130 Rdnr. 14, bezeichnet die Abwägung der Ausgewogenheit von Vorteil und Risiko als Kernstück des Ratschlags der Ethikkommission.

675 Zu der grundsätzlichen Frage der Legitimation durch Verfahrensregelungen ausführlich *Saliger*, Legimitation durch Verfahren im Medizinrecht. S. 125 ff, der betont, dass es bei der Prozeduralisierung primär um die Kompensation von Anwendungsunsicherheiten des materiellen Rechts geht (S. 163) und dass das Recht mit der Ethikkommission nur eine zusätzliche Kontrollinstanz schafft, S. 165.

676 Diese Frage wirft *Czwalinna*, S. 96 auf.

Aspekte von Arzneimittelstudien, wie zum Beispiel Prüfpläne oder auch Patientenaufklärung, trotz der zunehmenden Professionalisierung der Ethikkommissionen unterschiedlich von verschiedenen Kommissionen beurteilt[677]. Zum Teil werden sogar grundsätzliche ethische Fragen unterschiedlich beurteilt.
Ebenso sind die Kommissionen bei ihrer Beurteilung auf die korrekte Unterrichtung über die dafür wesentlichen Umstände im Projektplan angewiesen, wobei sie lediglich beschränkte Überprüfungsmöglichkeiten haben[678]. Nicht zuletzt aufgrund dieser erheblichen Unsicherheiten darf die persönliche Einwilligung einer Person nicht vollständig durch das Votum einer Ethikkommission ersetzt werden.

bb. Anderweitige Schutzkriterien

Das für die Ethikkommission ermittelte Ergebnis muss ebenso für die weiteren Schutzkriterien gelten, die der Wahrung der Interessen der Prüfungsteilnehmer dienen sollen[679]. Darunter fallen insbesondere die in AMG und MPG geregelten Maßnahmen, wie zum Beispiel die Anforderungen an die Erfahrung des Prüfarztes, ausführliche Dokumentation, das Aufstellen eines Prüfplans und der Abschluss einer Probandenversicherung. Diese Maßnahmen tragen zwar wesentlich zum Schutz eines Patienten oder Probanden bei, können jedoch die freiwillige Einwilligung ebenfalls nicht ersetzen. Denn auch in ihrem kumulativen Zusammenwirken können diese Schutzmechanismen nicht ausschließen, dass die individuelle Interessenlage der einwilligungsunfähigen Person, im Einzelfall nicht ausreichend beachtet wird.

C. Zwischenergebnis

Als Ergebnis dieser Untersuchung bleibt somit festzuhalten, dass Forschung mit Personen, die nicht zu einer rechtfertigenden Einwilligung in der Lage sind, in nur höchst geringem Umfang zulässig sein kann. Die äußerste Grenze, die durch eine gesetzliche Regelung gezogen werden darf, liegt an der Schwelle zum Eingriff in die körperliche Unversehrtheit.
Würde man diese Grenze überschreiten und auch ausschließlich wissenschaftliche Forschungsvorhaben, die einen Eingriff in die körperliche Unversehrtheit oder ein ähnliches Risiko für die Gesundheit des Einwilligungsunfähigen darstellen, zulassen, liefe man in Gefahr, durch diesen nicht unerheblichen Eingriff in seine Rechtsgüter zum Wohle der Gemeinschaft seinen Eigenwert als Indivi-

---

[677] *Walter-Sack*, MedR 97, 505; mit Beispielen auch *Wilkening*, MedR 2001, S. 301 (304).
[678] *Freund*, MedR 2001, S. 65 (67) sieht die Bedeutung eines positiven Votums einer Ethikkommission auch aus diesem Grund als erheblich relativiert an und sieht daher nur eine beschränkte Verantwortlichkeit der Kommissionen.
[679] *Taupitz*, Biomedizinische Forschung zwischen Freiheit und Verantwortung, S. 49 ff. betont das kumulative Zusammenwirken der verschiedenen Schutzkriterien, das auch zu einer wechselseitigen Kontrolle führt.

duum in Frage zu stellen. Dies wäre mit der in Art. 1 Abs. 1 GG absolut geschützten menschlichen Würde nicht zu vereinbaren.

Ist mit einer Forschungsmaßnahme jedoch kein derartiges Risiko verbunden, so kann ihre Durchführung, unter der Voraussetzung, dass nicht von einem entgegenstehenden Willen des Betroffenen ausgegangen werden kann, aufgrund eines überwiegenden Interesses der Gesellschaft gerechtfertigt sein, wenn wichtige Erkenntnisse für die Wissenschaft dadurch zu erwarten sind und sie keinesfalls eine mehr als minimale Belastung für den Einwilligungsunfähigen darstellt. Dieser Grundsatz findet sowohl bei minderjährigen als auch bei volljährigen einwilligungsunfähigen Personen Anwendung.
Die körperliche Unversehrtheit stellt somit die absolute Grenze für Forschungseingriffe dar. Diese gilt es zu respektieren, will man den Eigenwert des Individuums wahren.

D. Vereinbarkeit der Arzneimittelrichtlinie und des Regierungsentwurfs mit diesem Ergebnis

Da die verfassungsrechtlichen Grenzen der Zulässigkeit von klinischen Prüfungen mit Einwilligungsunfähigen nunmehr festgestellt sind, ist anhand dieses Maßstabs zu untersuchen, inwieweit die in der Arzneimittelrichtlinie und dem Regierungsentwurf enthaltenen Regelungen damit zu vereinbaren sind.

Grundsätzlich ist zunächst festzustellen, dass die in diesen Vorschriften vorgenommene Differenzierung zwischen Minderjährigen und einwilligungsunfähigen Erwachsenen von Verfassung wegen nicht erforderlich ist[680]. Vielmehr ist bei beiden Personengruppen gleichermaßen anzustreben, das zulässige Höchstmaß an Forschung zu normieren, ohne dabei die Rechtsgüter der Betroffenen in unzulässigem Umfang zu beeinträchtigen.

Besonders bedenklich im Hinblick auf die Verfassungsmäßigkeit der in der Arzneimittelrichtlinie enthaltenen Regelungen ist die Tatsache, dass bei Minderjährigen Prüfungen, die allein für die Patientengruppe mit einem direkten Nutzen verbunden sind, mit „möglichst wenig Schmerzen, Beschwerden, Angst und anderen vorhersehbaren Risiken“ verbunden sein dürfen. Denn es fehlt insofern an klaren Grenzen für die Risiken und Belastungen, die im Rahmen von gruppennütziger Forschung in Kauf genommen werden dürfen. Damit sind grundsätzlich auch Eingriffe in die körperliche Unversehrtheit und vergleichbare Risi-

---

680 Nicht bestritten wird indessen, dass gerade im Interesse der Minderjährigen selbst ein besonderes Bedürfnis für Forschung mit Kindern besteht, wie insbesondere *Walter-Sack/Haefeli*, MedR 2000, 454 ff. und auch *Laufs*, Arzneimittelprüfung, NJW 2001, 3381, 3382, betonen. Die verfassungsrechtlichen Grenzen, die einer aus diesem Grund zu schaffenden Regelung gesetzt sind, sind jedoch die gleichen wie bei erwachsenen Einwilligungsunfähigen.

ken für die Gesundheit des betroffenen Minderjährigen ebenso wie mehr als unerhebliche subjektive Belastungen zu ausschließlich wissenschaftlichen Zwecken zulässig.
Mittels der im Rahmen dieser Arbeit durchgeführten Untersuchung wurde jedoch festgestellt, dass ein solches Maß an Eingriff in die höchstpersönlichen Rechte eines Menschen im Rahmen eines solchen Forschungsvorhabens im deutschen Recht nicht zulässig sein kann. Eine so unscharfe Begrenzung der Risiken ist daher nicht mit den Vorgaben des Grundgesetzes zu vereinbaren.

Zwar normiert die Richtlinie eine Einschränkung der Zulässigkeit zum einen durch Art. 4 a ARL, nach dem die Einwilligung des Stellvertreters mit dem mutmaßlichen Willen des Patienten übereinstimmen muss, und auch durch 4 i ARL, der verlangt, dass die Interessen des Patienten stets über den Interessen der Wissenschaft und der Gesellschaft stehen müssen. Bei konsequenter Beachtung dieser Voraussetzungen wäre der Schutz des Minderjährigen auch in ausreichendem Maß gewährleistet, da eine Maßnahme mit Nutzen für die Gruppe, die mit einem Risiko oder einer Verletzung seiner körperlichen Integrität verbunden ist, weder seinem mutmaßlichen Willen entsprechen würde, noch würden seine Interessen in diesem Fall über denen der Wissenschaft stehen. Angesichts der bereits dargestellten Widersprüchlichkeit dieser Regelungen kann jedoch von ihrer konsequenten Befolgung nicht ausgegangen werden, so dass der Minderjährige durchaus Forschungsmaßnahmen ausgesetzt werden könnte, die mit dem Grundgesetz nicht zu vereinbaren sind.
Es ist daher Aufgabe des deutschen Gesetzgebers bei der Umsetzung der Arzneimittelrichtlinie in das deutsche Recht sicherzustellen, dass die durch das Grundgesetz vorgegebenen Grenzen nicht überschritten werden.

Der Regierungsentwurf für ein Zwölftes Änderungsgesetz des Arzneimittelgesetzes ist insofern verfassungsrechtlich bedenklich, als darin keine Definition des zulässigen „minimalen Risikos“ enthalten ist, die gewährleistet, dass sich dieses innerhalb der von der Verfassung gesetzten Grenzen hält.

Die Richtlinie und der Regierungsentwurf weichen zudem insofern von den in dieser Arbeit ermittelten Grenzen der Zulässigkeit gruppennütziger Forschung ab, als sie bei einwilligungsunfähigen Volljährigen einen persönlichen Nutzen durch die Teilnahme an der klinischen Studie verlangen. Dafür besteht jedoch aus verfassungsrechtlicher Perspektive keine zwingende Notwendigkeit, zumal auch bei dieser Personengruppe ein dringendes Forschungsbedürfnis besteht, um Therapie-, Diagnose- und Vorbeugungsmöglichkeiten für die mit Einwilligungsunfähigkeit verbundenen Krankheiten verbessern zu können.
Aufgrund dieses dringenden Bedarfs an Forschung ist es vielmehr sinnvoll und notwendig, die verfassungsrechtlichen Grenzen auszunutzen und somit auch Forschung mit ausschließlich wissenschaftlicher Zielsetzung mit einwilligungs-

unfähigen Volljährigen unter der Bedingung zuzulassen, dass diese keine oder lediglich minimale Belästigungen für den Betroffenen mit sich bringt, ohne dass ein Eingriff in seine körperliche Integrität erfolgen darf.
Da die Arzneimittelrichtlinie für den deutschen Gesetzgeber jedoch verbindlich den zu regelnden Mindestschutz der Teilnehmer von klinischen Arzneimittelprüfungen regelt, wird es dem deutschen Gesetzgeber bedauerlicherweise nicht möglich sein, seine verfassungsrechtlichen Spielräume in diesem Bereich der medizinischen Forschung auszuschöpfen.

§ 10: Das EMRÜ-Biomedizin und seine Vereinbarkeit mit dem Grundgesetz

Der Europarat hat am 19. 11. 1996 in Straßburg die Biomedizin-Konvention[681] verabschiedet: Convention for the protection of human rights and dignity of the human being with regard to the application of biology and medicine: Convention on human rights and biomedicine.
Mit der Verabschiedung dieses Übereinkommens wurde erstmals ein völkerrechtlich relevanter Verhaltenskodex für den Umgang mit der modernen Biomedizin geschaffen.

Die Bundesregierung enthielt sich dabei der Stimme, da sie die diesbezügliche Debatte als in Deutschland noch nicht abgeschlossen ansah. Dabei erklärte sie jedoch gleichzeitig, dass diese Enthaltung die spätere Entscheidung über die Unterzeichnung und Ratifikation nicht präjudiziere.
Ziel dieser Konvention ist es, einen verbindlichen Mindestschutzstandard festzuschreiben und auf diese Weise vorhandene Lücken beim Schutz der Menschenrechte auf diesem Gebiet zu schließen. Dabei stellt die Regelung der Forschung mit Menschen, insbesondere auch mit solchen Personen, die nicht in der Lage sind, selbst wirksam in eine Teilnahme an wissenschaftlicher Forschung einzuwilligen, einen wesentlichen Bestandteil der Konvention dar.

Es ist generell unbestritten, dass die enormen grenzüberschreitenden Fortschritte der medizinischen Wissenschaft und Technik einen gemeinsamen, international geltenden rechtlichen Rahmen erfordern. Nur durch einen solchen kann der Gefahr entgegengewirkt werden, dass Forschungsvorhaben, die in einem Land verboten sind, in einem anderen Land, das weniger strenge Vorschriften hat, durchgeführt werden. Allein mit Hilfe internationaler Regelungen kann der Entwicklung hin zu „ethisch-rechtlicher Nivellierung nach unten“[682] entgegengetreten werden. Diese Gefahr besteht insbesondere deshalb, weil viele Staaten, darunter vor allem die des ehemaligen Ostblocks, noch gar keine Regelungen für den Bereich der medizinischen Forschung haben[683]. Zudem finden immer häufiger Kooperationen verschiedener Forschungseinrichtungen aus unterschiedlichen Ländern statt, deren Ergebnisse wiederum weit über eines der Ursprungsländer hinaus Bedeutung erlangen[684]. Aus diesen Gründen ist es grundsätzlich sehr erfreulich, dass die europäischen Staaten eine solche Regelung, die erklärtermaßen dem Schutz der Menschenrechte dienen soll, schaffen wollen.

---

681 Zur Entstehungsgeschichte der Bioethik-Konvention vergleiche *Kamp*, Die Europäische Bioethik-Konvention, S. 3 ff.
682 *Laufs*, NJW 1997, S. 776.
683 *Lanzerath*, Biomedizinische Ethik in Europa, S. 135.
684 So auch *Lanzerath*, Biomedizinische Ethik in Europa, S. 135.

Allerdings sind viele Punkte dieser geplanten Regelung heftigst kritisiert worden, insbesondere auch von deutscher Seite. Dies vor allem mit der Begründung, dass das Schutzniveau einiger Regelungen unter dem gegenwärtig in Deutschland geltenden liege[685]. So wird die Befürchtung geäußert, die strengeren nationalen Regeln, die einen größeren Schutz der Menschen gewährleisten, könnten durch das bloße Bestehen eines solchen Regelwerkes aufgeweicht werden[686]. Zudem könnte das EMRÜ-Biomedizin außerhalb der bestehenden gesetzlichen Regelungen des AMG, MPG und der StrlSchV sowie der RöV direkte Anwendung im deutschen Recht finden, wobei jedoch noch zu klären ist, ob hier nicht das nationale Straf- und Deliktsrecht Vorrang haben. Im Falle seiner direkten Anwendbarkeit bestehen Bedenken, dass das bisherige Schutzniveau nicht mehr gewährleistet sein könnte.

Es ist nun anhand des Ergebnisses dieser Arbeit zu untersuchen, ob diese Kritik tatsächlich gerechtfertigt ist, oder ob sie sich nicht vielmehr eine empfehlenswerte internationale Regelung darstellt, die baldmöglichst auch von Deutschland ratifiziert werden sollte. Dabei soll auch der Entwurf des Zusatzprotokolls zum Übereinkommen über Menschenrechte und Biomedizin über biomedizinische Forschung in diese Betrachtung einbezogen und unter diesem Aspekt geprüft werden.
Für eine Befürwortung dieser Regelung scheint zu sprechen, dass das EMRÜ-Biomedizin in Art. 2 den Vorrang der Interessen und des Wohls des Menschen gegenüber den Interessen der Gesellschaft oder der Wissenschaft betont[687] und zudem als erstes Dokument den standesrechtlich international anerkannten Grundsatz des „informed consent" in seinem Art. 5 international rechtlich verbindlich macht[688]. Zudem ist in Artikel 6 Abs. 1 der Konvention geregelt, dass Eingriffe an einwilligungsunfähigen Personen prinzipiell nur zu ihrem unmittelbaren Nutzen vorgenommen werden dürfen[689].

---

[685] Gegenteiliger Ansicht ist *Giesen*, MedR 1995, S. 356. Durch einen Vergleich des § 40 Abs. 4 AMG mit Art. 6 der Konvention kommt er zu der Ansicht, dass das deutsche Recht gegen die Konvention verstoße, also ein geringeres Schutzniveau habe, als es durch die Konvention vorgesehen sei. Allerdings bezieht er den wirklich problematischen Art. 17 Abs. 2 der Konvention nicht in seine Betrachtungen ein.

[686] So zum Beispiel *Köhler*, ZRP 2000, S. 10; auch *Höfling*, Das Menschenrechtsübereinkommen zur Biomedizin, S. 109, befürchtet, dass die verfassungsrechtlichen Garantien der Menschenwürde und des Lebens durch die Ratifizierung noch stärker unter Druck geraten würden.

[687] Der Vorrang des menschlichen Lebewesens, das an Forschung teilnimmt, gegenüber den Interessen der Gesellschaft und der Wissenschaft ist auch in Art. 3 des Zusatzprotokolls festgeschrieben.

[688] *Wolfslast*, Einwilligungsfähigkeit im Lichte der Bioethik-Konvention, S. 75.

[689] Auch gemäß Art. 18 Abs. 1 i) des Zusatzprotokolls ist Forschung an einer Person, die nicht fähig ist, in die Forschung einzuwilligen, nur zulässig, wenn die erwarteten Forschungsergebnisse für die Gesundheit der betroffenen Person von tatsächlichem und unmittelbarem Nutzen

Doch ist der Wert dieser Bekenntnisse fraglich, wenn in anderen Vorschriften des Übereinkommens inhaltlich von diesen Forderungen abgewichen wird[690]. So können gemäß Art. 17 Abs. 2 des Entwurfs in Ausnahmefällen auch solche Forschungsvorhaben, die für die Gesundheit der betroffenen Person nicht von unmittelbarem Nutzen sind, bei einwilligungsunfähigen Personen zulässig sein. Dabei muss die Forschung gemäß Art. 17 Abs. 2 i) jedoch zum Ziel haben, durch eine wesentliche Erweiterung des wissenschaftlichen Verständnisses des Zustandes, der Krankheit oder der Störung der Person letztlich zu Ergebnissen beizutragen, die der betroffenen Person selbst[691] oder anderen Personen nützen können, welche derselben Altersgruppe angehören oder an derselben Krankheit oder Störung leiden oder sich in demselben Zustand befinden, und gemäß Art. 17 Abs. 2 ii) nur ein minimales Risiko und eine minimale Belastung mit sich bringen. Zusätzlich ist erforderlich, dass die in Ziffern i) bis iv) des Art. 16 genannten Voraussetzungen kumulativ erfüllt sind[692]. Ebenso ist gemäß Art. 17 Abs. 2 i. V. m. Art. 17 Abs. 1 iv), Art. 6 Abs. 2 und 3 die Einwilligung eines Stellvertreters erforderlich.

Auch die Vorschriften des Entwurfs eines Zusatzprotokolls über biomedizinische Forschung sehen in ihrem Art. 18 Abs. 2 die Zulässigkeit von Forschung ohne unmittelbaren individuellen Nutzen für den Teilnehmer unter ähnlichen Voraussetzungen vor, wobei diese ebenfalls nur ein minimales Risiko und eine minimale Belastung mit sich bringen darf[693].

Jedoch ändert das Vorliegen all dieser Voraussetzungen nichts an der weitreichenden Gefährdung, die aufgrund einer solchen Regelung für den Betroffenen entstehen kann. Diese Gefahr für seine höchstpersönlichen Interessen droht insbesondere aufgrund der fehlenden Definition der Begriffe des minimalen Risi-

---

sind.

[690] Auch *Picker*, JZ 2000, S. 693, 694 hält es für fraglich, ob de Konvention inhaltlich ihre eigenen Maßstäbe einhält.

[691] *Freund*, Medizinische Forschung mit einwilligungsunfähigen und beschränkt einwilligungsfähigen Personen, Fn 3, bescheinigt der Erwähnung des Betroffenen selbst eine Feigenblattfunktion, da es tatsächlich um ausschließlich fremdnützige Forschung gehe.

[692] So darf es gemäß Art. 16 i) keine Alternative von vergleichbarer Wirksamkeit zur Forschung am Menschen geben, die möglichen Risiken für die Person dürfen gemäß ii) nicht im Mißverhältnis zum möglichen Nutzen der Forschung stehen, die zuständige Stelle muss das Forschungsvorhaben gemäß iii) gebilligt haben, nachdem eine unabhängige Prüfung seines wissenschaftlichen Wertes einschließlich der Wichtigkeit des Forschungsziels bestätigt hat und eine interdisziplinäre Prüfung ergeben hat, dass es ethisch vertretbar ist, und gemäß iv) müssen die Personen, die sich für ein Forschungsvorhaben zur Verfügung stellen, über ihre Rechte und die von der Rechtsordnung zu ihrem Schutz vorgesehenen Sicherheitsmaßnahmen unterrichtet worden sein. Wie diese letzte Voraussetzung zu der Forschung mit Einwilligungsunfähigen passen soll, ist jedoch fraglich.

[693] Art. 18 Abs. 2 ii) des Zusatzprotokolls.

kos und der minimalen Belastung, aufgrund deren Offenheit und Unbestimmtheit keine verbindliche Höchstgrenze für die zulässige Eingriffsintensität festgelegt ist[694].

Es ist insbesondere diese in Art. 17 Abs. 2 enthaltene Regelung, die nicht unerheblich dazu beigetragen hat, dass der Bioethik-Konvention vorgeworfen wird, sie würde weniger die Menschenrechte als vielmehr die Interessen der Forscher schützen[695]. Denn es ist danach nicht erforderlich, dass den mit solcher Forschung verbundenen Belastungen und Risiken ein individueller Nutzen für den Betroffenen gegenüber steht. Es ist insofern auch von einem „Paradigmenwechsel“ die Rede, da mit dieser Regelung die bisher geltende Forderung, der Patient müsse immer auch Subjekt des Eingriffs sein, aufgegeben werde und der Patient jetzt auch bloßes Objekt sein dürfe[696]. Wenn dagegen argumentiert wird, die Forschung habe zumindest einen indirekten Nutzen für den Betroffenen zum Ziel, auch wenn dieser nur in einem verbesserten Verständnis der Krankheit liege[697], so erscheint dies nicht ausreichend. Denn das Verständnis der Krankheit allein kann dem Einzelnen keinen solchen Vorteil bringen, der einen Eingriff in seine Rechtsgüter als für ihn vorteilhaft erscheinen lassen könnte. Und die bloße Tatsache, dass die Versuchsergebnisse einem Leidensgenossen zugute kommen, zu dem zwar ein größeres Solidaritätsgefühl vorhanden sein mag als zu einem anderen Kranken, der jedoch trotzdem eine ihm fremde Person darstellt, kann nicht zu einem individuellen Nutzen für ihn führen[698].

Doch es ist nicht allein die Tatsache, dass der Einzelne selbst nicht unbedingt Zweck der Forschung ist, die diese Vorschrift so bedenklich macht. Die Gefahr

---

[694] Das kritisiert auch *Hüppe*, Gefahr für die Menschenwürde, S. 8. Näher erläutert sind die Konsequenzen der Unklarheit über die genaue Bedeutung dieser Begriffe, sowie auch über deren Verhältnis zueinander bei *Tolmein*, Die drohende Zunahme von Demenz-Erkrankungen, S. 71, 72. So ist nicht zu erkennen, ob die minimale Belastung die Obergrenze der regulären Belastung darstellen soll, oder ob sie die absolute Obergrenze für das realisierte Risiko beschreibt.

[695] Vergleiche *Degener*, Chronologie der Bioethik- Konvention und ihre Streitpunkte, S. 19, 20; *Picker*, JZ 2000, S. 693, 699 sieht dagegen nicht so sehr die geplanten Forschungseingriffen selbst als vielmehr die Auswahl der Probanden aufgrund der Ungleichbehandlung von Einwilligungsfähigen und Einwilligungsunfähigen als das eigentlich Bedenkliche der Konvention an.

[696] So *Hüppe*, Gefahr für die Menschenwürde, S. 9; auch *Neitzke*, Medizinische Forschung an einwilligungsunfähigen Menschen, S. 221 spricht von einem Kurswechsel, da erstmals ein gesellschaftliches Opfer von Nichteinwilligungsfähigen gefordert werde.

[697] *Glauben*, DRiZ 1997, S. 93.

[698] *Jürgens*, Fremdnützige Forschung an einwilligungsunfähigen Personen, S. 49 geht zutreffend davon aus, dass auf diese Weise versucht wird, die Grenze zwischen Eigen- und Fremdnützigkeit zu verwischen; ebenso betont *Tolmein*, Die drohende Zunahme von Demenz-Erkrankungen, Fn. 72, dass die betroffene Person in erster Linie als Individuum zu behandeln ist, und nicht als Zugehöriger zu einer Patientengruppe.

der Verletzung der Menschenwürde durch einen nach Art. 17 zulässigen Forschungseingriff besteht vielmehr aufgrund der fehlenden Eingrenzung der Begriffe der minimalen Belastung und des minimalen Risikos und der daraus zu ziehenden Konsequenz, dass auch Eingriffe, die eine Körperverletzung darstellen, auf der Grundlage dieser Regelung denkbar sind[699]. Es ist insbesondere auch dieser Mangel, der dazu führt, dass Art. 17 Abs. 2 der Konvention nicht mit den verfassungsrechtlichen Vorgaben des deutschen Grundgesetzes zu vereinbaren ist[700]. Zudem widerspricht diese Vorschrift dem Art. 7 des Internationalen Paktes über bürgerliche und politische Rechte, da dieser fremdnützige Forschung an Einwilligungsunfähigen verbietet[701], so dass die Staaten, die beide Vertrage unterzeichnet haben, schon aus diesem Grund das strengere Schutzniveau aufrecht erhalten müssten.

Der Mangel der fehlenden Definition dieser Begriffe wird in Art. 20 des Zusatzprotokolls zum Übereinkommen über Menschenrechte und Biomedizin über biomedizinische Forschung behoben, der die Regelung enthält, dass im Sinne dieses Protokolls Forschung nach Art und Umfang der Intervention ein *minimales Risiko* aufweist, wenn zu erwarten ist, dass sie allenfalls zu einer sehr geringfügigen und vorübergehenden Beeinträchtigung der Gesundheit der betroffenen Person führen könnte. Sie weist gemäß Art. 20 S. 2 eine *minimale Belastung* auf, wenn zu erwarten ist, dass die Symptome oder Unannehmlichkeiten allenfalls vorübergehend auftreten und sehr geringfügig sein werden. Zur individuellen Beurteilung der Belastung wird gemäß Satz 3 dieser Vorschrift gegebenenfalls eine Person herangezogen, die das besondere Vertrauen der betroffenen Person genießt.

Es bleibt nun zu prüfen, ob diese Definitionen den bereits dargestellten strengen Anforderungen des deutschen Grundgesetzes genügen können. Auf den ersten Blick scheint dem kein zwingender Grund entgegenzustehen, da eine auf diese Weise eingeschränkte Forschung keine schwerwiegende Bedrohung für die körperliche Integrität des Betroffenen oder auch für seine Würde darzustellen

---

[699] *Roitzheim*, DRiZ 1997, S. 92.

[700] *Glauben*, DRiZ 1997, S. 91; ebenso Wissenschaftliche Dienste des Deutschen Bundestages, Zur Vereinbarkeit des Entwurfs des Menschenrechtsübereinkommens zur Biomedizin mit den Grundrechten, S. 11, kommt zu dem Ergebnis, dass fremdnützige Forschung an Einwilligungsunfähigen nicht mit der Menschenwürdegarantie vereinbar ist; a. A. *Honnefelder*, Akzeptanz von Humanexperimenten durch die Gesellschaft, S. 25, der die in der Konvention enthaltene „enge Lösung" nicht im Widerspruch mit dem deutschen Grundgesetz sieht; deutlicher noch für den Inhalt dieser Regelung äußert sich *Merkel*, Nichttherapeutische klinische Studien an Einwilligungsunfähigen, S. 205, der sie als eine „sachlich gelungene, moralisch begründete und zugleich gebotene Norm" erachtet.

[701] So *Hüppe*, Gefahr für die Menschenwürde, S. 9; ausführlicher zu dieser Problematik *Hendriks*, Article 17 of the European Convention on Human Rights and Biomedicine, S. 111 ff.

scheint. Und wäre die Einhaltung dieser Kriterien anhand objektiver Faktoren zu garantieren, stünde eine solche Bedrohung wohl auch nicht zu befürchten.
Allerdings handelt es sich bei den Definitionsmerkmalen doch vorwiegend um subjektive Momente, die einer wirklich objektiven Beurteilung durch Dritte nicht zugänglich sind. Dies betrifft insbesondere die Frage, unter welchen Umständen die zu erwartenden Symptome und Unannehmlichkeiten als sehr geringfügig einzuschätzen sind, die Belastung für den Teilnehmer also minimal ist. Bei genauerer Betrachtung ersetzt diese Definition nur einen unbestimmten Begriff durch den nächsten.

Dass diese Begrenzung der Risiken und Belastungen keinen wirklich verlässlichen Schutz für die Rechtsgüter der Betroffenen darstellen können, wird auch bei Lektüre des Entwurfs eines erläuternden Berichts zu diesem Zusatzprotokoll[702] klar. So ist nach diesem Entwurf zu beachten, „dass minimales Risiko und minimale Belastung abhängig sind vom aktuellen Wissensstand und von den zur Verfügung stehenden Verfahren und dass schonendere Verfahren angewendet werden sollen, sobald sie zur Verfügung stehen".
Die in dieser Aussage enthaltene Relativierung der Auslegungsgrenzen dieser Begriffe, die doch den Schutz höchstpersönlicher Rechtsgüter des Teilnehmers gewährleisten sollen, ist mehr als bedenklich. Denn die Frage, ob ein Eingriff ein minimales Risiko und eine minimale Belastung darstellt, kann unter keinen Umständen davon abhängig sein, welche Eingriffsalternativen zur Verfügung stehen. Eine solche Verknüpfung weckt die Befürchtung eines eher sorglosen Umgangs mit diesen Merkmalen und einer dementsprechend „großzügigen" Auslegung in den Fällen, in denen lediglich belastungsintensivere Eingriffe zur Verfügung stehen.
Auch die in dem Zusatzprotokoll enthaltene Definition der Merkmale des minimalen Risikos und der minimalen Belastung kann somit keinen ausreichenden Schutz der Rechtsgüter einwilligungsunfähiger Personen darstellen, so lange sie keine ausdrückliche Begrenzung auf solche Forschung enthält, die unterhalb der Schwelle der Körperverletzung stattfindet.

Es ist jedoch zu differenzieren zwischen der Bewertung einer solchen Regelung als Bundesgesetz und der Entscheidung über die Ratifizierung des EMRÜ-Biomedizin. Denn da die Konvention nur Mindestschutzstandards statuiert, die durch das nationale Recht ausgebaut werden dürfen, kollidieren die darin enthaltenen Regelungen nicht unmittelbar mit dem deutschen Grundgesetz[703]. So enthält Art. 27 der Konvention die Regelung, dass das Übereinkommen nicht die

[702] Entwurf eines Erläuternden Berichts zum Entwurf eines Zusatzprotokolls zum Übereinkommen über Menschenrechte und Biomedizin über biomedizinische Forschung, Nr. 93 (S. 32).
[703] Ebenso *Spranger*, MedR 2001, 238 (241).

Möglichkeit jedes Vertragsstaates beeinträchtige oder beschränke, einen über dieses Übereinkommen hinausgehenden Schutz gewährleisten. Eine Ratifizierung ist somit auch in der jetzigen Form nicht automatisch ausgeschlossen. Bei der diesbezüglichen Entscheidung darf insbesondere nicht außer Acht gelassen werden, dass dieses Übereinkommen vor allem für die Länder, die noch keine entsprechenden Regelungen für Forschung am Menschen haben, eine starke Verbesserung des Schutzes der davon betroffenen Personen mit sich führt.

Zwar lässt sich das Problem der Aufweichung strengerer Schutzstandards und einer Nivellierung nach unten nicht von der Hand weisen. Da jedoch nur die Staaten, die das Übereinkommen ratifiziert haben, dessen Fortentwicklung in Zukunft mit bestimmen können, kann diese Bewegung nur durch ein aktives Mitgestalten nach erfolgter Ratifizierung aufgehalten werden. Um sich diese Möglichkeit der Mitgestaltung offenzuhalten und gleichzeitig der Aufweichung deutscher Schutzstandards entgegenzuwirken, ist es ratsam, unter einem Vorbehalt gemäß Art. 36 Abs. 1 den Beitritt zur Konvention zu erklären[704]. Dieser Vorbehalt müsste die Klarstellung enthalten, dass fremdnützige Forschung an einwilligungsunfähigen Personen keinesfalls die Schwelle zur Körperverletzung überschreiten und auch kein vergleichbares Gesundheitsrisiko darstellen darf.

Verweigert man sich dieser Chance zur Beteiligung an der Weiterentwicklung internationaler Schutzstandards mit der Begründung, eine Ratifizierung führe langfristig zur Absenkung nationaler Schutzstandards, so läuft man Gefahr, dieses Resultat, das es unbedingt zu vermeiden gilt, erst recht herbeizuführen. Denn je tiefer der internationale Standard um Deutschland herum sinkt, desto größer ist auch die Gefahr, dass sich der nationale Standard diesem schon aus ökonomischen Zwängen heraus anpassen wird. Zudem würde es auch zu einem ethisch-moralischen Zwiespalt führen, wenn man durch die Übernahme von Forschungsergebnissen, die durch in Deutschland verbotene Forschungseingriffe erzielt worden sind, von diesen selbst profitierte. Bei einem solchen Vorgehen müsste man sich den Vorwurf der Doppelmoral gefallen lassen.
Aus diesem Grunde ist eine Ratifizierung der Konvention unter dem bereits erwähnten Vorbehalt gemäß Art. 36 zu empfehlen.

Dass eine tatsächliche Gefahr der Absenkung der Schutzstandards insbesondere für einwilligungsunfähige Personen besteht, zeigen auch die in der Leitlinie zur guten klinischen Praxis (Good Clinical Practice, GCP)[705] der Internationalen

---

704 Ebenso *Köhler*, ZRP 2000, S. 8, 9.

705 Der Europäische Arzneispezialitätenausschuss (Committee for Proprietary Medical Products, CPMP) hat diese Leitlinie in seiner Sitzung vom 16./17. Juli 1996 für die Europäische Union übernommen. Sie ist daher ab Januar 1997 an die Stelle der bisherigen EG-GCP-Richtlinie getreten und somit für seitdem begonnene Studien wirksam, siehe

Konferenz zur Harmonisierung von Zulassungsanforderungen (International Conference of Harmonization, ICH)[706] enthaltenen Grundsätze, die eine nichttherapeutische klinische Prüfung mit einwilligungsunfähigen Personen regeln sollen. Ziel dieser Empfehlung ist es, harmonisierte ethische und wissenschaftliche Standards für die Planung, Durchführung und Dokumentation von Arzneimittelzulassungsstudien mit Menschen international zu implementieren, um eine gegenseitige Akzeptanz von Prüfdaten zu erreichen.

Dort ist vorgesehen, dass derartige klinische Prüfungen neben weiteren Voraussetzungen nur dann zulässig sein können, wenn die vorhersehbaren Risiken für die Prüfungsteilnehmer gering[707], die negativen Auswirkungen auf das Wohl des Prüfungsteilnehmers auf ein Mindestmaß beschränkt und gering sind[708] und die klinische Prüfung gesetzlich nicht verboten ist[709].
Zwar ist durch den Verweis auf eventuelle gesetzliche Verbote eine restriktivere nationale Regelung von den Schöpfern der Leitlinie durchaus für möglich gehalten und vielleicht sogar vorgesehen gewesen, jedoch geht der durch die Grundsätze der Leitlinie selbst geschaffene Spielraum für nichttherapeutische Studien mit einwilligungsunfähigen Teilnehmern bedenklich weit. Denn während im Rahmen der Bioethik-Konvention *minimale* Risiken für diese Personengruppe die absolute Grenze der Zulässigkeit bilden, dürfen die Risiken nach den in der Leitlinie enthaltenen Grundsätzen immerhin *gering* sein. Dadurch werden zweifellos weitgehendere Eingriffsmöglichkeiten eröffnet, als dies nach den Vorschriften der Bioethik-Konvention möglich wäre. Zwar handelt es sich bei dieser Regelung der ICH nicht um eine Richtlinie, sondern um eine bloße Leitlinie mit lediglich empfehlendem Charakter. Jedoch sind diese erweiterten Eingriffsmöglichkeiten in die höchstpersönlichen Rechte einwilligungsunfähiger Menschen zu ausschließlich wissenschaftlichen Zwecken insbesondere aufgrund der weitverbreiteten Akzeptanz der Leitlinie mit größter Sorge zu betrachten. Der Hinweis auf bestehende gesetzliche Verbote kann an der Bedenklichkeit dieser Vorschrift nichts ändern, da es gerade Aufgabe der Leitlinie selbst ist, Mindestschutzstandards aufzustellen.

Wilkening, MedR 2001, 301 (302), Fn 10. Die deutsche Fassung findet sich abgedruckt in Finden (Hrsg.), Arzneimittelprüfrichtlinien.

[706] Die ICH wurde gemeinsam von der europäischen Arzneimittel-Zulassungsbehörde EMEA, den entsprechenden Institutionen in Nordamerika und Japan und Arzneimittelherstellern gebildet, um Empfehlungen für die klinische Prüfung von Arzneimitteln zu erarbeiten, siehe *Walter-Sack/Haefeli*, Dt Ärztebl 2001; 98: A 448. Sie gilt wegen der gemeinsamen Entwicklung durch die ICH ebenso für die USA und Japan. Auch in Australien ist die Gültigkeit der in dieser Leitlinie enthaltenen Grundsätze anerkannt.

[707] So geregelt in Nr. 4.8.14 (b) der Leitlinie.

[708] Nr. 4.8.14 (c) der Leitlinie.

[709] Nr. 4.8.14 (d) der Leitlinie.

Diese Entwicklung der Absenkung der international anerkannten Schutzstandards ist nur durch aktive Mitarbeit bei der Schaffung und Gestaltung solcher Regelungen aufzuhalten. Um den hohen Schutzstandard, den das deutsche Grundgesetz verlangt, in dem Bereich der medizinischen Forschung langfristig aufrecht erhalten zu können, muss eine solche aktive Teilnahme Aufgabe und Pflicht deutscher Politik sein.

§ 11: Die Regelung medizinischer Forschung in Australien

Nachdem bisher die Zulässigkeit von Forschung und ihre Regelung in Deutschland dargestellt wurde, gilt es nun, die australische Rechtslage, insbesondere im Hinblick auf die Behandlung einwilligungsunfähiger Personen, zu erläutern. Daran wird sich die Untersuchung anschließen, ob der dortige rechtliche Umgang mit dieser sensiblen Materie Anregungen, sowohl was die Art der Regelung als auch ihren Inhalt angeht, für eine zu schaffende deutsche Regelung bieten kann.

A. Differenzierung nach Art der Behandlung in Australien

Auch in Australien wird zwischen Heilbehandlung, therapeutischer Forschung und Experimenten unterschieden, wobei deren Abgrenzung durch die Entwicklung des common law geprägt ist. Dieses versteht unter einer medizinischen Heilbehandlung eine etablierte Behandlungsmethode mit anerkanntem Nutzen, während es das Experiment als innovative Behandlung, deren Nutzen für den Menschen nicht anerkannt ist, definiert[710]. Als Hauptunterscheidungskriterium haben die Gerichte die Risiken für die Versuchspersonen sowie das Fehlen jedes therapeutischen Nutzens festgelegt[711].

B. Bestehende Regelungen

Da die Gesetzgebungskompetenz in den Bereichen Medizin und Gesundheit bei den einzelnen Staaten und Territorien liegt, kommt diesen auch die Befugnis zu, medizinische Forschung mit Menschen zu regeln. Jedoch sind in fast keinem der Staaten oder Territorien gesetzliche Vorschriften diesbezüglich erlassen worden[712], so dass in Australien keine formalen Gesetze existieren, die die Zulässigkeit von Forschung mit Menschen inhaltlich regeln.

Die fehlende Aktivität der australischen Gesetzgeber liegt wohl nicht zuletzt darin begründet, dass in der australischen Geschichte das Thema der unethischen Forschung kaum eine Rolle gespielt hat, was unter anderem auch darauf zurückzuführen sein mag, dass die in dieser Hinsicht relevanten Fälle[713] nicht

---

[710] *McNeill*, The Ethics and Politics of Human Experimentation, S. 126.

[711] *McNeill*, The Ethics and Politics of Human Experimentation, S. 126.

[712] Der einzige Staat, in dem zumindest die Zulässigkeit der Teilnahme an klinischen Studien von einwilligungsunfähigen volljährigen Personen eine Regelung erfahren hat, ist New South Wales mit seinem Guardianship Act 1987 (NSW) s 45 AA. Auf den Inhalt dieser Vorschrift wird an späterer Stelle einzugehen sein.

[713] So zum Beispiel die Experimente des australischen Verteidigungsministeriums, die während des zweiten Weltkrieges durchgeführt wurden, bei denen Menschen dem Kontakt mit Senfgas ausgesetzt wurden, oder die Atomtests der britischen Regierung in Australien, bei denen zwar nicht geklärt ist, ob Menschen absichtlich dieser Strahlung ausgesetzt wurden, ein hohes Risiko für Menschen jedoch auf jeden Fall gegeben war.

allgemein bekannt wurden und daher keinen Auslöser für Diskussionen über die Ethik bei Forschung mit Menschen darstellen konnten[714].

Allerdings ist der australische Bundesgesetzgeber insofern tätig geworden, als er dem bereits 1936 durch einen Beschluss des *Governor-General* geschaffenen National Health and Medical Research Council[715] (NHMRC) durch den National Health and Medical Research Council Act 1992 (Cth) formalgesetzliche Anerkennung hat zukommen lassen. Obwohl es sich bei dem NHMRC um eine Körperschaft des Staates Australien handelt, sind die einzelnen Staaten und Territorien insofern daran beteiligt, als sie durch jeweils einen Beamten ihrer Gesundheitsministerien im NHMRC vertreten sind[716].
Durch den National Health and Research Council Act 1992 (Cth) wurde sowohl die genaue Zusammensetzung des NHMRC als auch seine konkreten Funktionen formalgesetzlich geregelt. Erklärtes Ziel dieses Gesetzes ist es, Regelungen für eine nationale Körperschaft zu schaffen, deren Aufgabe es unter anderem sein soll, die medizinische Forschung[717] aber auch die Berücksichtigung von ethischen Belangen in Gesundheitsangelegenheiten[718] zu fördern. Ersterer Aufgabe kommt der NHMRC vor allem durch die finanzielle Förderung von medizinischer Forschung an Institutionen wie Krankenhäusern, Universitäten und sonstigen Forschungsinstitutionen nach.

Eine weitere gesetzliche Aufgabe des NHMRC besteht darin, Angelegenheiten, die die medizinische Forschung betreffen, zu untersuchen, Richtlinien diesbezüglich zu veröffentlichen und die Gesellschaft darüber zu beraten[719]. Die glei-

---

714 *McNeill*, The Ethics and Politics of Human Experimentation, S. 69.

715 Dies könnte mit „Nationaler Rat für Gesundheit und medizinische Forschung" übersetzt werden.

716 So National Health and Medical Research Act 1992 (Cth) s 20 (d). Zusätzlich besteht der NHMRC gemäß National Health and Medical Research Act 1992 (Cth) s 20 aus einem Beamten des Gesundheitsministeriums des Bundes sowie Personen, die jeweils Fachkenntnisse in einem speziellen Bereich besitzen müssen, wie zum Beispiel der Ausbildung im Bereich der Gesundheitspflege, der professionellen medizinischen Standards, der medizinischen Berufe, der Pflegeberufe, medizinischer Forschung, Wirtschaft, Verbraucherfragen, Umweltfragen, Wohlfahrtsangelegenheiten, Gesundheitswesen und weiteren Personen, die jeweils gemäß s 21 (1) vom Gesundheitsminister des Bundes ernannt werden.

717 So National Health and Medical Research Act 1992 (Cth) s 3 (1)(c).

718 So National Health and Medical Research Act 1992 (Cth) s 3 (1)(d). Jedoch wird zum Teil auch ein Widerspruch darin gesehen, dass dem NHMRC, dessen Primärfunktion die Förderung und Finanzierung von medizinische Forschung darstellt, zugleich die Aufgabe zukommt, deren ethische Grenzen festzulegen, vergleiche *Andrews*, St. Vincent's Bioethics Centre newsletter, Vol. 10, No. 3, Sept. 1992, 13 (14).

719 So National Health and Research Council Act 1992 (Cth) s 7 (1)(a)(iv). Weitere Funktionen des NHMRC sind gemäß s 7 (1)(a) die Untersuchung, Erlaß von Richtlinien und die Beratung der Gesellschaft in Bezug auf (i) die Verbesserung der Gesundheit; (ii) Prävention, Diagnose und Behandlung von Krankheit; (iii) die Versorgung mit Gesundheitspflege; (iv)

chen Aufgaben kommen ihm auch im Hinblick auf ethische Fragen in Gesundheitsangelegenheiten zu[720], wobei der NHMRC verpflichtet ist, Richtlinien für die Durchführung von medizinischer Forschung am Menschen zu erlassen[721].
Mit dem aus verschiedenen Richtlinien (*Guidelines*) bestehenden „National Statement on Ethical Conduct in Research Involving Humans“[722] (Nationale Erklärung zum ethischen Verhalten bei Forschung mit Menschen, im Folgenden kurz: Statement) ist der NHMRC dieser Verpflichtung nachgekommen.
Dieses Statement stellt eine Fortentwicklung des ersten, im Mai 1966 verfassten 'Statement on Human Experimentation' des NHMRC[723] dar, das bis heute mehrfach verändert und ergänzt wurde. Die diesem zugrunde liegenden ethischen Richtlinien für die Forschung mit menschlichen Versuchspersonen wurden damals entwickelt, da die Mitglieder des NHMRC unethische Forschung und deren mögliche Konsequenzen, wie zum Beispiel Schäden der einzelnen Ver-

---

Erforschung des Gesundheitswesens und medizinische Forschung; und (v) ethische Fragen mit Bezug zur Gesundheit. Zudem kommt ihm nach s 7 (1)(b) auch die Aufgabe zu, sowohl den Commonwealth als auch die Staaten und Territorien in diesen Angelegenheiten zu beraten und Vorschläge zu machen, sowie gemäß s 7 (1)(c) dem Commonwealth Vorschläge für Ausgaben im Bereich der Erforschung des Gesundheitswesens, der Ausbildung sowie der medizinischen Forschung und Ausbildung zu machen.

[720] So National Health and Research Council Act 1992 (Cth) s 7 (1)(a)(v).

[721] Siehe National Health and Research Council Act 1992 (Cth) s 8 (1). Diese Richtlinien sind vom Australian Health Ethics Committee (AHEC), das der Minister ebenso wie das Australian Research Committee (ARC), dessen Funktion gemäß s 35 (2)(a) unter anderem in der Beratung des NHMRC bei der Verteilung der Fördergelder liegt, als eines der beiden Hauptgremien einzusetzen hat (s 35 (1)), und dessen Funktion es ist, den NHMRC in ethischen Angelegenheiten im Bereich der Gesundheit zu beraten (S 35 (3)(a)), zu entwickeln und dem NHMRC vorzulegen (s 35 (3)(b)). Die Richtlinien sind dann von dem NHMRC genauso zu erlassen, wie sie vom AHEC entwickelt und vorgelegt wurden (s 8 (2)). Zu den erforderlichen Formalien vor Erlaß der Richtlinie ist in s 13 geregelt, dass der NHMRC zunächst einen Entwurf der geplanten Richtlinie vorbereiten und sodann eine Mitteilung veröffentlichen muss, die eine Zusammenfassung dieses Entwurfs enthält, darüber informiert, wo Kopien des Richtlinienentwurfs erhältlich sind und zugleich dazu auffordert, Anträge in Bezug auf diesen Richtlinienentwurf einzubringen. Der NHMRC ist verpflichtet, alle daraufhin eingegangenen Anträge zu berücksichtigen, bevor die Richtlinien erlassen werden (13 (2)). Gemäß s 8 (3) gelten diese Formvorschriften auch für die Vorbereitung der Richtlinien durch den AHEC.

[722] Das National Statement on Ethical Conduct in Research Involving Humans ist unter www.health.gov.au/nhmrc/publications/humans/contents.htm zu finden.

[723] Obwohl es stark von der Deklaration von Helsinki inspiriert war, wich das NHMRC Statement doch in einigen Punkten stark von dieser ab. So lag die besondere Betonung des Statements auf den Zielen der Wissenschaft; es wurde nicht zwischen therapeutischer und nichttherapeutischer Forschung unterschieden, und drittens war das Statement viel einfacher gehalten und auch weniger restriktiv hinsichtlich Forschung, siehe *McNeill*, The Ethics and Politics of Human Experimentation, S 70.

suchsteilnehmern aber auch das schlechte Licht, das dadurch auf medizinische Forschung im Allgemeinen geworfen werden könnte, vermeiden wollten. Die Regierung Australiens selbst war an der Entwicklung dieser Richtlinien kaum beteiligt, was wahrscheinlich mit der Tatsache zusammenhängt, dass der gesamten Thematik in der australischen Öffentlichkeit so wenig Aufmerksamkeit geschenkt wird[724].

I. Verbindlichkeit der Richtlinien

Das Statement des NHMRC und die in ihm enthaltenen Richtlinien sind nicht in Gesetzesform gefasst[725] und können daher nicht direkt durchgesetzt werden[726]. Sie stellen vielmehr mangels gesetzlicher Verbindlichkeit eine Form der freiwilligen Regulierung dar.

Allerdings dürfen die Fördermittel des NHMRC nicht zur Verfügung gestellt werden, ohne dass der Empfänger sich verpflichtet hat, die Richtlinien über die Durchführung der medizinischen Forschung mit Menschen einzuhalten[727], so dass auf diesem Wege eine Verbindlichkeit der Richtlinien für diese Projekte bejaht werden kann. Wird ein Forschungsvorhaben finanziell durch den NHRMC gefördert, so können im Falle eines Verstoßes gegen die Richtlinien entweder dem individuellen Forscher und seinem Projekt, aber auch der gesamten Institution die Fördermittel entzogen werden[728]. Nicht zuletzt aus diesem Grund kann die Pflicht zur Befolgung der Richtlinien zum Bestandteil des Arbeitsvertrages eines Forschers gemacht werden, mit der Folge, dass dem Forscher bei Nichtbeachtung Disziplinarmaßnahmen oder gar Kündigung drohen können.
Die Befolgung der Richtlinien wird von einem Netzwerk von Ethikkommissionen der Institutionen, an denen Forschung stattfindet, überwacht[729].

Stammt die Finanzierung eines Forschungsprojektes jedoch aus anderen Quellen, so finden die Richtlinien keine direkte Anwendung[730], so dass weder eine Genehmigung des Vorhabens durch eine Ethikkommission erforderlich ist, noch die in dem Statement enthaltenen inhaltlichen Voraussetzungen für eine solche Genehmigung vorliegen müssen. Da der NHMRC lediglich ca. 25% der För-

---

[724] So auch *McNeill*, The Ethics and Politics of Human Experimentation, S. 84.
[725] Zwar müssen die Guidelines gemäß National Health and Research Council Act 1992 (Cth) s 35 (4) bei ihrem Erlaß den Häusern des Parlaments vorgelegt werden. Welche Konsequenz dieses Verfahren jedoch für den rechtlichen Status der Guidelines hat, ist nicht festgelegt, siehe The Laws of Australia, 20.12, Chapter 2 Rn 10.
[726] *Skene*, Law and Medical Practice, S. 36.
[727] Siehe National Health and Medical Research Council Act 1992 (Cth) s 51 (3).
[728] *Skene*, Journal of Law and Medicine, Vol 7, Nov 1999, S. 170 (173).
[729] *Skene*, Law and Medical Practice, S. 33.
[730] *Skene*, Journal of Law and Medicine, Vol 7, Nov 1999, S. 170 (173).

dermittel für medizinische Forschung in Australien zur Verfügung stellt, fällt somit ein erheblicher Teil von Forschung am Menschen nicht in den Geltungsbereich der Richtlinien[731], auch wenn sie im Allgemeinen auch von anderen finanziellen Förderern von Forschung befolgt werden[732]. Den Richtlinien wird insofern auch eine wichtige 'erzieherische' Rolle zugesprochen, da sie den medizinischen Forschern die Notwendigkeit klargemacht haben, ethische Fragen in ihre Entscheidungsfindung miteinzubeziehen[733].

Dem Inhalt der Richtlinien kann lediglich insofern eine gewisse Verbindlichkeit zugesprochen werden, als sie teilweise die schriftliche Fixierung von allgemein anerkannten Vorgehensweisen im Rahmen einer ärztlichen Behandlung darstellen, deren Nichtbefolgen eine Verletzung der ärztlichen Sorgfaltspflicht darstellen und somit auch eine Haftung des Forschers begründen kann, die sogar den Entzug seiner ärztlichen Zulassung zur Folge haben könnte[734].

II. Inhalt der Richtlinien

1. Genehmigung durch Ethikkommission

Das Statement des NHMRC regelt die medizinische Forschung mit Menschen hauptsächlich im Wege der dezentralisierten Überprüfung von Forschungsvorhaben durch eine Ethikkommission (Human Research Ethics Committee, abgekürzt: HREC) der jeweiligen Forschungsinstitution[735].

Da die Gebiete Medizin und Gesundheit in die Gesetzgebungskompetenz der einzelnen Staaten fallen, käme diesen eigentlich auch die Befugnis zu, Ethikkommissionen in den verschiedenen Forschungsinstitutionen einzusetzen und deren Rechtsstellung und Funktion festzulegen[736]. Aufgrund der umfangreichen Fördermittel, die von dem NHMRC gewährt werden, kommt jedoch dem Bund ein gewisser Einfluss zu, der sich in der im Statement des NHMRC enthaltenen diesbezüglichen Regelung niedergeschlagen hat[737]. Die einzelnen Staaten selbst

---

[731] *Caton*, Self-Regulation: A Study of the Ethics Committee System, S. 67.

[732] *Breen/Plueckhahn/Cordner*, Ethics, Law & Medical Practice, S. 200; auch der NHMRC, First Report by NHMRC Working Party on Ethics in Medical Research, S. 10, kommt zu dem Ergebnis, dass auch andere finanzielle Förderer dazu übergegangen sind, den Nachweis zu fordern, dass ein bestimmtes Forschungsvorhaben von einer Ethikkommission abgesegnet worden ist, bevor sie ihre Fördermittel gewähren.

[733] *Honey*, A Bioethics Consultative Committee, S. 47.

[734] *Skene*, Law and Medical Practice, S. 34.

[735] *Magnusson*, Journal of Law and Medicine, Vol 7, May 2000, S. 390 (391), wobei auch ein Forscher ohne Verbindung zu einer bestimmten Institution oder Organisation dafür sorgen muss, dass sein Vorhaben von einem solchen HREC die Zustimmung erhalten hat, Nr. 2.4 des National Statement on Ethical Conduct in Research Involving Humans.

[736] *Carrick*, Medical Research Involving Human Beings and its Regulation, S. 79.

[737] *Carrick*, Medical Research Involving Human Beings and its Regulation, S. 79.

haben von ihrer Kompetenz wohl nicht zuletzt aufgrund der Existenz dieses Statements keinen Gebrauch gemacht.
Gemäß den in diesem Statement enthaltenen Richtlinien sind alle Institutionen und Organisationen, an denen Forschung mit Menschen durchgeführt wird, verpflichtet, jeweils für sich oder auch gemeinsam mit anderen Institutionen eine solche Ethikkommission, die den Anforderungen des Statements entsprechend zusammengesetzt sein und arbeiten muss, einzusetzen, ihr ausreichende Mittel zur Verfügung stellen und sie zu unterhalten[738]. Diese Ethikkommissionen sind keine unabhängigen Rechtspersonen[739], sondern stellen lediglich einen Teil der jeweiligen Institution dar[740].
Auch die Mindestanforderungen an die Zusammensetzung einer solchen Kommission sind im Statement des NHMRC geregelt. Sie muss zumindest zwei Nichtwissenschaftler als Mitglieder haben, die von der jeweiligen Institution unabhängig sind[741], zusätzlich mindestens ein Mitglied mit Kenntnissen und Erfahrungen in den Forschungsbereichen, die regelmäßig von dem HREC beurteilt werden[742], mindestens ein Mitglied mit Kenntnissen und Erfahrungen in professioneller Behandlung, Beratung oder Pflege von Menschen[743] (z.B. einen Arzt, klinischen Psychologen, Sozialarbeiter oder Krankenschwester), mindestens einen Pfarrer oder eine Person, die eine ähnliche Rolle in der Gemeinschaft innehat[744], und zumindest einen Juristen[745]. Einer der Vorzüge der Überprüfung der Zulässigkeit von Forschung durch Ethikkommissionen, die auch Nichtwissenschaftler in ihren Reihen haben, wird darin gesehen, dass auf diese Weise auch die Gemeinde außerhalb der Wissenschaft in die Beantwortung der sich stellenden ethischen Fragen einbezogen wird[746].

---

738 Nr. 2.1 des National Statement on Ethical Conduct in Research Involving Humans. Im November 1994 gab es bereits 172 solcher Ethikkommissionen, die dem AHEC als Gremium des NHMRC unterstehen, vergleiche Australian Health Ethics Committee, Report on Compensation, Insurance and Indemnity Arrangements for Institutional Ethics Committees (NHMRC, Nov 1994), S. 14.
739 The Laws of Australia, 20.12, Chapter 2 Rn 22; Magnusson, Journal of Law and Medicine, Vol 7, May 2000, S. 390 (392).
740 The Laws of Australia, 20.12, Chapter 2 Rn 32.
741 Gemäß Nr. 2.6 (b) des National Statement on Ethical Conduct in Research Involving Humans muss ein HREC mindestens aus 2 Laien, einem Mann und einer Frau, bestehen, die von der Institution oder Organisation unabhängig sind und die sich zu diesem Zeitpunkt nicht mit medizinischer, wissenschaftlicher oder rechtlicher Arbeit beschäftigen und vorzugsweise aus der Gemeinde kommen, in der die Institution sich befindet.
742 So Nr. 2.6 (c) des National Statement on Ethical Conduct in Research Involving Humans, die als Beispiel für diese Bereiche Gesundheit, Medizin, Psychologie und Epidemiologie nennt.
743 Nr. 2.6 (d) des National Statement on Ethical Conduct in Research Involving Humans.
744 Nr. 2.6 (e) des National Statement on Ethical Conduct in Research Involving Humans.
745 Nr. 2.6 (f) des National Statement on Ethical Conduct in Research Involving Humans.
746 Für die Wichtigkeit dieses community involvements auch *Lovell*, Australian Health Review (1986), vol. 9, No. 3, 239 (240, 241).

Jedes Forschungsvorhaben, das an der jeweiligen Institution oder Organisation stattfinden soll, muss von der dafür zuständigen Ethikkommission genehmigt werden[747]. Diese ist dazu befugt, einen Forschungsvorschlag zu genehmigen, Zusätze und Änderungen zu verlangen oder diesen aus ethischen Gründen ablehnen[748]. Um eine kompetente Entscheidung treffen zu können, muss die Kommission sicherstellen, dass sie vorher über alle Aspekte des Forschungsprotokolls, die für die Entscheidung über die ethische Vertretbarkeit und die Übereinstimmung des Forschungsvorhabens mit dem Statement relevant sind, seine wissenschaftliche und statistische Stichhaltigkeit eingeschlossen, ausreichend informiert ist[749]. Auf das Urteil der Ethikkommissionen wird sich auch im Hinblick auf den Schutz der Rechte und Interessen der Versuchsteilnehmer weitgehend verlassen[750].

Auch nach der Genehmigung eines Forschungsvorhabens kommt der jeweiligen Forschungsinstitution oder -organisation die Pflicht zu, dafür zu sorgen, dass dieses weiterhin überwacht wird[751].

Die Aktivitäten der einzelnen Ethikkommissionen werden durch den NHMRC (mittels des AHEC) überprüft, um die Befolgung des Statements sicherzustellen[752]. Trotz dieser Form der Kontrolle durch dieses staatliche Organ sind die

---

[747] Nr. 1.16 und Nr. 2 des National Statement on Ethical Conduct in Research Involving Humans.

[748] Nr. 2.14 des National Statement on Ethical Conduct in Research Involving Humans, wobei die Kommission ihre Entscheidung im Falle einer Ablehnung Gründe hinzufügen sollte.

[749] Nr. 2.8 des National Statement on Ethical Conduct in Research Involving Humans.

[750] *McNeill*, The Ethics and Politics of Human Experimentation, S. 132; gemäß Nr. 2.5 des National Statement on Ethical Conduct in Research Involving Humans ist es auch die oberste Aufgabe eines HREC, das Wohlergehen und die Rechte der Teilnehmer an Forschung zu schützen.

[751] Nr. 2.33 des National Statement on Ethical Conduct in Research Involving Humans, wobei gemäß Nr. 2.34 die Häufigkeit und Art der Überwachung den Grad des Risikos für die Teilnehmer widerspiegeln sollen. Als Minimum müssen die HRECs von den Forschern jährliche Berichte verlangen, die unter anderem über den bisherigen Fortschritt oder im Falle der Beendigung über das Ergebnis, Befolgung des bewilligten Forschungsprotokolls und eventueller Zustimmungsbedingungen, Nr. 2.35 unterrichten müssen. Nachdenklich im Hinblick auf die tatsächliche Einhaltung der Richtlinien durch die Ethikkommissionen stimmen jedoch die Zahlen, die eine in einer systematischen Studie durchgeführten Umfrage ergab. So gaben lediglich 47% der befragten Ethikkommissionen an, dass sie ein Forschungsstudie nach ihrer Zulassung 'immer' oder zumindest 'normalerweise' überwachen, 19% antworteten, dass sie dies 'manchmal' tun und 34% gaben als Antwort 'selten' oder 'nie' an Die gebräuchlichste Form der Überprüfung besteht dabei in einem schriftlichen Bericht des Forschers, während sich andere Kommissionen sogar auf einen mündlichen Bericht verlassen, vergleiche *McNeill*, Institutional Ethics Committees: Survey Results, S. 60. Nur 23% der Kommissionen gaben an, jemals einen ihrer Vertreter zur Beobachtung eines laufenden Forschungsprojekts geschickt zu haben. Gleichzeitig gaben nur 4,9% der in einer späteren Studie befragten Forscher an, jemals während des Ablaufs einer Studie besucht worden zu sein, siehe *McNeill*, The Ethics and Politics of Human Experimentation, S. 90.

[752] Nr. 2.46 des National Statement on Ethical Conduct in Research Involving Humans. Dafür

Ethikkommission weitgehend frei in ihren Entscheidungen, was die Zulässigkeit von Forschungsvorhaben betrifft. Dies ist schon deswegen der Fall, da die inhaltlichen Vorschriften, die das Statement enthält und an die die Kommissionen gebunden sind, weitgehend unbestimmt sind und einen sehr weiten Abwägungsspielraum enthalten.

Die wichtige Rolle, die den Ethikkommissionen der einzelnen Forschungseinrichtungen bei der Genehmigung von Forschung zukommt, wurde in den letzten Jahren durch die Veränderung der Zulassungsverfahren für Arzneimitteln noch erweitert, da die *Commonwealth Therapeutic Goods Administration (TGA)*, die zentrale Regulierungsbehörde für die Zulassung von Arzneimitteln und Medizinprodukten in Australien, ihre Befugnisse, was die Überprüfung der jeweiligen Studien angeht, zu einem großen Teil auf die einzelnen Ethikkommissionen übertragen hat, um das Verfahren zu beschleunigen. So liegt die wissenschaftliche Bewertung und damit auch die Entscheidung über die Zulässigkeit von klinischen Studien nicht mehr allein in der Hand einer zentralen Behörde, sondern zumindest auch in der Verantwortung der Ethikkommission des jeweiligen Instituts, an dem die Studie durchgeführt wird.
Für die Zulassung von Studien, die der Arzneimittelprüfung dienen sollen, existieren zwei Arten des Verfahrens: zum einen das *Clinical Trial Exemption (CTX) scheme* und zum anderen das *Clinical Trial Notification (CTN) scheme*[753]. Im Rahmen des *CTX schemes* muss der finanzielle Förderer der Studie (normalerweise der Hersteller) die TGA mit einigen Informationen, wie zum Beispiel Daten über die Ergebnisse von Tierversuchen, und mit einem zusammenfassenden Bericht für die Ethikkommission versorgen. Informiert die TGA den Sponsor nicht innerhalb von 60 Werktagen über einen Einwand gegen die Studie, kann er mit deren Durchführung beginnen, wenn er die Erlaubnis von der zuständigen Ethikkommission erhält. Diese berücksichtigt bei ihrer Entscheidung den Prüfplan, den zusammenfassenden Bericht sowie eventuelle Bemerkungen der TGA.

Mittlerweile werden die Mehrheit der klinischen Studien jedoch gemäß dem *CTN scheme* behandelt. Im Rahmen dieses Verfahrens, das in einem Prozess weiterer Deregulierung 1991 eingeführt wurde, muss der finanzielle Förderer die TGA lediglich darüber informieren, dass er unter der Bedingung, dass die Ethikkommission zustimmt, eine Studie plant. Daraufhin hat er die nötigen Informationen an die Ethikkommission zu übergeben, die über deren Vollstän-

---

muss jede Institution oder Organisation und ihre Ethikkommission auf Anfrage Informationen aus ihren Aufzeichnungen zur Verfügung stellen, Nr. 2.47, und zusätzlich einen jährlichen Bericht an das NHMRC über die dortigen Vorgänge liefern, Nr. 2.48 des National Statement on Ethical Conduct in Research Involving Humans.

[753] Zu diesen beiden Zulassungsformen siehe The Laws of Australia, 20.12, Medical Technology, Rn 58.

digkeit bestimmt und bei Bedarf weitere Informationen anfordern oder die Angelegenheit an die TGA zur Behandlung unter dem CTX scheme verweisen kann. Im Rahmen dieses Verfahrens ist es nicht unbedingt notwendig, dass die TGA die Forschungsdaten überprüft, bevor sie der Studie zustimmt[754]. Allerdings muss das Unternehmen, das die Studie durchführen lässt, die schriftliche Bestätigung der Genehmigung der Studie durch die Ethikkommission der Institution, an dem das Vorhaben durchgeführt wird, erhalten und die TGA darüber informiert haben, bevor mit deren Durchführung begonnen werden darf[755].

Da eine Ethikkommission einer klinischen Studie nur dann zustimmen darf, wenn der jeweilige Prüfplan den Anforderungen des Statements entspricht[756], wird auch die Bedeutung des Statements durch diese Aufgabenübertragung aufgewertet. Zwar finden diese Richtlinien nur dann direkte Anwendung, wenn die jeweilige Studie von dem NHMRC finanziert wird, jedoch kann nicht davon ausgegangen werden, dass eine Ethikkommission, die diesen Richtlinien entsprechend gebildet wurde und bei sonstigen Forschungsvorhaben diesen Vorschriften entsprechend entscheidet, wenn es um die ethische Vertretbarkeit und Zulässigkeit einer anderweitig finanzierten Studie geht, mit zweierlei Maß misst. Es ist daher anerkannt, dass nur solche Ethikkommissionen, die die Vorschriften des Statement des NHMRC befolgen, für eine solche Genehmigung von klinischen Studien im Rahmen der Arzneimittelprüfung in Betracht kommen[757].

2. Inhaltliche Voraussetzungen für die Zustimmung einer Ethikkommission

Für die Genehmigung eines Forschungsvorhabens durch die zuständige Ethikkommission ist es erforderlich, dass dieses den Anforderungen der Richtlinien des Statements des NHMRC entspricht. Diese Richtlinien sind im Lichte der "*Principles of Ethical Conduct*" (Prinzipien des ethischen Verhaltens), die zu Beginn des Statements dargelegt sind, auszulegen und anzuwenden[758].

a. Principles of Ethical Conduct

Eines dieser Prinzipien besagt, dass ein Forschungsplan stets gewährleisten muss, dass dem Respekt gegenüber der Würde und dem Wohlergehen der Teilnehmer des Vorhabens Vorrang vor dem erwartenden Nutzen für die Wissenschaft zukommt[759]. Auch sind alle Forschungsvorhaben so zu gestalten, dass jede Art von Risiko oder Unannehmlichkeit für den Teilnehmer von dem wahr-

---

[754] *Laufer*, Clinical Drug Trials, Australian Law Journal (68) January 1994, S. 8 (9).
[755] *Laufer*, S. 8 (10).
[756] Nr. 12.3 (a) des National Statement on Ethical Conduct in Research Involving Humans.
[757] *Chaimer*, IECs and the management of medical research and experimentation, Australian Health Law Bulletin (1995) 3, 53 (57).
[758] Dies ist sowohl in der Präambel als auch unter Nr. 1 (Principles of Ethical Conduct) des National Statement on Ethical Conduct in Research Involving Humans geregelt.
[759] Nr. 1.4 des National Statement on Ethical Conduct in Research Involving Humans.

scheinlichen Nutzen aufgewogen wird[760], wobei dieser Nutzen entweder dem Teilnehmer selbst oder auch der Gemeinschaft zugute kommen kann[761]. Dabei kann die Differenzierung zwischen therapeutischer und nicht-therapeutischer Forschung bei der Einschätzung der vertretbaren Balance zwischen Nutzen und Risiko eine Rolle spielen[762].
Wird im Rahmen von klinischer Forschung die Behandlung des Patienten gleichzeitig mit der Absicht, das Wissen zu vermehren, durchgeführt, so ist es erforderlich, die Risiken der Teilnahme mit der Möglichkeit des Nutzens für den Patienten selbst abzuwiegen[763]. Gleichzeitig sollte bei Forschungsvorhaben, die allein dem Zweck der Wissensvermehrung dienen, der fehlende individuelle Nutzen dadurch ausgeglichen werden, dass ein lediglich minimales Risiko besteht[764].
Stellt sich heraus, dass die Risiken für die Teilnehmer nicht in einem angemessenen Verhältnis zu dem Nutzen stehen, fordern die ethischen Prinzipien des Statements weiterhin, dass der Forscher das Projekt auszusetzen oder zu ändern, und jede Person von der Studie ausschließen hat, für die eine Weiterführung schädlich sein könnte[765].

Auch die grundsätzliche Erforderlichkeit der Einwilligung des Teilnehmers ist eines der ethischen Prinzipien des Statements[766], wobei jedoch einige ausdrücklich geregelte Ausnahmen bestehen[767]. Für eine wirksame Einwilligung ist es

---

[760] Nr. 1.14 des National Statement on Ethical Conduct in Research Involving Humans. Somit hat die Ethikkommission bei der Bewertung der ethischen Vertretbarkeit jedes Forschungsvorhabens die Wichtigkeit und den Nutzen der Forschung zu berücksichtigen und diese gegen die Lasten für die Teilnehmer abzuwägen, siehe Präambel des National Statement on Ethical Conduct in Research Involving Humans.
[761] So die Definition in Appendix 3 des National Statement on Ethical Conduct in Research Involving Humans.
[762] So die Präambel des National Statement on Ethical Conduct in Research Involving Humans.
[763] So Nr. 1.6 Satz 1 des National Statement on Ethical Conduct in Research Involving Humans.
[764] So Nr. 1.6 Satz 2 des National Statement on Ethical Conduct in Research Involving Humans.
[765] Nr. 1.17 des National Statement on Ethical Conduct in Research Involving Humans.
[766] Dieses Einwilligungserfordernis ist in Nr. 1.7 Satz 1 des National Statement on Ethical Conduct in Research Involving Humans enthalten.
[767] Dies sind gemäß Nr. 1.7 Satz 1 des National Statement on Ethical Conduct in Research Involving Humans Nr. 1.11 (Forschung ohne Einwilligung des Betroffenen wird in manchen Fällen für ethisch vertretbar erklärt, wobei die Benutzung anonymisierter Daten im Rahmen von epidemiologischer Forschung, die Beobachtung auf öffentlichen Plätzen und die Benutzung anonymer Umfragen als Beispiele genannt werden), Nr. 6.9 (Forschung mit bewusstlosen Personen unter bestimmten Voraussetzungen), Nr. 14.4 (Zugang zu nicht-anonymen Daten ohne die Einwilligung des Betroffenen unter bestimmten Voraussetzungen im Rahmen von epidemiologischer Forschung), Nr. 15.8 (Bedingungen für den Verzicht auf

erforderlich, dass dieser eine genaue Aufklärung über Zweck, Methoden, Anforderungen, Risiken, Unannehmlichkeiten und mögliche Ergebnisse der Forschung vorausgegangen ist und der Betroffene die Fähigkeit besitzt, eine freiwillige Entscheidung zu treffen. Zudem steht dem Teilnehmer jederzeit der Widerruf seiner Einwilligung frei[768]. Im Falle der Einwilligungsunfähigkeit eines potentiellen Teilnehmers ist eine Person, die für ihn gesetzlich zu einer solchen Einwilligung befugt ist, auf diese Weise aufzuklären und hat dann die Entscheidung zu treffen[769].

b. Teilnahme von Minderjährigen an Forschung

Die Teilnahme Minderjähriger an Forschung ist in dem Statement ausdrücklich geregelt. Von dem Erfordernis der persönlichen Einwilligung des Forschungsteilnehmers ist bei dieser Personengruppe eine Ausnahme vorgesehen. So regelt das Statement des NHMRC, dass Forschung mit Kindern und älteren Minderjährigen (auch wenn diese bereits zu einer wirksamen Einwilligung in der Lage sind) nur dann durchgeführt werden sollte, wenn die hinter der Forschung stehende Fragestellung wichtig für die Gesundheit und das Wohlergehen dieser Personengruppen ist[770]; die Teilnahme von Kindern und älteren Minderjährigen unerlässlich ist, weil die Ergebnisse von Forschung mit anderen Personen keine Antwort auf die Fragestellung im Bezug auf Kinder und ältere Minderjährige liefern können[771]; wenn die Methode der Studie dieser Personengruppe angemessen ist[772]; und wenn die Umstände, in der die Forschung durchgeführt wird, physische, emotionale und psychologische Sicherheit für diese Teilnehmer bieten[773]. Ein persönlicher Nutzen für den teilnehmenden Minderjährigen ist somit nicht erforderlich. Auch in der Ärzteschaft ist die Zulässigkeit von nichttherapeutischer Forschung weitgehend anerkannt[774]. Forschung, die seinem besten Interesse zuwiderläuft, ist jedoch prinzipiell ausgeschlossen[775].

---

die Einwilligung in die Benutzung von bereits vorhandenen Gewebeproben für bestimmte Forschungszwecke) und Nr. 16.13 (Voraussetzungen für einen Verzicht auf die Einwilligung in die Nutzung von bereits vorhandenem genetischen Material oder genetischer Information für Forschungszwecke).

[768] Nr. 1.12 des National Statement on Ethical Conduct in Research Involving Humans. Wenn bestimmte Folgen mit einem solchen Widerruf verbunden sein sollten, ist der Betroffene darüber vor seiner Einwilligung aufzuklären.

[769] Nr. 1.7 Satz 3 des National Statement on Ethical Conduct in Research Involving Humans.

[770] Nr. 4.1 (a) des National Statement on Ethical Conduct in Research Involving Humans.

[771] Nr. 4.1 (b) des National Statement on Ethical Conduct in Research Involving Humans.

[772] Nr. 4.1 (c) des National Statement on Ethical Conduct in Research Involving Humans.

[773] Nr. 4.1 (d) des National Statement on Ethical Conduct in Research Involving Humans.

[774] So geht zum Beispiel aus dem Report on the Ethics of Research in Children, der von dem Committee of the Australian College of Paediatrics herausgegeben wurde, (Australian Paediatric Journal, Vol. 17, No. 3, September 1981, S. 161) hervor, dass nicht-therapeutische Forschung an Kindern nicht unbedingt als ungesetzlich oder unethisch betrachtet wird (Nr. 3). Gleichzeitig wird in diesem Report auch das Höchstmaß des Risikos für nichttherapeutische

Die persönliche Einwilligung des Kindes oder Minderjährigen ist bei vorhandener Einwilligungsfähigkeit ohne Ausnahme erforderlich[776]. Zusätzlich bedarf es in jedem Fall der Einwilligung der Eltern[777] oder einer anderen dafür von dem Gesetz vorgesehenen Person[778].
Die Weigerung eines Kindes oder Minderjährigen, an einem Forschungsvorhaben teilzunehmen, ist zu respektieren[779].

Diese Regelung der Forschung mit Minderjährigen führt jedoch zu erheblichen Unklarheiten und lässt entscheidende Fragen unbeantwortet.
Insbesondere die Grenzen der Zulässigkeit von Forschungsvorhaben ohne therapeutische Zielsetzung verlaufen unscharf. Dies wird zum einen durch die mangelnde Differenzierung zwischen Forschung mit therapeutischer und nichttherapeutischer Zielrichtung verursacht, die in den Richtlinien lediglich als Abwägungsgesichtspunkt für die Beurteilung der Vertretbarkeit eines Forschungsvorhabens Erwähnung findet. Aber auch die Dehnbarkeit der sonstigen in dieser Regelung verwendeten Begriffe verhindert eine sichere Beurteilung der Zulässigkeit eines Vorhabens. Dies ist insbesondere bei der Vorschrift der Fall, die dem besten Interesse des Betroffenen zuwiderlaufende Forschung ausschließt, und damit die einzige konkrete Zulässigkeitsgrenze festlegt, ohne zugleich eine Definition oder Auslegungshilfe für diese Formulierung zu bieten.

Während die Zulässigkeit von Forschung mit zugleich therapeutischer Zielrichtung unter Zuhilfenahme des bereits erwähnten Prinzips, dass in diesen Fällen die Risiken der Teilnahme mit der Möglichkeit des Nutzens für den Patienten selbst abzuwägen sind, relativ sicher bestimmt werden kann, wenn ausreichende Daten für eine Prognose von Nutzen und Risiken vorhanden sind, ist eine solche an den individuellen Interessen des jeweiligen Teilnehmers orientierte Abwägung bei nichttherapeutischer Forschung nicht möglich. Und das allgemeine Prinzip, dass jede Art von Risiko oder Unannehmlichkeit für den Teilnehmer von dem wahrscheinlichen Nutzen (entweder für ihn selbst oder für die

---

Forschung auf ein minimales Risiko, wie es auch im täglichen Leben vorkommt, beschränkt (Nr. 4 ii)), während bei therapeutischer Forschung zwischen dem Risiko der Krankheit und der herkömmlichen Therapieform und auf der anderen Seite dem Risiko der alternativen Behandlungsmethode abgewogen werden muss, und lediglich ein akzeptables Verhältnis zwischen potentiellem Nutzen und dem Risiko liegen muss (Nr. 4 i)). Die Akzeptabilität dieses Verhältnisses soll dem Report zufolge von einer Ethikkommission, die in jeder Institution, an der Forschung mit Kindern stattfindet, eingesetzt werden soll, bestimmt werden (Nr. 5 ii)).

775 So regelt Nr. 4.3 des Statements, dass weder die Ethikkommission solcher Forschung zustimmen noch eine Einwilligung in derartige Forschung erteilt werden darf.

776 Nr. 4.2 (a) des National Statement on Ethical Conduct in Research Involving Humans.

777 Nr. 4.2 (b) des National Statement on Ethical Conduct in Research Involving Humans.

778 Nr. 4.2 (c) des National Statement on Ethical Conduct in Research Involving Humans.

779 Nr. 4.4 des National Statement on Ethical Conduct in Research Involving Humans.

Gesellschaft) aufgewogen werden muss[780], kann mangels eines klaren Verrechnungsmaßstabes für diese gegensätzlichen Interessen von Individuum und Gesellschaft zu keiner klaren Abgrenzung führen.
Die grundsätzliche Zulässigkeit von nichttherapeutischer Forschung ist somit lediglich dadurch begrenzt, dass sie dem besten Interesse des teilnehmenden Minderjährigen nicht entgegenstehen und - entsprechend den ethischen Prinzipien des Statements - lediglich minimale Risiken erwarten lassen darf. Ein solches minimales Risiko ist anzunehmen, wenn die Wahrscheinlichkeit und die Bedeutung des Schadens oder der Unannehmlichkeiten, die von der Forschung zu erwarten sind, nicht größer sind als solche, die normalerweise im täglichen Leben bestehen[781]. Dies wird so verstanden, dass darunter auch das Risiko, körperliche Störungen, Unannehmlichkeiten, Angstgefühle, Schmerzen oder auch psychische Störungen hervorzurufen, fallen soll[782].

Angesichts einer derartig unscharfen Begriffsdefinition erscheint es unmöglich, eine verbindliche Grenze für die Zulässigkeit nichttherapeutischer Forschung zu ziehen.
Auch die Feststellung, ab welcher Eingriffsintensität das beste Interesse des Minderjährigen seiner Teilnahme entgegensteht, bleibt weitgehend der subjektiven Einschätzung des Beurteilenden überlassen. Konkrete Auslegungshilfen, wann eine solche Situation anzunehmen sein soll, sind jedoch im Statement nicht vorhanden. Diese Regelungen des Statements können somit weder den mit der Genehmigung betrauten Ethikkommissionen noch dem einwilligenden Stellvertreter gerade in solchen Fällen, die nicht offensichtlich ethischen Prinzipien zuwiderlaufen, eine Hilfestellung bei ihrer Entscheidung geben. Dies ist jedoch im Hinblick auf den unbedingten Schutz der Interessen des minderjährigen Forschungsteilnehmers sehr bedenklich.

Ein strikter Schutz des besten Interesses des Kindes ist auf diese Weise somit nicht gewährleistet. Ein solcher würde erfordern, dass den Eltern das Recht zu einer Einwilligung in nichttherapeutische Eingriffe verwehrt würde, selbst wenn kein nennenswertes Risiko mit ihnen verbunden ist[783]. So wird zumindest teil-

---

[780] Nr. 1.14 des National Statement on Ethical Conduct in Research Involving Humans. Somit hat die Ethikkommission bei der Bewertung der ethischen Vertretbarkeit jedes Forschungsvorhabens die Wichtigkeit und den Nutzen der Forschung zu berücksichtigen und diese gegen die Lasten für die Teilnehmer abzuwägen, siehe Präambel des National Statement on Ethical Conduct in Research Involving Humans.

[781] Appendix 3 des National Statement on Ethical Conduct in Research Involving Humans.

[782] *Pullin*, Human Experimentation - Research and the Individual, S. 53.

[783] Auch *Skene*, Medical Procedures for Children, S. 196, erkennt einen Widerspruch zwischen der grundsätzlichen Zulässigkeit von nichttherapeutischer Forschung und der Notwendigkeit, das Wohl des Minderjährigen zu schützen. Sie geht darauf jedoch nicht näher ein, sondern stellt lediglich fest, dass ein minimales Risiko für das minderjährige

weise anerkannt, dass den Eltern keine rechtliche Befugnis zusteht, ihre Einwilligung in eine Körperverletzung ihres Kindes zu erteilen, wie dies zum Beispiel bei einer Blutentnahme der Fall wäre, die dem Kind keinen Nutzen bringt[784]. Zudem ist auch bei randomisierten Studien sehr fraglich, ob nicht die Situation, dass ein Kind keine Behandlung erhält, nicht eindeutig seinen Interessen zuwiderläuft[785].
Eine klare Antwort auf die Frage, inwieweit denn die Teilnahme von Kindern an nichttherapeutischer Forschung zulässig sein kann, ist in den Richtlinien des Statements mangels eindeutiger Begriffe jedoch nicht zu finden.

c. Einwilligungsunfähige Erwachsene
Ähnlich stellt sich die Rechtslage der Forschung mit einwilligungsunfähigen Erwachsenen dar. Auch die persönliche Einwilligung einer Personen mit einer geistigen oder intellektuellen Beeinträchtigung in die Teilnahme an einem Forschungsvorhaben ist danach unter bestimmten Voraussetzungen verzichtbar. Zwar ist eine Einwilligung bei vorhandener Einwilligungsfähigkeit zwingend erforderlich[786]. Ist der Teilnehmer zu einer wirksamen Einwilligung jedoch nicht in der Lage, so kann sie durch die Einwilligung des Guardians oder einer anderen vom Gesetz dafür vorgesehene Person ersetzt werden[787]. Die Weigerung einer einwilligungsunfähigen Person, an Forschung teilzunehmen ist allerdings in jedem Fall zu respektieren[788].

Bei der Beurteilung solcher Forschungsvorhaben hat die Ethikkommission den potentiellen Nutzen für den Teilnehmer oder die Gesellschaft gegen die Risiken und unangemessenen Belastungen abzuwägen[789], so dass die Maßnahme auch

---

Forschungssubjekt bei potentiell bedeutsamem Ergebnis der Forschung ethisch vertretbar erscheine und dass es daher unwahrscheinlich sei, dass das Recht solche Forschung verhindern werde. Dagegen wird von *Pullin*, Human Experimentation - Research and the Individual, S. 53, nur solche Forschung, die auch einen Nutzen für das Kind selbst erwarten lässt, für ethisch vertretbar erklärt, da nur in diesen Fällen von der Annahme ausgegangen werden könne, dass das Kind selbst eine solche Therapie gewollt hätte. Dabei gibt er jedoch zu, dass das Statement eine andere Position enthält.

[784] So zum Beispiel von Mitgliedern der Ethikkommissionen, die an einem der Workshops für Ethikkommissionen in Queensland teilnahmen, die durchgeführt wurden, um die Arbeit der Ethikkommissionen zu vereinfachen und sie gleichzeitig zu beaufsichtigen, National Health and Medical Research Council, Medical Research Ethics Committee, Report on Workshops on the Constitution and Functions of Institution Ethics Committees in Australia 1988-1990, September 1991, S. 20. Auch *Magnusson*, Journal of Law and Medicine, Vol 7, May 2000, S. 390 (398), spricht den Eltern eines Kindes das Recht ab, einer fremdnützigen Blutspende ihres Kindes zuzustimmen, da diese mit seinem Wohl nicht zu vereinbaren ist.

[785] *Stauch/Wheat*, Sourcebook on Medical Law, S. 548.

[786] Nr. 5.2 (a) des National Statement on Ethical Conduct in Research Involving Humans.

[787] Nr. 5.2 (b) des National Statement on Ethical Conduct in Research Involving Humans.

[788] Nr. 5.4 des National Statement on Ethical Conduct in Research Involving Humans.

[789] Nr. 5.1 des National Statement on Ethical Conduct in Research Involving Humans.

bei dieser Personengruppe nicht unbedingt therapeutischer Natur sein muss. Allerdings darf die Kommssion ihre Genehmigung nicht erteilen und auch der Vertreter ist zu einer Einwilligung nicht befugt, wenn das Forschungsvorhaben dem besten Interesse des Betroffenen zuwiderläuft[790].
Zusätzlich ist für bewusstlose Personen geregelt, dass diese aufgrund ihrer extremen Verwundbarkeit von solcher Forschung ausgeschlossen werden sollten, die mehr als minimalst (*most minimally*) invasiv ist[791].
Die Frage der Grenze der Zulässigkeit von nichttherapeutischer Forschung stellt sich hier ebenso wie bei den minderjährigen Forschungsteilnehmern. Trotz der Beschränkung der Zulässigkeit auf Forschung, die nicht dem besten Interesse des Teilnehmers zuwiderläuft, ist es auch hier schwierig, die grundsätzlich geltende Erforderlichkeit der persönlichen Einwilligung eines Patienten in eine ärztliche Behandlung mit dieser Regelung in Einklang zu bringen[792]. Auch für diese Personengruppe bestehen zudem keine Anhaltspunkte für die Beurteilung, wann genau eine Behandlung ihrem besten Interesse zuwiderläuft.

Die Bedenken gegen die in dem Statement des NHMRC enthaltenen Stellvertretungsbefugnisse werden zusätzlich dadurch verstärkt, dass die vorhandenen allgemeinen Stellvertretungsvorschriften den Guardian nur zu solchen Entscheidungen ermächtigen, die dem besten Interesse des Vertretenen dienen. Da nichttherapeutische Forschung, auch wenn sie den persönlichen Interessen des Teilnehmers nicht zwingend entgegenstehen muss, diesen zumindest nicht zu dienen bestimmt ist, ist die Einwilligung in derartige Vorhaben somit grundsätzlich nicht von dem Wortlaut der Stellvertretungsvorschriften umfasst. Insofern erteilen die Richtlinien des Statements den Stellvertretern weitergehende Befugnisse als dies in den gesetzlichen Regelungen der Stellvertretung vorgesehen ist. Da den Richtlinien jedoch keine gesetzliche Verbindlichkeit zukommt, ist Forschung mit einwilligungsunfähigen Erwachsenen in Australien grundsätzlich nur insoweit erlaubt, wie die Einwilligung des Stellvertreters von seiner gesetzlichen Befugnis gedeckt ist. Bei konsequenter Befolgung dieser Vorschriften wäre somit nur solche Forschung zulässig, die zumindest auch einen persönlichen Nutzen für den Betroffenen verspricht.
Dies ist auch eindeutig den in New South Wales geltenden Gesetzen betreffend die Stellvertretung einwilligungsunfähiger Volljähriger zu entnehmen. Diese regeln als einzige der Stellvertretungsvorschriften die Vertretung bei klinischen Studien enthalten. Danach darf das mit der Einsetzung eines Betreuers und dessen Überwachung befassten Gremium, in die Teilnahme eines einwilligungsunfähigen Patienten an klinischen Studien einwilligen oder dieser zustimmen[793],

---

[790] Nr. 5.3 des National Statement on Ethical Conduct in Research Involving Humans.
[791] Nr. 6.8 des National Statement on Ethical Conduct in Research Involving Humans.
[792] So auch *Mc Neill*, The Ethics and Politics of Human Experimentation, S. 129.
[793] Guardianship Act 1987 (NSW) s 45AA (1).

wenn (a) es davon überzeugt ist, dass die getestete Methode dafür bestimmt ist, einen bestimmten Zustand, an dem der Patient leidet, zu heilen oder zu lindern, (b) dass die Studie keine erheblichen Risiken für den Patienten darstellt (oder, wenn bereits Behandlungsformen existieren, dass die mit der Studie verbundenen Risiken nicht größer sind, als die einer solchen Behandlung), und (c) wenn die Entwicklung der neuen Methode eine Stufe erreicht hat, in der Überlegungen in Bezug auf Sicherheit und ethische Bedenken es angemessen erscheinen lassen, dass diese Behandlung auch für Personen, die nicht in der Lage sind, ihre Einwilligung in die Studie zu erteilen, zugänglich ist. Weiterhin muss es in Anbetracht des potentiellen Nutzens (und der potentiellen Risiken) dem besten Interesse der Patienten, die an diesem Zustand leiden, entspricht, an der Studie teilzunehmen, die Studie muss von der zuständigen Ethikkommission gebilligt worden sein und mit den Richtlinien des NHMRC übereinstimmen[794]. Zudem ist ausdrücklich festgelegt, dass die Tatsache, dass im Rahmen dieser Studie auch Placebos zum Einsatz kommen können oder werden, nicht zu dem Schluss führen muss, dass die Teilnahme nicht dem besten Interesse des Patienten entspricht[795].

Mit diesem Gesetz hat New South Wales zwar die Bedeutung des NHMRC und seines Statements hervorgehoben, indem es die Genehmigung der Ethikkommission und die Beachtung der Richtlinien als Voraussetzung für die Rechtmäßigkeit benennt. Gleichzeitig aber begrenzt es die Zulässigkeit von klinischen Studien dahingehend, dass es eine Teilnahme solcher Personen nur zulässt, wenn diese dem *besten Interesse* des Teilnehmers *entspricht* (is in the best interest), während das Statement diese so lange für genehmigungsfähig hält, wie sie *nicht* dessen *bestem Interesse zuwiderläuft* (not contrary to the best interest).
Eine wirkliche Auseinandersetzung mit diesem doch nicht unerheblichen Widerspruch zwischen den allgemeinen Befugnissen eines Stellvertreters und dem ihm durch das Statement gewährten besonderen Befugnissen scheint jedoch in Australien nicht stattzufinden. Dies ist wahrscheinlich in dem weithin verbreitenden Vertrauen, das den Ethikkommissionen und den von ihnen getroffenen Entscheidungen entgegengebracht wird, begründet. So wird auch aufgrund des augenscheinlichen Erfolges des derzeitigen freiwilligen, dezentralisierten Systems der Überprüfung durch Ethikkommissionen, das sich auf der Ebene der einzelnen Forschungsinstitutionen selbst abspielt, weitgehend kein Bedarf zur Schaffung weiterer gesetzlicher Regelungen gesehen[796].

---

[794] Guardianship Act 1987 (NSW) s 45AA (2)(a)-(e).
[795] Guardianship Act 1987 (NSW) s 45AA (3).
[796] *Magnusson*, Journal of Law and Medicine, Vol 7, May 2000, S. 390 (391).

d. Klinische Studien

Während die bisher betrachteten Vorschriften für jede Art von Forschung mit Menschen gelten, sind noch einmal besondere Voraussetzungen für die Zulässigkeit von klinischen Studien in dem Statement geregelt. So ist für die Genehmigung einer solchen Studie durch die zuständige Ethikkommission erforderlich, dass der Prüfplan den Anforderungen der Vorschriften des Statements des NHMRC[797], der Revidierten Deklaration von Helsinki[798] und der Leitlinie zur guten klinischen Praxis (CPMP/ICH-135/95)[799] entspricht.

Im Hinblick auf den Einsatz von Placebos ist in dem Statement geregelt, dass dieser ethisch dann nicht vertretbar ist, wenn eine andere Behandlungsmethode sich bereits als wirksam erwiesen hat und durch das Unterlassen einer Behandlung das Risiko einer erheblichen Schädigung besteht[800]. Nur wenn eine ernsthafte Unsicherheit über den therapeutischen Nutzen einer Behandlung existiert, können eine placebo-kontrollierte Studie oder eine Studie mit einer Vergleichsgruppe, die keine Behandlung erhält, in Betracht kommen[801].

Erweist sich eine der Behandlungsformen der Studie im Vergleich mit den anderen als in einer Weise besser oder schlechter, dass die Fortsetzung der Studie einige der Teilnehmer benachteiligen würde, so kann eine solche Fortsetzung unethisch sein[802]. Dabei hat der Forscher die zuständige Kommission über den Verlauf der Studie in dem erforderlichen Umfang zu informieren, was zumindest in Form eines jährlichen Berichts geschehen muss[803].

e. Weitere Vorschriften

Forschung darf grundsätzlich nur von Personen oder Gruppen mit Erfahrung, Qualifikation und Kompetenz, die der Art der Forschung angemessen sind, durchgeführt und beaufsichtigt werden und nur in solchen Einrichtungen stattfinden, die der Forschung entsprechen und in denen die entsprechenden Fähigkeiten und Mittel vorhanden sind[804].

Zusätzlich muss die Ethikkommission davon überzeugt sein, dass Vorkehrungen bestehen, die eine angemessene Entschädigung für Teilnehmer, die aufgrund ihrer Teilnahme an der Studie eine Verletzung erleiden, garantieren[805].

---

797 Nr. 12.3 (a) des National Statement on Ethical Conduct in Research Involving Humans.

798 Nr. 12.3 (b) des National Statement on Ethical Conduct in Research Involving Humans. Diese wurde 1964 von Australien ratifiziert.

799 Nr. 12.3 (c) des National Statement on Ethical Conduct in Research Involving Humans.

800 Nr. 12.4 Satz 1 des National Statement on Ethical Conduct in Research Involving Humans.

801 Nr. 12.4 Satz 2 des National Statement on Ethical Conduct in Research Involving Humans.

802 Nr. 12.10 des National Statement on Ethical Conduct in Research Involving Humans.

803 Nr. 12.8 des National Statement on Ethical Conduct in Research Involving Humans.

804 Nr. 1.15 des National Statement on Ethical Conduct in Research Involving Humans.

805 Nr. 12.7 des National Statement on Ethical Conduct in Research Involving Humans.

III. Rechtsgrundsätze außerhalb des Statements des NHMRC

Da die bisherigen Gerichtsentscheidungen in Australien zum Thema Forschung mit Menschen, auch wenn sie immer die Erforderlichkeit der Einwilligung betont haben, lediglich mit solchen Personen befasst waren, die zu einer wirksamen Einwilligung in der Lage waren, hat auch das common law im Hinblick auf die Zulässigkeit von Forschung mit Einwilligungsunfähigen noch keine Grundsätze geschaffen[806]. Insofern kann für die Zulässigkeit von Forschung mit diesen Personengruppen lediglich auf die allgemeinen Grundsätze betreffend die Einwilligung in eine medizinische Behandlung[807] und die Stellvertretung sowie deren gesetzliche Regelungen zurückgegriffen werden.
Insbesondere die Tatsache, dass die Grenzen der Stellvertretungsvorschriften der einzelnen Staaten und Territorien nicht mit dem Inhalt der speziell für Forschung mit Menschen geschaffenen Richtlinien des Statements übereinstimmen, lässt jedoch aufgrund der damit verbundenen Unklarheit der Rechtslage einen ausreichenden Schutz der Gruppe der einwilligungsunfähigen Personen fraglich erscheinen.

C. Mögliche Anregungen für das deutsche Recht

Nachdem nun die Rechtslage in Australien im Hinblick auf Forschung mit einwilligungsunfähigen Personen dargestellt wurde, bleibt zu überlegen, inwiefern diese ein Beispiel für eine in Deutschland zu schaffende Regelung darstellen könnte.
Was die rechtliche Form der dortigen Regelung angeht und somit die Tatsache, dass eine verbindliche, rechtlich durchsetzbare Regelung für Forschung mit Menschen in Australien nicht existiert, so ist deren Übernahme für Deutschland keinesfalls in Erwägung zu ziehen. Denn die bereits aufgezeigte gegenwärtig bestehende Unsicherheit für Forscher und die Zulässigkeit ihrer Vorhaben mit all ihren negativen Auswirkungen gilt es gerade zu beseitigen. Dies kann allein durch eine einheitliche gesetzliche Regelung erreicht werden, nicht jedoch durch unverbindliche freiwillige Richtlinien.

Doch auch wenn die Form der in Australien gewählten Regelung nicht für eine Übernahme in das deutsche Regelungssystem in Betracht kommt, so könnte doch der Inhalt der Richtlinien des Statements des NHMRC Anregungen für die Schöpfung einer neuen Regelung der Forschung mit Einwilligungsunfähigen bieten. Aufgrund der dargestellten mangelnden Differenziertheit der diesbezüglichen Vorschriften und den durch die unbestimmten Rechtsbegriffe entstehen-

[806] So auch *McNeill*, The Ethics and Politics of Human Experimentation, S. 137, 138.

[807] Nach Ansicht von *McNeill*, The Ethics and Politics of Human Experimentation, S. 155, ist es jedoch in der Praxis üblich, dass der Grundsatz der persönlichen Einwilligung von dem Bedürfnis nach Forschung, die der Linderung von Leiden dienen soll, im Einzelfall überwunden werden kann, wobei dies jedoch immer eine Abwägungsentscheidung darstellt.

den erheblichen Entscheidungsspielräumen betreffend die Grenzen der Zulässigkeit von Forschung mit diesen Personengruppen ist jedoch auch eine inhaltliche Orientierung an den australischen Vorschriften nicht ratsam.

Das in Australien bestehende dezentralisierte System der Genehmigung einzelner Vorhaben durch die jeweils zuständige Ethikkommission, das zu einer weitgehenden Autonomie der jeweiligen Kommissionen vor Ort führt[808], birgt insbesondere aufgrund dieser weitgehenden Entscheidungsfreiheit[809] die Gefahr, dass landesweit eine sehr uneinheitliche Entscheidungspraxis entsteht. Dies kann insbesondere was die Forschung mit Einwilligungsunfähigen betrifft, eine Art „Ethikkommissions-Shopping" durch die Forscher zur Folge haben, die bewusst eine solche Kommission auswählen könnten, von der bekannt ist, dass sie auch solche Vorhaben genehmigt, die von anderen als zweifelhaft befunden wurden[810].

Somit führt diese Untersuchung zu dem Ergebnis, dass dem australischen Recht im Hinblick auf seinen Umgang mit Forschung mit einwilligungsunfähigen Personen keine Vorbildfunktion für eine zu entwerfende Regelung zukommen kann.

---

808 So *Caton*, Self-Regulation: A Study of the Ethics Committee System, S. 67.

809 Als Beispiel für einen solchen Spielraum führt *McNeill*, The Ethics and Politics of Human Experimentation, S. 160, die Abwägung dahingehend, ob das Risiko eines Schadens für die Versuchsperson von einem potentiellen Nutzen für andere überwogen wird, an.

810 Als Beispiel dafür, dass es sich hierbei nicht um eine rein hypothetische Gefahr handelt, führt *Caton*, S. 68 die erste IVF - Leihmutterschaft in Victoria auf. Die zunächst mit dem Fall befasste Ethikkommission lehnte das Vorhaben mit der Begründung ab, dass das Adoptionsrechts in Victoria die Adoption des Kindes durch dessen "soziale" Mutter aufgrund deren Alters nicht zuließe. Eine zweite Kommission, die daraufhin mit dem Fall befasst wurde, war dagegen der Meinung, dass eine solches rechtliches Hindernis nicht ethisch entscheidend sei.

§ 12: Vergleich mit der Regelung von klinischer Forschung in der Schweiz

Seit dem 01. Januar 2002 gilt in der Schweiz das Bundesgesetz über Arzneimittel und Medizinprodukte (Heilmittelgesetz, HMG). Darin ist die klinische Prüfung von Arzneimitteln, Medizinprodukten sowie Blut- und Blutprodukten einheitlich geregelt. Diese einheitliche Regelung fällt insbesondere im Vergleich zum deutschen Recht, das für Arzneimittelprüfungen und die Erprobung von Medizinprodukten jeweils unterschiedliche Spezialgesetze mit teilweise voneinander abweichenden Regelungen geschaffen hat, aber auch zu der Arzneimittelrichtlinie, die keine Regelungen betreffend Medizinprodukte enthält, positiv auf. Aber nicht nur in diesem Punkt unterscheidet sich dieses relativ neue Gesetz der Schweiz erheblich sowohl von dem bislang geltenden deutschen Recht als auch von der Arzneimittelrichtlinie und dem Regierungsentwurf zur Änderung des AMG.
Nicht zuletzt um eine weitere Anregung für den Entwurf einer neuen Regelung zu erhalten, wird ein kurzer Blick auf den Inhalt der Vorschriften, die im Schweizer Heilmittelgesetz die klinische Prüfung mit Einwilligungsunfähigen regeln, zu werfen sein.

A. Klinische Versuche an unmündigen, entmündigten oder urteilsunfähigen Personen

Klinische Prüfungen mit „unmündigen, entmündigten oder urteilsunfähigen Personen“ sind in Art. 55 HMG geregelt. Diese sind grundsätzlich dann zulässig, wenn durch Versuche an mündigen oder urteilsfähigen Personen keine vergleichbaren Ergebnisse erzielt werden können (Art. 55 Abs. 1 a), der gesetzliche Stellvertreter seine Zustimmung nach entsprechender Aufklärung erteilt hat (Art. 55 Abs. 1 b), die urteilsfähigen, aber unmündigen oder entmündigten Personen eingewilligt haben (Art. 55 Abs. 1 c) und keine Anzeichen vorhanden sind, die erkennen lassen, dass sich urteilsunfähige Personen einer Teilnahme widersetzen würden (Art. 55 Abs. 1 d).

Im Gegensatz zu den Regelungen der Arzneimittelrichtlinie und des Regierungsentwurfs ist eine den speziellen Fähigkeiten des Teilnehmers entsprechende Aufklärung des Betroffenen selbst durch das HMG nicht vorgesehen ist. Da mittels einer solchen Aufklärung eine weitaus angemessenere Einbeziehung der Versuchsperson in den Prüfungsverlauf erfolgen kann, ist das Fehlen einer solchen Aufklärungspflicht bedauerlich.
Dagegen ist die in Art. 55 Abs. 1 d HMG enthaltene Regelung, die jedem Anzeichen eines der Teilnahme entgegenstehenden Willens Relevanz zukommen lässt, grundsätzlich positiv zu beurteilen. Denn im Vergleich mit dem deutschen Regierungsentwurf, der lediglich den ausdrücklich geäußerten Willen, nicht an der Prüfung teilzunehmen, beachten will, räumt das HMG auf diese

Weise dem natürlichen Willen des Betroffenen eine größere Bedeutung ein. Allerdings ist fraglich, aus welchem Grund das ablehnende Verhalten des Teilnehmers auch dann zu beachten sein soll, wenn die Prüfung für ihn einen individuellen Vorteil bedeutet.

Bei Vorliegen der in Art. 55 Abs. 1 HMG normierten Voraussetzungen darf eine klinische Prüfung, die der Versuchsperson[811] einen unmittelbaren Nutzen bringt, durchgeführt werden. Dieses grundsätzliche Erfordernis des unmittelbaren Nutzens für den Einwilligungsunfähigen ergibt sich aus der Existenz der Regelung des Art. 55 Abs. 2 HMG, die für die Durchführung solcher Versuche, die keinen unmittelbaren Nutzen bringen, weitere einschränkende Bedingungen normiert. Danach dürfen klinische Versuche ohne unmittelbaren Eigennutzen mit unmündigen, entmündigten oder urteilsunfähigen Personen ausnahmsweise durchgeführt werden, wenn die Versuche über den Zustand, die Krankheit oder die Leiden der Versuchsperson wichtige Erkenntnisse erwarten lassen, die den betroffenen Versuchspersonen, anderen Personen derselben Altersklasse oder Personen, die an der gleichen Krankheit leiden oder dieselben Merkmale aufweisen, langfristig einen Nutzen bringen (Art. 55 Abs. 2 a HMG). Dabei dürfen die Risiken und Unannehmlichkeiten, welche die Versuchspersonen auf sich nehmen, allerdings gemäß Art. 55 Abs. 2 b HMG nur geringfügig sein.

Bei dieser Regelung von Versuchen ohne individuellen Vorteil fällt im Vergleich mit der Arzneimittelrichtlinie, dem gegenwärtigen AMG sowie dem Regierungsentwurf auf, dass das schweizer Heilmittelgesetz nicht zwischen Minderjährigen und einwilligungsunfähigen Volljährigen differenziert. Diese vollständige rechtliche Gleichbehandlung im Hinblick auf die Zulässigkeit insbesondere auch von gruppennütziger Forschung beruht wohl auf der Erkenntnis, dass bei beiden Patientengruppen ein äußerst großer Bedarf an Forschung besteht, der nicht auf andere Weise gedeckt werden kann. Da sowohl Minderjährige als auch einwilligungsunfähige Volljährige sich zudem in einer weitgehend vergleichbaren Lage der Hilf- und Wehrlosigkeit befinden, besteht - wie bereits vorstehend dargestellt - kein Bedürfnis nach einer solchen Differenzierung. Insofern kann die einheitliche Lösung des schweizer HMG durchaus als Vorbild für eine in Deutschland zu schaffende gesetzliche Regelung dienen. Dies gilt auch insofern, als nicht unbedingt ein individueller Vorteil für den einwilligungsunfähigen volljährigen Teilnehmer erforderlich sein muss.

---

[811] Mit dem generellen Begriff der „Versuchsperson“ lässt das Heilmittelgesetz die bisherige Unterscheidung zwischen Probanden, die ohne eigenen Nutzen an Forschung teilnehmen, und Patienten, welche in eigenem Nutzen in die Studie einbezogen werden fallen, vergleiche Bratschi/Stöckli, Bundesgesetz über Arzneimittel und Medizinprodukte, S. 20.

Allerdings ist diese Regelung insoweit bedenklich, als danach mit einer gruppennützigen Teilnahme an einer Studie immerhin „geringfügige" Risiken verbunden sein dürfen. Eine Definition dieses Begriffs liefert das Heilmittelgesetz nicht. Angesichts des daraus resultierenden Ausmaßes an möglichen Risiken für die Teilnehmer wäre eine entsprechende deutsche Regelung daher den vorstehend dargestellten Risikohöchstgrenzen anzupassen.

B. Allgemeine Zulässigkeitsvoraussetzungen für klinische Versuche

Zusätzlich zu diesen besonderen Zulässigkeitsvoraussetzungen müssen selbstverständlich die in Art. 54 HMG geregelten allgemeinen Voraussetzungen vorliegen, die generell für die Durchführung von klinischen Prüfungen erforderlich sind.

I. Entschädigung im Schadensfall

Gemäß Art. 54 Abs. 1 b HMG muss sichergestellt sein, dass die Versuchsperson im Falle einer Schädigung durch die Teilnahme vollständig entschädigt wird.

II. Befürwortung durch Ethikkommission

Zudem ist auch nach schweizer Recht eine Befürwortung des Versuchs durch die zuständige Ethikkommission erforderlich, Art. 54 Abs. 1 c HMG. Diese haben gemäß Art. 57 Abs. 1 HMG den Schutz der Versuchspersonen anhand der anerkannten Regeln der Guten Klinischen Praxis der klinischen Versuche zu gewährleisten. Dabei beurteilen sie die klinischen Versuche von einem ethischen Standpunkt aus und überprüfen deren wissenschaftliche Qualität unter Berücksichtigung der örtlichen Voraussetzungen. Die Ethikkommission müssen nach Art. 57 Abs. 2 HMG unabhängig sein und die Erfahrungen und die Fachkenntnis haben, um die ihr vorgelegten Versuche zu beurteilen.
Den Kantonen kommt die Befugnis zu, die jeweils zuständige Ethikkommission zu ernennen und ihre Tätigkeiten zu überwachen, Art. 57 Abs. 4 HMG.

III. Meldepflicht

Zwar besteht die Pflicht zur Meldung eines klinischen Versuchs an das Heilmittelinstitut als zuständiger Bundesbehörde gemäß Art. 54 Abs. 4 HMG, einer Genehmigung bedarf es jedoch nicht. Das Heilmittelinstitut kann aber die Durchführung untersagen oder mit Bedingungen verknüpfen, wenn die gesetzlichen Voraussetzungen nicht erfüllt sind. Weiterhin kann das Institut die Durchführung der Versuche jederzeit durch Inspektionen kontrollieren.
Der Bundesrat kann gemäß Art. 54 Abs. 5 HMG für bestimmte Versuche wie gentherapeutische Versuche oder Versuche mit unmündigen, entmündigten oder urteilsunfähigen Personen, die nach Art. 55 durchgeführt werden und diesen Versuchspersonen keinen unmittelbaren Nutzen bringen, die Meldepflicht durch eine Bewilligungspflicht ersetzen.

C. Klinische Versuche in medizinischen Notfallsituationen

Nach dem schweizer Heilmittelgesetz sind klinische Versuche in medizinischen Notfallsituationen ausdrücklich geregelt.

Für deren Zulässigkeit ist es zunächst erforderlich, dass ein Verfahren vorgesehen ist, das von der zuständigen Ethikkommission genehmigt worden ist und innerhalb nützlicher Frist erlaubt, die Zustimmung des gesetzlichen Vertreters unmündiger oder entmündigter Personen einzuholen oder den Willen der Versuchsperson, namentlich unter Einbezug der Ansicht der Angehörigen abzuklären.

Zudem dürfen keine Anzeichen vorhanden sein, die erkennen lassen, dass sich die Versuchsperson einer Teilnahme an einem Versuch widersetzen würde (Art. 56 b HMG).

Auch ist gemäß Art. 56 c HMG erforderlich, dass der Versuch wichtige Erkenntnisse über den Zustand, die Krankheit oder die Leiden der Versuchsperson erwarten lässt, die den Versuchsteilnehmern oder Personen, die an der gleichen Krankheit leiden oder die gleichen Merkmale aufweisen, langfristig einen Nutzen bringen.

Außerdem muss ein Arzt, der nicht am Versuch beteiligt ist, unter Wahrung der Interessen der Versuchsperson deren medizinische Betreuung sicherstellen, Art. 56 d HMG.

Diese Regelung betreffend medizinische Notfälle sollte für eine in Deutschland zu schaffende Regelung nicht zum Vorbild genommen werden. Denn dadurch, dass eine Begrenzung des zulässigen Risikos nicht vorgesehen ist, lässt Art. 56 HMG klinische Versuche in medizinischen Notfällen in größerem Umfang zu als dies außerhalb von Notsituation der Fall ist, ohne dass die Einwilligung des Betroffenen hierfür erforderlich wäre.

Die Besonderheit von medizinischen Notfallsituationen besteht darin, dass eine schnelle Entscheidung erforderlich ist, so dass es oftmals nicht möglich sein wird, die Einwilligung eines gesetzlichen Vertreters rechtzeitig einzuholen. Auch befindet sich der Betroffene in einer besonderen Gefahrensituation.

Diese Besonderheiten können es jedoch nicht rechtfertigen, eine einwilligungsunfähige Person in klinische Versuche einzubeziehen, die für sie selbst keinen Vorteil versprechen, ohne das damit verbundene Risiko in irgendeiner Form zu begrenzen. Auch wenn es in medizinischen Notfällen aufgrund der Natur dieser kritischen Situation nicht möglich sein wird zu garantieren, dass die Versuchsteilnahme nur minimale Risiken mit sich bringt, so ist doch zu fordern, dass zumindest aus einer ex-ante Betrachtung die Abwägung von Nutzen und Risiko für den Patienten bei beiden Behandlungsalternativen vergleichbar ist. Daher wäre für eine entsprechende deutsche Regelung zumindest eine solche Vergleichbarkeit der Chancen und Risiken der Behandlungsmethoden zu verlangen, um den Schutz der Betroffenen in ausreichendem Maße zu gewährleisten.

D. Zwischenergebnis

Der Vergleich des schweizer Heilmittelgesetzes mit der Arzneimittelrichtlinie, dem AMG und dem Regierungsentwurf hat zu dem Ergebnis geführt, dass das HMG für den deutschen Gesetzgeber in mehrfacher Hinsicht als Vorbild dienen kann. Zum einen ist es positiv zu bewerten, dass das Heilmittelgesetz die Prüfungen von Arzneimitteln und Medizinprodukten einheitlich regelt. Ein entsprechendes Vorgehen des deutschen Gesetzgebers könnte die nicht zu begründenden Unterschiede der Regelungen von AMG und MPG endlich beseitigen. Weiterhin sollte auch im deutschen Recht eine einheitliche Regelung der klinischen Versuche mit einwilligungsunfähigen Erwachsenen und Minderjährigen geschaffen werden, da auf diese Weise der vergleichbaren Interessenlage Rechnung getragen würde.

Um der besonderen Situation der einwilligungsunfähigen Personen gerecht zu werden, sollte auch die Regelung Eingang in das deutsche Recht finden, die das Fehlen von Anzeichen, die einen dem Versuch entgegenstehenden Willen erkennen lassen, zur Zulässigkeitsvoraussetzung von Versuchen mit diesen Personen macht. Dies sollte zumindest in den Fällen gelten, in denen mit der klinischen Prüfung für den Teilnehmer keine individuellen Vorteile verbunden sind.

§ 13: Zulässigkeit von Forschung bei antizipierter Einwilligung

Aufgrund des dringenden Bedarfs an Forschung insbesondere mit einwilligungsunfähigen Personen ist es erforderlich, neue Wege zu beschreiten, die Forschung ermöglichen, ohne gleichzeitig den notwendigen Schutz der betroffenen Personen und ihrer höchstpersönlichen Rechte zu vernachlässigen.
Eine Möglichkeit, nach bisherigem Recht unzulässige Forschungseingriffe zu legitimieren, könnte in der antizipierten Einwilligung liegen. Sie könnte ein Mittel für den Einzelnen darstellen, sein Selbstbestimmungsrecht im Hinblick auf die Teilnahme an Forschungsstudien auch für die Zukunft auszuüben und es insofern zu "verlängern". Gleichzeitig würde dadurch eine eventuelle Forschungsteilnahme aus dem Bereich der Fremd- in den der Selbstbestimmung verlagert.

Eine solche antizipierte Einwilligung liegt dann vor, wenn der Betroffene noch zum Zeitpunkt vorhandener Einwilligungsfähigkeit den Wunsch geäußert hat, auch für den Fall des späteren Eintritts von Einwilligungsunfähigkeit an Forschung teilnehmen zu wollen und dieser Wunsch als Einwilligung in den entsprechenden Eingriff zu verstehen ist.
Dabei sind mehrere Formen der antizipierten Einwilligung denkbar, die im Folgenden nacheinander erläutert und im Hinblick auf ihre jeweilige Eignung, die nach der derzeitigen Rechtslage erforderliche persönliche, auf die konkrete Maßnahme bezogene Einwilligung des Betroffenen zu ersetzen und somit als Legitimation für den Eingriff zu dienen, überprüft werden sollen.

Nach geltendem Recht verfügt eine Person über drei Möglichkeiten, seine Behandlungswünsche für die Zukunft zu regeln: die Patientenverfügung (die in Rahmen dieser Arbeit aufgrund ihrer Zielrichtung Forschungsverfügung genannt werden wird), die Betreuungsverfügung und die Vorsorgevollmacht[812]. Während bei der Forschungsverfügung der darin enthaltenen Erklärung selbst die legitimierende Wirkung zukommt, liegt diese bei Betreuungsverfügung und Vorsorgevollmacht in der - mit dem Auftrag übereinstimmenden - Einwilligung des Stellvertreters.
Ausdrücklich nicht in den Bereich der antizipierten Einwilligung fällt die Möglichkeit, dass ein Dritter - unabhängig davon, ob es sich dabei um den Betreuer, den gewillkürten Stellvertreter in Gesundheitsangelegenheiten oder den Arzt handelt - allein aufgrund seiner Kenntnis des Lebenswandels des Patienten oder seiner Weltanschauung zu wissen glaubt, dass dieser in einem konkreten Fall seine Einwilligung in den Eingriff erteilt hätte. In einem solchen Fall kann man-

---

[812] Ausführlich zu diesen Rechtsinstituten in *Arbeitsgruppe „Sterben und Tod" der Akademie für Ethik in der Medizin e.V.* (Hrsg.), Patientenverfügung, Betreuungsverfügung, Vorsorgevollmacht, S. 4 ff.

gels objektiviertem Willen des Betroffenen nicht von einem Akt der Selbstbestimmung ausgegangen werden, der gerade das Wesen der antizipierten Einwilligungserklärung ausmacht.

Es liegt in der Natur der Sache, dass diese "Instrumente der Selbstbestimmung" nur für solche Personen eine Lösungsmöglichkeit darstellen können, die einmal die Fähigkeit besessen haben, eine rechtlich wirksame Einwilligung zu erteilen. Nur bei ihnen kann eine antizipierte Willenserklärung die Verlängerung ihres Selbstbestimmungsrechts darstellen. Folglich kommt sie weder bei der Gruppe der aufgrund mangelnder Verstandesreife einwilligungsunfähigen Minderjährigen noch bei von Geburt an einwilligungsunfähigen Erwachsenen in Betracht. Zudem kommen prinzipiell nur Personen, die bereits die Volljährigkeit erreicht haben, für die Erklärung einer solchen Form der Einwilligung in Betracht, da diese bei Minderjährigen schon aufgrund des Erfordernisses voller Geschäftsfähigkeit nicht zulässig sein kann[813]. Dies muss insbesondere auch deswegen gelten, da die Fähigkeit, einen abstrakten Willen in dieser Hinsicht zu bilden, schon bei Erwachsenen vielfach bezweifelt wird. Sie wird daher dem Minderjährigen auch aufgrund seiner geringeren Lebenserfahrung in der Regel erst recht fehlen.

A. Forschungsverfügung

Eine Möglichkeit, die Einwilligung in die Teilnahme an einer klinischen Studie oder einem sonstigen Forschungseingriff mit gruppenspezifischem Nutzen im Voraus zu erklären, könnte die an das sogenannte Patiententestament angelehnte Forschungsverfügung darstellen[814].

I. Definition

Darunter versteht man die - für den Fall einer zu einem späteren Zeitpunkt eintretenden Einwilligungsunfähigkeit abgefasste - Erklärung eines einwilligungsfähigen Menschen mit dem Inhalt, in einer mehr oder weniger konkret benannten Situation eine bestimmte Art der Behandlung zu wünschen. Durch eine solche Erklärung möchte der Betreffende sicherstellen, dass auch zu einem späteren Zeitpunkt, in dem aufgrund seiner Einwilligungsunfähigkeit die Entscheidung über ihn betreffende ärztliche Maßnahmen in der Hand Dritter liegt, seinen spezifischen Wünschen und Vorstellungen entsprochen wird. In dem hier rele-

---

[813] So auch *Eisenbart*, S. 132.

[814] Diskutiert wurde beispielsweise auf der 4. Sitzung des internationalen Komitees für Bioethik (IBC) der UNESCO in Paris die Einführung eines Ausweises, in dem eine solche freiwillige Zustimmung dokumentiert werden solle, vergleiche *Skorupinski*, Ethik Med, S. 40; Peter, Forschung am Menschen, S. 41, ist zwar der Ansicht, das prinzipiell antizipierte Erklärungen im Hinblick auf eine Einbeziehung in eine klinische Forschungsstudie abgegeben werden können, jedoch misst er ihnen – da sie meist nicht auf entsprechender Aufklärung beruhen - lediglich Bedeutung zur Bestimmung des tatsächlichen oder mutmaßlichen Willens bei.

vanten Zusammenhang wäre dies der Wunsch, auch im einwilligungsunfähigen Zustand an Forschungsstudien teilnehmen zu können.

Im Gegensatz zu einer Betreuungsverfügung richtet sich eine solche Verfügung direkt an den jeweiligen Arzt und würde – im Falle ihrer Verbindlichkeit[815] – die Einschaltung Dritter und die damit einhergehende Fremdbestimmung überflüssig machen. Bisher kommt jedoch einer solchen Erklärung keine rechtliche Verbindlichkeit zu, sie ist lediglich von einem bereits eingesetzten Betreuer oder Bevollmächtigten bei seinen Entscheidungen zu berücksichtigen[816].
In Bezug auf anerkannte Therapiemaßnahmen ist eine solche schriftlich im Voraus erteilte Zustimmung des Patienten weitgehend von Rechtsprechung[817] und Literatur[818] anerkannt. Dies gilt zumindest, sofern sich die Zustimmung auf eine bestimmte Behandlungssituation bezieht[819].

II. Verbindlichkeit dieser Erklärung

Allerdings ergeben sich im Hinblick auf die Verbindlichkeit einer antizipierten Einwilligung in Forschungseingriffe eine Reihe von Schwierigkeiten, die die Legitimationswirkung einer solchen Forschungsverfügung für Forschungseingriffe in Frage stellen. Dabei können vielfach Parallelen zu der Diskussion über die Verbindlichkeit von Patiententestamenten[820] gezogen werden.

Spricht man dem Patiententestament grundsätzliche Verbindlichkeit zu, so könnte man aufgrund der Tatsache, dass der Erklärende mit einem Patiententestament einen Behandlungsabbruch herbeiführen will und damit eine Entscheidung über das Ende seines Lebens trifft, während der Verfasser einer For-

---

815 Für eine solche unmittelbare Bindungswirkung gegenüber dem Arzt, allerdings - ohne dies näher zu begründen - nur für solche Patienten, bei denen eine bevorstehende Einwilligungsunfähigkeit bereits diagnostiziert werden kann, *Wachenhausen*, S. 84.

816 *Rudolf/Bittler*, S. 75; *Holzhauer*, NJW 1992, S. 2331; *Höfling/Demel*, Zur Forschung an Nichteinwilligungsfähigen, MedR 1999, S. 542, 543 gehen zwar von einer möglichen Legitimation von Forschungseingriffen aufgrund einer solchen antizipierten Einwilligung aus, weisen aber zugleich auf die Problematik der unzureichenden Aufklärung und die noch bestehenden Zweifel an der Rechtsverbindlichkeit einer solchen Erklärung hin.

817 BGHSt 40, 257 ff..

818 *Uhlenbruck*, NJW 1996, S. 1583 ff.

819 *Strätling/Eisenbart/Scharf*, MedR 2000, S. 251.

820 Der BGH hat die Verbindlichkeit der Patientenverfügung für den Betreuer, der im Falle eines Behandlungsabbruchs immer zu bestellen ist, in seinem Beschluss vom 17.03.2003, abgedruckt in NJW 2003, S. 1588 ff., bestätigt, hat allerdings gleichzeitig eine Prüfung dieser Entscheidung durch das Vormundschaftsgericht im Wege der Rechtsfortbildung für die Fälle bejaht, in denen eine weitere Behandlung des Patienten ärztlicherseits angeboten wird; ablehnend zur Verbindlichkeit eines Patiententestaments *Esch*, Der Patientenanwalt, S. 16, die diesem lediglich Indizwirkung für einen mutmaßlichen Willen des Betroffenen zukommen lassen will.

schungsverfügung "lediglich" auf den Schutz seiner körperlichen Unversehrtheit verzichtet, zu dem Schluss kommen, dass der Forschungsverfügung erst recht Verbindlichkeit zukommen müsste. Schließlich trifft der Verfasser des Patiententestaments eine antizipierte Entscheidung betreffend ein höherrangiges Rechtsgut, das entsprechend größeren Schutzes bedarf.
Damit würde man jedoch die Problematik in unzulässiger Weise vereinfachen. Zwar handelt es sind bei beiden Verfügungen um Manifestationen des Selbstbestimmungsrechts, die sich auf eine medizinische Behandlung oder deren Abbruch in der Zukunft beziehen. Sie sind indes von einer vollkommen unterschiedlichen Motivation geleitet. So soll der im Patiententestament gewünschte Behandlungsabbruch dafür sorgen, dass die Würde des Patienten gewahrt bleibt[821], indem ihm ein langes Dahinsiechen und die damit verbundene Verlängerung seiner Leiden erspart bleibt. Diese Verfügung ist somit eigennützig motiviert. Dagegen ist die Entscheidung, eine Einwilligung in die Teilnahme an Forschungsstudien zu erklären, ausschließlich fremdnützig motiviert.

Jedoch geht es bei beiden Fällen der antizipierten Erklärung darum, dem Betroffenen eine Möglichkeit zu geben, seinen Wünschen für die Zukunft Ausdruck zu verleihen. Beide stellen somit für ihn eine Chance dar, sein Selbstbestimmungsrecht zu erweitern. Es ist daher unerheblich, worin der erklärte Wille konkret besteht und aus welchem Grund die Erklärung abgegeben wurde. Wollte man diese Möglichkeit nur auf solche Entscheidungen beschränken, die dem Betroffenen selbst zu dienen bestimmt sind, hieße dies, das Selbstbestimmungsrecht der Personen zu beschneiden, denen das Wohl der Allgemeinheit am Herzen liegt.
Dass beiden Erklärungsformen grundsätzlich nur dann Verbindlichkeit zukommen kann, wenn in ausreichendem Maße sichergestellt ist, dass weder Zweifel an ihrem genauen Inhalt noch die Gefahr eines Missbrauchs besteht, ist selbstverständlich. Allerdings ergeben sich aufgrund der unterschiedlichen Inhalte der Erklärungen jeweils voneinander abweichende Probleme, die gegen ihre Rechtswirksamkeit sprechen können.
Die spezifischen Schwierigkeiten, die einer Verbindlichkeit der Forschungsverfügung im Wege stehen könnten, sollen nun Gegenstand der Untersuchung sein.

1. Mangelnde Fähigkeit zur abstrakten Willensbildung

So wünschenswert die Chance, für die eigene Zukunft mit einer solchen Erklärung vorzusorgen, für den Einzelnen auch sein mag, so ist sie doch mit einigen

---

[821] So sieht *Saueracker*, Patiententestament, S. 31, das Recht auf einen würdigen Tod als Ausdruck der Menschenwürde an; *Füllmich*, S. 27, betrachtet es als Verletzung der Menschenwürde des Todkranken, sich über dessen Wunsch des Unterbleibens lebensverlängernder Maßnahmen hinwegzusetzen.

Schwierigkeiten behaftet, die es fraglich erscheinen lassen, ob die Verbindlichkeit einer solche Einwilligungsverfügung wirklich erstrebenswert ist.

Zunächst könnte man grundsätzlich in Zweifel ziehen, ob ein gesunder Mensch in der Lage sein kann zu beurteilen, wie sich seine Einstellung angesichts einer schweren Krankheit oder gar drohendem Tod darstellen wird[822]. Dies ist insbesondere deshalb problematisch, da sich das individuelle Wertesystem einer Person in diesen Situationen häufig ganz entscheidend ändert. Denn ebenso wie der Tod das menschliche Fassungsvermögen übersteigt[823], ist auch der Eintritt der Einsichts- und Einwilligungsunfähigkeit für den Einzelnen nur höchst theoretisch vorstellbar.
Daher ist mit diesen Zweifeln zwangsläufig die Frage verknüpft, ob einer antizipierten Einwilligungserklärung unter diesen Umständen rechtliche Verbindlichkeit zukommen kann.

Eine nähere Betrachtung führt jedoch zu dem Ergebnis, dass die mangelnde Fähigkeit des Einzelnen, seine zukünftigen Bedürfnisse und Wünsche realistisch einschätzen zu können, nicht zwingend die Ablehnung der Verbindlichkeit der Forschungsverfügung zur Folge haben muss. Denn trotz aller Schwierigkeiten, die ein gesunder Mensch mit einer solchen Vorstellung haben mag, erscheint die Alternative, seine Einwilligung durch die Entscheidung eines Dritten zu ersetzen, kaum erstrebenswerter[824]. Dies folgt schon daraus, dass eine andere Person noch weniger als der Patient selbst in der Lage sein wird, sich in die konkrete Situation hinein zu versetzen, da auch sie den mit der Einwilligungsunfähigkeit einhergehenden Wandel der individuellen Bedürfnisse des Betroffenen nur erahnen kann.
Aus diesem Grund ist es vorzuziehen, dem Betroffenen selbst die Möglichkeit zu geben, seinen Wünschen, die auf einer von ihm gefassten bestimmten Überzeugung beruhen, Ausdruck zu verleihen, und diesen Wünschen Verbindlichkeit zukommen zu lassen, anstatt diese Entscheidung Dritten zu überlassen. Auch die paternalistische Entscheidung des Gesetzgebers, Forschung mit einwilligungs-

---

[822] So weist *Meran*, Patientenverfügung, S. 12 darauf hin, dass die Wertigkeiten und die Interessen eines gesunden Menschen nicht notwendigerweise mit seinen Interessen im Falle des Krankheitseintritts übereinstimmen müssen, da sich seine Ängste und Wünsche im Krankheitsverlauf ändern können; eingehend zu diesem Thema auch *Eisenbart*, S. 126 ff. und S. 154 ff., die in allen Behandlungserklärungen regelmäßig ein antizipatorisches Element sieht, das besonders bei Einwilligungen in eine Operation zu Tage tritt, da der Patient für den Fall, dass der Behandlungsumfang sich erst im Operationsverlauf herausstellt, hier ebenfalls eine vorgezogene Entscheidung bezüglich der vorzunehmenden Behandlung treffen muss.

[823] *Rickmann*, Patiententestament, S. 161.

[824] Auch *Eisenbart*, S. 128, zieht aus einem Absprechen der Entscheidungsfähigkeit mangels Vorstellbarkeit der eintretenden Situation die Konsequenz, dass dann folgerichtig auch sonst niemand zu einer Entscheidung über eine angemessene Behandlung in der Lage sein könne.

unfähigen Personen, die für sie keinen individuelle Nutzen verspricht, trotz gegenteiliger antizipierter Erklärung des Betroffenen grundsätzlich abzulehnen, würde eine solche Entscheidung durch Dritte darstellen.
Um das Selbstbestimmungsrecht des Einzelnen ausreichend zu wahren, ist ihm somit die Gelegenheit zu geben, seine eigene "Prognose" für diesen späteren Zeitpunkt zu stellen[825]. Denn die Patientenautonomie beinhaltet auch das Recht, über Dinge zu entscheiden, die sich dem Betroffenen nicht vollständig erschließen. Ihm durch ein generelles Verbot von Forschung mit einwilligungsunfähigen Personen diese Möglichkeit zu nehmen, hieße auch ein Stück weit sein Recht auf Selbstbestimmung zu verkürzen.
Insbesondere im Hinblick darauf, dass es einem Patienten, dem aufgrund der weitgehenden Unerforschtheit seiner Krankheit nicht medizinisch geholfen werden kann, ein Bedürfnis sein kann, durch Teilnahme an Forschungsstudien dazu beizutragen, dass wenigstens zukünftigen Leidensgenossen eine erfolgreiche Behandlung zuteil werden kann, erscheint es nicht richtig, einen solchen Wunsch prinzipiell unberücksichtigt zu lassen. Die Tatsache, dass er zu einem späteren Zeitpunkt zu einer einsichtigen Erklärung nicht mehr in der Lage sein wird, darf nicht zur Folge haben, dass sein Selbstbestimmungsrecht in dieser Hinsicht vollständig erlischt mit der Konsequenz, dass auch sein geäußerter Wille, an einer Forschungsstudie teilnehmen zu wollen, nicht berücksichtigt wird.
Dies muss zumindest dann gelten, wenn durch ausreichende Schutzvorschriften sichergestellt ist, dass eine solche Forschungsverfügung nicht missbraucht werden kann. Dem könnte zum Beispiel durch ein Verbot eines von dieser Einwilligung umfassten Eingriffs Rechnung getragen werden, wenn der - mittlerweile einwilligungsunfähige - Betroffene diesem gegenüber ein abwehrendes Verhalten an den Tag legt[826].

Für die Legitimationswirkung einer solchen antizipierten Erklärung spricht auch, dass im Falle ihres Vorliegens nur eine äußerst geringe Gefahr für den Patienten bestehen wird, durch eine auf dieser Grundlage erfolgende Forschungsmaßnahme instrumentalisiert und als bloßes Objekt „benutzt“ zu werden. Denn gerade derjenige kann kaum als ein solches Objekt angesehen werden, der von Sinn und Richtigkeit medizinischer Forschung überzeugt ist, sich

---

[825] Ebenso für das Patiententestament *Schöllhammer*, Rechtsverbindlichkeit des Patiententestaments, S. 99; *Rickmann*, Patiententestament, S. 162. *Vollmann*, Aufklärung und Einwilligung in der Psychiatrie, S. 112, weist zudem darauf hin, dass gerade ältere Menschen durch die im Laufe ihres Lebens erlebten persönlichen Erfahrungen mit Krankheit und Genesung aber auch mit dem Sterben von Angehörigen und Freunden oftmals eine besondere Einstellung und auch Werte zu diesen Themen entwickelt haben, die sie für die Abfassung von authentischen Patientenverfügungen besonders geeignet erscheinen lassen

[826] Auch nach der Stellungnahme der Zentralen Ethikkommission bei der Bundesärztekammer ist Forschung nur dann zu rechtfertigen, wenn kein ablehnendes Verhalten vorliegt.

mit dem verfolgten Forschungszweck identifiziert und bewusst daran teilhaben will. Mit einer antizipierten Erklärung bringt der Betroffene ein solches Bewusstsein zum Ausdruck.
Insofern kann die Teilnahme eines Einwilligungsunfähigen an Forschungsuntersuchungen auf der Basis einer solchen Einwilligung durchaus weniger bedenklich sein als die einer einwilligungsfähigen Person, da der Motivation des Teilnehmers bei dieser Wertung eine nicht unerhebliche Bedeutung zukommt. Und im Gegensatz zu der aktiven, auf Überzeugung beruhenden antizipierten Einwilligung des Erklärenden, wird es sich bei der Zustimmung eines Einwilligungsfähigen realitätsnah betrachtet regelmäßig um ein bloßes, auf die Initiative der Ärzte zurückzuführendes Geschehenlassen ohne Identifikation mit dem Zweck handeln.

Dieses für den Bereich der Forschung mit Einwilligungsunfähigen erzielte Resultat wird dadurch bestätigt, dass es bereits bei den in Wellen verlaufenden geistigen Krankheiten verbreitet ist, dass sich der behandelnde Arzt zum Zeitpunkt noch vorhandener Willensfähigkeit des Patienten dessen Behandlungseinwilligung für den Eintritt der Entscheidungsunfähigkeit im voraus geben lässt[827]. Auch für die Operationserweiterung ist die antizipierte Einwilligung anerkannt[828].
Wirksamkeitsvoraussetzung ist dabei jedoch immer, dass sich die antizipierte Einwilligung genau auf den fraglichen Eingriff oder die anstehende Maßnahme bezieht.
Wird insofern an der Wirksamkeit einer antizipierten Einwilligungserklärung nur dann gezweifelt, wenn konkrete Umstände auf eine Willensänderung des Patienten hindeuten, so besteht kein Grund, warum dies im Bereich der Forschungsverfügung anders sein sollte, wenn die darin konkretisierte Situation tatsächlich eintritt[829].

Zwar ist der Sachverhalt zugegebenermaßen insofern ein Stück weit anders gelagert, als es sich bei dieser bereits praktizierten antizipierten Behandlungseinwilligung um die Einwilligung in eine Maßnahme handelt, die dem gesundheitlichen Wohl des Patienten selbst zu dienen bestimmt ist. Durch die antizipierte persönliche Einwilligung bleibt in diesen Fällen der Rückgriff auf die Entscheidung eines Dritten erspart, die, eben weil die Maßnahme der Gesundheit des Patienten dienen soll, ohnehin hätte getroffen werden müssen.

---

[827] *Eisenbart*, S. 167; *Deutsch*, NJW 79, S. 1908 sieht darin die Verwirklichung der Selbstbestimmung für den späteren Eintritt der "Willensunfreiheit".
[828] So auch *Deutsch*, Medizinrecht, S. 137.
[829] *Eisenbart*, S. 166; BGH VersR 87, S. 770; ebenso *Arbeitsgruppe „Sterben und Tod" der Akademie für Ethik in der Medizin e.V.* (Hrsg.), Patientenverfügung, Betreuungsverfügung, Vorsorgevollmacht, S. 6; a.A. *Peters*, Forschung am Menschen, S. 46, der eine aktuelle Einwilligung in die konkrete medizinische Maßnahme verlangt.

Demgegenüber ist die Entscheidung betreffend die Einwilligung in einen Forschungseingriff im Hinblick auf das gesundheitliche Wohl des Patienten verzichtbar mit der Folge, dass auch die diesbezügliche Entscheidung eines Dritten nicht unbedingt notwendig ist und nach der gegenwärtigen Rechtslage - zumindest wenn der Eingriff oberhalb der Körperverletzungsschwelle angesiedelt oder mit einem vergleichbaren Risiko verbunden ist - auch gar nicht erfolgen darf. Während somit bei einer Heilbehandlungsentscheidung die antizipierte persönliche Einwilligung des Betroffenen der ansonsten notwendigen Entscheidung eines Dritten als "kleineres Übel" gegenüber zu stehen scheint, könnte man, wenn sich die antizipierte Einwilligung auf eine Forschungsmaßnahme bezieht, argumentieren, dass, da in diesem Fall mangels Zulässigkeit gerade keine Einwilligung durch einen Dritten erfolgen würde, die mit ihr verbundenen Unsicherheiten in diesem Fall nicht hinzunehmen sind, da der Schutz der Rechtsgüter des Betroffenen besser durch ein vollständiges Unterlassen dieses Eingriffs gewährleistet wäre.
Bei dieser Argumentation würde jedoch außer Acht gelassen, dass in der Entscheidung, dem betroffenen Patienten eine solche vorweggenommene Einwilligung nicht zuzubilligen, ebenfalls eine Entscheidung Dritter zu sehen ist, die einen Eingriff in die Rechtsgüter des Betroffenen beinhaltet. Es mag zwar sein, dass der Schutz der körperlichen Integrität durch ein vollständiges Verbot von gruppennütziger Forschung mit Einwilligungsunfähigen besser gewährleistet wäre. Jedoch würde diese paternalistische Entscheidung gleichzeitig einen nicht unerheblichen Eingriff in das Selbstbestimmungsrecht und das Recht auf freie Entfaltung der Persönlichkeit des Betroffenen darstellen, der sich aufgrund seiner Überzeugung zur Teilnahme an solchen Forschungsstudien bereit erklären möchte. Der Schutz des Selbstbestimmungsrechts ist indes als nicht weniger wichtig zu erachten als der der körperlichen Unversehrtheit. Aus diesem Grund kann die bloße Tatsache, dass der Forschungseingriff nicht dem körperlichen Wohl des Patienten zu dienen bestimmt ist, nicht zu einem anderen Ergebnis betreffend die Wirksamkeit der Forschungsverfügung führen.

Auch ein Vergleich mit der Rechtslage des antizipierten Behandlungsverzichts führt zu dem gleichen Ergebnis. So ist mittlerweile sowohl in der Rechtsprechung als auch in der Literatur anerkannt, dass eine antizipierte Behandlungsentscheidung zum Beispiel bei der Ablehnung von Bluttransfusionen durch die Anhänger bestimmter Glaubensrichtungen möglich ist[830].

---

[830] LK-*Jähnke*, vor § 211, Rn 33; das OLG München, Urteil vom 31.01.2002, erkennt zwar den Grundsatz an, dass eine Bluttransfusion gegen die ausdrückliche Weigerung des einwilligungsfähigen Patienten aus rechtlicher Sicht unzulässig ist, lehnt jedoch gleichzeitig eine Bindungswirkung einer solchen ablehnenden Erklärung für den behandelnden Arzt ab, wenn vor Beginn der ärztlichen Behandlung nicht mit einer Bluttransfusion gerechnet werden konnte, es im späteren Behandlungsverlauf zu einer Bewusstlosigkeit des Patienten kommt und sich daraufhin erst die Frage einer Bluttransfusion zur Lebensrettung stellt.

Es sind zwar auch Stimmen in der Literatur zu finden, die solchen antizipierten Behandlungsverweigerungen nur dann Wirksamkeit zukommen lassen wollen, wenn sie bereits mit Bezug zu einer bestimmten Krankheit abgegeben worden sind[831]. Ist die Erklärung abstrakt zustande gekommen, oder hat sich das Befinden der Person unvorhergesehen verändert, wie zum Beispiel im Falle plötzlicher Bewusstlosigkeit, so soll sie dieser Auffassung nach nicht verbindlich sein. Jedoch kann dem nicht gefolgt werden. Denn eine antizipierte Erklärung, sei sie nun auf eine Einwilligung in oder einen Verzicht auf eine Behandlung gerichtet, wird von dem Betroffenen doch gerade im Hinblick auf das Eintreten von unvorhergesehenen Situationen abgegeben. Fordert man nun die Kenntnis aller Umstände sowie den Eintritt der konkreten Behandlungssituation, kann von einer antizipierten Erklärung kaum noch die Rede sein, da der Patient sich mit Eintritt der Krankheit ja bereits in der akuten Situation, in der über die Behandlung entschieden werden muss, befindet. Den Menschen jedoch, die eine Einwilligungs- oder Verweigerungserklärung abgeben möchten, um dafür zu sorgen, dass bei Eintritt einer unvorhergesehenen Situation ihr erklärter Wille Beachtung findet, würde durch diese Auslegung und Einschränkung der antizipierten Behandlungsverzichtserklärung eine solche Möglichkeit verwehrt.

Wenn es einer Person prinzipiell möglich sein kann, durch antizipierten Behandlungsverzicht, beispielsweise durch den Verzicht auf eine lebensrettende Bluttransfusion, auf die Rettung ihres Lebens zu verzichten, dann ist kein Grund ersichtlich, aus dem eine antizipierte Einwilligung zur Teilnahme an Forschung, bei der vergleichsweise geringfügige Eingriffe in die körperliche Unversehrtheit zu befürchten sind, prinzipiell ausgeschlossen sein sollte.

Der Unterschied zwischen diesen antizipierten Erklärungen, dass der dargestellte Behandlungsverzicht meist religiös motiviert ist, während die Einwilligung in Forschungsmaßnahmen aus ethischen Gründen oder aufgrund einer sozialer Einstellung des Betroffenen erfolgt, besitzt für die hier behandelte Problematik keine Relevanz[832]. Denn die prinzipielle Frage, ob man einem Menschen die Fähigkeit zusprechen kann, im voraus über eine Situation zu entscheiden, deren wirkliche Bedeutung und Auswirkungen - insbesondere auf seine Gedanken, Vorstellungen, Bedürfnisse - er nur erahnen kann, wird durch die Art seiner Motivation nicht berührt. Billigt man ihm diese Fähigkeit generell zu, so muss dies für alle Fälle der antizipierten Entscheidung über medizinische Maßnahmen gelten.

---

[831] *Deutsch*, NJW 79, S. 1909.

[832] Ebenso *Eisenbart*, S. 169 zu dem Verhältnis Patiententestament - Verzicht auf Bluttransfusion, die eine Auswirkung der unterschiedlichen Motivationslage auf die rechtliche Zulässigkeit aufgrund Art. 3 Abs. 3 GG für unzulässig hält.

Somit kann die zeitliche Vorwegnahme der Einwilligung allein prinzipiell keinen Grund für die rechtliche Unverbindlichkeit einer derartigen Erklärung darstellen. Die Tatsache, dass der Eingriff in unbestimmter Zukunft stattfindet, schadet daher nicht, so lange die ärztliche Maßnahme bestimmbar ist.

2. Mangelnde Flexibilität der antizipierten Einwilligung

Weiterhin besteht die Schwierigkeit, dass einer antizipierten Erklärung - unabhängig von ihrer Form - immer auch eine gewisse Starrheit und Inflexibilität anhaftet, was zur Folge haben kann, dass sie nicht direkt auf die später tatsächlich eintretende Situation anwendbar ist[833]. Es wird auch meist unmöglich sein, die Erklärung in einer Weise abzufassen, die an dem Willen des Patienten keinen Zweifel aufkommen lässt und keine Interpretationsmöglichkeiten bietet[834]. Lässt sich aber der antizipierten Erklärung die Einwilligung in eine konkrete Maßnahme nicht zweifelsfrei entnehmen, so kann sie keine Legitimation für einen Forschungseingriff darstellen.

Es besteht jedoch kein Grund, aus der nicht zu leugnenden Tatsache, dass eine antizipierte Einwilligung in vielen Fällen in der tatsächlich eintretenden Situation mangels Bestimmtheit für den konkreten Fall keine Wirkung entfalten kann, auf ihre generelle Unverbindlichkeit zu schließen. Es ist vielmehr notwendig, dass sich der Erklärende, am besten mit Hilfe eines Arztes seines Vertrauens, den von ihm gewünschten Erklärungsinhalt genau überlegt und seinen Wunsch in einer Weise formuliert, die diesen zweifelsfrei erkennen lässt.

3. Problematik des Aufklärungsverzichts

Eng verknüpft ist diese Frage mit der Problematik der Aufklärungserfordernis und der Möglichkeit des Aufklärungsverzichts. Denn die rechtfertigende Wirkung jeder Einwilligung geht nur so weit, wie sie von der ihr zugrunde liegenden Aufklärung getragen wird. Es besteht somit ein grundsätzliches Aufklärungserfordernis hinsichtlich des durchzuführenden Eingriffs und der damit verbundenen Risiken.

Bei der Forschungsverfügung besteht jedoch die Schwierigkeit, dass eine Aufklärung über den konkreten Eingriff meist nicht erfolgen kann[835], da der Betroffene zum fraglichen Zeitpunkt bereits nicht mehr in der Lage sein wird, den genauen Inhalt dieser Aufklärung zu verstehen. Zum Zeitpunkt noch bestehen-

---

[833] Auch *Eisenbart* berichtet von Zweifeln in Bezug auf das Patiententestament in der Hinsicht, ob es auf die jeweils eintretende Krankheitssituation angewendet werden könne, Patiententestament, S. 42.

[834] Diese Bedenken teilt auch *Jürgens*, Fremdnützige Forschung an einwilligungsunfähigen Patienten, S. 39, da diese Verfügungen oftmals rein hypothetisch erstellt werden.

[835] Auf diese Problematik weisen auch *Höfling/Demel*, Zur Forschung an Nichteinwilligungsfähigen, MedR 1999, S. 540 (542) hin.

der Einwilligungsfähigkeit wird eine Aufklärung meist ebenfalls nicht möglich sein, da zu diesem Zeitpunkt in der Regel noch nicht abzusehen sein wird, welche Art von Eingriff oder Maßnahme für den Fortschritt der Wissenschaft erforderlich sein wird. Aus diesen Gründen ist in nahezu jeder antizipierten Forschungsverfügung zwangsläufig auch ein Verzicht auf eine vollständige Aufklärung enthalten. Sie kann jedoch nur dann verbindlich sein, wenn dieser Aufklärungsverzicht zulässig ist.
Zwar ist durchaus denkbar, dass - wie bei der Alzheimer-Krankheit - in bestimmten Fällen der baldige Verlust der Einwilligungsfähigkeit eines Patienten abzusehen sein wird und zu diesem Zeitpunkt bereits eine bestimmte Forschungsstudie geplant ist. Ist eine diesbezügliche Aufklärung des Patienten in noch einwilligungsfähigem Zustand möglich, so spricht nichts dagegen, dass er seine Einwilligung auf Basis dieser Aufklärung bereits im Vorhinein erteilt[836]. Eine solche Konstellation, in der ein Aufklärungsverzicht nicht nötig ist, wird jedoch, wenn überhaupt, nur sehr selten auftreten und ist beispielsweise in dem Bereich der Notfallmedizin überhaupt nicht denkbar.

Das grundsätzliche Recht auf Aufklärungsverzicht ist Teil des Selbstbestimmungsrechts und ebenso wie die Erforderlichkeit der Einwilligung selbst von Art. 1 Abs. 1 und Art. 2 Abs. 1 GG festgelegt[837]. Dies ist zumindest für den Bereich des Heileingriffs anerkannt[838].
Allerdings kann ein Patient ohne besondere Sachkenntnis den ärztlichen Eingriff, seine Notwendigkeit und Tragweite, meist nicht ohne Hilfe eines Arztes beurteilen. Insoweit benötigt der Patient oftmals zumindest ein Minimum an Aufklärung, um sein diesbezügliches Selbstbestimmungsrecht überhaupt ausüben zu können[839]. Aus diesem Grund gilt auch das Recht auf Aufklärungsverzicht nicht grenzenlos[840]. Dem Betroffenen muss zumindest bewusst sein, in Bezug auf welche Behandlung er auf Aufklärung verzichtet und was genau er mit dem Verzicht preisgibt[841]. Denn verzichtet eine Person vollkommen auf jegliche Form der Aufklärung, so kann in diesem Verzicht keine Ausübung des Selbstbestimmungsrechts mehr gesehen werden. Vielmehr gibt der Verzichtende

---

836 So ist wohl auch § 6 Abs. 2 der „Marburger Richtlinien„ (in: MedR 97, S. 349) zu verstehen; ebenso *Elzer*, MedR 98, S. 123.
837 *Eberbach*, S. 108; auch *Biermann*, Arzneimittelprüfung am Menschen, S. 328.
838 So zum Beispiel *Giesen*, S. 22, 23, der diese Möglichkeit zum Verzicht eingeschränkt auch für den Bereich der therapeutischen Versuche gelten lassen will, nicht jedoch für Humanexperimente.
839 *Schöllhammer*, Rechtsverbindlichkeit des Patiententestaments, S. 73.
840 So verneint *Laufs* in Laufs/Uhlenbruck, Handbuch des Arztrechts § 64, Rdnr. 18 die Möglichkeit des „Blankoverzichts".
841 *Schimikowski*, S. 25; Rieger, Klinische Prüfung, S. 94, spricht davon, dass ein Aufklärungsverzicht nur bei Kenntnis der Rahmenbedingungen möglich sein kann; auch *Uhlenbruck*, MedR 1992, S. 137 verlangt im Bezug auf den Gegenstand der Erklärung Eindeutigkeit.

dieses Selbstbestimmungsrecht vollkommen aus der Hand[842] mit der Folge, dass er seine Rechte dem Zugriff Dritter preisgibt[843].

Da das Selbstbestimmungsrecht aber eine Ausprägungsform des allgemeinen Persönlichkeitsrechts und damit auch eine der Ausprägungsformen der Menschenwürde ist, kann darauf ebenso wenig vollständig verzichtet werden wie auf den Schutz der Menschenwürde selbst[844]. Trotz des prinzipiell bestehenden Rechts auf Aufklärungsverzicht ist somit immer ein Mindestmaß an Aufklärung zu fordern, damit dieses wirksam ausgeübt werden kann. Wie weit eine solche Mindestaufklärung zu gehen hat, ist im Einzelnen umstritten.

Gilt dieser Grundsatz für den Bereich der Heilbehandlung, so muss er erst recht für wissenschaftliche Forschung Anwendung finden, bei der die an die Aufklärung zu stellenden Anforderungen generell strenger sind. Denn während dem Mediziner bei einer Heilbehandlung immer auch der therapeutische Aspekt zur Seite steht, wenn die Behandlung allein im Interesse des Kranken durchgeführt wird, wirken bei Forschungsmaßnahmen immer zusätzlich oder sogar ausschließlich Interessen Dritter mit. Dadurch besteht bei einem vollständigen Aufklärungsverzicht die besondere Gefahr, dass der Betroffene für diese fremden Interessen in einem Maße "benutzt" wird, dem er nie zugestimmt hätte[845]. So werden als unverzichtbare Mindestvoraussetzungen für eine Aufklärung die Aufklärung über Art des Versuchs und mögliche Gefahren[846] oder auch über Wesen, Mittel und Methoden[847] des Versuchs gefordert. Jedoch darf bei der Festlegung konkreter Anforderungen nicht außer Acht gelassen werden, dass die Aufklärungspflicht nicht streng schematisch zu betrachten ist, sondern jeweils der konkrete Einzelfall beleuchtet werden muss[848].

Erklärt ein gesunder Mensch pauschal für den Fall des Verlustes der Einsichtsfähigkeit, er wolle auch in diesem Zustand dem Fortschritt der Medizin dienen und sich für Forschungsmaßnahmen zur Verfügung stellen, die keinerlei gesundheitlichen Vorteil für ihn bedeuten, so würde dies ohne Zweifel einen

[842] Zumindest für das Humanexperiment hält *Giesen*, S. 23, einen Aufklärungsverzicht gleichzeitig für einen rechtlich nicht zulässigen Verzicht auf Selbstbestimmung.

[843] *Eisenbart*, S. 144, die dies im Vergleich zum Behandlungsverzicht beleuchtet; auch *Rieger*, Klinische Prüfung, S. 95, geht davon aus, dass bei einem umfassenden Aufklärungsverzicht die Entscheidung über Grundrechtspositionen von Dritten getroffen werden; ebenso *Biermann*, Arzneimittelprüfung am Menschen, S. 329.

[844] Vergleiche auch *Biermann*, Arzneimittelprüfung am Menschen, S. 155 ff.

[845] Auch *Höfling/Demel*, Zur Forschung mit Nichteinwilligungsfähigen, MedR 1999, S. 540 (542) lehnen die Zulässigkeit eines Aufklärungsverzichts für Humanexperimente ab mit der Begründung, dass Mißbräuche sonst nicht verhindert werden könnten.

[846] *Giesen*, S. 23.

[847] So *Böth*, S. 81.

[848] Ebenso *Saueracker*, Patiententestament, S. 80.

unzulässigen vollkommenen Aufklärungsverzicht darstellen. Denn mangels Eingrenzungen jeglicher Art könnte diese Erklärung als Rechtfertigung für jede beliebige Form des Eingriffs dienen. Der Erklärende würde sich somit seiner Rechte vollkommen begeben und seine höchstpersönlichen Interessen der Willkür Dritter überlassen. Der in einer derartigen Erklärung enthaltene Aufklärungsverzicht würde somit die Mindestanforderungen nicht erfüllen, die an eine Aufklärung zu stellen sind. Er kann insbesondere auch deswegen nicht zulässig sein, weil mit dem Eintritt der Einwilligungsunfähigkeit die Folge verbunden ist, dass der Erklärende weitgehend die Möglichkeit der Kontrolle über den weiteren Ablauf des Geschehens verliert. Es ist daher ein besonderer Schutz erforderlich, der ihn davor bewahrt, sich fremden Interessen unbegrenzt auszuliefern. Eine derart pauschale Erklärung kann daher keine rechtliche Bindungswirkung entfalten.

Es ist nun zu untersuchen, ob dieses Ergebnis auch für solche antizipierten Einwilligungen gelten muss, die - ohne sich bereits auf ein konkretes Forschungsvorhaben zu beziehen - auf bestimmte Eingriffsformen oder Arten von Studien beschränkt sind[849], oder die ein Höchstmaß an Risiko oder Eingriffsintensität nennen, dem sich der Erklärende auszusetzen bereit ist[850].

Zwar wird der Erklärende auch bei einer für eine bestimmte Eingriffsart geltende Einwilligung meist keine Aufklärung über seinen genauen zukünftigen Gesundheitszustand erhalten können, wie er sich zum Zeitpunkt des Eingriffs darstellen wird, da dieser eben nicht vorhersehbar ist, jedoch ist dies für die Frage der Zulässigkeit des Aufklärungsverzichts nicht entscheidend. Es ist vielmehr ausreichend, dass der Betroffene den Eintritt einer solchen Situation der Einwilligungsunfähigkeit antizipiert und seine Vorstellungen und Wünsche in Bezug darauf Ausdruck verleiht, welche Behandlung er in dieser Lage erfahren möchte. Dabei ist es ihm selbstverständlich möglich, die Erklärung nur für bestimmte Zustände, wie zum Beispiel Bewusstlosigkeit, abzugeben oder diese von der Einwilligung auszunehmen. Ein mehr an Kenntnis über den konkreten Gesundheitszustand zu verlangen, hieße in sein Recht auf Aufklärungsverzicht und damit in sein Recht auf Selbstbestimmung einzugreifen.
Die Art seiner Krankheit oder seines Zustandes zu dem späteren Zeitpunkt ist nur insoweit von Belang, als sie sich entscheidend darauf auswirken kann, inwiefern der Eingriff den Patienten unvorhergesehen stark belastet und aus diesem Grunde eventuell doch - trotz Einwilligung - unzulässig sein kann.

---

849 *Jürgens*, Fremdnützige Forschung an Einwilligungsunfähigen, sieht die Konkretisierung der Einwilligung auf bestimmte Maßnahmen dagegen als unerläßlich für die Wirksamkeit der Patientenverfügung an.
850 *Biermann*, Arzneimittelprüfung am Menschen, S. 330, verlangt die Festlegung dieser Kriterien für einen wirksamen Aufklärungsverzicht.

Ebenso ist eine Aufklärung betreffend die konkrete hinter der Maßnahme stehende wissenschaftliche Fragestellung entbehrlich. Es genügt insofern die pauschale Erklärung des Patienten, er willige in solche Eingriffe ein, die zur Erforschung seiner Krankheit oder seines Zustandes notwendig sind und die dem Ziel dienen sollen, Behandlungsmöglichkeiten für diese zu entwickeln. Denn ist der entscheidende Faktor, dass die Maßnahme fremdnützigen Charakter hat, von dem Erklärenden gewollt und somit von der Einwilligung gedeckt, so ist eine weitergehende Aufklärung in diese Richtung - abgesehen von der Art des Eingriffs selbst - für ihn verzichtbar. Es ist in seiner Entscheidung, an Forschung teilnehmen zu wollen, eine Ausübung des Selbstbestimmungsrechts zu sehen, auch wenn ihm diesbezügliche Details nicht bekannt sind, da die genauen wissenschaftlichen Hintergründe für ihn kein wesentliches Entscheidungskriterium im Hinblick auf eine Forschungsteilnahme darstellen werden.

Dabei wird durch die Erforderlichkeit sowohl der Durchführung einer Nutzen-Risiko Abwägung als auch der Zustimmung einer Ethikkommission sichergestellt, dass der Verzicht auf eine diesbezügliche Aufklärung nicht dazu führen kann, dass die Risiken und Belastungen der Forschungseingriffe in einem unangemessenen Verhältnis zu dem von ihnen zu erwartenden Nutzen stehen.

Sind nun weder die konkrete Krankheitssituation, in der sich der Patient befinden wird, noch die genaue wissenschaftliche Zielrichtung und Fragestellung der Maßnahme im Hinblick auf die Aufklärung entscheidend, so bleibt die Frage zu klären, welche Mindestanforderungen an die Aufklärung betreffend den jeweiligen konkreten Forschungseingriff und die mit diesem verbundenen Risiken zu stellen sind.

So könnte der Forderung nach einem Mindestmaß an Aufklärung dann genüge getan sein, wenn der Erklärende bestimmte Zustände - wie zum Beispiel Bewusstlosigkeit oder Demenz - und bestimmte Maßnahmen - wie zum Beispiel die Blutabnahme - nennt und seine Einwilligung in eine solche Maßnahme bei Vorliegen des genannten Zustandes erteilt. Denn eine vorherige Aufklärung über die z. B. mit einer Blutabnahme verbundenen Risiken ist bereits zum Zeitpunkt der Abgabe der Erklärung möglich. Da ein bereits aufgeklärter, informierter Patient keiner erneuten Aufklärung bedarf[851], ist diese vorherige Aufklärung ausreichend[852]. Sie kann durch Gespräche mit Medizinern, eigene berufliche Kenntnisse oder durch ein Studium der Literatur erfolgt sein. Allerdings besteht

---

[851] *Laufs* in Laufs/Uhlenbruck, Handbuch des Arztrechts, § 64, Rdnr. 15; ebenso *Deutsch*, Medizinrecht, S. 139.

[852] Auch *Biermann*, Arzneimittelprüfung am Menschen, S. 158, befürwortet die Wirksamkeit des Aufklärungsverzichts, sofern es sich bei der konkreten Maßnahme um einen Bagatelleingriff handelt.

für den Prüfarzt immer die Pflicht sicherzugehen, dass eine solche Aufklärung hinsichtlich der unabdingbaren Grundkenntnisse der Behandlung erfolgt ist[853]. Es müssen dafür hinreichend konkrete Anhaltspunkte vorliegen, die sich in der Regel bereits aus der Genauigkeit der Erklärung selbst ergeben werden. Voraussetzung für die Zulässigkeit des Eingriffs bleibt selbstverständlich immer, dass sich aus dem Verhalten des Betroffenen zum Zeitpunkt des Eingriffs kein diesem entgegenstehender Wille erkennen lässt.

Allerdings ist es aufgrund der Vielfältigkeit von möglichen Forschungseingriffen zweifelhaft, ob die Einwilligung in konkrete Eingriffe zur Lösung des Problems entscheidend beitragen kann, da mit einer derartigen Festlegung immer auch eine weitgehende Einschränkung der Wahrscheinlichkeit verbunden ist, dass die in der Erklärung enthaltene Einwilligung gerade die Forschungsmaßnahme abdeckt, die im konkreten Fall erforderlich wäre, um den Forschern die von ihnen benötigten Erkenntnisse über die jeweilige Krankheit zu verschaffen.
Es ist daher zu untersuchen, ob auch eine Forschungsverfügung verbindlich sein kann, die sich nicht auf eine konkrete Eingriffsform festlegt und daher verschiedene Forschungsmaßnahmen legitimieren könnte, die jedoch andere Eingrenzungen enthält, wie ein bestimmtes Höchstmaß an Risiko oder Eingriffsintensität. So könnten auf diese Weise beispielsweise Maßnahmen ausgeschlossen werden, die das Risiko einer bleibenden Gesundheitsschädigung beinhalten.
Eine solche Grenzziehung müsste jedoch mit hinreichender Bestimmtheit erfolgen.
Beispielsweise könnte der Erklärende den Rahmen seiner Einwilligung durch beispielhafte Nennungen bestimmter Maßnahmen genauer stecken. Liegt das mit einer Maßnahme verbundene Risiko unterhalb dieser von ihm festgelegten Grenze, so wäre diese von der Einwilligung umfasst.
Eine Aufklärung über die jeweils denkbaren von einer solchen Einwilligung umfassten Maßnahmen wäre dann aufgrund deren Vielzahl nicht realisierbar. Ist der Betroffene jedoch über Bedeutung und Umfang des von ihm gewählten Höchstmaßes an Risiko aufgeklärt und ist ihm der Inhalt seiner Erklärung voll bewusst, muss dies nicht zwingend erforderlich sein. Denn da er selbst die Grenzen der Einwilligung gesteckt hat, setzt er insofern seine Rechte nicht dem Belieben Dritter aus. Er macht mit dieser Erklärung vielmehr von seinem Recht Gebrauch, Wünsche über die Teilnahme an Forschung in der Zukunft zu äußern.

Dieses Ergebnis scheint auch insofern angemessen, als davon auszugehen ist, dass sich der Verfasser einer solchen Erklärung viel mehr mit der Thematik der fremdnützigen Forschung, ihrem Sinn und seiner persönlichen Einstellung dazu, auseinandergesetzt haben wird, als dies bei einer einwilligungsfähigen Person, die auf Bitten des zuständigen Arztes in eine Forschungsstudie eingewilligt hat,

---

[853] *Eisenbart*, S. 150.

in der Regel der Fall sein wird. Auch werden aus dem Umfang und dem genauen Inhalt einer solchen antizipierten Einwilligung in vielen Fällen die besonderen Kenntnisse des Verfassers zu entnehmen sein[854]. Denn schließlich bedarf es angesichts des geringen Bekanntheitsgrades derartiger Verfügungen bereits eines erheblichen Maßes an Informiertheit, eine solche überhaupt zu verfassen.
Der Forschungsverfügung die Verbindlichkeit zu versagen mit der Begründung, der Erklärende sei in dieser Situation nicht hinreichend aufgeklärt, würde zu dem widersprüchlichen Ergebnis führen, dass das Selbstbestimmungsrecht des Betroffenen verkürzt würde mit dem Argument, seine Selbstbestimmung müsse durch die Aufklärung gewahrt bleiben[855].
Denn gerade in der Erklärung, auch im Falle eintretender Einwilligungsunfähigkeit an Forschung teilnehmen zu wollen, liegt eine sehr individuelle Entscheidung, mit der der Erklärende seine diesbezügliche Einstellung zum Ausdruck bringt und die damit gerade eine Ausprägung der Selbstbestimmung in einem sehr persönlichen Bereich ist.
Die Forschungsverfügung stellt eine Möglichkeit dar, einem Wunsch Ausdruck zu verleihen, der aufgrund seiner fremdnützigen Motivation auch eng mit dem verbunden ist, wie sich der Erklärende selbst als Persönlichkeit innerhalb der Gemeinschaft versteht. Und gerade bei der Nichtanerkennung von Entscheidungen, die die Persönlichkeit betreffen, ist besondere Zurückhaltung zu wahren[856].
Dies gilt unabhängig davon, ob die Entscheidung durch das viel zitierte Solidaritätsgefühl unter Leidensgenossen motiviert ist oder auf anderen Erwägungen beruht.

Es wäre daher sehr bedenklich, gerade diesen Menschen, denen ein Beitrag zur Forschung derart wichtig ist, dass sie eine Forschungsverfügung erstellen möchten, dieses Recht versagen zu müssen. Denn eine Person, die sich mit der Problematik der Forschung an Einwilligungsunfähigen auseinandergesetzt hat, wird sich bei Abgabe der Erklärung sehr bewusst sein, was sie erklärt und welcher Art von Forschung sie zustimmen möchte. Es muss ihr aus diesem Grund möglich sein, ihrem Willen auch für die Zukunft Ausdruck zu verleihen.
Daher sind auch die an das Mindestmaß an Aufklärung zu stellenden Anforderungen an die Situation anzupassen. Denn auch wenn der Betroffene über die Details der Forschungsbehandlung wenig wissen mag, so hat er doch im Voraus deren Parameter bestimmt.
Aus diesem Grund kann unter der Voraussetzung, dass das Höchstmaß von Risiko und Eingriffsintensität festgelegt ist, nicht davon die Rede sein, dass der

---

[854] So auch *Schöllhammer*, Rechtsverbindlichkeit des Patiententestaments, S. 77 für das Patiententestament.
[855] So auch *Schöllhammer*, Rechtsverbindlichkeit des Patiententestaments, S. 74.
[856] *Schöllhammer*, Rechtsverbindlichkeit des Patiententestaments, S. 72.

Betroffene sich seiner Rechte durch die Einwilligungserklärung vollkommen begibt oder sich Interessen Dritter ausliefert, wie dies bei einem vollständigen Verzicht auf Aufklärung der Fall ist. Vielmehr nutzt er mit seiner Erklärung die ihm zur Verfügung stehende Möglichkeit, seinem Willen auch für die Zeit in der er dazu nicht mehr selbst in der Lage sein wird, Geltung zu verschaffen. Und da die antizipierte Einwilligung die einzige Möglichkeit darstellt, sein Selbstbestimmungsrecht wahrzunehmen, muss es gerade auch Teil dieses Selbstbestimmungsrechts sein, die Entscheidung zu treffen, auf eine detaillierte Aufklärung zu verzichten. Legt der Einwilligende ein bestimmtes Höchstmaß an Risiko oder Eingriffsintensität fest, so genügt eine Aufklärung darüber, wie weit der Umfang dieser Erklärung tatsächlich reicht, inwieweit er damit seine höchstpersönlichen Rechtsgüter preisgibt und welche Auswirkungen dies für ihn und seine Gesundheit haben kann, damit das erforderliche Mindestmaß an Aufklärung gewahrt bleibt.

Zwar stellt sich durchaus die Frage, ob der Erklärende seine Rechtsgüter in einem beliebigen Umfang preisgeben darf, solange er diesen Umfang nur selbst bestimmt. Jedoch hängt deren Beantwortung nicht mit der Schwierigkeit des Aufklärungsverzichts zusammen, sondern vielmehr damit, ob grundsätzlich der Schutz seiner Interessen im Falle der antizipierten Einwilligung hinreichend gewahrt ist.

4. Änderung der individuellen Interessenlage

Zweifel daran ergeben sich aufgrund der Tatsache, dass sich mit der Veränderung des Gesundheitszustandes auch die Interessenlage des Patienten erheblich verändern kann. So können für ihn eine Existenz ohne Belastungen und Beeinträchtigungen seiner psychischen sowie körperlichen Integrität den obersten Rang einnehmen mit der Konsequenz, dass sein Interesse zu diesem Zeitpunkt möglicherweise allein darauf gerichtet sein kann, in Ruhe gelassen zu werden. Denn da der einwilligungsunfähige Patient vielfach nicht mehr in der Lage sein wird, intellektuell nachzuvollziehen, aus welchem Grund eine bestimmte Maßnahme vorgenommen wird, kann die Situation eintreten, dass er jeglichen Eingriff, der ihm auch nur entfernt unangenehm erscheint, prinzipiell ablehnt, auch wenn dieser von seiner ursprünglichen Forschungsverfügung umfasst war.

Aus diesem Grund verliert die antizipierte Einwilligung bei dem geringsten Anzeichen einer Änderung des ihr zugrunde liegenden Willens oder Interesses ihre Wirksamkeit, mit der Folge dass jeglicher Eingriff oder sonstige Forschungsmaßnahme unzulässig ist. Der Betroffene wird eine solche Veränderung der Interessenlage in der Regel durch ablehnendes oder abwehrendes Verhalten

gegenüber der Maßnahme zum Ausdruck bringen[857], das als Widerruf der antizipierten Einwilligung zu verstehen ist[858].
Werden die Anzeichen für eine solche Änderung der Interessen und Bedürfnisse des Patienten Ernst genommen und als Widerruf der Einwilligung verstanden, so ist ein ausreichender Schutz der Rechtsgüter des Patienten auch nach Eintritt der Einwilligungsunfähigkeit gewährleistet. Aus diesem Grund stellt die Möglichkeit einer solchen Entwicklung keinen zwingenden Grund dar, die Legitimationswirkung der antizipierten Einwilligung generell abzulehnen.
Um zu gewährleisten, dass die mit der Durchführung der Studie beauftragten Personen dem Verhalten des Betroffenen die gebotene Aufmerksamkeit zukommen lassen, ist eine Dokumentation der Reaktion des Patienten zum Zeitpunkt der Maßnahme durch die behandelnde Person zu fordern.
Beruht die Einwilligungsunfähigkeit des Patienten auf totaler Bewusstlosigkeit, kann sich seine individuelle Interessenlage insofern nicht verändern, als er in diesem Zustand "völliger Wertfreiheit"[859] nicht in der Lage ist, ein gegen irgendetwas gerichtetes Bewusstsein zu entwickeln. Aus diesem Grund behält die antizipierte Einwilligung auch mit Eintritt von Bewusstlosigkeit grundsätzlich ihre Verbindlichkeit, es sei denn, es sind besondere Anhaltspunkte dafür ersichtlich, dass sie keine Gültigkeit haben sollte. Denn sie stellt die einzige Möglichkeit für den Betroffenen dar, auch für den Eintritt dieser Situation Vorsorge zu treffen.

Mit der Notwendigkeit, die individuelle Interessenlage des Patienten zum Zeitpunkt der Ausführung der Forschungsmaßnahme in die Entscheidung des Arztes darüber, ob die Teilnahme an der betreffenden Studie dessen Interesse entspricht, einzubeziehen, ist die Folge verbunden, dass der Forschungsverfügung keine Verbindlichkeit im engeren Sinne zukommen kann. Sie kann jedoch Forschungseingriffe und -maßnahmen legitimieren, die von ihr umfasst sind, wenn keine auf eine Änderung des ihr zugrunde liegenden Willens hindeutenden Anhaltspunkte bestehen.

---

[857] Auch Art. 17 Absatz 1 Nr. 5 des EMRÜ-Biomedizin sieht vor, dass ein ablehnendes Verhalten des Betroffenen ein Forschungsvorhaben unzulässig macht. Dabei muss laut *Kamp*, Die Europäische Bioethik-Konvention, S. 33 die Art der Äußerung des Willens unerheblich sein. Ebenso gesteht *Vollmann*, Aufklärung und Einwilligung in der Psychiatrie, S. 122, dem bereits einwilligungsunfähigen Patienten das Recht zu, Forschungsuntersuchungen jederzeit abzulehnen oder abzubrechen, auch wenn er einen gewillkürten Stellvertreter mit der Einwilligung in solche Untersuchungen bevollmächtigt hat.
[858] So auch *Helmchen/Lauter*, S. 56; entschieden dagegen wenden sich jedoch *Höfling/Demel*, Zur Forschung an Nichteinwilligungsfähigen, S. 540 (543) mit dem Argument, dass ein solches Verhalten nie zweifelsfrei interpretiert werden kann und das dem Forscher dadurch entstehende kaum kontrollierbare Ermessen inakzeptabel sei.
[859] *Rickmann*, Patiententestament, S. 179.

5. Reichweite der Legitimationswirkung
Es bleibt jedoch zu untersuchen, wie weit die Legitimationswirkung einer solchen Erklärung reichen kann und in welchem Umfang der Erklärende über seine Rechtsgüter in dieser Weise verfügen darf.
Die Grenze der Verfügungsbefugnis ist dort zu ziehen, wo ein von der antizipierten Einwilligung umfasster Eingriff oder eine Maßnahme mehr als geringfügig in die körperliche Unversehrtheit des Verfügenden eingreift oder ein Risiko beinhaltet, mehr als geringfügige, vorübergehende Gesundheitsschäden zu verursachen. So sind beispielsweise Eingriffe oder Maßnahmen, die bleibende Gesundheitsschäden nach sich ziehen könnten, nicht durch eine antizipierte Einwilligung zu rechtfertigen. Die Beurteilung, welcher Gefährdungs- oder Belastungsgrad mit einer Maßnahme oder einem Eingriff verbunden ist, ist dabei jeweils von den verantwortlichen Ärzten vorzunehmen und von der Ethikkommission genauestens zu überprüfen.
Das Recht auf Selbstbestimmung umfasst zwar grundsätzlich auch die Entscheidung zur Einwilligung in eine mehr als geringfügige Gefährdung der körperlichen Integrität. Allerdings kann bei der Abwägung der Interessen nicht außer Acht bleiben, dass der zum Zeitpunkt der Niederschrift der Forschungsverfügung aktuelle Wille nicht unbedingt mit den späteren Interessen des Betroffenen übereinstimmen muss. Problematisch ist insbesondere, dass der einmal erklärte Wille nicht mehr aktualisiert werden kann, der Patient damit gleichsam die Möglichkeit zum Widerruf in gewisser Weise aus der Hand gibt und sich, indem er nicht mehr in der Lage ist, den Geschehensablauf zu kontrollieren, im Ergebnis dem in der Forschungsverfügung von ihm selbst erklärten Willen "ausliefert".

Dies ist zwar grundsätzlich bei einer antizipierten Entscheidung betreffend Forschung mit einem geringerem Risiko nicht anders, allerdings ist dort das dem Selbstbestimmungsrecht gegenüberstehende Interesse, die Notwendigkeit des Schutzes der Rechtsgüter des Betroffenen, aufgrund der geringen Eingriffs- oder Risikointensität nicht ganz so schwerwiegend, mit der Folge dass das Abwägungsergebnis ein anderes sein kann.

Der Schutz der körperlichen Integrität vor mehr als geringfügigen Risiken und der damit einhergehende Schutz seiner Würde ist somit höherrangig einzustufen als die Ausübung des Selbstbestimmungsrechts, wenn nicht mit Sicherheit davon ausgegangen werden kann, dass der aktuelle Wille noch mit dem erklärten übereinstimmt. Diese Sicherheit kann jedoch bei einer derartig weitgehenden Eingriffsbefugnis generell nicht bestehen.
Aus diesem Grund ist das Risiko, dass aufgrund der Forschungsverfügung die Rechtsgüter des Betroffenen in einem Umfang der Forschung zur Verfügung gestellt werden, der dem gegenwärtigen Interesse des nunmehr Einwilligungsunfähigen nicht mehr entspricht, zu groß, als dass der Schutz des Selbstbestim-

mungsrechts dies rechtfertigen könnte. Dies gilt insbesondere auch deswegen, als in einer solchen Gefährdung der körperlichen Integrität in fremdem Interesse ohne entsprechende Einwilligung eine erhebliche Gefährdung auch der Würde des Menschen liegt, in dessen Rechtsgüter eingegriffen wird.
So wichtig es auch ist, das Recht auf Selbstbestimmung jedes Menschen zu wahren und ihm aus diesem Grund die Möglichkeit zu geben, in die Teilnahme an Forschung einzuwilligen, so muss doch auch der Schutz der übrigen Rechtsgüter in ausreichendem Maß gewährleistet sein. Dies ist jedoch nicht mehr der Fall, wenn die Gefahr des Eintritts eines mehr als geringfügigen gesundheitlichen Schadens besteht, ohne dass dieses Risiko mit Sicherheit von dem aktuellen Willen des Patienten gedeckt wäre.

In diesem Zusammenhang ist auch das Bestehen einer Missbrauchsgefahr nicht außer Acht zu lassen. Denn der Erklärende begibt sich mit der Abgabe einer antizipierten Einwilligung immer ein Stück weit in die Hände des Prüfarztes. Auch wenn diesem das Wohl des Betroffenen in der Regel am Herzen liegen wird, so hat er doch immer auch ein Interesse daran, Forschungsergebnisse zu erzielen. Er kann insofern einem Interessenkonflikt ausgesetzt sein, der ihn davon abhalten könnte, einem abwehrenden Verhalten des Patienten in der konkreten Situation ausreichende Beachtung zu schenken. Dokumentiert er ein solches nicht, ist auch die gewissenhafteste Prüfung durch eine Ethikkommission nicht geeignet, die Interessen des Patienten ausreichend zu schützen. Und auch sonstige Schutzmechanismen werden ein vorsätzliches Missachten der Willensäußerungen des Einwilligungsunfähigen nicht verhindern können.
Zwar wird sich der Verfasser einer Forschungsverfügung sicher dieses Risikos bewusst sein, er kann es in den Inhalt seiner Verfügung einbeziehen und nur in solche Forschung einwilligen, von der er sicher ist, dass sie zu keinem Zeitpunkt seinem Interesse zuwider laufen wird.
Aber auch um ihn davor zu schützen, dass seine höchstpersönlichen Interessen in zu großem Maße der Missbrauchsgefahr ausgesetzt sein können, darf die rechtfertigende Wirkung der Forschungsverfügung nur in begrenztem Umfang gelten. Sie kann daher auch aus diesem Grund lediglich geringfügige Eingriffe in die körperliche Unversehrtheit, mit denen lediglich minimale subjektive Belastungen für den Betroffenen verbunden sind, legitimieren.

Zwar wird durch eine derartige Begrenzung das Recht auf Selbstbestimmung des Betroffenen beschränkt und gleichzeitig dem für einwilligungsfähige Personen geltenden Grundsatz, dass der Wille des Patienten (*voluntas aegroti*) schwerer wiegt als dessen Wohl (*salus aegroti*), widersprochen[860].

---

[860] *Saueracker*, Patiententestament, S. 107, hält diesen Grundsatz zumindest auch für das Patiententestament für entscheidend.

Die Interessenlage ist jedoch mangels Aktualisierbarkeit des geäußerten Willens zum Eingriffszeitpunkt nur bedingt vergleichbar. Die daraus folgende Unsicherheit, ob eine bestimmte Maßnahme noch dem aktuellen Interesse einer Person entspricht, kann daher ab einer gewissen Risikointensität nicht mehr hingenommen werden. Auch wenn diese Unsicherheit nicht dazu führen kann, dass das Recht, mit einer Forschungsverfügung über die Teilnahme an Studien im voraus zu bestimmen, gänzlich zurücktreten muss, so erfordert sie dennoch, dass den Rechtsgütern des Betroffenen ab einem gewissen Grad der Eingriffsintensität oder des Risikos absoluter Schutz zukommen muss. Denn ab dieser Grenze überwiegt die seinen Rechtsgütern drohende Gefahr das Interesse des Einwilligenden, sein Selbstbestimmungsrecht in diese Richtung auszuüben. Insofern greift auch die Schutzpflicht des Staates ein, der ein solches Maß an Preisgabe von höchstpersönlichen Rechtsgütern in die Hände Dritter, ohne dass der Betroffene die Situation kontrollieren könnte, unterbinden muss, um deren Schutz in ausreichendem Maße zu gewährleisten. Diese Grenze ist dort zu ziehen, wo die Gefahr einer mehr als lediglich geringfügigen, vorübergehenden Schädigung der gesundheitlichen Interessen des Einwilligungsunfähigen besteht. Dies gilt erst recht für einen Gefährdungsgrad, wie er in § 1904 I S. 1 BGB[861] genannt ist.

Dieses Ergebnis entspricht der Wertung, dass auch das Selbstbestimmungsrecht gesunder, einwilligungsfähiger Personen nicht schrankenlos gewährleistet ist mit der Folge, dass auch deren Rechtsgüter nicht vollständig disponibel sind. Dies ist zum einen aus §§ 216 und 228 StGB zu entnehmen, aber auch § 40 AMG gebietet zusätzlich zur notwendigen Einwilligung die ärztliche Vertretbarkeit des Verhältnisses von Nutzen und Risiko. Wird das Recht, über die eigenen Rechtsgüter nach Belieben zu verfügen, diesem Personenkreis, der in der Lage ist, die Bedeutung der eigenen Handlungen jederzeit zu erkennen und dementsprechend zu handeln, nicht zugebilligt, um sie vor schwerem Schaden zu bewahren, so bedürfen einwilligungsunfähige Personen erst recht eines solchen Schutzes. Dieser kann nur dann gewährleistet werden, wenn sie lediglich für solche Maßnahmen und Eingriffe ihre antizipierte Einwilligung erklären können, die entweder gar kein oder ein lediglich geringfügiges Risiko oder eine geringfügige Belastung mit sich bringen. Jedes mehr an Risiko wäre auf Grund der immer bestehenden Gefahr, dass sich die Interessen des Patienten aufgrund seines aktuellen Zustandes verschoben haben könnten, nicht zu rechtfertigen.

---

[861] In dieser Vorschrift ist geregelt, dass die Einwilligung des Betreuers in eine Untersuchung des Gesundheitszustandes, eine Heilbehandlung oder einen ärztlichen Eingriff der Genehmigung des Vormundschaftsgerichts bedarf, wenn die begründete Gefahr besteht, dass der Betreute auf Grund der Maßnahme stirbt oder einen schweren und länger dauernden gesundheitlichen Schaden erleidet.

Unabhängig davon, dass die antizipierte Einwilligung in Maßnahmen mit erheblichem Risiko somit nicht verbindlich ist und daher auch keine legitimierende Wirkung entfaltet, ist ohnehin nicht anzunehmen, dass eine Person dazu bereit sein wird, ihre Rechtsgüter in einem solchen Umfang für die Forschung zur Verfügung zu stellen. Insofern wird diese Grenzziehung in der Praxis wohl kaum eine Rolle spielen.

6. Mangelnde Eindeutigkeit

Es ist nicht abzustreiten, dass es in vielen Fällen nicht möglich sein wird, die Einwilligungserklärung in einer Weise zu formulieren, die eindeutig ist und dem zuständigen Arzt keinen Interpretationsspielraum eröffnet. Allerdings wäre es ein Fehler, von diesen Mängeln einzelner Forschungsverfügungen auf deren generelle Unwirksamkeit zu schließen[862].

Denn legt der Verfügende die Eingriffsgrenze oder die Grenze des Risikos fest, das er bereit ist einzugehen, dann ist grundsätzlich eine hinreichend genaue Eingrenzung gegeben, die durch die beispielhafte ausdrückliche Nennung eines bestimmten Eingriffs konkretisiert werden kann.

Doch selbst im Falle der Aufzählung bestimmter Eingriffe und der Erklärung, die Einwilligung in diese zu erteilen, kann die Erklärung interpretationsbedürftig sein und eine Auslegung erfordern[863]. Denn es ist in jedem Fall genau zu prüfen, ob die eher allgemeine Einwilligungserklärung eine bestimmte Forschungsmaßnahme legitimieren kann.

Eine Auslegung eröffnet jedoch immer auch die Gefahr einer Fehlinterpretation, die zur Folge haben könnte, dass der Patient einem Eingriff ausgesetzt wird, in den er nicht einwilligen wollte. Da ein gewisses Maß an Auslegungsspielraum aufgrund der vielen Unbekannten zum Zeitpunkt der Erklärung sich jedoch nur in äußerst seltenen Fällen wird vermeiden lassen, würde das Ablehnen jeglicher Interpretationsmöglichkeit von nicht ganz eindeutigen Erklärungen dazu führen, dass Forschungsverfügungen kaum jemals Wirksamkeit entfalten könnten.

Dies wirft die Frage auf, ob das Risiko einer Fehlinterpretation in einem derartig sensiblen Bereich hingenommen werden darf, oder ob darin eine zu weitgehende Gefährdung der höchstpersönlichen Rechtsgüter des Betroffenen zu sehen ist.

Der Notwendigkeit des Schutzes dieser Rechtsgüter steht jedoch das Interesse des Erklärenden gegenüber, seinen Teilnahmewillen im Hinblick auf Forschungsstudien gewahrt zu wissen und auf diese Weise von seinem Selbstbestimmungsrecht Gebrauch machen zu können. Die Verweigerung dieses Rechtes

---

[862] Wie *Eisenbart* auf S. 175 für das Patiententestament feststellt, würde dies zu einer Einschränkung des Selbstbestimmungsrechts führen, die nicht zu rechtfertigen wäre.

[863] Ebenso *Füllmich*, S. 70, für den Fall des Patiententestaments.

wäre eine rein paternalistische Entscheidung und daher, obwohl diese Freiheitsbeschränkung zum Schutz des Betroffenen auferlegt würde, sehr fragwürdig. Entscheidend muss daher sein, ob die Gefahr der Fehlinterpretation - unabhängig davon, ob diese bewusst oder unbewusst seitens des Entscheidenden erfolgt - tatsächlich so groß ist, dass dem Betroffenen das diesbezügliche Entscheidungsrecht für die Zukunft vollständig genommen werden muss. Denn die Ablehnung der Legitimationswirkung einer solchen Verfügung, um den Schutz des Einzelnen und seiner Würde zu wahren, die dadurch gefährdet sein könnte, dass er Eingriffen unterzogen wird, denen er nicht zugestimmt hätte, würde gleichzeitig eine Verkürzung seines Selbstbestimmungsrechts bedeuten, das ebenfalls ein Bestandteil der menschlichen Würde darstellt.
Wählt eine Person den Weg der Forschungsverfügung und bezieht sich diese nicht bereits auf eine konkrete Maßnahme, so liegt die Notwendigkeit der Auslegung in der Natur der Erklärung und ist somit auch von dem Willen des Erklärenden gedeckt. Der Schutz seiner Rechtsgüter bleibt trotz Bestehen eines Auslegungsbedürfnisses dann gewahrt, wenn die Einwilligung restriktiv auszulegen und im Zweifel als nicht erteilt anzusehen ist. Daher hat die Existenz eines Interpretationsspielraums auch nicht zwangsläufig die Unwirksamkeit der Erklärung zur Folge.

Grundsätzlich sind für die Auslegung, die dazu dienen soll, den Willen des Patienten zu ermitteln, die allgemeinen, für die Willenserklärung geltenden, Auslegungsgrundsätze der §§ 133, 157 BGB heranziehen[864]. Dabei ist jedoch entsprechend den für die Auslegung einer letztwilligen Verfügung entwickelten Grundsätzen allein der wirkliche Wille des Erklärenden gemäß § 133 BGB zu erforschen, da auch bei der Forschungsverfügung der Gedanke des Vertrauensschutzes keine Rolle spielt. Der objektive Erklärungswert ist nicht entscheidend. Allerdings ist davon auszugehen, dass eine Divergenz zwischen dem wirklichen Willen des Erklärenden und dem objektiven Erklärungswert der Verfügung in diesem Bereich, in dem einer Erklärung gründlichste Vorbereitung vorausgegangen sein wird, kaum zu erwarten ist.

7. Form der Forschungsverfügung

Es ist nun fraglich, ob ein bestimmter Formzwang als Voraussetzung der Legitimationswirkung der Forschungsverfügung zu fordern ist. Für das Patiententestament wird eine besondere Formvorschrift teilweise abgelehnt[865]. Allerdings sind Patiententestament und Forschungsverfügung insofern nur bedingt zu ver-

---

[864] So auch *Schöllhammer*, Rechtsverbindlichkeit des Patiententestaments, S. 55, für das Patiententestament, wobei er die Rechtsnatur der Einwilligung für unerheblich hält.

[865] *Schöllhammer*, Rechtsverbindlichkeit des Patiententestaments, S. 54 ist der Ansicht, dass ein Patiententestament keiner besonderen Form bedarf; ebenso *Uhlenbruck*, MedR 1992, S. 138.

gleichen, da es sich beim Patiententestament im Wesentlichen um eine Behandlungsverweigerung handelt, mit der der Patient verhindern will, dass in seine körperliche Unversehrtheit eingegriffen wird. Bei der Forschungsverfügung hingegen handelt es sich um eine Einwilligung, die den Forschungseingriff eines Arztes legitimieren soll. Da bei einem solchen medizinischen Eingriff die Beweislast für das Vorliegen einer Einwilligung den Arzt trifft, ist es schon zu seinem Schutz dringend erforderlich, dass er den Beweis der Rechtmäßigkeit seines Vorgehens durch Vorlage einer schriftlichen Erklärung führen kann.
Gleichzeitig liegt es auch im dringenden Eigeninteresse des Patienten, seine Wünsche schriftlich festzuhalten, da er nur auf diese Weise sicherstellen kann, dass sein persönlich erklärter Wille für jeden eindeutig erkennbar ist. Denn die Gefahr eines Missbrauchs kann nur dann minimiert werden, wenn der Patientenwille sich in einer Weise manifestiert hat, die eine jederzeitige Nachprüfbarkeit seiner Einwilligung gewährleistet. Ohne ein schriftliches Dokument wäre dies kaum möglich.
Zusätzlich stellt das Schriftformerfordernis auch einen Schutz vor übereilten Erklärungen dar.

Strengere Formerfordernisse, wie sie für das Patiententestament teilweise vorgeschlagen werden[866], sind zur Wahrung des Schutzes der Beteiligten nicht erforderlich.
Der Erforderlichkeit einer notariellen Beurkundung stehen zum einen die damit verbundenen Kosten und Formalitäten entgegen, die den Erklärenden davon abhalten könnten, eine Einwilligungserklärung abzugeben. Auch wird ein Notar nur begrenzt dazu in der Lage sein, den Betroffenen über die genauen Folgen seiner Einwilligung aufzuklären, da es ihm in der Regel an dem erforderlichen medizinischen Sachverstand fehlen wird, der notwendig wäre, um alle mit der Teilnahme an einer Forschungsstudie verbundenen Eventualitäten zu erörtern. Auch als Beleg für die Entscheidungsfähigkeit des Betroffenen zum Zeitpunkt der Erklärung ist die notarielle Beurkundung nicht erforderlich, da das Verfassen einer solchen antizipierten Einwilligung - aufgrund des ihr zwangsläufig vorausgehenden differenzierten Gedankenganges - selbst einen ausreichenden Beweis für die noch vorhandene Einsichtsfähigkeit darstellt.
Ebenso wenig erscheint die Unterschrift von Zeugen auf der Erklärung erforderlich, da sie nichts zu dem Schutz des Betroffenen in der später eintretenden konkreten Eingriffssituation beitragen kann. Für die legitimierende Wirkung einer

[866] So schlägt *Saueracker*, Patiententestament, S. 28, die Unterzeichnung des Patiententestamentes durch zwei Zeugen vor, wie dies auch zum Beispiel in den USA für die fortdauernde Stellvertretung ("durable power of attorney and health care") als Alternative zur notariellen Beurkundung möglich ist. *Rudolf/Bittler*, S. 77 sehen dagegen die notarielle Beurkundung als sinnvoll an, da dadurch die Entscheidungsfähigkeit des Patienten zum Zeitpunkt der Verfassung keinen Zweifeln ausgesetzt wäre.

Forschungsverfügung ist somit die Schriftform notwendig aber auch ausreichend.

8. Begrenzung der zeitlichen Geltungsdauer

Ist die antizipierte Einwilligung einmal schriftlich niedergelegt, so stellt sich die Frage, ob diesem Dokument unbegrenzte Gültigkeit zukommen kann, oder ob für den Erhalt der Wirksamkeit der Erklärung eine erneute Unterschrift in bestimmten zeitlichen Abständen zu fordern ist, die die Fortdauer des niedergelegten Willens bestätigt.

Es ist nicht von der Hand zu weisen, dass bei einer antizipierten Einwilligung, die sich auf einen unbestimmten Zeitpunkt in der Zukunft bezieht, grundsätzlich die Möglichkeit besteht, dass sich der dieser Erklärung zugrunde liegende Wille noch vor Eintritt der Einwilligungsunfähigkeit ändert[867]. Damit verbunden besteht immer ein gewisses Risiko, dass die schriftliche Einwilligung mangels Widerrufs trotz dieser Willensänderung weiter existiert und ihr insofern nach außen eine Legitimationswirkung zukommt, die von der inneren Seite nicht mehr gedeckt ist.

Die Forschungsverfügung stellt jedoch eine für den Erklärenden so wichtige und wegen ihres fehlenden Bekanntheitsgrades auch ungewöhnliche Erklärung dar, dass ohne Bedenken davon ausgegangen werden kann, dass derjenige, der seinen in ihr zum Ausdruck gebrachten Willen ändert, die Einwilligung sofort widerrufen wird. Dies gilt insbesondere dann, wenn darin auch die Einwilligung in solche Eingriffe erteilt wird, die über die Schwelle zur Körperverletzung hinausgehen. Aus diesem Grund kann man der Erklärung zeitlich unbegrenzte Wirksamkeit zubilligen[868]. Ansonsten bestünde auch die Gefahr, dass dem Willen einer Person, die eine solche Erneuerungsunterschrift versäumt hat, trotz des Vorliegens einer Forschungsverfügung nicht nachgekommen werden dürfte.

Treten jedoch Umstände auf, die ein Fortbestehen des schriftlich niedergelegten Willens unwahrscheinlich erscheinen lassen, kommt dieser Erklärung auch ohne ausdrücklichen Widerruf keine rechtliche Wirksamkeit mehr zu.

9. Nutzen-Risiko-Abwägung

Die auf diese Weise legitimierten Eingriffe oder Maßnahmen sind jedoch nur dann zulässig, wenn die voraussichtlichen Bedeutung der dadurch zu gewinnenden Erkenntnisse für die Heilkunde die mit ihnen verbundenen Risiken und

---

[867] *Tolmein*, Die drohende Zunahme von Demenz-Erkrankungen, S. 65 wendet gegen die antizipierte Einwilligung ein, sie gehe von einem "statischen Persönlichkeitsbild" aus, so dass eine Veränderung des Willens ausgeschlossen werde; auch *Hartmann*, NStZ 2000, S. 113 (119) fordert, dass das Patiententestament maximal ½ Jahr vor dem entscheidenden Zeitpunkt errichtet worden sein darf.

[868] Ebenso für das Patiententestament *Schöllhammer*, Rechtsverbindlichkeit des Patiententestaments, S. 59; *Saueracker*, Patiententestament, S. 28 sieht dagegen für ein Patiententestament eine Erneuerung alle fünf Jahre als Notwendig an.

Belastungen überwiegt. Insofern sind an das Verhältnis dieser beiden Faktoren strengere Anforderungen zu stellen, als dies durch die in §§ 40 Abs. 1 S. 1 Nr. 1 AMG, 17 Abs. 1 Nr. 1 MPG enthaltenen Regelungen geschieht. Denn nur unter der Voraussetzung, dass die zu erwartenden Vorteile die Nachteile für den Betroffenen überwiegen, kann der Schutz seiner Rechtsgüter in ausreichendem Umfang gewährleistet und die Maßnahme somit legitimiert sein. Durch eine solche einschränkende Regelung wird verhindert, dass die Forschungsverfügung für nicht ausreichend sinnvolle Eingriffe missbraucht werden kann.

10. Zustimmendes Votum einer Ethikkommission

Mit einer Forschungsstudie darf erst dann begonnen werden, wenn diese zuvor von einer unabhängigen Ethikkommission zustimmend bewertet worden ist. Allerdings darf diese positive Bewertung abweichend von den in AMG und MPG enthaltenen Regelungen in keinem Fall entbehrlich sein, will man die Interessen der Betroffenen in größtem Maße schützen.

11. Vetorecht einer Vertrauensperson

Der Verfasser einer kann in seiner Erklärung einer oder mehreren Vertrauenspersonen ein Recht zum Einspruch gegen den Forschungseingriff einräumen[869]. Auf diese Weise wäre zwischen seine Einwilligung und die Durchführung des Eingriffs eine Art Kontrollmechanismus geschaltet, der den Aufklärungsverzicht des Patienten “mildern” würde.

Gegen ein solches Vetorecht wird vorgebracht[870], eine Vertrauensperson, die von ihrem Widerspruchsrecht keinen Gebrauch mache, erkläre implizit ihre Einwilligung zur Fortsetzung der Maßnahme. Dazu sei sie jedoch rechtlich nicht befugt, da es der Studienteilnehmer selbst sei, der seine Einwilligung in die Teilnahme dadurch aktualisieren müsse, dass er den Widerruf nicht erkläre. Dürfe ein Dritter keine Einwilligung in einen fremdnützigen Eingriff erteilen, so könne ihm ebenso wenig das Recht zur Aktualisierung der antizipierten Einwilligung zukommen.

Bei einer derartigen Argumentation wird jedoch - abgesehen davon, dass die Zulässigkeit der von einer antizipierten Erklärung getragenen Stellvertretung noch zu prüfen sein wird - die Tatsache übersehen, dass auch bei Bestehen eines Vetorechts die Legitimation der Teilnahme in der antizipierten Einwilligung selbst liegt. Es liegt zudem in der Natur einer Forschungsverfügung, dass eine ausdrückliche Aktualisierung des Teilnahmewillens im entscheidenden Zeitpunkt meist nicht mehr möglich sein wird, mit der Folge dass auch die Erklärung eines Widerrufs durch den Betroffenen nicht immer eindeutig erfolgen kann. Ist ein Patient nicht mehr dazu in der Lage, einen bestimmten Willen zu

---

[869] Vergleiche *Helmchen/Lauter*, S. 56.

[870] *Höfling/Demel*, Zur Forschung an Nichteinwilligungsfähigen, MedR 1999, S. 540 (543).

äußern, fällt die Aufgabe, seinen aktuellen Willen zu bestimmen, zwangsläufig einem Dritten zu.
Das Vetorecht einer Vertrauensperson, das sie dazu berechtigt, eine Forschungsuntersuchung an dem Einwilligungsunfähigen abzulehnen, wenn Gründe für die Annahme vorliegen, dass sie eventuell nicht von der Einwilligung des Betroffenen gedeckt ist oder nicht mehr seinem aktuellen Interesse entspricht, stellt für den Betroffenen einen zusätzlichen Schutzmechanismus dar. Bis zu einem gewissen Grad kann damit der Verlust des persönlichen Widerrufsrechts aufgefangen werden.

In der Nichtausübung dieses Vetorechts ist dabei keinesfalls eine Einwilligung in den Forschungseingriff zu sehen, der eine legitimierende Wirkung zukommen könnte. Der Eingriff wird allein durch die antizipierte Einwilligung des Betroffenen selbst legitimiert. Es besteht insoweit ein erheblicher Unterschied, ob einem Dritten die Befugnis zukommt, einem Eingriff in fremde Rechtsgüter zuzustimmen, oder ob ihm lediglich das Recht zugesprochen wird, solchen Eingriffen in bestimmten Fällen zu seinem Schutz zu widersprechen. Dies hat zur Folge, dass selbst wenn eine Einwilligung durch Dritte prinzipiell unzulässig wäre, daraus nicht auf die Unzulässigkeit des Vetorechts geschlossen werden könnte. Aus diesem Grunde kommt jedem Verfasser einer antizipierten Forschungseinwilligung die Möglichkeit zu, einer Person seines Vertrauens ein solches Vetorecht zuzusprechen. Dieses Vetorecht kann selbstverständlich auch nach Beginn einer Studie ausgeübt werden, wenn zu diesem späteren Zeitpunkt Anhaltspunkte dafür auftreten, dass eine weitere Teilnahme nicht mehr im Interesse des Patienten liegt.

12. Notwendigkeit der Bestellung eines zum Widerruf Berechtigten

Nachdem nunmehr die prinzipielle Möglichkeit der Benennung eines Vetoberechtigten geklärt wurde, stellt sich die Frage, ob die Existenz einer solchen zum Veto bzw. Widerruf berechtigten Person nicht sogar notwendig ist, um den Schutz der Interessen des Patienten in ausreichendem Maße zu wahren. Dies hätte zur Folge, dass im Falle des Fehlens einer derartigen „Bevollmächtigung" in der antizipierten Erklärung die Anordnung einer Betreuung erforderlich sein könnte[871], um die Ausübung des Vetorechts auf den Betreuer zu übertragen, oder die entsprechende Genehmigung des Vormundschaftsgerichtes eingeholt werden müsste.
Denn während der einwilligungsfähige Patient seine Einwilligung jederzeit widerrufen kann, liegt es bei der antizipierten Einwilligungserklärung in der

---

871 *Vossler*, ZRP 2002, S. 295 (296) spricht sich bei Vorliegen eines Patiententestaments mangels Erforderlichkeit im Sinne des § 1896 II 1 BGB gegen die Notwendigkeit einer Betreuerbestellung aus, soweit das Patiententestament hinreichend konkrete Regelungen enthält; ebenso wohl auch *Hartmann*, NStZ 2000, S. 113 (117).

Natur der Sache, dass ein eindeutig erklärter Widerruf mangels Fähigkeit des Betroffenen, einen solchen unmissverständlich zu artikulieren, in bestimmten Fällen nicht möglich sein wird. Dies wirft die Frage auf, ob der in diesen Fällen mit der Einwilligung verbundene faktische Verzicht auf ein Widerrufsrecht ohne ein vergleichbares Surrogat möglich sein kann bzw. ob die Beachtung des ablehnenden Verhaltens des Patienten zu seinem Schutz genügen kann.

Gegen die unbedingte Erforderlichkeit der Benennung eines Vetoberechtigten spricht jedoch, dass eine Person, die sich so eingehend mit der Problematik der Forschung auch nach Eintritt der Einwilligungsunfähigkeit befasst hat, dass sie eine antizipierte Einwilligung abgibt, besonderen Wert darauf legen wird, dass ihr darin erklärter Wille befolgt wird und gerade nicht eine andere Person über eine eventuelle Teilnahme an einer Forschungsstudie entscheiden soll[872], es sei denn sie ist von dem Erklärenden selbst zu diesem Zweck bestimmt worden. Zudem bleibt das Widerrufsrecht bis zu einem gewissen Grad dadurch gewahrt, dass im Falle eines ablehnenden oder abwehrenden Verhaltens des Einwilligungsunfähigen jegliche Maßnahme unzulässig wird.
Aus diesen Gründen ist es nicht erforderlich, die generelle Existenz eines Vetoberechtigten zu fordern.

III. Zwischenergebnis

Die Untersuchung hat somit gezeigt, dass der grundsätzlichen Legitimationswirkung der Forschungsverfügung keine zwingenden Argumente entgegenstehen. Es ist daher erforderlich, die im Hinblick auf ihre Wirksamkeit bestehenden Zweifel durch ein entsprechendes Gesetz zu beseitigen. Nur auf diese Weise kann man den Interessen der Betroffenen gerecht werden und die bestehenden Unsicherheiten sowohl für den Einwilligenden als auch für den forschenden Arzt ausräumen.

Auf dem Weg dieser Forschungsverfügung zu Bedeutung in der Forschungspraxis stellt allerdings der verschwindend geringe Bekanntheitsgrad dieser Form der antizipierten Einwilligungserklärung ein Problem dar, was wohl nicht zuletzt mit der Tatsache zusammenhängt, dass die dringende Notwendigkeit von Forschung speziell mit Einwilligungsunfähigen weitgehend unbekannt ist. Hat man den Willen, dies zu ändern und auf diese Weise dazu beitragen, dass eine größere Anzahl von Personen sich mit diesem Thema auseinandersetzt und auch antizipierte Einwilligungen in Forschungsstudien verfasst, ist es notwendig, für eine verbreitete Aufklärung der Öffentlichkeit zu sorgen und gleichzeitig die

---

872 Ebenso *Eisenbart* in Bezug auf das Patiententestament, S. 205; *Schöllhammer*, Rechtsverbindlichkeit des Patiententestaments, S. 137.

Abfassung einer Forschungsverfügung zu propagieren, wie dies gegenwärtig zum Beispiel bei der Organspende geschieht[873].

B. Einwilligung durch den Betreuer aufgrund einer Betreuungsverfügung

Eine weitere Möglichkeit, für die Zeit nach Eintritt der Einwilligungsunfähigkeit eine Teilnahme an Forschungsstudien zu regeln, könnte die Betreuungsverfügung darstellen. Darunter versteht man eine noch zum Zeitpunkt vorhandener Einwilligungsfähigkeit mit dem Ziel abgefasste Erklärung, für den Fall der Betreuungsbedürftigkeit und der Bestellung eines Betreuers auf die Auswahl der Person, die zum Betreuer bestellt werden soll, und die Durchführung der Betreuung selbst Einfluss zu nehmen[874].

Der entscheidende Unterschied der Betreuungsverfügung zu der soeben untersuchten Forschungsverfügung liegt darin, dass die Legitimation des Eingriffs nicht aus der Einwilligung des Patienten selbst folgt, zumal die Betreuungsverfügung keine Einwilligung darstellt. Die rechtfertigende Wirkung beruht in diesem Fall vielmehr auf der Einwilligung des Betreuers, als dazu ausdrücklich beauftragtem Stellvertreter.

I. Generelle Zulässigkeit von Betreuungsverfügungen

Die generelle Möglichkeit, eine Betreuungsverfügung abzufassen und damit für die Zeit der Betreuung vorzusorgen, ist allgemein anerkannt und den Vorschriften des Betreuungsrechts zu entnehmen. So schreibt § 1901 Abs. 3 S. 2 BGB vor, dass der Betreuer auch den Wünschen des Betreuten zu entsprechen hat, die dieser vor Bestellung des Betreuers geäußert hat. Das Äußern dieser Wünsche kann auch schriftlich geschehen, wie sich aus § 1901 a BGB[875] ergibt. Eine solche Verfügung kann die verschiedenartigsten Regelungen für die Zeit der Betreuung enthalten, so zum Beispiel hinsichtlich der Person des Betreuers, der Übertragung bestimmter Aufgabenkreise an ihn sowie hinsichtlich der allgemeinen Lebensgestaltung während der Betreuung. Dabei ist der Betreuer verpflichtet, diesen Wünschen entsprechend zu handeln, so lange sie dem Wohl des Patienten entsprechen[876]. Insbesondere können Betreuungsverfügungen auch

---

[873] So hat die Verpflichtung zur Aufklärung der Bevölkerung seitens der nach Landesrecht zuständigen Stellen und der Krankenkassen, die zu einer Erklärung über die Organspende zu Lebzeiten führen soll, sogar in § 2 TPG eine gesetzliche Regelung erfahren.

[874] MünchKomm-*Schwab*, § 1901 BGB Rdnr. 13; *Bienwald*, Betreuungsrecht, § 1901 a, Rdnr. 3.

[875] Nach dieser Vorschrift hat derjenige, der ein Schriftstück besitzt, in dem jemand für den Fall seiner Betreuung Vorschläge zur Auswahl des Betreuers oder Wünsche zur Wahrnehmung der Betreuung geäußert hat, dieses unverzüglich an das Vormundschaftsgericht abzuliefern, nachdem er von der Einleitung eines Verfahrens über die Bestellung eines Betreuers Kenntnis erlangt hat.

[876] *Kollmer*, Selbstbestimmung im Betreuungsrecht, S. 200; *Jürgens/ Kröger/Marschner/Winterstein*, Das neue Betreuungsrecht, Rdnr. 205.

antizipierte Einwilligungen in bestimmte medizinische Eingriffe enthalten oder diese versagen[877]. Auch einen auf diese Weise in Bezug auf Behandlungsmaßnahmen verbindlich erklärten Willen hat der spätere Betreuer zu befolgen[878], wobei jedoch im Falle des Vorliegens der Voraussetzungen des § 1904 Abs. 1 BGB eine vormundschaftsgerichtliche Genehmigung einzuholen ist.

II. Verbindlichkeit einer auf die Teilnahme an Forschung gerichteten Betreuungsverfügung

Fraglich ist jedoch, ob eine derartige Erklärung auch im Hinblick auf solche Eingriffe und Maßnahmen verbindlich ist, die im Rahmen von Forschungsstudien stattfinden und nicht medizinisch indiziert sind.
So ist bereits zweifelhaft, ob eine Betreuung für den Aufgabenkreis der Einwilligung in ausschließlich wissenschaftliche Forschungsstudien überhaupt mit dem aus § 1896 Abs. 2 S. 1 BGB abzuleitenden Erforderlichkeitsgrundsatz zu vereinbaren ist. Dieser Grundsatz besagt, dass ein Betreuer nur dann zu bestellen ist, wenn wirklich ein Bedürfnis dafür besteht[879]. Orientiert man sich lediglich am objektiven Wohl des Betroffenen, so kann eine solche Erforderlichkeit nicht bestehen, da die Teilnahme an fremdnützigen Forschungsstudien nicht zur Wahrung der persönlichen gesundheitlichen Interessen des Betreuten notwendig ist. Da die Erforderlichkeit der Betreuung sich jedoch insbesondere auch nach den subjektiven Bedürfnissen des Betroffenen bestimmt, ist eine Betreuung auch für diesen Aufgabenkreis als erforderlich anzusehen, wenn der Betreute eine Betreuungsverfügung verfasst hat, die einen solchen Wunsch beinhaltet.

1. Wohl des Betreuten als Handlungsgrundsatz

Allerdings ist gemäß § 1901 Abs. 2 S. 1 BGB der entscheidende Maßstab für das Verhalten und Handeln des Betreuers das Wohl des Betreuten[880]. Aus diesem Grund erscheint es zunächst zweifelhaft, ob ein nicht indizierter Eingriff in die körperliche Integrität, der immer auch mit einem gewissen Maß an Risiko oder Belastung - sei es auch minimal - verbunden ist, dessen Wohl entsprechen kann[881]. Versteht man den Begriff des Wohls ausschließlich objektiv, so kann man dies bei einem Eingriff, der dem Betroffenen keinen persönlichen Nutzen bringt, zweifelsfrei verneinen. Allerdings stellt § 1901 Abs. 2 S. 2 BGB klar, dass zum Wohl des Betreuten auch die Möglichkeit gehört, im Rahmen seiner Fähigkeiten sein Leben nach seinen eigenen Wünschen und Vorstellungen zu gestalten, dieser Begriff somit gerade nicht rein objektiv zu bestimmen ist.

---

[877] Vergleiche Palandt, vor § 1896 Rdnr. 9.
[878] *Strätling/Eisenbart/Scharf*, MedR 2000, S. 251 (252).
[879] *Kern*, MedR 91, S. 66 (67); *Foerster*, MedR 91, S. 180; *Eisenbart*, S. 204; *Schwab*, Betreuung und private Fürsorge, S. 815.
[880] Ebenso Palandt, § 1901 Rdnr. 5.
[881] Dies verneint *Spranger*, Sozialrecht + Praxis, 2000, S. 71 (77), wenn es sich bei der Forschungsuntersuchung um Eingriffe in die körperliche Integrität handelt.

Durch § 1901 Abs. 3 S. 1 BGB wird diesen Wünschen sogar so lange der Vorrang eingeräumt, wie sie seinem Wohl nicht zuwiderlaufen oder mit ihm kollidieren[882]. Mit dieser Vorschrift soll eine Balance zwischen der Möglichkeit des Betreuten zur Selbstbestimmung und seinem objektiven Wohl geschaffen werden. Sie sichert zum einen das Fortbestehen des Selbstbestimmungsrechts des Betreuten in der Betreuungssituation und verdeutlicht gleichzeitig, dass sich die Wünsche des Betreuten und sein Wohl im Einzelfall auch entgegenstehen können.

Der in dieser Vorschrift enthaltene Begriff des Wohls kann seine Wirkung als Schranke nur dann entfalten, wenn er an dieser Stelle in lediglich objektivem Sinne verstanden wird[883]. Liegt eine derartige Kollision vor, so gebührt diesem objektiven Wohl der Vorrang[884].
Aus diesem Grund stellt sich die Frage, unter welchen Voraussetzungen ein Wunsch als dem Wohl des Betreuten zuwiderlaufend anzusehen ist und ob eine solche Kollision, die eine Befolgung des Willens des Betreuten ausschließen würde, bei dem Wunsch nach einer Teilnahme an einer Forschungsstudie vorliegt.

2. Selbstbestimmungsrecht als Teil des Wohls

Um diese Frage beantworten zu können, ist es notwendig, die Grenzlinie zu finden, die bestimmt, inwieweit die Ausübung des Selbstbestimmungsrechts für das individuelle Wohl einer Person erforderlich ist und ab welchem Punkt sie diesem schadet. Erst wenn ein solcher Schaden zu erwarten steht, kann es gerechtfertigt sein, das Selbstbestimmungsrecht des Betroffenen einzuschränken.
Aufgrund der Bedeutung des Selbstbestimmungsrechts lag es in der Absicht der Verfasser des Gesetzesentwurfs, die Schwelle für das Eingreifen des objektiven Wohls des Betreuten als limitierendem Element sehr hoch anzusetzen. So sollten die Wünsche des Betroffenen nach dem Gesetzesentwurf dann keine Beachtung finden, wenn sie auf eine Selbstschädigung hinauslaufen würden[885]. Diesem Ansatz liegt die Erkenntnis zugrunde, dass es nicht Sinn der Betreuung sein kann, die gerade der Fürsorge und dem Schutz des Betroffenen dienen soll, dem Betreuten zu einer Selbstschädigung "die Hand zu reichen"[886]. Denn oftmals wird der Betreute nicht in der Lage sein, die schädlichen Konsequenzen eines Begehrens in vollem Umfang zu übersehen. Wäre er dazu grundsätzlich fähig, so wäre eine Betreuung für diesen Aufgabenkreis in der Regel als nicht erforderlich im Sinne des § 1896 Abs. 2 S. 1 BGB anzusehen.

---

[882] Auch *Bienwald*, Betreuungsrecht, § 1901, Rdnr. 18 sieht das Wohl des Betreuten als Begrenzung für die Berücksichtigung seiner Wünsche an.
[883] Zu einer näheren Erläuterung des Wohlbegriffs vergleiche *Frost*, S. 32 ff.
[884] BT-Drs. 11/4528, S. 133; *Kern*, MedR 1991, S. 68.
[885] BT-Drs. 11/4528, S. 53, S. 67, S. 133, S. 139, S. 134.
[886] *Kollmer*, Selbstbestimmung im Betreuungsrecht, S. 141.

Ist der Betreute nun aufgrund von Krankheit oder Behinderung nicht fähig, alle Konsequenzen seiner Wünsche einzuschätzen und diese richtig zu bewerten, dann ist es notwendig, ihn vor den nachteiligen Folgen solcher Entscheidungen zu schützen, auch wenn daraus die Missachtung seines erklärten Willens resultieren kann. Diesem Eingriff in die Selbstbestimmung liegt auch die Erkenntnis zugrunde, dass ein Wunsch, der von einer Person geäußert wird, die nicht dazu in der Lage ist, die möglichen negativen Konsequenzen zu bedenken und entsprechende Entscheidungen zu treffen, nur bedingt als Akt der freien Selbstbestimmung angesehen werden und aus diesem Grund zum Schutze des Betreuten leichter eingeschränkt werden können muss, als dies außerhalb einer Betreuungssituation möglich wäre.

Ein Fall der Selbstschädigung ist dann gegeben, wenn das objektive Interesse des Betroffenen an der Nichterfüllung des Wunsches seinen subjektiven Wunsch auf Erfüllung dieses Begehrens wesentlich überwiegt[887]. Dies ist insbesondere dann der Fall, wenn die durch die Verwirklichung der Wünsche des Betreuten gefährdeten Rechtsgüter gegenüber den von dem Wunsch verfolgten Interessen höherrangig sind[888]. Die bloße Existenz von Nachteilen für den Betroffenen führt jedoch nicht zwangsläufig dazu, dass das Begehren seinem Wohl zuwiderläuft. Denn ist der Betreute in der Lage, die Konsequenzen seines Wunsches zu erfassen, so widerspricht ein Wunsch auch dann nicht seinem Wohl, wenn durch diesen seine Rechtsgüter gefährdet werden[889]. Soll der Grundsatz, dass die Integritäts- und Entfaltungsinteressen des Betreuten im Mittelpunkt des Betreuungsverhältnisses stehen sollen[890], beachtet werden, so muss dies auch dann gelten, wenn die Befolgung seines Willens nicht seinem objektiven gesundheitlichen Wohl entspricht.
Überwiegen die mit der Befolgung der Wünsche verbundenen Nachteile die dadurch entstehenden Vorteile lediglich geringfügig, so sind diese Nachteile mit den Konsequenzen, die mit einer Nichtbefolgung - insbesondere auch für das Selbstbestimmungsrecht des Fürsorgebedürftigen - verbunden wären, abzuwägen. Im Zweifelsfall muss dem objektiven Wohl der Vorrang vor den Wünschen des Betreuten zukommen[891], um den Betreuten vor seinen eigenen Wünschen zu schützen. Dies im jeweiligen Fall zu entscheiden, ist Aufgabe des Betreuers. Nur im Konfliktfall kommt dem Vormundschaftsgericht die Definitionsmacht zu[892].

Gemäß § 1901 Abs. 3 S. 2 BGB gilt die Regelung des § 1901 Abs. 3 S. 1 BGB auch für Wünsche, die der Betreute vor Bestellung des Betreuers geäußert hat,

---

[887] *Kollmer*, Selbstbestimmung im Betreuungsrecht, S. 142.
[888] *Schwab*, FamRZ 92, S. 503.
[889] *Esch*, Der Patientenanwalt, S. 90.
[890] So *Kollmer*, Selbstbestimmung im Betreuungsrecht, S. 39.
[891] BT-Drs. 11/4528, S.133, linke Spalte unten; *Damrau/Zimmermann*, § 1901 BGB, Rdnr. 2.
[892] *Kollmer*, Selbstbestimmung im Betreuungsrecht, S. 127.

es sei denn, dass er an diesen Wünschen erkennbar nicht festhalten will. Zwar wird teilweise vertreten, dass bei einer Erklärung, die zu einem Zeitpunkt abgefasst wurde, in dem der Erklärende noch einsichts- und einwilligungsfähig war, keine Notwendigkeit bestehe, die Befolgung dieses Willens durch sein Wohl einzuschränken[893], dem kann jedoch nicht zugestimmt werden.
Zwar kann die Nichtberücksichtigung solcher antizipierter Wünsche nicht damit begründet werden, der Betreute sei zum Zeitpunkt der Erklärung nicht in der Lage gewesen, deren Bedeutung vollständig zu erfassen. Jedoch kann sich die persönliche Situation des Betreuten während des Betreuungszeitraums immer vollkommen anders entwickeln, als er es zum Erklärungszeitpunkt voraussehen konnte, mit der Folge, dass ein Schutz des Betreuten vor seinen eigenen Wünschen durchaus notwendig werden kann. Dieser Schutz ist nicht immer dadurch gewährleistet, dass der Betreuer den früher geäußerten Wünschen dann nicht nachzukommen hat, wenn der Betreute erkennbar nicht mehr daran festhalten will. Denn es kann die Situation eintreten, in welcher der Betreute zu einer solchen erkennbaren Meinungsäußerung nicht mehr in der Lage ist. In einer solchen Situation wird man den verschiedenen, sich teilweise entgegenstehenden Interessen des Betreuten nicht dadurch gerecht, dass man dem einmal geäußerten Wunsch uneingeschränkte Wirksamkeit zuspricht. Vielmehr hat der Betreuer frühere Willensäußerungen des Betreuten in die von ihm vorzunehmende Abwägung einzubeziehen, ob eine konkrete Maßnahme mit seinem objektiven Wohl kollidiert.
Die Tatsache, dass der Betreute zum Zeitpunkt dieser Äußerung noch vollständige Einsichtsfähigkeit besaß und es sich insofern dabei um eine uneingeschränkt freie und bewusste Entscheidung und damit um einen Ausdruck seines freien Selbstbestimmungsrechts gehandelt hat, ist jedoch bei dieser Entscheidung besonders zu berücksichtigen.

3. Teilnahme an Forschung als Selbstschädigung

Es ist nun zu klären, ob die Teilnahme an einer fremdnützigen Forschungsstudie eine solche Selbstschädigung darstellt, die dem objektiven Wohl des Betreuten zuwiderläuft. Dies hätte zur Folge, dass eine Betreuungsverfügung diesen Inhalts von dem Betreuer generell nicht zu befolgen wäre.
Dafür müssten die mit der Teilnahme verbundenen Risiken und Belastungen schwerwiegender sein als das Interesse des Patienten, mit einer solchen Verfügung für die Zukunft vorzusorgen und damit sein Recht auf Selbstbestimmung in dieser Beziehung auszuüben. Dies kann für den - zugegebenermaßen sehr unwahrscheinlichen - Fall bejaht werden, dass der Patient sich sehr risikointensiver Forschung zur Verfügung stellen möchte, von der jedoch keine nennenswerten Erkenntnisse zu erwarten ist. Dieses eindeutige Ergebnis kann jedoch nicht ohne weiteres auf die Fälle übertragen werden, in denen abschätzbaren,

[893] *Schöllhammer*, Rechtsverbindlichkeit des Patiententestaments, S. 138.

geringen Risiken vielversprechende medizinische Erkenntnisse gegenüberstehen. Es muss insofern eine Abwägung der Interessen des Betroffenen vorgenommen werden, in deren Rahmen sein Recht auf Selbstbestimmung seinen anderen, von einer solchen Verfügung betroffenen Interessen gegenübergestellt wird.

Ob das Befolgen einer solchen Betreuungsverfügung, das sich in der Einwilligung des Betreuers in die Teilnahme des Betreuten an einer Forschungsstudie äußern würde, dessen Wohl entsprechen kann oder ob sie mit diesem kollidiert, wird zu einem großen Teil davon abhängen, in welcher Verfassung der Patient sich in dieser Zeit befindet. Denn es ist nicht lediglich die mögliche Gefährdung der Gesundheit des Betreuten, die gegen seine Teilnahme an Forschung sprechen könnte, da diese für ihn zum Zeitpunkt der Erklärung vorhersehbar war und mit der Betreuungsverfügung gerade genehmigt werden sollte. Es ist insbesondere auch die mit der Teilnahme verbundene nicht antizipierbare subjektive Belastung, die sich für den Einwilligungsunfähigen ganz anders darstellen kann als für einen gesunden Erwachsenen. Dabei kann der individuelle Gesundheitszustand des Patienten beträchtliche Auswirkungen auf die Erheblichkeit dieser Belastung haben.

Ist aufgrund seines Verhaltens und allgemeinen Befindens zu erwarten, dass der Eingriff für ihn eine nicht unerhebliche Belastung oder Belästigung bedeuten würde mit der Folge, dass in der aktuellen Situation sein Interesse daran, in Ruhe gelassen zu werden, sein Interesse an der Beachtung der in der Betreuungsverfügung erklärten Wünsche überwiegt, so würde eine Befolgung des in der Vergangenheit erklärten Wunsches dem Wohl des Betreuten zuwiderlaufen. In diesem Fall muss die Wirksamkeit einer solchen Erklärungen zum Schutz des Betroffenen hinter dessen aktuellem objektiven Wohl zurücktreten.
Im Regelfall wird es in einer solchen Situation einer Abwägung nicht bedürfen, da der Betreute in diesen Fällen meist schon erkennbar nicht an seinem in der Verfügung erklärten Wunsch festhalten will mit der Folge, dass dieser gemäß § 1901 Abs. 3 S. 2, 2. HS BGB ohnehin nicht mehr zu beachten ist. Ist ein solches ablehnendes Verhalten nicht ohne weiteres erkennbar und der Wunsch des Betreuten daher prinzipiell zu beachten, gilt es jedoch diese Abwägung zu treffen.

Das Fehlen eines ablehnenden Verhaltens kann zum einen darauf zurückzuführen sein, dass der Patient weitgehend den Sinn des Eingriffs zu verstehen in der Lage ist und aus diesem Grunde quasi "einwilligt". In diesem Fall kann lediglich das mit der Forschungsmaßnahme verbundene Risiko für seine Gesundheit dem Wohl des Betroffenen entgegenstehen, da gerade keine erhebliche subjektive Belastung zu befürchten steht.

Es ist jedoch ebenso gut möglich, dass der Betreute aufgrund seiner Krankheit oder Behinderung nicht mehr in der Lage ist, ein Verhalten zu zeigen, dass auf einen Widerrufswillen schließen lassen könnte, so dass auch das Maß der subjektiven Belastung für ihn nicht im vorhinein ermittelt werden kann.
Für beide dieser Fallgruppen ist nun zu untersuchen, wie weit der Verfügende mit seiner Erklärung, an Forschungsstudien teilnehmen zu wollen, seine Rechtsgüter preisgeben darf und welche Risikointensität die Eingriffe beinhalten dürfen, um nicht dem objektiven Wohl des Betreuten zuwider zu laufen. Damit verbunden ist auch die Klärung der Frage, bis zu welchem Grad dem Betreuer als Stellvertreter die Verfügungsmacht über die höchstpersönlichen Rechtsgüter des Betreuten zukommen kann.

Unbedenklich kann die Wirksamkeit einer Betreuungsverfügung betreffend solche Studien bejaht werden, die weder ein Risiko noch eine Belästigung für den Betroffenen darstellen, wie dies zum Beispiel bei einer Verwendung von Urinproben oder ohnehin abgenommenem Blut der Fall wäre. Zwar dient auch eine solche Einwilligung nicht der unmittelbaren Förderung des objektiven gesundheitlichen Wohls des Betroffenen, allerdings läuft sie ihm auch nicht zuwider im Sinne des § 1901 Abs. 3 S. 1 BGB. Aus diesem Grunde überwiegt in diesen Fällen das Interesse des Betreuten daran, dass die von ihm persönlich getroffene Entscheidung respektiert wird, die Tatsache, dass kein individueller Nutzen für ihn aus der Studie resultiert. Der Wahrung des Selbstbestimmungsrechts kommt bei dieser Entscheidung die größere Bedeutung zu. Dies muss insbesondere dann gelten, wenn der Betreute noch weitgehend in der Lage ist, den Sinn einer Maßnahme zu verstehen und er gleichzeitig im Rahmen seiner Fähigkeiten dazu „einwilligt".

Somit steht der prinzipiellen Legitimationswirkung einer auf die Einwilligung in Forschungsstudien gerichteten Betreuungsverfügung nichts entgegen. Um zu untersuchen, in welchem Umfang diese Legitimation gelten kann, ohne dass ihr das objektive Wohl des Betreuten entgegensteht, ist bei der folgenden Erörterung nach Eingriffsintensität und Risiko der jeweiligen Forschungsstudie zu differenzieren.

a. Forschung mit geringfügigem Risiko

Hat sich der Betreute für eine Teilnahme an risikolosen Studien oder solchen mit minimaler Belastung und geringfügigem Risiko, die über die Körperverletzungsschwelle auch hinausgehen können, wie zum Beispiel eine Blutentnahme, ausgesprochen, so entspricht eine solche zwar nicht seinem objektiven Wohl, läuft ihm aber auch nicht unbedingt zuwider.
Bei Forschung mit höchstens geringfügigem Risiko ist das mit diesem Wunsch verfolgte Interesse des Betroffenen, sein Selbstbestimmungsrecht auszuüben und durch die Teilnahme einen wertvollen Beitrag für die Gesellschaft und insbe-

sondere zukünftige Leidensgenossen zu leisten und insoweit auch ein Stück weit die eigene Überzeugung auszuleben, grundsätzlich nicht weniger bedeutsam als die nur in geringem Maße gefährdete körperliche Integrität. Trotz des damit verbundenen Risikos handelt es sich bei diesem Wunsch um eine individuelle Wertentscheidung, mit der der Betroffene seine persönliche Wertvorstellungen ausdrückt, in der keineswegs eine willkürliche Selbstschädigung zu sehen ist[894]. Dies gilt insbesondere auch, da das in diesem Begriff enthaltene destruktive Element vollständig fehlt.

Nimmt man das Recht auf Selbstbestimmung ernst, so überwiegt das objektive Interesse des Betreuten an der Nichtbefolgung seines Willens daher bei lediglich geringfügigem Risiko nicht die Bedeutung seines Wunsches, der Betreuer solle seiner Forschungsteilnahme und den damit verbundenen Eingriffen zustimmen. Der Betreuer hat somit einem solchen Wunsch zu entsprechen und seine Einwilligung zu erteilen, wenn keine Anhaltspunkte dafür erkennbar sind, dass der Betreute an dieser Erklärung nicht festhalten will.

Bei der diesbezüglichen Entscheidung hat der Betreuer immer alle konkreten Umstände des Einzelfalls zu berücksichtigen. Denn wie bereits dargestellt, kann die aufgrund der Krankheit eintretende Hilflosigkeit eine vollständige Verschiebung der Prioritäten für den Betroffenen bewirken, mit der Folge, dass er einen Eingriff, der ihm im gesunden Zustand als minimal und unbedenklich erschienen ist, als erhebliche Belastung und Störung empfinden kann. Sind daher bei dem Betreuten zum Zeitpunkt der Vornahme der Forschungsmaßnahme erkennbare Abwehrhandlungen oder sonstige Verhaltensweisen, die auf einen entgegenstehenden Willen schließen lassen könnten, zu erkennen, so ist der Eingriff unzulässig. Da insbesondere die Frage, ob eine Maßnahme für eine einwilligungsunfähige Person eine mehr als nur minimale Belastung darstellt, nur im jeweiligen Einzelfall beurteilt werden kann, kommt sowohl dem Prüfarzt als auch dem Betreuer die besondere Verantwortung zu, die aktuelle Situation des Patienten richtig einzuschätzen, damit die weitestgehende Achtung seines Selbstbestimmungsrechts gewährleistet ist, ohne jedoch die zum Zeitpunkt der Einwilligung gegenwärtigen Interessen des Betroffenen zu vernachlässigen. Dem entspricht auch die in § 1901 Abs. 3 S. 3 BGB enthaltene Regelung, die den Betreuer verpflichtet, eine wichtigen Angelegenheit - hier der Einwilligung in die Studie - vor ihrer Erledigung mit dem Betreuten zu besprechen.

Ist der Betreute noch in der Lage, einfache Zusammenhänge zu begreifen und den Zweck des Eingriffs zumindest nachzuvollziehen und hat er sich im Rahmen dieser Fähigkeiten nach Gesprächen mit Arzt und Betreuer mit den Maßnahmen und Eingriffen einverstanden erklärt, ist eine Durchführung von For-

---

[894] Anders, *Spranger*, MedR 2001, S. 238 (243), der in jedem fremdnützigen Eingriff in die körperliche Integrität einen Fall der Selbstschädigung sieht, der mit dem Wohl des Betreuten unvereinbar ist.

schung mit geringfügigem Risiko nach Einwilligung des Betreuers unbedenklich.

b. Forschung mit mehr als geringfügigem Risiko

Es ist nun fraglich, ob eine Betreuungsverfügung auch dann noch verbindlich sein kann, wenn sie den Wunsch enthält, an Forschungsstudien mit mehr als geringfügigem Risiko teilzunehmen.

Zugegebenermaßen wird diese Diskussion hauptsächlich theoretischer Natur sein, da ein solches Maß an Teilnahme- und Opferbereitschaft höchst selten vorkommen wird.

Auch in diesem Fall kann nicht grundsätzlich von einer Selbstschädigung gesprochen werden, da es sich bei diesem Wunsch ebenfalls um einen Ausdruck der individuellen Wertvorstellungen handelt, der grundsätzlich nicht zu missbilligen ist. Die Befolgung eines solchen Wunsches birgt jedoch die große Gefahr in sich, dem aktuellen objektiven Wohl des Betreuten zuwider zu laufen.

Es muss daher für die Betreuungsverfügung das gleiche gelten wie für die Forschungsverfügung: das Risiko einer Änderung der Interessen und Bedürfnisse des Betreuten mit Eintritt der Einwilligungsunfähigkeit kann bei einem mehr als geringfügigen Risiko für seine Gesundheit nicht hingenommen werden. Die Wirksamkeit einer solchen Verfügung würde daher dem Wohl des Betreuten zuwider laufen mit der Folge, dass der Betreuer diesem Wunsch nicht Folge leisten darf. Diese Begrenzung des Selbstbestimmungsrechts des Betroffenen ist auch im Rahmen der Betreuungsverfügung zur Wahrung höchstrangiger Rechtsgüter erforderlich, da nicht mit Sicherheit davon ausgegangen werden kann, dass der geäußerte Wille noch mit den aktuellen Bedürfnissen übereinstimmt.

Selbst wenn der Betreute noch dazu fähig ist, ein Gespräch mit dem Betreuer oder dem Prüfarzt über eine bestimmte Forschungsstudie zu führen und sich daraufhin einen zustimmenden Willen zu bilden, der jedoch mangels vollständiger Einsichtsfähigkeit keine rechtfertigende Einwilligung darstellt, so kann das an diesem Ergebnis nichts ändern. Denn gerade weil der Betroffene keine volle Einsichtsfähigkeit besitzt, kann in einer solchen zustimmenden Äußerung keine wirkliche Aktualisierung seines früher geäußerten Willens gesehen werden, wenn ein derartiges größeres Risiko für ihn damit verbunden ist. Wäre dies möglich, so bedürfte der betroffene Patient keines Betreuers.

4. Unzumutbarkeit für den Betreuer

Die Bindung an eine Betreuungsverfügung, die lediglich eine Einwilligung in Eingriffe mit geringfügigem Risiko vorsieht, kann von dem Betreuer nicht mit der Begründung abgelehnt werden, sie sei für ihn nicht zuzumuten, wie dies § 1901 Abs. 3 S. 1 BGB vorsieht, da diese Argumentation zu dem Ergebnis führen würde, dass dem Betroffenen seine letzte Möglichkeit, selbst über sich und eine solche Behandlung zu entscheiden, genommen würde[895], ohne dass dem eine übermäßige Inanspruchnahme des Betreuers gegenüberstünde.

III. Weitere Wirksamkeitsvoraussetzungen der Betreuungsverfügung

Unabdingbare Voraussetzung für die Wirksamkeit der Betreuungsverfügung ist, dass sie hinreichend bestimmt ist[896]. Weiterhin ist der Schutz des Betroffenen auch im Übrigen in dem gleichen Maße zu gewährleisten, wie dies im Rahmen der Forschungsverfügung erforderlich ist. So muss der zu erwartende Nutzen für die Heilkunde das mit der Forschungsstudie verbundene Risiko überwiegen, ebenso wie die Zustimmung der zuständigen Ethikkommission erforderlich ist. Auch die Reaktion des Patienten bei Vornahme der Forschungsmaßnahme ist zu dokumentieren.

IV. Formerfordernisse

Generell gilt für das Betreuungsrecht, dass für die Wirksamkeit einer Betreuungsverfügung keine Schriftform erforderlich ist[897]. Dem erklärten Wille des Betreuten soll auch dann entsprochen werden, wenn er lediglich mündlich geäußert wurde. Aufgrund der besonderen Interessenlage bei einer Verfügung, die den Wunsch einer Teilnahme an Forschungsstudien beinhaltet, könnte eine besondere Form jedoch zum Schutz sowohl des Betroffenen als auch des Arztes erforderlich sein. Denn zum einen sind höchstpersönliche Interessen des Verfügenden berührt, und zum anderen ist eine Missbrauchsgefahr aufgrund des dringenden Bedarfs an derartiger Forschung nicht von der Hand zu weisen.
Beinhaltet der Wunsch des Betroffenen lediglich die Teilnahme an Studien, mit denen keine Eingriffe in die körperliche Integrität, kein Risiko für seine Gesundheit und nur minimale Belastungen verbunden sind, so sind an eine solche Erklärung keine besonderen Anforderungen zu stellen. Es ist in diesen Fällen ausreichend, wenn der Betreuer durch frühere Gespräche und genaue Kenntnis des Betreuten, seiner Lebenseinstellung und Wertvorstellungen, von einem solchen Teilnahmewillen weiß oder diesen von dritter Seite mitgeteilt bekommt. Handelt es sich bei dem Betreuer nicht um eine Person, die dem Bekanntenoder Verwandtenkreis des Betreuten angehört, so ist die Zuverlässigkeit einer solchen Kenntnis besonders zu prüfen.
Gehen die mit der Teilnahme an der Studie mit geringfügigem Risiko verbundenen Maßnahmen in irgendeiner Weise über die Körperverletzungsschwelle hinaus oder besteht ein Risiko der Beeinträchtigung seiner Gesundheit, so ist die Schriftform der Verfügung erforderlich. Es kann insofern auf die bereits im Rahmen der Forschungsverfügung angewandte Argumentation zurückgegriffen

---

[895] Dies gilt natürlich nicht in den Fällen, in denen der Wunsch des Patienten seinem Wohl zuwiderläuft. Ausführlicher zu dieser Problematik in *Eisenbart*, S. 195 ff..
[896] *Eisenbart*, S. 197.
[897] *Bienwald*, Betreuungsrecht, § 1901 a, Rdnr. 6.

werden. Ebenso wie dort ist nur durch die Schriftform eine jederzeitige Nachprüfbarkeit des wirklichen Willens des Betreuten möglich, die einen Missbrauch oder eine irrtümlich falsche Weitergabe der mündlichen Erklärung ausschließt. Aus diesem Grund ist sie sowohl für den Arzt, dessen Handeln nur dann gerechtfertigt ist, wenn der Einwilligung des Betreuers eine entsprechende Verfügung des Betreuten zugrunde liegt, als auch für den Patienten selbst und dem Schutz seiner höchstpersönlichen Rechtsgüter unverzichtbar. Dies gilt bei der Betreuungssituation auch deswegen in besonderem Maße, als es sich bei dem Betreuer nicht immer um eine Vertrauensperson des Betreuten handeln muss, der sein Wohl besonders am Herzen liegt, sondern auch eine ihm fremde Person für diese Aufgabe bestellt werden kann.

V. Vorteile im Verhältnis zur Forschungsverfügung

Die Betreuungsverfügung hat gegenüber der Forschungsverfügung den unbestreitbaren Vorteil[898], dass zwischen der Erklärung des Patienten und der darauf beruhenden Teilnahme an einer Forschungsstudie der Betreuer als eine Art Kontrollinstanz[899] steht, der ebenso vollständig aufzuklären ist, wie ein einwilligungsfähiger Patient aufgeklärt werden müsste, um auf dieser Basis die Entscheidung über eine eventuelle Teilnahme an der Studie treffen zu können, wobei dessen Wohl immer die Grenze markiert. Seine Entscheidung fällt somit in Kenntnis aller Unannehmlichkeiten und Risiken, während die Forschungsverfügung in gewisser Weise meist einen Freibrief für eine nicht genau bekannte Behandlung darstellen wird.

Die Existenz des Betreuers ist auch insoweit von Vorteil, als dem zuständigen Arzt mit ihm ein Ansprechpartner zur Verfügung steht, der meist den Patienten und seine individuellen Bedürfnisse kennt. Er muss sich somit nicht allein auf den schriftlich niedergelegten Willen des Patienten verlassen. Dies kann insbesondere von Nutzen sein, wenn bei Niederschrift der Erklärung ein Eintreten von Einwilligungsunfähigkeit in keiner Weise vorherzusehen war, da es in diesen Fällen generell schwieriger sein wird, die Verfügung in einer Form abzufassen, die keinen Zweifel an dem Willen des Betroffenen zur Teilnahme an einer bestimmten Forschungsmaßnahme entstehen lässt.

Mit diesem durch die „Zwischenschaltung" der Einwilligung des Betreuers entstehenden Vorteil der Betreuungsverfügung gegenüber der Forschungsverfügung kann indes gleichzeitig eine gewisse Relativierung des Selbstbestimmungsrechts verbunden sein, wenn der Betreuer die Einwilligung trotz eindeutigem Wunsch des Patienten verweigert, indem er sich darauf beruft, das Wohl

---

[898] *Koch*, Rechtsfragen der Entscheidungsfindung, S. 35, spricht der Bevollmächtigung eines Stellvertreters auch im Rahmen der Sterbehilfe-Problematik gewichtige Vorzüge gegenüber der statischen Patientenverfügung zu.

[899] Auch *Helmchen/Lauter* sehen in der Zwischenschaltung des Stellvertreters eine zusätzliche Kontrolle.

des Betreuten sei durch eine bestimmte Maßnahme verletzt. Allerdings ist diese Gefahr in Anbetracht der Tatsache, dass der Verfügende wohl lediglich eine Person seines Vertrauens mit dieser Aufgabe betrauen wird[900], mit der er über seine Motive und seine Wünsche bezüglich einer Teilnahme an Forschungsstudien ausführlich gesprochen hat und von der er sich sicher ist, dass sie diesen Wünschen nachkommen wird, sehr gering einzuschätzen. Es ist daher zu erwarten, dass der ausgewählte Betreuer nur dann seine Einwilligung verweigern wird, wenn eine Maßnahme tatsächlich dem objektiven Wohl des Patienten zum Zeitpunkt der Entscheidung zuwider läuft, und damit seinem Willen nicht weniger gerecht werden wird, als dies durch eine antizipierte Forschungsverfügung, die den Eingriff direkt legitimiert, gewährleistet wäre. Doch selbst wenn der Betreuer den detaillierten Anweisungen des Patienten entsprechend entscheidet, so hat er letztendlich selbst die Entscheidung im Hinblick auf die Einwilligung zu treffen. Es handelt sich daher nicht nur um eine bloße Weiterleitung von dessen Erklärung mit der Folge, dass eine Stellvertretung und keine Botenschaft vorliegt[901].

VI. Genehmigung durch das Vormundschaftsgericht

Teilweise wird vertreten, die Betreuung sei der falsche Weg, das Selbstbestimmungsrecht in Bezug auf die Teilnahme an Forschungsstudien zu wahren, da es dort an institutionalisierten Garantien für die Wahrung der Belange des Betreuten fehlen könnte[902]. Eine solche Teilnahme solle besser von der Zustimmung des Vormundschaftsgerichts abhängig gemacht werden, da allein dadurch Unabhängigkeit und allseitige Interessenberücksichtigung garantiert sei. Dieser Entscheidung solle zudem ein medizinwissenschaftliches Bewertungsverfahren vorausgehen, in dem die Risiken für den Patienten mit der voraussichtlichen Bedeutung für die Heilkunde abgewogen werden[903].

Dem steht jedoch entgegen, dass das Vormundschaftsgericht keine eigene Sachkunde besitzt, aus diesem Grund auf das Ergebnis der medizinwissenschaftlichen Bewertung angewiesen ist und sich daher bei seiner Entscheidung auch an diesem orientieren wird. Da der Betreuer ohnehin nur in eine Teilnahme an solchen Studien einwilligen darf, die von einer unabhängigen Ethikkommission geprüft wurden, ist somit kaum ein besserer Schutz der Rechte des Patienten

---

[900] Aus diesem Grund sind die (allerdings in Bezug auf die Behandlungsverweigerung geäußerten) Bedenken von *Eisenbart*, S. 208, dass die vom Gericht meistens als Betreuer eingesetzten nahen Angehörigen aus emotionaler Verbundenheit oder aus Angst, dem Betroffenen könnte etwas zustoßen, den Willen des Betreuten nicht entsprechend beachten würden, im Hinblick auf die Betreuungsverfügung für Forschungsteilnahme nicht zu teilen.

[901] Ebenso *Walter*, Vorsorgevollmacht, S. 203.

[902] So *Sobota*, Patientenrecht und Forschungsfreiheit, S. 382, wobei besondere Gefahr von den gemeinnützigen Betreuungsvereinen nach § 1900 BGB ausgehen soll, die auch von Seiten der Forschung oder der Pharmaindustrie gefördert werden können.

[903] *Sobota*, Patientenrecht und Forschungsfreiheit, S. 386.

durch die Erforderlichkeit der Genehmigung des Vormundschaftsgerichts zu erwarten.
Zudem wird die gegenwärtige Praxis des Vormundschaftsgerichts im Rahmen der nach § 1904 BGB erforderlichen Genehmigung vielfach wegen der damit verbundenen langen Wartezeit kritisiert. Ist eine solche Genehmigung wie vorgeschlagen sogar noch einem anderen Bewertungsverfahren nachgeschaltet, so steht zu befürchten, dass sich diese Wartezeit noch erheblich ausdehnen werden. Aus diesen Gründen ist ein solches Genehmigungsverfahren nicht empfehlenswert. Die Rechte des einwilligungsunfähigen Patienten sind durch die in seiner Betreuungsverfügung geäußerten Wünsche sowie die Pflicht von Ärzten und Betreuer, seinen aktuellen Zustand bei ihren Entscheidungen zu berücksichtigen, hinreichend geschützt.

C. Einwilligung des Bevollmächtigten auf Grund einer Vorsorgevollmacht

Eine dritte Alternative, dem Willen einer Person zur Teilnahme an Forschungsstudien Geltung zu verleihen, könnte die Vorsorgevollmacht[904] darstellen. Mittels einer solchen Bevollmächtigung kann der Betroffene in noch einwilligungsfähigem Zustand eine bestimmte selbstgewählte Person zu seinem Stellvertreter in Gesundheitsangelegenheiten ernennen und gleichzeitig Behandlungswünsche äußern, die dieser Stellvertreter zu befolgen hat. Ebenso wie die Betreuungsverfügung würde die Vorsorgevollmacht dem Betroffenen die Möglichkeit geben, sicherzustellen, dass seine Wünsche bei zukünftig anfallenden Entscheidungen respektiert werden und somit dazu beitragen, seine Autonomie in dieser Beziehung zu wahren.

I. Gesetzliche Grundlagen der Vorsorgevollmacht

Die generelle Möglichkeit für einen Volljährigen, durch die Erteilung einer Vorsorgevollmacht einen Stellvertreter zu bestimmen, der im Falle des Eintritts seiner Geschäftsunfähigkeit oder sonstiger Hilflosigkeit die Angelegenheiten des Vollmachtgebers besorgen kann, geht aus § 1896 Abs. 2 S. 2 BGB hervor, in dem geregelt ist, dass eine Betreuung nicht erforderlich ist, wenn diese Angelegenheiten durch einen solchen Bevollmächtigten ebenso gut wie durch einen Betreuer besorgt werden können. Seit dem in Kraft treten des Betreuungsrechtsänderungsgesetzes (BtÄndG) am 01. 01. 1999 ist zudem in § 1904 Abs. 2 BGB ausdrücklich geregelt, dass eine solche Bevollmächtigung auch für Gesundheitsangelegenheiten möglich ist, wobei § 1904 Abs. 2 S. 2 BGB allerdings die Schriftform als Wirksamkeitsvoraussetzung vorschreibt.

---

[904] Zu den dogmatischen Grundlagen dieses Rechtsinstitutes siehe *Langenfeld*, Vorsorgevollmacht, S. 93 ff; *Füllmich*, S. 97 ff.

II. Vorsorgevollmacht für die Einwilligung in Forschungsstudien

Aus der allgemeinen Zulässigkeit der Vorsorgevollmacht für Gesundheitsangelegenheiten kann jedoch nicht geschlossen werden, dass diese auch die Bevollmächtigung enthalten kann, eine Einwilligung zur Teilnahme an Forschungsstudien für den Vollmachtgeber zu erklären. Es wird daher zu klären sein, welche Bedenken einer solchen Zulässigkeit entgegenstehen könnten und ob diese Bedenken ausreichen, um sie zu verneinen.

Dabei ist es selbstverständlich, dass die mit antizipierten Erklärungen immer verbundenen Schwierigkeiten und Fragen auch im Hinblick auf die Vorsorgevollmacht bestehen. Diese unterscheiden sich jedoch nicht wesentlich von denen der Betreuungsverfügung, so dass im Hinblick auf diese grundsätzlichen Probleme auf die dortigen Erörterungen zurückgegriffen werden kann.

Es ist jedoch erforderlich, auf die spezifisch mit der Vorsorgevollmacht zusammenhängenden Schwierigkeiten, die deren Zulässigkeit entgegenstehen könnten, einzugehen, um ihre Eignung als antizipierte Erklärung, die eine Teilnahme an Forschungsstudien sicherstellen soll, zu klären.

1. Wirkung der Vollmacht

Hat eine Person mittels Vorsorgevollmacht eine Person zu ihrem gewillkürten Stellvertreter in Gesundheitsangelegenheiten bestimmt, so kann der Bevollmächtigte zu diesem Zeitpunkt noch keine Rechte daraus herleiten. Er ist erst dann zu einem Handeln für den Vollmachtgeber berechtigt, wenn der Fall der Hilflosigkeit und Entscheidungsunfähigkeit eingetreten ist[905], für den der Betroffene mit seiner Vollmacht vorsorgen wollte, da sonst gegen den Grundsatz der Höchstpersönlichkeit der Einwilligung verstoßen würde[906].

2. Schutz des Selbstbestimmungsrechts im Vergleich zur Betreuung

Dem Anliegen des Betreuungsrechts, das Selbstbestimmungsrecht des Betroffenen so weit wie möglich aufrecht zu erhalten, wird auch mit der Vorsorgevollmacht Rechnung getragen[907], da diese Form der Erklärung es ermöglicht, dass der Wille des Betroffenen mit Hilfe des Stellvertreters noch zu einem Zeitpunkt befolgt wird, zu dem er nicht mehr selbst zu einer entsprechenden Äußerung in der Lage ist. Somit wird durch diese Vorsorgevollmacht gerade der Fortbestand des Selbstbestimmungsrechts gesichert[908]. Dies gilt zumindest dann, wenn die Erklärung, mit der der Betroffene seinen Stellvertreter in Gesundheitsangelegenheiten bevollmächtigt hat, nicht weniger detailliert und bestimmt ist als dies

---

905 Ebenso *Walter*, FamRZ 1999, S. 686; *Milzer*, NJW 2003, S. 1836 weist jedoch darauf hin, dass eine Wirksamkeitsbeschränkung der Vollmacht durch die aufschiebende Bedingung der Geschäfts- oder Einwilligungsunfähigkeit die Vollmacht vollständig entwertet, da für den Adressat der Vollmacht der Eintritt dieser Bedingungseintritt nicht gerichtsfest feststellbar ist.

906 *Langenfeld*, Vorsorgevollmacht, S. 108, 109.

907 Ebenso *Veit*, FamRZ 1996, S. 1310.

908 *Füllmich*, S. 103 ff.

bei einer Betreuungsverfügung der Fall sein muss. Denn nur dann kann der Bevollmächtigte die Angelegenheiten ebenso gut besorgen wie der Betreuer, wie dies von § 1896 Abs. 2 S. 2 BGB gefordert wird. Ansonsten würde auch bei dieser Form der Stellvertretung die Gefahr bestehen, dass die Entscheidung des Vertreters nicht dem eigentlichen Willen des Vertretenen entspricht und somit der Schutz seiner Rechtsgüter nicht in ausreichendem Maße gewährleistet ist.

a. Auswahl des Stellvertreters

Auch was das Recht auf Selbstbestimmung im Hinblick auf die Auswahl des Stellvertreters angeht[909] und dessen Pflicht, die Wünsche des Vertretenen zu berücksichtigen, ist die Vorsorgevollmacht mit der Betreuungsverfügung vergleichbar.

So ist der Vorschlag des Betreuungsbedürftigen betreffend die Person des Betreuers gemäß § 1897 Abs. 4 BGB zu berücksichtigen, wenn es seinem Wohl nicht zuwiderläuft. Darf dieser Vorschlag aufgrund der mit der Bestellung dieser Person verbundenen konkreten Gefahr für seine Interessen nicht befolgt werden, so wäre auch eine entsprechende Vorsorgevollmacht, die eine Bevollmächtigung dieser Person enthalten würde, wirkungslos. Denn im Falle einer solchen Gefahr ist nicht davon auszugehen, dass diese Person gemäß § 1896 Abs. 2 S. 2 BGB die Angelegenheiten des Betroffenen ebenso gut besorgen könnte wie ein Betreuer. Das Recht des Betroffenen, die Person seines Vertreters selbst zu bestimmen, ist somit bei Betreuung und gewillkürter Stellvertretung in gleichem Umfang gewährleistet.

b. Beachtung des Willens von Vollmachtgeber und Betreutem

Ebenso wie der Bevollmächtigte nur im Rahmen der Vollmacht handeln darf, hat auch der Betreuer gemäß § 1901 Abs. 3 BGB den Willen des Betreuten zu beachten, wobei jedoch das Wohl des Betreuten die Grenze für die Befolgung seiner Wünsche darstellt[910]. Eine Entscheidung entsprechend dem Willen des Betreuten ist demnach nur dann möglich, wenn dieser Wille auch mit seinem Wohl korrespondiert, beziehungsweise Betreuer und Betreuter in ihrer Auffassung betreffend das Wohl des Betreuten übereinstimmen. Da die diesbezügliche Entscheidung von dem Betreuer zu treffen ist, kann diese Beschränkung des Willensvorrangs insbesondere bei der Entscheidung über die Teilnahme an Forschungsstudien zu unterschiedlichen Sichtweisen führen, wenn der Betreuer rein objektive Maßstäbe bei dieser Entscheidung anlegt.

---

[909] Das Recht, die Person des Stellvertreters zu bestimmen, stellt auch laut *Elzer*, MedR 1998, S. 126 einen nicht unerheblichen Teil des Selbstbestimmungsrechts dar. Auch *Füllmich*, S. 83 und *Langenfeld*, Vorsorgevollmacht, S. 88, gehen davon aus, dass eine Entscheidung einer Person am ehesten dann berücksichtigt wird, wenn ihm auch das Recht zukommt, den Vertreter, der diese Entscheidung treffen soll, selbst zu bestimmen.

[910] *Eisenbart*, S. 44 sieht das Wohl vor allen Dingen als von den persönlichen Vorstellungen des Patienten abhängig

Eine solche Begrenzung des Willensvorrangs des Vollmachtgebers durch sein Wohl ist für die Vorsorgevollmacht zwar nicht ausdrücklich geregelt. Daraus zu folgern, dass der Bevollmächtigte bei der Befolgung der Wünsche des Vollmachtgebers dessen Wohl als begrenzendes Element nicht zu beachten hätte[911], wäre allerdings ein Fehlschluss. Denn trägt der Bevollmächtigte durch seine Entscheidung dazu bei, dass sich der Vollmachtgeber in nicht unerheblichem Umfang selbst schädigt, so kann nicht davon ausgegangen werden, dass er die Angelegenheiten des Betroffenen ebenso gut besorgt wie ein Betreuer. Dies würde wiederum die Anordnung einer Betreuung erforderlich machen. Folglich hat auch der Bevollmächtigte im Hinblick auf die Wünsche des Betroffenen dessen Wohl im Auge zu behalten und darf diese nicht bedingungslos befolgen. Dies muss zumindest für den Bereich der Vertretung in Gesundheitsangelegenheiten gelten, in dem höchstpersönliche Interessen des Vollmachtgebers auf dem Spiel stehen. Denn auch nach Erteilung einer solchen Vollmacht kann sich die Interessenlage des Patienten in unvorhergesehener Weise verändern mit der Folge, dass er unter Umständen vor seinen eigenen Wünschen geschützt werden muss.

Ebenso wie bei der Betreuungsverfügung steht zu erwarten, dass der Vollmachtgeber vor Abfassung einer Vorsorgevollmacht in der Regel ausführliche Gespräche mit seinem zukünftigen Stellvertreter geführt haben wird, mit der Folge, dass der Betroffene nur eine solche Person bevollmächtigt haben wird, von der er weiß, dass sie seine Wünsche kennt und sie zu befolgen bereit ist.
Die Vorsorgevollmacht ist somit zur Wahrung des Selbstbestimmungsrechts des Betroffenen grundsätzlich in gleicher Weise geeignet wie die Betreuungsverfügung.

3. Wirksamkeit der Vollmacht bei Verlust der Kontrollfähigkeit

Im Gegensatz zu einer allgemeinen Vorsorgevollmacht in Gesundheitsangelegenheiten besteht jedoch bei der Vollmacht zur Einwilligung in Forschungsstudien die Besonderheit, dass sie auf den Eintritt einer Situation gerichtet ist, in der eine Kontrolle der Tätigkeit des Bevollmächtigten durch den Vollmachtgeber selbst aufgrund seines Gesundheitszustandes nicht mehr möglich sein wird. Dies könnte dazu führen, dass der Schutz seiner Rechtsgüter nicht in dem gleichen Maß gewährleistet ist wie dies durch eine Betreuung der Fall wäre.
Dies wäre insbesondere deswegen bedenklich, da bei einer Teilnahme an ausschließlich wissenschaftlichen Forschungsstudien die höchstpersönlichen Rechtsgüter der Patienten immer in besonderer Weise gefährdet sind und auch aufgrund der Tatsache, dass der Betroffene nicht mehr in der Lage ist, seine eigenen Entscheidungen frei zu treffen, ein besonderes Schutzbedürfnis besteht.

---

[911] So auch *Esch*, Der Patientenanwalt, S. 68.

Es könnte daher erforderlich sein, in einer solchen Situation, in der ein Patient aufgrund Behinderung oder Krankheit mehr als nur kurzzeitig einwilligungsunfähig ist, eine Betreuung anzuordnen. Denn grundsätzlich wird der Verlust der Geschäfts- oder Einwilligungsfähigkeit einer Person durch das Betreuungsrecht aufgefangen[912]. Sinn der Betreuung ist dabei vor allem, dem Schutz des Betroffenen zu dienen[913].

Jedoch könnte die Geltung des Erforderlichkeits- sowie des Subsidiaritätsgrundsatzes als wesentliche Merkmale des neuen Betreuungsrechts dazu führen, dass die Betreuung bei Eintritt eines solchen Falles nicht zwingend angeordnet werden muss.
So besagt der Erforderlichkeitsgrundsatz, dass ein Betreuer nur dann bestellt werden darf, wenn der Betroffene nicht mehr in der Lage ist, seine Angelegenheiten selbst zu besorgen, und eine Betreuung zu diesem Zweck erforderlich ist. Der Erforderlichkeitsgrundsatz gilt dabei nicht nur für die Anordnung der Betreuung selbst, sondern auch im Hinblick auf den Aufgabenkreis, für den sie angeordnet wird. Der Aufgabenkreis des Betreuers darf sich daher nur auf solche Bereiche erstrecken, in denen seine Hilfe unerlässlich ist, da dem Betreuten ein Maximum an Autonomie verbleiben muss[914]. Ist der Fürsorgebedürftige in der Lage, seine Angelegenheiten mit Hilfe eines Bevollmächtigten zu erledigen, so erscheint die Anordnung einer Betreuung grundsätzlich nicht erforderlich.

Zu diesem Ergebnis führt auch der Subsidiaritätsgrundsatz, der besagt, dass ein Betreuer nur dann bestellt werden darf, wenn die Angelegenheiten des Betroffenen nicht ebenso gut auf anderem Wege erledigt werden können[915]. So ist in § 1896 Abs. 2 S. 2 BGB ausdrücklich festgelegt, dass die Betreuung gegenüber Selbsthilfemöglichkeiten, wie zum Beispiel der Hilfe durch einen in dieser Vorschrift ausdrücklich genannten Bevollmächtigten, nachrangig ist, wenn die Angelegenheiten des Volljährigen dadurch ebenso gut wie durch einen Betreuer besorgt werden können. Der Fürsorge durch Bevollmächtigte wird durch diese Vorschrift eindeutig der Vorzug gegenüber der Bestellung eines Betreuers gegeben[916]. Dadurch wird nicht zuletzt auch zu einer Entlastung der gegenwärtig überforderten Vormundschaftsgerichte beigetragen, was die Bevollmächtigung schon aus diesem Grund auch zu einer rechtspolitisch wünschenswerten Maßnahme macht[917]. Gleichzeitig bleibt auf diese Weise der Verhältnismäßigkeitsgrundsatz gewahrt, der es verbietet, eine funktionierende Pflege- und Betreu-

---

912 So *Walter*, Vorsorgevollmacht, S. 216.
913 *Kollmer*, Selbstbestimmung im Betreuungsrecht, S. 29.
914 *Kollmer*, Selbstbestimmung im Betreuungsrecht, S. 58.
915 BT-Drs. 11/ 4528, S. 121.
916 Vergleiche *Schwab*, FamRZ 1992, S. 495.
917 *Helmchen/Lauter*, S. 58.

ungssituation durch einen Eingriff des Staates zu ersetzen und damit zu zerstören[918].

Es ist daher zu untersuchen, ob die Angelegenheiten des Patienten durch einen Bevollmächtigten auch dann ebenso gut besorgt werden können wie durch einen Betreuer, wenn der Betroffene nicht mehr in der Lage ist, die Vollmacht einzuschränken, auszuweiten oder zu widerrufen und den Bevollmächtigten dadurch zu kontrollieren[919].

Dagegen wird vorgebracht, dass zwar die Bevollmächtigung selbst einen Akt der Selbstbestimmung darstelle, jedoch durch die mangelnde Fähigkeit des Patienten zur Überwachung des Bevollmächtigten eine Einbruchstelle zur Fremdbestimmung geschaffen werde[920]. Dies ist insofern richtig, als jede Stellvertretung - unabhängig davon, ob es sich um einen gerichtlich bestellten oder einen gewillkürten Stellvertreter handelt - immer auch die Gefahr der Missachtung des Willens des Vertretenen und damit eines Missbrauchs beinhaltet[921]. Dieses Risiko ist allerdings auch durch die Anordnung der Betreuung nicht zu vermeiden, da auch durch den Betreuer getroffene Entscheidungen nicht unbedingt dem Willen des Betreuten entsprechen müssen.

Eine wirksame Überwachung der Entscheidungen des Betreuers durch den Betreuten ist - aufgrund dessen Zustandes, der die Betreuung gerade erforderlich macht - je nach individueller Situation lediglich in ebenso geringem Umfang möglich wie eine Kontrolle des Bevollmächtigten durch den Vollmachtgeber. Daher ist nicht ersichtlich, warum bei der gewillkürten Stellvertretung eine größere Gefahr der Fremdbestimmung vorliegen sollte als bei der Betreuung.

Dies gilt insbesondere im Hinblick darauf, dass eine Vollmacht in der Regel nur Vertrauenspersonen erteilt wird, während als gerichtlich bestellte Betreuer auch dem Betroffenen unbekannte Personen in Betracht kommen, bei denen das Risiko einer dem Willen des betroffenen Patienten nicht entsprechenden Entscheidung deutlich höher einzuschätzen ist. Denn der Fürsorgebedürftige wird in der Regel besser in der Lage sein zu entscheiden, welcher Person er Entscheidungen in seinem Sinne anvertrauen kann als das Gericht[922].

918 *Langenfeld*, Vorsorgevollmacht, S. 6.

919 Im Allgemeinen wird davon ausgegangen, dass eine Betreuung spätestens dann notwendig wird, wenn eine solche Kontrolle durch den Vollmachtgeber nicht mehr möglich ist, vergleiche *Kollmer*, Selbstbestimmung im Betreuungsrecht, S. 61.

920 *Walter*, Vorsorgevollmacht, S. 219; a.A. aber *Veit*, FamRZ 1996, S. 1310, die die rechtsgeschäftliche Vollmacht als Möglichkeit ansieht, der staatlichen Fremdbestimmung aus dem Weg zu gehen.

921 Ebenso *Eisenbart*, S. 209; *Füllmich*, S. 95.

922 Auch *Eisenbart* schätzt die Wahrscheinlichkeit, sich in einer Person zu irren, der man so sehr vertraut, als äußerst gering ein, S. 209.

An diesem Ergebnis kann auch das Bestehen der Aufsicht des Vormundschaftsgerichts über die gesamte Tätigkeit des Betreuers gemäß § 1908 i I S. 1 BGB i. V. mit § 1837 II BGB nichts ändern, die bei der Besorgung der Angelegenheiten des Betroffenen durch einen Bevollmächtigten nicht erfolgt, da auch sie einen Schutz vor Fremdbestimmung nicht gewährleisten kann. Selbst wenn durch diese Überwachung überprüft werden kann, ob der Betreuer die gesetzlichen Vorschriften und die vom Vormundschaftsgericht getroffenen Anordnungen befolgt, so ist es doch im Regelfall lediglich der Betreuer, der den Patienten kennt, so dass nur er in der Lage ist zu entscheiden, ob eine bestimmte Entscheidung dessen Willen entspricht. Solange die daraufhin von ihm getroffene Entscheidung dem Wohl des Betreuten nicht eindeutig zuwiderläuft, wird eine Überprüfung, ob diese tatsächlich mit den Wünschen des Betroffenen in Einklang stand, bei realitätsnaher Betrachtung aufgrund mangelnder Anhaltspunkte für das Vormundschaftsgericht nicht möglich sein, es sei denn, der Betroffene ist selbst dazu in der Lage, auf einen diesbezüglichen Widerspruch aufmerksam zu machen. Das Risiko der Fremdbestimmung kann somit durch die Überwachung seitens des Vormundschaftsgerichts im Regelfall nicht verringert werden.

Liegt allerdings eine schriftliche Erklärung des Patienten vor, mit der eine Person ausdrücklich zu einer Einwilligung in die Teilnahme an einer Forschungsstudie ermächtigt wird, könnte das Gericht sehr wohl nachprüfen, ob die Teilnahme an einer bestimmten Studie von dieser Vollmacht gedeckt ist. Für den Fall einer Betreuungsverfügung kann diese schriftliche Erklärung somit ein objektives Kontrollinstrument darstellen, anhand dessen das Gericht das Handeln des Betreuers überprüfen und den Betreuten insoweit vor Fremdbestimmung schützen kann. Da diese Kontrollmöglichkeit im Rahmen der Bevollmächtigung nicht besteht, ist fraglich, ob der Schutz der Rechtsgüter des Vollmachtgebers unter diesen Umständen ausreichend gewährleistet sein kann.

Dessen Schutz könnte jedoch ausreichend durch die Möglichkeit der Anordnung einer Überwachungsbetreuung gemäß § 1896 Abs. 3 BGB gesichert sein. Die Vollmachtsüberwachungsbetreuung dient als Ausgleich dafür, dass der nach Erteilung der Vollmacht geschäftsunfähig gewordene Betroffene die Vollmacht nicht mehr selbst widerrufen kann, wobei der Aufgabenkreis des Überwachungsbetreuers darin besteht, etwaige Ansprüche des Betroffenem dem Bevollmächtigten gegenüber geltend zu machen[923]. Er kann Auskunft und Rechenschaft verlangen und gegebenenfalls die Vollmacht widerrufen, während er gleichzeitig der Aufsicht durch das Vormundschaftsgericht gemäß §§ 1837, 1908 i BGB unterliegt.

---

[923] Palandt, § 1896 Rdnr. 41.

Die Bestellung eines Überwachungsbetreuers gemäß § 1896 Abs. 3 BGB ist erforderlich, wenn der Vollmachtgeber nicht mehr zur Überwachung in der Lage, eine solche aber notwendig ist[924]. Dieser Grundsatz der Erforderlichkeit schließt die Notwendigkeit der Anordnung einer Überwachungsbetreuung allein aufgrund der mangelnden Kontrollfähigkeit des Vollmachtgebers eigentlich bereits aus[925]. Dies ist schon deswegen richtig, weil eine Vorsorgevollmacht gerade auch für den Fall erteilt wird, dass der Betroffene nicht mehr dazu in der Lage ist, eigene Entscheidungen zu treffen, was in vielen Fällen auch mit einem Verlust der Kontrollfähigkeit verbunden ist. Wäre damit zwangsläufig immer die Anordnung einer Überwachungsbetreuung verbunden, so hätte dies zur Folge, dass der Vorteil der Vorsorgevollmacht, der gerade auch darin liegt, dass keine aufwendigen Formalien mit ihr verknüpft sind, teilweise aufgehoben wäre.

Eine solche Anordnung ist - auch ohne dass ein Missbrauchsverdacht vorliegen muss - vielmehr dann zwingend, wenn Umfang und Schwierigkeit der Geschäfte eine Überwachung erfordern[926]. Es stellt sich nun die Frage, ob die Entscheidung des Bevollmächtigten über eine Teilnahme an Forschungsstudien von solchem Umfang und derartiger Schwierigkeit ist, dass mit ihr die Bestellung eines Überwachungsbetreuers zwingend verbunden ist[927].

Die allgemeine Bevollmächtigung in Gesundheitsangelegenheiten umfasst, sofern sie keine besonderen Bestimmungen enthält, nur die Entscheidung hinsichtlich solcher Behandlungsmaßnahmen, die vorgenommen werden sollen, weil die Gesundheit des Patienten andererseits gefährdet oder beeinträchtigt würde[928]. Für solche Entscheidungen ist die Anordnung einer Überwachungsbetreuung nicht erforderlich, da sie sich im Regelfall nach der Empfehlung der Ärzte richten wird und der Schutz des Patienten bei medizinischen Behandlungen durch das Genehmigungserfordernis des Vormundschaftsgerichts in den Fällen des § 1904 Abs. 1 i. V. m. Abs. 2 BGB gewährleistet ist. Sollte der höchst unwahrscheinliche Fall eintreten, dass ein Bevollmächtigter in diesem Bereich Entscheidungen trifft, die dem Wohl des Patienten widersprechen, so ist davon auszugehen, dass entweder der behandelnde Arzt oder ein Angehöriger des Patienten das Vormundschaftsgericht informieren wird, das die entsprechenden Maßnahmen einleiten und eine Überwachungsbetreuung anordnen kann. Eine Gefahr für die Gesundheit des Patienten droht daher nicht in größerem Maße als dies bei der Entscheidung durch einen Betreuer der Fall ist.

---

[924] *Damrau/Zimmermann*, § 1986 BGB, Rdnr. 25.

[925] Ebenso *Veit*, FamRZ 1996, S. 1312, die zumindest einen besonderen Umfang oder besondere Schwierigkeit der zu besorgenden Geschäfte als Voraussetzung zur Bestellung eines Überwachungsbetreuers verlangt; ebenso BT-Drs. 11/4528, S: 123 linke Spalte.

[926] Palandt, § 1896 Rdnr. 41.

[927] So *Walter*, Vorsorgevollmacht, S. 228.

[928] Dieser Ansicht ist auch *Walter*, Vorsorgevollmacht, S. 235.

Die Sachlage ist bei einer Entscheidung des Bevollmächtigten über eine Einwilligung in die Teilnahme an Forschungsstudien insofern eine andere, als es im Einzelfall nicht immer einfach sein wird zu bestimmen, womit den Interessen des Betroffenen am ehesten gedient wird, beziehungsweise sicher zu stellen, dass seinem Wohl nicht zuwidergehandelt wird. Bei dieser Entscheidung hat der Bevollmächtigte nicht nur festzustellen, ob eine konkrete Studie wirklich von dem ausdrücklichen Teilnahmewillen des Betroffenen umfasst ist, er muss auch beurteilen, ob der Vollmachtgeber an dem in der Vergangenheit erklärten Willen in seiner konkreten gegenwärtigen Situation noch festhalten wollen würde. Dabei hat er dessen ausdrücklich erklärtes Interesse an einer solchen Teilnahme mit seinen gegenwärtigen Interessen abzuwägen. Da es sich um eine Abwägung höchstpersönlicher Rechtsgüter handelt, ist diese Entscheidung von nicht unerheblicher Schwierigkeit und Bedeutung.
Gegen die zwingende Erforderlichkeit, in jedem Fall der Vorsorgevollmacht für die Einwilligung in Forschungsstudien einen Überwachungsbetreuer zu bestellen spricht jedoch, dass wohl kein anderer als die von dem Patienten selbst ausgewählte Vertrauensperson, die seine Wünsche und Motive genau kennt, besser dazu in der Lage sein wird zu beurteilen, welche Entscheidung den Interessen des Patienten am ehesten dienen würde. Auch ist nicht zu erwarten, dass der Bevollmächtigte gegen die ausdrücklichen Wünsche des Patienten handeln würde, es sei denn, dies ist durch dessen gegenwärtige Interessenlage geboten. Im Falle des Zweifels steht ihm zudem bei seiner Entscheidung der behandelnde Arzt zur Seite, der ihm aufgrund seiner Fachkenntnis Hilfe leisten kann.
Auch die Nachprüfbarkeit der Entscheidung des Bevollmächtigten anhand der Vollmacht trägt dazu bei, dass bei einer Bevollmächtigung zur Einwilligung in wissenschaftliche Forschungsstudien der Schutz der Rechtsgüter des Patienten auch ohne Überwachungsbetreuung in ausreichendem Maße gewährleistet ist. Dabei muss aus dieser Erklärung sowohl hervorgehen, an welcher Art von Forschungsstudie der Betroffene seine Teilnahme gesichert wissen will, als auch, dass die auf dieser Erklärung basierende Entscheidung des Vertreters verbindlich sein soll[929].

Somit ist es trotz der nicht zu bestreitenden Tatsache, dass im Einzelfall Schwierigkeiten bei der Entscheidungsfindung bestehen mögen, nicht grundsätzlich erforderlich einen Überwachungsbetreuer zu bestellen, der kaum besser in der Lage sein wird, den Interessen des Patienten gerecht zu entscheiden.

Dies ergibt sich auch daraus, dass im Rahmen einer Forschungsverfügung ebenfalls keine Überwachung der Entscheidung des Arztes erforderlich ist, da der Rahmen seines Handelns durch die schriftliche Verfügung ausreichend genau gesteckt ist. Überdies würde eine generelle Erforderlichkeit der Überwachungs-

[929] *Langenfeld*, Vorsorgevollmacht, S. 113.

betreuung für Bevollmächtigte, die der Teilnahme an Forschungsstudien zustimmen sollen, den erheblichen Nachteil mit sich bringen, dass die Bevollmächtigung in Gesundheitsangelegenheiten mit dem gleichen formalen Aufwand verbunden wäre wie die Betreuung.
Weiterhin spricht gegen die zwingende Notwendigkeit der Anordnung einer Betreuung im Falle längerfristiger Einwilligungsunfähigkeit, dass die Bestellung eines Betreuers ein relativ aufwendiges und kompliziertes Verfahren ist, das auch Belastungen für den Betroffenen mit sich bringen kann. Denn die Anordnung der Betreuung beinhaltet zwangsläufig die Feststellung des Geisteszustandes durch Gutachter, bei der sich der Betroffene oft hilflos und fremdbestimmt vorkommen kann, während dies bei einer Vollmacht nicht nötig ist, da diese Form der privaten Fürsorge nicht einmal zur Kenntnis einer Amtsperson gelangen muss[930]. Auf diese Weise kann die Vorsorgevollmacht dazu beitragen, die Würde des Betroffenen in größerem Maße zu wahren als dies bei der Bestellung eines Betreuers durch das Gericht der Fall sein könnte[931].

Fühlt der Bevollmächtigte sich mit seiner Entscheidung überfordert, so ist es ihm jederzeit möglich, die Anordnung der Überwachungsbetreuung zu beantragen.
Zudem steht es dem Vollmachtgeber offen, in seiner Vorsorgevollmacht eine sogenannte „Doppelbevollmächtigung“ zu erklären. Dieses Modell sieht vor, neben dem regulären Bevollmächtigten eine weitere Person einzusetzen, die für die Überwachung dieses Bevollmächtigten zuständig ist, und die im Falle von Meinungsverschiedenheiten das Vormundschaftsgericht informiert, das dann gegebenenfalls einen Überwachungsbetreuer bestellt[932]. Auf diese Weise ist es dem Patienten möglich, selbst für eine Kontrolle seiner Vertrauensperson zu sorgen, wenn er dies als notwendig erachtet.
Da der Schutz der Rechtsgüter des Vollmachtgebers somit auch ohne staatliche Kontrolle ausreichend gewährleistet ist, kann der Bevollmächtigte diese Angelegenheit gemäß § 1896 Abs. 2 S. 2 BGB ebenso gut besorgen wie ein Betreuer, mit der Folge dass die Anordnung der Betreuung bei Vorliegen einer Vorsorgevollmacht mit hinreichend bestimmten Inhalt nicht erforderlich ist.

III. Form der Vorsorgevollmacht für Forschungsstudien

Es bleibt nun zu klären, welche Anforderungen an die Form einer Vorsorgevollmacht im Hinblick auf die Einwilligung in Forschungsstudien zu stellen sind, damit sie Wirksamkeit entfalten kann. Da es sich dabei um eine besondere Art der Vorsorgevollmacht in Gesundheitsangelegenheiten handelt, ist sie gemäß § 1904 Abs. 2 S. 2 BGB schriftlich zu erteilen, wenn sie sich inhaltlich

---

930 *Schwab*, Betreuung und private Fürsorge, S. 816.
931 *Langenfeld*, Vorsorgevollmacht, S. 22.
932 Für eine solche Doppelbevollmächtigung insbesondere *Walter*, FamRZ 1999, S. 687.

auf die in § 1904 I S.1 BGB genannten Maßnahmen erstrecken soll, die gleichzeitig ausdrücklich genannt sein müssen[933].
Dieses Schriftformerfordernis ist auch dann für die Bevollmächtigung des Stellvertreters in Gesundheitsangelegenheiten zu verlangen, wenn keine der in dieser Vorschrift genannten Gefahren droht. Denn nur auf diese Weise kann dem Schutzbedürfnis des Patienten nachgekommen und überprüft werden, ob die Entscheidung des Bevollmächtigtem dem Willen des Vollmachtgebers entspricht.
Zwar wird für die Altersvorsorge-Vollmacht, die zu Entscheidungen über Heilbehandlungsmaßnahmen und ärztliche Eingriffe oder der Ablehnung beziehungsweise dem Abbruch von Behandlungen ermächtigen soll, teilweise vertreten, dass dafür keine besondere Form erforderlich sei[934]. Jedoch ist der genaue Inhalt der Vollmacht als direkter Ausdruck des Selbstbestimmungsrechts zu wichtig, als dass man ihn dem Gedächtnis überlassen und ihn der damit verbundenen Gefahr der falschen Erinnerung aussetzen dürfte. Auch ist dem Prüfarzt schon aufgrund der möglicherweise drohenden strafrechtlichen Konsequenzen nicht zuzumuten, sich auf die bloße Aussage des Bevollmächtigten verlassen zu müssen, der Betroffene habe ihn zu der Entscheidung bevollmächtigt.
Obwohl verschiedentlich für eine Vorsorgevollmacht in Gesundheitsangelegenheiten die notarielle Beurkundung gefordert wird[935], die sicherlich alle an Beweissicherung und Belehrung zu stellenden Anforderungen erfüllt, so ist diese aufgrund der bereits im Rahmen der Betreuungsverfügung genannten Erwägungen abzulehnen. Derartig strenge Anforderungen würden den Willen der Menschen, eine solche wünschenswerte Vollmacht zu erteilen, bremsen, ohne dass dafür eine zwingende Notwendigkeit bestünde.
Die einmal erteilte Vollmacht gilt - ebenso wie die Betreuungsverfügung - ohne Befristung. Auch ist ein Widerruf, und sei es durch Gesten, jederzeit möglich[936].

IV. Personenkreis

Als Bevollmächtigte kommen nur solche Personen in Betracht, die auch qualifiziert wären, zum Betreuer bestellt zu werden, so dass der in § 1897 Abs. 3 BGB[937] ausgeschlossene Personenkreis aufgrund des Schutzzwecks dieser Vorschrift und des in gleichem Umfang bestehenden Schutzbedürfnisses des Vollmachtgebers nicht bevollmächtigt werden kann. Nur durch den Ausschluss die-

---

[933] *Deutsch*, Medizinrecht, S. 345.
[934] *Uhlenbruck*, NJW 1996, S. 1583, 1584.
[935] *Langenfeld*, Vorsorgevollmacht, S. 108; *Walter*, Vorsorgevollmacht, S. 94; *Walter*, FamRZ 1999, S. 686.
[936] *Langenfeld*, Vorsorgevollmacht, S. 109; *Füllmich*, S. 89.
[937] Diese Vorschrift schreibt vor, dass wer zu einer Anstalt, einem Heim oder einer sonstigen Einrichtung, in welcher der Volljährige untergebracht ist oder wohnt, in einem Abhängigkeitsverhältnis oder in einer anderen engen Beziehung steht, nicht zum Betreuer bestellt werden darf.

ser Personen als Entscheidungsberechtigte können Interessenkonflikte verhindert werden, die das Vertrauensverhältnis zwischen Vollmachtgeber und Bevollmächtigtem belasten könnten. Aus diesem Grund darf insbesondere nicht der Prüfarzt selbst[938] ebensowenig wie sonstige Angestellte der Institution, in der die Studie durchgeführt wird, mit der Stellvertretung in dieser Angelegenheit betraut werden.

V. Weitere Begrenzungen ihrer Wirksamkeit

Auch die Bevollmächtigung zur Einwilligung in Forschungsstudien kann nur für solche Forschungsstudien wirksam sein, die lediglich geringfügige Eingriffe in die körperliche Unversehrtheit darstellen oder mit einem geringfügigen Risiko für diese verbunden sind. Aus den im Rahmen der Untersuchung der Betreuungsverfügung erörterten Gründen würde eine darüber hinausgehende Bevollmächtigung ein zu großes Risiko für die Rechtsgüter des Einwilligungsunfähigen darstellen.

Die Einwilligung des Bevollmächtigten kann weiterhin nur für solche Forschungsstudien erteilt werden, die von der zuständigen Ethikkommission positiv bewertet wurden. Dafür ist auch hier erforderlich, dass die für die Wissenschaft zu erwartenden Vorteile das mit der Maßnahme verbundene Risiko überwiegen.

Auch nach einer Einwilligung des Bevollmächtigten in die Forschungsstudie besteht eine Dokumentationspflicht im Hinblick auf die Reaktion des Patienten gegenüber der Forschungsmaßnahme, um zu verhindern, dass sein entgegenstehender Wille übergangen wird.

D. Gleichwertigkeit der antizipierten Erklärungen

Nachdem nun festgestellt wurde, dass der prinzipiellen Zulässigkeit von Forschungsverfügung, Betreuungsverfügung und Vorsorgevollmacht keine sie zwingend ausschließenden Bedenken entgegenstehen, bleibt zu untersuchen, ob nicht eine dieser Möglichkeiten derartige Vorzüge gegenüber den Alternativen bietet, dass sie als einzige in eine zu entwerfende gesetzliche Regelung aufgenommen werden sollte.

So könnte das Selbstbestimmungsrecht des Einzelnen ausreichend durch die Möglichkeit des Verfassens einer antizipierten Forschungsverfügung geschützt sein. Dann würde keine Notwendigkeit für ihn bestehen, sein Einwilligungsrecht auf einen Dritten zu übertragen, wie dies bei der Betreuungsverfügung und der Bevollmächtigung der Fall ist. Für die alleinige Zulässigkeit der Forschungsverfügung wird angeführt, dass mit der Übertragung dieses Entscheidungsrechts das Selbstbestimmungsrecht über das vertretbare Maß hinaus zur Disposition gestellt werde[939].

---

[938] *Langenfeld*, Vorsorgevollmacht, S. 110.

[939] So auch *Helmchen/Lauter*, S. 60, die einer Bevollmächtigung in Forschungsfragen die Verbindlichkeit absprechen und sie lediglich als bedeutsamen Hinweis auf den mutmaßlichen

Gibt man aus diesem Grund der antizipierten Einwilligungserklärung den alleinigen Vorzug, übersieht man jedoch, dass dem Willen des Einwilligungsunfähigen auf diese Weise keineswegs eher entsprochen, beziehungsweise eine Fehlentscheidung durch Dritte nicht eher ausgeschlossen wird. Denn die Zulässigkeit der Forschungsteilnahme bedarf letztendlich immer der Entscheidung Dritter, ob dies nun der Arzt ist, der die Erklärung des Patienten auszulegen hat, oder der damit betraute Stellvertreter, der seine Zustimmung erteilt[940]. Zwar stellt die Forschungsverfügung rechtlich gesehen selbst das rechtfertigende Element dar, so dass die Legitimation des Eingriffs insofern auf den Teilnehmer selbst zurückzuführen ist, während bei Betreuungsverfügung und Bevollmächtigung die Einwilligung eines Dritten die jeweilige Maßnahme rechtfertigt. Die Entscheidung über die Zulässigkeit einer Forschungsteilnahme für den konkreten Fall trifft jedoch faktisch immer ein Dritter.
Da der aktuelle Zustand des Patienten und die Möglichkeit einer durch diesen herbeigeführten Interessenänderung bei der Entscheidung immer zu berücksichtigen sind, ist dies auch nicht zu verhindern, will man den Patienten hinreichend schützen. Insofern kann auch bei keiner der antizipierten Erklärungen des Betroffenen von einer wirklichen Verbindlichkeit ausgegangen werden, da sowohl den Arzt, den Betreuer als auch den Bevollmächtigten die Pflicht trifft, diesen aktuellen Zustand in seine Entscheidung einzubeziehen und daraufhin, wenn dieser gegen eine Teilnahme an einer bestimmten Forschungsmaßnahme spricht, von der eindeutigen Erklärung des Patienten abzuweichen.
Zudem ist eine wirkliche Fremdbestimmung durch die erforderliche Bestimmtheit der Verfügung ohnehin bei jeder dieser Alternativen ausgeschlossen.
Die Bevollmächtigung in gesundheitlichen Angelegenheiten und die Betreuungsverfügung können für den Betroffenen sogar einen Vorteil darstellen, da es für ihn durchaus angenehmer sein kann, einer Vertrauensperson die letztendliche Entscheidung zu überlassen als dem zuständigen Arzt.
Als Ergebnis bleibt daher festzuhalten, dass es dem Urteil des Betroffenen selbst überlassen bleiben muss, für welche dieser Alternativen er sich entscheiden möchte. Nimmt der Arzt eine von einer solchen Erklärung umfasste Forschungsmaßnahme (gegebenenfalls nach Einwilligung des Betreuers oder Bevollmächtigten) vor, so ist diese somit gerechtfertigt, wenn die gegenwärtigen Interessen des Patienten diesem nicht entgegenstehen.

E. Zwischenergebnis

Zweifellos wird die Erforderlichkeit einer derartigen antizipierten Erklärung des Patienten für die Rechtmäßigkeit eines Forschungseingriffs, der einen Eingriff in

---

Willen des Betroffenen werten. Auch *Deutsch*, NJW 1979, S. 1908 sieht in der antizipierten Einwilligungserklärung den besseren Weg, dem Selbstbestimmungsrecht des Patienten gerecht zu werden.

[940] *Füllmich*, NJW 1990, S. 2301 (2302).

die körperliche Integrität oder ein diesbezügliches Risiko beinhaltet, zu einer erheblich geringeren Anzahl von potentiellen Teilnehmern an Forschungsstudien führen, als wenn man einen aus einer allgemeinen sozialen Lebenseinstellung oder einer angenommenen besonderen Solidarität mit künftigen Leidensgefährten konstruierten hypothetischen Willen des Einwilligungsunfähigen zur Rechtfertigung eines solchen Eingriffs genügen lassen würde.
Jedoch kann dies angesichts der Tatsache, dass durch derartige Eingriffe höchstrangige Rechtsgüter des Patienten, insbesondere auch seine Menschenwürde, berührt werden, nicht berücksichtigt werden. Auch der bloße Bedarf an Forschung kann diese nicht rechtfertigen. Denn um die Frage der Zulässigkeit eines solchen Eingriffs zu beantworten, sind allein die höchstpersönlichen Rechte und Bedürfnisse des Teilnehmers zu berücksichtigen, die mit Allgemeinwohlinteressen nicht abgewogen werden können.

Führt man gegen eine im Wege einer gesetzlichen Regelung erfolgende Einführung der verschiedenen Formen der antizipierten Erklärungen an, dass diese sich mangels eines entsprechenden Erklärungsbedürfnisses der Menschen ohnehin nicht durchsetzen würden und sie aus diesem Grund ungeeignet seien, die mit dem großen Bedarf an Forschung mit Einwilligungsunfähigen im Zusammenhang stehenden Schwierigkeiten zu lösen, dann ist dies insofern bedenklich, als die alternativen Lösungsansätze, die eine solche ausdrückliche Erklärung für die Zulässigkeit solcher Forschung nicht für erforderlich halten, darauf beruhen, dass gerade ein hypothetischer Wille des Einzelnen, an solcher Forschung teilnehmen zu wollen, angenommen wird.
Zweifelt man nun an dem Bedürfnis der Bevölkerung im Allgemeinen und der betroffenen Patienten im Besonderen, eine antizipierte Erklärung abzufassen, muss man gleichzeitig auch das tatsächliche Vorliegen eines hypothetischen Willens des jeweiligen Betroffenen zur Teilnahme an Forschung in Zweifel ziehen. Indem man jedoch mit der antizipierten Erklärung die Möglichkeit schafft, einem diesbezüglichen Willen Ausdruck zu verleihen, wird insofern die Gefahr beseitigt, dass ein Eingriff in die höchstpersönlichen Rechtsgüter einer einwilligungsunfähigen Person mit einem jeder nachprüfbaren Grundlage entbehrenden, lediglich hypothetischen Willen gerechtfertigt wird.

§ 14: Ergebnis der Untersuchung

Als Ergebnis der Untersuchung ist somit festzuhalten, dass Forschung mit Einwilligungsunfähigen auch über die in den Spezialgesetzen geregelten Fälle hinaus zulässig sein kann, ohne dabei die Würde des Einzelnen anzutasten.
Denn während AMG und MPG lediglich Forschung, die einen unmittelbaren individuellen Vorteil für den Patienten erwarten lässt, ohne dessen persönliche Einwilligung zulassen, ist der Verzicht auf eine persönliche Einwilligung in gruppennützige Forschung mit den Vorschriften des Grundgesetzes auch dann vereinbar, wenn mit ihr keinerlei Eingriff in die körperliche Integrität oder ein diesem vergleichbares Risiko für die Gesundheit des Betroffenen verbunden ist, sie nicht mehr als eine minimale Belästigung für ihn darstellt und auch nicht von einem entgegenstehenden Willen des Betroffenen auszugehen ist. Unter diesen Voraussetzungen wird auch bei gruppennütziger Forschung der Eigenwert des Einwilligungsunfähigen nicht angetastet.

Ausschließlich wissenschaftliche Forschung ohne persönliche Einwilligung, die über dieses eingeschränkte Maß hinausgeht, stellt eine erhebliche Gefahr für die Würde der einwilligungsunfähigen Person dar und kann daher nicht zulässig sein.
Die Regelungen der Arzneimittelrichtlinie und des Regierungsentwurfs, die Forschung zum Nutzen der Gruppe zulassen, ohne diese Grenze zu ziehen, sind folglich nicht mit dem durch die Grundrechte garantierten Schutz der Rechte dieser Menschen zu vereinbaren.
Angesichts des dringenden Forschungsbedarfs mit einwilligungsunfähigen Personen scheint es erstrebenswert, von diesem durch die Verfassung gewährten Spielraum in größtmöglichem Umfang Gebrauch zu machen. Aus diesem Grund soll ein Regelungsvorschlag entworfen werden, der diese Untersuchungsergebnisse berücksichtigt und eine über die bisherigen Spezialgesetze hinausgehende Zulässigkeit von Forschung regelt.

Allerdings steht einer solchen Regelung die Arzneimittelrichtlinie insofern entgegen, als diese bei einwilligungsunfähigen Erwachsenen nur solche Arzneimittelprüfungen zulässt, die mit einem individuellen Vorteil für den Teilnehmer verbundenen sind. Da der deutsche Gesetzgeber zur Umsetzung dieser Regelung verpflichtet ist, muss auch eine im Rahmen dieser Arbeit zu entwerfende Regelung, die für sich den Anspruch erhebt, umsetzbar zu sein, dieser Vorgabe entsprechen.

Um jedoch zu vermeiden, dass auch andere - nicht die Arzneimittelprüfung betreffende - Forschung ebenfalls in größerem Umfang eingeschränkt wird, als dies unbedingt erforderlich ist, um die Rechte der einwilligungsunfähigen Personen zu schützen, ist in diesem Punkt eine Sonderregelung für Arzneimittelprü-

fungen mit einwilligungsunfähigen Erwachsenen erforderlich. Dies gilt auch insofern, als die Arzneimittelrichtlinie mit dieser Personengruppe nur Prüfungen zulässt, die sich auf einen lebensbedrohlichen oder sehr geschwächten Zustand beziehen.
Um den Rahmen dieser Arbeit nicht zu sprengen, sind einzelne, speziell mit der Prüfung von Arzneimitteln zusammenhängende Besonderheiten, die über die allgemeinen Zulässigkeitsvoraussetzungen hinausgehen, wie dies beispielsweise bei der Prüfung von xenogener Zelltherapie der Fall ist, jedoch nicht in dem Regelungsvorschlag enthalten.

Auch die in den gegenwärtigen Spezialgesetzen vorhandenen Regelungslücken sollen durch die zu schaffende Norm geschlossen werden.
Dabei ist zum einen klarzustellen, dass der versuchsweise Einsatz von Diagnostika und Prophylaktika unter bestimmten Umständen ebenso dem unmittelbaren Nutzen des Studienteilnehmers dienen kann wie der Einsatz von Therapeutika, so dass sie in diesem Fall rechtlich gleich zu behandeln sind.

Weiterhin ist die Zulässigkeit von Forschung mit einem zu erwartenden mittelbaren Vorteil für den einwilligungsunfähigen Patienten zu regeln, die bislang ohne die persönliche Einwilligung des Patienten nach den Vorschriften von AMG und MPG nicht erlaubt ist. Da sie jedoch unter bestimmten Umständen für den Patienten selbst von Vorteil sein kann, besteht für dieses grundsätzliche Verbot keine Notwendigkeit. Es liegt vielmehr im Interesse sowohl der an Fortschritt interessierten Gesellschaft als auch des Patienten selbst, sie in begrenztem Umfang zuzulassen.
Auch die gegenwärtig bestehenden Zweifel im Hinblick auf die Möglichkeit der Teilnahme einwilligungsunfähiger Personen an vergleichenden klinischen Studien als Teil der jeweiligen Prüf- oder Kontrollgruppe bedürfen der Klarstellung durch die zu schaffende Vorschrift.

Zusätzlich sind die im Rahmen dieser Arbeit untersuchten verschiedenen Formen der auf die Teilnahme an Forschung gerichteten antizipierten Erklärung gesetzlich zu regeln, um die bestehenden erheblichen Zweifel an ihrer rechtlichen Wirksamkeit zu beseitigen. Nur bei Vorliegen einer solchen antizipierten Erklärung kann auch Forschung, die die Schwelle zur Körperverletzung überschreitet, zulässig sein. Dies gilt selbstverständlich nur bei kumulativem Vorliegen der zusätzlichen Schutzvoraussetzungen.

§ 15: Regelungsvorschlag

§ 1: Allgemeine Voraussetzungen für die Zulässigkeit biomedizinischer Forschung

(1) Biomedizinische Maßnahmen, die nicht oder zumindest nicht ausschließlich der individuellen Behandlung eines Patienten, sondern insbesondere auch Forschungszwecken zu dienen bestimmt sind, dürfen nur durchgeführt werden, wenn und solange

1. die vorhersehbaren Risiken und Nachteile von dem zu erwartenden Nutzen für den Betroffenen selbst, die Wissenschaft, die Gesellschaft oder für zukünftige Patienten überwogen werden. Stellt sich erst zu einem späteren Zeitpunkt heraus, dass dies nicht gewährleistet ist, ist die Behandlung unverzüglich abzubrechen;
2. die betroffene Person, oder wenn sie ihre Einwilligung nicht wirksam erteilen kann, ihr gesetzlicher Vertreter oder Bevollmächtigter die Gelegenheit erhalten hat, sich in einem vorherigen Gespräch mit dem Prüfer oder einem Mitglied des Prüfungsteams ein Bild von den Zielen der Prüfung, ihren Risiken und Nachteilen und den Bedingungen ihrer Durchführung zu machen;
3. die Person, bei der die Maßnahme durchgeführt werden soll, ihre freiwillige Einwilligung hierzu in Schriftform erteilt hat, nachdem sie durch einen Arzt vollständig über Wesen, Bedeutung, Tragweite und Risiken der Maßnahme, sowie ihr Recht, diese Einwilligung jederzeit widerrufen zu können, aufgeklärt wurde. Eine solche Einwilligung ist nur dann wirksam, wenn der Betroffene geschäftsfähig und in der Lage ist, Wesen, Bedeutung und Tragweite der Maßnahme zu erfassen, diese zu verarbeiten und zu bewerten und darauf aufbauend eine Entscheidung zu treffen. Ist dies nicht der Fall, so ist die schriftliche Einwilligung seines gesetzlichen oder rechtsgeschäftlich bevollmächtigten Vertreters nach vollständiger Aufklärung (zusätzlich) erforderlich;
4. der betroffenen Person, ihrem gesetzlichen Vertreter oder Bevollmächtigten in Gesundheitsangelegenheiten eine Kontaktstelle zur Verfügung steht, bei der sie weitere Informationen einholen kann;
5. bei Bekanntwerden neuer Informationen, die für die Bereitschaft zur Einwilligung in die jeweiligen Maßnahmen relevant werden könnten, eine diesbezügliche Aufklärung des Betroffenen oder gegebenenfalls seines Stellvertreters, verbunden mit dem Hinweis auf die Möglichkeit des jederzeitigen Widerrufs der Einwilligung, erfolgt;
6. die Einwilligung jederzeit schriftlich oder mündlich widerrufen werden kann, ohne dass daraus Nachteile für den Betroffenen entstehen;
7. eine dem Stand der Wissenschaft entsprechende Prüfung der Behandlungsmaßnahme stattgefunden hat, die das Vorhaben stützt und von deren Ergebnis der Leiter der Prüfung Kenntnis hat;

8. ein detaillierter, klar formulierter und auf dem neuesten Stand der wissenschaftlichen Kenntnis beruhender Plan für die Durchführung des Forschungsvorhabens besteht;
9. das Forschungsvorhaben in einer geeigneten Einrichtung durchgeführt und von einem Arzt geleitet wird, der über eine mindestens zweijährige Erfahrung mit biomedizinischer Forschung mit Menschen verfügt;
10. alle gewonnenen Daten in einer Weise aufgezeichnet, behandelt und aufbewahrt werden, die eine korrekte Berichterstattung, Interpretation und Überprüfung ermöglicht und
11. für den Fall, dass bei der Durchführung des Forschungsvorhabens ein Mensch getötet oder der Körper oder die Gesundheit eines Menschen verletzt wird, eine Versicherung zugunsten dieser Person bei einem im Geltungsbereich dieser Vorschrift zum Geschäftsbetrieb zugelassenen Versicherer besteht, die auch Leistungen gewährt, wenn kein anderer für den Schaden haftet. Ihr Umfang muss in einem angemessenen Verhältnis zu den mit dem Vorhaben verbundenen stehen und auf der Grundlage der Risikoabschätzung so festgelegt werden, dass für jeden Fall des Todes oder der dauernden Erwerbsunfähigkeit mindestens 500.000 Euro zur Verfügung stehen. Soweit aus der Versicherung geleistet wird, erlischt der Anspruch auf Schadenersatz.

(2) Mit der Durchführung dieses Vorhabens darf erst begonnen werden, wenn eine unabhängige Ethikkommission auf der Basis vollständiger Unterlagen sowohl das Vorliegen der in Abs. 1 genannten Voraussetzungen als auch die ethische Unbedenklichkeit des Vorhabens nach Maßgabe des § 8 Abs. 1 positiv bewertet und die zuständige Bundesoberbehörde eine Genehmigung nach Maßgabe des § 8 Abs. 2 erteilt hat.

§ 2: Zulässigkeit von medizinisch indizierter Forschung mit Einwilligungsunfähigen

(1) Eine medizinische Behandlung, die nicht in einem etablierten Verfahren besteht und gleichzeitig der medizinischen Forschung dient, ist bei einer Person, die an einer Krankheit leidet und die nicht in der Lage ist, Wesen, Bedeutung und Tragweite der Maßnahme zu erfassen, diese zu verarbeiten und zu bewerten und darauf aufbauend eine Entscheidung zu treffen (einwilligungsunfähige Person), zulässig, wenn
1. die in § 1 Abs. 1, mit Ausnahme von dessen Nr. 3, und in Abs. 2 genannten Voraussetzungen vorliegen;
2. die Behandlung medizinisch angezeigt ist, zur Besserung ihres Gesundheitszustandes oder zur Linderung ihrer Leiden beizutragen;
3. der Patient entsprechend seiner Fähigkeit, diese zu verstehen, ausführliche Informationen hinsichtlich der Maßnahme selbst, der Risiken und

des Nutzens erhalten und - falls er zu der Bildung eines diesbezüglichen Willens in der Lage ist - seine Zustimmung hierzu erteilt hat;

4. der gesetzliche Stellvertreter oder der Bevollmächtigte in Gesundheitsangelegenheiten seine schriftliche Einwilligung erteilt hat. Diese Einwilligung ist nur wirksam, wenn er durch einen Arzt über Wesen, Bedeutung und Tragweite der medizinischen Maßnahme aufgeklärt worden ist, und kann jederzeit widerrufen werden. Der Einwilligung bedarf es so lange nicht, als eine Behandlung ohne Aufschub erforderlich ist, um das Leben des Kranken zu retten, seine Gesundheit wiederherzustellen oder sein Leiden zu erleichtern, und eine Erklärung über die Einwilligung nicht herbeigeführt werden kann;
5. die mit der Behandlung verbundene Risikoschwelle als auch der Belastungsgrad eigens definiert worden sind und ständig überprüft werden und
6. mit der Teilnahme keine Anreize oder finanziellen Vergünstigungen verbunden sind, die über eine Entschädigung hinausgehen.

(2) Die in Abs. 1 enthaltenen Regelungen finden auch dann Anwendung, wenn die neuartige Behandlung medizinisch angezeigt ist, eine vermutete Krankheit zu diagnostizieren oder vor dieser zu schützen.

(3) Handelt es sich um eine Behandlung im Rahmen einer Arzneimittelprüfung mit einwilligungsunfähigen Erwachsenen, so ist diese nur zulässig, wenn sie sich unmittelbar auf einen lebensbedrohlichen oder schwer geschwächten Zustand bezieht.

§ 3: Zulässigkeit von Forschung mit Einwilligungsunfähigen mit mittelbarem Nutzen

Ist von einer medizinischen Maßnahme, die nicht im unmittelbaren Eigeninteresse der einwilligungsunfähigen Person durchgeführt wird, ein mittelbarer Vorteil für den Betroffenen zu erwarten, so ist eine solche Maßnahme zulässig, wenn

1. sowohl die in § 2 Abs. 1, mit Ausnahme von dessen Nr. 2, als auch in Abs. 2 und 3 genannten Voraussetzungen vorliegen;
2. sie für eine wesentliche Erweiterung des wissenschaftlichen Verständnisses des Zustands, der Krankheit oder der Störung der Person unbedingt erforderlich ist und somit die für die Patienten- oder Personengruppe, welcher der Proband angehört, einen Nutzen bringt;
3. sie nicht mit den gleichen Erfolgsaussichten an Einwilligungsfähigen oder mittels anderer Forschungsmethoden durchgeführt werden kann und

4. der zu erwartende Nutzen für den Teilnehmer selbst die mit ihr verbundenen Risiken oder sonstigen Beeinträchtigungen überwiegt; in diese Beurteilung ist insbesondere eine nach der gemäß § 2 Abs. 1 Nr. 3 erfolgten Aufklärung eventuell festzustellende tatsächliche Befürwortung oder Ablehnung der Maßnahme durch den Patienten mit einzubeziehen.

Ist dies nicht der Fall, so ist eine solche Maßnahme gemäß § 5 zu behandeln.

§ 4: Zulässigkeit der Teilnahme von Einwilligungsunfähigen an vergleichenden Studien

(1) Die Teilnahme von einwilligungsunfähigen Personen an vergleichenden klinischen Studien ist nur dann zulässig, wenn das Nutzen-Risiko-Verhältnis der Studienarme gleich ist oder wenn eine vergleichbare Ungewissheit im Hinblick auf die jeweilige Erfolgswahrscheinlichkeit besteht. Dies ist der Fall wenn

1. bei der Behandlung mit einem etablierten Verfahren den Teilnehmern die neuartige Behandlungsmethode auch außerhalb der Studie verwehrt werden dürfte;
2. bei der Behandlung mit einem nicht etablierten Verfahren - aufgrund der damit verbundenen Unsicherheiten im Hinblick auf Risiko und Erfolg - die Aussichten auf einen individuellen unmittelbaren oder mittelbaren Nutzen die der etablierten Behandlung übersteigen.

(2) Die Behandlung eines einwilligungsunfähigen Patienten mit Stoffen ohne Eigenwirkung (Placebos) im Rahmen einer vergleichenden Studie ist nur dann zulässig, wenn

1. es keine Standardbehandlung gibt, gegen die das neue Verfahren geprüft werden könnte;
2. eine vergleichbare Unsicherheit im Hinblick auf die Erfolgswahrscheinlichkeit besteht, ihm das neue Verfahren also auch außerhalb der Studie vorenthalten werden dürfte und
3. der zu erwartende mittelbare Nutzen die mit der Behandlung verbundenen Nachteile überwiegt.

(3) Im Falle der Äquivalenz der Studienarme ist auch eine randomisierte Zuteilung der einwilligungsunfähigen Patienten in die jeweiligen Behandlungsgruppen zulässig. Sowohl Prüfer als auch Proband dürfen in Unkenntnis darüber verbleiben, welcher Gruppe der jeweilige Proband tatsächlich zugeteilt wurde (Doppelblindstudie).

(4) Wird im Laufe der Studie die gesicherte Erkenntnis erzielt, dass eine der Behandlungsformen erfolgreicher ist, so ist die Studie sofort abzubrechen. Gleichzeitig sind von diesem Zeitpunkt an alle Teilnehmer mit dieser erfolgreichen Methode zu behandeln.

(5) Handelt es sich um eine Behandlung im Rahmen einer Arzneimittelprüfung, so ist diese nur zulässig, wenn sie sich unmittelbar auf einen lebensbedrohlichen oder schwer geschwächten Zustand bezieht.

§ 5: Forschung mit Einwilligungsunfähigen ohne individuellen Nutzen

(1) Eine Forschungsmaßnahme ohne zu erwartenden individuellen Nutzen für die einwilligungsunfähige Person (ausschließlich wissenschaftliche Forschung) kann nur dann zulässig sein, wenn

1. die in § 2 Abs. 1, mit Ausnahme von dessen Nr. 2, und in Abs. 2 genannten Voraussetzungen vorliegen;
2. sie für eine wesentliche Erweiterung des wissenschaftlichen Verständnisses des Zustands, der Krankheit oder der Störung der Person unbedingt erforderlich ist und somit die für die Patienten- oder Personengruppe, der der Proband angehört, einen Nutzen bringt;
3. sie nicht mit den gleichen Erfolgsaussichten an Einwilligungsfähigen oder mittels anderer Forschungsmethoden durchgeführt werden kann;
4. die Teilnahme keinen Eingriff in die körperliche Integrität oder ein vergleichbares Risiko für die Gesundheit des Teilnehmers darstellt;
5. sie eine höchstens minimale subjektive Belastung darstellt, die aus Sicht des Forschungsteilnehmers zu beurteilen ist, und die gegebenenfalls mit Hilfe einer Person zu ermitteln ist, die dem Teilnehmer besonders nahe steht und
6. weder eine tatsächliche Ablehnung, noch ein abwehrendes Verhalten oder sonstige Anzeichen, die auf eine mutmaßliche Ablehnung der Maßnahme durch den potentiellen Forschungsteilnehmer schließen lassen könnten, vorliegen. Tritt ein solches ablehnendes Verhalten erst nach Beginn der Behandlung auf, so ist diese sofort abzubrechen.

(2) Klinische Arzneimittelprüfungen mit einwilligungsunfähigen volljährigen Personen dürfen ohne einen individuellen Nutzen für den Prüfungsteilnehmer nicht durchgeführt werden.

§ 6: Wissenschaftliche Forschung aufgrund einer Forschungsverfügung

Eine medizinische Maßnahme, die für die Patientengruppe des einwilligungsunfähigen Erwachsenen mit einem Nutzen verbunden ist, ist für den Fall, dass dieser zu einem Zeitpunkt vorhandener Einwilligungsfähigkeit eine schriftliche Erklärung mit dem Inhalt verfasst hat, in die Teilnahme an wissenschaftlicher Forschung für den Fall späterer Einwilligungsunfähigkeit einzuwilligen (Forschungsverfügung), zulässig, wenn

1. die in § 5 Abs. 1, mit Ausnahme von dessen Nr. 4, und in Abs. 2 genannten Voraussetzungen vorliegen;
2. diese schriftliche Erklärung hinreichend genau ist und die Wünsche des Erklärenden darin mittels Festlegung auf eine bestimmte Art von Eingriffen oder Maßnahmen oder auch durch die Bestimmung eines gewissen Risikohöchstmaßes klar hervortreten;
3. aus der Erklärung hervorgeht, dass der Erklärende über deren Inhalt und die daraus folgenden Konsequenzen aufgeklärt wurde;
4. die anstehende Forschungsmaßnahme von dieser Erklärung umfasst ist, wobei dies im Falle auftretender Zweifel zu verneinen ist;
5. ein lediglich geringfügiges Risiko für den Erklärenden mit der Maßnahme verbunden ist;
6. im Falle der Bestimmung eines Vetoberechtigten durch die Forschungsverfügung dieser keinen Gebrauch von seinem Vetorecht gemacht hat, und
7. weder eine tatsächliche Ablehnung, noch ein abwehrendes Verhalten oder sonstige Anzeichen vorliegen, die auf eine mutmaßliche Ablehnung der Maßnahme und damit auf eine Änderung seines Willens schließen lassen könnten. Tritt ein derartigen Verhaltens zu einem Zeitpunkt nach Behandlungsbeginn auf, so ist diese sofort abzubrechen. Die Beachtung der aktuellen Interessen des Forschungsteilnehmers ist dadurch sicherzustellen, dass seine Reaktion auf die Vornahme der jeweiligen Maßnahme schriftlich festzuhalten ist.

§ 7: Wissenschaftliche Forschung aufgrund Betreuungsverfügung oder Bevollmächtigung

(1) Hat eine einwilligungsunfähige Person zu einem Zeitpunkt vorhandener Einwilligungsfähigkeit eine schriftliche Betreuungsverfügung verfasst mit dem Inhalt, dass sie eine von ihr gewählte Person dazu bestimmt, für den Fall ihrer Einwilligungsunfähigkeit in ihre Teilnahme an wissenschaftlichen Forschungsmaßnahmen einzuwilligen, so ist eine Forschungsmaßnahme zulässig, wenn

1. die in § 5 Abs. 1, mit Ausnahme von dessen Nr. 4, und in Abs. 2 genannten Voraussetzungen vorliegen;
2. diese Erklärung hinreichend genau ist und die Wünsche des Erklärenden darin mittels Festlegung auf eine bestimmte Art von Eingriffen oder Maßnahmen oder auch durch die Bestimmung eines gewissen Risikohöchstmaßes klar hervortreten;
3. aus der Erklärung hervorgeht, dass der Erklärende über deren Inhalt und die daraus folgenden Konsequenzen aufgeklärt wurde;

4. die anstehende Forschungsmaßnahme von dieser Erklärung umfasst ist, wobei dies im Falle auftretender Zweifel zu verneinen ist;
5. ein lediglich geringfügiges Risiko für den Erklärenden mit der Maßnahme verbunden ist;
6. die Betreuung durch die gewählte Person für den Aufgabenkreis der Teilnahme an wissenschaftlicher Forschung angeordnet wird;
7. dieser Betreuer seine Einwilligung in diese Maßnahme erklärt hat, und
8. weder eine tatsächliche Ablehnung, noch ein abwehrendes Verhalten oder sonstige Anzeichen vorliegen, die auf eine mutmaßliche Ablehnung der Maßnahme und damit auf eine Änderung seines Willens schließen lassen könnten. Tritt ein derartigen Verhaltens zu einem Zeitpunkt nach Behandlungsbeginn auf, so ist diese sofort abzubrechen. Die Beachtung der aktuellen Interessen des Forschungsteilnehmers ist dadurch sicherzustellen, dass seine Reaktion auf die Vornahme der jeweiligen Maßnahme schriftlich festzuhalten ist.

(2) Hat der nunmehr Einwilligungsunfähige mit einer solchen schriftlichen Erklärung eine Vertrauensperson rechtsgeschäftlich zur Erteilung einer Einwilligung in wissenschaftliche Forschungsstudien bevollmächtigt, so ist Abs. 1 mit Ausnahme von Nr. 7 entsprechend anwendbar, auch wenn kein Betreuungsverhältnis besteht.

§ 8: Verfahren der Ethikkommission und Genehmigung der Bundesoberbehörde

(1) Die nach § 1 Abs. 2 erforderliche zustimmende Bewertung durch die Ethikkommission ist bei der nach Landesrecht zuständigen unabhängigen interdisziplinär besetzten Ethikkommission zu beantragen. Das Nähere zur Bildung, Zusammensetzung und Finanzierung der Ethikkommission wird durch Landesrecht bestimmt. Handelt es sich um eine Forschungsmaßnahme mit einwilligungsunfähigen Personen, so muss die Kommission besondere Kenntnisse auf dem Gebiet der betroffenen Krankheit oder in Bezug auf die betroffene Personengruppe haben. Der Ethikkommission sind alle Unterlagen vorzulegen, die sie zur Bewertung benötigt. Zur Bewertung des Vorhabens kann die Ethikkommission eigene wissenschaftliche Ergebnisse verwerten, Sachverständige beiziehen oder Gutachten anfordern. Sie kann mit ihrer Entscheidung ein Vorhaben genehmigen, ablehnen oder auch Änderungen in der Planung des Vorhabens verlangen. Die Ethikkommission übermittelt dem Antragsteller und der zuständigen Behörde innerhalb von höchstens 60 Tagen nach Eingang des ordnungsgemäßen Antrags ihre mit Gründen versehene Stellungnahme. Sie ist über alle Ereignisse, die geeignet sein könnten, ein von dieser Entscheidung abweichendes Ergebnis herbeizuführen, zu unterrichten.

(2) Die nach § 1 Abs. 2 erforderliche Genehmigung der Bundesoberbehörde ist bei der zuständigen Bundesoberbehörde zu beantragen. Diesem Antrag sind die Unterlagen beizufügen, welche die Behörde zur Bewertung des Vorhabens benötigt. Die Genehmigung gilt als erteilt, wenn die zuständige Bundesoberbehörde dem Antragsteller innerhalb von 30 Tagen nach Eingang eines ordnungsgemäßen Antrages keine mit Gründen versehenen Einwände mitgeteilt hat. Wenn der Antrag auf mit Gründen versehene Einwände nicht innerhalb einer Frist von 90 Tagen entsprechend abgeändert wird, gilt der Antrag als abgelehnt.

§ 16: Zwölftes Gesetz zur Änderung des Arzneimittelgesetzes

Am 6. August 2004 ist das Zwölfte Gesetz zur Änderung des Arzneimittelgesetzes vom 30. Juni 2004[941] („Änderungsgesetz") in Kraft getreten, durch das insbesondere auch die Richtlinie 2001/20/EG des Europäischen Parlaments und des Rates vom 4. April 2001 zur Angleichung der Rechts- und Verwaltungsvorschriften der Mitgliedstaaten über die Anwendung der guten klinischen Praxis bei der Durchführung von klinischen Prüfungen mit Humanarzneimitteln („ARL") in das deutsche Recht umgesetzt worden sind.

Da dieses Gesetz – wie bereits im Vorwort ausgeführt – erst nach Fertigstellung dieser Arbeit beschlossen worden ist, war eine vollständige Integration vor Drucklegung nicht mehr möglich. Um die Aktualität dieses Werkes jedoch zu gewährleisten, erfolgt die Darstellung des Inhalts dieser Neuregelung – einschließlich Kommentierung – gesondert in diesem letzten Kapitel. Gegenstand dieser Betrachtung sollen die gesetzlichen (Neu)Regelungen nur insoweit sein, als sie unmittelbar die klinischen Prüfungen mit einwilligungsunfähigen Personen betreffen.

A. Struktur der neuen Vorschriften des Arzneimittelgesetzes

Wie bereits aufgrund des Aufbaus des oben unter § 7 Ziff. B dargestellten Regierungsentwurfs zu erwarten war, ist bei der Umsetzung der Arzneimittelrichtlinie die grundsätzliche Konzeption der §§ 40, 41 AMG a.F. insofern beibehalten worden, als § 40 AMG n.F. nach wie vor die allgemeinen Voraussetzungen der klinischen Prüfung regeln, während in § 41 AMG die besonderen Voraussetzungen der klinischen Prüfung normiert sind.

Einen gegenüber der alten Fassung des AMG vollständig veränderten Inhalt hat § 42 AMG n.F. erfahren, der das Verfahren bei der Ethikkommission und das Genehmigungsverfahren bei der Bundesbehörde regelt. Daran anschließend enthält der ebenfalls völlig neue § 42a AMG n.F. Vorschriften betreffend die Rücknahme, Widerruf und Ruhen der Genehmigung dieser Behörde.

B. Inhaltliche Neuerungen des Zwölften Änderungsgesetzes zum AMG

Trotz der grundsätzlichen Beibehaltung der Systematik der §§ 40, 41 AMG a.F., sind die mit dem Änderungsgesetz eingeführten inhaltlichen Änderungen dieser Vorschriften erheblich.

I. Änderungen betreffend § 40 AMG

Bei § 40 AMG sind mit dem Änderungsgesetz weitgehend die bereits in dem oben unter § 7 Ziff. B dargestellten Regierungsentwurf für § 40 AMG vorgese-

---

[941] BGBl. 2004 I Nr. 41, S. 2031 ff..

henen Neuerungen in Kraft getreten. Insofern kann weitgehend auf die dortigen Ausführungen verwiesen werden.

Eine Ergänzung der bereits in dem Regierungsentwurf enthaltenen Regelungen ist jedoch insofern erfolgt, als nun mit § 40 Abs. 1 S. 3 Nr. 3 c) in Verbindung mit Abs. 2a) AMG n.F. höhere Anforderungen an die Aufklärung der Prüfungsteilnehmer hinsichtlich Zweck und Umfang der Erhebung und Verwertung ihrer personenbezogenen Daten gestellt werden. Diese Ergänzung dient vornehmlich der Verbesserung des Datenschutzes und ist grundsätzlich zu begrüßen.

Zudem ist eine mittelbare Änderung der im Regierungsentwurf vorgesehenen Zulässigkeitsvoraussetzungen der §§ 40, 41 durch die Modifikation der in § 4 Abs. 25 AMG n.F. enthaltenen Legaldefinition des Begriffs „Prüfer" herbeigeführt worden.
Während nach der zunächst im Regierungsentwurf enthaltenen Definition eine Aufgabe des bislang in Deutschland geltenden Arztvorbehaltes vorgesehen war, indem grundsätzlich auch solche Personen Prüfer bei einer klinischen Prüfung sein sollten, die einen Beruf ausüben, der aufgrund seiner wissenschaftlichen Anforderungen und seiner Bedeutung für die Patientenbetreuung für die Durchführung von klinischen Prüfungen qualifiziert, hat sich die nun in dem Änderungsgesetz enthaltene Definition dem nach bisheriger Rechtslage geltenden Arztvorbehalt zumindest wieder angenähert. So ist gemäß § 4 Abs. 25 S. 1 AMG n.F. normiert, dass der Prüfer in der Regel ein für die Durchführung der klinischen Prüfung bei Menschen in einer Prüfstelle verantwortlicher Arzt ist. Nur in begründeten Ausnahmefällen soll eine andere Person Prüfer sein können, deren Beruf auf Grund seiner wissenschaftlichen Anforderungen und der seine Ausübung voraussetzenden Erfahrungen in der Patientenbetreuung für die Durchführung von Forschungen am Menschen qualifiziert.

In welcher Situation ein solcher Grund für die Leitung einer klinischen Prüfung durch eine Person, die nicht Arzt ist, vorliegen soll, bleibt offen. Es ist daher schwer nachvollziehbar, dass der Gesetzgeber nicht der Empfehlung der Enquete-Kommission[942] gefolgt ist und den bisher geltenden strengen Arztvorbehalt beibehalten hat. Denn nicht nur aufgrund seiner besonderen Fachkunde ist die Leitung der Prüfung durch einen Arzt zu befürworten. Im Gegensatz zu anderen Berufsgruppen ist dieser auch durch besondere ethische und berufsrechtliche Grundsätze gebunden, deren Existenz zu einem höheren Schutz des

[942] Gutachterliche Stellungnahme der Enquete-Kommission Ethik und Recht der modernen Medizin des Deutschen Bundestages vom 26.01.2004 (12. Sitzung) zum Gesetzesentwurf der Bundesregierung: Entwurf eines Zwölften Gesetzes zur Änderung des Arzneimittelgesetzes BT-Drs. 15/2109, Deutscher Bundestag, Kom.-Drs. 15/125, S. 2,3.

Patienten führt[943]. Eine Situation, in der ein besonderer Grund für die Leitung einer Prüfung durch einen Angehörigen einer anderen Berufsgruppe bestehen könnte, ist kaum denkbar. Es bleibt zu hoffen, dass von dieser Ausnahmeregelung in der Praxis mit der gebotenen Zurückhaltung Gebrauch gemacht werden wird.

II. Änderungen betreffend § 40 Abs. 4 AMG

Ebenfalls erhebliche Änderungen hat der Regierungsentwurf hinsichtlich seines § 40 Abs. 4 erfahren.

1. Medizinische Indikation der Anwendung

So wird in § 40 Abs. 4 Nr. 1 S. 2 AMG n.F. nunmehr klargestellt, dass die Anwendung von Diagnostika und Therapeutika bei Minderjährigen nur dann erfolgen darf, wenn diese Anwendung bei dem Minderjährigen medizinisch indiziert ist.
Durch diese Klarstellung dürfte der in der Rechtsliteratur seit vielen Jahren herrschende Streit über die Auslegung des § 40 Abs. 4 AMG a.F. (vergleiche die obigen Ausführungen unter § 6 Ziff. B. I. 1. a.) nunmehr beigelegt sein. Insofern ist diese Neuerung, die in dem Regierungsentwurf noch nicht enthalten war, schon aufgrund der mit ihr verbundenen höheren Rechtssicherheit und Rechtsklarheit zu begrüßen.

Zudem ist es auch mangels verbindlicher Grenzen für die im Rahmen der klinischen Prüfungen nach § 40 Abs. 4 AMG n.F. zulässigen Risiken für den Minderjährigen erforderlich, die medizinische Indikation der Anwendung des Arzneimittels zu normieren. Anderenfalls wäre es möglich, den Minderjährigen einem nicht begrenzten Risiko auszusetzen, ohne dass für ihn damit ein individueller Vorteil verbunden wäre.

2. Beachtlichkeit des Willens des Minderjährigen

Nach der bisherigen Rechtslage war der Wille des Minderjährigen bei der Erprobung von Diagnostika und Therapeutika gemäß § 40 Abs. 4 Nr. 4 S. 2 AMG a.F. nur bei vorliegender Einwilligungsfähigkeit des Minderjährigen erheblich. In diesem Fall war neben der Einwilligung des gesetzlichen Vertreters auch die eigene schriftliche Einwilligung des Minderjährigen in die Teilnahme an der Prüfung erforderlich. Ohne die Einwilligungsfähigkeit des Minderjährigen war sein Wille dagegen nach der bisherigen Rechtslage unbeachtlich.

Diese Unbeachtlichkeit des Willens des einwilligungsunfähigen Minderjährigen ist durch das Änderungsgesetz in zweifacher Hinsicht korrigiert worden: es wer-

[943] Ebenso *Laufs*, MedR 2004, S. 583 (586).

den nunmehr sowohl der mutmaßliche als auch der geäußerte Wille des Minderjährigen bei der Frage der Zulässigkeit der klinischen Prüfung berücksichtigt.

aa. Übereinstimmung mit mutmaßlichem Willen

So ist es gemäß § 40 Abs. 4 Nr. 3 S. 2 AMG n.F. erforderlich, dass die Einwilligung des gesetzlichen Vertreters dem mutmaßlichen Willen des Minderjährigen entspricht, soweit ein solcher feststellbar ist.

Noch im Regierungsentwurf war diese Zulässigkeitsvoraussetzung nicht vorgesehen. Zwar ist die Beachtlichkeit des mutmaßlichen Willens des Minderjährigen auch in Art. 4 a ARL normiert. Es ist jedoch fraglich, ob es der Umsetzung dieser Regelung in den deutschen Gesetzestext bedurft hätte, um die Vorgaben der ARL zu erfüllen. Denn angesichts der mit der Ermittlung des mutmaßlichen Willens des Minderjährigen verbundenen Schwierigkeiten, ist es mehr als zweifelhaft, ob durch diese Vorschrift ein größerer Schutz dieser Personengruppe gewährleistet wird.

Der Bundesrat[944] hat zwar die Auffassung vertreten, dass durch das Fehlen einer solchen Vorschrift, die eine Übereinstimmung mit dem mutmaßlichen Willen des Minderjährigen normiert, eine Regelungslücke für die Fälle entstehe, in denen der Minderjährige keine ausdrückliche Erklärung abgebe. Durch eine entsprechende Regelung solle sichergestellt werden, dass der mutmaßliche Wille des Minderjährigen ermittelt werde und bei der Rechtmäßigkeit von klinischen Prüfungen mit Arzneimitteln eine Rolle spiele.

Diese Bedenken sind jedoch unberechtigt. So ist bereits völlig unklar, was unter einem solchen mutmaßlichen Willen zu verstehen ist und wie dieser ermittelt werden soll[945]. Liegen keine eindeutigen gegenteiligen Anhaltspunkte vor, wird man daher im Regelfall davon auszugehen haben, dass allein die in dem objektiven (gesundheitlichen) Interesse des Minderjährigen liegende Behandlung seinem mutmaßlichen Willen entspricht. Auch die Bundesregierung[946] hat diese Vorschrift dahingehend interpretiert, dass unter dem mutmaßlichen Willen des Kindes eine Ausrichtung an den Interessen und dem Wohl des Kindes zu verstehen sei[947]. Sie sah es daher zunächst nicht als erforderlich an, diesen ohnehin

---

[944] Entwurf eines Zwölften Gesetzes zur Änderung des Arzneimittelgesetzes - Stellungnahme des Bundesrates und Gegenäußerung der Bundesregierung, Deutscher Bundestag, Drucksache 15/2360 S. 5, 6.

[945] Vergleiche hierzu bereits die Ausführungen unter § 7 Ziff. A. III.1.

[946] Entwurf eines Zwölften Gesetzes zur Änderung des Arzneimittelgesetzes - Stellungnahme des Bundesrates und Gegenäußerung der Bundesregierung, Deutscher Bundestag, Drucksache 15/2360 S. 15.

[947] Die Bundesregierung muss sich jedoch fragen lassen, inwiefern sich die in § 41 Abs. 2 AMG n.F. normierte Zulässigkeit von gruppennütziger Forschung tatsächlich an dem Wohl des Kindes orientiert und sich an seinen individuellen Interessen ausrichtet.

bereits im Bürgerlichen Gesetzbuch normierten Grundsatz nochmals ausdrücklich im Arzneimittelgesetz festzuschreiben.

Der Grundsatz, dass nur die optimale Behandlung dem mutmaßlichen Willen des Minderjährigen entspricht, gilt insbesondere in den von dem Bundesrat genannten Fällen, in denen der Minderjährige keine ausdrückliche Erklärung abgibt. Gerade in diesen Fällen kann dem Minderjährigen der altruistische Wille zur Teilnahme an klinischen Prüfungen, die für ihn nicht ausschließlich mit individuellem Vorteil verbunden sind, nicht unterstellt werden.

bb. Beachtung jeder Form des ablehnenden Verhaltens

Auch § 40 Abs. 4 Nr. 3 S. 3, 2. HS AMG n.F. normiert die Beachtlichkeit des Willens des Minderjährigen, indem er festschreibt, dass der erklärte oder in sonstiger Weise zum Ausdruck gebrachte Wille des Minderjährigen, nicht an der klinischen Prüfung teilnehmen zu wollen, zu beachten ist. Eine gewisse Verstandesreife wird hierfür nicht vorausgesetzt.

Da diese Vorschrift dem Minderjährigen ein Mehr an Selbstbestimmung gewährt, ist sie grundsätzlich zu begrüßen. Dies gilt jedoch nur insoweit uneingeschränkt, als damit solche von dem Minderjährigen abgelehnte Forschung unzulässig wird, die für ihn nicht mit individuellen Vorteilen verbunden ist, der Fall ist.

Sobald eine Teilnahme dem Minderjährigen dagegen einen gesundheitlichen Vorteil verspricht, darf diese nicht dadurch verhindert werden, dass er in irgendeiner Form ablehnend reagiert. Anderenfalls bestünde die Gefahr, dass die Beachtung des Willens eines Minderjährigen, der zu einer einsichtigen Meinung noch nicht in der Lage ist, zu gesundheitlichen Nachteilen für ihn führen könnte. Dies darf selbst dann, wenn es sich bei dem anzuwendenden Arzneimittel um eine wenig erprobte Methode handelt, nicht der Fall sein. Denn ist eine Person mangels Einwilligungsfähigkeit noch nicht in der Lage, von ihrem Selbstbestimmungsrecht reflektiert Gebrauch zu machen, darf die Gewährleistung ihrer Selbstbestimmung nicht grundsätzlich dem Schutz ihrer Gesundheit vorgehen.

Die in § 40 Abs. 4 Nr. 3 S. 3, 2. HS AMG n.F. eingeführte Neuregelung sieht jedoch eine Differenzierung danach, ob die von dem Betroffenen abgelehnte Maßnahme einen individuellen Vorteil für ihn bedeutet oder nicht, nicht vor und ist aus diesem Grund zu kritisieren. Die Unklarheit darüber, ob das ablehnende Verhalten des Minderjährigen selbst dann immer zur Unzulässigkeit der Prüfung führen muss, wenn diese seinem individuellen Vorteil zu dienen verspricht, wäre leicht zu verhindern gewesen, wenn der Gesetzgeber klar zwischen den Voraussetzungen für individuell vorteilhaften Maßnahmen und solchen Eingriffen oder Maßnahmen ohne individuellen Nutzen differenziert hätte.

Darüber hinaus stellt sich auch die Frage, in welchem Verhältnis diese Regelung zu § 40 Abs. 4 Nr. 3 S. 2 AMG n.F. steht, der die Beachtung des mutmaßlichen Willens des Minderjährigen vorschreibt. Denn da bereits gemäß § 40 Abs. 4 Nr. 3 S. 3, 2. HS AMG n.F. jede Form der natürlichen Willensäußerung des Minderjährigen, die einen der Teilnahme an der Prüfung entgegenstehenden Willen zu erkennen gibt, zu beachten ist, ist es fraglich, auf welche Weise darüber hinaus noch ein mutmaßlicher Wille des Minderjährigen ermittelt werden kann. Da die Erforderlichkeit der Übereinstimmung der Einwilligung des gesetzlichen Stellvertreters mit dem mutmaßlichen Willen des Minderjährigen somit keinen zusätzlichen Schutz für den Minderjährigen gewährleistet, wäre es zur Vermeidung von Rechtsanwendungsunsicherheiten empfehlenswert gewesen, dieses in der Arzneimittelrichtlinie vorgesehene Zulässigkeitskriterium durch wirkungsvollere Schutzmechanismen zu ersetzen.

3. Aufklärung durch im Umgang mit Minderjährigen erfahrenen Prüfer

Gemäß § 40 Abs. 4 Nr. 3 S. 3, 1. HS AMG n.F. ist der Minderjährige vor Beginn der klinischen Prüfung von einem im Umgang mit Minderjährigen erfahrenen Prüfer über die Prüfung, die Risiken und den Nutzen aufzuklären, soweit dies im Hinblick auf sein Alter und seine geistige Reife möglich ist.

Da nach der bisherigen Rechtslage eine besondere Aufklärung des Minderjährigen nicht vorgesehen war, ist diese individuell auf den Minderjährigen abgestimmte Form der Einbeziehung in die Studie und die damit einhergehende Beachtung seines Selbstbestimmungsrechts sehr zu begrüßen.

Diese Regelung stellt eine positive Ergänzung des Regierungsentwurfs dar, die selbst über die Anforderungen der Arzneimittelrichtlinie hinausgeht. Beide Regelungen hatten lediglich die Aufklärung durch eine pädagogisch erfahrene Person vorgesehen, ohne jedoch ausdrücklich eine besondere Erfahrung im Umgang mit Minderjährigen zu verlangen. Das Änderungsgesetz trägt somit den altersabhängigen Fähigkeiten der Minderjährigen in besonderer Weise Rechnung.

4. Grenze der Risiken und Belastungen

Die äußerste Risiko- und Belastungsgrenze der nach § 40 Abs. 4 AMG n.F. zulässigen Prüfungen wird von § 40 Abs. 4 Nr. 4 AMG n.F. gezogen, der vorsieht, dass die klinische Prüfung nur durchgeführt werden darf, wenn sie für die betroffene Person mit möglichst wenig Belastungen und anderen vorhersehbaren Risiken verbunden ist; sowohl der Belastungsgrad als auch die Risikoschwelle müssen im Prüfplan eigens definiert und vom Prüfer ständig überprüft werden.

Der eigenständige Regelungsgehalt dieser Vorschrift ist insofern zweifelhaft, als eine Begrenzung der Belastungen auf „möglichst wenig" selbstverständlich sein dürfte. Dies gilt insbesondere auch aufgrund der Tatsache, dass bereits in § 40 Abs. 1 Nr. 2 AMG n.F. geregelt ist, dass die vorhersehbaren Risiken und Nachteile gegenüber dem Nutzen für die Person, bei der sie durchgeführt wer-

den soll und der voraussichtlichen Bedeutung des Arzneimittels für die Heilkunde ärztlich vertretbar sein müssen.
Es kann davon ausgegangen werden, dass diese ärztliche Vertretbarkeit dann nicht gegeben ist, wenn die mit der Prüfung verbundenen Belastungen nicht „möglichst gering" sind. Denn diese Einschränkung bedeutet letztlich nichts anderes, als dass Belastungen und Risiken nicht höher sein dürfen, als es für die ordnungsgemäße Durchführung der Studie erforderlich ist. Da diese Beschränkung der Belastungen somit lediglich relativ ist, wobei die Erfordernisse der Studie der Vergleichsmaßstab sind, ist ein zusätzlicher Schutz für den Teilnehmer hiermit nicht verbunden.

5. Zulässigkeit zusätzlicher Untersuchungen im Rahmen der klinischen Prüfung

Ebenso wenig wie dies nach bisheriger Rechtslage und gemäß § 40 Abs. 4 AMG-E der Fall war, wird im Rahmen des § 40 Abs. 4 AMG n.F. geregelt, ob und in welchem Umfang im Rahmen einer klinischen Prüfung nach dieser Vorschrift zusätzliche Maßnahmen oder Eingriffe, beispielsweise zum Zwecke bestimmter Untersuchungen, die nicht unmittelbar dem gesundheitlichen Wohl des Betroffenen dienen, zulässig sein können.

Dies ist sehr zu bedauern, weil hierdurch unnötige Unsicherheiten bei der Rechtsanwendung verursacht werden. Sinnvoll wäre es, für derartige zusätzliche Untersuchungen und Eingriffe mangels individuellem Nutzen für den Minderjährigen die strengeren Zulässigkeitsvoraussetzungen des § 41 Abs. 2 Nr. 2 AMG n.F. gelten zu lassen. Da diese Vorschrift jedoch nach dem Wortlaut des § 41 Abs. 2 AMG n.F. nur für klinische Prüfungen mit therapeutischen Arzneimitteln Anwendung findet, ist eine Ausdehnung auf gruppennützige Untersuchungen im Rahmen einer Prüfung von Arzneimitteln, die zum Erkennen oder zum Verhüten von Krankheiten bei Minderjährigen bestimmt sind, bei wörtlicher Auslegung des Gesetzes ausgeschlossen.

Es stellt sich daher die Frage, ob im Rahmen einer klinischen Prüfung gemäß § 40 Abs. 4 AMG n.F. überhaupt zusätzliche gruppennützige Untersuchungen und Maßnahmen zulässig sind. Hiervon kann angesichts der Tatsache, dass gruppennützige Eingriffe explizit in § 41 Abs. 2 Nr. 2 AMG n.F. geregelt sind, nicht ausgegangen werden. Eine andere Interpretation hätte zur Konsequenz, dass im Rahmen des § 40 Abs. 4 AMG n.F. gruppennützige Maßnahmen mangels zusätzlicher einschränkender Voraussetzungen in weitaus größerem Umfang zulässig wären, als dies von dem Gesetzgeber in § 41 Abs. 2 Nr. 2 AMG n.F. für gruppennützige Forschung im Rahmen von klinischen Prüfungen therapeutischer Arzneimittel vorgesehen ist. Eine derart weitreichende Zulässigkeit kann von dem Gesetzgeber nicht gewollt gewesen sein und wäre mangels

Beschränkung der Nachteile auf minimale Risiken und minimale Belastungen auch nicht mit dem Grundgesetz zu vereinbaren.
Kommt man somit zu dem Ergebnis, dass im Rahmen von klinischen Prüfungen nach § 40 Abs. 4 AMG n.F. keine zusätzlichen gruppennützigen Untersuchungen oder Maßnahmen zulässig sind, bleibt festzustellen, dass ein vernünftiger Grund für diese Differenzierung zwischen klinischen Prüfungen von Diagnostika und Prophylaktika einerseits und Therapeutika andererseits nicht besteht. Denn sind die zum Schutz des Minderjährigen erforderlichen Voraussetzungen für die Zulässigkeit einer gruppennützigen Untersuchung erfüllt, ist es unerheblich, welche Art von Arzneimittel in der jeweiligen Studie geprüft wird. Entgegen dem Wortlaut der §§ 40,41 AMG n.F. sollten daher unter den Voraussetzungen des § 41 Abs. 2 Nr. 2 AMG n.F. auch im Rahmen von klinischen Prüfungen nach § 40 Abs. 4 AMG n.F. gruppennützige Forschung zulässig sein.

6. Anderweitige Forschung nicht erfolgversprechend

Wie bereits in den bisherigen Vorschriften geregelt, dürfen klinische Prüfungen an Erwachsenen oder andere Forschungsmethoden nach den Erkenntnissen der Wissenschaft keine ausreichenden Prüfergebnisse erwarten lassen, § 40 Abs. 4 Nr. 2 AMG n.F..

7. Keine Gewährung von Vorteilen

Auch dürfen gemäß § 40 Abs. 4 Nr. 5 AMG n.F. keine Vorteile mit Ausnahme einer angemessenen Entschädigung gewährt werden.

II. Änderungen betreffend § 41 AMG

Die in § 41 AMG a.F. geregelte Rechtslage betreffend klinische Prüfungen mit erkrankten Personen hat sich durch das Änderungsgesetz ebenfalls wesentlich geändert. Dies gilt insbesondere für klinische Prüfungen mit Minderjährigen, die nun in weiterem Umfang zulässig sind, als dies bislang der Fall war.

1. Prüfungen mit einwilligungsfähigen Volljährigen gemäß § 41 Abs. 1 AMG n.F.

Die mit dem Änderungsgesetz eingeführten Vorschriften betreffend einwilligungsfähige Volljährige, die an einer Krankheit leiden, sind mit der bereits im Regierungsentwurf enthaltenen Regelung identisch. Es kann insofern auf die obigen Ausführungen unter § 7 Ziff. B. II. 1. verwiesen werden.

2. Die Vorschrift des § 41 Abs. 2 AMG n.F. – klinische Prüfungen mit Minderjährigen

Wie bereits vorstehend angesprochen, sind die Voraussetzungen der Zulässigkeit von klinischen Prüfungen mit einwilligungsunfähigen Minderjährigen durch das Änderungsgesetz am weitreichendsten geändert worden. So ist nach neuem Recht ein individueller Vorteil des Minderjährigen durch die Teilnahme an der

Prüfung nicht mehr erforderlich ist. Vielmehr genügt nach neuem Recht ein Nutzen für die Patientengruppe, welcher der Minderjährige angehört, um Eingriffe in seine Rechtsgüter zu rechtfertigen.

a. Die Zulässigkeitsalternativen: individueller Vorteil oder Gruppennutzen

So sind in § 41 Abs. 2 AMG n.F. zwei Zulässigkeitsalternativen normiert: entweder, die Anwendung des zu prüfenden Arzneimittels ist gemäß § 41 Abs. 2 Nr. 1 AMG n.F. nach den Erkenntnissen der medizinischen Wissenschaft angezeigt, um das Leben des Minderjährigen zu retten, seine Gesundheit wiederherzustellen oder seine Leiden zu erleichtern. In diesem Fall sind allein die allgemeinen Zulässigkeitsvoraussetzungen des § 40 Abs. 1 bis 4 AMG n.F. zu beachten.

Oder, die klinische Prüfung ist gemäß § 41 Abs. 2 Nr. 2 a AMG n.F. für die Gruppe der Patienten, die an der gleichen Krankheit leiden wie die betroffene Person, mit einem direkten Nutzen verbunden.

b. Zusätzliche Zulässigkeitsvoraussetzungen bei gruppennützigen Studien

Ist eine klinische Prüfung lediglich mit einem direkten Nutzen für die Patientengruppe verbunden, gelten neben den allgemeinen Voraussetzungen einer klinischen Prüfung gemäß § 40 Abs. 1 bis 4 AMG n.F. zusätzlich die in § 41 Abs. 2 Nr. 2 b) bis d) AMG n.F. geregelten besonderen, dem Schutz des Betroffenen dienenden, Zulässigkeitsbeschränkungen.

Fraglich ist allerdings, was unter einem *direkten* Nutzen für die Patientengruppe des Minderjährigen zu verstehen ist und welche Anforderungen an dieses Zulässigkeitskriterium zu stellen sind. Mangels diesbezüglicher Anhaltspunkte aus dem Gesetzestext bleibt abzuwarten, wie dieser Begriff in der Praxis interpretiert werden wird. Angesichts der Tatsache, dass das Ergebnis einer Prüfung nicht immer vorhergesehen werden kann, ist zu erwarten, dass insofern eine weite Auslegung stattfinden wird.

aa. Unbedingte Erforderlichkeit der Forschung

Gemäß § 41 Abs. 2 Nr. 2 b) AMG n.F. ist es erforderlich, dass die Forschung für die Bestätigung von Daten, die bei klinischen Prüfungen an anderen Personen oder mittels anderer Forschungsmethoden gewonnen worden, unbedingt erforderlich ist.

Bei dieser Regelung handelt es sich um eine Umsetzung des Art. 4 e S. 1 ARL in deutsches Recht. Der eigene Regelungsgehalt dieser Vorschrift ist jedoch zweifelhaft, da nicht festgestellt wird, zu welchem Zweck diese Bestätigung der Daten unbedingt erforderlich sein muss.

bb. Bezug zu klinischem Zustand des Betroffenen

Darüber hinaus muss sich die Forschung gemäß § 41 Abs. 2 Nr. 2 c) AMG n.F. auf einen klinischen Zustand beziehen, unter dem der Minderjährige leidet. Mit dieser Regelung werden ebenfalls die Vorgaben der Arzneimittelrichtlinie unmittelbar umgesetzt. Sie stellt sicher, dass ein bereits durch seine Krankheit geschwächter Minderjähriger nicht auch solchen Untersuchungen ausgesetzt wird, die nicht unmittelbar mit seiner Erkrankung zusammenhängen.

cc. Minimales Risiko und minimale Belastung für den Minderjährigen

Die lediglich gruppennützige Forschung darf gemäß § 41 Abs. 2 Nr. 2 d) AMG n.F. für den Minderjährigen nur mit einem minimalen Risiko und einer minimalen Belastung verbunden sein. Die Forschung weist nach der ebenfalls in § 41 Abs. 2 Nr. 2 d) AMG n.F. enthaltenen Legaldefinition nur dann ein minimales Risiko auf, wenn nach Art und Umfang der Intervention zu erwarten ist, dass sie allenfalls zu einer sehr geringfügigen und vorübergehenden Beeinträchtigung der Gesundheit der betroffenen Person führen wird. Sie weist dann eine minimale Belastung auf, wenn zu erwarten ist, dass die Unannehmlichkeiten für die betroffene Person allenfalls vorübergehend auftreten und sehr geringfügig sein werden.

c. Ausschluss von dauerhaft einwilligungsunfähigen Minderjährigen

Die somit neu geregelte Zulässigkeit ausschließlich gruppennütziger Forschung gilt jedoch gemäß § 41 Abs. 2 S. 2 AMG n.F. nicht für solche Minderjährige, die nach Erreichen der Volljährigkeit nach wie vor einwilligungsunfähig sein werden. Vielmehr dürfen diese Personen gemäß § 41 Abs. 2 Nr. 1 AMG n.F. nur dann an klinischen Prüfungen teilnehmen, wenn bei ihnen die Anwendung des zu prüfenden Arzneimittels medizinisch angezeigt ist.

d. Kritik an Neuregelung der klinischen Prüfung mit Minderjährigen

Die in § 41 Abs. 2 AMG n.F. enthaltene Neuregelung der Zulässigkeit der klinischen Prüfung mit Minderjährigen hält sich inhaltlich weitgehend sehr eng an die Vorgaben der Arzneimittelrichtlinie. In einigen Punkten weicht sie jedoch nicht unerheblich von dieser ab.

aa. Höchstmaß an Risiken und Belastungen

Im Gegensatz zu der Arzneimittelrichtlinie legt das Änderungsgesetz das bei einer klinischen Prüfung mit Gruppennutzen in Kauf zu nehmende Höchstmaß an Risiken und Belastungen fest. Während die Arzneimittelrichtlinie diese Nachteile nur auf „möglichst wenig" Schmerzen, Beschwerden und Angst begrenzen will und damit keine feste Grenze zieht, dürfen diese Nachteile nach der neuen Fassung des AMG lediglich minimal sein. Diese engere Grenzziehung ist zum Schutz der minderjährigen Prüfungsteilnehmer dringend erforderlich und damit ausdrücklich zu begrüßen.

Gleichzeitig kann trotz dieser vermeintlich engen Beschränkung der Zulässigkeit auf minimale Risiken und Belastungen nicht geleugnet werden, dass mangels eindeutiger Grenzziehung auch dieses Zulässigkeitskriterium sehr unterschiedlicher Auslegung zugänglich ist[948]. Diese unterschiedlichen Auslegungsmöglichkeiten wurde bereits oben unter § 9 Ziff. A. IV. 2. c. bb. dargestellt. Sie werden auch durch diese in den Gesetzestext aufgenommene Definition der Begriffe minimales Risiko und minimale Belastung nicht verhindert werden können. Denn statt die Bedeutung der Begriffe durch Nennung von Beispielen zu verdeutlichen, ersetzt sie den Begriff des „minimalen Risikos" lediglich durch die ebenso dehnbaren Umschreibung der „sehr geringfügigen Beeinträchtigung der Gesundheit" und versäumt es dadurch, für wirkliche Klarheit hinsichtlich der zulässigen Eingriffsintensität zu sorgen.
Dies ist vor allem aus dem Grund zu bedauern, dass auch zum Schutz der körperlichen Integrität des Minderjährigen keine Grenze gezogen wird. Vielmehr bekennt sich die Legaldefinition offen zu der Zulässigkeit einer – wenn auch geringfügigen – Beeinträchtigung der Gesundheit des Minderjährigen zum Nutzen der Gruppe. Mangels einer absoluten Begrenzung wird es letztlich von dem Urteil Dritter abhängen, ob ein Eingriff in die körperliche Integrität des Minderjährigen noch als „sehr geringfügig" angesehen werden kann oder nicht. Eine klare Grenze wird nicht gezogen.

Dies führt zu dem Ergebnis, dass die nach dem Inkrafttreten des Änderungsgesetzes geltende Fassung des § 41 Abs. 2 AMG keinen ausreichenden Schutz für die Rechtsgüter des Minderjährigen gewährt. Mangels eindeutiger Begrenzung der Risiken und Belastungen, die zum alleinigen Nutzen Dritter in Kauf genommen werden dürfen, besteht vielmehr die Gefahr, dass in einzelnen Fällen auch die Würde des Minderjährigen durch eine nach dieser Vorschrift zulässige Forschungsmaßnahme gefährdet wird.

Ungeklärt bleibt dabei die Frage, inwiefern eine solche Forschungsmaßnahme, mit der eine – wenn auch minimale – Beeinträchtigung der Gesundheit des Min-

---

[948] So war auch die Enquete-Kommission Ethik und Recht der modernen Medizin des Deutschen Bundestages bereits in ihrer Gutachterlichen Stellungnahme vom 26.01.2004 (12. Sitzung) zum Gesetzesentwurf der Bundesregierung: Entwurf eines Zwölften Gesetzes zur Änderung des Arzneimittelgesetzes BT-Drs. 15/2109, Deutscher Bundestag, Kom.-Drs. 15/125, S. 6, der Auffassung, dass der damalige Regelungsvorschlag des Gesetzesentwurfes der Bundesregierung zu problematischen Missverständnissen darüber, welche Maßnahmen danach erlaubt sein sollen, führen würde. Sie äußerte nicht zuletzt auch aus diesem Grund die Befürchtung, dass der Begriff der Gruppennützigkeit in seiner allgemeinen Formulierung zu einer schleichenden Ausweitung der Forschungspraxis führen könnte, die den erforderlichen Schutz der Minderjährigen unterminieren würde. Unglücklicherweise hat der Gesetzgeber diese Äußerungen der Kommission unberücksichtigt gelassen und es versäumt, die von der Enquete-Kommission geforderten klaren Grenzen festzulegen.

derjährigen verbunden ist, dessen mutmaßlichem Willen, der nach § 40 Abs. 4 AMG n.F. zu beachten ist, entsprechen kann. Das Vorliegen eines solchen mutmaßlichen Teilnahmewillens dürfte gerade bei Säuglingen oder Kleinkindern ausgeschlossen sein, da ihnen ein Wille zum Altruismus nicht unterstellt werden darf. Eine konsequente Beachtung dieser Zulässigkeitsvoraussetzung hätte jedoch zur Folge, dass auch gruppennützige Forschung mit minimalen Risiken und minimalen Belastungen meist nicht durchgeführt werden könnte.
Es bleibt abzuwarten, wie dieser Widerspruch in der Praxis gelöst werden wird.

bb. Regelung verschiedener Zulässigkeitsalternativen

Das Änderungsgesetz weicht zudem insofern von den Regelungen der Arzneimittelrichtlinie betreffend die Zulässigkeit klinischer Prüfungen mit Minderjährigen ab, als die Arzneimittelrichtlinie die Mindestvoraussetzungen von klinischen Prüfungen einheitlich regelt, während das Änderungsgesetz verschiedene Arten von klinischen Prüfungen mit unterschiedlichen Voraussetzungen normiert. So unterscheidet das Änderungsgesetz zwischen klinischen Prüfungen mit Diagnostika und Prophylaktika, die in § 40 Abs. 4 AMG n.F. geregelt sind, klinischen Prüfungen mit therapeutischen Arzneimitteln, die in § 41 Abs. 2 Nr. 1 AMG n.F. normiert sind, und klinischen Prüfungen mit direktem Gruppennutzen nach § 41 Abs. 2 Nr. 2 AMG n.F.. Während für die beiden ersteren Prüfungstypen lediglich die Voraussetzungen des § 40 Abs. 1 bis 4 AMG n.F. vorliegen müssen, sind für den letzteren Prüfungstyp weitere einschränkende Zulässigkeitsvoraussetzungen zu beachten.

Ein nachvollziehbarer Grund dafür, dass die klinischen Prüfungen mit Diagnostika und Prophylaktika einerseits und mit Therapeutika andererseits bei gleichen Zulässigkeitsvoraussetzungen in unterschiedlichen Vorschriften geregelt sind, scheint nicht zu existieren. Es wäre daher für die Übersichtlichkeit der Vorschrift vorteilhaft gewesen, die klinische Prüfung von medizinisch angezeigten Arzneimitteln einheitlich zu regeln.

Dagegen erscheint die Differenzierung zwischen diesen beiden Arten von Arzneimittelprüfungen auf der einen Seite und solchen Prüfungen mit ausschließlichem Gruppennutzen auf der anderen Seite auf den ersten Blick interessengerecht: während bei ersteren Prüfungstypen eine medizinische Indikation für die Anwendung des zu prüfenden Arzneimittels vorliegt, ist dies bei der Prüfung mit ausschließlichem Gruppennutzen nicht der Fall. Es scheint daher folgerichtig, an deren Zulässigkeit strengere Anforderungen zu stellen.

Bei dieser Betrachtung wird jedoch außer Acht gelassen, dass auch im Rahmen einer klinischen Prüfung, bei der die Anwendung des zu prüfenden Arzneimittels bei dem Prüfungsteilnehmer medizinisch indiziert ist, Untersuchungen oder andere Maßnahmen durchgeführt werden können, die gerade nicht dem unmit-

telbaren Eigeninteresse des Teilnehmers dienen. Diese zusätzlichen Untersuchungen haben bedauerlicherweise in der Neuregelung keine ausdrückliche Regelung erfahren.
Es ist daher fraglich, ob sie allein aufgrund der Tatsache, dass sie im Rahmen einer Prüfung durchgeführt werden, bei der die Anwendung des Arzneimittels dem Prüfungsteilnehmer einen individuellen Nutzen bringen soll, ebenfalls nach den weniger strengen Zulässigkeitsvoraussetzungen zu beurteilen sind, die für die Anwendung des Arzneimittels selbst gelten, oder ob für diese fremdnützigen Zusatzuntersuchungen nicht die strengeren Zulässigkeitsvoraussetzungen des § 41 Abs. 2 Nr. 2 AMG n.F. gelten müssen.

Nach dem Wortlaut des Gesetzes gelten die strengeren Zulässigkeitsvoraussetzungen nur für solche klinische Prüfungen, bei denen die Anwendung des Arzneimittels nicht medizinisch angezeigt ist im Sinne des § 41 Abs. 2 Nr. 1 AMG n.F.. Dies ergibt sich aus der Verwendung des Wortes „oder" zwischen den beiden Prüfungsalternativen, das die Ausdehnung der in § 41 Abs. 2 Nr. 2 AMG n.F. geregelten Zulässigkeitsvoraussetzungen auf solche Studien, bei denen die Anwendung des zu prüfenden Arzneimittels medizinisch indiziert ist, ausschließt.

Konsequenz dieser Interpretation der Neuregelung wäre es, dass für ausschließlich gruppennützige Eingriffe im Rahmen einer klinischen Prüfung, bei der die Anwendung des Arzneimittels selbst medizinisch indiziert ist, die strengen Zulässigkeitsvoraussetzungen des § 41 Abs. 2 Nr. 2 AMG n.F. nicht gelten. Folglich wären die mit solchen Maßnahmen oder Eingriffen verbundenen Nachteile – trotz ihrer Gruppennützigkeit – nicht auf minimale Risiken und minimale Belastungen begrenzt, sondern sie müssten nur gemäß § 40 Abs. 4 Nr. 4 AMG n.F. mit „möglichst wenigen" Belastungen und anderen vorhersehbaren Risiken verbunden sein.

Es scheint jedoch nicht interessengerecht, die Zulässigkeitsvoraussetzungen gruppennütziger Forschung davon abhängig zu machen, ob sie im Rahmen einer klinischen Prüfung eines indizierten Arzneimittels durchgeführt werden, oder ob der Prüfungsteilnehmer kein solches Arzneimittel erhält. Denn dies würde letztlich darauf hinauslaufen, dass sich der Minderjährige, der an der Prüfung eines Arzneimittels teilnimmt, dessen Anwendung bei ihm medizinisch indiziert ist, den Erhalt dieses Arzneimittels dadurch „erkaufen" muss, dass er sich für solche Untersuchungen zur Verfügung stellt, die ohne die Vergabe dieses Arzneimittels nicht zulässig wären. Dies kann auch von dem Gesetzgeber nicht gewünscht gewesen sein.

Um dieses unerwünschte Ergebnis zu vermeiden ist daher diese Vorschrift so auszulegen, dass sämtliche Maßnahmen und Eingriffe, die nicht dem individuellen Vorteil des Minderjährigen dienen, auch im Rahmen einer Studie gemäß § 41 Abs. 2 Nr. 1 AMG n.F den strengeren Zulässigkeitsvoraussetzungen des § 41 Abs. 2 Nr. 2 AMG n.F. unterliegen müssen.

cc. Fehlende Umsetzung von Art. 4 i ARL

Auffällig ist, dass in dem Änderungsgesetz eine Umsetzung der in Art. 4 i ARL enthaltenen Zulässigkeitsvoraussetzung, dass die Interessen des Patienten stets über den Interessen der Wissenschaft und der Gesellschaft stehen müssen, nicht enthalten ist. Wie bereits im Rahmen der Ausführungen zu der Arzneimittelrichtlinie festgestellt, stellt diese Vorschrift lediglich eine Art Programmsatz dar, dem auch innerhalb der Arzneimittelrichtlinie keine eigenständige Bedeutung zukommt. Denn würde man die Interessen des einzelnen Patienten tatsächlich in jedem Einzelfall über die Interessen der Wissenschaft und der Gesellschaft stellen, wäre die Zulässigkeit von gruppennütziger Forschung grundsätzlich ausgeschlossen. Da sowohl die Arzneimittelrichtlinie als auch das Änderungsgesetz solche Forschung gerade zulassen wollen, haben sich deren Autoren folglich gegen den zwingenden Vorrang der Individualinteressen entschieden. Eine Regelung in dem Gesetzestext, die das genaue Gegenteil normiert, würde lediglich zu Widersprüchen innerhalb der Zulässigkeitsvoraussetzungen führen. Es ist daher zu begrüßen, dass der deutsche Gesetzgeber diesen Programmsatz nicht in das Änderungsgesetz aufgenommen hat.

3. § 41 Abs. 3 AMG n.F. – klinische Prüfungen mit einwilligungsunfähigen Erwachsenen

Die Zulässigkeit klinischer Prüfungen mit einwilligungsunfähigen Erwachsenen ist nach Inkrafttreten des Änderungsgesetzes in § 41 Abs. 3 AMG n.F. geregelt. Mit dieser Vorschrift ist die bereits oben unter § 7 Ziff. B. II. 3. dargestellte Regelung des § 41 Abs. 3 des Regierungsentwurfs unverändert in das Arzneimittelgesetz übernommen worden. Lediglich der in § 41 Abs. 3 Nr. 2 S. 2 AMG n.F. enthaltene Verweis auf § 40 Abs. 4 ist aufgrund der Änderungen innerhalb dieser Vorschrift angepasst worden, was jedoch auch zu inhaltlichen Auswirkungen auf die Zulässigkeit der klinischen Prüfungen mit einwilligungsunfähigen Erwachsenen geführt hat.

Im Gegensatz zu der Neuregelung der Zulässigkeitsvoraussetzungen für klinische Prüfungen mit Minderjährigen ist die Rechtslage hinsichtlich der Zulässigkeit klinischer Prüfungen mit einwilligungsunfähigen Erwachsenen eher restriktiver geworden. Dies ist grundsätzlich angesichts der Tatsache, dass insbesondere auch die Krankheiten, die bei Erwachsenen zu Einwilligungsunfähigkeit führen können, dringend weiterer Forschung bedürfen, zu bedauern. Da es sich bei dieser Neuregelung jedoch um eine fast wortgetreue Umsetzung der Vorgaben der Arzneimittelrichtlinie handelt, war dem deutschen Gesetzgeber eine weniger restriktive Regelung nicht möglich.

a. Zulässigkeitsvoraussetzungen der klinischen Prüfung mit dieser Personengruppe

So finden nun gemäß § 41 Abs. 3 AMG n.F. auf eine klinische Prüfung bei einer volljährigen Person, die nicht in der Lage ist, Wesen, Bedeutung und Tragweite der klinischen Prüfung zu erkennen und ihren Willen danach auszurichten und die an einer Krankheit leidet, zu deren Behandlung das zu prüfende Arzneimittel angewendet werden soll, § 40 Abs. 1 bis 3 mit folgender Maßgabe Anwendung:

aa. Medizinische Angezeigtheit des Arzneimittels

Gemäß § 41 Abs. 3 Nr. 1 S. 1, 1. HS AMG n.F. muss die Anwendung des zu prüfenden Arzneimittels nach den Erkenntnissen der medizinischen Wissenschaft angezeigt sein, um das Leben der betroffenen Person zu retten, ihre Gesundheit wiederherzustellen oder ihr Leiden zu erleichtern. Darüber hinaus müssen sich derartige Forschungen gemäß § 41 Abs. 3 Nr. 1 S. 1, 2. HS AMG n.F. unmittelbar auf einen lebensbedrohlichen oder sehr geschwächten klinischen Zustand beziehen, in dem sich die betroffene Person befindet.

Mit dieser Regelung wird der individuelle Vorteil für die betroffene Person postuliert, der Voraussetzung der Zulässigkeit ihrer Teilnahme an der klinischen Prüfung ist. Gleichzeitig wird die Zulässigkeit weiter dahingehend eingeschränkt, dass sich die Forschung nicht auf jede Art von krankhaftem Zustand beziehen darf, sondern nur dann erlaubt ist, wenn sie unmittelbar mit einem lebensbedrohlichen oder sehr geschwächten klinischen Zustand des Betroffenen im Zusammenhang steht.
Der Zweck dieser Einschränkung besteht darin, zu verhindern, dass die betroffene Person Belastungen ausgesetzt wird, die der Erforschung einer Krankheit dienen, die sie nicht schwerwiegend beeinträchtigt. Diese Regelung stellt eine Umsetzung der Vorgaben des Art. 5 e ARL dar und war nach der bisherigen Rechtslage nicht vorgesehen. Da solche Krankheitszustände, welche die Einwilligungsfähigkeit des Erkrankten beeinträchtigen, ohnehin – wie bereits im Rahmen der Darstellung der Arzneimittelrichtlinie ausgeführt – im Regelfall mit einem lebensbedrohlichen oder sehr geschwächten klinischen Zustand im Zusammenhang stehen, wird dieser Einschränkung jedoch kaum eine praktische Bedeutung zukommen.

bb. Möglichst wenig Belastungen und Risiken

Gemäß § 41 Abs. 3 Nr. 1, 3. HS AMG n.F. muss die Prüfung überdies für die betroffene Person mit möglichst wenig Belastungen und anderen vorhersehbaren Risiken verbunden sein. Dabei müssen sowohl der Belastungsgrad als auch die Risikoschwelle im Prüfplan definiert und vom Prüfer ständig überprüft werden.
Wie bereits im Rahmen der Darstellung der Regelung des § 40 Abs. 4 AMG n.F. ausgeführt, ist der eigenständige Regelungsgehalt dieser Vorschrift insofern zweifelhaft, als bereits § 40 Abs. 1 Nr. 2 AMG n.F. erfordert, dass die vorher-

sehbaren Risiken und Nachteile gegenüber dem Nutzen für die Person, bei der sie durchgeführt werden soll und der voraussichtlichen Bedeutung des Arzneimittels für die Heilkunde ärztlich vertretbar sein müssen. Diese Zulässigkeitsvoraussetzung wäre nicht erfüllt, wenn die Risiken und Belastungen nicht so gering wie möglich gehalten würden.

Jedoch ist das gleichzeitig normierte Erfordernis, den Belastungsgrad und die Risikoschwelle bereits im Voraus zu definieren und im Verlauf der Studie zu überprüfen, für den Schutz des Patienten vorteilhaft. Es verpflichtet die Prüfer, die Einhaltung des Umfangs dieser von dem Patienten in Kauf zu nehmenden Nachteile während der Prüfung im Auge zu behalten und somit nicht zu vernachlässigen.

cc. Überwiegen des Nutzens oder keine Risiken

Zusätzlich ist es gemäß § 41 Abs. 3 Nr. 1 S. 2 AMG n.F. erforderlich, dass die begründete Erwartung besteht, dass der Nutzen der Anwendung des Prüfpräparats für die betroffene Person die Risiken überwiegt oder keine Risiken mit sich bringt.

Auffällig ist an dieser Vorschrift, dass sie nur solche Risiken ausdrücklich begrenzt, die aus der Anwendung des Prüfpräparates entstehen können. Daraus ergibt sich die Frage, was dies für die Zulässigkeit zusätzlicher Untersuchungsmaßnahmen und Eingriffe, die nicht dem individuellen Vorteil des Betroffenen dienen, im Rahmen einer solchen Prüfung bedeutet. Sind derartige Maßnahmen überhaupt zulässig und wenn ja, unter welchen Voraussetzungen?

Angesichts des dringenden Forschungsbedarfs bei den mit Einwilligungsunfähigkeit verbundenen Krankheiten – insbesondere auch bei Erwachsenen – wäre es wünschenswert, auch bei dieser Personengruppe in einem eng begrenzten Rahmen zusätzliche Untersuchungen, die nicht dem individuellen Vorteil des Betroffenen dienen, zuzulassen. Denkbar wäre insofern, die in § 41 Abs. 3 Nr. 1 S. 2 AMG n.F. enthaltene Regelung, dass der Nutzen einer Maßnahme die Risiken überwiegen muss oder keine Risiken mit sich bringen darf, auch auf derartige Forschungsuntersuchungen auszudehnen.

Da dies jedoch aufgrund des eindeutigen Wortlauts dieser Vorschrift, der sich lediglich auf die mit der Anwendung des Prüfpräparates verbundenen Risiken bezieht, nicht möglich ist, ist davon auszugehen, dass nach § 41 Abs. 3 AMG n.F. solche Forschungsmaßnahmen, die über die Anwendung des Prüfpräparates hinausgehen und nicht dem individuellen Nutzen des Betroffenen dienen, nicht zulässig sind.

Dies ergibt sich auch daraus, dass sowohl die Arzneimittelrichtlinie als auch das Änderungsgesetz insofern ausdrücklich zwischen den Zulässigkeitsvoraussetzungen bei Minderjährigen und bei Erwachsenen unterscheiden und nur für erstere Patientengruppe die Zulässigkeit von gruppennütziger Forschung normiert haben. Diese Regelung von gruppennütziger Forschung ist als abschließend anzusehen. Zusätzliche Forschungsmaßnahmen, die nicht dem individuellen Nutzen des Erwachsenen dienen, sind folglich unzulässig.

dd. Einwilligung des Stellvertreters

Gemäß § 41 Abs. 3 Nr. 2 AMG n.F. ist die Einwilligung des gesetzlichen Vertreters oder des Bevollmächtigten für die Zulässigkeit der Prüfung erforderlich. Dieser ist zuvor über Wesen, Bedeutung, Risiken und Tragweite der klinischen Prüfung sowie über das Recht, die Teilnahme an der klinischen Prüfung jederzeit zu beenden, aufzuklären. Ferner ist ihm Gelegenheit zu einem Beratungsgespräch mit einem Prüfer über die sonstigen Bedingungen der Durchführung zu geben.
Mit dieser Vorschrift wird erstmals die Möglichkeit der Einwilligung in die Teilnahme an einer klinischen Prüfung durch eine von dem einwilligungsunfähigen bevollmächtigte Person geregelt. Sie trägt dem Recht des Betroffenen Rechnung, durch die Bevollmächtigung einer Vertrauensperson für sich selbst Vorsorge zu tragen, und ist daher ausdrücklich zu begrüßen.

ee. Mutmaßlicher Wille des Betroffenen

Die Einwilligung des gesetzlichen Vertreters muss – ebenso wie dies bei der Vertretung eines Minderjährigen der Fall ist – gemäß § 41 Abs. 3 Nr. 2 S. 2 i.V.m. § 40 Abs. 4 S. 2 AMG n.F. dem mutmaßlichen Willen des Betroffenen entsprechen, soweit ein solcher feststellbar ist.

Zwar ist es bei einem einwilligungsunfähigen Erwachsenen, der bis zu seiner Erkrankung im Regelfall einwilligungsfähig gewesen ist, im Einzelfall vorstellbar, dass aus seiner früheren Lebensweise, seiner Lebenseinstellung sowie aus früheren Äußerungen auf seine damalige Einstellung zu einer Teilnahme an klinischen Prüfungen geschlossen werden kann.
Jedoch kann aus einer solchen früheren Einstellung kaum eine Schlussfolgerung auf den Willen des Betroffenen in seiner gegenwärtigen Lebenssituation, die er zu dem damaligen Zeitpunkt noch nicht kannte und auch im Regelfall nicht bedacht haben wird, getroffen werden.
Im Zweifel wird daher auch bei dem einwilligungsunfähigen Erwachsenen sein mutmaßlicher Willen mit seinem objektiven Wohl – und damit dem medizinischen Optimum – gleichzusetzen sein. Sowohl der gesetzliche Stellvertreter als auch der Bevollmächtigte dürfen somit nur dann in die Teilnahme einwilligen darf, wenn diese der bestmöglichen Behandlung des Einwilligungsunfähigen dient.

ff. Aufklärung des einwilligungsunfähigen Prüfungsteilnehmers

Auch die betroffene Person ist gemäß § 41 Abs. 3 Nr. 2 i.V.m. § 40 Abs. 4 Nr. 3 S. 3 AMG n.F. vor Beginn der klinischen Prüfung von einem im Umgang mit

ihrer Patientengruppe erfahrenen Prüfer über die Prüfung, die Risiken und den Nutzen aufzuklären, soweit dies im Hinblick auf seine geistige Reife möglich ist.
Auch ist ihr eine Gelegenheit zu einem Beratungsgespräch mit dem Prüfer zu eröffnen.
Mit dieser Neuregelung wird der besonderen Situation und den Fähigkeiten des Einwilligungsunfähigen Rechnung getragen, indem er soweit wie möglich in die Durchführung der Studie einbezogen wird.

gg. Ablehnendes Verhalten des Betroffenen
Erklärt die betroffene Person, nicht an der klinischen Prüfung teilnehmen zu wollen, oder bringt sie dies in sonstiger Weise zum Ausdruck, so ist dies gemäß § 41 Abs. 3 Nr. 2 i.V.m. § 40 Abs. 4 Nr. 3 S. 3 AMG n.F. zu beachten.

Diese Regelung ist in ihrer Uneingeschränktheit mehr als bedenklich. Zwar ist es grundsätzlich zunächst positiv zu beurteilen, wenn auch einwilligungsunfähigen Personen in jeder Lebenssituation ein Höchstmaß an Selbstbestimmung ermöglicht wird. So wird durch diese Vorschrift beispielsweise auch solchen Menschen eine Möglichkeit zur Ablehnung der Teilnahme an einer klinischen Prüfung gegeben, die nicht dazu in der Lage sind, eine ausdrückliche Äußerung zu tätigen, während nach der Arzneimittelrichtlinie nur eine ausdrückliche Ablehnung einer bis zu einem gewissen Grad einsichtsfähigen Person bei der Entscheidung über die Zulässigkeit der Prüfung Berücksichtigung finden soll.

Mit dieser Ausdehnung des Selbstbestimmungsrechts ist jedoch gerade bei solchen Prüfungen, die zumindest auch dem individuellen Vorteil des Betroffenen zu dienen bestimmt sind, die Gefahr verbunden, dass eine nicht auf einer reflektierten Entscheidung beruhende Äußerung des natürlichen Willens des Einwilligungsunfähigen dazu führen kann, dass eine für ihn wahrscheinlich positive Anwendung des zu prüfenden Arzneimittels unterbleibt. Dem Einwilligungsunfähigen würde auf diese Weise die Möglichkeit zur unreflektierten Selbstschädigung gegeben, was in jedem Fall zu verhindern ist. Insbesondere angesichts der Tatsache, dass die Zulässigkeit gruppennütziger Forschung bei erwachsenen Einwilligungsunfähigen ausgeschlossen ist, wird diese Vorschrift in ihrer Undifferenziertheit ihrem Ziel, dem Schutz der betroffenen Person zu dienen, nicht gerecht. Diese Vorschrift ist somit sehr restriktiv auszulegen.

hh. Erforderlichkeit der Forschung
Gemäß § 41 Abs. 3 Nr. 3 AMG n.F. muss die Forschung für die Bestätigung von Daten, die bei klinischen Prüfungen an zur Einwilligung nach Aufklärung fähigen Personen oder mittels anderer Forschungsmethoden gewonnen wurden, unbedingt erforderlich sein.

Diese Vorschrift stellt sicher, dass nur solche Forschung mit einwilligungsunfähigen Personen durchgeführt wird, die tatsächlich erforderlich ist. Gleichzeitig wird dadurch gewährleistet, dass vor Beginn der Prüfung bereits gewisse Daten vorliegen, die nur noch bestätigt werden müssen. Forschung „ins Blaue" hinein ist somit unzulässig.

Gleichzeitig dürfen nach § 41 Abs. 3 Nr. 3 S. 2 i.V.m. § 40 Abs. 4 Nr. 2 AMG n.F. klinische Prüfungen mit einwilligungsfähigen Erwachsenen oder andere Forschungsmethoden keine ausreichenden Prüfungsergebnisse erwarten lassen. Mit dieser Regelung wird die Geltung des bereits nach der bisherigen Rechtslage geltenden Subsidiaritätsgrundsatzes gewährleistet.

ii. Keine Gewährung von Vorteilen

Auch nach Inkrafttreten des Änderungsgesetzes bleibt die Gewährung von Vorteilen mit Ausnahme einer angemessenen Entschädigung unzulässig gemäß § 41 Abs. 3 Nr. 4 AMG n.F.

III. Genehmigungsverfahren gemäß §§ 42 und 42a AMG n.F.

Der Gesetzgeber hat mit dem Zwölften Gesetz zur Änderung des Arzneimittelgesetzes im Wesentlichen die bereits im Regierungsentwurf vorgesehenen Regelungen betreffend die Zustimmung der Ethikkommission und das Genehmigungsverfahren bei der Bundesbehörde umgesetzt. Insofern kann auf die obigen Ausführungen unter § 7 Ziff. B. III. verwiesen werden.
Eine für klinische Prüfungen mit Einwilligungsunfähigen erhebliche Ergänzung des Regierungsentwurfs ist jedoch insofern erfolgt, als es nunmehr nach § 42 Abs. 1 S. 6 AMG n.F. erforderlich ist, dass die Ethikkommission bei der Bewertung der ihr vorgelegten Zulassungsunterlagen Sachverständige beizieht oder Gutachten anfordert, wenn es sich um eine klinische Prüfung bei Minderjährigen handelt und sie nicht über eigene Fachkenntnisse auf dem Gebiet der Kinderheilkunde, einschließlich ethischer und psychosozialer Fragen der Kinderheilkunde, verfügt.
Durch diese Vorschrift wird gewährleistet, dass bei der Bewertung der klinischen Prüfung durch die Ethikkommission die physischen und psychischen Besonderheiten von Minderjährigen ausreichende Berücksichtigung finden. Damit wird der Tatsache Rechnung getragen, dass Kinder eben nicht „kleine Erwachsene" sind. Diese Ergänzung des Regierungsentwurfes und auch der bisherigen Rechtslage ist daher ausdrücklich zu begrüßen.

Eine weitere bedeutende Ergänzung des Regierungsentwurfs und auch der alten Rechtslage stellt die in § 42 Abs. 2a AMG n.F. enthaltene Verpflichtung der für die Genehmigung zuständigen Bundesoberbehörde dar, die zuständige Ethikkommission zu unterrichten, sofern ihr Informationen zu anderen klinischen Prüfungen vorliegen, die für die Bewertung der von der Ethikkommission begutachteten Prüfung von Bedeutung sind. Dies soll insbesondere für Informationen über abgebrochene oder sonst vorzeitig beendete Prüfungen gelten.

B. Zusammenfassung

Aufgrund vorstehender Untersuchung der nach Inkrafttreten des Zwölften Gesetzes zur Änderung des Arzneimittelgesetzes geltenden Rechtslage bleibt abschließend das folgende Resümee zu ziehen:
Es ist zu bedauern, dass der Gesetzgeber die Chance nicht genutzt hat, im Rahmen der erforderlichen Umsetzung der Arzneimittelrichtlinie auch andere Unzulänglichkeiten der bisherigen gesetzlichen Regelungen zu beseitigen. So enthält das Arzneimittelgesetz auch nach Inkrafttreten des Änderungsgesetzes keine spezifische Regelung der Voraussetzungen von randomisierten Studien oder der Verwendung von Placebos.
Auch wird weiterhin nicht zwischen der (zum Teil medizinisch indizierten) Anwendung des zu prüfenden Arzneimittels und weiteren Untersuchungen im Rahmen der klinischen Prüfung, die nicht unbedingt mit einem individuellen Vorteil für den Teilnehmer verbunden sind, differenziert. Insbesondere diese fehlende Differenzierung führt zu den vorstehend dargestellten Unklarheiten im Bezug auf deren Zulässigkeit, die leicht zu vermeiden gewesen wären.

Ebenfalls bedenklich ist die Neuregelung insoweit, als sie die Teilnahme eines Einwilligungsunfähigen an einer klinischen Prüfung ausschließt, wenn der Betroffene seine diesbezügliche Ablehnung in irgend einer Form zum Ausdruck bringt, ohne dass hierfür ein Mindestmaß an Einsichtsfähigkeit erforderlich ist. Diese weitreichende Berücksichtigung des Selbstbestimmungsrechts eines Einwilligungsunfähigen kann nicht im Interesse des potentiellen Teilnehmers liegen, wenn aufgrund der Beachtung dieses natürlichen Willens eine für ihn vorteilhafte Anwendung eines Arzneimittels unterbleibt. Durch eine Differenzierung zwischen der Anwendung des zu prüfenden Arzneimittels und weiteren – eventuell belastenden – Untersuchungsmaßnahmen im Gesetzestext wäre diese Unklarheit bei der Rechtsanwendung leicht zu vermeiden gewesen.

Positiv zu beurteilen ist dagegen die Tatsache, dass der Gesetzgeber durch die Einfügung des § 40 Abs. 4 Nr. 1 S. 2 AMG n.F. klargestellt hat, dass die Anwendung des zum Erkennen oder Verhüten von Krankheiten bei Minderjährigen bestimmte Arzneimittels bei dem Minderjährigen medizinisch indiziert sein muss. Durch diese Klarstellung dürfte der langjährig bestehende Streit über diese Zulässigkeitsvoraussetzung endlich beigelegt sein.

Ebenfalls sehr zu begrüßen ist die Tatsache, dass nach der neuen Rechtslage auch Bevollmächtigte in die Teilnahme an klinischen Prüfungen einwilligen können, da mit dieser Regelung der Subsidiarität der Betreuung Rechnung getragen wird.

Verstärkt wird der Schutz des einzelnen Prüfungsteilnehmers auch dadurch, dass nunmehr zwingend ein positives Votum einer Ethikkommission erforderlich ist, bevor eine klinische Prüfung durchgeführt werden kann.

Trotz dieser teilweisen Ausweitung des Schutzes der Prüfungsteilnehmer ist abschließend festzustellen, dass das bisherige Schutzniveau für minderjährige Prüfungsteilnehmer in bedenklichem Umfang abgesenkt worden ist. So gewährleistet die mit dem Änderungsgesetz in Kraft getretene Neuregelung der Zulässigkeit gruppennütziger Forschung den Schutz der Rechtsgüter der erkrankten einwilligungsunfähigen Minderjährigen nicht mehr in ausreichendem Maße. Zwar wird die Zulässigkeit dieser Forschung dadurch begrenzt, dass diese nur mit minimalen Risiken und Belastungen verbunden sein darf. Der Legaldefinition dieser Begriffe ist jedoch zu entnehmen, dass auch Beeinträchtigungen der Gesundheit des Betroffenen – wenn auch nur in sehr geringfügigem Umfang – zum Nutzen Dritter zulässig sind. Wo genau die Grenze der Geringfügigkeit der Beeinträchtigung der Gesundheit verläuft, bleibt jedoch offen und der Beurteilung Dritter überlassen.

Mangels verbindlicher Grenzziehung kann somit nicht ausgeschlossen werden, dass durch eine eher großzügige Auslegung dieser Schutzvorschrift die Risiken und Belastungen, denen der Minderjährige zum Nutzen Dritter ausgesetzt wird, ein Ausmaß annehmen, das sogar zu einer Gefährdung der Würde der Minderjährigen führen kann.

Denn auch wenn Forschung zum Nutzen der Gruppe grundsätzlich durchaus zulässig sein kann, darf diese Zulässigkeit – wie im Rahmen der Prüfung unter § 9 Ziff. B.II.3.e dargestellt – nicht über die Grenze der körperlichen Unversehrtheit hinausgehen, da anderenfalls eine verbindliche Grenze zum Schutz der Rechte des Betroffenen nicht mehr existiert. Denn auch wenn mit einer minimalen Beeinträchtigung der körperlichen Unversehrtheit nicht zwangsläufig eine Verletzung der Würde des Betroffenen verbunden ist, sind doch – insbesondere auch durch die mit solchen Eingriffen verbundenen subjektiven Belastungen – die Rechtsgüter des Teilnehmers erheblich höheren Gefährdungen ausgesetzt, die eine Gefährdung seiner Würde nicht mehr ausgeschlossen erscheinen lassen. Aus diesem Grund ist die Neuregelung auch verfassungsrechtlich bedenklich.

Während die Zulässigkeit von gruppennützigen Prüfungen mit Minderjährigen somit bedenklich weit geht, wird der verfassungsrechtliche Spielraum für derartige Forschung mit einwilligungsfähigen Erwachsenen nicht genutzt. Gruppennützige Forschung mit dieser Personengruppe ist selbst dann nicht zulässig, wenn keine Risiken und keine Belastungen für den Betroffenen mit ihr verbunden sind. Dies ist angesichts des dringenden Forschungsbedarfs sehr zu bedauern.

Aufgrund der Verpflichtung des deutschen Gesetzgebers zur Umsetzung der Arzneimittelrichtlinie wäre eine weitergehende Zulässigkeit jedoch bedauerlicherweise mit diesen europarechtlichen Vorgaben nicht zu vereinbaren gewesen.

Literaturverzeichnis

Arbeitsgruppe „Sterben und Tod" der Akademie für Ethik in der Medizin e.V. (Hrsg.) — Patientenverfügung, Betreuungsverfügung, Vorsorgevollmacht - Eine Handreichung für Ärzte und Pflegende, Göttingen, November 1998

Amelung, Knut — Einwilligungsfähigkeit und Rationalität, in: JR 1999, S. 45-47

Amelung, Knut — Probleme der Einwilligungsfähigkeit, in: Recht und Psychiatrie 1995, S. 20-27

Amelung, Knut — Über die Einwilligungsfähigkeit (Teil I), in: ZStW 104 (1992), S. 525-558

Andrews, Kevin — National Health and Medical Research Council Bill 1992, Second Reading, in: St. Vincent's Bioethics Centre newsletter, Vol. 10, No. 3, Sept. 1992, S. 13-15

Anonymus — Bioethik-Konvention bleibt Streitpunkt, in: DRiZ 1996, S. 388

Arnold, Norbert — Einleitung: Das Menschenrechtsübereinkommen zur Biomedizin, in: Forschung mit einwilligungsunfähigen Personen, Arbeitspapier der Konrad-Adenauer-Stiftung, S. 3-6, Sankt Augustin, Januar 1997

Bar, Ludwig v. — Medizinische Forschung und Strafrecht, in: Festgabe für Ferdinand Regelsberger, S. 227 ff., Leipzig 1901

Becker, Ulrich — Das ‚Menschenbild des Grundgesetzes' in der Rechtsprechung des Bundesverfassungsgerichts, Berlin 1996

Bennett, Belinda — Law and Medicine, Sydney 1997

Bernat, Erwin — Das österreichische Recht der klinischen Arzneimittelprüfung: europakonform oder anpassungsbedürftig?, in: Recht und Ethik der Arzneimittelforschung, hrsg. von Bernat, Erwin und Kröll, Wolfgang, S. 60-82, Wien 2003

Bienwald, Werner — Betreuungsrecht: Gesetz zur Reform des Rechts der Vormundschaft und Pflegschaft für Volljährige, Kommentar, 3. Auflage, Bielefeld 1999

Biermann, Elmar	Die Arzneimittelprüfung am Menschen, Gießen 1985
Bock, Klaus Dietrich	Nutzen/Risiko-Abwägung bei der Therapieentscheidung des Arztes, in: Arzneimittelprüfung am Menschen, Bock, K. D. und Hofmann, L. (Hrsg.), S.59-65, Braunschweig 1980
Bockelmann, Paul	Strafrecht des Arztes, Stuttgart 1968
Böckenförde, Ernst-Wolfgang	Die Würde des Menschen war unantastbar, in: Frankfurter Allgemeine Zeitung vom 03.09.2003, S. 33 ff.
Böckenförde, Ernst-Wolfgang	Menschenwürde als normatives Prinzip, in: JZ 2003, S. 809-815
Böckle, Franz	Ethische Aspekte der Arzneimittelprüfung, in: Arzneimittelprüfung am Menschen, Hrsg. von Bock, Klaus-Dietrich und Hofmann, L., S. 29-35, Braunschweig 1980
Böckle, Franz	Zur Ethik des medizinischen Fortschritts aus der Sicht der Theologie, in: Recht und Ethik in der Medizin, hrsg. v. Doerr, W., Jacob, W., Laufs, Adolf, S. 25-38, Berlin, Heidelberg, New York 1982
Böth, Friedhelm	Das wissenschaftlich-medizinische Humanexperiment, Dissertation Köln 1966
Bratschi, Peter/ Eggenberger Stöckli, Ursula	Bundesgesetz über Arzneimittel und Heilprodukte, Gesetzestext mit Erläuterungen, Bern 2002
Breen, Kerry /Plueckhahn, Vernon/ Cordner, Stephen	Ethics, Law & Medical Practice, St. Leonards, Australien 1997
Brugger, Winfried	Menschenwürde, Menschenrechte, Grundrechte, 1. Auflage, Baden - Baden 1997
Bunney, Leanne	The capacity of competent minors to consent to and refuse medical treatment, Journal of Law and Medicine (1997) 5, S. 52-80
Caasen, Beate Susanne	Die klinische Prüfung im Arzneimittelrecht, Kiel 1985
Carney, Terry	'The Limits and the Social Legacy of Guardianship in Australia', in: (1989) 18 Federal Law Review S. 231 ff.

Carrick, John — Medical Research Involving Human Beings and its Regulation, in: Medical Research Involving Human Beings and its Regulation, D.B.I. Study Booklet No. 8, S. 79 ff., Adelaide 1986

Caton, Hiram — Self-Regulation: A Study of the Ethics Committee System, in: Hiram Caton, Trends in Biomedical Regulation, S. 67 ff., Sydney 1990

Chalmers, Don — IECs and the management of medical research and experimentation, Australian Health Law Bulletin (1995) 3, S. 53-63

Chalmers, Donald/Schwartz, Robert — 'Rogers v Whitaker and Informed Consent in Australia: A fair dinkum duty of disclosure', in: (1993) 1 Med Law Rev, S. 141 ff.

Cypionka, Bertram — Die Auswirkungen des Betreuungsgesetzes auf die Praxis des Notars, in: DNotZ 1991, S. 571-590

Czwalinna, Joachim — Ethik-Kommissionen - Forschungslegitimation durch Verfahren, Frankfurt am Main 1987

Damrau, Jürgen/ Zimmermann, Walter — Betreuungsgesetz Kommentar, Stuttgart, Berlin, Köln 1991

Damrau, Jürgen/ Zimmermann, Walter — Betreuungs- und Vormundschaftsrecht, Kommentar zum materiellen und formellen Recht, 2. Auflage, Stuttgart, Berlin, Köln 1995

Degener, Theresia — Chronologie der Bioethik-Konvention und ihre Streitpunkte, in: KritV 1/1998, S. 7-33

Deutsch, Erwin — Die zehn Punkte des Nürnberger Ärzteprozesses über die klinische Forschung am Menschen: der sog. Nürnberger Codex, in: Festschrift für Rudolf Wassermann, hrsg. von Brock, S. 69-79, Neuwied und Darmstadt 1985

Deutsch, Erwin — Die klinische Forschung am Menschen im amerikanischen und internationalen Recht, in: Karlsruher Forum 1978, S. 11-18

Deutsch, Erwin — Das internationale Recht der experimentellen Humanmedizin, in: NJW 1978, S. 570-575

Deutsch, Erwin Rechtliche Grenzen des sozialpsychologischen Experiments, in: Festgabe für Hermann Weitnauer, hrsg. v. Ehmann, Horst/Hefermehl, Wolfgang/Laufs, Adolf, S. 297-313, Berlin 1980

Deutsch, Erwin Das Recht der klinischen Forschung am Menschen, Frankfurt am Main - Bern - Las Vegas, 1979

Deutsch, Erwin Der Beitrag des Rechts zur klinischen Forschung in der Medizin, in: NJW 1995, S. 3019-3024

Deutsch, Erwin Die rechtliche Situation in Deutschland, in: Hirnliga e.V. (Hrsg.), Am Beispiel Demenz und Schlaganfall: Forschung mit einwilligungsunfähigen Patienten, Anhörung der Hirnliga e.V. am 27. November 1995, Bonn, S. 43-48, Schriftenreihe der Hirnliga e.V., Band 2, Heidelberg 1996

Deutsch, Erwin Das wissenschaftliche, nicht therapeutische Experiment am Menschen: nationale und internationale Grundsätze, in: VersR 1983, S. 1-4

Deutsch, Erwin Medizinrecht, 5. Auflage, Berlin, Heidelberg, NY 2003

Deutsch, Erwin Der Zeitpunkt der ärztlichen Aufklärung und die antezipierte Einwilligung des Patienten, in: NJW 1979, S. 1905-1909

Deutsch, Erwin Klinische Prüfung von Arzneimitteln: eine Europäische Richtlinie setzt Standards und vereinheitlicht Verfahren, in: NJW 2001, S. 3361-3366

Deutsch, Erwin Klinische Forschung International: Die Deklaration von Helsinki des Weltärztebundes in neuem Gewand, in: NJW 2001, S. 857-860

Deutsch, Erwin Private und öffentlich-rechtliche Ethikkommissionen, in: NJW 2002, S. 491-492

Deutsch, Erwin Recht und Ethik der klinischen Forschung am Menschen: Entwicklung und gegenwärtiger Stand, in: Recht und Ethik der Arzneimittelforschung, hrsg. von Bernat, Erwin und Kröll, Wolfgang, S. 15-25, Wien 2003

Deutsche Forschungsgemeinschaft (Hrsg.) Forschungsfreiheit, Weinheim 1996

Devereux, John — Competency to Consent to Treatment: An Introduction, in: Ian Freckelton/Kerry Petersen, Controversies in Health Law, Sydney 1999

Devereux, John — 'It's Just a Jump to the Left - And Then a Step to the Right: Developments Post *Rogers v Whitaker* in the Law Relating to Failure by a Medical Practitioner to Advise of Risks', in: (1998) 17 University of Tasmania Law Review, S. 63 ff.

Dickey, Anthony — Family Law, 3rd edition, Sydney 1997

Dix/ Andrew / Errington, Michael/ Nicholson, Kevin/Powe, Rod — Law for the Medical Profession in Australia, 2nd edition, Port Melbourne 1996

Dörner, K. — Kritische Position, in: Hirnliga e.V. (Hrsg.), Am Beispiel Demenz und Schlaganfall: Forschung mit einwilligungsunfähigen Patienten, Anhörung der Hirnliga e.V. am 27. November 1995, Bonn, S. 53-58, Schriftenreihe der Hirnliga e.V., Band 2, Heidelberg 1996

Dreier, Horst (Hrsg.) — Grundgesetz Kommentar Band I, Art. 1-19, Tübingen 1996

Eberbach, Wolfram H. — Die zivilrechtliche Beurteilung der Humanforschung, Frankfurt am Main 1982

Eberbach, Wolfram H. — Familienrechtliche Aspekte der Humanforschung an Minderjährigen, in: FamRZ 1982, S. 450-455

Edinger, Thomas — Der Kommentar: Bioethik-Konvention noch Unausgereift, in: DRiZ 1995, S. 150

Egan, Gary F. — Radiation Exposure to Volunteers in Non-therapeutic Medical Research: When is it Ethical? When is it Legal? in: Journal of Law and Medicine (1997) 4, S. 259-266

Elzer, Oliver — Die Grundrechte Einwilligungsunfähiger in klinischen Prüfungen - ein Beitrag zum EMRÜ-Biomedizin, in: MedR 1998, S. 122-128

Elzer, Oliver — Allgemeine und besondere klinische Prüfungen an Einwilligungsunfähigen, Frankfurt am Main 1998

Enders, Christoph — Die Menschenwürde in der Verfassungsordnung, Tübingen 1997

Esch, Heike — Der Patientenanwalt: zur Vertretung einwilligungsunfähiger Patienten bei medizinischen Entscheidungen durch gewillkürte und gesetzliche Stellvertreter, Frankfurt a.M. 2000

Eser, Albin — Heilversuch und Humanexperiment, in: Der Chirurg, 50. Jahrgang (1979), S. 215-221

Eser, Albin — Kontrollierte Arzneimittelprüfung in rechtlicher Sicht, in: Der Internist, Jahrgang 23, 1982, S. 218-226

Eser, Albin — Das Humanexperiment, in: W. Stree/ Th. Lenckner/ P. Cramer/A. Eser (Hrsg.), Gedächtnisschrift für Horst Schröder, S. 191-215, München 1978

Eser, Albin — Legitimationsprobleme sozialwissenschaftlicher Forschung am Menschen, in: Kruse, Lenelis und Kumpf, Martin (Hrsg.) Psychologische Grundlagenforschung: Ethik und Recht, Bern 1981, S. 173-199

Eisenbart, Bettina — Patienten-Testament und Stellvertretung in Gesundheitsangelegenheiten, 1. Auflage, Baden - Baden 1998

Family Law Council — Sterilisation and other Medical Procedures on Children, Report to the Attorney-General prepared by the Family Law Council, Canberra 1994

Fischer, Gerfried — Medizinische Versuche am Menschen, Göttingen 1979

Fischer, Gerfried — Einwilligung und Aufklärung bei klinischen Therapiestudien. In: Rechtliche und ethische Probleme bei klinischen Untersuchungen am Menschen, Hrsg. von Breddin, Hans K./ Deutsch, Erwin/Ellermann, Rolf/ Jedinsky, Hans J.(Hrsg.), S. 42-52, Berlin Heidelberg 1987

Foerster, Klaus — Das neue Betreuungsgesetz - Gedanken aus psychiatrischer Sicht, in: MedR 1991, S. 180-184

Francke, Robert — Ärztliche Berufsfreiheit und Patientenrechte, Stuttgart 1994

Freund, Georg/Heubel, Friedrich — Forschung mit einwilligungsunfähigen und beschränkt einwilligungsfähigen Personen, in: MedR 1997, S. 347-350

Freund, Georg — Aus der Arbeit einer Ethik-Kommission: Zur Steuerung von Wissenschaft durch Organisation, in: MedR 2001, S. 65-71

Freund, Georg Medizinische Forschung mit einwilligungsunfähigen und beschränkt einwilligungsfähigen Personen: rechtliche Aspekte, in: Dörr, Günter/ Grimm, Rüdiger/Neuer-Miebach, Therese (Hrsg.), Aneignung und Enteignung: Der Zugriff der Bioethik auf Leben und Menschenwürde, S. 225-234, Düsseldorf 2000

Fritz, Caroline C. Die Therapie mit einem innovativen Medikament vor seiner Zulassung, in: Pharma Recht 1999, S. 129-134

Fröhlich, Uwe Forschung wider Willen?, Berlin - Heidelberg 1999

Frost, Andreas Arztrechtliche Probleme des neuen Betreuungsrechts, Heidelberg 1994

Füllmich, Reiner Der Tod im Krankenhaus und das Selbstbestimmungsrecht des Patienten, Frankfurt am Main 1990

Füllmich, Reiner Zur Ablehnung künstlich lebensverlängernder medizinischer Maßnahmen durch nicht entscheidungsfähige Patienten, in: NJW 1990, 2301-2303

Gaebel, Wolfgang Psychiatrie: Forschung mit nichteinwilligungsfähigen psychisch Kranken, in: Forschung mit einwilligungsunfähigen Personen, Arbeitspapier der Konrad-Adenauer-Stiftung, S. 19-21, Sankt Augustin, Januar 1997

Gallas, Wilhelm Pflichtenkollision als Schuldausschließungsgrund, in: Festschrift für Edmund Mezger, hrsg. von Karl Engisch und Reinhart Maurach, S. 311-334, München, Berlin 1954

Gallwas, Hans-Ulrich Zur Legitimation ärztlichen Handelns, in: NJW 1976, S. 1134-1135

Giesen, Dieter Zwischen Patientenwohl und Patientenwille, in: JZ 1987, S. 282-290

Giesen, Dieter Die zivilrechtliche Haftung des Arztes bei neuen Behandlungsmethoden und Experimenten, Bielefeld 1976

Giesen, Dieter Familienrecht, 2. Auflage, Tübingen 1997

Giesen, Richard Internationale Maßstäbe für die Zulässigkeit medizinischer Heil- und Forschungseingriffe, in: MedR 1995, S. 353-359

Gillies, Peter Criminal Law, 3rd edition, Sydney 1993

Gladtke, E. Medizinische Probleme der Forschung am Kind, in: Forschung am Menschen, hrsg. von Kleinsorge, H./ Hirsch, G. und Weißauer, W., S. 83 ff., Berlin – Heidelberg 1985

Glauben, Paul J. Menschenrechte im Bereich der Biomedizin festgeschrieben, in: DRiZ 1997, S. 89 -93

Goldstein, Joseph/Freud, Anna/ Solnit, Albert J. Jenseits des Kindeswohls, Frankfurt am Main 1974

Graf, Hans-Peter Die klinische Prüfung von Medizinprodukten aus der Sicht einer Ethik-Kommission, in: Pharma Recht 1998, S. 236-242

Graf, Hans-Peter Nochmals: Privatrechtliche versus öffentlich-rechtliche Ethikkommissionen in der klinischen Forschung, in: NJW 2002, S. 1774-1776

Grahlmann, Hans-Günther Heilbehandlung und Heilversuch, Stuttgart 1977

Habermann, Ernst/Lasch, Hanns/ Gödicke, Patrick Therapeutische Prüfungen an Nicht-Einwilligungsfähigen im Eilfall - ethisch geboten und rechtlich zulässig? in: NJW 2000, S. 3389-3395

Häring, Bernhard Heilender Dienst. Ethische Probleme der modernen Medizin, Mainz 1972

Hart, Dieter Heilversuch, Entwicklung therapeutischer Strategien, klinische Prüfung und Humanexperiment, in: MedR 1994, S. 94-105

Hartmann, Tanja Patientenverfügung und Psychiatrische Verfügung – Verbindlichkeit für den Arzt, in : NStZ 2000, S. 113-120

Hasskarl, H. Spezielle Prüfungsprobleme der Forschung am Menschen (einschließlich Doppelblindversuch) aus juristischer Sicht, in: Forschung am Menschen, hrsg. von Kleinsorge, H./ Hirsch, G. und Weißauer, W., S. 69-77, Berlin, Heidelberg 1985

Held, Paul Strafrechtliche Beurteilung von Humanexperimenten und Heilversuchen in der medizinischen Diagnostik, Berlin 1990

Helle, Jürgen/Frölich, Jürgen/ Haindl, Hans

Der Heilversuch in der klinischen Prüfung von Arzneimitteln und Medizinprodukten, in: NJW 2002, S. 857-863

Helmchen, Hanfried

Einführung, In: Hirnliga e.V. (Hrsg.), Am Beispiel Demenz und Schlaganfall: Forschung mit einwilligungsunfähigen Patienten, Anhörung der Hirnliga e.V. am 27. November 1995, Bonn, S. 7-13, Schriftenreihe der Hirnliga e.V., Band 2, Heidelberg 1996

Helmchen, Hanfried

Verantwortung und Ethik in der Therapie-Forschung am Beispiel der Psychatrie, in: Forschung und Verantwortung, Paul-Martini-Stiftung (Hrsg.), S. 53-75, Mainz 1985

Helmchen, Hanfried

Kriterien und Konsequenzen von Einwilligungsunfähigkeit, in: Toellner, Richard/Wiesing, Urban (Hrsg.), Medizin-Ethik, Bd 6, Wissen - Handeln - Ethik, Strukturen ärztlichen Handelns und ihre ethische Relevanz, S. 117-127, Stuttgart - Jena - New York 1995

Helmchen, Hanfried

Forschung mit nicht-einwilligungsfähigen Demenzkranken, Ein aktuelles Problem im Lichte der deutschen Geschichte, in: Honnefelder, Ludger/ Streffer, C., Jahrbuch für Wissenschaft und Ethik, Band 4, S. 127-142, Berlin - New York 1999

Helmchen, Hanfried

Versuche mit psychisch Kranken - Versuche ohne Freiwilligkeit?, in: Helmchen, Hanfried und Winau, Rolf, Versuche mit Menschen, S. 172-187, Berlin, New York 1986

Helmchen, Hanfried

Ethische Probleme der medizinischen Forschung, erläutert am Beispiel der psychatrischen Therapie-Forschung, in: Verantwortung und Ethik in der Wissenschaft, Symposium der Max-Plack-Gesellschaft, hrsg. v. Max-Planck-Gesellschaft, S. 42 ff., München, 1984

Helmchen, Hanfried/ Lauter, Hans

Dürfen Ärzte mit Demenzkranken forschen? Stuttgart, New York 1995

Hendriks, Aart

Article 17 of the European Convention on Human Rights an Biomedicine: incompatible with international human rights law?, in: KritV 1/1998, S. 111 ff.

Hesse, Konrad

Grundzüge des Verfassungsrechts der Bundesrepublik Deutschland, 20. Aufl., Heidelberg 1995

Heyd, David Experimentation on trial, Why should one take part in medical research?, in: Jahrbuch für Recht und Ethik (Annual Review of Law and Ethics), Band 4, S. 189-204, Berlin 1996

Hirsch, Günter Heilversuch und medizinisches Experiment: Begriffe, medizinische und rechtliche Grundsatzfragen, in: Forschung am Menschen, hrsg. von Kleinsorge, H./ Hirsch, G. und Weißauer, W., S. 13-17, Berlin Heidelberg 1985

Hirsch, Hans Joachim Einwilligung und Selbstbestimmung, in: Festschrift für Hans Welzel, S. 775 ff., Hrsg. v. Hirsch, Hans Joachim/ Schreiber, Hans-Ludwig/ Jakobs, Günther und Loos, Fritz, Berlin - New York 1974

Höfling, Wolfram Menschen mit Behinderungen, das "Menschenrechtsübereinkommen zur Biomedizin" und die Grund- und Menschenrechte, in: KritV 1/1998, S. 99-110

Höfling, Wolfram Das "Menschenrechtsübereinkommen zur Bio-Medizin" und die Grund und Menschenrechte in: Bio-Ethik und die Zukunft der Medizin, hrsg. von Neuer-Miebach,Therese und Wunder, Michael, S. 72-86, Bonn 1998

Hölzel, D./Lange, H.-J./ Überla, K.K. Kontrollierte klinische Studien: Prinzip – Indikation – Alternativen, in: Der Internist, Jahrg. 23, 1982, S. 187 ff.

Holzhauer, Heinz Zur klinischen Prüfung von Medikamenten an Betreuten, in: NJW 1992, S. 2325-2331

Honey, Colin A Bioethics Consultative Committee, in: Caton, Hiram, Trends in Biomedical Regulation, S. 47 ff., Sydney 1990

Honnefelder, Ludger Stellungnahme zum Entwurf einer Bioethik-Konvention des Europarates, in: Jahrbuch für Wissenschaft und Ethik, Band I, 1996, S. 297 ff., Hrsg. v. Gethmann, C. F. und Honnefelder, Ludger, Berlin - New York 1996

Honnefelder, Ludger Biomedizinische Ethik und Globalisierung, in: Eser, Albin (Hrsg.), Biomedizin und Menschenrechte, S. 38-58, Frankfurt am Main 1999

Honnefelder, Ludger — Akzeptanz von Humanexperimenten durch die Gesellschaft in: Schölmerich, J./Landthaler, M. (Hrsg.), Regensburger Universitäts-Kolloquium 1996 Fortschritte in der medizinischen Forschung, Band 5, Klinische Forschung in Deutschland - Jetzt und in Zukunft, S. 19-27, Stuttgart - New York 1997

Horn, Eckhard — Der medizinische nicht indizierte, aber vom Patienten verlangte ärztliche Eingriff - strafbar?, in: JuS 1979, 29-31

Hüppe, Hubert — Gefahr für die Menschenwürde?, In: idea Dokumentation 10/97, S. 3-16, Wetzlar 1997

Hruschka, Joachim — Anmerkung zum Urteil des BGH v. 22. 02. 1978, StR 372/77, in: JR 1978, S. 519-522

Illhardt, Franz Josef — Medizinische Ethik, unter Mitarbeit von Koch, H.-G., Berlin - Heidelberg - New York, 1985

Ipsen, Jörn — Staatrecht II, 6. Auflage, Neuwied 2003

Jarass, Hans D./Pieroth, Bodo — Grundgesetz für die Bundesrepublik Deutschland, Kommentar, 6. Aufl., München 2002

Jescheck, Hans-Heinrich/Ruß, Wolfgang/Willms, Günther — Strafgesetzbuch Leipziger Kommentar, 5. Band, §§ 185-262, 10. Aufl., Berlin - New York 1989

Joerden, Jan C. — Should we take part in medical research?, in: Jahrbuch für Recht und Ethik (Annual Review of Law and Ethics), Band 4, S. 205-212, Berlin 1996

Jonas, Hans — Philosophische Betrachtungen über Versuche an menschlichen Subjekten, in: Recht und Ethik in der Medizin, Doerr, W., Jacob, W., Laufs, Adolf (Hrsg.), S. 1-14, Berlin - Heidelberg - New York 1982

Jonas, Hans — Technik, Medizin und Ethik, Frankfurt am Main 1987

Jung, Andrea — Die Zulässigkeit biomedizinischer Versuche am Menschen, Köln, Berlin, Bonn, München 1996

Jürgens, Andrea — Fremdnützige Forschung an einwilligungsunfähigen Personen nach deutschem Recht und nach dem Menschenrechtsübereinkommen für Biomedizin, in: KritV 1/1998, S. 34-51

Jürgens, Andreas/Kröger, Detlef/ Marschner, Rolf/Winterstein, Peter Das neue Betreuungsrecht: systematische Darstellung, 4. Aufl., München 1999

Kamp, Ilka Die Europäische Bioethik-Konvention: medizinische Versuche an einwilligungsunfähigen Menschen unter besonderer Berücksichtigung der Vorgaben im nationalen und internationalen Recht, Frankfurt am Main; Berlin; Bern; Bruxelles; New York; Oxford; Wien 2000

Katz, Jay Experimentation with Human Beings, New York 1972

Keller, Rolf Das Recht und die medizinische Forschung, in: MedR 1991, S. 11-17

Kern, Bernd - Rüdiger Die Bedeutung des Betreuungsgesetzes für das Arztrecht in: MedR 1991, S. 66-71

Kern, Bernd - Rüdiger Arzt und Betreuungsrecht, in: MedR 1993, S. 245-251

Kienle, Gerhard Arzneimittelsicherheit und Gesellschaft, Stuttgart 1974

Klinkhammer, Gisela Tagungsbericht: Ethik in der Medizin, Werte und Normen vermitteln, Deutsches Ärzteblatt 1999, Jahrgang 96, S. C-1901-1902

Kloesel, Arno/Cyran, Walter Arzneimittelrecht Kommentar, Loseblattsammlung, Stuttgart, Stand: November 2002

Kloesel, Arno Das neue Arzneimittelrecht, in: NJW 1976, S. 1769-1773

Koch, Hans-Georg Rechtsfragen der Entscheidungsfindung in Sterbehilfefällen, in: Medizinethische Materialien, Heft 93, hrsg. vom Zentrum für Medizinische Ethik, S. 20-38, Bochum 1994

Köhler, Michael Europäische Bioethikkonvention - Beitritt unter Vorbehalt?, in: ZRP 2000, S. 8-10

Köhler, Michael Medizinische Forschung in der Behandlung des Notfallpatienten, in: NJW 2002, S. 853-857

Kollmer, Norbert Selbstbestimmung im Betreuungsrecht, München 1992

Kollwitz, Arne A. Kontrolle medizinischer Forschung durch Ethikkommissionen, Berliner Medizinethische Schriften, Heft 31, hrsg. von Uwe Körner, Dortmund 1999

Kopetzki, Christian Die klinische Arzneimittelprüfung vor dem Hintergrund des Europarechts und des Übereinkommens über Menschenrechte und Biomedizin, in: Recht und Ethik der Arzneimittelforschung, hrsg.v. Bernat, Erwin und Kröll, Wolfgang, S. 26-50, Wien 2003

Koppernock, Martin Das Grundrecht auf bioethische Selbstbestimmung: zur Rekonstruktion des allgemeinen Persönlichkeitsrechts, Baden-Baden 1997

Laade, Horst Umgang mit einwilligungsunfähigen Menschen in Therapie und Forschung, in: Dörr, Günter/ Grimm, Rüdiger/Neuer-Miebach, Therese (Hrsg.), Aneignung und Enteignung: Der Zugriff der Bioethik auf Leben und Menschenwürde, S. 205-210, Düsseldorf 2000

Lackner, Karl/ Kühl, Kristian Strafgesetzbuch mit Erläuterungen, 24. Auflage, München 2001

Lammersmann, Birgit Medizinische Eingriffe an einwilligungsunfähigen Personen: Die Position der Biomedizin-Konvention des Europarates im Spannungsfeld zwischen Forschungsbedarf der Medizin und Selbstbestimmungsrecht des Patienten, in: Recht & Psychiatrie, 1999, S. 157-163

Lang, A. R. Die rechtliche Problematik, in: Forschung am Menschen, hrsg. von Kleinsorge, H./ Hirsch, G. und Weissauer, W., S. 1-6, Berlin - Heidelberg 1985

Langenfeld, Andrea Vorsorgevollmacht, Betreuungsverfügung und Patiententestament nach dem neuen Betreuungsrecht, 1. Auflage, Konstanz 1994

Lanzerath, Dirk Biomedizinische Ethik in Europa zwischen Differenz und Konsens - Einführung und Bericht, in: Jahrbuch für Wissenschaft und Ethik, Band I, 1996, Hrsg. v. Gethmann, C. F. und Honnefelder, Ludger, S. 135 ff., Berlin New York 1996

Laufer, Suzie Clinical Drug Trials, in: Australian Law Journal (68) 1994, S. 8 ff.

Laufs, Adolf Arzneimittelprüfung, in: NJW 2001, S. 3381-3382

Laufs Adolf — Das deutsche Recht der klinischen Arzneimittelprüfung: europakonform oder anpassungsbedürftig? in: Recht und Ethik der Arzneimittelforschung, hrsg.v. Bernat, Erwin und Kröll,Wolfgang, S. 51-59, Wien 2003

Laufs, Adolf — Die neue europäische Richtlinie zur Arzneimittelprüfung und das deutsche Recht, in: MedR 2004, S. 583-593

Laufs, Adolf — Nicht der Arzt allein muss bereit sein, das Notwendige zu tun, in: NJW 2000, S. 1757-1769

Laufs, Adolf — Über die Selbstbestimmung des Patienten, in: Recht und Ethik in der Medizin, Doerr, W., Jacob, w., Laufs, Adolf (Hrsg.), S. 173-177, Berlin - Heidelberg - New York 1982

Laufs, Adolf — Das Menschenrechtsübereinkommen zur Biomedizin und das deutsche Recht, in: NJW 1997, S. 776-777

Laufs, Adolf — Die klinische Forschung am Menschen nach deutschem Recht, in: Karlsruher Forum 1978, S. 3 ff

Laufs, Adolf — Arztrecht, 5. Auflage, München 1993

Laufs, Adolf — Ärzte und Sponsoren, in: NJW 2002, S. 1770-1771

Laufs, Adolf/ Uhlenbruck, Wilhelm — Handbuch des Arztrechts, 3. Auflage, München 2002

Lauter, Hans — Die Bedeutung der Einwilligung für die Legitimation ärztlichen Handelns - aus medizinisch-psychiatrischer Sicht, in: Ethik Med 1996, S. 68-77

Leidinger, Friedrich — Müssen Demenzkranke ein "Sonderopfer für die Forschung" bringen?, in: Bio-Ethik und die Zukunft der Medizin, hrsg. von Neuer-Miebach,Therese und Wunder, Michael, S. 106-119, Bonn 1998

Leidinger, Friedrich — Müssen Demenzkranke ein "Sonderopfer für die Forschung" bringen? - Für eine neue Wissenschaft von der Demenz!, In: KritV 1/1998, S. 88-98

Lenard, Hans-Gerd — Kinderheilkunde: Wissenschaftliche Forschung mit Kindern, in: Forschung mit einwilligungsunfähigen Personen, Arbeitspapier der Konrad-Adenauer-Stiftung, S. 11-17, Sankt Augustin, Januar 1997

Lenckner, Theodor — Die Einwilligung Minderjähriger und deren gesetzlicher Vertreter, in: ZStW 72 (1960), 446 ff.

Lenkungsausschuss für Bioethik (CDBI) Entwurf eines erläuternden Berichts zum Entwurf des Zusatzprotokolls zum Übereinkommen über Menschenrechte und Biomedizin über biomedizinische Forschung, Straßburg 2001

Lippert, Hans-Dieter Der einwilligungsunfähige Patient in der medizinischen Forschung in juristischer Sicht,in: Toellner, Richard/ Wiesing, Urban (Hrsg.), Medizin-Ethik, Bd 6, Wissen - Handeln - Ethik, Strukturen ärztlichen Handelns und ihre ethische Relevanz, S. 91-99, Stuttgart - Jena - New York 1995

Lippert, Hans-Dieter Forschung an und mit Körpersubstanzen - wann ist die Einwilligung des ehemaligen Trägers erforderlich? In: MedR 2001, S. 406-410

Lovell, Richard Ethics at the growing edge of medicine - the regulatory side of medical research, in: Australian Health Review (1986) 9, S. 239 ff.

MacFarlane, Peter Health Law, 2nd edition, Sydney 1995

Macklin, Ruth Problems of Informed Consent with the Cognitively Impaired, in: Ethical Questions in Brain and Behaviour: Problems and Opportunities, New York 1983

Maio, Giovanni Forschung am Menschen zum Nutzen des Patienten, in: Deutsches Ärzteblatt 2000, Jahrgang 97, S. A 3242-3246

Malchow, H./ Bierich, J./ Eser, A./ Roemer, M./ Rössler, D. Aufgabe und Arbeitsweise einer Ethikkommission am Beispiel der Tübinger Ethikkommission, in: Pharma Recht 1982, S. 224 ff.

Magnusson, Roger The Use of Human Tissue Samples in Medical Research: Legal Issues for Human Research Ethics Committees, in: Journal of Law and Medicine (2000) 7, S. 390 ff.

Maunz, Theodor/ Dürig, Günter/ Herzog, Roman/ Scholz, Rupert Grundgesetz Kommentar, Band I, Art. 1-11, Stand Februar 2003, München

McNeill, Paul The Ethics and Politics of Human experimentation, Melbourne 1993

McNeill, Paul — Institutional Ethics Committees: Survey Results, in: Caton, Hiram, Trends in Biomedical Regulation, S. 60 ff., Sydney 1990

Meran, Johannes Gobertus — Patientenverfügung und stellvertretende Entscheidung im klinischen Kontext, in: Medizinethische Materialien, Heft 93, hrsg. vom Zentrum für Medizinische Ethik, S. 2-19, Bochum 1994

Merkel, Reinhard — Nichttherapeutische klinische Forschung an Einwilligungsunfähigen: Rechtsethisch legitim oder verboten?, in: Recht und Ethik der Arzneimittelforschung, hrsg. von Bernat, Erwin und Kröll, Wolfgang, S. 171-205, Wien 2003

Meyer, Gaby — Die Unfähigkeit des erwachsenen Patienten zur Einwilligung in den ärztlichen Eingriff, Frankfurt am Main, 1994

Milzer, Lutz — Die adressatengerechte Vorsorgevollmacht, in: NJW 2003, S. 1836-1840

Mitscherlich, Alexander/ Mielke, Fred (Hrsg.) — Medizin ohne Menschlichkeit, Frankfurt am Main 1960

Münch, Ingo v./ Kunig, Philip (Hrsg.) — Grundgesetz – Kommentar, Band 1, Präambel - Art. 19, 5. Auflage, München 2000

Münchener Kommentar zum Bürgerlichen Gesetzbuch — Band 5, Schuldrecht Besonderer Teil III, §§ 705-853, hrsg. von Kurt Rebmann, Franz Jürgen Säcker und Roland Rixecker, 3. Aufl., München 1997

Münchener Kommentar zum Bürgerlichen Gesetzbuch — Band 8, Familienrecht II, §§ 1589-1921, hrsg. von Kurt Rebmann; Franz Jürgen Säcker, 4. Auflage, München 2002

N.N. — Ethik in der Medizin - Werte und Normen vermitteln, in: DÄBl. 1999, S. C-1901 ff.

National Health and Medical Research Committee — First Report by NHMRC Working Party on Ethics in Medical Research, August 1982, Canberra

Neitzke, Gerald — Medizinische Forschung an einwilligungsunfähigen Menschen: welche Interessen, Einflüsse und Steuerungsmöglichkeiten gibt es?, in: Dörr, Günter/Grimm, Rüdiger/Neuer-Miebach, Therese (Hrsg.), Aneignung und Enteignung: Der Zugriff der Bioethik auf Leben und Menschenwürde, S. 217-223, Düsseldorf 2000

Neuer-Miebach, Therese — Subjekt oder Objekt von Forschungsinteressen?, in: Dörr, Günter/Grimm, Rüdiger/Neuer-Miebach, Therese (Hrsg.), Aneignung und Enteignung: Der Zugriff der Bioethik auf Leben und Menschenwürde, S. 183-186, Düsseldorf 2000

Niese, Werner — Ein Beitrag zur Lehre vom ärztlichen Heileingriff, in: Festschrift für Eberhard Schmidt zum 70. Geburtstag, hrsg. von Paul Bockelmann und Wilhelm Gallas, S. 364-382, Göttingen 1961

Olbing, Hermann — Kontrollierte therapeutische Studien bei Kindern, in: Müller, Helmuth/ Olbing, Hermann (Hrsg.), Ethische Probleme in der Pädiatrie und ihren Grenzgebieten, S. 126-154, München - Wien - Baltimore 1982

Palandt — Bürgerliches Gesetzbuch, 63. Aufl., München 2004

Parkinson, Patrick — Children's rights and doctor's immunities: The implications of The High Court's decision in *Re Marion*, in: (1992) 6 Australian Journal of Family Law, S. 101-125

Patzig, Günther — Ethische Aspekte des Versuchs mit Menschen, in: Helmchen, Hanfried und Winau, Rolf, Versuche mit Menschen, S. 354 ff., Berlin, New York 1986

Patzig, Günther/ Schöne-Seifert, Bettina — Theoretische Grundlagen und Systematik der Ethik in der Medizin, in: Kahlke, Winfried, Reiter-Theil, Stella (Hrsg.), Ethik in der Medizin, S. 1-9, Stuttgart 1995

Peter, Christoph — Forschung am Menschen, Regensburg 2000

Picker, Eduard — Menschenrettung durch Menschennutzung? in: JZ 2000, S. 693-705

Picker, Eduard — Menschenwürde und Menschenleben - Zum Auseinanderdriften zweier fundamentaler Werte als Ausdruck moderner Tendenzen zur Relativierung des Menschen, in: Festgabe für Werner Flume: zum 90. Geburtstag, hrsg. v. Jakobs, Horst Heinrich/Picker, Eduard/Wilhelm, Jan, S. 155-263; Berlin - Heidelberg - New York 1998

Pullin, C. J. Human Experimentation - Research and the Individual, in: Medical Research Involving Human Beings and its Regulation, D.B.I. Study Booklet No. 8, S. 49 ff., Adelaide 1986

Radau, Wiltrud Christine/ Losch, Bernhard Biomedizinische Humanexperimente mit Einwilligungsunfähigen, in: Archiv für Rechts- und Sozialphilosophie 86 (2000), S. 423-431

Richardi, Reinhard Verabreichung eines Arzneimittels an Einwilligungsunfähige, in: Festschrift für Dieter Medicus, hrsg. von Volker Beuthien u.a., S. 449-455, Köln - Berlin - Bonn München 1999

Rickmann, Sabine Zur Wirksamkeit von Patiententestamenten im Bereich des Strafrechts, Frankfurt am Main, Bern, New York 1987

Rieger, Paul Die klinische Prüfung nach dem AMG von 1976 und die Wertordnung des Grundgesetzes, Dissertation, Bayreuth 1988

Riordan, John (Hrsg.) The Laws of Australia, loose leaf services, Sydney 1998

Rittner, Christian/ Kratz, Ernst Jürgen/ Walter-Sack, Ingeborg Zur Angemessenheit des Probandenschutzes nach § 40 Abs. 1 Nr. 8 AMG, in: VersR 2000, S. 688-694

Roitzheim, Gudrun Viele Fragen bleiben offen - Anmerkungen zur Biomedizin-Konvention, in: DRiZ 1997, S. 92

Rosenau, Henning Landesbericht Deutschland, in: Deutsch, Erwin/Taupitz, Jochen (Hrsg.), Forschungsfreiheit und Forschungskontrolle in der Medizin, S. 63-91, Berlin - Heidelberg - New York 2000

Rössler, Dietrich Zur Diskussion über die Bioethik-Konvention, in: Ethik Med 1996, S. 167-172

Rössler, Dietrich Die Bedeutung der Einwilligung für die Legitimation ärztlichen Handelns - ethische Aspekte, in: Ethik Med 1996, S. 59-67

Rudolf, Michael/Bittler, Jan Vorsorgevollmacht, Betreuungsverfügung, Patientenverfügung, Bonn 2000

Sachs, Michael (Hrsg.) Grundgesetz Kommentar, 3. Auflage, München 2003

Saliger, Frank Legitimation durch Verfahren im Medizinrecht, in: Recht und Ethik der Arzneimittelforschung, hrsg. von Bernat, Erwin und Kröll, Wolfgang, S. 124-170, Wien 2003

Sander, Axel Arzneimittelrecht, Kommentar, Loseblattausgabe, Band 1, §§ 1-46 Stuttgart, Berlin, Köln, Stand: Juni 2002

Sandor, Danny Sterilisation and Special Medical Procedures on Children and Young People, in: Ian Freckelton/Kerry Petersen, Controversies in Health Law, S. 2 ff., Sydney 1999

Saueracker, Luise Die Bedeutung des Patiententestamentes in der Bundesrepublik Deutschland aus ethischer, medizinischer und juristischer Sicht, Frankfurt am Main, Bern, New York, Paris 1990

Schafer, Arthur Experimentation with human subjects: a critique of the views of Hans Jonas, in: Journal of Medical Ethics, 9, 1983, S. 76 ff.

Scharf, Volker Edwin/Wedel, Claudia Strätling, Meinolfus Juristentag berücksichtigt Bedenken der Ärzteschaft, in: Deutsches Ärzteblatt 2001, Jahrgang 98, A 162-163

Schimikowski, Peter Experiment am Menschen, Stuttgart 1980

Schmidt-Bleibtreu, Bruno/ Klein, Franz Kommentar zum Grundgesetz, 9. Auflage, Neuwied - Kriftel 1999

Schmidt - Elsaeßer, Eberhard Medizinische Forschung an Kindern und Geisteskranken, Frankfurt a.M., 1987

Schmitt, Rudolf Strafrechtlicher Schutz des Opfers vor sich selbst? in: FS für Reinhart Maurach, S. 113 ff., Hrsg. v. Schroeder, Friedrich-Christian und Zipf, Heinz, Karlsruhe 1972

Schmitt, Rudolf § 226 a StGB ist überflüssig, in: Gedächtnisschrift für Horst Schröder, Hrsg. v. Stree, Walter/ Lenckner, Theodor/Cramer, Peter und Eser, Albin, S. 263 ff., München 1978

Schöllhammer, Lutz Die Rechtsverbindlichkeit des Patiententestaments, Berlin 1993

Schölmerich, Paul Zur ethischen Problematik des therapeutischen Fortschritts, in: Forschung und Verantwortung, Paul-Martini-Stiftung (Hrsg.), S. 37-53, Mainz 1985

Schönke, Adolf/ Schröder, Horst Strafgesetzbuch Kommentar, 26. Auflage, München 2001

Schreiber, Hans-Ludwig Rechtliche Regeln für Versuche mit Menschen, in: Helmchen, Hanfried und Winau, Rolf, Versuche mit Menschen, Berlin, New York 1986, S. 15-33

Schreiber, Hans-Ludwig Recht und Ethik, in: Recht und Ethik in der Medizin, S. 15-24, Doerr, W., Jacob, w., Laufs, Adolf (Hrsg.), Berlin - Heidelberg - New York 1982

Schuck, Peter/Müller, Horst/Resch, Karl-Ludwig "Doppelblindstudien" und komplexe Therapien, in: Deutsches Ärzteblatt 2001; 98: A 1942-1944

Schuler, Heinz Ethische Probleme psychologischer Forschung, Göttingen 1980

Schwab, Dieter Betreuung und private Fürsorge, in: Festschrift für Gernhuber, hrsg. von Nörr, Knut Wolfgang/Westerman, Harm Peter, S. 815 ff., Tübingen 1993

Schwab, Dieter Probleme des materiellen Betreuungsrechts, in: FamRZ 1992, S. 493-507

Seidler, Eduard Ethische Probleme im Umgang mit dem Kind, in: Müller, Helmuth/ Olbing, Hermann (Hrsg.), Ethische Probleme in der Pädiatrie und ihren Grenzgebieten, S. 45-55, München - Wien - Baltimore 1982

Seidler, Eduard Medizinische Ethik in Deutschland: Ansätze und Prinzipien in Ethik und Recht, in: Jahrbuch für Wissenschaft und Ethik, Band I, 1996, Hrsg. v. Gethmann, C. F. und Honnefelder, Ludger, S. 179 ff., Berlin - New York 1996

Shotton, Leila Health Care Law and Ethics, Katoomba 1997

Siep, Ludwig Ethische Aspekte der Forschung mit nicht-einwilligungsfähigen Personen, in: Honnefelder, Ludger/ Streffer, C. (Hrsg.), Jahrbuch für Wissenschaft und Ethik, Band 4, S. 115-125, Berlin - New York 1999

Skene, Loane Law and Medical Practice, Sydney 1998

Skene, Loane Medical Procedures for Children, in: Kathleen Funder, Citizen Child, Australian Institute of Family Studies, S. 187 ff., Melbourne 1996

Skene, Loane The Regulation of Medical Research, Journal of Law and Medicine (1999) 7, S. 170 ff.

Skene, Loane When can doctors treat patients who cannot or will not consent? in: (1997) 1 Monash University Law Review, S. 77-91

Skorupinski, Barbara Tagungsbericht zur 4. Sitzung des internationalen Komitees für Bioethik (IBC) der UNESCO in Paris, 3.-4. Oktober 1996, in: Ethik Med 1997, S. 36-41

Sobota, Katharina Patientenrecht und Forschungsfreiheit. Ein Konflikt aufgezeigt am Beispiel der klinischen Forschung an nicht-einwilligungsfähigen Patienten, in: Festschrift für Martin Kriele, hrsg. von Ziemske, Burkhardt/ Langheid, Theo/ Wilms, Heinrich/ Haverkate, Görg, , S. 367 ff., München 1997

Spranger, Tade Matthias Fremdnützige Forschung an Einwilligungsunfähigen, in: Sozialrecht + Praxis 2000, S. 71-79

Spranger, Tade Matthias Fremdnützige Forschung an Einwilligungsunfähigen, Biothik und klinische Arzneimittelprüfung in: MedR 2001, S. 238-247

Sprügel, Guido Bioethik-Konvention und der Zugriff der Forschung auf den Menschen, Bonn, 1999

Staak, Michael/ Weiser, Alfons Klinische Prüfung von Arzneimitteln, Stuttgart, 1978

Staak, Michael/ Uhlenbruck, Wilhelm Problematik neuer Arzneimittel beim Minderjährigen aus rechtsmedizinischer Sicht, in: MedR 1984, S. 177-184

Stauch, Marc/ Wheat, Kay Sourcebook on Medical Law, London-Sydney, 1998

Stock, Meike Der Probandenschutz bei der medizinischen Forschung am Menschen, (Recht & Medizin, Band 41), Frankfurt am Main, 1998

Stockinger, Günther Stiefkinder des Fortschritts, in: Der Spiegel, Heft 23/1999, S. 208-212

Stolz, Konrad — Betreuungsgesetz: Umsetzungsdefizite im Bereich Heilbehandlung und freiheitsentziehende Maßnahmen bei Heimbewohnern, in: FamRZ 1993, S. 642-645

Strätling, Meinolfus/ Eisenbart, Bettina/Scharf, Volker Edwin — Stellvertretungsentscheidungen in Gesundheitsfragen unter epidemiologisch-demographischen Gesichtspunkten: Wie realistisch sind die Vorgaben des deutschen Betreuungsrechts?, In: MedR 2000, S. 251-256

Strätling, Meinolfus/Scharf, Volker Edwin/ Wedel, Claudia/Oehmichen, Frank/ Eisenbart, Bettina — Möglichkeiten zur Verminderung rechtlicher und ethischer Probleme bei der Behandlung nicht einwilligungsfähiger oder von Entscheidungsunfähigkeit bedrohter Patienten, in: MedR 2001, S. 385-395

Strasser, Peter — Ethische Prinzipien der Forschung am Menschen, in: Recht und Ethik der Arzneimittelforschung, hrsg. von Bernat, Erwin und Kröll, Wolfgang, S. 83-102, Wien 2003

Taupitz, Jochen — Biomedizinische Forschung zwischen Freiheit und Verantwortung: der Entwurf eines Zusatzprotokolls über biomedizinische Forschung zum Menschenrechtsübereinkommen zur Biomedizin des Europarates, Berlin Heidelberg 2002

Taupitz, Jochen — Die Neufassung der Deklaration von Helsinki des Weltärztebundes vom Oktober 2000, in: MedR 2001, S. 277-286

Taupitz, Jochen/ Deutsch, Erwin — Forschungsfreiheit und Forschungskontrolle in der Medizin - zur geplanten Revision der Deklaration von Helsinki, in: MedR 1999, S. 402-404

Taupitz, Jochen/ Fröhlich, Uwe — Medizinische Forschung mit nichteinwilligungsfähigen Personen, in: VersR 1997, S. 911-918

Taupitz, Jochen/Schelling, Holger — Mindeststandards als realistische Möglichkeit, in: Eser, Albin (Hrsg.), Biomedizin und Menschenrechte, S. 94-113, Frankfurt am Main 1999

Tolmein, Oliver — Die drohende Zunahme von Demenz-Erkrankungen als Rechtfertigungsgrund für Körperverletzungen durch fremdnützige Forschung? In: KritV 1/1998, S. 52-73

Trockel, Horst — Die Rechtfertigung ärztlicher Eigenmacht, in: NJW 1970, S. 489-494

Trockel, Horst Das Recht des Arztes zur Heilbehandlung unter Entwicklung und Erprobung neuer Heilmethoden, in: NJW 1979, S. 2329-2334

Tröhler, Ulrich/ Schöne-Seifert, Bettina Forschung am Menschen, In: Kahlke, Winfried, Reiter-Theil, Stella (Hrsg.), Ethik in der Medizin, S. 120-125, Stuttgart 1995

Tröndle, Herbert/ Fischer, Thomas Strafgesetzbuch und Nebengesetze, 51. Auflage, München 2003

Tschernitschek, Horst Familienrecht, 3. Aufl., München - Wien 2000

Uhlenbruck, Wilhelm Vorab-Einwilligung und Stellvertretung bei der Einwilligung in einen Heileingriff, in: MedR 1992, S. 134-141

Uhlenbruck, Wilhelm Die Altersvorsorge-Vollmacht als Alternative zum Patiententestament und zur Betreuungsverfügung in: NJW 1996, S. 1583-1585

van den Daele, Wolfgang Bioethik - Versuchungen des Fundamentalismus, in: Kursbuch 128, Lebensfragen, hrsg. v. Michel, Karl Markus und Spengler, Tilman, S. 85-100, Berlin 1997

Veit, Barbara Das Betreuungsverhältnis zwischen gesetzlicher und rechtsgeschäftlicher Stellvertretung, in: FamRZ 1996, S. 1309-1317

von Mangoldt, Hermann/ Klein, Friedrich/Starck, Christian Das Bonner Grundgesetz, Kommentar, Band 1, Artikel 1 bis 19, 4. Aufl., München 1999

Vollmann, Jochen Aufklärung und Einwilligung in der Psychiatrie, Darmstadt 2000

Vollmann, Jochen "Therapeutische" versus "nicht-therapeutische" Forschung - eine medizinethisch plausible Differenzierung? in: Ethik in der Medizin 2000, S. 65-74

Vossler, Norbert Bindungswirkung von Patientenverfügungen? – Gesetzgeberischer Handlungsbedarf, in: ZRP 2002, S. 295-298

Wachenhausen, Heike Möglichkeiten und Grenzen der biomedizinischen Forschung an Einwilligungsunfähigen, in: Recht und Politik im Gesundheitswesen 2000, S. 81-90

Wallace, Meg — Health Care and the Law, 2nd edition, Sydney 1995

Walter, Ute — Die Vorsorgevollmacht, Bielefeld 1997

Walter, Ute — Das Betreuungsrechtsänderungsgesetz und das Rechtsinstitut der Vorsorgevollmacht, in: FamRZ 1999, S. 685-695

Walter-Sack, Ingeborg — Regularien der klinischen Prüfung, in: MedR 1997, S. 504-507

Walter-Sack, Ingeborg/ Haefeli, Walter E. — Arzneimittelsicherheit auch für Kinder, in: Dt Ärztebl 2001; 98: A 447-449 [Heft 8]

Walter-Sack, Ingeborg/ Haefeli, Walter E. — Qualitätssicherung der pädiatrischen Arzneimittel-Therapie durch klinische Studien - ethische und rechtliche Rahmenbedingungen unter Berücksichtigung der spezifischen Bedürfnisse von Kindern, in: MedR 2000, S. 454-463

Wessels, Johannes/Beulke, Werner — Strafrecht, Allgemeiner Teil, 33. Aufl., Heidelberg 2003

Wilkening, Almut — Zur aktuellen Praxis der Ethik-Kommissionen – Verbreitung, Besetzung und Beratungsinhalte in: MedR 2001, S. 301-305

Winkler-Wilfurt, Andrea — Betreuung und Heilbehandlung, Dissertation, Regensburg, 1992

Wissenschaftliche Dienste des Deutschen Bundestages — Zur Vereinbarkeit des Entwurfs des Menschenrechtsübereinkommens zur Biomedizin des Europarates vom 6. Juni 1996 (früher: "Bioethik-Konvention") mit den Grundrechten, Bearbeiter: Patrizia Schulz, Abschluß der Arbeit: 7. 11. 1996, Reg.-Nr.: WF III – 155/96

Wolfslast, Gabriele — Einwilligungsfähigkeit im Lichte der Bioethik-Konvention? In: KritV 1/1998, S. 74-87

Wölk, Florian — Der minderjährige Patient in der ärztlichen Behandlung, in: MedR 2001, S. 80-89

Wunder, Michael — Bio-Medizin und Bio-Ethik, in: Dörr, Günter/ Grimm, Rüdiger/Neuer-Miebach, Therese (Hrsg.), Aneignung und Enteignung: Der Zugriff der Bioethik auf Leben und Menschenwürde, S. 187-200, Düsseldorf 2000

Wunder, Michael Erwiderung - Unrecht durch Ungleichbehandlung oder Gleichbehandlung im Unrecht?, in: JZ 2001, S. 344-345

Die Reihe RECHT UND MEDIZIN wird von den Professoren Deutsch (Göttingen), Laufs (Heidelberg) und Schreiber (Göttingen) herausgegeben. Ihre Aufgabe ist es, Monographien und Dissertationen auf dem Gebiet des medizinischen Rechts zu veröffentlichen. Dieses Gebiet, das an Bedeutung noch zunehmen wird, umfaßt auf der juristischen Seite sowohl zivilrechtliche als auch straf- und öffentlich-rechtliche Fragestellungen. Die Fragen können von der juristischen oder von der medizinischen Seite aus untersucht werden. Übergreifendes Ziel ist es, den medizin-rechtlichen Fragen nicht etwa ein gängiges juristisches Denkschema überzuwerfen, sondern die besonderen Probleme der Regelung medizinischer Sachverhalte eigenständig aufzufassen und darzustellen.

Die Adressen der drei Herausgeber sind:

Prof. Dr. Dr. h.c. Erwin Deutsch (Zivilrecht und Rechtsvergleichung)
Höltystraße 8
37085 Göttingen

Prof. Dr. Dr. h.c. Adolf Laufs (Zivilrecht und Rechtsgeschichte)
Kohlackerweg 12
69151 Neckargemünd

Prof. Dr. Dr. h.c. Hans-Ludwig Schreiber (Strafrecht und Rechtstheorie)
Grazer Str. 14
30519 Hannover

RECHT UND MEDIZIN

Band 1 Erwin Deutsch: Das Recht der klinischen Forschung am Menschen. Zulässigkeit und Folgen der Versuche am Menschen, dargestellt im Vergleich zu dem amerikanischen Beispiel und den internationalen Regelungen. 1979.

Band 2 Thomas Carstens: Das Recht der Organtransplantation. Stand und Tendenzen des deutschen Rechts im Vergleich zu ausländischen Gesetzen. 1979.

Band 3 Moritz Linzbach: Informed Consent. Die Aufklärungspflicht des Arztes im amerikanischen und im deutschen Recht. 1980.

Band 4 Volker Henschel: Aufgabe und Tätigkeit der Schlichtungs- und Gutachterstellen für Arzthaftpflichtstreitigkeiten. 1980.

Band 5 Hans Lilie: Ärztliche Dokumentation und Informationsrechte des Patienten. Eine arztrechtliche Studie zum deutschen und amerikanischen Recht. 1980.

Band 6 Peter Mengert: Rechtsmedizinische Probleme in der Psychotherapie. 1981.

Band 7 Hazel G.S. Marinero: Arzneimittelhaftung in den USA und Deutschland. 1982.

Band 8 Wolfram Eberbach. Die zivilrechtliche Beurteilung der *Humanforschung*. 1982.

Band 9 Wolfgang Deuchler: Die Haftung des Arztes für die unerwünschte Geburt eines Kindes ("wrongful birth"). Eine rechtsvergleichende Darstellung des amerikanischen und deutschen Rechts. 1984.

Band 10 Hermann Schünemann: Die Rechte am menschlichen Körper. 1985.

Band 11 Joachim Sick: Beweisrecht im Arzthaftpflichtprozeß. 1986.

Band 12 Michael Pap: Extrakorporale Befruchtung und Embryotransfer aus arztrechtlicher Sicht; insbesondere: Der Schutz des werdenden Lebens in vitro. 1987.

Band 13 Sabine Rickmann: Zur Wirksamkeit von Patiententestamenten im Bereich des Strafrechts. 1987.

Band 14 Joachim Czwalinna: Ethik-Kommissionen - Forschungslegitimation durch Verfahren. 1987.

Band 15 Günter Schirmer: Status und Schutz des frühen Embryos bei der *In-vitro*-Fertilisation. Rechtslage und Diskussionsstand in Deutschland im Vergleich zu den Ländern des angloamerikanischen Rechtskreises. 1987.

Band 16 Sabine Dönicke: Strafrechtliche Aspekte der Katastrophenmedizin. 1987.

Band 17 Erwin Bernat: Rechtsfragen medizinisch assistierter Zeugung. 1989.

Band 18 Hartmut Schulz: Haftung für Infektionen. 1988.

Band 19 Herbert Harrer: Zivilrechtliche Haftung bei durchkreuzter Familienplanung. 1989.

Band 20 Reiner Füllmich: Der Tod im Krankenhaus und das Selbstbestimmungsrecht des Patienten. Über das Recht des nicht entscheidungsfähigen Patienten, künstlich lebensverlängernde Maßnahmen abzulehnen. 1990.

Band 21 Franziska Knothe: Staatshaftung bei der Zulassung von Arzneimitteln. 1990.

Band 22 Bettina Merz: Die medizinische, ethische und juristische Problematik artifizieller menschlicher Fortpflanzung. Artifizielle Insemination, In-vitro-Fertilisation mit Embryotransfer und die Forschung an frühen menschlichen Embryonen. 1991.

Band 23 Ferdinand van Oosten: The Doctrine of Informed Consent in Medical Law. 1991.

Band 24 Stephan Cramer: Genom- und Genanalyse. Rechtliche Implikationen einer "Prädiktiven Medizin". 1991.

Band 25 Knut Schulte: Das standesrechtliche Werbeverbot für Ärzte unter Berücksichtigung wettbewerbs- und kartellrechtlicher Bestimmungen. 1992.

Band 26 Young-Kyu Park: Das System des Arzthaftungsrechts. Zur dogmatischen Klarstellung und sachgerechten Verteilung des Haftungsrisikos. 1992.

Band 27 Angela Könning-Feil: Das Internationale Arzthaftungsrecht. Eine kollisionsrechtliche Darstellung auf sachrechtsvergleichender Grundlage. 1992.

Band 28 Jutta Krüger: Der Hamburger Barmbek/Bernbeck-Fall. Rechtstatsächliche Abwicklung und haftungsrechtliche Aspekte eines medizinischen Serienschadens. 1993.

Band 29 Alexandra Goeldel: Leihmutterschaft – eine rechtsvergleichende Studie. 1994.

Band 30 Thomas Brandes: Die Haftung für Organisationspflichtverletzung. 1994.

Band 31 Winfried Grabsch: Die Strafbarkeit der Offenbarung höchstpersönlicher Daten des ungeborenen Menschen. 1994.

Band 32 Jochen Markus: Die Einwilligungsfähigkeit im amerikanischen Recht. Mit einem einleitenden Überblick über den deutschen Diskussionsstand. 1995.

Band 33 Meltem Göben: Arzneimittelhaftung und Gentechnikhaftung als Beispiele modernen Risikoausgleichs mit rechtsvergleichenden Ausblicken zum türkischen und schweizerischen Recht. 1995.

Band 34 Regine Kiesecker: Die Schwangerschaft einer Toten. Strafrecht an der Grenze von Leben und Tod – Der Erlanger und der Stuttgarter Baby-Fall. 1996.

Band 35 Doris Voll: Die Einwilligung im Arztrecht. Eine Untersuchung zu den straf-, zivil- und verfassungsrechtlichen Grundlagen, insbesondere bei Sterilisation und Transplantation unter Berücksichtigung des Betreuungsgesetzes. 1996.

Band 36 Jens-M. Kuhlmann: Einwilligung in die Heilbehandlung alter Menschen. 1996.

Band 37 Hans-Jürgen Grambow: Die Haftung bei Gesundheitsschäden infolge medizinischer Betreuung in der DDR. 1997.

Band 38 Julia Röver: Einflußmöglichkeiten des Patienten im Vorfeld einer medizinischen Behandlung. Antezipierte Erklärung und Stellvertretung in Gesundheitsangelegenheiten. 1997.

Band 39 Jens Göben: Das Mitverschulden des Patienten im Arzthaftungsrecht. 1998.

Band 40 Hans-Jürgen Roßner: Begrenzung der Aufklärungspflicht des Arztes bei Kollision mit anderen ärztlichen Pflichten. Eine medizinrechtliche Studie mit vergleichenden Betrachtungen des nordamerikanischen Rechts. 1998.

Band 41 Meike Stock: Der Probandenschutz bei der medizinischen Forschung am Menschen. Unter besonderer Berücksichtigung der gesetzlich nicht geregelten Bereiche. 1998.

Band 42 Susanne Marian: Die Rechtsstellung des Samenspenders bei der Insemination / IVF. 1998.

Band 43 Maria Kasche: Verlust von Heilungschancen. Eine rechtsvergleichende Untersuchung. 1999.

Band 44 Almut Wilkening: Der Hamburger Sonderweg im System der öffentlich-rechtlichen Ethik-Kommissionen Deutschlands. 2000.

Band 45 Jonela Hoxhaj: Quo vadis Medizintechnikhaftung? Arzt-, Krankenhaus- und Herstellerhaftung für den Einsatz von Medizinprodukten. 2000.

Band 46 Birgit Reuter: Die gesetzliche Regelung der aktiven ärztlichen Sterbehilfe des Königreichs der Niederlande – ein Modell für die Bundesrepublik Deutschland? 2001.
2. durchgesehene Auflage 2002.

Band 47 Klaus Vosteen: Rationierung im Gesundheitswesen und Patientenschutz. Zu den rechtlichen Grenzen von Rationierungsmaßnahmen und den rechtlichen Anforderungen an staatliche Vorhaltung und Steuerung im Gesundheitswesen. 2001.

Band 48 Bong-Seok Kang: Haftungsprobleme in der Gentechnologie. Zum sachgerechten Schadensausgleich. 2001.

Band 49 Heike Wachenhausen: Medizinische Versuche und klinische Prüfung an Einwilligungsunfähigen. 2001.

Band 50 Thomas Hasenbein: Einziehung privatärztlicher Honorarforderungen durch Inkassounternehmen. 2002.

Band 51 Oliver Nowak: Leitlinien in der Medizin. Eine haftungsrechtliche Betrachtung. 2002.

Band 52 Christina Herrig: Die Gewebetransplantation nach dem Transplantationsgesetz. Entnahme – Lagerung – Verwendung unter besonderer Berücksichtigung der Hornhauttransplantation. 2002.

Band 53 Matthias Nagel: Passive Euthanasie. Probleme beim Behandlungsabbruch bei Patienten mit apallischem Syndrom. 2002.

Band 54 Miriam Ina Saati: Früheuthanasie. 2002.

Band 55 Susanne Schneider: Rechtliche Aspekte der Präimplantations- und Präfertilisationsdiagnostik. 2002.

Band 56 Uta Oelert: Allokation von Organen in der Transplantationsmedizin. 2002.

Band 57 Jens Muschner: Die haftungsrechtliche Stellung ausländischer Patienten und Medizinalpersonen in Fällen sprachbedingter Mißverständnisse. 2002.

Band 58 Rüdiger Wolfrum / Peter-Tobias Stoll / Stephanie Franck: Die Gewährleistung freier Forschung an und mit Genen und das Interesse an der wirtschaftlichen Nutzung ihrer Ergebnisse. 2002.

Band 59 Frank Hiersche: Die rechtliche Position der Hebamme bei der Geburt. Vertikale oder horizontale Arbeitsteilung. 2003.

Band 60 Hartmut Schädlich: Grenzüberschreitende Telemedizin-Anwendungen: Ärztliche Berufserlaubnis und Internationales Arzthaftungsrecht. Eine vergleichende Darstellung des deutschen und US-amerikanischen Rechts. 2003.

Band 61 Stefanie Diettrich: Organentnahme und Rechtfertigung durch Notstand? Zugleich eine Untersuchung zum Konkurrenzverhältnis von speziellen Rechtfertigungsgründen und rechtfertigendem Notstand gem. § 34 StGB. 2003.

Band 62 Anne Elisabeth Stange: Gibt es psychiatrische Diagnostikansätze, um den Begriff der schweren anderen seelischen Abartigkeit in §§ 20, 21 StGB auszufüllen? 2003.

Band 63 Christiane Schief: Die Zulässigkeit postnataler prädiktiver Gentests. Die Biomedizin-Konvention des Europarats und die deutsche Rechtslage. 2003.

Band 64 Maike C. Erbsen: Praxisnetze und das Berufsrecht der Ärzte. Der Praxisverbund als neue Kooperationsform in der ärztlichen Berufsordnung. 2003.

Band 65 Markus Schreiber: Die gesetzliche Regelung der Lebendspende von Organen in der Bundesrepublik Deutschland. 2004.

Band 66 Thela Wernstedt: Sterbehilfe in Europa. 2002.

Band 67 Axel Thias: Möglichkeiten und Grenzen eines selbstbestimmten Sterbens durch Einschränkung und Abbruch medizinischer Behandlung. Eine Untersuchung aus straf- und betreuungsrechtlicher Perspektive unter besonderer Berücksichtigung der Problematik des apallischen Syndroms. 2004.

Band 68 Jutta Müller: Ärzte und Pflegende, die keine Organe spenden wollen. Transplantatmangel muss nicht sein. 2004.

Band 69 Ihna Link: Schwangerschaftsabbruch bei Minderjährigen. Eine vergleichende Untersuchung des deutschen und englischen Rechts. 2004.

Band 70 Susann Tiebe: Strafrechtlicher Patientenschutz. Die Bedeutung des Strafrechts für die individuellen Patientenrechte. 2005.

Band 71 Jörg Gstöttner: Der Schutz von Patientenrechten durch verfahrensmäßige und institutionelle Vorkehrungen sowie den Erlass einer Charta der Patientenrechte. 2005.

Band 72 Oliver Jürgens: Die Beschränkung der strafrechtlichen Haftung für ärztliche Behandlungsfehler. 2005.

Band 73 Stephanie Gropp: Schutzkonzepte des werdenden Lebens. 2005.

Band 74 Clemens Winter: Robotik in der Medizin. Eine strafrechtliche Untersuchung. 2005.

Band 75 Barbara Eck: Die Zulässigkeit medizinischer Forschung mit einwilligungsunfähigen Personen und ihre verfassungsrechtlichen Grenzen. Eine Untersuchung der Rechtslage in Deutschland und rechtsvergleichenden Elementen. 2005.

Band 76 Anastassios Kantianis: Palliativmedizin als Sterbebegleitung nach deutschem und griechischem Recht. 2005.

FSC
www.fsc.org
MIX
Papier | Fördert
gute Waldnutzung
FSC® C083411

Kolibri 360 GmbH
Ferdinand-Jühlke-Straße 7
99095 Erfurt, Deutschland
produktsicherheit@kolibri360.de

Druck:
CPI Druckdienstleistungen GmbH
im Auftrag der
Kolibri 360 GmbH
Ferdinand-Jühlke-Str. 7
99095 Erfurt